2012年4月22日,国务委员兼国务院秘书长马凯(右)向第九届中美工程技术研讨会美方筹委会主任方玉山博士颁发纪念奖牌

重要活动

2012年9月28日，国务委员兼国务院秘书长马凯（右）向2012年度中国政府"友谊奖"获奖外国专家颁发奖牌

2012年12月10日,人力资源和社会保障部部长尹蔚民(右)向首批国家"外专千人计划"获选专家颁发国家特聘专家证书

2012年中国国际人才交流大会期间,国家外国专家局局长张建国(左二)参观北京展区

全国引进国外智力工作会议

2012年1月10~11日,全国引进国外智力工作会议在北京召开

2012年1月10日,国家外国专家局局长张建国在全国引进国外智力工作会议上作工作报告

百名外国专家新疆行暨引智成果援疆周

2012年8月7~9日，百名外国专家新疆行暨引智成果援疆周活动成功举办，来自33个国家的120多名外国专家参加

2012年8月7日，百名外国专家新疆行暨引智成果援疆周活动开幕式上，新疆维吾尔自治区党委副书记、自治区人民政府主席努尔·白克力（前排右一），国家外国专家局局长张建国（前排右二）、副局长孙照华（前排右三）参观引智成果援疆展

外国专家建言

2012年6月15日,在第23届中国哈尔滨国际经济贸易洽谈会期间,国家外国专家局召开高端外国专家座谈会,征集外国专家建议

2012年7月23日,国家外国专家局在北京召开外国专家宏观经济建言会

局省（部际、大项目）合作

2012年1月19日，国家外国专家局与水利部签署"引进国外智力推进水利跨越式发展合作备忘录"

2012年11月5日，国家外国专家局与工业和信息化部签署"引进国外智力加快推进工业转型升级合作框架协议"

局省（部际、大项目）合作

2012年2月9日，国家外国专家局与云南省人民政府签署"引进国外智力支持云南桥头堡建设合作框架协议"

2012年3月31日，国家外国专家局与贵州省人民政府签署"引进国外智力支持贵州经济社会又好又快发展合作框架协议"

"外专千人计划"及高端外国专家项目

2012年2月28日,国家外国专家局在山东召开外专千人计划暨高端外国专家项目工作会

2012年4月24~25日,第二批"外专千人计划"项目评审会在北京召开

"外专千人计划"及高端外国专家项目

2012年12月10日，国家外国专家局在深圳召开"外专千人计划"座谈会

2012年8月20日，国家外国专家局在重庆召开高端外国专家座谈会及外国专家聘用单位工作座谈会

国际交流

2012年8月23日，国家外国专家局局长张建国（左五）、副局长刘延国（右三）等会见国际移民组织总干事斯温（左六）率领的访华代表团

2012年12月24日，国家外国专家局局长张建国（左五）会见芝加哥大学校长罗伯特·齐默（左四）一行

国际交流

2012年5月15日,国家外国专家局副局长李兵(左四)会见美国佛罗里达国际大学校长Mark Rosenberg博士(左三)

2012年2月1日,国家外国专家局副局长孙照华(左四)等会见美国哈佛大学商学院资深教授约瑟夫·鲍尔(左三)

国际交流

2012年6月21日，国家外国专家局副局长陆明（左六）等会见加拿大农业与农业食品部副部长乔迪·艾劳德（左七）率领的访华代表团

2012年3月26日，国家外国专家局副局长刘延国（左三）等会见美国布鲁金斯学会主席、清华大学客座教授约翰·桑顿（左四）

国家外国专家局办公室

2012年1月16日，国家外国专家局在北京召开2011年工作总结大会

2012年7月19日，国家外国专家局在北京召开务虚会

国家外国专家局办公室

2012年9月19日，国家外国专家局副局长陆明（左五）会见匈牙利国家创新局局长美沙洛什（左四）

2012年4月25日，国家外国专家局为在京外国专家举办"五一"专场音乐会

国家外国专家局机关党委

2012年1月16日,国家外国专家局在北京召开中国共产党国家外国专家局直属机关第五次代表大会

2012年9月19日,国家外国专家局机关党委与新党员、入党积极分子座谈

国家外国专家局机关党委

2012年6月21日,国家外国专家局举办"国家外国专家局系列知识讲座",北京宣武医院神经外科专家凌锋为大家讲解如何抗击脑血管病

2012年4月17日,国家外国专家局机关党委组织干部职工赴河北乐亭开展义务植树活动

2012年10月30日,"中国蓝色经济引智试验区"揭牌仪式在山东省日照市举行,人力资源和社会保障部副部长、国家外国专家局局长张建国(前排右),山东省人民政府副省长孙绍骋(前排左)共同为试验区揭牌

2012年6月21日,2012年度中国政府"友谊奖"评审会在北京举行

国家外国专家局政策法规司

2012年8月6~11日,中国政府"友谊奖"获奖专家休假活动在新疆维吾尔自治区举行期间,上海纽约大学美方校长杰弗里·雷蒙与哈萨克族姑娘共舞

2012年7月19日,国家外国专家局为日本专家山村晃一先生补发2009年度中国政府"友谊奖"

国家外国专家局经济技术专家司

2012年9月12日,国家外国专家局局长张建国(前排右八)、副局长陆明(前排右五)等出席中德风电人才培养十周年总结大会暨2012年中德风电技术高峰论坛

2012年11月20日,国家外国专家局局长张建国(左二)、副局长陆明(右一)出席2012杨凌国际合作周开幕式暨现代农业高端论坛

2012年9月9日,国家外国专家局副局长陆明(左二)等参观全国引智基地成果展

2012年8月30日,引进国外技术、管理人才项目工作会议在福建省福州市召开

国家外国专家局教科文卫专家司

2012年3月19日，国家外国专家局局长张建国（左一）等会见美国科罗拉多前州长瑞特及州立大学代表团

2012年6月28日，国家外国专家局副局长李兵（右四）出席第四期重点聘请外国文教专家资格单位外事处长交流培训班

国家外国专家局教科文卫专家司

2012年10月30日，国家外国专家局教科文卫专家司与外国专家张多雷（左一）、魏让方（左二）座谈交流

2012年6月2日，东南大学邀请三位诺贝尔经济学奖获得者参加110周年校庆大型学术活动

2012年7月26日，国家外国专家局局长张建国（右五）、副局长孙照华（右四）等出席"创新人才推进计划优秀人才出国（境）培训合作备忘录"签字仪式

2012年6月26日，副局长孙照华（前左）代表国家外国专家局与美国乔治城大学签署合作备忘录

国家外国专家局出国培训管理司

2012年3月24~25日，国家外国专家局"2012年度出国（境）培训项目对接会"在山东省济南市召开

2012年2月25日，国家外国专家局出国培训管理司与新西兰教育参赞会谈合影

国家外国专家局离退休干部办公室

2012年1月6日,国家外国专家局局长张建国(右三)走访看望老红军陈旭东

2012年7月16日,国家外国专家局离退休党支部学习组成立,副局长李兵(前左二)出席成立仪式并向离退休老干部赠书《百名专家谈人才》

国家外国专家局离退休干部办公室

2012年7月16日,国家外国专家局离退休党支部书画组成立,副局长李兵(左四)出席成立仪式

2012年1月13日,国家外国专家局举办离退休干部新春联欢会

国家外国专家局机关服务中心

2012年1月18日，国家外国专家局副局长李兵（右三）检查全局安全工作

2012年3月1日，国家外国专家局副局长孙照华（左七）出席机关服务中心年终总结会

国家外国专家局机关服务中心

第九届中美工程技术研讨会期间，国家外国专家局副局长刘延国（前排中）与负责接待工作的北京外国专家大厦工作人员合影

2012年6月18日，北京外国专家大厦举行开业十周年员工大会

中国国际人才交流协会

2012年4月9日，国家外国专家局局长张建国（前排左七）、副局长孙照华（前排右七）、副局长刘延国（前排左五）等会见白俄罗斯大学校长访华团

2012年12月18日，国家外国专家局副局长孙照华（右四）、副局长刘延国（右六）等出席耶鲁大学高级访问研修项目学员交流会

中国国际人才交流协会

2012年6月26日，国家外国专家局副局长刘延国（左）为美国发现金融服务公司董事长兼首席执行官聂大威（David W. Nelms）颁发"马可·波罗奖"

中国政府机构公务员培训团赴美国斯坦福大学商学院培训

2012年3月7日,国家外国专家局与香港新世界发展有限公司共同设立的"海外高层次人才交流基金—社会管理专项"举行记者见面会。国家外国专家局局长张建国(右一)等回答记者提问

2012年12月11日,国家外国专家局副局长孙照华(后排右四)、副局长陆明(后排右三)出席"中国新兴产业国际人才发展基金"签字仪式

中国国际人才交流基金会

2012年GLM国际物流师资格认证项目工作年会

基地建设与发展指导委员会专家考察国家集成电路人才国际培训（大连）基地

2012年7月26日,国家外国专家局副局长陆明(左三)、AMA执行总裁邓勒普(左二)、AMA主席鲁宾斯坦(左四)、BMI总裁肯恩(左一)共同为"中美国际市场与营销知识体系研发中心"揭牌

项目管理·深圳论坛

国家外国专家局培训中心

2012年12月2日，国家外国专家局培训中心与美国管理会计师协会续签第二轮合作协议

发展中国家政府官员在中国接受农业管理培训

国家外国专家局国外人才信息研究中心

2012年4月16日,国家外国专家局局长张建国(右)在北京会见俄罗斯信息安全专家尤金·卡巴斯基

2012年9月6日,国家外国专家局"两刊"、"两网"引智宣传工作会议在甘肃召开,图为引智宣传工作先进单位颁奖现场

国家外国专家局国外人才信息研究中心

在2012年4月30日举行的"我与外教"全国征文大赛颁奖活动上,外国专家艾德文为获奖作者颁发证书

在北京、上海、广州举行外籍人才招聘会

China Overseas Expertise
Introduction Yearbook (2013)

中国引进国外智力年鉴

· 2013 卷 ·

中华人民共和国国家外国专家局 编

· 广州 ·

版权所有　翻印必究

图书在版编目（CIP）数据

中国引进国外智力年鉴·2013卷/中华人民共和国国家外国专家局编.—广州：中山大学出版社，2014.9

ISBN 978－7－306－05053－3

Ⅰ.①中… Ⅱ.①中… Ⅲ.①人才引进—中国—2013—年鉴 Ⅳ.①C964.2－54

中国版本图书馆CIP数据核字（2014）第228354号

出版人：	徐　劲
策划编辑：	曾育林
责任编辑：	曾育林
封面设计：	林绵华
责任校对：	三　原
责任技编：	黄少伟
出版发行：	中山大学出版社
电　　话：	编辑部 020－84111996，84113349，84111997，84110779
	发行部 020－84111998，84111981，84111160
地　　址：	广州市新港西路135号
邮　　编：	510275　　传　真：020－84036565
网　　址：	http://www.zsup.com.cn　　E-mail：zdcbs@mail.sysu.edu.cn
印　刷　者：	佛山市浩文彩色印刷有限公司
规　　格：	889mm×1194mm　1/16　49.5印张　890千字　彩插38页
版次印次：	2014年9月第1版　2014年9月第1次印刷
定　　价：	488.00元

如发现本书因印装质量影响阅读，请与出版社发行部联系调换

《中国引进国外智力年鉴》
编辑委员会成员

主　任：张建国

副主任：孙照华　陆　明　刘延国　张亚力

成　员：彭启明　高　翔　袁旭东　韦大玮　夏鸣九　聂　飙
　　　　刘亚辉　柳忠三　刘永志　苏光明　陈化北　陈　蓓
　　　　袁　鹰　王中群　石通兆　谭　源　刘恩平　王义东
　　　　于建军　张延峰　马景恒　徐宏光　吕鹏飞　黄渭茂
　　　　姚　莉　吴　瑕　厉　勇　王新龙　蔡捷敏　刘光明
　　　　叶金山　邱太厦　裴　菲　刘　杰　张　宾　于炳波
　　　　郭成全　吴建民　安卫东　周立红　劳帜红　李伟雄
　　　　吴邑文　苏才放　潘志金　李　强　徐平福　雷　虹
　　　　魏占权　陈培俊　董青阁　雷耀堂　邓谷斌　缑维藩
　　　　马继凯　杨　磊　韩　成　窦同军

《中国引进国外智力年鉴》
编辑部成员

主　　　编：刘延国
副　主　编：彭启明　袁旭东　韦大玮　夏鸣九　聂　飙
　　　　　　刘永志　苏光明　柳忠三　高　翔
执行副主编：陈化北　梁伯枢
责 任 编 辑：钮海燕　缪未雨
编　　　辑：王　泱　吕　璞　魏启凤

编辑说明

一、《中国引进国外智力年鉴》是我国引进国外智力工作综合性、史料性的工具书，主要收录每年度全国引进国外智力工作重要活动、文献、资料及相关数据，系统、全面记录我国引进国外智力工作的历史进程，客观展示引进国外智力工作成就、经验以及面临的挑战。是为党政机关领导干部和各部门工作人员，引进国外智力系统工作者，大专院校、企事业单位、驻外使领馆等从事人力资源管理和国际交流合作的从业人员，国内从事引进国外智力和国际人才交流研究，国外对中国引进国外智力工作感兴趣的机构及研究人员提供参考和资料信息服务的工具书。

二、《中国引进国外智力年鉴·2013卷》全书分文献卷、工作卷、附录三部分。内容包括：2012年重要引智活动、引智工作法规政策文件；2012年引智工作（包括引进专家、出国培训、国际交流合作及对外渠道拓展）基本情况；重点引智项目及管理措施；引智成果及推广经验；2012年重点调研课题以及对引智新举措、新思路研究分析。

三、《中国引进国外智力年鉴·2013卷》除了重要活动、文献外，还特设国家外国专家局引智工作、国务院相关部委及直属事业单位引智工作、部分国有企业单位引智工作、地方引智工作、调研报告、大事记和国家外国专家局、各地方引智机构人员名录等栏目，全方位介绍从中央到地方的引进国外智力工作。

《中国引进国外智力年鉴·2013卷》的编辑出版是在全国引进国外智力系统的共同努力下完成的，得到了各有关部门和单位的大力支持。在此，谨表诚挚的感谢。因水平所限，纰漏与不足在所难免，恳请广大读者批评指正。

《中国引进国外智力年鉴》编辑部
2014年8月

目 录

文 献 卷

第一编　党和国家领导人有关引智工作的讲话及活动报道 …………………… 3

胡锦涛　坚定不移沿着中国特色社会主义道路前进　为全面建成小康社会而奋斗
　　　　——在中国共产党第十八次全国代表大会上的报告（节选） ……… 5

习近平　同外国专家代表座谈 ………………………………………………………… 6

习近平　在深圳考察纪实（节选） …………………………………………………… 8

习近平　讲述一个中美友好交往的故事 …………………………………………… 10

温家宝　政府工作报告
　　　　——2012年3月5日在第十一届全国人民代表大会第五次
　　　　　会议上（节选） ………………………………………………………… 12

温家宝　出席外国专家座谈会 ……………………………………………………… 13

温家宝　会见2012年度中国政府"友谊奖"获奖专家 …………………………… 14

李克强　欧洲之旅的民间外交 ……………………………………………………… 15

李源潮　中国也有一个可以追求的梦 ……………………………………………… 18

马　凯　在2012年度中国政府"友谊奖"颁奖大会上的讲话 ………………… 20

第二编　人力资源和社会保障部部长讲话 …………………………………… 23

尹蔚民　深入贯彻落实党的十八大精神　努力开创人力资源和社会保障事业
　　　　科学发展新局面
　　　　——在全国人力资源和社会保障工作会议暨先进集体、先进工作者
　　　　　表彰大会上的讲话（节选） ………………………………………… 25

第三编　国家外国专家局领导讲话 …………………………………………… 29

张建国　在全国引进国外智力工作会议上的讲话 ………………………………… 31

张建国　在国家外国专家局与云南省政府《关于引进国外智力支持云南桥头堡
　　　　建设合作框架协议》签约仪式上的致辞 …………………………… 45

张建国	在国家外国专家局与贵州省政府《关于引进国外智力支持贵州经济社会又好又快发展合作框架协议》签约仪式上的致辞	47
张建国	在第9届中美工程技术研讨会全体会议上的讲话	49
张建国	在高端外国专家座谈会上的讲话（哈尔滨）	51
张建国	在2012年东北地区和内蒙古引智协作会议上的讲话	53
张建国	在国家外国专家局年中务虚会上的讲话（摘要）	55
张建国	在百名外国专家新疆行暨引智成果援疆周活动开幕式上的讲话	63
张建国	在高端外国专家座谈会上的讲话（重庆）	66
张建国	在2012"千人计划"太湖峰会·专家恳谈交流会上的讲话	68
张建国	在中德风电人才培养10周年总结大会上的致辞	70
张建国	在"中国福州海西引智试验区"揭牌仪式上的致辞	72
张建国	在国家外国专家局与工业和信息化部《关于引进国外智力加快推进工业转型升级合作框架协议》签约仪式上的讲话	74
张建国	在2012杨凌现代农业高端论坛上的演讲	76
张建国	在2012中国国际人才交流大会暨深圳论坛上的致辞	79
李 兵	在海峡两岸人力资源开发与交流研讨会上的讲话	82
李 兵	在第4期全国重点聘请外国文教专家资格单位外事处长交流培训班上的讲话（摘要）	84
孙照华	在全国出国培训备选人员外语考试（BFT）专家委员会成立大会上的讲话	91
孙照华	在2012年出国（境）培训项目对接会上的讲话（摘要）	94
孙照华	在出国（境）培训工作管理暨持证上岗培训会议上的讲话（摘要）	100
孙照华	干部培训是建立市场经济体制的重要保障	105
孙照华	引智要为农业发展作出新贡献	108
孙照华	引智在助推西部地区实现跨越式发展中的重要作用	110
陆 明	在发展中国家智力引进与农业产业化发展官员研修班结业典礼上的致辞	113
陆 明	在2012中国·白城农业科技创新国际合作会议开幕式上的致辞	115
陆 明	在引进国外技术管理人才项目工作会议上的讲话（摘要）	117
陆 明	在国家引进国外智力成果示范推广基地工作会议上的讲话	128
陆 明	在2012年国家软件与集成电路人才国际培训基地工作会议上的讲话	133
刘延国	在2012年中国政府"友谊奖"工作座谈会上的讲话（摘要）	138

刘延国	在中国国际人才市场2012年工作会议上的讲话	144
刘延国	在第2届中国人才发展论坛·海归、海外人才论坛上的演讲	147
刘延国	在国际猎头发展高峰报告会暨中国高端人才引进交流会上的致辞	151
刘延国	在"两刊"、"两网"引智宣传工作会议上的讲话（摘要）	153

第四编　国家外国专家局有关司室、事业单位领导的发言　157

韦大玮	在"两刊"、"两网"引智宣传工作会议上的总结发言	159
袁旭东	在外国专家组织工作会议上的发言（摘要）	161
夏　兵	在全国外国文教专家管理工作会议上的发言	163
崔长征	在2012年出国（境）培训项目对接会上的发言（摘要）	169
彭启明	在国家外国专家局新农村建设培训班开班仪式上的发言（摘要）	171
聂　飙	在2012年"外专千人计划"申报部署会议上的发言	173
苏光明	把握老年心理，助力老干部工作	176
柳忠三	引智工作面临的新形势和新挑战	178
白继迅	在2012年国际职业资格认证项目特许机构年会上的发言（摘要）	180
陈化北	在"两刊"、"两网"引智宣传工作会议上的发言	183

第五编　引智工作法规和政策文件　187

中华人民共和国出境入境管理法　189
中共中央组织部、人力资源和社会保障部、公安部等25部门关于印发《外国人
　在中国永久居留享有相关待遇的办法》的通知　204
外国人在中国永久居留享有相关待遇的办法　205
中共中央组织部、人力资源和社会保障部、外交部、公安部、国家外国专家局
　关于为外籍高层次人才来华提供签证及居留便利有关问题的通知　207
国家外国专家局、国家发展和改革委员会、科学技术部、公安部、人力资源和
　社会保障部、外交部、教育部关于印发《〈国家引进国外智力"十二五"
　规划〉主要目标和任务工作分工方案》的通知　210
《国家引进国外智力"十二五"规划》主要目标和任务工作分工方案　211
2012年引进国外智力工作要点　218
2011年度国家引进国外智力成果示范推广基地及示范单位年审工作情况通报　225
关于印发《国家外国专家局关于加强党的纯洁性实施意见》的通知　236
关于因公出国（境）培训人员购买境外保险的意见　239

关于印发《2012年引进国外智力宣传工作要点》的通知 …………………… 240

关于2011年度全国外国文教专家聘请单位年检工作情况的通报 …………… 244

关于印发《中国国际人才市场管理办法（试行）》的通知 …………………… 246

关于印发《"千人计划"高层次外国专家长期项目工薪补助办法（暂行）》的
　通知 ………………………………………………………………………………… 248

关于进一步加强引智项目和经费管理工作的通知 ………………………………… 257

国家外国专家局关于印发突发事件应急工作预案的通知 ………………………… 260

国家外国专家局关于印发《"外专千人计划"科研经费补助管理办法》的通知
　……………………………………………………………………………………… 274

关于变更BFT考试中文名称的通知 ……………………………………………… 277

关于授予中国人民武装警察部队特种警察学院国家引进国外智力成果示范推广
　基地的决定 ……………………………………………………………………… 278

国家外国专家局关于授予50名外国专家2012年度中国政府"友谊奖"的
　决定 ……………………………………………………………………………… 279

国家外国专家局关于在福建省福州市建立"中国福州海西引智试验区"的批复
　……………………………………………………………………………………… 280

关于印发《国家软件与集成电路人才国际培训基地管理办法》的通知 ……… 282

国家外国专家局关于印发《关于出国（境）培训材料审核工作人员实行
　持证上岗的意见》的通知 ……………………………………………………… 295

关于命名2012年国家引进国外智力成果示范推广基地和国家引进国外智力
　示范单位的通知 ………………………………………………………………… 298

2012年引进国外智力工作总结 …………………………………………………… 301

国家外国专家局、财政部关于调整中长期出国（境）培训人员费用开支标准的
　通知 ……………………………………………………………………………… 312

国家外国专家局2012年扶贫工作总结 …………………………………………… 315

关于在山东省日照市建立"中国蓝色经济引智试验区"请示的批复 ………… 318

关于转发第一批"外专千人计划"入选专家名单的通知 ……………………… 319

关于印发《国家外国专家局2012年重点课题调研工作方案》的通知 ……… 320

关于外国文教专家聘请资格单位组织英语类外教使用外国文教专家测评系统的
　通知 ……………………………………………………………………………… 323

关于加强引进国外技术、管理人才项目管理的通知 …………………………… 325

关于印发《出国（境）培训团组国内预培训及回国总结经费管理办法（试行）》的
　通知 ……………………………………………………………………………… 327

关于印发"引智试验区"工作方案的通知 ……………………………………… 329

关于切实做好2012年政务公开工作的通知 …………………………………… 332
关于解决长期在华工作的外国专家配偶生活待遇问题的通知 ……………… 335
关于进一步加强相关审批事项和项目管理工作的通知 ………………………… 337
国家外国专家局2011年政府信息公开工作年度报告 ………………………… 340
关于报送《支持中关村人才特区建设2011年工作总结和2012年工作计划》的
　　函 …………………………………………………………………………… 343
关于报送2011年留学回国服务工作总结和2012年工作打算的函 …………… 345
国家外国专家局2011年对口支援新疆工作情况总结和2012年工作打算 …… 348

工 作 卷

第六编　国家外国专家局引智工作 ……………………………………… 355
办公室 ……………………………………………………………………… 357
政策法规司 ………………………………………………………………… 360
经济技术专家司 …………………………………………………………… 365
教科文卫专家司 …………………………………………………………… 368
出国培训管理司 …………………………………………………………… 374
机关党委 …………………………………………………………………… 379
"外专千人计划"专项办公室 ……………………………………………… 384
财务司 ……………………………………………………………………… 387
离退休干部办公室 ………………………………………………………… 390
机关服务中心 ……………………………………………………………… 392
中国国际人才交流协会办公室 …………………………………………… 398
中国国际人才交流基金会 ………………………………………………… 403
培训中心 …………………………………………………………………… 406
国外人才信息研究中心 …………………………………………………… 408

第七编　国务院相关部委及直属事业单位引智工作 …………………… 411
中央国家机关工作委员会 ………………………………………………… 413
国家发展和改革委员会 …………………………………………………… 415
科学技术部 ………………………………………………………………… 418
工业和信息化部 …………………………………………………………… 421
国家民族事务委员会 ……………………………………………………… 424
公安部 ……………………………………………………………………… 427

国土资源部	429
环境保护部	432
交通运输部	435
水利部	437
农业部	441
国务院国有资产监督管理委员会	444
国家质量监督检验检疫总局	447
国家安全生产监督管理局	449
国家统计局	453
国家林业局	456
中国银行业监督管理委员会	459
国家粮食局	462
新华通讯社	464
中国科学院	466

第八编　部分大型国有企业、高校引智工作　469

中国石油天然气集团公司	471
国家核电技术公司	474
中国商用飞机有限责任公司	477
华侨大学	481
暨南大学	485

第九编　地方引智工作　489

北京市	491
上海市	494
天津市	497
重庆市	502
河北省	504
山西省	506
内蒙古自治区	508
辽宁省	511
沈阳市	516
大连市	519
吉林省	522

长春市	524
黑龙江省	528
哈尔滨市	533
江苏省	535
南京市	539
浙江省	541
杭州市	543
宁波市	545
安徽省	547
福建省	550
厦门市	553
江西省	555
山东省	559
济南市	563
青岛市	565
河南省	567
湖北省	571
武汉市	575
湖南省	577
广东省	581
广州市	583
深圳市	585
海南省	587
广西壮族自治区	589
四川省	592
成都市	594
贵州省	596
云南省	600
西藏自治区	602
陕西省	604
西安市	608
甘肃省	609
宁夏回族自治区	614
青海省	616

新疆维吾尔自治区 …… 618
新疆生产建设兵团 …… 620

第十编　调研报告 …… 623

关于"外专千人计划"实施及配套政策落实情况的调研报告
…… 国家外国专家局"外专千人计划"调研组　625

关于外国文教专家分类管理及中介机构管理的调研报告
…… 国家外国专家局外国文教专家分类管理及中介机构管理调研组　633

关于起草《开发利用国外智力资源办法》的调研报告
…… 国家外国专家局起草《开发利用国外智力资源办法》调研组　637

关于引智成果共享体系建设的调研报告
…… 国家外国专家局引智成果共享体系建设调研组　644

关于外国专家来华工作管理立法的调研报告
…… 国家外国专家局外国专家来华工作管理立法调研组　650

第十一编　大事记 …… 655

附　录

第十二编　国家外国专家局机构设置及人员名录 …… 703

第十三编　国家外国专家局直属事业单位简介及人员名录 …… 713

第十四编　中国国际人才交流协会驻外机构人员名录 …… 721

第十五编　2012年度国家外国专家局工作人员及直属事业单位领导职务任免一览 …… 725

第十六编　地方引智机构设置及领导名录 …… 731

文献卷

中国引进国外智力年鉴·2013卷

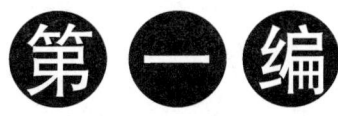

党和国家领导人有关引智工作的讲话及活动报道

坚定不移沿着中国特色社会主义道路前进 为全面建成小康社会而奋斗

——在中国共产党第十八次全国代表大会上的报告（节选）

中共中央总书记　胡锦涛
（2012年11月8日）

——要坚持走中国特色自主创新道路，以全球视野谋划和推动创新，提高原始创新、集成创新和引进消化吸收再创新能力，更加注重协同创新。

——提高利用外资综合优势和总体效益，推动引资、引技、引智有机结合。加快走出去步伐，增强企业国际化经营能力，培育一批世界水平的跨国公司。

——扩大文化领域对外开放，积极吸收借鉴国外优秀文化成果。

——我们将扎实推进公共外交和人文交流，维护我国海外合法权益。我们将开展同各国政党和政治组织的友好往来，加强人大、政协、地方、民间团体的对外交流，夯实国家关系发展社会基础。

——统筹推进各类人才队伍建设，实施重大人才工程，加大创新创业人才培养支持力度，重视实用人才培养，引导人才向科研生产一线流动。充分开发利用国内国际人才资源，积极引进和用好海外人才。加快人才发展体制机制改革和政策创新，建立国家荣誉制度，形成激发人才创造活力、具有国际竞争力的人才制度优势，开创人人皆可成才、人人尽展其才的生动局面。

习近平　同外国专家代表座谈

新年即将来临。中共中央总书记习近平于2012年12月5日在人民大会堂同在华工作的外国专家代表亲切座谈。

来自16个国家的20位外国专家参加了座谈，习近平同他们一一握手，互致问候。习近平对专家们说，大家长期在中国工作，为中国发展进步作出了重要贡献。我要向你们，并通过你们向关心和支持中国现代化建设的各国朋友表示诚挚的感谢。孔子说："三人行，必有我师焉。"我今天来同大家座谈，主要是想听听大家的看法和建议。

接下来，几位外国专家代表发言。他们对习近平总书记在中共十八大后不久邀请他们参加座谈会表示高兴，认为这充分体现了中国党和政府坚持改革开放、加强中外合作的决心和愿望，感谢中方为他们提供了良好工作和生活环境，愿为中国现代化建设作出更大贡献。西班牙工商管理专家、中欧国际工商学院欧方院长雷诺建议，在发展中鼓励企业创新，促进风险资本发展；鼓励中外青年学生交流，培养更多具有国际视野的人才。德国应用化学专家、中国科技大学教授凯瑟琳娜建议，提供良好的体制和学术环境，促进多学科交流融合，鼓励青年求真务实，独创研究，加快创新型国家建设。美国飞行器降噪工程技术专家、中国商用飞机有限责任公司资深工程师谢里建议，全社会树立环保意识，每个公民以身作则，推动大学课程和产业接轨，推动科技成果转化。保加利亚农学家、山东省烟台市农业科学研究院主任布拉高夫表示，愿帮助中国培育更多更好的水果品种，使中国农产品更多地进入国际市场。

在听取专家们发言后，习近平发表讲话。习近平说，专家们的意见和建议很有见地，也很中肯，听了很受启发，我们将认真研究。

习近平说，中国共产党第十八次全国代表大会明确了中国今后发展的奋斗目标。实现这些目标，任重而道远，需要我们付出长期的艰苦努力。中国是个负责任国家，我们要努力把自己的事情办好，同时也要处理好中国和外部世界的关系，既争取更加有利的外部环境，也努力为世界和平与发展作出更大贡献。

习近平说，我们的事业是得到世界人民支持的事业。要实现我们的奋斗目标，根本要靠中国人民艰苦奋斗，同时也需要世界各国人民理解和支持。

在中国革命的峥嵘岁月里，白求恩、斯诺、柯棣华等国际友人为中国人民解放事业作出了重要贡献，有的甚至献出了宝贵生命。中华人民共和国成立后，大批外国专家投身中国建设事业，为中国各方面建设作出了积极贡献。中国改革开放事业取得的巨大成就，外国专家们功不可没。"国之交在于民相亲。"国与国友好的基础是否扎实，关键在于人民友谊是否深厚。包括外国专家在内的国际友人，对促进中外交流合作发挥着重要桥梁和纽带作用。

习近平说，我们的事业是向世界开放学习的事业。关起门来搞建设不可能成功。我们要坚持对外开放的基本国策不动摇，不封闭、不僵化，打开大门搞建设、办事业。"满招损，谦受益。"中国已经取得举世瞩目的发展成就，但我国仍是一个发展中国家，仍然面临一系列严峻挑战，还有许多需要面对和解决的问题。我们既不妄自菲薄，也不妄自尊大，更加注重学习吸收世界各国人民创造的优秀文明成果，同世界各国相互借鉴、取长补短。我们欢迎外国专家和优秀人才以各种方式参与中国现代化建设，一如既往支持大家来中国创业和发展。

习近平说，我们的事业是同世界各国合作共赢的事业。国际社会日益成为一个你中有我、我中有你的命运共同体。面对世界经济的复杂形势和全球性问题，任何国家都不可能独善其身、一枝独秀，这就要求各国同舟共济、和衷共济，在追求本国利益时兼顾他国合理关切，在谋求本国发展中促进各国共同发展，建立更加平等均衡的新型全球发展伙伴关系，增进人类共同利益，共同建设一个更加美好的地球家园。中国走的是和平发展道路，中国的发展不是自私自利、损人利己、我赢你输的发展，对他国、对世界绝不是挑战和威胁。中国决不会称霸，决不搞扩张。中国越发展，对世界和平与发展就越有利。中国不仅是合作共赢的积极倡导者，更是合作共赢的切实践行者。中国扎实推进同各国的务实合作，坚持向发展中国家提供力所能及的帮助。

最后，习近平向外国专家致以新年祝福，表示我们不会忘记外国专家为中国发展进步所作的贡献和对中国人民的情谊。我们将继续创造条件，让大家在中国工作生活得更舒心、更安心。今后我们愿以各种形式继续同大家进行交流。

马凯、赵乐际、栗战书、戴秉国、张志军、谢旭人、尹蔚民、王志刚、肖亚庆、孙志刚、杜占元、张昆生，以及国家外国专家局张建国、孙照华、陆明、刘延国等领导同志参加上述活动。

（据新华网北京2012年12月5日电）

习近平 在深圳考察纪实（节选）

2012年12月7日至8日，深圳人民迎来了中共中央总书记、中央军委主席习近平。这是习近平当选中共中央总书记后首次离京到地方考察。

（7日下午）离开前海，习近平赶往光启高等理工研究院。

"为什么叫光启？"习近平问光启研究院院长刘若鹏。

"我们是以明代科学家徐光启名字命名的，立志要为中华科技复兴而努力。"刘若鹏回答。目前，光启已有来自全世界近40个国家和地区的近300名外国专家。光启是一个年轻人的团队，在职员工中95%都是35岁以下的，科研人员占比超过80%。

刘若鹏的介绍赢得大家一阵热烈的掌声。

光启研究院成立于2010年7月，重点研究超材料等未来核心尖端技术，致力在全球率先创造超材料产业，目前已申请了近1700件底层专利，占全球超材料相关领域知识产权的80%。其首创的超薄超材料卫星天线等相关民用技术已部分实现了产业化，进入应用领域，做成年画贴在北京郊区数百户农户墙上当天线用。

"我是第一次到光启研究院来。看到你们的科研成果，听了你们的情况介绍，特别是看到朝气蓬勃、充满青春活力的创业团队，感到非常高兴，印象非常深刻。"在接见光启创新团队时，习近平着重讲到了广聚人才、创新发展。

习近平说，一个国家的强盛，国力的竞争，归根结底是人才的竞争。哪个国家拥有人才优势，最后就会拥有实力上的优势。

我们国家要走创新发展之路，首先要重视创新人才的聚集，应该"择天下英才而用之"。在如何培养、使用、吸引人才方面，我们既要充分运用好、发挥好现有人才资源的作用，也要敞开大门招四方之才，吸引国际上的人才。

习近平说，在改革开放的年代，在新时期，你们为了实现中华民族伟大复兴的同样目的，为了实现伟大的中国梦，回到祖国，回到深圳，致力于创新创业，而且脚踏实地在这里起步、在这里发展，我看了很欣慰。希望你们的事业不断发展，不断创造新业绩。

习近平肯定深圳有这么多的创业团队、优秀企业家和年轻的创业人才，要求深圳继续探索如何更好地凝聚人才、发挥人才作用的体制机制，完善政策，进一步调动创新创业人才的积极性，为深圳特区的进一步发展，为广东省的发展，为全国全面建成小康社会和现代化事业作出新贡献。

（据2012年12月14日《深圳特区报》）

习近平　讲述一个中美友好交往的故事

对于大多数中国人来说，"鼓岭"可能是个陌生的地名。但对曾经在20世纪初生活在中国的美国人密尔顿·加德纳而言，这个位于福建省福州市山间的旧地却凝结着他最快乐的童年时光。

15日，华盛顿万豪饭店马歇尔厅，灯光熠熠。美国友好团体在这里举行午宴，欢迎习近平副主席到访美国。演讲过程中，习近平向中美来宾生动讲述了一段中美友好交往的佳话。

1992年春天，在福建省福州市担任市委书记的习近平，从报纸上看到一篇题为《啊！鼓岭》的文章，讲述了一对美国夫妇对中国一个叫"鼓岭"的地方充满眷念与向往，渴望故地重游而未能如愿的故事。

文中主人公密尔顿·加德纳生前是美国加州大学物理学教授。1901年随父母来到中国，曾经在福州鼓岭度过10年快乐的岁月。1911年，加德纳全家迁回美国加州。他始终保持着中国的饮食习惯，最大的心愿就是能再回到儿时的中国故园，但终因种种原因而未能如愿。临终前，他仍不断念叨着"Kuling，Kuling"。加德纳夫人不知丈夫所说的"Kuling"在什么地方。但为了实现丈夫魂牵梦萦了一生的心愿，她多次到中国寻访，但由于不知鼓岭的确切位置无果而返。后来，一位海外学子得知了这件事，帮助加德纳夫人弄清楚"Kuling"就在中国福州。

看完这个催人泪下而又让人感到遗憾的感人故事，习近平放下报纸，马上指示有关部门与加德纳夫人取得联系，热情邀请她访问鼓岭。

1992年8月，这个有点遗憾的故事终于有了美好的结局。加德纳夫人从旧金山转道北京抵达福州。习近平和加德纳夫人相聚在福州，虽是初次见面，却如故友相逢。在习近平安排下，加德纳夫人来到丈夫生前念兹在兹的鼓岭，亲眼看到那个美丽的地方，看到丈夫儿时曾徜徉其间的空濛云雾、滴翠青山。

"那天，鼓岭有9位年届九旬的加德纳儿时的玩伴，同加德纳夫人围坐在一起畅谈往事，令她欣喜不已。"700多名来自中美政商各界的来宾，听着习近平的娓娓讲述，都被这个故事深深打动。

"我相信，像这样感人至深的故事，在中美两国人民中间还有很多很多。我们应该进一步加强中美两国人民的交流，厚植中美互利合作最坚实的民意基础。"习近平讲述的这段中美友谊的佳话赢得在场来宾的热烈掌声。

今天,在关心中美关系发展的各界朋友欢聚一堂、畅叙友情的时刻,习近平还特意引用了以下一组有说服力的数据,表明中美关系发展的广度和深度:

——同40年前中美重启关系时相比,同20年前加德纳夫人重返中国时相比,中美之间的人员往来飞速增长。每年有300多万人飞越太平洋,穿梭在中美之间,从事各种活动和交往。

——"中美已建立38对友好省州和176对友好城市"。

——"当前,中方正在加大力度实施'三个一万'项目,即4年内为万名美国大学生来华留学提供奖学金、'汉语桥'万人来华研修、公派万人赴美攻读博士学位。美国政府也正在积极实施'十万人留学中国计划'。"

……

这预示着中美地方合作前景广阔,人文交流后继有人。

国之交在民相亲,民相亲在心相通。两国人民中发生的这些感人事,如串串音符,汇成中美交往的宏阔乐章,在大洋两岸回响。

"我希望两国有更多的各界人士共同加入到中美友好事业中来,顺势而为、乘风破浪,抓住机遇、加强交流,增进互信、深化合作,把中美合作伙伴关系不断推向前进!"习近平演讲刚一结束,现场就响起了长时间、热烈的掌声。

(据新华网华盛顿2012年2月15日电)

政府工作报告

——2012年3月5日在第十一届全国人民代表大会第五次会议上（节选）

国务院总理　温家宝

——全面加强人才工作。深化人才体制改革，大力培养造就高水平创新创业人才、青年人才和急需紧缺人才，引进高层次人才。完善人才培养、任用、评价、激励机制。努力营造人才辈出、人尽其才、才尽其用的良好社会环境。

——提高文化产业规模化、集约化、专业化水平，推动文化产业成为国民经济支柱性产业。深入开展对外人文交流，促进中外文化相互借鉴。

温家宝 出席外国专家座谈会

新春佳节临近，中共中央政治局常委、国务院总理温家宝于2012年1月12日下午在人民大会堂会见了外国老专家和在华工作的优秀外国专家代表以及他们的亲属，与他们亲切座谈。

人民大会堂东大厅洋溢着节日的喜庆气氛。20多位外国专家及其亲属参加了座谈会。维克托维奇、桑顿、米勒、雷蒙等4位外国专家代表先后发言，感谢中国政府对外国专家在工作和生活上给予的关心和帮助，并对中国经济建设和社会发展提出了意见和建议。

在听取专家发言后，温家宝代表党中央、国务院向所有在华工作的外国专家及其家人致以节日的祝福。

温家宝说，刚刚过去的2011年是不平凡的一年。在复杂严峻的国际形势下，中国经济继续保持平稳较快发展，物价较快上涨势头得到控制，改革开放迈出新的步伐，人民生活水平进一步提高，这些成绩来之不易。中国的发展进步，与外国专家和国际友人的积极参与和大力支持密不可分。

温家宝指出，当前中国经济正处于快速发展和转型升级的重要阶段。中国经济的增长动力，越来越依靠科技进步和管理创新，依靠高素质的人才队伍。中国将实行更加开放的人才政策，大力培养和广泛延揽各类人才。我们要通过扩大对外开放，开展广泛的国际交流与合作，学习借鉴人类优秀文明成果，引进吸收国外先进的科学技术和管理经验，提高中国人才队伍的素质和科技创新水平，促进调整经济结构和转变发展方式。

温家宝强调，我们热忱欢迎世界各国优秀人才来中国发展创业，分享中国发展的机遇。有关部门和地方人民政府要为外国专家创造更好的工作和生活条件，让新老外国专家在中国生活愉快，心情舒畅，开创事业，实现理想。

参加会见的还有中共中央政治局委员、国务院副总理张德江，中共中央书记处书记、中央办公厅主任令计划，国务委员兼国务院秘书长马凯，国务委员戴秉国等。

（据新华网北京2012年1月12日电）

温家宝 会见 2012 年度中国政府"友谊奖"获奖专家

国务院总理温家宝于 2012 年 9 月 29 日下午在人民大会堂亲切会见了荣获 2012 年度中国政府"友谊奖"的外国专家以及他们的亲属。温家宝代表中国政府和人民向获奖外国专家表示热烈的祝贺，对他们为中国经济发展和社会进步作出的突出贡献表示感谢，并向在华工作的全体外国专家和国际友人及其亲属表示问候。

温家宝说，积极引进国外智力和人才，是中国改革开放政策的重要组成部分。近十年来，中国引进国外智力工作成效显著：聘请外国专家数量逐年增多，服务管理水平不断提高，创新创业环境不断改善，国际合作领域日益扩大。中国引进国外智力事业已深入各行各业，不仅造福于中国人民，也为世界各国与中国的人才、智力合作交流提供了更多的机遇。我们真诚欢迎外国专家和优秀人才以各种方式参与中国的现代化建设，将一如既往地支持他们来中国创业和发展。我们将进一步完善有关政策法规，改善来华外国专家的工作条件和生活条件，依法保护外国专家的合法权益，使外国专家在中国能够发挥专长，开拓事业，实现人生理想。

温家宝强调，当今世界，和平、发展、合作是不可阻挡的时代潮流。中国是世界上最大的发展中国家，也是促进世界和平与发展的重要力量。中国将坚定不移地走和平发展道路，坚持对外开放的基本国策，学习借鉴世界优秀文明成果，加强与各国的友好交流与合作。中国的发展、进步必将为人类作出更大的贡献。

中国政府"友谊奖"是为在经济建设和社会发展中作出突出贡献的外国专家设立的。本年度获得中国政府"友谊奖"的 50 名外国专家来自 22 个国家。自 1991 年以来，共有来自 65 个国家的 1249 名外国专家获得中国政府"友谊奖"。

国务委员兼国务院秘书长马凯参加会见。

（据新华网北京 2012 年 9 月 29 日电）

李克强　欧洲之旅的民间外交

2012年4月26日至5月4日,中国国务院副总理李克强应邀对俄罗斯、匈牙利、比利时及欧盟总部进行正式访问。从在莫斯科会见中俄友好人士代表、会见"二战"老战士,到在莫斯科大学演讲,从在布达佩斯参观中匈双语学校,到在布鲁塞尔专程赴比中经贸委副主席李德汉家中做客,频密的人文交流活动堪称此访的"画龙点睛"之笔。

场景一

4月26日下午5点整,总统饭店白厅。李克强首次对俄罗斯进行正式访问的第一场活动就是会见中俄友好人士代表。他们当中既有86岁高龄的俄罗斯著名汉学家、莫斯科大学亚非学院教授沃斯克列先斯基,俄中友协第一副主席库利科娃,中俄友协会长陈昊苏,又有中国人唱俄语歌大赛获奖者、中国姑娘许璐,"汉语桥"世界中学生中文比赛获奖者、年仅19岁的俄罗斯大学生马尔科夫斯卡娅。在座的"老字辈"友好人士都是中俄传统友谊的见证者——著名俄苏文学翻译家、作家和画家高莽与俄中友协第一副主席库利科娃相识已逾50年,从前苏联到俄罗斯,两人经历了各自国家翻天覆地的变化,感受到其中的欢乐和苦难,高莽认为"有一点没有变,即深埋在两国人民心中的友好感情"。库利科娃更直言,自己一辈子都在做俄中友好的工作。

"从你们的经历当中就可以反映出中俄友谊交往之深厚、之久远。无论是中苏关系出现过困难和曲折的时期,还是今天中俄关系进入历史上最好的时期,在座的各位以及你们所代表的中俄友好人士都在倾力呵护、推进和发展中俄友谊。"李克强说。

"我对你们,对所有为中俄友谊贡献力量,为中俄友谊的大厦添砖加瓦的人士,特别是长期以来矢志不渝维护中俄友好的人士表示衷心的感谢。你们在座的人并不多,但你们所代表的是成千上万,成万上亿。"李克强说。

在这成万上亿的人中间,有不少是致力于中俄友好的新一代人。在场的莫斯科大学创新商务高校教研室副主任福尔特金娜就是其中之一,她是已故俄著名桥梁专家、武汉长江大桥苏联援华专家组组长西林的孙女。甚至"80后"、"90后"新一代人也不乏其人。莫斯科国际关系学院大一学生马尔科夫斯卡娅中学时曾到过中国,被中华文化与建筑深深吸引,自此喜欢上这个国度,在校期间也在努力学习中文,想更深入地了解中国。

事实上,在俄罗斯,了解中国的年轻人正越来越多。据汉学家沃斯克列先斯基介绍,莫斯科大学亚非学院学习中文的学生对当下中国文化非常感兴趣,对于王蒙、铁凝等中国现代作家,他们非常熟悉。在沟通两国人民感情方面,新的一代会做得更扎实、更深入、更全面。

场景二

当地时间4月28日下午,李克强来到莫斯科国立大学,在该校大礼堂发表演讲。

20多年前,李克强曾在这里与该校负责人和师生专门讨论如何进行留学生互派的问题。"此时此刻,我的确有重来故地的感觉。20多年过去了,莫斯科大学为中国培养了一大批留学生,现在有1500名留学生在这里学习。"李克强说。

李克强在演讲中代表中国政府宣布,将邀请300名莫斯科大学学生今年暑期到中国研修。

李克强特别谈到了让他感动的4位俄罗斯友人。"两天前,我见到一位从事50多年中俄友好工作的人,俄中友协第一副主席库利科娃。她对我说,她一辈子都在做有利于俄中友好的事情,我很感动。我不认为她已经步入老年,更希望她把年轻的心永远传递下去。"

让李克强印象深刻的还有两位教授,著名汉学家、莫斯科大学亚非学院教授沃斯克列先斯基与创新商务高校教研室副主任福尔特金娜。在4月26日下午的一场会面中,李克强与他们相识,两人都对中国有广泛深入的了解。

李克强告诉同学们,福尔特金娜的祖父是已故俄著名桥梁专家、武汉长江大桥苏联援华专家组组长西林。他和他的同事们与中国朋友一起,把天堑变成通途。中俄传统友谊在他们身上得到传承。

"我和两位教授说,在你们身后有成千上万、成万上亿名参与、支持、推动中俄友好的人士。今天在这里,我看到了两位教授身后济济一堂的、热衷于中俄友好的大军。"李克强说。

场景三

"李副总理,我们可以说是一家人,您姓李,我也姓李。我的名字翻译成中文是李德汉,大家都叫我'老李'。"

5月2日上午,李克强专程驱车前往比利时对华友好人士、比中经贸委副主席李德汉家中做客。"很高兴今天能到我的比利时同姓本家做客。我们之间可以说已经有了亲戚的关系。"李克强回应道。

今年79岁的李德汉长期致力于比中友好,迄今已访华70余次。他告诉李克强,有很多东西把他和中国联系到一起,比如对当今世界的看法,对未来发展的看法。

"你没有大的变化。这说明，不论世界风云如何变化，你对中国的友好感情没有变化，中比的友谊没有变化，也不会变化。"李克强说，"你作为一个距离中国万里之遥的外国人，身体力行地维护一个中国政策，我们受到感动，你永远是中国的朋友。你见证的历史是一部活的历史，历史是应该被尊重的。"

李克强建议李德汉把自己的经历写成书，传承给两国青年。

现场的其他中比友好人士也跟中国有很深的渊源，第一个在北京外国语大学教法语的比利时教授贝湖就是其中之一，他跟李克强分享了自己心里的"牵挂"。

1962年，贝湖第一次访华。他回忆说，当时中国的处境非常艰难，学生们吃不饱穿不暖，但他们还是非常努力学习。

"现在我再去北外，看到它已经成为一个像美国大学一样现代化的大学，各方面设施非常先进。当国际货币基金组织宣布有6亿中国人摆脱了贫困的时候，您无法想象我当时多么喜悦，我马上就回想起我的那些学生们。"贝湖有些激动。

"我相信，当时在我们遭受了困难的时候，你一定给了中国学生生活上的帮助。"李克强说。

贝湖点了点头。据介绍，李德汉、贝湖和其他比利时朋友们筹资设立了奖学金，前后共资助114位中国学生到比利时留学。

李德汉的儿子、知名指挥家艾瑞克也已访华20多次，指挥过中国很多乐队，现在他已成为江苏省交响乐团的签约指挥，7月将赴南京工作。

了解几位比利时老朋友们的经历之后，李克强感触颇多。

"50年前要克服重重困难来发展中比友谊，现在有着非常好的大环境。我们更加坚信，中比友谊的大军会越来越壮大，我们的前景会越来越广阔和美好。感谢大家始终与中国人民站在一起，你们永远是我们的好朋友。"李克强说。

李克强特地告诉艾瑞克，"相信你在中国会赢得很多观众，不仅是因为你的音乐天才，还因为你有中比友好的深厚背景。"

（据2012年5月14日《中国新闻周刊》）

中国也有一个可以追求的梦

中共中央政治局委员、中央书记处书记、中央组织部部长　李源潮

新华网编者按　中共中央政治局委员、中央书记处书记、中共中央组织部部长李源潮在《国际人才交流》杂志2012年第一期卷首发表署名文章，全文如下：

当今世界已经进入知识经济时代，人才资源作为国家发展的战略资源，其地位和作用日益凸显。比如，现在很多价值是在电脑上创造的，这是人类劳动方式的一大变化。从土地创造价值，到工厂创造价值、银行创造价值，再到网络、电脑创造价值，这是人类社会的一大进步。

托马斯·弗里德曼先生认为，在知识经济时代"世界是平的"，人才的跨国流动和人才国际化是其最基本的特征。据联合国统计，现在全世界有超过2亿人在出生国以外生活与工作，而且每年以3%的速度增长。人才的国际交流为开展重大科技项目攻关，解决现在世界上的一些难题提供了新的前景。被称为20世纪三大科学计划之一的人类基因组计划，是由美国、英国、法国、德国、日本和中国科学家共同参与完成的。

人才的国际交流合作也为人才充分发挥作用提供了新的广阔舞台。美国高盛前全球总裁约翰·桑顿先生，2003年到清华大学担任客座教授，由他主持的全球领导力课程，目前已成为清华大学最受欢迎和最有影响力的课程之一。

扩大国际人才智力开放合作，已成为当今世界的普遍共识。中国国家主席胡锦涛指出，中国将实行更加积极主动的开放战略，更好地以开放促发展、促改革、促创新，使中国发展惠及更多国家和人民。我们将实施更加开放的人才国际化政策，加强人才的国际合作与交流。

中国的特点是人口多、市场大，快速发展带来的机遇也多。改革开放以来，中国一直十分重视引进国外优秀人才。从2001—2010年的10年间，每年来中国工作或交流合作的外国专家有30万人次，许多是国际上著名的专家，他们为中国的发展作出了重要贡献，赢得了中国人民的尊敬和友谊。中国政府专门设立了"友谊奖"，表彰作出突出贡献的外国专家。

中国正在实施第十二个五年计划，实现这个计划，根本靠科技，关键在

人才。目前，中国人才资源总量虽然不小，但高层次人才比较紧缺。2008年中国开始实施引进海外高层次人才"千人计划"，3年来已有1600多名海外留学高层次人才通过这个计划回国创新创业。2011年中国又开始实施面向外国专家的"外专千人计划"。我们将以更宽的视野、更大的气魄、更阔的胸怀，提供更加优惠的政策待遇和工作生活条件，大力吸引海外高层次人才包括外国专家参与中国的现代化建设。

中国现代化建设事业的蓬勃发展，不仅为各类人才施展才华提供了前所未有的发展机遇，而且提供了越来越好的科研条件和事业平台。中国现在有2200多所大学，3700多所独立的科研机构，有1.8万个大中型企业的科研机构，还有330多所国家重点实验室。2010年中国的科研经费总额达到6980亿元人民币，从2005年排世界第6位，上升到了第3位，今后还将大幅度增加。10多年前从美国回国创业的百度公司董事长李彦宏有句话，"对于全球顶尖技术人才来说，中国将是他们实现技术改变世界梦想的一个最佳舞台"。

开放的中国机遇无限，发展的中国希望无限。现在世界上不仅有一个西方的美国梦，也有一个东方的中国梦。我们热忱欢迎世界各国的专家来华工作，分享中国的发展机遇，实现自己的人生梦想。

（新华网2012年1月13日电）

在 2012 年度中国政府"友谊奖"颁奖大会上的讲话

国务委员兼国务院秘书长　马　凯
（2012 年 9 月 28 日）

尊敬的各位专家，

女士们、先生们、朋友们：

在中华人民共和国建国 63 周年和中秋佳节即将来临之际，我们隆重举行颁奖大会，向来自 22 个国家的 50 名外国专家颁发中国政府"友谊奖"。这是中国政府授予来华工作的优秀外国专家的最高荣誉奖项。在此，我代表中国政府向各位获奖专家表示热烈的祝贺！向你们为中国改革开放和经济社会发展作出的突出贡献表示衷心的感谢！向所有在华的外国专家及其亲属表示诚挚的问候！

新中国成立以来，特别是改革开放 30 多年来，我国人民团结奋斗，经济社会发展取得了历史性的跨越，国家面貌发生了巨大变化，综合实力显著增强。到 2011 年，我国国内生产总值上升到世界第 2 位，人均国内生产总值提高到 5432 美元，对外贸易总额上升到世界第 2 位，达 3.64 万亿美元。今年以来，国际政治经济环境复杂多变，国内经济发展面临的困难增多。我们按照稳中求进的工作总基调，正确处理保持平稳较快增长、调整经济结构和管理通胀预期的关系，把稳增长放在更加突出的位置，不断加大预调微调力度，出台了一系列促进经济平稳增长的政策措施。今年上半年，国内生产总值同比增长 7.8%，经济增速仍然保持在年初确定的预期目标区间内，并已呈现出缓中趋稳的态势；同时，通胀压力明显减轻，社会事业进一步发展。我们有信心、有能力、有条件继续保持经济平稳较快发展，保持社会和谐稳定，实现经济社会发展的各项预期目标。

中国经济社会发展取得的巨大成就，离不开外国专家的积极参与和大力支持。我国引进国外智力和人才工作力度不断加大，规模不断扩大。2011 年，境外来中国内地工作的专家近 53 万人次。来华专家活跃在我国经济社会的诸多行业领域，足迹遍布大江南北。他们有的是战略新兴产业创新团队的领导者，有的是重大科技攻关项目的核心成员，有的是重点基础性研究的科研骨干，有的已成为我国著名高校重点学科的带头人，在许多领域发挥着重要作用，作出了积极贡献。外国专家是中国经济社会发展进步的参与者和见证者，是我国现代化建设的一支重要力量，是中国人民甘苦与共、并肩奋斗的朋友。对外国专家为中国发展进步付出的心血汗水和作出的突出贡献，中国政府和人民将永远铭记！

当前和今后一个时期，是中国全面建设小康社会的关键时期，是深化改革开放、加快转变发展方式的攻坚时期，现代化建设的任务仍然十分艰巨。我们要全面贯彻落实即将召开的中国共产党第十八次全国代表大会作出的重要战略部署，坚定不移地扩大对外开放，坚定不移地实施人才强国战略，坚定不移地大力引进国外智力和人才，更加重视发挥外国专家的重要作用。我们将进一步完善引进人才和智力的相关政策措施，全面落实《国家引进国外智力"十二五"规划》，切实保护知识产权，激励创新创造，不断提高服务水平和效能，真诚欢迎世界各国的专家，到中国来工作、创业和发展。

最后，祝大家身体健康，家庭幸福，工作顺利！

谢谢！

第二编

人力资源和社会保障部部长讲话

深入贯彻落实党的十八大精神 努力开创人力资源和社会保障事业科学发展新局面

——在全国人力资源和社会保障工作会议暨先进集体、先进工作者表彰大会上的讲话（节选）

中共中央组织部副部长、人力资源和社会保障部部长 尹蔚民
（2012年12月18日）

一、2012年和过去五年来的工作回顾

今年以来，面对世界经济复苏明显放缓和国内经济下行压力加大的严峻形势，我们坚决贯彻党中央、国务院的决策部署，扎实工作，稳中求进，圆满完成了各项工作目标任务。

人才工作取得新进展，专业技术人才知识更新工程和国家高技能人才振兴计划全面启动，职业资格清理规范、中小学职称制度改革扩大试点工作有序推进，专家、博士后、留学人员等高层次人才选拔培养工作不断加强，高端外国专家项目及各项重点引智项目取得新成效。

五年来，我们深入实施人才强国战略，落实中长期人才发展规划纲要，人才发展体制机制不断创新，人才服务体系不断完善，政府人才工作不断加强，专业技术人才和高技能人才规模不断扩大。新增专业技术人才860多万人，128.8万人取得专业技术人员职业资格证书；新增高技能人才880多万人，6300万人取得技能人员职业资格证书。专业技术人才知识更新工程、高技能人才振兴计划和政府特殊津贴、百千万人才工程、万名专家服务基层行动计划深入实施，新增博士后5万多人，新增留学回国人员54.3万人，开展专业技术人员继续教育1.5亿人次。技工院校改革不断深化，累计开展社会培训2260.7万人次，毕业生达564万人。"外专千人计划"、高端外国专家项目顺利实施，共聘请约240万人次外国专家和港澳台专家来大陆工作，为300名外国专家颁发中国政府"友谊奖"，出国（境）培训质量和效益明显提升。

二、全面贯彻落实党的十八大对人力资源和社会保障工作提出的新的更高要求

深入实施人才强国战略。人才强国战略是贯彻落实科学发展观的三大战略之一。十八大报告确立了到2020年进入人才强国和人力资源强国行列的目标，明确提出要坚持党管人才原则，加快确立人才优先发展战略布局，造就规模宏大、素质优良的人才队伍。要统筹推进各类人才队伍建设，实施重大人才工程，加大创新创业人才培养支持力度，重视实用人才培养，引导人才向科研生产一线流动，把各方面优秀人才集聚到党和国家事业中来。

实施人才强国战略，必须加快人才发展体制机制改革和政策创新，努力形成激发人才创造活力、具有国际竞争力的人才制度优势，为科学培养人才、大力引进人才、广泛聚集人才、用好用活人才提供强有力的制度和政策保障。要充分发挥政府人才综合管理部门职能作用，重点在制定政策法规、深化制度改革、构建服务体系、培养和发展人才资源市场、加强人才队伍建设等方面做好工作。要以高层次人才和紧缺人才为重点，加快培养一支高素质、创新能力强的专业技术人才队伍；以高级技师和技师为重点，加快培养一支门类齐全、技艺精湛的高技能人才队伍。要深入落实国家中长期人才发展规划纲要，实施好重大人才工程，积极推进专业技术人才知识更新工程和国家高技能人才振兴计划，做好各项各具特色的人才项目。要充分开发利用国内国际人才资源，坚持自主培养开发与引进海外人才并举，积极引进和用好海外人才，完善留学人员回国政策和引才机制，鼓励留学人员回国工作、创业和为祖国服务。大力吸引海外高层次人才和急需紧缺专门人才，完善出国（境）培训管理制度。

三、全面做好2013年人力资源和社会保障工作

大力加强人才队伍建设。一要以高层次人才为重点，大力加强专业技术人才队伍建设。全面落实专业技术人才队伍建设中长期规划，实施专业技术人才知识更新工程，突出抓好高层次创新创业人才队伍建设，完善并继续实施国家百千万人才工程，做好"国家特支计划"，继续推进万名专家服务基层行动计划，建设国家级专家服务基地。研究制定深化职称制度改革的总体意见，全面推开深化中小学教师职称制度改革，启动工程技术人员职称制度改革试点。加强各项考试安全管理。推进海外人才永久居留待遇、入出境及居留便利等政策的落实，继续做好引进高层次留学人才回国重点项目。稳步推进博士后制度改革完善，全面启动博士后国际交流计划。二要以高技能人才为重点，大力加强技能人才队伍建设。全面落实高技能人才队伍建设中长期规划，深入实施

高技能人才振兴计划，健全高技能人才培养、评价、使用、选拔、激励等工作机制，深入推进技师培训、高技能人才培训基地、技能大师工作室等重点项目的实施。加强技工院校建设，加大一体化课程教学改革工作力度。积极开展技能人才评价，加强职业技能鉴定基础工作，修订职业技能鉴定规定。大规模开展职业技能大赛活动，做好参加第42届世界技能大赛各项工作，加大高技能人才宣传表彰力度。加快推进职业分类大典修订工作。三要统筹做好各项政府人才工作。充分发挥政府人才综合管理部门的职能作用，健全人才工作协调机制，形成统筹推进政府各项人才工作的整体合力。加强人才服务平台建设，努力打造人才项目品牌，加快培养急需紧缺人才。强化人才统计工作。

加大引进国外智力工作力度。一要抓好"外专千人计划"及重大引智工程的落实。严格把握评审标准和程序，大力引进能够突破关键技术、发展高新产业、带动新兴学科、推进文化科技创新、推进生态文明建设的高层次人才。二要提升出国（境）培训质量和效益。加强出国（境）培训管理，充分利用国（境）外优质教育培训资源，加大文化、改善民生和创新社会管理、生态文明建设、实体经济等领域人才出国（境）培训力度。三要深化国际人才资源交流合作。拓展高层次引智渠道，提高引智资源配置能力，探索灵活多样、便捷高效的引智方式，推动引资、引技和引智有机结合。大力推进引智信息化建设，加快推动国际人才市场体系建设。

（原载2012年12月19日《中国组织人事报》）

第三编

国家外国专家局领导讲话

在全国引进国外智力工作会议上的讲话

国家外国专家局局长　张建国
（2012年1月15日）

同志们：

这次全国引进国外智力工作会议的主要任务是，深入贯彻党的十七大和十七届三中、四中、五中、六中全会精神，落实中央经济工作会议、全国人力资源和社会保障工作会议部署，总结2011年工作，部署"十二五"引智工作及2012年重点任务。中共中央政治局委员、国务院副总理张德江同志对这次会议高度重视，专门作出重要批示，人力资源和社会保障部部长尹蔚民同志也对会议提出了具体要求，我们要认真学习贯彻。下面，我讲几点意见。

一、突出重点，扎实推进，"十二五"引智工作开局良好

2011年是"十二五"开局之年，也是引智工作改革创新、锐意进取的一年。全国外专系统坚决贯彻落实党中央、国务院的决策部署，围绕中心，服务大局，齐心协力，开拓进取，狠抓落实，各项工作取得了显著成绩，实现了"十二五"引智工作良好开局。

有两件大事将对引智工作产生重大而深远的影响，一是中央作出了实施"外专千人计划"的重大举措，明确了新时期我国引进高层次外国专家的战略目标和总体部署。目前，第一批"外专千人计划"平台评审工作已顺利结束，上报核批工作正按计划进行。二是国务院批复了《国家引进国外智力"十二五"规划》，强调指出，引进国外智力是人才强国战略的重要内容，是对外开放的重要组成部分，关系国民经济和社会发展大局。这充分体现了党中央、国务院对引智工作的高度重视和殷切期望，为新时期引智工作赋予了崇高使命。

（一）坚持高端引领，国外高层次人才引进取得新突破

一是全力以赴启动实施"外专千人计划"。"外专千人计划"是实现新时期引智工作新突破的重大机遇，我们高度重视，深入调研，举全系统之力狠抓落实、边试边进。起草和修改《"千人计划"高层次外国专家项目工

作细则》，并经中央人才工作协调小组第32次会议审议通过。积极探索"外专千人计划"实施路径，在学习借鉴"千人计划"评审标准的基础上，组织实施"高端外国专家项目"。印发《关于组织实施"外专千人计划"的通知》，在全国外专系统进行广泛动员、部署。会同中组部办公厅印发《关于开展第一批"外专千人计划"申报工作的通知》，部署首批"外专千人计划"申报工作。加强评审专家库建设，严格评审标准和评审程序，顺利完成了第一批"外专千人计划"专家人选的平台评审工作。"千人计划配套引智工程"批准95个引智项目，推动了高校引进海外高水平专家和创新团队。在"外专千人计划"的带动下，引智工作高端引领的发展方向更加明确，"抓管理、抓重点、抓成果"的工作思路更加清晰，有力地促进了各项工作的开展。二是各类重点引智项目成效显著。全年批复经济技术类专家项目3543项，资助聘请外国专家1.36万人次；批复教科文卫类专家项目5881项，资助聘请外国专家1.9万人次。立足国家和地方经济社会发展的紧迫需求，重点支持发展现代农业、建设创新型国家、培育发展战略性新兴产业、促进区域协调发展、推进两型社会建设等方面的引智项目，大力推动相关领域国外高层次人才和紧缺人才引进，经费资助结构进一步优化，一批关键技术实现重大突破。认真落实《国务院关于印发进一步鼓励软件产业和集成电路产业发展若干政策的通知》，认真实施"国家软件与集成电路引智专项"，加强国家软件与集成电路人才国际培训基地建设管理，大力推进软件与集成电路产业引进国外智力工作。"独联体与东欧国家引智专项"取得新进展。"高等学校学科创新引智计划"基地数量扩展到139个，启动二期工程，管理体系日益完善。持续推进引进海外高层次文教专家重点支持计划、海外名师引进计划、诺贝尔奖获得者中国校园行活动。联合中国科学院印发《关于继续实施"创新团队国际合作伙伴计划"的意见》，大力提升项目实施效果。

（二）注重针对性和实效性，出国（境）培训质量和效益得到新提升

一是服务各类人才队伍建设取得新成效。2011年批复出国（境）培训项目2838项，批准出国（境）培训人员5.04万人，资助出国（境）培训人员1.07万人。提高计划审批的针对性，优先支持创新型科技人才、经济社会发展重点领域急需紧缺专门人才、高技能人才以及促进产业结构调整、区域协调发展、节能减排等方面的出国（境）培训项目。中青年干部赴美国杜克大学中长期培训、西部地区高校领导赴白俄罗斯培训、中央企业高级管理人员赴英国牛津大学短期培训、高校领导海外培训等重点项目深入推进，影响不断扩大。印发《关于进一步加

强全国出国培训备选人员外语考试（BFT）工作的指导意见》及相关配套政策，BFT考试管理体系更加规范。二是培训管理进一步加强。制定《关于加强2011年度出国（境）培训项目管理的通知》，突出项目计划和经费管理。配合中组部、外交部研究制定《关于进一步加强领导干部境外培训工作的指导意见》。强化重点培训项目工作指导和协调服务，举办出国（境）培训项目对接会，定期通报项目执行动态。制定重点培训团组预培训管理办法，召开出国（境）培训成果工作经验交流会，科学化管理水平逐步提升。三是境外培训资源得到整体优化。坚持"向高层次发展，按需开辟新渠道，有进有出动态管理"的原则，规范境外培训渠道管理。完成2012年境外培训机构认定工作，认定并公布36个国家（地区）的境外培训机构290家，其中新增加美国加州大学洛杉矶分校、香港职业训练局等11家优质境外培训机构。四是人才培训多元化投入机制初步建立。与香港中华教育基金、中国富强基金会等签署多项人才培训协议，加强与内地，特别是西部地区人才培养合作。

（三）深化合作，国际人才交流取得新成果

一是国际交流合作层次进一步提升。推动我国高等学校、科研院所与国外高水平教育、科研机构建立联系，促进交流合作。成功举办了第10届中国国际人才交流大会，会议内涵更加充实，成果更加丰硕。会同相关部门成功举办杨凌农业高新科技成果博览会、中美物流大会、中德风电技术研讨会，推动国际人才交流合作迈上新台阶。举办多场外籍人才招聘会，为外籍人才和用人单位搭建双向选择和交流平台。认真做好中美工程技术研讨会筹备工作。二是高层次引智渠道得到巩固和拓展。加大国外优质智力资源开发力度，与新加坡南洋理工大学、乌克兰国家科学院、白俄罗斯国家科学院等签署人才智力交流合作协议（备忘录），与美国、欧洲一批科研机构、科技社团达成合作意向。加强科技社团引才、猎头引才调研。三是引智宣传和公共外交积极推进。深化与中央主要新闻媒体合作，加大国际人才交流合作和引智成果宣传报道力度。圆满完成中国政府"友谊奖"评审、颁奖活动和"马可·波罗奖"颁奖典礼。细致稳妥做好外国老专家服务工作。启动实施中国城市引才引智综合环境评估体系项目。举办由各国驻华使节、国际组织代表及部分外国专家参加的迎新联谊会。成功举办第8期发展中国家智力引进官员研修班。

（四）稳步推进，引智公共服务建设不断改善

一是引智信息化建设进一步加强。主动为"外专千人计划"和用人单位遴选推荐高层次外国专家，"海外高层次人才联系窗口"作用日益增强。加强引智信息服务系统建设，开发引进国外技术、管理人才项目综合信息管理系统，完善信息管理制度，引智信息服务功能更加优化。开发外籍人才人事管理系统，加强需求信息发布，提高对接成功率。二是局省（部际、大项目）合作逐步深化。及时调整局省（部际、大项目）合作领导小组分工。与科技部、国务院国有资产监督管理委员会、中国工程院、青海省签署合作框架协议，与海南省签署合作框架补充协议，重点支持服务国家和地区重大战略的引智项目。召开部分省（区）联席会议，推动合作取得更大成效。积极推进引智区域合作，引导智力资源向中西部、东北地区等老工业基地和革命老区、民族地区、边疆地区及贫困地区倾斜。大力推进新一轮智力援疆工程。智力拥军、引智扶贫项目取得新进展。三是国际人才市场建设稳步发展。举办中国国际人才市场项目交流会，促进市场总部与地方市场合作交流。制定《中国国际人才市场管理办法（试行）》，市场运行机制得到规范。开辟国际营销和市场职业资质认证培训项目，市场发展空间不断拓展。四是引智成果示范推广工作深入推进。新批准引智成果示范推广基地15家、示范单位25家，引智基地和示范单位总数达195家。通过"千村引智"等重大项目的引导、成果推介会、经验交流会等方式，加大引智成果推广力度，引智成果受益面进一步扩大。注重重大引智成果收集和专报工作，"重型燃气轮机研制"等5项成果得到国务院有关领导肯定。项目管理（PMP）、国际人才资源管理等国外先进知识体系的引进和推广取得新成效，为大中型企业培养了一批高层次管理人才。五是积极探索引智服务新方式。与香港新世界集团签署协议，设立"海外高层次人才交流基金"，按照国际化基金项目运作方式支持引智事业进行有益尝试。

（五）完善制度，引智管理水平进一步提高

一是《国家引进国外智力"十二五"规划》编制和报批工作高质量完成。重点对规划目标任务、重大工程、重大政策及保障措施等内容广泛征求各方面意见，特别对引智发展指标体系做了积极探索和深入研究。组织召开专家论证会，积极推动规划编制报批工作。二是法规制度建设进一步加强。积极推动《关于进一步加强引进国外智力工作的意见》出台。深入调研世界主要国家移民法规体系，召开技术移民法座谈会，有序推动探索实行技术移民工作。围绕落实中央人才工作协调小组《关于实施更加开放的人才政策工作方案》，扎实推进引智重点课题调研。三是引智行政许可深入推进。规范外国文教专家中介服务机构审批管理。加强对行政许可事项下放后的政策指导和后续监管，确保衔接落实。认真做好"外国专家来华工作许可"和"外国专家证"的发放工

作，外国专家证件管理系统实现全国联网。四是引智宏观管理水平逐步提高。制定《关于做好外国专家劳动人事争议仲裁工作的通知》和《外国文教专家聘用合同管理规定》，外国专家权益保障机制逐步完善。研究制定外国文教专家分类管理实施办法。会同财政部印发《关于进一步加强外国文教专家聘请计划和经费管理的通知》，突出效益和成果导向，聘请计划和经费管理工作流程更加规范。认真总结试点经验，开展聘请外国经济技术专家单位登记管理工作。强化引智绩效评估，工作效能逐步提升。组织召开中国国际人才交流与开发研究会年会，推动引智理论研究。五是在全国外专系统部署开展"抓管理、抓重点、抓成果"活动，积极推动"十二五"引智工作创新发展。各地区纷纷制订实施方案，精心组织实施具有地方特色和行业特点的引智精品工程和示范项目。按照活动统一部署，组织开展了全国优秀引智成果推荐征集工作，共收到全国21个省（区、市）和副省级城市外国专家局、新疆生产建设兵团外国专家局及11所高校推荐的优秀成果161项，已汇编印发各位会议代表。六是统筹推进外专系统自身建设。深入开展创先争优活动，认真开展纪念建党90周年活动，党员干部的党性修养明显提高。加强干部队伍教育培训，举办3期全国地市级引智干部培训班，干部队伍整体素质得到提高。各地党委、政府高度重视引智工作，引智干部队伍进一步充实，又有一批省市外国专家局长走上厅（局）级领导岗位。认真落实中央关于廉洁从政的各项规定，引智经费、项目等重点领域的监督管理进一步强化，树立和维护了外专系统的良好形象。

回顾一年来的工作，我们有以下体会：一是必须坚持围绕中心、服务大局，坚决贯彻落实中央决策部署；二是必须坚持高瞻远瞩、兼容并蓄，积极吸收世界优秀文明成果；三是必须坚持突出重点、整体推进，促进事业全面协调可持续发展；四是必须坚持团结协作、上下联动，形成推动事业发展合力；五是必须坚持强化自身、夯实基础，为各项工作开展提供有力保障。这些宝贵经验，对于推动工作落实发挥了重要作用。我们一定要倍加珍惜，并转化为推动引智事业发展的巨大力量。

2011年引进国外智力工作取得的成绩，是党中央、国务院高度重视、正确领导的结果，是全国外专系统干部职工同心同德、团结协作、共同努力的结果，凝结着同志们的智慧、心血和汗水。在此，我代表局党组向为引智事业拼搏奉献的全系统干部职工表示崇高的敬意和衷心的感谢！

二、把握大局，牢记使命，全面实施《国家引进国外智力"十二五"规划》

"十二五"时期，引进国外智力事业面临难得的发展机遇。从国际看，和平、发展、合作仍是时代潮流，经济全球化深入发展，人才智力资源跨国转移日趋活跃，科技、人才国际交流合作更加频繁，这为我们引进国外智力创造了有利条件。同时，受国际金融危机影响，世界经济增长放缓，各类风险明显增多，各国在科技创新和吸引高素质人才智力资源方面的竞争更加激烈，这使我们引进国外智力面临的外部环境更加复杂。从国内看，党中央、国务院对引智工作高度重视，作出了一系列战略部署，进一步明确了引智工作的发展方向。党的十七届六中全会指出，要积极吸收借鉴国外优秀文化成果，学习借鉴一切有利于加强我国社会主义文化建设的有益经验、一切有利于丰富我国人民文化生活的积极成果、一切有利于发展我国文化事业和文化产业的经营管理理念和机制，加强文化领域智力、人才、技术引进工作。我们要围绕构建现代文化产业体系、推进文化科技创新，大力引进国外文化领域高层次人才和急需紧缺人才，加大国内文化人才队伍出国（境）培训支持力度，不断增强文化科技自主创新能力。中央经济工作会议指出，推动今年经济社会发展，关键在于把握好"稳中求进"的工作总基调，把握好扩大内需、发展实体经济、加快改革创新和保障改善民生等重大问题。会议强调，国际金融危机使世界经济格局正在发生深刻变化，大国实力此消彼长，对我国机遇大于挑战，有利于我国更好地利用国外资源、技术和人才。我们要按照会议部署，积极引导国外智力资源、项目经费、政策措施更多投向实体经济，推动实体经济又好又快发展。国务院总理温家宝在会见2011年度中国政府"友谊奖"获奖专家时指出，我们要在培养大批国内优秀人才的同时，重视引进更多国外高素质人才，真诚欢迎来自世界各国的专家，到中国工作、创业和发展。有关部门要继续做好外国专家服务工作，努力为各国优秀人才在中国施展才华创造良好条件。中共中央政治局委员、中央书记处书记、中央组织部部长李源潮多次对实施"外专千人计划"作出重要批示，明确提出，要抓住国际危机和国内转型发展带来的高层次人才供求态势发生变化的机遇，集中力量引进一批与"十二五"规划配套，为国家及各省市科学发展、自主创新服务的高层次外国专家。李源潮2011年12月20日在中国留学人员广州科技交流会外裔高层次人才座谈会上强调，中国将实施更加开放的人才国际化政策，以优惠条件和与国际接轨的办法大力引进外籍高层次人才。国务院副总理张德江在第10届中国国际人才交流大会上指出，中国政府将坚定不移地实施人才强国战略，坚定不移地实施更加开放的人才政策，加大引进国外人才和智力工作力度，热忱欢迎海外人才来华创业和工作。

新形势下，引智工作的重要性和紧迫性更加凸显。实施"外专千人计划"是优化引智资源结构,提升引智综合效能的强大动力,对推动新时期引智工作上层级、上水平具有重要意义。《国家引进国外智力"十二五"规划》明确了引智事业的总体思路、发展目标、主要任务和重大政策,是"十二五"时期引智工作的重要指导性文件,必将对推动引智事业科学发展产生深远影响。中央反复强调一定要抓住机遇,而不能丧失机遇。现在机遇已经摆在我们面前,迫切需要全国外专系统把思想和行动统一到中央对国内外形势的科学判断和对经济社会发展的决策部署上来,统一到中央对引智工作的决策部署上来,进一步强化机遇意识和忧患意识,紧紧抓住和用好难得的战略机遇期,充分发挥职能优势,深入推进"外专千人计划",抓紧组织实施《国家引进国外智力"十二五"规划》,以更大的决心、更大的力度把各项目标任务落到实处,为推动经济平稳较快发展作出更大贡献。

"十二五"引智工作的总体要求是:深入贯彻落实科学发展观,遵循国际智力资源流动规律,按照"抓管理、抓重点、抓成果"的基本思路,以落实《国家引进国外智力"十二五"规划》为主线,以实施"外专千人计划"为突破,以引进国外高层次人才、提高出国(境)培训质量和效益为重点,以重大引智政策创新和重大引智工程实施为抓手,坚持高端引领,整体推进,着力提升开发利用国外智力资源能力,着力创新引智体制机制,着力优化引智发展环境,着力提升引智综合效益,为全面建设小康社会提供有力的国外智力保障。下面,我着重围绕实施《国家引进国外智力"十二五"规划》,实现"十二五"引智发展目标,强调几个方面的重点工作:

(一)深入实施"外专千人计划"和"高端外国专家项目",大力引进和用好高层次外国专家,将引进外国专家重点调整到高层次、急需紧缺人才上来

引智工作服务经济社会发展大局的成效如何,关键在于引进人才的结构是否明显优化,能否引进大批满足经济发展方式转变和经济结构调整需求的国外高层次人才和紧缺人才。改革开放以来,我国引进外国专家的总量虽然有了较大增长,但位于科技前沿、产业高端的国外高层次人才占比不高,创新创业人才不足,结构性矛盾突出。进入新的发展阶段,我们必须坚持存量做优、增量做强的原则,以实施"外专千人计划"和"高端外国专家项目"为契机,把引进人才的重点放在提高质量、增加效益、优化结构上来,更加突出高端、紧缺取向,全面提升引智工作的质量、效益和服务水平,坚持不懈地做好引进和用好高端外国专家这篇大文章。一是稳中求进,深入实施"外专千人计划"。将"外专千人计划"作为各项工作的重中之重,创新工作机制,拓宽高端引才渠道,加大工作力度,积极稳妥地推

进落实。要紧紧围绕经济社会发展重点行业、关键环节的需求，重点引进一批能够推动关键领域突破，带动战略性新兴产业发展，促进新兴学科建设的战略科学家、科技领军人才，显著增强引进消化吸收再创新能力，推动国家重点领域建设实现跨越式发展。依托国家重大科研项目和重大工程、重点学科和重点科研基地、国际学术交流合作项目，探索建立高端外国专家创新创业基地，引进一批重点领域国际化创新团队，为建设创新型国家提供有力的国外智力支持。在做好"外专千人计划"长期项目的同时，不断总结经验，适时推出"外专千人计划"短期项目和青年项目。二是以用为本，认真抓好"外专千人计划"配套政策落实。针对外国专家的特殊性，加强与相关部门沟通，积极推进科研经费补助实施办法、医疗和养老补助管理办法等配套政策的制定实施，确保各项政策落到实处。对引进的外国专家，要充分尊重、积极支持、放手使用，把他们放到关键岗位，让他们参与重要决策、领衔重大项目，为其搭建支持创新、发挥作用的事业平台。要积极完善外国专家激励保障机制，推进外国专家薪酬制度改革，完善表彰奖励措施，激发外国专家创新创造活力。三是统筹兼顾，扎实推进各项重点引智项目。立足"十二五"国家和地方发展战略目标，以重大工程建设、重点基础性研究、关键技术攻关和重大装备开发为载体，集中力量抓好《国家引进国外智力"十二五"规划》确定的重大引智工程，加大引进国外高层次人才和紧缺人才力度，更好发挥引智在创新型国家建设、产业转型升级、区域协调发展、资源节约型及环境友好型社会建设等方面的作用。

（二）以人才能力提升为核心，统筹推进各类人才队伍建设，大力提高出国（境）培训质量和效益

选派各类人才出国（境）培训，学习借鉴世界各国优秀文明成果，是加快提升我国人才队伍整体素质，确立人才优先发展战略布局的重要方式。当前，出国（境）培训工作还存在着地区之间、行业之间发展不平衡，国外优质教育培训资源开发利用不充分，对培训成果的挖掘追踪和系统总结研究不够等问题。在深入实施更加开放的人才政策背景下，我们必须始终将提高质量和效益作为谋划、推进和评价出国（境）培训工作的基本要求，进一步规范培训管理，着力完善抓培训成果的长效机制，切实提高出国（境）培训的针对性和实效性。一是积极配合国家重大人才工程推进各类人才队伍建设。坚持控制总量、优化结构、提高质量的原则，紧紧依托国家重大人才工程，精心组织实施《国家引进国外智力"十二五"规划》确定的人才队伍能力建设引智工程，统筹推进各类人才队伍建设，培养造就一批复合型、高层次、通晓国际规则、

掌握精湛技术、适应对外开放的国际化人才队伍。坚持高端、紧缺取向，突出抓好高层次培训项目，着重提高专业技术人才出国（境）培训比例，减少一般性团组。科学设置境外培训项目，逐步向专业化方向发展。二是积极开发国（境）外优质教育培训资源。重点深化与国（境）外著名大学、大型企业和科研机构在高层次人才培训方面的合作，加强国（境）外优质教育培训资源开发利用。规范境外培训机构监督管理，完善评估认定和竞争激励机制，推动开展培训团组与培训渠道双向互评。主动与组织、外事、纪检等相关部门配合，严格国（境）外培训管理，进一步规范出国（境）培训秩序。加强与国际高水平人力资源机构、行业组织等的交流合作，继续做好国际高端职业资格认证体系和证书引入工作。三是加大出国（境）培训成果总结推广力度。认真贯彻落实《关于进一步加强出国（境）培训成果总结、跟踪和推广工作的意见》，健全各地区各部门抓培训成果的工作机制。深入开展培训成果调研，及时总结推广培训工作中取得的好经验好做法，探索建立出国（境）培训成果示范推广单位。建立培训成果数据库，搭建多种形式的成果推广交流平台，促进信息交流和成果共享。研究制定科学合理的培训成果评估指标体系，继续推行审批计划与成果挂钩的激励措施，在经费资助、项目分配上向成果突出的地方和部门倾斜，力争多推出一批精品培训项目。探索制定培训经费绩效评价办法，提高培训经费使用效益。办好党的十七大以来出国（境）培训成果展。

（三）积极开拓，深化国际人才智力交流合作

深化国际人才智力交流合作，是消化吸收世界优秀文明成果、提升我国自主创新能力和国际竞争力的重要途径，是在日趋激烈的国际人才竞争中抢占先机、赢得主动的必然要求。当前，我们在开辟高层次引智渠道，特别是"走出去"利用国外优质智力资源的力度还不够，开展引智公共外交活动方面的能力还比较薄弱，吸引国外高层次人才的力度有待加强，国际人才智力交流合作的统筹协调机制仍需进一步完善。服务更加积极主动的开放战略，需要我们加强战略谋划，深入分析世界发展新形势新变化，更为高效地开发利用全球人才智力资源，为创造参与国际人才智力合作竞争新优势作出积极贡献。一是提高交流合作层次和水平。加强国际人才智力交流合作重点领域和重点国别政策研究，针对不同国家的优势领域、对华政策和科技管理制度，研究制定目标明确、重点突出、层次合理的国际人才智力交流合作政策。完善政府间交流合作机制，巩固和拓展与世界主要国家和地区的人才交流合作关系，建立高层定期互访和沟通协商机制，提升合作层次和质量。鼓励国内高等学校、科

研机构和企业与国外高水平研究机构、企业开展合作研究、学术交流、技术培训，及时跟踪了解国外一流科学家的科研动向，更加注重顶尖科技人才和创新团队的引进。大力推动"走出去"战略实施，积极探索鼓励有较强国际竞争力的企业以建立海外研发中心、实验室、产业化基地等方式开发利用所在国优秀智力资源的政策措施。二是搭建高层次交流合作平台。强化政府宏观管理和服务职能，更好地发挥中国政府"友谊奖"、中国国际人才交流大会、中美工程技术研讨会、外籍人才招聘会等重大引智会议和活动的影响力。加强与相关国际组织合作，积极参与全球性、区域性人才智力交流合作，搭建高层次国际交流合作与政策对话平台。积极开展引智公共外交，组建外国专家智库，为国家重大项目、重大问题提供重要的研究咨询建议。三是完善交流合作统筹协调机制。深化"两部一局"合作机制，注重发挥我驻外使领馆的优势，为国际人才智力交流合作协调有序开展提供保障。充分发挥中国国际人才交流协会驻外机构的联络和参谋作用，及时跟踪和把握国际人才智力流动的最新动向。规范海外和民间资金的募集、管理和使用工作，更好地发挥其补充作用。

（四）强化精品意识，完善引智成果推广体系

引智成果是检验引智工作成效的基本标准，是引智工作更好服务保障和改善民生的有效途径。抓成果，出精品，不仅是一种工作标准，更是一种求真务实的工作作风。当前，我们在引智成果示范推广方面还面临一些问题，主要是对全局有较大影响和示范带动作用的引智成果不多，引智成果的总结、提炼有待深化，推广应用的思路还不够开阔等。我们必须以建立科学有效的引智成果发现、培育、评价和推广机制为核心，加强推广体系建设，加大推广工作力度，不断提升引智服务经济社会科学发展的能力和水平。一是积极培育重大引智成果。深入调研、大力发掘，注重总结提炼在建设创新型国家、加快发展方式转变、推动社会主义新农村建设、服务人才队伍建设等事关国计民生重点领域的引智成果和工作经验。通过建立成果合作交流机制、加强政策引导、加大经费支持和"二次引进"等方式，加大引智成果示范推广力度，推动全国范围内引智成果共享。鼓励各地各部门加大投入，实施具有地方特色和行业特点的引智工程和示范项目，更好服务经济社会发展大局。二是加强引智基地和示范单位建设。以扩大引智成果受益面、促进引智成果产业化为目标，通过重点专家项目支持、重点推广经费保障、重点引智成果宣传等方式，巩固和发展一批有重要影响的引智基地和引智示范单位。继续加强对引智基地和示范单位的指导和管理，完善评审制度，健全退出机制，确保其先导和示范作用。鼓励支持有

条件的地方先行先试，设立"引智试验区"，借鉴国际先进经验，创新机制，完善措施，探索具有中国特色的开发利用国外高端智力资源的有效模式。

（五）推动政府职能转变，提升引智宏观管理水平

社会主义市场经济条件下，政府的主要职能是经济调节、市场监管、社会管理和公共服务。长期以来，我们习惯把工作的主要精力放在抓具体项目上，对培育发展环境、整合信息资源、搭建服务平台、规范管理监督等宏观管理工作的力度还需要进一步加强。适应建设法治政府和服务型政府的要求，必须更加注重运用法律、规划、服务等手段对引智工作进行宏观管理，创新管理方式，提高管理效能。一是加快政策法规建设步伐。完善引智政策法规体系，认真落实人才规划纲要中由外专系统承担的各项重大任务，积极推动《关于进一步加强引进国外智力工作的意见》、《关于加强因公出国（境）培训管理办法》、《开发利用国外智力资源办法》、《引进国外智力成果共享办法》等政策文件的出台。认真做好《外国专家来华工作条例》与《外国人来中国工作管理条例》合并后的起草修改工作。深入开展探索实行技术移民可行性研究。二是依法实施行政许可。深入推进行政审批制度改革，按照公开透明、便民高效的要求，进一步简化和规范审批程序，强化监督制约，为外国专家和用人单位营造更加便捷、高效的政务服务环境。积极推动引智行政许可实施，进一步优化工作流程，健全决策、执行、监督"三位一体"的运行机制，加强对有关许可事项下放后的指导。三是改进和加强外国专家管理。把以人为本的理念贯彻落实到专家管理服务的全过程，寓管理于服务，以服务促管理。注重发现、培育、宣传优秀外国专家典型，做好重点外国专家队伍建设。建立健全外国专家激励保障和突发事件处理机制，认真落实长期在华工作外国专家社会保障等方面的政策待遇，营造良好的引才用才环境。深入推进聘请经济技术专家单位登记管理和文教专家分类管理，努力实现外国专家管理格局新突破。加强聘请单位、中介机构管理，扶持培育一批运作规范、实力较强的中介机构。四是深入推进引智信息化建设。加快引智信息服务系统建设，推动专家库、项目库、成果库建设。加强网上国际人才交流平台建设，积极开展高层次人才项目对接工作，更好服务"外专千人计划"等重点引智项目。加强引智政府网站建设，完善电子政务和引智信息服务系统功能。继续推广使用外国专家测评系统，建立海外人才需求指导信息发布机制。完善"海外高层次人才联系窗口"建设，进一步提高引智信息服务能力。五是完善局省（部际、大项目）合作机制。继续深化与相关省区市和教育部、科技

部、国务院国有资产监督管理委员会、中国科学院、中国工程院、中国商用飞机有限责任公司等部门、企业引智合作框架协议的执行,加强沟通协调,强化政策引导,突出制度保障,提升合作质量。六是加强国际人才市场服务体系建设。拓展和完善国外人才测评、培训、咨询等市场服务功能,规范市场运行机制。发展专业性、行业性、区域性人才服务市场,优化地方分市场布局,加强资源共享,加快建设统一、开放、规范的国际人才市场体系。

三、真抓实干,务求实效,确保今年各项任务落实到位

2012年是党的十八大召开之年,是全面实施《国家引进国外智力"十二五"规划》承上启下的关键之年,做好今年的工作意义重大。全面完成2012年目标任务,取决于我们工作的推进力度和落实程度,取决于我们的精神状态和工作作风。全系统干部职工要适应新形势新任务的要求,进一步转变作风、提高能力、真抓实干,更加奋发有为地推动各项工作落实。关于2012年引智工作,已在工作要点中作出具体部署。这里,我着重提出几点要求:

(一)扎实抓好《国家引进国外智力"十二五"规划》的贯彻落实

制订规划不容易,落实好规划任务更为艰巨,要做的工作更多。一是制定部署落实规划的贯彻意见。建立健全规划实施机制,研究制定具体落实方案,在全国外专系统进行广泛宣传、动员和部署。各地要结合本地区经济社会发展实际,提出贯彻落实意见,对落实规划进行具体部署。二是加快组织实施规划确定的重大引智工程。规划共确定了8项重大引智工程,涉及33个子项目,内容涵盖了国外高层次人才引进、人才队伍能力建设、国际智力交流合作、成果示范推广、信息化建设等各项重点任务,是规划实施的重要载体和抓手,需要全力以赴推进落实。要精心设计工程方案,每项工程都要目标明确、任务明确、措施明确,做到可操作、可检测、可评估。要加强对工程实施的统筹协调,充分调动地方和用人单位的积极性,形成推进工程的整体合力。要适应经济社会发展需求,创新完善政策措施,建立经费保障机制。三是制订规划提出的各项重大引智政策。规划提出的重大引智政策有许多是原则性、宏观性要求,贯彻落实还需要开展调查研究,细化政策的具体内容,出台可操作的政策措施。对创新难度大的政策,可选择一些地方和单位先行先试,推动形成有利于引智工作创新发展的体制机制。四是加强对规划实施情况的检测评估和跟踪检查。建立完善的规划实施情况监测报告制度,指导和督促规划任务在全国外专系统的贯彻落实。

（二）积极营造事业发展的良好环境

良好的环境是推动引智工作科学发展的关键所在。一是完善外国专家来华工作跟踪服务体系。认真落实外国专家在出入境、医疗、子女入学等方面的保障措施，努力做好外国专家参加社会保险工作。根据外国专家的特殊情况和要求，及时调整、完善相关政策，为他们在华工作提供良好条件。进一步完善反映外国专家意见和建议的工作机制，把外国专家管理部门建设成为"外国专家之家"。二是做好引智宣传工作。适应新形势新任务的要求，着力在探索规律、创新方式、增强实效上下工夫，大力宣传引智法规政策、先进经验、优秀典型和重要成就，积极宣传我国更加开放的人才政策和不断完善的引智环境，为引智工作创造良好的社会环境和舆论氛围。在中组部人才局的指导下，做好"外专千人计划"的宣传和舆论引导工作，坚持多做少说的原则。三是加强引智理论研究。科学把握国际人才竞争和流动趋势，加强引智政策理论和前瞻性研究，针对制约我国引智效能提升的关键问题、主要矛盾开展专项研究，为推动引智科学发展提供决策咨询和理论支撑。四是加强政务公开。深入贯彻落实《政府信息公开条例》，加大主动公开力度，认真办理依法申请公开事项，保障人民群众的知情权、参与权和监督权。

（三）大力加强引智干部队伍执行力建设

执行力是执政能力的集中体现，是落实好各项工作的关键点，是影响全局发展质量和效益的决定性因素。当前，引智事业正处于重要战略机遇期，任务更重、要求更高、挑战更多，迫切需要我们采取更加有力的措施推进干部队伍执行力建设，不断提高狠抓落实、善抓落实的能力。一是健全学习机制，增强执行本领。建设学习型机关，努力掌握和运用人类社会创造的一切科学的新思想、新知识、新经验，引导和督促引智干部大胆解放思想，发挥聪明才智，推动工作创新发展。加强引智干部教育培训工作，提高政策理论和履行岗位职责的业务能力。二是健全责任机制，强化执行保障。建立健全主体明确、职责清晰、具体量化的岗位责任制，把职责任务明确到岗、落实到人。完善追踪问效，加强督促检查，及时总结经验、查找问题，进行动态反馈，确保各项工作按照目标要求持续推进。三是改进工作作风，激发执行动力。围绕"迎接党的十八大、学习十八大、宣传贯彻十八大"，推动创先争优活动深入开展，充分调动和激发各级党组织和党员创先争优的内在动力。坚持深入基层、深入一线，支持和鼓励基层大胆探索，开创新路，努力做引智工作先进典型、示范成果的发现者、提炼者和推广者。强化大局意识和责任意识，加强协调配合,形成推动引智工作又好又快发展的整体合力。加强反腐倡廉教育,严格执行党风廉政责任制,严格遵守廉洁自律各项规定。四是加强引智机构和队伍建设,夯实执行基础。要围绕完成重点任务、破解发展难题等工作大局,进一步充实基层引智工作队伍,优化人员结构,健全地方工作机构。

(四)深入开展"抓管理、抓重点、抓成果"活动

今年是开展"三抓"活动的第二年,要围绕推动引智事业创新发展,进一步丰富活动内容,创新活动方式,不断把活动引向深入。一是深入调研,掌握工作动态。及时总结提炼基层创造的优秀成果,及时研究解决引智热点难点问题,切实增强活动的前瞻性和针对性。二是强化指导,狠抓工作落实。健全抓落实的领导机制和工作机制,特别对重大工程、重要成果、重点难点问题要一抓到底,抓出实效。采取现场会、工作推进会、成果示范推广会等行之有效的方式,督促重点任务和重要成果的落实。三是广泛宣传,营造良好氛围。强化舆论引导,更加注重优秀引智成果的宣传推广,通过多种方式大力宣传优秀引智成果、外国专家典型事迹和引智管理创新。四是完善措施,形成长效机制。把制度建设和机制创新贯穿于活动的全过程,坚持边探索、边总结,及时将成熟的做法和有效的措施规范化、制度化。对成果较多、质量较好的项目单位、地方外国专家局,今后将进一步加大支持力度,推动建立重质量抓成果的长效机制。

同志们,引智事业任务艰巨、责任重大、使命光荣。让我们紧密团结在以胡锦涛同志为总书记的党中央周围,深入贯彻落实科学发展观,以时不我待、奋发有为的精神状态,以狠抓落实、务求实效的工作作风,坚定信心,鼓足干劲,迎难而上,扎实工作,努力推动引智工作实现新发展,以优异成绩迎接党的十八大胜利召开!

在国家外国专家局与云南省政府《关于引进国外智力支持云南桥头堡建设合作框架协议》签约仪式上的致辞

国家外国专家局局长 张建国
（2012年2月9日）

尊敬的代省长李纪恒、副省长李江，各位来宾、同志们、朋友们：

在全国人民喜庆龙年新春的日子里，国家外国专家局与云南省人民政府在美丽的"春城"——昆明隆重举行《关于引进国外智力支持云南桥头堡建设合作框架协议》签约仪式。在此，我谨代表国家外国专家局对这一合作框架协议的签署表示热烈祝贺！对云南省委、省政府长期以来对引智事业发展给予的关心、支持表示衷心感谢！

云南地处祖国西南边陲，是我国通往东南亚、南亚的重要陆上通道，战略地位十分重要。云南多民族聚居，各民族和谐共处，共同创造了悠久的历史和灿烂的文化。2011年，在党中央、国务院的正确领导和国家新一轮西部大开发战略的推动下，云南省委、省政府认真贯彻落实科学发展观，紧紧围绕建设绿色经济强省、民族文化强省和中国面向西南开放重要桥头堡战略目标，团结带领全省广大干部和各族群众，积极应对复杂多变的国内外经济形势，着力保增长、稳物价、调结构、惠民生、促和谐，各项工作取得了显著成就，实现了"十二五"经济社会发展良好开局。

近年来，在中共云南省委、省政府的正确领导下，云南省引智工作围绕中心，服务大局，在引智项目计划实施、出国（境）培训、国际交流合作、智力拥军以及外国专家管理服务等方面取得了长足发展。特别是桥头堡战略实施以来，进一步加大工作力度，先后聘请160余名外国专家到云南工作，获批"千人计划配套引智工程"等国家级重点项目5项，选派836名各类人才出国（境）培训，帮助部队引进10余项国外现代农业生产新技术、新品种，为支持云南经济社会发展、推动面向西南开放重要桥头堡建设发挥了重要作用。

人才是第一资源，是国家发展的战略资源。做好人才智力工作，是一个国家、地区实现跨越式发展的必由之路。为吸引更多高层次外国专家参与我国现代化建设，加快建设人才强国，2011年，党中央启动实施了"外专千人计划"，国务院批复了《国家引进国外智力"十二五"规划》。《国家引进国外智力"十二五"规划》和"外专千人计划"的实施将是引智事业迈入创新发展历史新时期的重要机遇。国家外国专家局将以落实《国家引进国外智力"十二五"规划》为主线，以实施"外专千人计划"为突破，以引进国外高层次人才、提升出国（境）培训质量和效益为重点，坚持高端、紧缺取向，统筹推进引进国外智力工作，更好服务国家和地方经济社会发展大局。

2011年，国务院出台了《关于支持云南省加快建设面向西南开放重要桥头堡的意见》。这一重大战略是中央统筹国内国际两个大局作出的重大决策，提升了云南在全国开放格局中的重要地位，必将对推动云南经济社会又好又快发展，实现各族群众共同富裕和边疆和谐稳定产生深远影响。加快推进桥头堡建设，人才智力是关键要素。作为国家引进国外智力的归口管理部门，为支持云南桥头堡建设提供国外人才智力支持，是国家外国专家局义不容辞的责任。《关于引进国外智力支持云南桥头堡建设合作框架协议》的签署，标志着引进国外智力服务云南经济社会发展局省合作机制正式建立，这是贯彻落实国务院支持云南桥头堡建设战略部署的重要举措；也是贯彻落实国家引智"十二五"规划的积极实践。国家外国专家局将以局省合作机制为重要平台，围绕加快建设面向西南开放的重要桥头堡的总体要求，通过"请进来"与"走出去"相结合的方式，整合引智资源，加大关键领域和重点产业人才引进力度，支持桥头堡建设紧缺人才出国（境）培训，在引智政策、资金、项目审批等方面给予倾斜和保障，为开创云南跨越式发展和我国对外开放新局面作出更大贡献。

把云南省建设成为我国面向西南开放的重要桥头堡，意义重大，使命光荣。让我们携手共进，完善合作机制，充实合作内涵，扩大合作成果，推动局省合作取得显著成效。我相信，在党中央、国务院的亲切关怀下，在云南省委、省政府的坚强领导下，云南人民一定会在推动科学发展、和谐发展、跨越发展的伟大征程中取得新胜利，铸就新辉煌。相信在云南省委、省政府的一如既往地关心、支持下，在相关部门的协同配合下，云南省引智工作必将再上新台阶，再创新业绩。

谢谢大家！

在国家外国专家局与贵州省政府《关于引进国外智力支持贵州经济社会又好又快发展合作框架协议》签约仪式上的致辞

国家外国专家局局长 张建国
（2012年3月31日）

尊敬的赵克志省长、孙国强副省长，各位来宾、同志们、朋友们：

今天，国家外国专家局与贵州省人民政府隆重举行《关于引进国外智力支持贵州经济社会又好又快发展合作框架协议》签约仪式。在此，我谨代表国家外国专家局对合作框架协议的签署表示热烈祝贺！对中共贵州省委、省政府长期以来对引智事业发展给予的关心、支持表示衷心感谢！

贵州地处云贵高原，是一个山川秀丽、气候宜人、资源富集、民族众多的省份，具有光荣的革命传统。千百年来，各民族和睦相处，共同创造了多姿多彩的贵州文化。2011年，在党中央、国务院的正确领导和国家新一轮西部大开发战略的推动下，贵州省委、省政府认真贯彻落实科学发展观，高举"发展、团结、奋斗"的旗帜，团结带领全省广大干部和各族群众，锐意进取，迎难而上，经济社会发展呈现出发展提速、转型加快、效益较好、民生改善、后劲增强的良好态势，顺利实现了开好局、起好步，为"十二五"发展奠定了坚实基础。

近年来，在贵州省委、省政府的正确领导下，贵州省引智工作围绕中心，服务大局，在引智项目计划实施、出国（境）培训、智力扶贫及外国专家管理服务等方面取得了长足发展。先后聘请500余名外国专家到贵州工作，选派3900余名各类人才出国（境）培训，帮助贫困地区引进多项国外现代农业生产新技术、新品种，为支持全省经济社会发展、发挥贵州后发优势发挥了重要作用。

人才是第一资源，是国家发展的战略资源。做好人才智力工作，是一个国家、地区实现跨越式发展的必由之路。为吸引更多高层次外国专家参与我国现代化建设，加快建设人才强国，2011年，党中央启动实施了"外专千人计划"，国务院发布了《国家引进国外智力"十二五"规划》。《国家引进国外智力"十二五"规划》和"外专千人计划"的实施将是引智事业迈入创新发展历史新时期的重要机遇。国家外国专家局将以落实《国家引进国外智力"十二五"规划》为主线，以实施"外专千人计划"为突破，以引进国外高层次人才、提高出国（境）培训质量和效益为重点，坚持高端、紧缺取向，统筹推进引进国外智力工作，更好服务国家和地方经济社会发展大局。

新年伊始，国务院出台了《关于进一步促进贵州经济社会又好又快发展的若干意见》。这是首个从国家层面全面系统支持贵州经济社会发展的综合性政策文件，必将对贵州实现加速发展、加快转型、推动跨越产生深远影响。促进贵州经济社会又好又快发展，实现后发赶超，人才智力是关键要素。作为国家引进国外智力的归口管理部门，为促进贵州省经济社会又好又快发展提供国外人才智力支持，是国家外国专家局义不容辞的责任。《关于引进国外智力支持贵州经济社会又好又快发展合作框架协议》的签署，标志着引进国外智力服务贵州经济社会发展局省合作机制正式建立，这是贯彻落实国务院支持贵州经济社会发展战略部署的重要举措，是贯彻落实《国家引进国外智力"十二五"规划》的积极实践。国家外国专家局将以局省合作机制为平台，紧扣贵州省"加速发展、加快转型、推动跨越"的主基调，通过"请进来"与"走出去"相结合的方式，整合引智资源，加大关键领域和重点产业人才引进力度，大力支持急需紧缺人才出国（境）培训，在引智政策、资金、项目审批等方面给予倾斜和保障，为推动贵州省在新的起点上走出一条符合自身实际和时代要求的后发赶超之路作出新贡献。同时，希望贵州省委、省政府继续重视和支持贵州省引智工作，加大配套经费投入、健全工作机构、加强队伍建设，进一步提升引智工作服务大局的能力，推动贵州省引智工作实现新发展。

各位领导，支持贵州经济社会又好又快发展，是一项长期而艰巨的任务。让我们携手共进，不断完善合作机制，充实合作内涵，扩大合作成果，推动局省合作取得显著成效。我们相信，在党中央、国务院的亲切关怀下，在贵州省委、省政府的坚强领导下，在"开放创新、团结奋进"的贵州精神的激励下，贵州人民一定会书写科学发展新篇章，驶入科学发展快车道，与全国同步实现全面建设小康社会的宏伟目标。相信在贵州省委、省政府一如既往地关心、支持下，在相关部门的协同配合下，贵州省引智工作必将再上新台阶，再创新业绩。

谢谢大家！

在第9届中美工程技术研讨会全体会议上的讲话

国家外国专家局局长 张建国
(2012年4月22日)

尊敬的方玉山博士、哈里·阿曼先生，各位专家，女士们、先生们、朋友们：

在中美双方的精心组织和与会专家的共同努力下，第九届中美工程技术研讨会已完成了各项议程，达到了预期目的，取得了丰硕成果。在1周的时间里，中外专家奔赴北京、浙江、安徽、江西、广东等地，围绕提高中国大中型企业及高新技术企业技术创新能力和综合管理能力等重要问题，实地考察了重点企业、科技园区、高校及科研院所，参加了"灾难、灾害的预警、应对和防范"论坛，在先进制造、信息技术、绿色城市、矿区治理、低碳产业等领域形成了许多建设性的意见和建议。刚才，美方筹委会主任方玉山博士、阿曼先生和五位专业组组长的发言，集中体现了本届研讨会的成果，这些成果对探讨和解决中国企业技术创新面临的关键问题和共性问题具有重要的借鉴意义，是与会专家和会议工作人员汗水和智慧的结晶。在此，我谨代表中方组委会，对研讨会的成功举办表示热烈的祝贺，对各位中外专家的辛勤付出表示崇高的敬意，对各主办方的鼎力合作表示衷心的感谢！

中美工程技术研讨会自1993年创办以来，在党中央、国务院的高度重视下，在各主办、协办单位的辛勤耕耘下，已走过了近20年的历程，合作机制日益完善，合作内涵不断充实，已发展成为凝聚中美两国工程界智慧的重要平台。研讨会集聚了一大批在相关领域具有深厚学术造诣和丰富实践经验的中美专家，中美工程技术研讨会着眼于中国经济社会发展的前沿和热点问题，通过广泛深入调研，有针对性地探讨和解决中国企业面临的技术问题，取得了一大批具有重要影响的科研成果，为中国企业转变经济增长方式、促进科技创新发挥了重要作用，为国家产业政策和技术政策的研究制定提供了有益借鉴，为提升国际人才资源开发利用水平发挥了重要作用。

女士们、先生们！今年是实施中国"十二五"规划承前启后的重要一年。规划突出强调了推动科学发展、加快转变经济发展方式，着力解决发展中不平衡、不协调、不可持续的问题。全面落实规划任务，必须充分发挥科技和人才的支撑作用，推动经济社会发展尽快走上创新驱动的发展轨道。为吸引更多高层次外国专家参与中国现代化建设，加快建设人才强国，2011年，中央启动实施了"外专千人计划"，国务院批复了《国家引进国外智力"十二五"规划》。它们的实施将是引智事业迈入创新发展历史新时期的重要机遇。国家外国专家局将以落实《国家引进国外智力"十二五"规划》为主线，以实施"外专千人计划"为突破，以引进海外高层次人才、提高出国（境）培训质量和效益为重点，坚持高端、紧缺取向，统筹推进引进国外智力工作，更好地服务国家经济社会发展大局。

当今时代，世界经济政治格局正在发生深刻变化，和平、发展、合作仍然是时代潮流。深化国际人才交流合作，既有利于促进各国自身发展，也有利于共同推动世界经济持续复苏。中国将秉承和平、发展、合作、共赢的理念，实施更加开放的人才政策，积极学习借鉴国际先进技术和管理经验，大力培养和延揽各类高层次人才，着力搭建协调有序的国际交流合作平台，进一步营造有利于国际人才交流合作的良好环境。中美工程技术研讨会是促进中美两国人才交流合作的重要力量，是广泛吸纳国内外人才智力资源的有效形式，已经取得了令人瞩目的合作成效。希望中美工程技术研讨会继续总结经验、发挥优势，进一步挖掘合作潜力、丰富合作内涵，加强产业发展与国际人才交流合作的密切联系，推动共建优势互补、互惠互利的国际人才交流合作机制；希望本着务实高效的原则，精心组织开展形式多样的合作交流活动，引领更多的国内外专家建言献策、贡献智慧和力量，吸引更多的美方专家参与中国的发展实践，分享中国的发展成果。我们相信，在中美双方的共同努力下，一个合作机制更加完善、合作成果更加丰富的中美工程技术研讨会，必将为推动中美两国工程技术领域的互利合作，为深化中美两国人才交流合作作出新的更大贡献！

最后，再次感谢中美专家的光临，祝大家旅途愉快，一路顺风！谢谢大家！

在高端外国专家座谈会上的讲话（哈尔滨）

国家外国专家局局长　张建国
（2012年6月15日）

尊敬的各位专家：

下午好！很高兴与大家相聚在美丽的冰城——哈尔滨，共同举行高端外国专家座谈会。刚才，各位专家围绕"如何推动中国和独联体国家高端专家的交流合作"进行了发言，提出了许多建设性的意见建议，听后很受启发，会议开得很有成效。在此，我谨代表国家外国专家局，向出席会议的各位专家表示热烈欢迎，对各位专家多年来为推动中国与独联体国家的人才交流合作作出的积极贡献表示衷心的感谢！

中国政府高度重视引进国外智力工作，大力实施科教兴国战略和人才强国战略。为吸引更多高层次外国专家参与中国现代化建设，去年推出了"外专千人计划"，这是目前中国最高层次的外国专家引进计划，目标是围绕国家经济和社会发展重点行业和关键领域的需求，利用10年左右时间，引进500～1000名非华裔高层次外国专家。为体现对入选专家的特殊支持，国家外国专家局制定实施了适合高端外国专家需要的科研经费、医疗、养老以及工薪补助等配套措施。在加大人才引进工作力度的同时，我们注重完善政策环境，健全外国专家跟踪服务体系。按照温家宝总理的指示精神，我们建立了外国专家建言机制，目的是通过定期征集外国专家的意见建议，进一步畅通外国专家建言渠道，为来华工作的外国专家发挥才干创造更好条件。

独联体国家是中国的友好近邻和重要合作伙伴，开展人才交流合作有着良好的地缘优势和合作基础。加强独联体国家引智工作一直是国家外国专家局的工作重点。2001年，设立了"独联体与东欧国家引智专项"，重点支持引进独联体与东欧国家信息、能源、生物医药、环境保护、装备制造、农业等领域的人才智力资源，取得了丰硕的成果。"十一五"时期，共支持独联体与东欧国家项目343项，聘请专家3000余人次。近年来，按照"十二五"规划和实施东北地区等老工业基地振兴战略的部署，进一步加强了与俄罗斯、白俄罗斯、乌克兰等国在经济、技术、教育等领域的交流合作,合作领域不断拓宽,合作内涵更加丰富,合作层次和质量明显提升,为促进地区繁荣和双方经济社会健康发展发挥了应有的作用。

人才是第一资源,是国家发展的战略资源。深化国际人才交流合作,既有利于促进各国自身发展,也有利于共同推动世界经济持续复苏。中国与独联体国家开展人才交流合作的基础牢固,潜力巨大,前景广阔。当前,各国都面临国际金融危机的挑战,都在致力于推动经济转型,加快现代化发展。在此背景下,如何为人才交流合作注入新的活力,将发展机遇转化为互利共赢的合作成果,已成为我们共同面临的重要任务。我们应积极探索新形势下加强人才交流合作的务实、长远之策。希望我们围绕面临的共同挑战,以高层次人才交流合作为重点,积极搭建高层次交流合作平台,广泛采取合作研究、学术交流、技术培训等多种形式,在更高水平、更宽领域、更大规模上开展国际人才交流合作,不断推动各领域合作出成果、见实效;希望我们在互利共赢的基础上,进一步加强相互间的联系和沟通,推动建立高层定期互访和沟通协商机制,为推动务实合作、实施重大项目、协调解决问题发挥重要作用;希望各位专家充分发挥桥梁纽带作用,积极建言献策,探讨加强互利合作的新方式、新途径,为深化国际人才交流合作贡献更多经验和智慧。

合作共赢符合各国的根本利益,是我们的共同愿望。真诚欢迎更多的独联体国家专家参与中国的改革开放进程,共享中国繁荣进步的机遇和成果。我们相信,只要把握机遇,携手共进,一定会取得更加丰硕的合作成果,为促进地区经济繁荣发展、造福人民作出新的更大贡献!

最后,衷心祝愿各位专家在黑龙江工作顺利、生活愉快!

谢谢大家!

在 2012 年东北地区和内蒙古引智协作会议上的讲话

国家外国专家局局长 张建国
(2012 年 7 月 13 日)

尊敬的郭启俊副主席,
各位来宾、同志们:

今天,2012 年东北地区和内蒙古引智协作会议在美丽的包头市召开,在此,我谨代表国家外国专家局对会议的召开表示热烈祝贺!对内蒙古自治区党委、区政府长期以来对引智事业发展给予的关心、支持表示衷心的感谢!向出席会议的代表表示诚挚的问候和良好的祝愿!

内蒙古地处祖国北部边疆,资源富集,发展潜力巨大,生态区位独特,在全国经济社会发展和边疆繁荣稳定大局中具有重要的战略地位。近年来,在党中央、国务院的正确领导下,内蒙古自治区党委、区政府深入贯彻落实科学发展观,紧紧抓住国家实施西部大开发、振兴东北地区等老工业基地的战略机遇,团结带领各族干部群众,着力调结构、转方式、惠民生、促和谐,经济社会保持了又好又快发展的良好势头。

多年来,在内蒙古自治区党委、区政府的正确领导下,内蒙古引智工作围绕中心、服务大局,立足内蒙古自治区优势特色产业,积极推进海外高层次人才引进工作,认真组织实施重点引智项目,大力提升外国专家管理服务水平,不断深化与东北等相关省区市的引智交流合作,为服务全区经济社会发展作出了重要贡献。

引进国外智力是实施人才强国战略的重要内容,是对外开放的重要组成部分,关系国民经济和社会发展大局。为吸引更多高层次外国专家参与我国现代化建设,加快建设人才强国,去年党中央启动实施了"外专千人计划",国务院发布了《国家引进国外智力"十二五"规划》。《国家引进国外智力"十二五"规划》和"外专千人计划"的实施是引智事业迈入创新发展历史新时期的重要机遇。国家外国专家局将以落实《国家引进国外智力"十二五"规划》为主线,以实施"外专千人计划"为突破,以引进国外高层次人才、提高出国(境)培训质量和效益为重点，坚持高端、紧缺取向，统筹推进引进国外智力工作，更好服务国家和地方经济社会发展大局。

"十二五"开局之年，国务院出台了《关于进一步促进内蒙古经济社会又好又快发展的若干意见》，这是指引和支持内蒙古坚持科学发展、推进富民强区的重要政策性文件，必将对全面推进内蒙古自治区科学发展产生重大而深远的意义。东北三省与内蒙古自治区地缘相近，资源互补，产业关联，各方有区域间合作的天然条件和一体化发展的客观要求。振兴东北地区等老工业基地战略实施以来，东北三省与内蒙古自治区积极扩大在产业项目、人才智力等领域的合作，已呈现出互惠互利、合作共赢的良好态势。

实现东北全面振兴，推动内蒙古自治区经济社会又好又快发展，人才智力是关键要素。在经济全球化深入发展和国内区域经济一体化进程加快的大背景下，深化区域间国际人才智力交流合作，是推动引智资源和成果共享、促进各方共同发展的有效方式。《东北地区和内蒙古引智战略合作框架协议》的签署是贯彻落实国务院支持内蒙古自治区经济社会发展战略和东北振兴战略的重要举措，是落实《国家引进国外智力"十二五"规划》的积极实践。希望东北三省和内蒙古自治区各级"外专"部门切实增强机遇意识和责任意识，把深化区域引智合作作为贯彻落实东北振兴战略和《意见》的重要内容抓实抓好。希望各方坚持优势互补、合作共赢的原则，以务实的态度、有力的措施，丰富合作内涵，创新合作方式，不断推动重点领域合作出成果、见实效。希望建立完善合作协调推进机制，加强相互间的联系和沟通，及时研究解决合作中的新情况新问题，及时总结合作中的好经验好做法，大力提升交流合作水平。

促进内蒙古自治区经济社会又好又快发展是一项长期而艰巨的战略任务。国家外国专家局将一如既往地关注和支持内蒙古自治区引智工作，努力推动内蒙古引智工作再上新台阶、再创新佳绩。希望东北三省与内蒙古自治区携手共进，扎实工作，不断推动区域引智合作取得更大成效，为推动内蒙古自治区经济社会新跨越，为实现东北全面振兴作出新的更大的贡献！

最后，预祝会议取得圆满成功！

谢谢大家！

在国家外国专家局年中务虚会上的讲话（摘要）

国家外国专家局局长 张建国
（2012年7月20日）

一、上半年各项工作取得明显成效

今年上半年，我们认真贯彻落实全国引智会议的部署，按照"抓管理、抓重点、抓成果"的基本思路，以落实《国家引进国外智力"十二五"规划》为主线，以实施"外专千人计划"为突破，以引进国外高层次人才、提高出国（境）培训质量和效益为重点，以重大引智政策创新和重大引智工程实施为抓手，坚持高端引领，整体推进，各项工作取得了明显成效。

（一）高端引领，重大引智工程实施扎实推进

一是大力实施"外专千人计划"和"高端外国专家项目"。认真贯彻落实中共中央政治局委员、中央书记处书记、中央组织部部长李源潮"很有成绩，乘势而上"的重要批示，通过在北京、上海、山东、湖北等地召开动员部署会，到重点高校、科研院所和大型企业进行宣讲说明等方式，深入宣传"外专千人计划"的重大意义，指导督促全国"外专系统"做好项目申报和入选专家管理服务工作。在全局共同努力下，顺利完成了第2批"外专千人计划"申报评审工作，共推荐67名候选专家上报有关部门。完善"外专千人计划"引才体系，启动实施2012年"高端外国专家项目"，共有497项高端项目通过专家组评审，重点领域引智项目支持力度进一步加大，高端引领的导向作用明显增强。完善工作措施，设计开发了"外专千人计划"和"高端外国专家项目"专家评审和管理信息系统，评审和管理效率明显提高。二是以服务国家重大人才工程为抓手，积极推进人才队伍能力建设引智工程。全年批准出国（境）培训计划总量7.83万人，规模较去年略有减少，重点更加突出。上半年批准审批类项目计划167项、3289人，批准审核类项目计划701项、1.37万人。主动适应国家人才工作发展需要，紧贴国家重大人才工程建设，加强与中组部、人社部、科技部、农业部等

牵头部门的沟通协调，签署合作协议，强化措施保障，大力支持服务经济社会发展重点领域人才队伍建设和文化产业发展急需人才培训项目。深入调研，全面了解中纪委、国家开发银行等部门、单位的培训成效和实际需求，培训的针对性和实效性不断增强。中青年领导干部培训、高校领导赴海外培训等重点培训项目有序实施。三是统筹抓好各项重点引智项目。继续发挥外专部门传统优势，立足"十二五"国家和地方发展战略目标和重点领域需求，集中力量推进各项重点引智项目，加大国外高层次人才和紧缺人才引进力度。上半年批复经济技术类专家项目2384项，资助聘请外国专家8829人次；全年批复教科文卫类专家项目6470项，资助聘请外国专家2.2万人次。"独联体与东欧国家引智项目"、"软件与集成电路引智项目"、"国家科技重大专项引智计划"、"创新团队国际合作伙伴计划"的深入实施，"高等学校学科创新引智计划"、"引进海外高层次文教专家重点支持计划"的持续推进，有力地推动了引智工作向更高层次迈进。

（二）注重实效，开发利用国外智力资源能力不断提升

一是重大引智会议和活动的影响力持续扩大。2012年中国政府"友谊奖"申报、评审工作顺利完成。精心组织开展第9届中美工程技术研讨会、国际猎头发展高峰报告会暨中国高端人才引进交流会、两岸人力资源开发与交流研讨会、白俄罗斯大学校长团访华等重要活动。成功举办外籍人才招聘会、首届国际生物多样性大会，积极搭建人才、项目对接交流平台。认真做好第11届中国国际人才交流大会筹备工作。二是继续巩固和拓展高层次引才渠道。加大国外优质智力资源开发力度，派出由局领导带队的多个出访团组，先后访问了日本、新加坡、美国、加拿大、澳大利亚、德国、匈牙利、韩国等国政府组织、著名大学和研究机构，巩固和深化了合作关系，扩大了国家外国专家局的对外影响。积极开发境外优质培训资源，加强与国（境）外著名大学、科研机构和大型企业在高层次人才培训方面的合作，与美国斯坦福大学、乔治城大学签署合作意向书（备忘录），与美国杜克大学、英国牛津大学签署培训合作协议。三是积极推进引智宣传工作。深化与中央主要新闻媒体合作，在《光明日报》开设引智专栏，宣传效果进一步增强。精心策划主题宣传活动，加大优秀引智成果和地方引智工作宣传报道力度，"两刊"的宣传工作稳步推进。

（三）突出重点，引智体制机制创新取得新进展

一是《国家引进国外智力"十二五"规划》实施机制初步建立。建立规划实施联席会议制度，推动成立由国家发改委、科技部、公安部、人社

部和国家外国专家局组成的规划实施联席会议。制订规划实施分工方案，认真做好规划实施情况评估检查准备工作，确保任务落到实处。二是出国（境）培训管理不断加强。坚持"控制总量、突出重点、保压结合、服务发展"的原则，严格审批审核，认真落实培训总结、成果跟踪、项目执行率、经费核销"四挂钩"制度，督促指导培训计划均衡执行。制定实施出国（境）培训审批审核内部管理规定、出国（境）培训团组国内预培训及回国总结经费管理办法，科学化管理水平得到新提高。成功举办第4届出国（境）培训项目对接会，培训管理机制进一步完善。三是组织开展引智项目管理年活动。针对引智管理薄弱环节，结合审计署检查发现的问题，加强引智项目和经费管理，研究制定专项治理工作实施方案。进一步规范行政审批事项，不再委托直属单位审批项目。印发《进一步加强相关审批事项和项目管理工作的通知》，督促各单位规范项目审批流程，完善项目审批办法，提升项目管理水平。四是探索引智创新发展新方式。按照国际化管理，坚持市场化运作，有序推进海外高层次人才交流基金社会管理专项实施工作，规范项目征集、评审和基金管理，推动国际人才交流合作向更高水平发展。深化局省（部际、大项目）合作，与水利部、云南省、贵州省签署引智合作框架协议，与中国商用飞机有限责任公司签署2012年引进国外智力行动计划，重点支持服务国家和地方发展战略的引智项目。鼓励和支持地方先行先试，批复山东省日照市建设"中国蓝色经济引智试验区"，推动引智公共服务政策创新。

（四）统筹协调，引智发展环境进一步优化

一是引智法规政策建设取得突破性进展。主动与相关部门沟通，积极主张国家外国专家局诉求，对《中华人民共和国出境入境管理法（草案）》提出建设性修改意见。该法的审议通过，标志着引智法规政策建设迈出重要步伐。特别是关于明确"外国专家主管部门"的作用、增加引进人才签证类别、制定并定期调整外国人在中国境内工作指导目录、规定外国人在中国境内工作管理办法的条款，对于优化引智法规政策环境，推进引智事业创新发展具有重要意义。推动探索实行技术移民工作，广泛征求地方和相关部门对可行性报告提纲的修改意见。《开发利用国外智力资源办法》、《引进国外智力成果共享办法》起草工作进展顺利。二是引智行政许可深入推进。规范聘请单位和中介机构管理，完成2011年度外国文教专家聘请资格单位年检工作，召开全国重点聘请外国文教专家资格单位外事处长交流培训班。完善"授权窗口单位责任制"，明确窗口单位权利和义务，确保相关单位依法合规办理外国专家来华工作手续。认真做好行政许可证件和外国

专家证件发放工作。积极推进外国文教专家分类管理工作。三是引智公共服务建设得到改善。认真落实温家宝总理指示精神，启动外国专家建言工作，上报了5期《外国专家建议》，为外国专家发挥才干创造更好条件。全力做好"外专千人计划"配套政策制定实施工作，制定发布了《"外专千人计划"科研经费补助管理办法》、《"千人计划"高层次外国专家长期项目工薪补助办法（暂行）》，就入选专家的医疗、养老保险事宜进行深入调研。《关于为外籍高层次人才来华提供签证及居留便利有关问题的通知》经中央人才工作协调小组审议通过，为高端外国专家来华工作提供了更多出入境和居留便利。加快完善外国专家测评系统建设，开发推广外国专家管理系统，引智信息化建设不断加强。完成2011年国家引智基地和示范单位年审工作，开展国家引智成果示范推广基地带头人能力建设培训，引智成果示范推广工作深入推进。制定实施《中国国际人才市场管理办法（试行）》，加强市场经营管理和网站建设，国际人才市场建设稳步发展。

（五）夯实基础，引智干部队伍自身建设不断加强

创先争优活动扎实有效开展，认真落实基层组织建设年各项部署，紧密结合重点任务落实，组织开展形式多样的系列主题活动，认真做好国家外国专家局出席党的十八大代表推荐提名工作，局机关和直属单位党支部建设科学化水平进一步提高。认真贯彻中央关于深化干部人事制度改革要求，加大竞争性选拔干部力度，精心组织处级干部竞争上岗，调整局部分单位、驻外机构主要负责人，进一步规范驻外机构和人员管理，努力营造风清气正的选人用人环境，干部队伍建设成效显著。坚持不懈地抓好学习教育，举办全国引智干部培训班，启动实施名家系列讲座活动，着力提高干部队伍综合素质，学习型机关建设取得新进展。按照引智项目管理年活动的要求，各单位普遍采取措施强化内部管理，加强基础建设，规范工作流程，全局干部职工抓管理、促规范的意识明显增强。

在看到成绩的同时，我们必须清醒地认识引智工作，特别是引智管理工作存在的问题和不足，主要是：局机关和直属单位在个别引智项目管理中权责不一致，管理脱节；审批事项和工作流程执行不够严格，缺乏完善的行政审批责任体系；工作人员规范化管理的意识有待进一步加强等。这些问题的存在，不利于我们顺利实现"十二五"引智发展目标，将影响新时期引智工作的创新发展。加强和改进引智管理，是提高引智工作效能的重要基础，是促进引智事业科学发展的机制保障。我们必须始终将加强引智管理作为一项重要的基础性工作抓紧抓好，更加扎实有效地推进各项工作。

二、关于做好下半年工作的几点要求

今年是全面实施《国家引进国外智力"十二五"规划》承上启下的关键之年,是深入推进"外专千人计划"的重要一年,党的十八大将在下半年召开,做好引智工作意义重大。我们要紧紧围绕全国引智会议的部署,继续按照"抓管理、抓重点、抓成果"的基本思路,改革创新、突出重点、狠抓落实,确保圆满完成全年目标任务。

(一)增强政治意识和大局意识,以优异成绩迎接党的十八大胜利召开

政治意识和大局意识是我们做好各项工作的灵魂。增强政治意识和大局意识,就是要求我们保持清醒的政治头脑,具有正确的政治思想、坚定的政治立场,就是要求我们自觉服从和服务于党和国家工作大局,在大局下思考,在大局下定位,在大局下行动。近年来,我国制定国家人才发展规划,积极参与国际人才竞争,确立人才优先发展战略布局,实施更加开放的人才政策,推动产业向创新经济转型升级。实现转型目标,根本靠科技,关键在人才。人才是转型之要、竞争之本、活力之源。当前,党中央、国务院对引智工作高度重视,中央领导同志对国家外国专家局寄予厚望,社会对引智工作的认识也有了很大提高,"外专千人计划"和《国家引进国外智力"十二五"规划》的顺利实施,是推进新时期引智创新发展的重要机遇和强大动力,引智工作进入新的历史起点。下半年我们党将召开十八大,做好下半年各项引智工作,营造良好的引智环境,具有特殊重要的意义。我们必须切实增强政治意识和大局意识,始终把思想和行动统一到中央对引智工作的决策部署上来,始终把引智工作放在党和国家大局中来,主动适应形势变化,更好发挥职能优势,认真履行工作职责,努力把握工作的前瞻性、针对性和有效性,以更大的决心、更大的力度把各项目标任务落到实处,力争在重点任务、重要成果方面取得新突破,推动引智事业再上新台阶。局机关各部门、局直属单位之间也要树立"一盘棋"思想。局机关在出台政策、制订工作计划时,要注意从全局高度来谋划,妥善处理各方面的利益关系。直属单位要紧扣全局的中心任务开展工作,不断提高服务水平,为机关工作提供有力支持。各单位之间也要主动协调、相互支持、相互配合,不断增强凝聚力和战斗力。

(二)深入推进"抓管理、抓重点、抓成果"活动,统筹抓好各项工作落实

1. 继续加强和改进引智管理,提升引智管理科学化水平

一是深化引智项目管理年活动。深入推进行政审批制度改革,以提高引智工作效能为目标,以统一归口管

理、完善制度措施、加强监督制约为着力点，以建立行政审批责任体系为保证，为引智工作健康发展搭建完善的制度体系，建立完善的工作运行机制。要加强活动的组织领导和督促落实，集中力量开展好全国范围内的重点专项检查，及时改进工作，完善审批流程，积极推进更加科学高效的引智项目和经费管理长效机制建设。各单位应高度重视，特别是一把手要切实负起责任，及时指导、督促本单位贯彻落实局党组的工作部署。要按照统一归口管理、明确职责、权责一致的要求，在今年12月底之前将修订完善后的相关制度和管理办法报局办公室统一汇编成册。局党组也将研究制定行政审批责任追究办法，加强对制度修订完善和贯彻落实情况的监督检查，及时跟踪工作进度，通报检查结果。各单位之间也要加强协调、密切配合，齐心协力抓好这次活动。二是积极推动各项引智管理工作深入开展。要以开展引智项目管理年活动为契机，深入研究、认真梳理在引智法规政策建设、外国专家管理服务、出国（境）培训管理、引智管理方式创新以及部门自身建设等方面存在的问题，有计划、有步骤地积极探索、创新破解，为推进重点任务落实，实现引智发展目标提供坚实保障。法规政策建设方面，将于2013年7月1日起实施的《中华人民共和国出境入境管理法》第四十二条规定："国务院人力资源和社会保障主管部门、外国专家主管部门会同国务院有关部门根据经济社会发展需要和人力资源供求状况制定并定期调整外国人在中国境内工作指导目录。"这为引智工作依法行政提供了重要的执法依据，是引智工作法制建设发展的重要机遇。要继续保持与全国人大法工委、国务院法制办及相关部委的沟通，提前谋划，认真研究，精心准备，主动参与好相关配套法规的制定工作。探索实行技术移民是中央人才工作协调小组赋予国家外国专家局牵头落实的重要工作，年底前要集中力量确保高质量完成可行性报告的起草工作。要按照《国家中长期人才发展规划纲要（2010—2020年）》的部署，抓紧完成《开发利用国外智力资源办法》、《引进国外智力成果共享办法》的完善修改工作，尽快在局内及相关部委、地方外国专家管理部门广泛征求意见，争取早日报请中央人才工作协调小组审议。外国专家管理服务方面，要主动适应《中华人民共和国出境入境管理法》的实施需要，深入调研，积极探索，赋予获得"外国专家来华工作许可"、持"外国专家证"的来华高端外国专家享受更多优惠和便利化措施，提高外国专家准入管理的"含金量"。要深入推进外国专家分类管理工作，力争年底前出台相关文件。要精心组织开展外国专家来华统计数据的利用工作，为提高引智工作科学化水平提供有力的数据支撑。出国（境）培训管理方面，要严格贯彻落实中央文件精神，认真履行审批审核职责，突出审查重点，控制培训规模，加强监督管理，确保培训项目全面落实，培训结构更加优化，经费支持合理有效，进一步提高出国（境）培训质量和效益。创新引智管理方式方面，要积极培育国际人才市场服务体系，扎实做好《中国国际人才市场管理办法（试行）》的贯彻落实工作，探索与国际猎头公司的合作方式，进一步规范市场运行机制建设。

2. 突出重点，全力推动引智工作上层级、上水平

一是深入实施"外专千人计划"和"高端外国专家项目"，积极引进和用好高层次外国专家。中共中央政治局委员、中央书记处书记、中央组织部部长李源潮在今年第35次中央人才工作协调小组会议上强调，要深入实施"千人计划"，用好高层次人才；同时指出，顶尖人才与创新团队计划、"外专千人计划"和"青年千人计划"是今后6年"千人计划"的工作重点。7月13日，李源潮在国家外国专家局报送的《关于第二批"外专千人计划"平台评审工作情况的报告》上作出批示："继续推进，注重实效"。这为我们深入推进今后工作进一步明确了方向和重点。现在我们正在组织第3批"外专千人计划"平台评审。要在全面总结前两批工作经验的基础上，进一步改进和完善评审工作流程，加强信息系统建设，优化经费使用管理，力争在新的起点上进一步提高项目管理精细化程度。下工夫抓好入选专家的政策落实和服务工作是当务之急，这不仅关系到项目的发展前景和影响力，也关系到外国专家局的公信力和声誉。为确保政策待遇落到实处，目前我们正逐步充实专项办的工作力量，拟分设管理处和联络处。下半年要继续保持与中组部人才局等相关部门的联系，加强对地方外国专家局和项目单位的督促指导，认真落实好各项政策措施，根据入选专家在工作生活中遇到的突出矛盾和问题，进一步完善有关办法，努力营造良好的引才用才环境。2012年"高端外国专家项目"评审工作已顺利完成，下半年要积极落实项目经费，集中精力抓好组织实施。二是深入推进《国家引进国外智力"十二五"规划》的贯彻落实。推动事业发展，规划是龙头。要理顺体制，抓紧印发规划实施的部际和系统分工方案，明确责任单位和工作分工，细化工作进度和具体措施，努力保障规划按计划扎实推进。要建立规划实施情况评估检查机制，建立规划指标统计监测体系，加强对任务落实情况的监督检查，为规划中期评估奠定坚实基础。重大引智工程是推动引智事业全面发展的重要载体和抓手，要尽快启动和推进重大引智工程实施，精心设计实施方案，认真落实项目经费支持，建立密切配合、协调高效的推进机制，努力使8项重大引智工程成为引智示范工程和品牌项目，推动引智工作上层级、上水平。

3. 将抓管理与抓重点、抓成果紧密结合起来，做到同步思考、同步谋划、同步推进

开展"三抓"的活动目的是通过解决在引智宏观管理、重点任务落实、重要成果推广等业务工作中存在的突出问题，着力优化引智资源结构、推进引智管理创新、提升引智工作效能，更好服务国家经济社会发展大局。在引智发展过程中，既要在重点工作上创新机制、加大力度、提升层级，也要深刻认识规范引智管理的重要意义，夯实引智创新发展的基础，持续扩大引智工作的影响力，使宏观管理、重点任务、引智成果三者相互支持、相互促进。今年是"三抓"活动的第2年，为推动活动深入开展，我们计划下半年通过召开地方片会，组织座谈交流的方式，在全国外专系统开展集中调研，全面了解活动进展情况，科学评估活动取得的阶段性成效，及时完善相关措施，以进一步丰富活动内容，创新活动方式，扩大活动成果。

（三）以创新务实的工作作风全面完成各项任务

新形势下，引智工作面临许多新情况新问题，需要以改革的精神去创新，以务实的作风去破解。要提高能力素质。坚持不懈地抓好学习型机关建设，把学习作为一种政治责任、一种精神追求、一种生活方式，通过加强学习提高知全局、干实事、抓落实的能力。要深入调查研究。结合引智工作面临的突出矛盾和问题，加强国际人才交流合作重点领域和重点国别政策研究，加强对国际形势的研判，使引智工作始终体现时代性、富于创造性。努力转变工作作风，多到引智一线、项目单位总结经验，多向基层引智干部学习请教，善于发现、提炼和推广引智工作的先进典型和示范成果，不断深化对引智工作规律性的认识。要勇于改革创新，在解决制约引智科学发展的关键问题、突出问题、难点问题中，善于探索推进引智工作创新发展的新思路、新机制、新办法，积极支持和鼓励基层大胆探索，开创新路。要强化实干精神，牢固树立重质量、创精品的意识，把追求成果与过程管理紧密结合起来，大力弘扬高度负责、真抓实干、一抓到底的作风，努力取得一批效益高、前景好、价值大的引智精品工程和示范项目。要加强沟通协调，主动与经济社会各行业的主管部门沟通协调，实现优势互补，形成推进工作落实的整体合力。

在百名外国专家新疆行暨引智成果援疆周活动开幕式上的讲话

国家外国专家局局长 张建国
（2012年8月7日）

尊敬的张春贤书记、努尔·白克力主席，各位嘉宾，

女士们、先生们、朋友们：

非常高兴同大家相聚在天山脚下美丽的城市——乌鲁木齐，隆重举行百名外国专家新疆行暨引智成果援疆周活动。在此，我谨代表国家外国专家局，对活动的举办表示热烈祝贺，对与会的各位嘉宾表示诚挚的欢迎！对新疆维吾尔自治区党委、政府长期以来对引智事业发展给予的关心、支持表示衷心的感谢！

新中国成立以来，党中央始终高度重视新疆工作。特别是全国对口支援新疆工作会议和中央新疆工作座谈会召开以来，在党中央的坚强领导下，在各地区各部门的大力支持下，新疆各级党委和政府紧紧抓住国家实施西部大开发的重要机遇，团结带领各族干部群众艰苦奋斗、锐意进取，经济社会发展取得了举世瞩目的成就，迎来了大建设、大开放、大发展的重要时期。

近年来，在新疆维吾尔自治区党委、政府的正确领导下，新疆维吾尔自治区人社厅、外国专家局及各级外专部门坚持围绕中心，服务大局，适应推进新型工业化、农牧业现代化、新型城镇化要求，以实施"海外智力援疆工程"为载体，大力引进国外和内地省市先进技术，实施紧缺人才培养工程，在粮食、棉花、特色林果、畜牧四大基地建设和农牧机械、食品饮料、纺织服装、矿产开发、氯碱化工以及石化产品精深加工"六大产业"发展方面开展了卓有成效的引智实践，为推动新疆经济社会又好又快发展作出了应有贡献。

按照中央部署，国家外国专家局一直将支持新疆经济社会发展纳入国家引智事业发展重点规划。自2004年起，组织开展"海外智力援疆工程"。2010年，国家外国专家局与新疆维吾尔自治区政府、新疆生产建设兵团签署引进国外智力对口援疆工作合作框架协议。"十一五"期间，共支持新疆

维吾尔自治区和新疆生产建设兵团专家项目772项,聘请外国专家2000余人次,选派管理和技术人员1300余人次出国(境)培训,重点在促进优势资源转换战略实施、支持特色农业发展、加速科技创新、加快人才队伍建设等方面加大引智支持力度,取得了显著效益。中共中央、国务院新疆工作座谈会召开后,国家外国专家局党组立即在全国外专系统部署开展引智对口援疆工作。19个支援省市外专部门高度重视,科学规划,精心组织,在较短的时间内组织实施了一大批特色鲜明的引智援疆项目,取得了良好的经济和社会效益。

　　人才是第一资源,是国家发展的战略资源。做好人才智力工作,是一个国家、地区实现跨越式发展的必由之路。新一轮对口援疆工作,更加突出了包括人才援疆、教育援疆、科技援疆在内的智力援疆,更加强调了在构筑全方位对外开放格局、促进区域互动背景下谋划推动对口援疆工作。今天,国家外国专家局与新疆维吾尔自治区政府联合举办这次活动,主要任务是从援疆工作的客观需要出发,通过开展形式多样的合作交流、项目对接活动,充分凝聚各国优秀外国专家的经验和智慧,有效发挥我国驻外使领馆的人才和信息优势,搭建更加高效的高层次人才交流和项目对接平台,进一步加大引智政策支持和机制创新力度。相信活动的开展必将对深化新疆与周边国家的人才交流合作、

实现引智资源共享,推动引智对口援疆工作再上新台阶产生积极的促进作用。今后,国家外国专家局将重点围绕新疆维吾尔自治区党委、政府的战略部署和局省合作协议的实施,以"海外智力援疆工程"为平台,广泛动员和组织全国外专系统在政策、资金、项目、信息等方面加大对新疆的倾斜力度,支持和鼓励新疆更好地依托地缘和区位优势深化国际人才交流合作,加快构建新疆人才发展比较优势,为实现新疆跨越式发展和长治久安作出更大贡献。

　　女士们、先生们,当今世界,和平、发展、合作仍然是时代潮流。深化国际人才交流合作,既有利于促进各国自身发展,也有利于共同推动世界经济持续复苏。"十二五"时期,是中国全面建设小康社会的关键时期。面对新形势新任务,我们将秉承和平、发展、合作、共赢的理念,坚持实施更加开放的人才政策,不断提高人才工作对外开放水平,以实施"外专千人计划"为突破,以引进海外高层次人才、提高出国(境)培训质量和效益为重点,高端引领、整体推进,统筹抓好引进国外智力工作,进一步营造有利于国际人才交流合作的良好环境。我们衷心感谢出席今天活动的各领域外国专家不辞辛苦,长途奔波,深入新疆开展洽谈交流和咨询服务,为新疆的建设发展贡献智慧和力量。我们真诚欢迎世界各国的各领域外国专家不断深化与中国的交流合作,以

各种形式参与中国的发展实践，分享中国的发展成果。借此机会，我代表出席本次活动的各国外国专家，对新疆维吾尔自治区党委、政府的精心安排表示诚挚的谢意！

最后，预祝活动取得圆满成功！祝各位嘉宾在新疆期间工作顺利、生活愉快！

谢谢大家！

在高端外国专家座谈会上的讲话（重庆）

国家外国专家局局长　张建国
（2012 年 8 月 20 日）

尊敬的各位专家：

上午好！很高兴与大家相聚在美丽的重庆，共同举行高端外国专家座谈会。在此，我谨代表国家外国专家局，向出席会议的各位专家表示热烈欢迎，对各位专家多年来为推动中国与世界各国的人才交流合作作出的贡献表示衷心的感谢！

中国政府高度重视引进国外智力工作，大力实施科教兴国战略和人才强国战略。为吸引更多高层次外国专家参与中国现代化建设，去年推出了"外专千人计划"，这是当前中国政府最高层次的外国专家引进计划，目标是围绕国家经济和社会发展重点行业和关键领域的需求，利用 10 年左右的时间，引进 500～1000 名非华裔高层次外国专家。目前已完成了前两批"外专千人计划"的平台评审工作，第 1 批有 40 名外国专家入选，第 2 批的评审结果将在近期公布。在大力引进高端外国专家的同时，我们注重完善政策环境，健全高端外国专家跟踪服务体系。为体现对入选专家的特殊支持，国家外国专家局制定实施了适合高端外国专家需要的科研经费、医疗、养老以及工薪补助等配套措施。按照温家宝总理的指示精神，建立了外国专家建言机制，目的是通过定期征集外国专家对中国经济社会发展的意见建议，进一步畅通外国专家建言渠道，为来华工作的外国专家发挥才干创造更好条件。

重庆市是中国中西部地区唯一的直辖市，是全国统筹城乡综合配套改革试验区，在实施西部大开发战略、推进改革开放大局中具有重要的战略地位。为重庆统筹城乡改革和发展提供有效的国外人才智力支持一直是国家外国专家局的工作重点。近年来，我们按照深入实施西部大开发战略以及重庆新阶段发展的"314"总体部署，围绕重庆三峡库区和谐发展、现代农业发展、老工业基地改造、内陆开放型经济发展，以及北部新区和保税港区建设、基础设施建设等重点产业、重点领域发展，积极整合引智资源，大力引进国外高层次人才，实施重庆紧缺人才培养工程，为实现"科学发展、富民兴渝"的总任务作出了应有贡献。

西部大开发战略是中国社会主义现代化建设全局的重要组成部分。西部地区战略资源丰富，市场潜力巨大，投资环境和发展条件不断改善，国家对西部地区的支持力度进一步加大，在世界经济格局深刻变化的新形势下，西部地区面临难得的发展机遇。西部大开发，人才是支撑，教育是基础。与世界先进的国家相比，我们在国外高层次人才智力资源开发利用和职业技术教育发展方面还存在不少差距。加快国外人才智力资源开发，积极吸收借鉴国外成功经验推动中国职业教育发展，是深入实施西部大开发战略的重大举措，是深化国际人才交流合作、实现互利共赢的重要内容。这次座谈会重点围绕"如何借鉴国外经验发展中国职业教育"、"如何更好地利用国外高层次人才为西部大开发服务"两个主题进行交流和探讨。衷心希望与会专家利用好这次机会，各抒己见，畅所欲言，提出更多富有睿智的思考和建议，共同探讨加强互利合作的新方式、新途径，为深入实施西部大开发战略贡献更多经验和智慧，为提升中国国际人才交流合作水平提供更多启迪和参考。

合作共赢符合各国的根本利益，是我们的共同愿望。真诚欢迎更多的高端外国专家参与中国的改革开放进程，共享中国繁荣进步的机遇和成果。我们相信，只要我们把握机遇，携手共进，一定会取得更加丰硕的合作成果，为促进世界经济繁荣发展作出新的更大贡献！

最后，祝愿各位专家在重庆工作顺利、生活愉快！

谢谢大家！

在2012"千人计划"太湖峰会·专家恳谈交流会上的讲话

国家外国专家局局长　张建国
(2012年8月25日)

为丰富和优化引进人才结构,拓展"千人计划"项目领域,2011年,中央推出了"外专千人计划"。国家外国专家局作为该项目的组织实施单位,认真贯彻落实中央部署,举全系统之力积极稳妥地推进各项工作。2011年底,有40名外国专家入选第1批"外专千人计划"。第2批的评审结果也将于近期公布。

为拓展"外专千人计划"的引才体系,加大对重点领域引智项目的支持力度,吸引和储备更多的高层次外国专家,国家外国专家局启动实施了"高端外国专家项目",第1批共批复450人,已有77%的专家到职。

在大力引进高端外国专家的同时,国家外国专家局高度重视入选专家跟踪服务体系的建设。在相关部门的大力支持下,陆续制定实施了适合高端外国专家需要的科研经费补助、长期项目工薪补贴等配套政策,并就入选专家的医疗、养老保险事宜开展深入调研;启动实施了外国专家建言工作,努力为外国专家发挥才干创造更好条件。

海外高层次人才是我国现代化建设的特需资源,是实施创新驱动战略的坚实基础和重要支撑。中共中央政治局委员、中央书记处书记、中央组织部部长李源潮在第2批"外专千人计划"平台评审工作结束后作出重要批示:"继续推进,注重实效"。这为我们深入推进今后工作进一步明确了方向。第一,提高质量,大力引进高层次外国专家。充分发挥职能优势,加大引才力度,拓展引才渠道,创新引才方式,更加注重顶尖科技人才的引进;继续完善工作措施,加强与其他项目平台的交流合作,健全更加科学、规范的工作机制,力争在新的起点上提高项目管理精细化程度;在充分调研的基础上,按照"千人计划"短期项目标准,适时启动"外专千人计划"短期项目。第二,注重实效,全力抓好入选专家的政策落实和服务工作。继续保持与中组部人才局等相关部门的联系,及时了解入选专家在华工作生活情况,组织授予长期项目专家"国家特聘专家"证书颁发仪式,成立"千人计划"联谊会"外专千人计划"分会。

在经济全球化深入发展的大背景下,我们将秉承和平、发展、合作、共赢的理念,以实施"外专千人计划"为突破,坚持高端引领、整体推进,统筹抓好引进国外智力工作,不断提高人才工作对外开放水平。真诚欢迎更多的海外高层次人才参与中国的改革开放进程,共享中国繁荣进步的机遇和成果,我们愿竭诚提供更加优质的服务。

在中德风电人才培养10周年总结大会上的致辞

国家外国专家局局长　张建国
（2012年9月12日）

尊敬的Gasch教授、尊敬的风电行业的专家们，各位嘉宾：

早上好！今天，国家外国专家局、国家能源局和工业和信息化部共同主办大会，总结中德风电人才培养10年的经验和成果。在此，我代表会议组织方，对与会的中外专家表示热烈欢迎！对多年来支持和参与中德风电人才培养的各位专家、相关部委领导和企业表示衷心的感谢！

能源和环境已成为世界各国普遍关注的热点问题，各国都从本国的国情出发采取应对行动。当前，我国的能源生产及消费总体上呈现"富煤、缺油、少气"的结构特征。《国家能源科技"十二五"规划》明确提出，要确保到2015年非化石能源消费占一次能源消费的比重达到11%以上。这将对新能源行业发展产生巨大的推动作用。以风能为主的可再生能源正在成为调整和改进能源结构的支撑性能源。

国家外国专家局是中国政府负责智力引进的职能部门。为推动可再生能源发展，自20世纪90年代以来，国家外国专家局持续支持国内高校和企业引进风力发电技术领域的外国专家，组织国内技术骨干和管理人员赴国外培训，学习可再生能源的先进技术，培养国内风电人才，有力地推动了我国可再生能源的发展。

西北工业大学与德国柏林工业大学、德国继续教育与发展基金会合作培养风电人才的项目是国家外国专家局重点支持的项目之一。多年来，中德双方始终以促进风电产业发展为己任，准确把握国内外风电发展脉络，及时调整风电人才培养的方向、模式和内容，合作开展了大量的科学研究和人才培养工作。特别是近十年来，双方探索建立了中德专家相结合、国内国外培养相结合、在读生与在职学员相结合、理论与实践相结合的风电人才培养模式，引入了独立评估师评估培养效果机制，为我国培养了一大批风电技术骨干和带头人，取得了丰硕成果。该项目在规模、质量、水平、周期以及对行业的影响力等方面为行业树立了国际合作的典范，许多成果与经验值得认真总结和深入研讨。我认为，该项目最重要的经验就是秉承持之以恒、锲而不舍的精神。在 Gasch 教授、Knecht 先生和廖明夫教授的带领下，项目实施团队团结协作，勇于探索，坚持不懈达十年之久。十年磨一剑，累土起高台。这应该是树人之道、兴业之本。

发展可再生能源是一项艰巨而光荣的事业。真诚希望我们继续弘扬中德风电人才培养项目持之以恒、锲而不舍的精神，坚持深化合作，长期奋斗，持续发展。国家外国专家局将一如既往地支持包括风电在内的可再生能源发展。我相信，通过大家的共同努力，中国可再生能源事业必将迎来更加美好的明天。

最后，预祝大会取得圆满成功！谢谢大家！

在"中国福州海西引智试验区"揭牌仪式上的致辞

国家外国专家局局长 张建国
(2012年10月18日)

尊敬的福建省委常委、福州市委书记杨岳、副省长陈荣凯，
各位来宾、同志们、朋友们：

非常高兴在金秋十月来到榕城福州，参加"中国福州海西引智试验区"揭牌仪式。借此机会，我谨代表国家外国专家局，对试验区的建立表示热烈祝贺！对中共福建省委、省政府及福州市委、市政府长期以来对引智工作的关心、支持表示衷心感谢！

海峡西岸经济区在全国区域经济发展布局中处于重要位置，是加强两岸交流合作、推动两岸关系和平发展的重要平台和纽带。2009年国务院出台了《关于支持福建省加快建设海峡西岸经济区的若干意见》，2011年批准了《海峡西岸经济区发展规划》，这是中央统筹全局作出的战略决策，必将对推动海峡西岸经济社会发展和拓展两岸经济合作产生深远影响。

福建省在海峡西岸经济区中居主体地位，福州市在对台交流合作中发挥着重要作用。近年来，在福建省委、省政府的正确领导下，福建省引智工作围绕中心，服务大局，大力推进两岸人才智力交流合作，积极构建"618国（境）外专家项目合作平台"，不断提升外国专家管理服务水平，为支持全省经济社会发展和海峡西岸经济区建设作出了积极贡献。

人才是第一资源，是国家发展的战略资源。国家外国专家局一直将支持海西经济区建设作为国家引智工作的重点。2007年，出台了《关于支持海峡西岸经济区建设的若干意见》，重点在新农村建设、产业支撑体系发展、自主创新能力提升、人才队伍能力建设以及开展台、港、澳人才交流合作等方面加大引智支持力度。中国·海峡项目成果交易会（618交易会）举办以来，国家外国专家局大力支持福建提升国际人才智力交流合作水平，在引智政策、资金、项目审批等方面积极给予倾斜和保障，为提升海峡西岸经济区国际影响力发挥了重要作用。

《海峡西岸经济区发展规划》强

调，海峡西岸经济区是两岸人民交流合作先行先试区域，要努力构建一个吸引力更强、功能更完备的两岸交流合作前沿平台。《国家中长期人才发展规划纲要（2010—2020）》提出，要改进人才管理方式，鼓励地方和行业结合自身实际建立与国际人才管理体系接轨的人才管理改革试验区。今天，我们在福州建立"引智试验区"，同时在福州市外国专家局加挂"福州市外国人工作管理局"牌子，目的是通过开展吸引高端外国专家来榕创新创业试验、海峡两岸人才交流合作试验及海外人才聚集区试验等特殊的引智改革举措，重点突破，先行先试，进一步加大引智体制机制创新力度，创造有利于海外人才成长的环境，吸引和聚集更多的海外优秀人才和重点项目，使引智工作更好地服务国家和地方经济社会发展大局。

"引智试验区"的建立，是贯彻落实《海峡西岸经济区发展规划》和《国家引进国外智力"十二五"规划》的具体实践，也是推动人才强国实践方式创新的重要举措。国家外国专家局将围绕规划实施的总体要求，加强与福州市政府、福建省公务员局的沟通和协作，加大关键领域和重点产业高端人才引进力度，在政策制定、资金投入、项目安排、工作指导等方面给予试验区积极支持。希望"引智试验区"充分发挥在引智政策和体制机制创新中的"试验田"作用，大胆创新、积极实践，更加注重探索建立引智管理的实践标准和灵活方式，更加注重探索建立符合国际惯例、具有福建特色的引智服务体系，力争为全国引智体制机制创新率先突破，积累经验，发挥示范作用。

推进海峡西岸经济区建设，是一项长期的战略任务。让我们携手共进，深化合作，开拓进取，为推动海峡西岸经济区在更高起点上实现又好又快发展作出更大贡献！我们相信，在福建省委、省政府一如既往地关心、支持下，福建省引智工作必将再上新台阶，再创新业绩。

谢谢大家！

在国家外国专家局与工业和信息化部《关于引进国外智力加快推进工业转型升级合作框架协议》签约仪式上的讲话

国家外国专家局局长　张建国
(2012年11月5日)

尊敬的苗圩部长,
尊敬的工信部各位领导、同志们:

在党的十八大召开前夕,国家外国专家局与工业和信息化部在这里隆重举行《关于引进国外智力加快推进工业转型升级合作框架协议》签约仪式。在此,我谨代表国家外国专家局,对协议的签署表示热烈祝贺!对工信部领导和相关司室长期以来对引智事业发展给予的关心、支持表示衷心感谢!

人才是第一资源,是国家发展的战略资源。做好引进国外智力工作,是一个国家实现跨越发展的必由之路。为吸引更多高层次外国专家参与我国现代化建设,推动人才强国战略深入实施,去年中央启动实施了"外专千人计划",国务院发布了《国家引进国外智力"十二五"规划》。目前,已顺利完成了3批"外专千人计划"平台评审工作,共有94名高端外国专家入选"外专千人计划"。《国家引进国外智力"十二五"规划》和"外专千人计划"的实施对推动新时期引智工作上层级、上水平具有重要意义。我们将以实施"外专千人计划"为突破,以落实《国家引进国外智力"十二五"规划》为主线,以引进国外高层次人才、提升出国(境)培训质量和效益为重点,坚持高端、紧缺取向,统筹推进引进国外智力工作,更好服务国家经济社会发展大局。

工业是国民经济发展的主导力量,是经济结构调整和发展方式转变的主战场。工业转型升级事关我国转变经济发展方式、全面实现建设小康社会目标的全局。加快推进工业转型升级,人才智力是关键要素。作为国家引进国外智力的职能部门,为工业加快转型升级提供有力的国外人才智力支持,推动我国经济社会进入良性发展轨道,国家外国专家局责无旁贷。近年来,全国外专系统紧密围绕促进经济发展方式转变和经济结构调整，以战略性新兴产业为重点，以服务国家重大专项为切入点，加大工业引智项目支持力度，积极吸引国外高端人才和创新团队，大力加强工业转型升级急需紧缺人才队伍建设，一批关键技术实现了重大突破，进一步提高了企业技术创新能力，增强了企业的国际竞争优势。

《关于引进国外智力加快推进工业转型升级合作框架协议》的签署，标志着引进国外智力加快推进工业转型升级部际合作机制正式建立，这是《全面落实工业转型升级规划和国家引进国外智力"十二五"规划》的具体实践，是深入实施人才强国战略，更好发挥人才智力资源在中国特色新型工业化进程中的支撑和引领作用，提高工业对外开放质量和水平的重大举措。国家外国专家局将以合作机制为重要平台，围绕工业转型升级重点领域发展导向，通过"请进来"与"走出去"相结合的方式积极引进国外智力，大力支持企业吸引和聚集一批高端外国专家，选派企业高级技术和管理人员出国（境）培训，在政策、项目和引智资源配置方面给予企业更多倾斜，为增强我国企业核心竞争力和可持续发展能力，全面提升企业人才队伍素质，推动实施"走出去"战略发挥更大作用。

加快推进工业转型升级，任重道远，使命光荣。让我们携手共进，开拓进取，不断探索合作机制的好经验、好做法，不断完善合作方式，充实合作内涵，扩大合作成果，努力推动部际合作取得更大成效。我们相信，在党中央、国务院的高度重视和亲切关怀下，在工业化信息化部领导一如既往地关心、支持下，在相关部门的协同配合下，工业引智工作必将再上新台阶，我们的合作一定会结出丰硕成果！

最后，祝各位领导身体健康，工作顺利！

谢谢大家！

在 2012 杨凌现代农业高端论坛上的演讲

国家外国专家局局长　张建国
（2012 年 11 月 20 日）

尊敬的女士们、先生们、朋友们：

大家好！

很高兴来到美丽的杨凌参加第 19 届中国杨凌农业高新科技成果博览会、2012 杨凌国际合作周和 2012 中国杨凌现代农业高端论坛。本届论坛以"创新发展与现代农业"为主题，共同探寻加快农业科技创新、推动现代农业发展的规律和对策，对与会各方凝聚共识、把握机遇、深化合作具有重要的现实意义。在此，我谨代表国家外国专家局，对杨凌"农高会"和论坛的召开表示热烈祝贺！向远道而来的各位嘉宾表示诚挚欢迎！向长期以来关心和支持我国引智事业发展的各界人士表示衷心感谢！

当今世界，经济全球化深入发展，国际科技交流合作日益深化，共享科技成果促进经济社会发展已成为广泛共识。农业是国民经济的基础产业，科技进步是发展现代农业的必然要求。深化农业国际交流合作，大力引进国外农业领域高层次和急需紧缺人才智力资源，是学习借鉴国外成功经验，实现后进地区跨越式发展的必由之路，是推动农业可持续发展，增强应对粮食危机等全球性重大问题能力，实现互利共赢的有效途径。多年来，国家外国专家局一直将农业领域引进国外智力作为工作重点，紧紧围绕农村改革发展的大局，以服务社会主义新农村建设、提高农业科技自主创新能力和国际竞争力为目标，通过聘请国外农业专家，引进先进实用技术，推进农业引智成果示范推广体系建设，加强农业高技能人才和农村实用人才培养，进一步提高了农业科技创新能力，推广了一批有价值的农业引智成果，为发展现代农业、推动农村改革发展作出了积极贡献。

随着经济全球化和区域经济一体化的深入发展，资本、技术等生产要素全球化配置的步伐明显加快，农业的全球融合度不断提高。面对国际金融危机和粮食安全等严峻挑战，各国更加重视农业的基础地位，更加关注农业的国际交流合作，更加强调农业科技创新。今后一个时期是我国全面建设小康社会的关键阶段，是加快建设现代农业的重要时期。中共中央、国务院《关于加快推进农业科技创新持续增强农产品供给保障能力的若干意见》明确提出，要把农业科技摆上更加突出的位置，加强国际农业科技交流合作，加大力度引进消化吸收国外先进农业技术，推动农业科技跨越发展。党的十八大报告指出，解决好农业农村农民问题是全党工作重中之重，城乡发展一体化是解决"三农"问题的根本途径，要加快发展现代农业，增强农业综合生产能力，确保国家粮食安全和重要农产品有效供给。农业科技发展，推动城乡发展一体化，归根结底取决于人才智力的支撑。国家外国专家局作为国家引进国外智力的职能部门，为发展现代农业、实现农业可持续发展的战略目标提供有力的国外人才智力支持，是我们义不容辞的责任。我们将认真贯彻落实党的十八大精神，以实施"外专千人计划"为突破，以落实《国家引进国外智力"十二五"规划》为主线，以引进国外高层次人才、提高出国（境）培训质量和效益为重点，坚持高端、紧缺取向，进一步创新合作方式，提升合作成效，完善服务体系，推动农业领域引智工作不断取得新进展，为促进城乡共同繁荣，推动城乡发展一体化作出更大贡献。

一是更加突出重点。围绕制约现代农业发展的关键技术，加大强农惠农富农引智项目力度，深化国际农业科技交流合作，加强国外先进、实用的种植养殖技术和生产经营方式的引进消化吸收，大力推进农业科技创新和农业结构战略性调整，切实提升农业现代化水平。

二是更加注重实效。坚持优势互补、合作共赢的原则，鼓励国外农业科技人才以合作研究、学术交流、技术培训等多种方式为我国新农村建设服务。深入推进农业引智成果示范推广体系建设，深化"一村一品"特色农业发展模式，重点支持推广一批有价值的农业引智成果，并注重通过"二次引进"，推动全国范围内引智成果共享，促进引智资源的均衡配置。

三是更加优化环境。强化政府在国际农业科技交流合作中的服务职能，完善法规体系建设，加强政策措施衔接配套，优化国外人才资源信息服务系统，搭建更加高效的国际合作平台，进一步营造有利于国际农业科技交流合作的良好环境。

杨凌"农高会"是我国农业高新科技领域有重要影响的大型综合展会，是农业高新技术和先进实用技术成果展示、交易和推广的国际农业盛会，已经取得了令人瞩目的成效。希望"农高会"进一步挖掘潜力、丰富内涵，加强农业科技发展与国际人才交流合作的密切联系，搭建国际农业科技合作重要平台，推动共建优势互补、互惠互利的国际人才交流合作机制；希望本着务实高效的原则，精心组织开展形式多样的合作交流活动，引领更多的国内外专家建言献策、贡献智慧和力量。我们相信，在各方的共同努力下，一个合作机制更加完善、合作成果更加丰富的农高会，必将为推动国际农业领域的互利合作，为深化国际人才交流合作作出新的更大贡献！

最后，祝本届杨凌"农高会"和现代农业高端论坛圆满成功！祝各位嘉宾在杨凌生活愉快，身体健康！

谢谢大家！

在 2012 中国国际人才交流大会暨深圳论坛上的致辞

国家外国专家局局长 张建国

(2012 年 12 月 10 日)

尊敬的尹蔚民部长,

尊敬的各位嘉宾,

女士们、先生们、朋友们:

大家好!

今天,我们欢聚在深圳,共同参加 2012 中国国际人才交流大会。这是党的十八大胜利闭幕后举办的首届中国国际人才交流大会,是一次继往开来的大会,将为我们开启国际人才交流事业新的征程。在此,我谨代表人力资源和社会保障部、国家外国专家局,对各位嘉宾的到来表示热烈欢迎,对一直以来为国际人才智力交流合作事业作出突出贡献的各界人士表示崇高敬意!

国际人才交流事业是一项大有可为的事业。5 天前,中共中央总书记习近平先生在北京亲切会见了在华工作的优秀外国专家代表,并与他们举行座谈,听取外国专家对中国经济建设和社会发展的意见和建议。这是习近平总书记上任后的首场外事活动,影响深远,意义重大。他在讲话中强调指出,中国的改革开放事业,外国专家们功不可没。他指出要吸收人类共同创造的文明,要借鉴各国的优秀文化。他还欢迎外国专家和优秀人才以各种方式参与中国现代化建设,中国将一如既往支持外国专家来中国创业和发展。习近平先生的讲话为我们今后开展国际人才交流事业发出了最强音,代表了全体华夏儿女坚持走改革开放道路的共同心声,使我们深切地感受到中国国际人才交流事业在中国整体发展战略中的重要地位,令我们深受鼓舞。

国际人才交流事业是一项凝聚人才的事业。中华人民共和国成立后,大批外国专家投身中国建设事业,为中国工业体系的初创作出了积极贡献,许多重大工程经历岁月的洗礼依然在发挥作用,成为彪炳史册的"世纪工程"。改革开放以来,来华工作的外国专家从 20 世纪 80 年代末每年不足 1 万人上升到 2011 年的近 53 万人,成为中国现代化建设的一支生力军。国际人才交流事业的不断发展，中国更深入地融入世界大家庭，也令国际上各类人才特别是顶尖人才将目光投向中国。2011年以来，一批国际著名专家、新技术领军人才通过"外专千人计划"来到中国，在中国充分发挥自己的聪明才智，推动科技创新和产业创新，使中国的科技发展迈入世界科技发展的快车道。中国的经济条件和人文环境的改善，为外国人才在中国落地生根创造了良好的条件，我们也看到越来越多的高层次外国专家汇聚到中国，与我们共同推动中国的改革开放事业，共享中国发展机遇。

国际人才交流事业是一项合作共赢的事业。当今世界，和平与发展仍然是时代的主题，各国之间的相互联系、相互依存不断加深，国际社会日益成为你中有我、我中有你的命运共同体。面对当前世界经济的复杂形势、全球性问题，任何一个国家都不能单打独斗、一枝独秀，这要求我们同各国一起同舟共济，共同应对挑战。中国开展国际人才交流，就是要通过"请进来"、"派出去"的方式，邀请更多的外国专家来华工作，选派更多的专业人才出国培训，开展全方位、多层次、宽领域的交流，扎实推进国与国之间的务实合作，坚持互利互惠，共享发展机遇，共同促进各国发展事业。

女士们、先生们！

刚刚胜利闭幕的中国共产党第十八次代表大会明确指出，改革开放是坚持和发展中国特色社会主义的必由之路，要坚持对外开放的基本国策，不断推进我国社会主义制度自我完善和发展。作为改革开放的重要组成部分，引进国外智力工作使命光荣，责任重大。

当前，世界经济复苏步伐缓慢而艰难。深化国际人才智力资源交流合作，既有利于促进各国自身发展，也有利于我们携手努力、共同推动世界经济持续复苏。中国国际人才交流大会承担着加快建设人才强国，促进国际人才智力资源交流合作的崇高使命。希望大会继续秉承国际化、高端化、专业化、精品化、市场化的办会思路，总结经验、把握定位、发挥优势，把促进交流合作与引进海外高层次人才有机结合起来，努力打造有较高国际影响力的人才智力资源交流合作品牌。要充分发挥大会"融全球智力，促共同发展"的桥梁纽带作用，密切跟踪国际人才智力资源流动趋势，引领更多的国内外专家、学者建言献策、贡献力量，不断提升交流合作水平；要紧扣服务发展主题，以实施"外专千人计划"为契机，创新方法，改进服务，精心组织开展形式多样的合作交流、项目对接活动，吸引更多的国外高层次人才和创新团队参与中国的发展实践，分享中国的发展机遇和成果。

女士们、先生们！

合作共赢符合世界各国的根本利益，是世界各国人民的共同愿望。回顾过去，我们的合作硕果累累、令人欣慰；展望未来，我们的合作前景广阔、催人奋进。让我们携手并肩，开拓进取，为创造国际人才智力资源交流合作新局面、为世界繁荣发展和人类社会进步作出新的更大贡献。

接下来国务院副总理张德江将发表重要讲话，我们将认真贯彻落实。最后，预祝2012中国国际人才交流大会圆满成功！祝各位来宾身体健康，工作顺利！

谢谢大家！

在海峡两岸人力资源开发与交流研讨会上的讲话

国家外国专家局副局长、中华海峡两岸人才交流协会副会长　李　兵
（2012年6月5日）

尊敬的赵守博团长、尊敬的杨慧林副校长，各位嘉宾、先生们、女士们、朋友们：

上午好！十分荣幸受邀参加"海峡两岸人力资源开发与交流"研讨会。首先，请允许我代表中华海峡两岸人才交流协会对会议的召开表示衷心祝贺；并借此机会感谢中国人民大学、中国人民大学劳动人事学院、台湾发展研究院以及各位朋友对海峡两岸人才交流与合作所付出的努力。同时，感谢国务院台湾事务办公室交流局对海峡两岸人才交流事业给予的关心和支持。

伴随着互联网时代的到来、科学技术日新月异的发展，人类文明也开始了巅峰时代。正如经济全球化趋势不可避免一样，人才智力在全球的自然流动也成为无可阻挡的潮流。

海峡两岸同宗同源、血脉相通、文化根连，不仅经济贸易交流合作、互惠互利，海峡两岸人才智力资源的交流合作、开发利用也应成为共同发展、繁荣、进步的重要支撑。

近些年来，随着海峡两岸经贸交流的不断扩大，我们很高兴地看到在民间机构的推动下，承载着教育、科技、文化资源的人才智力交流活动，恰如"一江春水"一样在海峡两岸之间流动，滋润着海峡两岸的经济贸易更加蓬勃发展。为了满足中国大陆和台湾地区与世界各国和地区的人才交流的需求，海峡两岸民间机构致力推动人才事业的交流，促进经济贸易的交流。在中国，中央政府和地方政府也十分注意搭建桥梁和平台，推出了各类人才计划和为人才制定交流服务的措施，这必将推动海峡两岸人才智力交流的良性发展。

在这样的时机和背景下，举办海峡两岸人力资源开发与交流研讨会非常有意义。我们海峡两岸的专家和学者通过共同探讨，彼此借鉴，分享人力资源建设方面的经验，一定会推进人力资源开发与管理理论的研究和实践的探索。

最后，让我用宋代理学家朱熹的诗句来结束我的发言："问渠那得清如

许,为有源头活水来。"让我们站在促进海峡两岸共同繁荣发展的更高境界,共同推动人才智力交流事业的发展。

预祝本次研讨会圆满成功。预祝各位嘉宾身体安康,万事顺达!谢谢。

在第 4 期全国重点聘请外国文教专家资格单位外事处长交流培训班上的讲话（摘要）

国家外国专家局副局长　李　兵

（2012 年 6 月 28 日）

国家外国专家局从 2009 年开始连续举办了 4 期外事处长交流培训班。此次培训是在党的十八大即将召开、全党全国全社会高度重视人才工作，高校引智工作更加深入、更加高端、更加广泛地开展的背景下召开的，主要任务是：以引进高端外国专家为引领，提高服务保障能力，开创高校引智工作新局面。

一、回顾总结，引智为高校服务取得新成绩

近年来，随着我国经济社会的快速发展和国际交流的不断深入，教科文卫领域的引智需求日益增长，引智规模不断扩大。据国家统计局最近统计显示，2011 年境外来中国内地工作的外国及港澳台专家已达到 52.8 万人次，其中教科文卫类达 18.6 万人次，占专家总数 35.1%，较上一统计年度增长 14.3%。

概括起来，近年来，我们为高校提供引智服务主要做了以下几个方面的工作。

（一）在提升大学校长的领导力方面

从 2003 年至 2011 年，国家外国专家局与教育部联合举办"高校领导赴海外培训项目"培训团 46 个，来自全国 162 所部属高校和省部共建高校的近千名领导，分别赴美国、英国、加拿大等国的世界著名大学和高等教育机构进行了培训考察，使中国高校领导在办学理念、学科设置、教师队伍、大学科研、国际合作、创新成果转化等问题上，能够学习借鉴和比较研究西方发达国家的经验和做法，对当前和今后一个时期我国高等教育的改革与发展将产生积极的影响。

（二）在促进大学学科建设和创新人才培养方面

自 2005 年起，国家外国专家局和教育部联合实施了"111 计划"。"十一五"期间，分批建立了 126 个基地和 17 个二期培育项目，引进了一批世

界一流专家，搭建了一个高水平国际人才交流和跨学科发展的平台，取得了一系列重要科研成果，达到了利用引智带动高校学科创新的目的。"十二五"期间，还将新建120～150个基地，在科研、教学、人才培养等方面继续发挥领军带头作用，建设一批有国际影响力的一流学科，为高等教育改革和发展作出积极贡献。

（三）在高端人才引进方面

2011年8月启动实施的"外专千人计划"已取得初步成效，引进了一批非华裔高端专家，其中高校占多数。第1批有214人参评，经国家外国专家局负责的"外专千人计划"平台评审，评出56人推荐给中组部审定，中组部批复40人入选"外专千人计划"，其中高校占一半。第2批有157人参评，其中67人被评出推荐给中组部审定，目前还在等待批复。

同时，还在教科文卫领域实施了"千人计划引智配套工程"，对中央部属高校和地方重点高校引进高层次外国人才给予大力支持。此外，诺贝尔奖大师中国校园行活动、引进海外高层次文教专家重点支持计划等，也都取得了积极成效。

（四）在促进大学为社会服务方面

国家外国专家局以国家软件与集成电路专项引智资金在高校建立了15个国家级"软件和集成电路学科国际人才培训基地"，为高校培养IT领域人才的同时，建立软件集成电路高科技园区，产学研结合，为地方经济发展服务，为国家高新技术产业发展服务。

同时，在国家外国专家局与地方签订的合作协议框架内，以支持地方高校开展引智为抓手，通过加大对地方高校人才培养和科学研究的支持力度，促进地方经济社会发展。目前国家外国专家局已与安徽、湖北等19个省区市签订了共建协议。

（五）在促进高校开展国际合作方面

国家外国专家局积极为高校开辟高层次合作渠道，推动与国际知名高校建立合作关系，促进国内高校与国际名校之间加强人才交流；利用国外专家组织和专业人才机构，帮助高校拓展专家引进渠道；借助政府间的合作渠道，支持高校扩大国际交流与合作，提升国际化水平。

（六）在完善服务保障方面

国家外国专家局不断加大工作力度，健全机制，完善政策，加强服务，努力营造良好的引智环境。推动外国专家社会保险政策出台，建立外国专家社会保障机制，完善外国文教专家聘用合同管理制度，健全外国专家聘用争议解决机制，加强外国专家中介机构管理，有力地保障了聘请单位和外国专家的合法权益。加大对聘请单位的人员培训和工作指导的力度，帮助聘请单位提高外国专家管理和服务水平。积极参与并推动签证居留便利和绿卡等出入境法规政策出台。目前，《关于为外籍高层次人才来华提供签证及居留便利有关问题的通知》将由中组部、人社部、外交部、公安部和国家外国专家局联合发文，《外国人在中国永久居留享有相关待遇的办法》也将由包括国家外国专家局在内的中央人才工作协调小组25家成员单位联合发文。同时为贯彻落实温家宝总理年初在外国专家座谈会上，听取外国专家建言后，提出的关于建立外国专家建言机制的指示精神，国家外国专家局迅速建立了外国专家建言的工作机制，将外国专家提出的建设性意见和建议及时报送国务院领导，进一步畅通了外国专家建言献策渠道，使引智工作效益最大化。

此外，围绕"外专千人计划"的实施，国家外国专家局积极加强与财政部、人社部、科技部等部门的沟通协调，出台有关配套政策措施。

二、认清形势，高校引智工作面临新的机遇和挑战

（一）高校引智工作面临新变化，新的挑战与机遇并存

国际方面，随着全球经济形势发展变化，人才竞争已成为当前国际竞争的焦点之一，人才争夺手段更加多样化。西方发达国家纷纷修改移民法，开门迎才；启动特别计划，超前揽才。

但机遇依然存在。欧债危机继续深化，美日等发达国家尚未完全摆脱经济衰退的阴霾，大学和科研机构经费减少，人才向他国流失在所难免。同时，国内方面，全党全国全社会对人才工作空前重视，国家实施重大人才引进战略，引才环境日益改善，北京、上海、广东等区域海外人才聚集高地正快速形成。这些都为高校引进外国专家创造了有利条件。这是引进国外智力工作遇到的第二次重要机遇期。

（二）高校引智工作呈现新特点

一是引进的高端外国专家越来越多。越来越多的高校认识到引进高端专家的引领示范效应，已经以不同方式引进了一大批高端外国专家，包括诺贝尔奖等国际专业奖项获得者，国外科学院、工程院院士，国外知名大学教授、学科带头人，国际专业学术机构的资深会员等。

二是以科研合作方式来华的专家越来越多。根据我们对外国文教专家在华工作方式的统计调查，相比从事教学和短期来访讲学的，来华与国内高校开展合作研究的外国专家比重近年来逐年提高。

三是长期来华工作专家越来越多。来华工作的外国文教专家中，在华工作3个月以上的中长期专家的数量也呈增长趋势。据对全国近7000家资格单位聘请外国文教专家情况的统计，在华连续工作3个月以上的已超过

60%，6个月以上的超过50%。

四是引进专家团队越来越多。随着"111计划"的实施，越来越多的海外专家团队被引进，一些基地甚至引进多个专家团队。

五是引进管理型赋予职务和权力的专家越来越多。各高校引进的专家，安排在重要岗位的越来越多，如院（所）长、系主任、重点实验室负责人、学科带头人等，他们被赋予充分的人、财、物配置权，发挥的作用越来越大。

（三）当前高校引智工作存在的问题

一是审查约束机制不够健全。我们发现，一些国外所谓的"专家"，利用国内研究机构和高校急于求才的心理，对自己的身份和履历进行不恰当表述，甚至有虚假成分。有些外国专家未按约定全职或全时在华工作，而是利用学术休假来工作，因此工作时间难以保证，无法安下心来在华开展研究。也有单位并未确定拟引进的专家是否能来就申报"外专千人计划"，结果专家入选了，人却来不了，给工作造成了被动。为什么会出现这些问题？究其原因，一方面是对引进人选的审查考核机制不完善，缺少严格的审查程序；另一方面是个别单位为追求政绩、提升形象、相互攀比，放松了对引进人选的审查把关，草率引进的情况也偶有发生；再有是没有严格按合同办事或合同表述对专家的约束力还不够。

二是引智规划设计结构不合理，引智资源利用不够优化。从目前引进专家的情况看，结构还不理想。首先，高校引进的世界专业学术奖项获得者、国外院士、知名教授等国际一流专家还是偏少，特别是非华裔高端专家数量太少。其次，来华短期交流指导的居多，长期或全职工作的比例还是不高。最后，担任院长、重点实验室负责人等职位，有职有权的高端外国专家不多。也正是由于高端、长期、实职等专家的比例还不高，以及学术人文环境、事业平台等制约专家充分发挥作用等原因，导致高校的引智效益还不够明显，对人才培养、科学研究、创新发展的贡献度还有待大幅度提高。

三是高层次引智渠道难以满足国内需求。随着"千人计划"的深入实施，国内对外国专家特别是高端专家的需求呈快速增长趋势，专家难找成为普遍的难题。高端外国专家有其特殊性，传统的招聘方式不太适用。目前，我们高层次引进渠道还非常有限，高端专家资源信息的开发利用还不充分，适用高端专家的同行推荐和猎头介绍的方式也未普遍采用，用人单位寻找、了解、引进高端专家存在较大困难。

四是引智环境建设不够好，服务保障有待加强。一些单位即便已发现了所需人选，但由于国内薪酬待遇条件、环境和事业平台等限制，成功聘请高端外国专家也不容易。筑巢引凤，引才拴心。环境和事业平台是吸引、留住海外高层次人才的关键因素。这些需求正是我们每个聘请单位今后一个时期改进工作、提升服务保障水平的努力方向。

三、同心协力，开创高校引智工作新局面

党的十八大将在今年召开，《国家引进国外智力"十二五"规划》已经国务院批准并实施。展望明年及今后一段时期，高等教育领域引进国外智力工作将进入一个高端引领、全面提升的新阶段。我们对高校引智工作充满期待。

我们期待：引智规模不断扩大，基本满足高等教育改革发展对引进外国人才的需求；引智结构更加合理，引进的国际一流高端专家越来越多，来华长期工作、担任实职的专家的比例大幅度提升；引智效能明显提升，引进的海外人才对高校人才培养、科学研究以及大学整体发展的贡献率较快增长；引智环境进一步优化，特别是海外高层次人才看重的政策法制环境、人文社会环境和学术工作环境不断改善。

（一）关于高校引智工作的建议

高校是引进高端外国专家的主阵地，是吸引、留住和用好高端外国专家的关键环节。面对新机遇新要求，要努力在以下几方面取得新突破。

一是坚持高端引领，做好项目规划。各单位要坚持"高端引领、立足需求、突出特色、讲求实效"的原则，制定外国专家引进项目规划。"外专千人计划"是高校引智实行高端引领的重要抓手，要精心组织实施，着力推动高端专家的引进工作。通过引进一大批学术大师、领军人才和学科带头人，带动高校人才队伍建设和学科发展，带动更多的优秀人才和高水平团队来华工作。要立足优势学科，突出重点，加强国际人才交流与科研合作，提高引智效益。

二是坚持依托优势学科，建好事业平台。高校的事业平台是吸引高端外国专家最为重要的因素之一。要依托优势学科、重点实验室、重大科技项目、科研团队等，为高端外国专家来华工作搭建事业平台。要特别重视和支持海外专家团队的引进。

三是坚持以人为本，抓好服务和管理。外国专家引进后，要留住并充分发挥他们的作用，切实做好后续服务保障非常重要。用人单位要以外国专家为本，注重人文关怀，在工作、生活方面给予他们更多关心支持。外事部门要与人事、后勤等部门加强协调配合，切实落实引进海外高层次人才的各项政策待遇，帮助他们解决实际的困难和问题。尤其要建立外国专家自主研究的科研机制，倡导真才实学、潜心研究出成果的科研风气，营造鼓励创新、相互包容的学术生态。

（二）今后的工作重点

一是健全审查和评估机制，继续推进"外专千人计划"和"高端外国专家项目"的实施。加强对"外专千人计划"和"高端外国专家项目"拟引进专家的审查核实，明确拟引进专家需多位信誉良好的资深学者推荐，建立聘请单位对被推荐人和推荐人的回访和调查核实机制，着力避免和杜绝专家作假的情况。加强评审环节的审查工作，对申报材料，要进行严格、细致的审查，对其中的重要问题和关键细节，要认真核实，保证真实客观。建立健全成果评估和奖惩机制，对引进的高端外国专家的工作进行有效评价。

"外专千人计划"和"高端外国专家项目"是当前引智工作的重点。我们将继续推进实施，认真总结经验，在申报指导、专家评审、政策落实以及监督评估等各个环节深入研究，完善措施，不断提高工作质量和水平。同时加强与中组部的沟通，积极推进"外专千人计划"短期项目和青年项目的实施。

二是落实和完善政策措施，营造良好引才环境。国家外国专家局将会同相关部门进一步细化工作流程，明确责任分工，确保《关于为外籍高层次人才来华提供签证及居留便利有关问题的通知》和《外国人在中国永久居留享有相关待遇的办法》两个文件颁布后切实执行到位。协调相关部门进一步完善有关政策措施，切实为高端外国专家在居留和出入境、落户、医疗、保险、住房、子女入学、项目申报、经费资助等方面提供便利和支持；建立健全专门针对高端外国专家的科研人事管理、考核激励等相关机制，鼓励外国专家大胆创新。实施外国专家分类管理，对外国专家重在做好服务保障，对外籍专业人员要依法严格加强管理。不断优化服务功能，为外国专家提供政策咨询和生活便利。完善友谊奖等外国专家表彰机制，健全外国专家建言机制，进一步畅通外国专家建言献策渠道。依法加强外国专家以及外籍专业人员聘请的准入和日常管理，采取有效措施防范和规避人才引进安全问题，积极营造良好的引才用才环境，吸引和带动更多高端外国专家来华工作。国家外国专家局将专门设立高端专家联络处，帮助专家落实相关政策。适时成立高端专家联谊会。

三是积极拓展渠道，满足高端专家需求。引才渠道缺乏，专家难找是各单位面临的普遍难题。采取有效措施，积极开辟拓展渠道，更好满足各方面的专家需求。充分发挥驻外使领馆、中国国际人才交流协会驻外机构的优势，了解、接触、推荐所在国高层次人才。加快海外高层次人才信息库建设，建立国家、省、单位三级外国专家信息库，共建共享，不断充实和盘活专家资源信息。依托海外高层次人才信息库、中国国际人才网和中国国际人才交流大会，梳理整合高端外国专家资源，加快专家资源与聘请单位的有效对接。建设统一、专门、权威的高端外国专家信息平台,把高端外国专家岗位需求通过信息平台发布,提高需求信息发布的针对性和有效性。通过外国专家局国外合作网络以及多种渠道和方式落实高端外国专家岗位需求。在这里,我们真诚地希望在开辟国外合作渠道和高层次专家信息库建设上,得到高校特别是高校外事处和引智部门的支持,以便使我们有能力更好地为你们提供高质量的引智服务!

在全国出国培训备选人员外语考试（BFT）专家委员会成立大会上的讲话

国家外国专家局副局长　孙照华

（2012 年 2 月 17 日）

尊敬的各位专家、各位来宾、同志们：

大家好！今天，来自国内知名高校和研究机构的 30 名外语语言学专家相聚在这里，举行全国出国备选人员外语考试英、日、俄、德 4 个语种的专家委员会成立大会。首先，我谨代表国家外国专家局和 BFT 考试工作委员会向各位的到来表示诚挚的欢迎！向新成立的专家委员会表示热烈的祝贺！向曾经为 BFT 考试付出智慧和心血、作出重要贡献的各位专家表示崇高的敬意和衷心的感谢！

BFT 考试设立于 1985 年，目的是选拔外语水平合格的党政领导人才、企业管理人才和专业技术人才出国学习培训。20 多年来，BFT 考试为提高出国培训质量和效益、培育社会主义市场经济所需的专门人才作出了很大贡献。统计显示，迄今共有近 20 万考生参加了这一"国考"。就考试特点来说，BFT 侧重考评听、说、读、写等应用能力，能够比较客观、公正地反映考生的外语交流水平，从而引导考生以考促学，以考促用。现在正在使用的 BFT 考试大纲和即将问世的新版大纲，都贯彻了实用理念，这也是 BFT 区别于其他国内外语水平考试的重要特征之一。

为保证 BFT 的权威性和公信力，国家外国专家局聘请到资深的语言学家和有丰富语言测试经验的专家组成 BFT 专家委员会，进行考试大纲修订、教材编写和命审题。这是一支治学严谨、善于合作、值得信赖的专家队伍，他们的专业水平和敬业精神为 BFT 考试奠定了坚实基础。

2011 年是 BFT 考试的建章立制年。9 月，为全面推进 BFT 工作，国家外国专家局召开了全国出国培训备选人员外语考试（BFT）工作大会，颁布了《关于进一步加强全国出国备选人员外语考试（BFT）工作的指导意见》，首次提出要把 BFT 拓展成培养、选拔国际化人才的外语水平考试。《意见》附有 7 个管理办法，其中，《BFT 专家委员会章程》和《BFT 命审题管理办法》

是专门针对专家委员会工作的。《BFT专家委员会章程》中明确了专家团队的组织构成、职责、日常管理和委员的选聘、权利、义务等细则；《BFT命审题管理办法》严格细化了命题和审题流程，这是今后规范专家委员会工作的有力依据。

国家外国专家局作为 BFT 考试的主管部门，将本着对国家、对 BFT 工作高度负责的精神，一切从大局出发，同各有关部门积极合作，认真做好各项工作。在这里，我想提几点意见和希望：

一、高度重视，管理和服务并行

全国 BFT 考试办公室是 BFT 考试的具体实施部门，设在国家外国专家局培训中心，负责组建和管理 BFT 专家委员会，并组织专家进行命审题、修订考试大纲、编写教材等。全国 BFT 考试办公室应做到：优化管理，制定好专家委员会的组成原则、运行规则、保密制度和监督机制，和专家的评选、退出机制；在确保完成考试任务的前提下，充分调动专家的积极性和学术专长，为 BFT 的考试政策决策提供学术支持。

二、专业敬业，质量和效率兼顾

BFT 是国家级考试，关系到出国培训的质量和效益。因此，各项工作必须经得起检验。各位专家都是高校和科研机构的骨干，具有坚实的学术功底，本职工作已经非常繁忙，能以个人身份参加 BFT 考试工作，靠的是奉献引智事业的精神。因此，专家的专业水准和敬业精神是这项公益性考试的质量保证和可持续性发展的关键所在。从今年开始，每年要举办英语考试 3 次，其他小语种各 1 次。大纲修订、教材编写等工作要立即展开，专家们肩上的担子还是很重的。因此，希望各位专家能够根据考试周期性的特点，妥善安排时间，高质、高效地完成专家委员会交付的任务。同时，我也希望各位专家能够遵守专家委员会各项规定，并积极为 BFT 工作建言献策，在考试相关工作中发挥积极作用。

国家外国专家局将努力为 BFT 专家工作营造良好的工作氛围；认真听取合理化意见和建议，鼓励专家就考试工作畅所欲言，确保言路通畅；大力支持并配合 BFT 相关软课题申报、专家调研等学术活动；充分体现对专家的人文关怀，在做好监督和考核的同时，组织好专家休假等工作。

三、加紧修订出版 2012 版考试大纲，争取供今年 7 月的考生使用

大纲要充分反映新的语言考试理念和社会经济形势的变化，科学合理地确定考试的测量目标和要求。建议英语组先行启动，完成考试大纲的框

架和题型设计；其他各组可参考英语考试大纲确定本语种考试大纲的框架和题型设计。

● 根据新版考试大纲重新设计和编写教材。教材要求紧扣大纲，内容生动活泼，富有时代气息，充分反映自然科学和社会科学的最新发展，同时还要有利于提高考生的外语水平，方便其学习备考。

● 做好口试考官培训工作。口语考试是BFT一大特色能有效的测试出考生的外语应用能力。遴选专家编写好考官培训教材，深入考试机构做好考官培训工作，是今年BFT工作的一个重点。

● 做好考试常规工作。4月份的BFT英语考试的准备工作即将开始，围绕考试的常规专家工作，包括命题、审题、考试当天值班、阅卷质检、试卷及考试数据分析等工作也即将展开。这些工作都是考试的重要环节，要求各位专家精益求精，避免差错，切实保证整个考试的科学性、公正性和权威性。

在2012年出国（境）培训项目对接会上的讲话（摘要）

国家外国专家局副局长　孙照华

（2012年3月24日）

一、近几年出国（境）培训项目对接会的基本情况

举办出国（境）培训项目对接会，是国家外国专家局不断改进完善政府宏观管理、建立健全因公出国（境）培训管理工作机制的创新，是提高培训质量的重要手段，自2009年迄今已先后举办了4期。主要成效有以下几个方面。

一是贯彻落实中央关于加强和完善因公出国（境）培训管理的政策。通过召开对接会，及时传达中央关于因公出国（境）培训管理的文件精神，及随后出台的一系列有关制止因公出国（境）旅游的政策措施，使各出国（境）培训归口管理部门和有关组团单位及时、准确地掌握了中央的有关精神及原则，境外培训机构也了解了在接待培训团组过程中需要注意的事项和问题，从而有力地保证了出国（境）培训工作的健康有序发展。

二是搭建出国（境）培训项目交流合作平台。对接会为各地区、各部门出国（境）培训归口管理机构与境外培训机构提供了直接见面、沟通的宝贵机会，使双方可以通过对接会签署培训项目合作意向书。因此，国内组团单位可以提前做好项目计划，境外培训机构也可以尽早了解项目计划内容及有关需求，从而提高了培训的针对性和培训项目的执行率，使培训效果得到有效保证。近年来国内组团单位与境外培训机构参加对接会的意识不断增强，对接效率逐年提高。据统计，前3届对接会共签署合作意向近3000项。

三是强化对出国（境）培训的管理与监督。对接会促进了出国（境）培训项目的公开、公正、透明，特别是派出和接待双方的直接对接，可以减少中间环节，避免幕后操作，防止中介转手"倒卖"团组，从而可以有效减少直至杜绝以培训名义的公款出国（境）旅游、提供虚假邀请函、虚假日程以及擅自变更培训行程安排等

违纪违规行为的发生。培训项目合作意向书的签署，有利于主管部门了解国内组团单位与境外培训机构的准备情况，督查项目的实施进展，保证本年度计划按期、保质、保量完成，从而达到强化对境外培训机构的监督，规范培训秩序的目的。

在各地区、各部门出国（境）培训归口管理机构、境外培训机构等的共同努力下，项目对接会已经打造成为引智领域的一个重要品牌。

二、关于2011年的出国（境）培训工作

2011年是"十二五"规划的开局之年。国家外国专家局认真贯彻落实党中央、国务院关于加强因公出国管理的文件精神，围绕科学发展这个主题、加快转变经济发展方式这个主线，服务各类人才队伍建设，大力开发境外优质培训资源，努力提高培训质量和效益，使出国（境）培训工作取得了新成绩，为经济社会发展作出了新贡献。

项目计划顺利完成。按照中办、国办《关于进一步做好党政机关厉行节约工作的通知》中关于"严格控制因公出国（境）团组数量和规模"的要求，坚持"控制总量、突出重点、保压结合、服务发展"的原则，围绕经济社会发展重点编制出国（境）培训年度计划，严格审批、审核培训项目，不断优化培训结构。据统计，2011年全国出国（境）培训计划规模总量在各地区各部门申报基础上压缩了26%；共执行审批、审核出国（境）培训项目2838项，派出培训5.03万人。

积极开展"抓管理、抓重点、抓成果"活动，出国（境）培训管理进一步深化。国家外国专家局会同中组部、外交部联合出台了《关于加强和改进领导干部境外培训工作的意见》；另外，还制定了《关于进一步加强全国出国培训备选人员外语考试（BFT）工作指导意见》等7个规范性文件，印发了《关于加强2011年度出国（境）培训项目管理的通知》、《国家外国专家局重点培训团组预培训管理办法》和《关于因公出国（境）培训人员购买境外保险的意见》等；编印了2011年版《出国（境）培训务实问答》、《"十一五"出国（境）培训成果汇编》。还举办了出国（境）培训成果工作会议。

培训质量和效益明显提高。国家外国专家局与中组部、外交部联合组织的"领导干部赴国（境）外培训"项目顺利执行。"领导干部经济管理培训"、"高级公务员海外培训"（哈佛大学培训项目）、"工业企业高级人才培训"、"中青年领导干部培训"、"高校领导海外培训"以及牛津大学、杜克大学、斯坦福大学的人才队伍建设培训等项目深入推进。全面落实局省（部际、大项目）合作框架协议要求，与中国科学院、国家开发银行等分别签署了合作框架协议，并取得良好效

果。围绕促进区域协调发展、深化改革开放、完善社会主义市场经济体制等领域组织的培训项目也取得了显著成效。

境外培训资源得到进一步优化。认真做好2012年境外培训机构的认定工作，经过我国驻外使领馆、中国国际人才交流协会驻外机构的推荐以及国内有关部门的联合评估，结合2011年度各地区、各部门与境外培训机构的合作及年检情况，认定并公布了37个国家（地区）的290家境外培训机构，新增加11家优质高层次境外培训机构，同时终止7家境外培训机构的合作关系，暂停3家境外培训机构的培训资格。我们考察了美国、韩国、新加坡等国家的著名大学及有关机构，接待了一些国家的重要访问团组，就开辟优质培训资源、拓展高层次合作领域进行了广泛的交流沟通。

三、出国（境）培训面临的新形势、新要求

出国（境）培训是引智工作的重要组成部分，是人才强国战略和对外开放战略的重要内容。随着我国对外开放不断深化，学习借鉴世界文明成果的需求不断增大，进一步规范出国（境）培训管理越来越重要。我们必须把握出国（境）培训面临的新形势，明确新任务新要求，不断增强做好出国（境）培训工作的责任感和使命感。

一是认真学习中央关于引智工作的新论述。今年春节前夕，国务院总理温家宝会见外国专家时指出，我们要通过扩大对外开放，开展广泛的国际交流与合作，学习借鉴人类优秀文明成果，引进吸收国外先进的科学技术和管理经验，提高中国人才队伍的素质和科技创新水平。中共中央政治局委员、中央书记处书记、中央组织部部长李源潮出席外裔高层次人才座谈会时指出，加强人才的国际交流合作，实施更加开放的人才国际化政策。国务院副总理张德江出席第10届中国国际人才交流大会时指出，扩大国际人才智力开发合作，实现互利共赢是当今世界各国的普遍共识。其他一些中央领导同志在许多场合也都谈到了引进国外智力的重要性。这些重要论述是中央根据国际新形势和我国发展需要及时提出来的，体现了中央对引进国外智力工作的重视，同时也对出国（境）培训工作提出了新要求。我们要深刻领会、认真学习，更好地开展出国（境）培训工作。

二是全面领会《国家引进国外智力"十二五"规划》关于出国（境）培训的新要求。《国家引进国外智力"十二五"规划》是第一次由国务院批复的引智规划，明确提出了出国（境）培训的指导思想、基本要求、主要目标、重点任务，要求统筹推进各类人才队伍建设，培养造就一支复合型、高层次、通晓国际规则、掌握精湛技术的国际化人才队伍；要强化质量效益评估，建立健全出国（境）培训的审批、管理和考评机制，完善出国

（境）培训质量效益评估体系；要开发优质培训资源，加强与国（境）外著名大学、科研机构和大型企业在高层次人才培训方面的合作，加强国（境）外培训机构监督管理，完善境外优质培训机构体系建设；要提高依法行政能力，积极推动加强因公出国（境）培训管理等法规和文件的制订等。我们必须紧紧围绕《国家引进国外智力"十二五"规划》提出的目标和任务，开拓创新，狠抓落实，确保出国（境）培训工作健康稳定发展。

三是重大人才工程的启动为出国（境）培训部署了新任务。在《国家中长期人才发展规划纲要（2010—2020年）》设立的12项重大人才工程中，除去引进海外人才的"千人计划"和大学毕业生到基层的"高校毕业生基层培养计划"之外，其他10项人才工程都涉及出国（境）培训，为出国（境）培训提出了新的任务。为贯彻落实规划纲要关于重大人才工程的要求，国家外国专家局正在分别与有关牵头部门协商，共同做好重大人才工程的实施，选拔少部分优秀人才到国外去进行培训，使出国（境）培训工作更加紧贴中央关于人才工作的战略部署，更加满足人才工作的发展需要，更加积极主动地发挥出国（境）培训归口管理部门的职能作用。我希望各省区市外国专家局也要结合本地特点，积极探索如何围绕重大人才工程做好出国（境）培训工作。

四、2012年出国（境）培训工作安排

2012年出国（境）培训工作的总体要求是：以邓小平理论和"三个代表"重要思想为指导，深入贯彻落实科学发展观，以落实《国家中长期人才发展规划纲要（2010—2020年）》、《国家引进国外智力"十二五"规划》为主线，以提高出国（境）培训质量和效益为重点，统筹推进各类人才队伍建设，积极开发利用境外优质教育培训资源，以优异成绩迎接党的十八大召开。

一要积极推进今年项目的全面落实。今年的项目计划已经批准下达，现在的关键是要围绕这些计划任务，全力以赴抓好落实。要着眼国家经济社会建设重点领域需求，按照引智服务经济社会发展指导意见，落实局省（部际、大项目）合作重点项目，重点支持区域发展战略规划、建设创新型国家和"两型社会"、战略性新兴产业、实施"走出去"战略等方面的培训项目。积极配合国家重大人才工程，落实《2012年人才工作要点》、《2012年全国干部教育培训工作要点》，统筹抓好各类人才出国（境）培训。要严格执行今年的计划，按照控制总量的要求，坚决不组织计划外团组，原则上不再新增项目，确有需要的，到年中进行微调。

二要努力提高监督管理水平。认真贯彻落实中央有关出国（境）管理

规定的精神，切实履行审批、审核职责，坚决制止以培训为名的公款出国（境）旅游。要密切配合有关部门，严肃查处出国（境）培训中的违纪、违规问题。以严格计划管理、优化培训结构、改进培训方式、健全监督机制、强化质量评估、完善培训渠道动态管理为重点，进一步加强出国（境）培训管理体系建设。以国外名牌大学、著名企业和研究机构为重点，积极开发国（境）外优质教育培训资源，开展境外培训机构动态评估，构建完善的境外培训监管体系。进一步推进出国（境）培训政策法规建设。

三要加大干部队伍教育培训力度。我们将结合引智干部队伍建设的要求，以新编《出国（境）培训务实问答》的学习为基础，大力开展出国（境）培训干部的政策业务培训，积极推行持证上岗制度，不断提高政治意识、大局意识、责任意识和综合素质，提高业务水平，提高工作效率，着力建设一支具备较高政治思想水平、了解国家外事工作精神、熟悉出国（境）政策法规、掌握出国（境）培训业务知识、精通出国（境）办理程序、工作严谨踏实细致的出国（境）培训干部队伍。各地区各部门要关心爱护干部，为其培训学习提供良好环境条件。

四要坚持不懈抓出国（境）培训成果。我们将继续贯彻落实《关于进一步加强出国（境）培训成果总结、跟踪和推广工作的意见》等要求，探索建立出国（境）培训典型成果示范推广单位，培育重大培训成果。要完善培训成果与培训项目挂钩机制，以培训成果促进出国（境）培训工作科学发展，坚决防止和纠正一些部门和地方存在的重视培训项目计划申报、忽视培训成果总结推广的倾向。境外培训机构也要防止只顾拉团、不顾质量和效益、不关心培训成果的倾向。要推动建立培训成果评估体系和培训成果资源共享的长效机制。

五、几点要求

首先，对国内出国（境）培训归口管理部门提要求。

一是要全力做好已批准项目的执行工作。要认真负责地做好本地区本部门培训团组的初审把关，强化对培训团组及参团人员的审查。要加强对项目组团执行单位的业务指导与政策服务，帮助他们选好境外培训机构。继续做好出国前预培训工作，明确出国（境）培训要求。通过多种渠道了解掌握培训团组在境外的行程活动，监督他们按批准的计划进行培训。这里需要特别强调的是，关于项目执行上报期限的问题，10月10日和20日分别是审批、审核项目的最后上报期限，当然不是大家都要等到那一天才申报，最好从现在开始就陆续申报。同时，国家外国专家局鼓励项目均衡执行，不要过分集中在9月、10月、11月这几个月，最好是在上半年就执行一部分。

二是要注意抓好出国（境）培训

的成果收集。这些年来，每年派出培训的人员都在 5 万人次左右，涌现出许多成效显著的培训成果，但是成果的收集还有许多漏洞、不足之处，仍然有些单位对此认识不到位。希望各地区各部门要继续强化对出国（境）培训成果工作的重视，建立完善培训成果工作联系人制度，各归口管理部门都要指定 1 位同志重点来抓培训成果，不要总是把重点放在项目的申报上。要落实派出单位抓培训成果的责任，使成果的收集、整理成为出国（境）培训工作中的重要一环。要坚持回国总结汇报制度，督促培训团组和人员及时提交总结报告，将取得突出效益的出国（境）培训成果汇编成册，以利推广。

三是要做好购买境外保险的工作。认真落实国家外国专家局《关于因公出国（境）培训人员购买境外保险的意见》，按照"谁派出、谁负责"的原则，派出单位必须为出国（境）培训人员购买境外人身意外伤害和紧急救援医疗保险，保证出国（境）培训人员人身受到意外伤害和急性病威胁时，能够得到及时救助和安全保障。各出国（境）培训管理部门要加强宣传教育和监督检查，要求派出单位必须为出国（境）培训人员购买境外人身意外伤害和紧急救援医疗保险，对未按要求购买保险而发生纠纷事件，我们也将追究出国（境）培训派出单位的责任。

其次，对境外培训机构的要求。

一是要把培训质量放在第一位。各境外培训机构为中国培训团组进行培训，帮助我们学习借鉴国外先进知识、先进理念、先进技术，发挥着重要的桥梁纽带作用，一定要把培训质量放在第一位。作为国家外国专家局认定的境外培训机构，要对国家外国专家局负责，帮助督促培训团组的学习培训、考察活动，确保培训水平和质量。也要加强学习，不断改进完善培训课程，选好授课教师，及时更新培训内容，更好地适应我国不断提高出国（境）培训质量的需要。培训机构之间不要比谁接待的团组多，而要比谁接待的质量好，培训的质量高。任何情况下，质量都是第一位的。

二是要遵守培训法规管理制度。各境外培训机构要切实遵照我们制定的培训渠道管理规定，严格按照有关要求实施培训接待计划。对于一些不符合培训渠道管理办法要求或有违规违纪行为的机构，我们将在调查评估的基础上，及时终止与他们的合作。

出国（境）培训任务的完成，凝聚了中方派出单位和境外培训机构付出的劳动和智慧。本次对接会上，无论是国内组团派遣单位，还是境外培训接待机构，都要利用好这个平台，充分交流沟通，认真签署合作意向书，并切实履行各自的责任。大家要群策群力，共同努力，密切配合，做好派遣人员出国（境）培训工作。

在出国（境）培训工作管理暨持证上岗培训会议上的讲话（摘要）

国家外国专家局副局长　孙照华
（2012年11月20日）

举办出国（境）培训工作管理暨持证上岗培训会议的主要目的和任务是：深入学习贯彻党的十八大精神；讲解中央关于加强因公出国（境）培训工作管理的要求；组织学习有关出国（境）培训的政策法规；举行出国（境）培训业务考试，颁发持证上岗工作证书。

一、充分认识开展出国（境）培训项目管理人员培训和实行持证上岗的重要意义

举办持证上岗工作培训这是第一次。这是经过对出国（境）培训材料审核工作实际情况和发展需要进行认真研究后，国家外国专家局作出的一项重要决定。同时，我们也希望通过先对地方省区市外专局工作人员的培训，积累经验，完善制度，便于今后在国务院各部委、各直属机构等推行持证上岗这项制度。大家一定要深刻认识其重要性。

第一是贯彻落实中央关于干部教育培训要求的具体行动。我们党历来高度重视干部教育培训工作，特别是改革开放以来，相继制定了一系列党政干部教育培训的法律规定。2003年第一次全国人才工作会议提出了实施大规模培训干部、大幅度提高干部素质的目标和任务。中央颁布的《2010—2020年干部教育培训改革纲要》指出，干部教育培训是建设高素质干部队伍的先导性、基础性、战略性的工程，是加强党的执政能力建设和先进性建设的重要途径，是推动科学发展、促进社会和谐的重要保证，在建设和发展中国特色社会主义事业中具有不可替代的地位和作用。《干部教育培训工作条例（试行）》规定，中央和国家机关有关部门按照职责分工，负责相关的干部教育培训工作，指导本系统的业务培训；干部应当根据不同情况参加从事专项工作的专门业务培训等相应的教育培训。《公务员培训规定（试行）》规定，公务员参加培训经考试、考核合格后，获得相应的培

训结业证书；专门业务培训考试、考核不合格的公务员，不得从事专门业务工作。《2011—2015年行政机关公务员培训纲要》提出，要进一步强化专门业务知识和技能培训，提高公务员专业素质。国家外国专家局按照职责分工，应当负责起全国引智系统干部的教育培训，根据有关中央文件规定和法律法规，制定了《2011—2015年干部培训规划》。今天我们举办这个培训班，就是干部教育培训的一项重要内容，是落实公务员培训规定的一项具体措施。

第二是加强出国（境）培训干部队伍建设的需要。作为各省区市外国专家局出国（境）培训项目管理人员，重要职责就是贯彻落实出国（境）培训的政策法规，组织实施出国（境）培训项目，在出国（境）培训管理中发挥着重要作用。你们的能力和素质高低直接关系到出国（境）培训的成效。总体上来说，我们这支队伍的素质和能力还是不错的。大家立足当地，认真履职，敬业奉献，为出国（境）培训工作流下了辛勤的汗水，倾注了大量的心血。但是，当前出国（境）培训工作面临的新形势新任务，对干部队伍的理论素养、知识结构、业务能力、管理水平、履行职责等都提出了更高要求。有些同志对出国（境）培训政策法规学习不够透彻，对中央精神要求理解不够深刻，对岗位所需知识技能掌握不够全面，服务意识不强，工作责任心不够，出现了知识恐慌和能力恐慌，因此也影响了出国（境）培训工作成效。近几年，地方外专系统人员变化比较大，有些同志是刚接手这项工作，不了解相关政策和要求。所以我们组织这次业务培训，就是为适应发展要求和情况变化，促进大家更好地贯彻执行中央关于出国（境）培训工作的政策法规的路线方针，掌握出国（境）培训工作的政策法规，努力成为本地区出国（境）培训工作领域的行家里手和专家权威。通过培训，着力建设一支政治坚定、业务精通、素质较高、纪律严明、作风优良的出国（境）培训干部队伍，这支队伍就是做好出国（境）培训工作的基础。

第三是规范出国（境）培训工作管理的需要。实行出国（境）培训工作持证上岗，是贯彻落实国家外国专家局"抓管理、抓重点、抓成果"的基本要求，是开展"引智项目管理年"活动的重要内容，是推动管理创新的重要举措。2008年"两办"9号文件进一步明确了国家外国专家局统一归口管理全国出国（境）培训工作的职能。这是党中央国务院赋予我们的重要职责，责任重大，使命光荣，但是任务也很艰巨。经过前几年的治理整顿，出国（境）培训工作积极稳妥有序推进，局面得到良好改观。但是毋庸置疑，当前出国（境）培训工作管理中仍然存在一些思想认识不到位、政策法规落实不到位的问题；仍然存在重计划轻管理、重前期申报立项轻后期执行的情况；仍然存在一些在国（境）外培训期间监管不力、违规违纪的现象，通过实行持证上岗制度，就是要进一步明确工作职责，加强全过程管理，规范出国（境）培训管理。

第四是进一步提高行政办事效率的需要。有些地方反映，有一段时间培训司的审批效率比较低。影响审批效率的原因是多方面的。有的是因为在某一阶段，项目申报过于集中，而这一阶段培训司的人员相对较少，有的出差，有的学习，有的出访。但是更主要的原因是，一些地方对出国（境）培训项目材料审核把关不严格，报上来的材料中存在很多问题，不符合出国（境）培训的基本要求。为此，培训司要一次一次地和相关地方沟通，要经过反复修改或补充有关材料后，报上来的材料才能达到审批审核要求。有的问题往往一次还看不出来，可能要经过预审部、培训司以及各级主管领导等几道程序或多人才被发现，严重影响了审批效率。必须从培养具体负责出国（境）培训项目的一线同志抓起，通过实行持证上岗制度，报件合格率提升，审批效率提高，出国准备期缩短，行政运行成本减少，真正能够按照国家行政审批规定的期限完成审批。

二、关于培训学习的主要内容

按照建设学习型机关的要求，结合出国（境）培训工作的特点，主要应该加强以下几方面的学习。

一要学习党中央国务院的方针政策。出国（境）培训工作政策性强。大家都是来自政府部门，作为党和国家的工作人员，担负着贯彻执行党中央国务院方针政策的任务，必须加强政治思想理论的学习。要始终坚持党的宗旨和性质，忠于祖国，忠于人民，在大是大非上不模糊，在原则方向上不含糊，坚决维护国家利益、人民利益。要认真学习领会中央的文件精神，做到了解上情，了解基本国情。这样才能使出国（境）培训工作不偏离中央的精神，不脱离国家和人民的需要。

二要学习出国（境）培训知识。要认真学习领会中央关于出国（境）培训工作的文件精神和政策法规，钻研出国（境）培训的理论及相关业务知识，学习国家外国专家局印发的重要文件及有关领导的重要讲话，比如引智十二五规划中有关出国（境）培训的内容等，了解出国（境）培训的主要任务、计划安排、工作重点、发展目标，掌握出国（境）培训的基本方针、基本原则、基本要求、基本程序。这次会议印发了《出国培训法规文件选编》、《出国培训实务问答手册（2011年版）》，希望大家从头到尾多学习几遍，加深对出国（境）培训法规文件的理解，切实把握出国（境）培训办理程序及材料申报的有关知识。

三要熟悉了解本地区有关政策和实际情况。大家都是来自不同的地区，有责任有义务使出国（境）培训工作为本地区经济社会发展服务。为此，必须熟悉了解本地区党委政府的战略部署、中心工作，了解本地区的具体需求，找准出国（境）培训工作服务本地区发展的切入点和重点，紧紧围绕本地区经济发展、社会进步、科技教育、人才培养等，组织实施出国（境）培训，努力提高出国（境）培训在本地区经济社会发展中的贡献率。

四要学习相关国际知识。出国（境）培训是对外开放的重要组成部分。各级出国（境）培训项目管理人员，必须培育国际视野，密切关注国际形势的发展，及时指导本地区出国（境）培训团组的工作。要研究国外的政治、经济、科技、文化等，熟悉境外培训机构的专业特长及资源优势，确保在出国（境）培训工作中，始终做到以我为主，为我所用，趋利避害。要加强外语、世界地理知识等的学习，掌握必要的外事知识，做到能够看得懂外方的英文邀请信、日程安排，能够及时发现其中不符政策要求的内容等。

五是要学习其他相关知识。出国（境）培训工作的一个特点就是涉及面非常广，涉及工业、农业、科技、教育、文化、金融等各行各业，所以我们要学习这些相关的知识。当今时代科技发展突飞猛进，各种新知识层出不穷。要适应时代发展的需要，加强现代知识的扩充和更新，学习一些市场经济、现代科技、管理科学、国际关系和信息网络等方面的知识，努力拓宽工作思路，推进出国（境）培训工作不断取得新发展。

希望大家能够以此次培训为契机，重视学习、加强学习、善于学习，做到干什么学什么，缺什么补什么，切实把学习作为提高素质、增长本领、做好工作的根本途径，担负起出国（境）培训工作科学发展的重任。

三、关于做好持证上岗工作的几点要求

举办培训考试并颁发持证上岗资格证书，是我们加强出国（境）培训工作管理、规范出国（境）培训工作程序的一种探索。考试并不是要为难大家，主要是让大家掌握这些知识，引起重视，增强责任心。按照我们印发的《关于出国（境）培训材料审核工作人员实行持证上岗的意见》的通知要求，从明年1月起将正式实施持证上岗制度。

一是要统一思想，提高认识。参加培训的各位代表回去后要及时将会议精神向主管领导汇报，要将《意见》的主要内容向你们的领导讲清楚，特别是其中关于1年内连续5次出现失误，将取消持证上岗资格的规定。如果没有持证上岗人签字，培训司就不受理上报的材料，那将影响你们地区的出国（境）培训工作。各省区市外国专家局应高度重视，加强组织领导，支持督促各位持证上岗工作人员开展工作。经过培训考试获得出国（境）培训项目材料审核持证上岗资格的各

位同志，更要珍惜这份荣誉，认真负责地做好项目材料的审核把关。

二是要真抓实学，学以致用。举办这次培训会，帮助大家了解出国（境）培训的文件精神、政策法规、基本要求以及业务程序，并通过考试，对合格者颁发持证上岗证书，这仅仅是达到举办本次培训学习的部分目的。更重要的是要把学到的知识应用到工作中去，转化为解决实际问题的能力，在实际工作中提高项目审核效率，在真抓实干中提高项目执行力。绝不能出现参加培训学习后仍然我行我素的现象。如果那样的话，我们将严格按照持证上岗意见进行处理。

三是坚持原则，做好服务。出国（境）培训工作政策性原则性强，必须坚持依法办事、按政策办事、按原则办事、按程序办事。要加强党性修养、职业道德修养，做到权为民所用、利为民所谋，为国家、为人民谋利益。要敬畏手中签字权，这个签字权得来也不容易，要经过2天的培训，一次摸底，一次过关考试，所以要用好签字权这把尚方宝剑，做到行权履职如履薄冰。要增强服务意识，在实施管理中体现服务，不断提高服务水平，工作中耐心细致周到，为组团单位、派出单位、参训人员等解疑释惑，以实际行动维护出国（境）培训管理干部的良好形象。

四是严谨求实，爱岗敬业。态度作风往往决定工作好坏、成效大小。我们这次所学的知识不复杂、不深奥，关键是要树立严谨态度，养成求真务实作风。即使大家都精通出国（境）培训理论和业务知识，但是如果没有一种对工作认真负责的精神，没有一种科学严谨、一丝不苟的工作作风，也还是要出问题的。一些同志做这项工作时间很长了，经验也很丰富，有时也出问题，就是缺乏一种一以贯之、精益求精的精神。大家一定要用心用情地对待出国（境）培训项目材料审核工作，做到干一行、爱一行、专一行、成一行。

干部培训是建立市场经济体制的重要保障

国家外国专家局副局长 孙照华

我党历来高度重视教育培训工作，并将之作为完成任务、实现目标的一项重要保障措施，根据每个时期任务的不同，有针对性地培训干部，使之能够较好理解党的方针、政策，从而自觉地为实现党提出的任务而努力。

从历史来看，20 世纪 20 年代，为发动农民群众，举办了农民运动讲习所，培养农民运动领导者。30 年代，为开辟革命根据地，建立和壮大革命武装，举办红军大学，培养军事干部。30 年代至 40 年代的延安时期，随着抗日战争形势的发展和持久抗战的需要，党中央把"必须大数量地培养干部"确定为党的一项重要任务。毛泽东同志认为，政治路线确定之后，干部就是决定的因素，因此提出培养干部是"共产党的大事"。延安时期我党先后建立了 30 多所成人学校，除了我们熟悉的抗大之外，还有陕北公学、鲁艺、自然科学院、女子学院等。为此，中央还成立了干部教育部，时任党的总负责人张闻天同志担任部长，毛泽东同志亲自担任抗大教育委员会主席。中央陆续制定了《延安在职干部教育暂行计划》、《关于学习的指示》、《关于在职干部教育的指示》等。从干部培养的类型上看，这个时期的培训，已经不仅仅着眼于培养军事干部，更不仅为了当时延安和解放区的需要，已经为建立新中国储备人才。延安时期培养的大批人才，不仅为我们夺取全国胜利提供了干部保障，而且为建国初期的治国理政培养了人才。延安时期的干部培训，体现了我党的远大理想和志向，给后来的干部培训工作留下了宝贵的财富。

党的十六大以来，从全面贯彻落实科学发展观、实施人才强国战略、提高党的执政能力以及构建社会主义和谐社会的高度出发，党中央提出了要培养和造就坚持走有中国特色社会主义道路，有较高政治理论素养和开拓精神，掌握现代科学文化和管理知识，并经过实践考验的治党、治国、治军的领导人才队伍；培养和造就具有公仆意识、廉洁、勤政、高素质、专业化的公务员队伍；提出要大规模培训干部，大幅度提高干部素质。先后颁发了《国家中长期人才发展规划纲要（2010—2020）》、《干部教育培训工作条例（试行）》、《2006—2010 年全国干部教育培训规划》、《中央组织部关于2008—2012年大规模培训干部工作的实施意见》和《2010—2020年干部教育培训改革纲要》等。从现实要求来看，为了完成党提出的新时期的任务，我们面临着如何提高干部队伍领导科学发展的能力、解决复杂问题的能力、应对复杂多变国际形势的能力以及提高干部队伍思想道德素质和科学文化素质等问题。可以说，加强干部培训工作，大幅度提高干部队伍素质，是推进经济建设、政治建设、文化建设、社会建设和党的建设全面发展的重要保证。

改革开放以来，尤其是进入新时期新阶段之后，国际竞争日趋激烈。我们要想立于不败之地，就必须拥有一批善于治国理政的党政人才、熟悉国际市场和国际惯例的企业家、掌握世界前沿科学技术的专业技术人才。面对新的形势，党中央对培训工作提出了新要求。在国内培训的基础上，选派少数有发展潜力的同志到国外培训，了解发达国家的现状与发展，学习他们先进技术与经验，以加快我们发展的步伐。

出国（境）培训是干部培训的重要组成部分。进入知识经济时代之后，经济全球化的步伐日益加快，对我们干部能力的要求也越来越高。为了保持我国经济社会的全面、持续、快速发展，参加到全球经济竞争之中，实现党中央提出的"以科学发展观为主题，以加快转变发展方式为主线"的目标，我们需要造就一批既熟悉国内情况，又了解国外动态，熟悉国际市场运作规律和国际贸易规则、能够参与国际竞争的复合型领导人才。

我党历来同样十分重视出国（境）培训工作。1985年启动了在职人员赴国外培训工作。首先是选派专业技术人员出国。这是因为"文革"之后，各行各业都处于百废待兴状态，我国的工业生产水平尤其落后，因此把提高工业领域的技术水平放在了第一位。后来，实践使我们逐步认识到管理的重要性，同时我们的产品需要打入国际市场，自1989年起开始选派企业管理人员出国（境）培训。20世纪90年代初期，邓小平南方谈话提出，"社会主义要赢得与资本主义相比较的优势，就必须大胆吸收和借鉴人类社会创造的一切文明成果，吸收和借鉴当今世界各国包括资本主义发达国家的一切反映现代社会化生产规律的先进经营方式、管理方法。"1993年11月，党的十四届三中全会作出《中共中央关于建立社会主义市场经济体制若干问题的决定》，提出"从中国国情出发，借鉴世界各国包括资本主义发达国家一切反映社会化生产和市场经济一般规律的经验。"搞市场经济，最重要的是领导干部必须了解什么是市场经济，方能谈得上领导市场经济。这个时期开始选派党政领导干部出国（境）培训，学习研究如何搞好社会主义市场经济。2004年9月，党的十六届四中全会作出《中共中央关于加强党的执政能力建设的决定》后，开始选送高级领导干部到哈佛大学研究政府管理。通过出国（境）培训，我们学到了先进的技术和经验，加快了经济发展步伐；了解了国外市场运作规律，为我国企业参与国际竞争创造了条件；加强了国家交流，缩小了我国科技与发达国家之间的差距，少走了弯路，节约了经费，缩短了时间。可以肯定地说，作为我国改革开放的组成部分，出国（境）培训为我国实现跨越式发展贡献了力量。

出国（境）培训为我们完成党交给的任务、实现党提出的目标提供了重要保证。出国（境）培训任重道远，其历史使命远未完成。在当今形势下，要实现党的十六大、十七大提出的宏伟目标，仍需要选派一部分同志走出去，加强国际交流与合作，学习了解国际先进的知识、技术与经验，进一步开阔视野，开阔思维。除此之外，当前世界各国在政治、外交、安全等方面既相互依存，又相互制约，各种矛盾相互交织、相互作用，无论是合作，还是斗争，在内容、方式、手段上都更加复杂多变，我们也需要有更多的领导干部了解国际，知己知彼。今后的出国（境）培训，应该更加有针对性，在坚持围绕中心任务的同时，针对我国的实际，严格按照"缺什么补什么"的原则选派人员和制订培训内容；要多与国外的著名大学、大企业和研究机构合作，不断提高培训的质量。

引智要为农业发展作出新贡献

国家外国专家局副局长　孙照华

2012年2月1日，中共中央、国务院在印发《关于加快推进农业科技创新持续增强农产品供给保障能力的若干意见》，其中特别强调了农业科技问题。温家宝总理也指出，农业的根本出路在科技。这既是对当今世界农业发展现状的总结，也是给我国今后农业发展指出的思路。我国科技进步对农业增长的贡献率由2005年的48%提高到了2011年的53%，这个事实说明了科技对于农业的重要性。

农业发展受资源环境约束越来越强，仅靠精耕细作已难以增创新高。我国人多地少，凭借消耗水土资源已基本没有增长空间，增加使用化肥农药也难以为继。如何破解我们面临的难题、消除瓶颈？根本出路就在增加科技投入。我国农业发展到今天已经到了更加依靠科技来突破资源环境约束、实现持续稳定发展的新阶段。

但我国农村的现状是：生产力水平低，生产方式粗放，劳动力仍以体力型和传统经验型农民为主，尚未掌握现代农业生产技术。科技需要人才，人才创造科技。科技和人才是推动社会进步的主要动力，因而农业的发展必须尽快转到依靠科技进步和劳动者素质提高上来。

农业是全党工作的重中之重，也是引智工作的重中之重。过去30年，引智为农业生产、农业现代化、农产品流通、农民的增收作出了很大贡献。如通过引进日本专家引进的水稻旱育稀植技术，通过出国培训学到的"一村一品"农业发展模式，通过支持中国杨凌农业高新科技成果博览会建立的国际交流平台等。今后，引智要在农业上下更大的气力。要充分发挥引智的特点和优势，从人才和国际交流两个方面发挥作用；要充分利用国际国内两个市场、两种资源，加强国际交流与合作，通过请进来、派出去，学习借鉴国外农业发展的好经验、好做法，引进消化吸收国外农业的先进品种、先进种植养殖技术，这样才能加快我国农业的发展步伐。

农业人才分为三种类型：一是科研、创新型人才，专门从事新品种的培育，如被誉为"杂交水稻之父"的袁隆平，农业革命通常要靠他们的研究成果才能实现。二是实用技术人才，农业新技术通常要靠他们才能在生产实践中得到应用。由于农业科研成果最终要落实到种植养殖层面，因此农业技术的使用者和推广者也很重要。三是管理人才，包括农业管理、农产品流通人才。我们常常忽略了流通人才的重要性。正是有了他们，才可能让农民做到在增产的同时得到增收，真正实现富农、强农、惠农。农业发展不是仅有某一类人才就可以实现的，必须是各类人才的配合。因此，在引进高层次农业人才的同时，也要培养不同层次的人才。《国家中长期人才发展规划纲要（2010—2020）》的重大人才工程中，有一项涉及农业，即"现代农业人才支撑计划"。在这个人才计划里，不仅要培养农业科研人才，而且要培养农技推广人才、农业产业化人才、农业生产能手和农业流通人才等。

尽管我国农业取得了可喜的成绩，但与世界先进水平相比，我国农业科技水平还有差距。因而要加强国际交流，向发达国家学习。作为引智工作来说，还要投入相当的精力和经费用于农业。

引智在助推西部地区实现跨越式发展中的重要作用

国家外国专家局副局长　孙照华

西部大开发战略实施以来，西部地区发生了可喜的变化。但是应该承认，西部与东部发展水平的差距仍然较大，基础设施落后、生态环境脆弱的瓶颈制约仍然存在，经济结构不合理、自我发展能力不强的状况还没有得到根本改变。西部地区仍然是我国全面建设小康社会的难点和重点。今后一个时期是深入推进西部大开发的关键时期，也是西部加快发展的重要机遇期。西部地区要实现到2020年综合经济实力进一步增强，人民生活水平大幅度提高，基本建成小康社会；到21世纪中叶，从根本上改变落后面貌，显著缩小地区发展差距，把西部地区建设成为经济繁荣、社会进步、山川秀美、各族人民生活安定富裕的美好家园的目标，还有许多艰苦的工作需要去做。

今后西部发展中有两点至关重要，一是对外开放，二是人才。

中共中央总书记胡锦涛在庆祝中国共产党成立90周年大会上的讲话中指出，我国过去30多年的快速发展靠的是改革开放，我国未来发展也必须坚定不移依靠改革开放。在谈到西部大开发战略实施以来我们积累了重要经验时，他还说，改革开放是西部大开发的强大动力……必须统筹对内对外开放，充分利用国际国内两个市场、两种资源，提高开放型经济水平。国务院总理温家宝也说，加快西部地区的发展，既要大开发，也要大开放，这是一条重要的历史经验。历史上西部开发比较成功的时期，都是国际交往最活跃，对外开放力度最大的时期。的确，我国多年发展的实践证明，对外开放是促进发展的强大动力。在实施对外开放政策的同时，西部的发展，还需要人才。中共中央政治局委员、中央书记处书记、中组部部长李源潮说，西部大开发最需要的是人才……要抓住机遇、用好政策，大力培养和引进人才，用好用活人才，使人才成为西部大开发的重要力量，为西部地区科学发展、跨越发展提供有力人才支撑。

引智既是对外开放的重要组成部分，又是人才强国战略的重要组成部分，兼具对外开放和人才的两项功能。

西部地区可以借助引进智力来实现发展。

西部的发展大致可有两条途径：其一是学习东部，沿着东部发展的路径走。这样比较容易，也有经验可资借鉴，但结果可能是永远跟在东部后面。另外一条是寻求跨越式发展，向发达国家学习，赶上甚至超过东部地区。通过向发达国家学习来实现跨越式发展，是已经被实践证明切实可行的办法。第二次世界大战之后的日本，即是通过向美国及欧洲一些国家学习实现经济腾飞的。中国经济在改革开放的30多年中，实现了西方工业国家140多年才得以实现的腾飞。之所以能够取得如此成绩，其中一个重要原因也是向发达国家学习。这种通过对外开放向发达国家学习，促进自身发展的方式，一是可以节约时间，把别人已经创造出的并经过实践检验的技术、经验、方式、方法拿来为我所用；二是可以节约成本，不必事事花巨资搞自我研发。落后不可怕，可怕的是找不准发展路径。一个国家或地区要想摆脱落后的命运，最好的办法就是向他人学习。而这种学习主要的方式就是引进国外智力。

有人认为，西部发展缓慢是因为投入资金少和设备落后。引进外资和引进设备，固然可以暂时解决资金短缺和技术落后的问题，但资金用罄、设备陈旧后依然无法实现可持续发展。西部不能再走"引进—落后—再引进"的老路。有关专家认为，在造成东西部差距的各种因素中，有形资本投入仅占19%；其余大部分直接或间接为知识、信息、教育、技术、制度、市场竞争等无形因素。因而仅靠增加有形资本投入，不可能缩小东西部地区的发展差距。而投资人力资本、社会资本、无形资本的收益大大高于投资自然资源开发、物质资本和有形资本。换句话说，还是应该开发、引进人才。从中外发展的实践上看，科技的进步、人才素质的提高，可以创造出新的比较优势，使一个地区实现跨越式发展。不仅可持续发展需要人才，就是向发达国家学习也需要人才。没有一定水平和数量的人才，也就无法掌握引进的先进技术，消化、吸收、创新更无从谈起。

西部大开发的难点很多，人才开发就是其中十分突出的问题之一。当前西部的人才队伍，无论总量还是质量、结构都不能满足实现跨越发展的需要。西部亟须培养和引进人才，特别是具有世界眼光的领导人才，能够参与国际市场竞争的企业家，和能够掌握先进科学技术的科技人员等。因此，必须借助引进国外智力的方式，引进外国专家掌握先进技术和管理经验，通过出国培训的方式学习国外先进技术和经验，开阔视野、开阔思维，促进地区经济社会的发展。

西部的智力引进依然偏弱。统计资料显示，2008年以来到我国西部地区工作的外国和港澳地区台专家仅占全国的5.49%，2009年为5.8%。

2009年西部地区出国（境）培训人数占全国的13%，2010年占14%。这种现状的形成，既有客观因素，也有主观因素。

西部是我国发展的重要资源基地，西部大开发在我国区域协调发展总体战略中占有优先地位，在促进社会和谐中具有基础地位，在实现可持续发展中具有特殊地位。没有西部地区的小康就没有全国的小康，没有西部地区的现代化就没有全国的现代化。因此，西部地区一定要加大引进国外智力的力度。

自2000年实施西部大开发战略以来，国家外国专家局与西部各省区市外国专家局协同推进实施"海外智力西进工程"、"海外智力援疆工程"等重点项目，先后与新疆、广西、青海、宁夏、甘肃、内蒙古、四川、云南等省（自治区）签署了合作协议，加大对西部地区引智政策倾斜和资金支持力度，增强了西部地区自我发展能力。今后，应不断加大对西部引智工作的支持力度，继续实行政策、资金、项目、渠道上的倾斜。切实加强西部地区干部队伍建设和人才培养，帮助干部开阔视野、更新观念，优化知识结构，提高知识层次，提高战略思维、创新思维、辩证思维能力，掌握科学的工作方法和过硬的工作本领；着力培养重点领域急需紧缺人才和少数民族人才，实现西部开发和人才开发相互促进。

西部自身要充分认识引进国外智力对促进经济社会发展的重要性和独特作用，要把这项工作摆上议程，从思想上、组织上、行动上加以落实，而不能把眼光只盯在资金、项目上。西部大开发离不开各方面的支持，但最终还是要依靠西部地区自身的努力。

在发展中国家智力引进与农业产业化发展官员研修班结业典礼上的致辞

国家外国专家局副局长 陆 明

（2012 年 5 月 28 日）

尊敬的各位来宾，

女士们、先生们、朋友们：

由中华人民共和国商务部主办、国家外国专家局承办、国家外国专家局培训中心负责实施的发展中国家智力引进与农业产业化发展官员研修班已顺利完成全部学习内容，即将圆满结业。在此，我谨代表国家外国专家局，向参加此次研修班的朋友们表示衷心祝贺！

在中国和各个发展中国家有关部门的共同推动下，在发展中国家智力引进与农业产业化发展官员研修班已在北京成功举办了 9 期，共有来自 80 多个国家的 292 位官员来到中国，与我们一起学习交流。这个研修班已经成为加强包括中国在内的广大发展中国家人才与智力交流、拓展合作内涵、巩固传统友谊的重要平台。

这个研修班是扩大发展中国家人才与智力交流，推动发展中国家经济社会发展的有效途径。经济全球化加速推进人才国际化，人才越来越成为提高综合国力和国际竞争力的决定性因素，人力资源越来越成为推动经济社会发展的战略性资源。我们愿与广大发展中国家一起通过不断地相互学习和交流，把握经济全球化形势下的人才智力资源流动规律，以更加积极的态度吸收和借鉴人类创造的一切优秀文明成果，加快自身的发展。

这个研修班是中国深化同发展中国家之间的传统友谊，促进与发展中国家世代友好的桥梁和纽带。在这 21 天的时间里，大家完成了 10 多个专题的课堂学习，考察了北京和南宁两座中国具有代表性的城市，参观了具有国际化水平、技术领先的高科技研究机构；观摩了技术含量高、生产组织方式先进的农产品生产基地。大家对中国的改革开放有了更深刻的认识，对中国如何积极引进国外智力，促进经济社会发展，有了切身的体会。在紧张的学习考察之余，朋友们还游览了中国的名胜古迹，品尝了中国美食，了解了中国文化。我相信，这 21 天，大家的收获和体会应该是很多的。这段时间，我们的工作团队同在座的每一位朋友结下了深厚的友谊，我们要把这份真挚的友谊继续发扬光大，继续加强在智力引进方面的交流与合作。

在这之前，我专门了解了朋友们对研修班提出的有关意见建议。大家对研修班的整体评价很高，大部分官员对讲课内容和效果比较满意，对研修班的各项工作给予肯定，这是对我们工作的褒奖。今后我们要继续加强和完善各项工作，努力把研修班越办越好。很多国家的官员还表示了今后相互合作的意愿。中国国家外国专家局很乐意帮助大家在中国寻找自己满意的合作伙伴。

朋友们，中国同发展中国家的友谊是赤诚的、长久的，人才智力交流与合作方兴未艾，前程似锦。让我们携起手来，为深化中国同广大发展中国家的人才智力交流与合作，开创繁荣和进步的美好明天而共同奋斗！

谢谢各位！

在 2012 中国·白城农业科技创新国际合作会议开幕式上的致辞

国家外国专家局副局长　陆　明
（2012 年 6 月 25 日）

尊敬的章均赛大使、尊敬的乔迪部长、尊敬的吉林省省长王化文、尊敬的布罗斯博士，女士们，先生们，朋友们：

大家好！

今天，由吉林省人民政府、国家外国专家局与加拿大农业及食品部共同举办的 2012 中国·白城农业科技创新国际合作会议隆重召开。首先，我代表国家外国专家局表示热烈的祝贺，对与会的中外专家和中方代表表示欢迎，对长期支持引智工作的中央各部委、吉林省领导和各界朋友表示衷心的感谢。

2005 年 10 月，国家外国专家局与加拿大农业部签署的合作备忘录，将中加人才交流合作推向一个新的高度，中加农业科技创新合作成为双方关注和支持的重点。国家外国专家局先后于 2004 年和 2007 年与吉林省人民政府、加拿大农业部共同主办了两届中加燕麦开发战略国际研讨会。此后，还多次联合农业部、科技部、教育部和陕西省人民政府开展中加农业科技创新合作周等活动。我们双方的合作，已经延伸扩展到更广阔的领域。"十一五"期间来华工作的加拿大专家近 8 万人，其中有 10 位为中加合作做出重大贡献的加拿大专家获得中国政府"友谊奖"。通过中加农业专家的深入交流，推动了中国农业产业的升级和发展，引进国外智力对促进中国经济社会的发展起到了积极的作用。

"十二五"期间，中国政府将实施更加开放的人才政策，积极参与国际人才交流合作，不断引进各方面的人才，开展多种形式的国际人才交流与合作，在交流与合作中实现互利共赢。今年 2 月，加拿大总理哈珀访华，中加战略伙伴关系得到进一步深化，中加签署了 23 项商业协议，价值近 30 亿加元，其中农业是两国开展合作的重要领域之一。

朋友们，中国·白城农业科技创新国际合作会议为学习、借鉴加拿大和世界各国发展现代农业的成功经验、先进技术和理念，加强农业人才和智力的交流提供了难得的平台,同时也为加拿大的资金、技术和优良品种进入中国市场创造了机会。今后,国家外国专家局还将一如既往地积极推动中国与包括加拿大在内的农业强国开展有效的技术合作和人才交流,为在更广的领域促进中国农业现代化作出积极贡献。

最后,预祝会议圆满成功!祝与会的各方代表身体健康、工作顺利。

谢谢大家!

在引进国外技术管理人才项目工作会议上的讲话（摘要）

国家外国专家局副局长　陆　明
（2012 年 8 月 30 日）

这次会议是根据国家外国专家局 2012 年工作要点安排召开的。主要任务是：认真总结 2011 年工作，部署今明两年任务，按照"抓管理、抓重点、抓成果"的基本思路，以落实《国家引进国外智力"十二五"规划》为主线，以引进国外高层次人才为重点，研究分析新形势和新要求，推动更好实施"外专千人计划"、"高端外国专家项目"等重大引智工程。另外，会议期间还将进行相关业务工作培训。

一、2011 年以来引进国外技术、管理人才项目工作回顾

2011 年是"十二五"规划的开局之年，也是引智工作改革创新、锐意进取的一年。为推进"十二五"时期引智工作创新发展，更好服务国家经济社会发展大局，国家外国专家局自 2011 年开始在全国引智系统开展"抓管理、抓重点、抓成果"活动，今年又组织开展"引智项目管理年"活动。引进国外技术、管理人才工作围绕中心、服务大局，齐心协力，开拓进取，高端引领，狠抓落实，取得了显著成绩，实现了"十二五"良好开局。

（一）"三抓"工作取得明显突破

2011 年，国家外国专家局下发了《关于在全国引智系统开展"抓管理、抓重点、抓成果"活动的实施意见》，提出要围绕"抓管理、抓重点、抓成果"的基本思路，着力解决在引智宏观管理、重点任务落实、重大政策研究、重要成果培育推广等业务工作中存在的突出问题，建立重效益抓成果的长效机制，推动形成一批高质量、高效益、影响力强的引智成果。引进国外技术、管理人才工作认真落实"三抓"精神，取得良好效果。

一是注重规范抓管理。高度重视制度建设和项目执行，印发《关于进一步加强引智项目和经费管理工作的通知》，明确提出各地区各部门加强引智项目和经费管理的各项工作任务：

要建立引智项目管理责任制，抓好引智项目评审，推进引智项目绩效评价，加强引智项目和经费监督检查。结合聘请外国专家项目工作实际，印发《关于加强引进国外技术、管理人才项目管理的通知》，要求在引进国外技术、管理人才工作中，严格执行有关项目和经费管理规章制度，规范项目组织、申报、评审、实施等各项规定流程，突出项目工作重点，加强绩效评价和成果跟踪。

为提高工作效率，对"经济技术专家网上洽谈系统"进行升级，改造为"引进国外技术、管理人才项目信息管理系统"，增加引进国外技术、管理人才项目网上申报、审批、项目总结报送等功能。系统运行平稳，有4000多家用人单位注册，申报2012年度引智项目4200多项。随着网上申报功能的增加，带来大量的外国专家、引智项目和成果等引智信息。为保障引智信息安全，专门制定了《国家外国专家局经济技术专家在线工作系统信息管理规定》，对信息类别、使用原则、使用程序作了规定，以保证数据信息的安全和系统的正常运行。

为强化专家组织项目管理，印制了"外国专家组织执行项目清单"和"专家绩效评估表"。进一步修改和完善了《外国经济技术专家在华工作相关证书管理办法》，印制了"外国专家在华服务证明"，首批已发放给数百名义务来华服务的专家组织专家。

二是围绕中心抓重点。以实施"外专千人计划"和"高端外国专家项目"为抓手，坚持高端引领，整体推进。组织召开了"高端外国专家项目"申报说明会，得到各地、各部门的积极配合，14个中央部门、44个省区市外国专家局申报经济技术类"高端外国专家项目"350项，现批复15项，另外55项作为备选"高端外国专家项目"，还有18项列入常规项目调整计划。

今年初，为进一步推进"高端外国专家项目"的实施，国家外国专家局与国务院国有资产监督管理委员会、中国科学院等合作，针对科研系统、央企等的不同特点，分别召开"高端外国专家项目"申报说明会，进行广泛动员，扩大引智项目影响力。在充实完善评审专家库的基础上，2012年对所有的"高端外国专家项目"、重点项目、"软件与集成电路引智专项"、"东欧和独联体引智专项"进行专家评审。

三是力求实效抓成果。努力探索建立科学有效的引智成果培育、评价、推广和共享机制，注重总结、提炼和大力推广引智成果及工作经验。去年与农业部全国农技推广中心、华中农业大学共同主办西北地区复种饲料油菜技术示范推广会议，与河北省人社厅共同举办河北农业引智成果精品推介会，与山东省人社厅举办山东半岛蓝色经济区引进国外智力成果经验交流现场会。在各地外国专家局的大力支持下，编辑印发了《"十一五"外国经济技术专家工作及引智成果汇编》，对"十一五"期间重点引智成果进行总结,并作为会议材料发给参加全国引智工作会的代表,宣传引智成果。

(二)引进国外技术、管理人才工作取得积极成效

按照《国家引进国外智力工作"十二五"规划》的部署和全国引智工作会议的要求,2011年引进国外技术、管理人才项目工作围绕经济社会发展各重点领域,组织实施专家项目3543项、示范推广项目166项。引进国外技术、管理人才项目经费执行率为97.48%,项目总体执行率为74.15%。其中,重点项目、"东欧和独联体引智专项"、"软件与集成电路引智专项"、"高端外国专家项目"的执行率都接近100%。

一是促进创新型国家建设。2011年实施重点项目和"高端外国专家项目"59项、"东欧和独联体引智专项"57项、"软件与集成电路引智专项"97项。重点支持国有科研机构、大型企业的高端项目和重点项目,服务国家重大科技攻关创新和重点基础研究;支持中国商用飞机有限责任公司的引智工作,加快大型客机研制步伐;支持中国科学院在稳态强磁场大科学工程、正负电子对撞机重大改造工程、兰州重离子加速器研究、上海光源大科学工程等国家重大项目中聘请外国专家,提升基础科研水平;支持哈尔滨飞机工业集团有限责任公司通过聘请空中客车公司专家,掌握先进工艺技术。

二是支持产业转型升级。在农业方面,引进外国专家传授先进育种技术,提高农产品质量、产量和抗逆性,发展高产、优质、高效、生态、安全农业,保障粮食和主要农产品安全。如吉林省农科院聘请美国、韩国玉米育种专家,解决了玉米自交系选育慢、专用玉米种质资源缺乏的关键问题,将育种周期缩短4~5年,这一成果达到国际先进水平。黑龙江省外国专家局围绕"千亿斤粮食产能工程"和建设畜牧业大省的目标引进美国大豆密植高产技术,现年推广面积达500万亩以上;帮助黑龙江飞鹤原生态牧业股份有限公司引进美国专家,建成了全省存栏量最大、单产水平最高、牛奶品质最好的现代化大型牧场。河南省外国专家局通过引进专家和人才,在兰考系列高产小麦、开封高产高油酸花生新品种育种方面取得了新突破。

在工业方面,通过引进先进装备制造、先进结构材料和复合材料、电子信息技术等领域的外国专家,服务产业升级换代。如鞍山荣信电力有限公司聘请外国专家31人次,完成10千伏大功率变频装置样机和轻型直流输电装置样机制造。湖北省外国专家局资助一批激光重点企业聘请外国专家,在激光应用系统研制、核心器件制造等关键技术方面取得突破。武汉华俄激光工程有限公司的碟片激光器研发进展顺利,年内将实现4千瓦激光输出,使我国成为世界上第二个能生产碟片激光器的国家。

在服务业方面，重点引进生物安全、食品安全、海洋安全、信息安全和疾病预防诊治等领域的外国专家。如广东省外国专家局帮助企业引进两位诺贝尔奖得主开展肿瘤药物研发和临床试验联合攻关，推动抗癌新药研制。青海省外国专家局连续5年实施"天然林小蠹虫聚集信息素技术研发"项目，取得明显成效，现该技术已辐射到全国林业系统，在青海乃至全国天然林保护中发挥了重要作用。

三是服务区域协调发展。2011年以来，继续实施西部大开发引智项目、振兴东北地区等老工业基地引智项目、中部崛起引智项目、东部地区率先发展引智项目和主体功能区引智项目。如辽宁省外国专家局密切贴近老工业基地振兴，稳步推进东欧和独联体国家专家引进，使一批重大攻关技术在生产中得到应用。北京市外国专家局以服务首都重要产业发展为重心，实施了新能源、新材料、生物制药等领域的十大重点引智项目。河北省外国专家局支持唐山福塞特陶瓷有限公司研制的碳化硅陶瓷，具有高强度、耐磨损、耐腐蚀、高导热性，处于世界领先地位。杭州市外国专家局帮助杭州千岛湖鲟龙科技股份有限公司引进外国专家研发鲟鱼籽酱，并掌握了从鲟鱼鱼种培育到鱼籽酱加工的一整套技术。鲟鱼籽酱号称"黑色黄金"。

今年8月，为实施"智力援疆"工程，国家外国专家局和新疆维吾尔自治区政府共同主办了百名外国专家新疆行暨引智成果援疆周活动，邀请来自33个国家的120余名国（境）外专家，按专业分成光伏电力、规划、矿产资源、农业等17个组分别赴对口单位考察交流、举办专题讲座；邀请10位我驻外使（领）馆科技参赞向与会代表介绍有关国家的科技人才、智力储备情况；邀请19个对口援疆省市举办了援疆引智成果展示，对口援疆省市代表赴对口地区进行实地交流。这一活动有力地促进了新疆的国际人才交流合作。

四是推进"两型社会"建设。我们始终把服务资源节约型、环境友好型社会建设作为工作重点。2011年以来，重点实施了"南水北调中线工程水源地生态环境保护"、"农业面源污染防治与生物能源技术引进"、"农田土壤碳氮循环及模拟技术"、"6兆瓦直驱永磁风力发电机组研制"、"可再生能源和汽车轻量化关键材料研究"、"地热资源综合开发利用"和"中国内地地区地震灾害预测及损失评估系统研究"等引智项目，跟踪世界先进节能减排、循环利用、清洁能源、生态环境监测、自然灾害预测预报和防灾减灾等方面的先进技术。武汉新天达美环境科技有限公司通过引进日本环保专家研发"STCC污水处理及深度净化技术"，并成功将这一技术应用于湖北、陕西、江苏、广东等地的城镇污水处理、湖泊水体修复、河道水质净化、规模化养猪场污水处理，为"两型社会"建设作出了积极贡献。四川省外国专家局大力支持民族地区和贫困地区开展引智工作,通过"藏区寄生虫病防治"、"出口油用玫瑰灾后重建推广"、"农村鼠害系统控制技术"等项目的实施,服务民生工程和生态建设。贵州省外国专家局根据当地生态草地畜牧业发展需求,引进新西兰专家实施"草场开发"、"畜牧管理和畜种改良技术"项目,提高当地的养殖水平。

(三)积极落实局省(部际、大项目)合作协议

国家外国专家局与32个省市、有关部门签署了合作协议,其中重要内容之一是聘请急需、紧缺的外国专家。这就要求引进国外技术、管理人才工作要及时跟进落实。很多地方的外国专家局做了大量工作落实合作协议。如浙江省外国专家局以局省共建"中国海洋科技创新引智园区"为契机,引进了一批海洋新兴产业、现代海洋渔业、临港先进制造业、港航物流领域的外国专家,培养了一批具有较强创新能力的国际化海洋科技人才。安徽省外国专家局高度重视落实局省合作协议,明确重点支持的"皖江城市带承接产业转移示范区"、"合芜蚌自主创新综合配套改革试验区"和皖北、沿淮部分市县的引智工作,成效突出。天津市外国专家局依托48个滨海新区引智项目,邀请到包括诺贝尔生理学或医学奖得主在内的89位顶尖专家开展合作。山东省外国专家局围绕建设"山东半岛蓝色经济区"、"黄河三角洲高效生态经济区"引进外国专家875人次,全面服务经济社会事业发展。

2011年以来,国家外国专家局与有关部委的合作得到进一步深化。一是印发了《中国科学院、国家外国专家局关于继续实施"创新团队国际合作伙伴计划"的意见》。"十二五"期间首批20个创新团队已通过专家评审,国家外国专家局将继续给予支持。二是拟定了《关于国家外国专家局与中国工程院2011年合作举办国际工程科技高端研讨会的工作程序》。组织召开神经信息工程前沿研究、医学影像学前沿研究等10场高端研讨会。三是与科技部签订了《关于引进国外智力为国家科技重大专项服务合作框架协议书》。四是为落实《国务院关于印发进一步鼓励软件产业和集成电路产业发展若干政策的通知》精神,会同工业和信息化部印发了《关于进一步推进软件和集成电路产业引进国外智力工作的意见》,加强对软件和集成电路领域引智工作的指导。五是与国家能源局联合主办了中德风电技术研讨会,邀请9位德国风电高层次专家,就风电并网、海上风电的最新技术发展等专题开设讲座,并与我国风电行业专家、学者40余人进行了学术交流和研讨。六是为进一步落实国家外国专家局与中国商用飞机有限责任公司签署的《关于引进国外智力服务大型客机项目合作框架协议书》,双方进一步确定了《2012年引进国外智力行动计划》:在中国商用飞机有限责任公司建

立"引智工作联系点",并命名该公司为"国家引进国外智力示范单位",设立2012年中国商用飞机有限责任公司"高端外国专家项目"专项,批复高端项目17项,充分体现引智对国家重大研发项目的支持。

(四)继续拓展外国专家资源渠道

一是巩固已有外国专家资源。继续深化与现有的24家国外经济技术专家组织的合作,积极与专家组织研讨保持现有的合作方式,加强信息沟通;针对双方合作过程中遇到的新情况、新问题,及时修改、补充合作条款,规范、完善合作协议内容;努力挖掘现有专家组织的潜力,以拓展合作方式、优化合作机制、调整管理费用等手段,争取传统专家组织扩大对华合作领域专家入选的供给规模。

二是努力开发新的外国专家资源。2011年与保加利亚科学家联盟、美国规划师协会、旧金山美中交流协会、瑞士工程科学院等10多家组织建立了联系,并与其中4家新签了合作协议。

三是积极探索新的合作机制。积极探索与国外组织合作方式的多样化。积极支持有关省市在相关大型活动、展会中开展国际人才交流活动,为企业与外国专家进行面对面的供需对接创造条件。2011年,组织19个外国经济技术专家组织的22位代表专程赴河北石家庄,参加了由国家外国专家局与河北省政府共同主办的外国专家组织河北项目洽谈会,达成合作意向97项。

(五)加强基础建设

为全面准确了解2011年度引进国外技术、管理人才项目执行情况,印发《关于做好2011年引进国外技术、管理人才项目计划执行情况统计工作的函》,收集2011年项目数量、经费以及项目行业、专家国别分布情况等基础信息。

据统计,2011年执行项目的主要行业分布为:农业1275项,占29%;机械612项,占14%;电子信息473项,占11%;医疗医药448项,占10%。

2011年各地共聘请国(境)外专家1.58万人次,国别分布:美国3516人次,占22.3%;日本1999人次,占12.7%;德国1600人次,占10.2%;俄罗斯1066人次,占6.8%。专家较多的国家(地区)还有:加拿大(861人次),韩国(834人次),中国台湾地区(755人次),乌克兰(642人次),澳大利亚(614人次),法国(600人次)。

同志们,在肯定成绩的同时,我们也要清醒地认识到,在引进国外技术、管理人才项目工作中,还存在着一些与科学发展观要求不相适应、与经济社会发展需求不相匹配的问题,主要表现在:一是项目管理体系不够完善,项目执行、资金管理能力有待进一步提高;二是重立项轻跟踪、重规模轻质量、重资金轻管理、重形式轻实效的现象依然存在;三是项目组织能力有待进一步提高，项目申报质量、保持连续性方面需完善；四是有的地方过分倚重中央财政，引智配套资金严重不足；五是引进外国专家项目成果总结滞后，内容和方法简单，宣传不到位；六是从业人员更换频繁，工作继承性不强等。

产生以上问题的主观原因，一是对引智工作的重要性认识不足；二是传统观念制约着我们进一步解放思想；三是缺少探索创新精神和承担改革风险的勇气；四是从业人员学习能力须进一步提高，引智队伍建设制度有待完善。

二、全面实施《国家引进国外智力"十二五"规划》

2011年，有两件大事对引智工作产生了重大而深远的影响：一是中央作出了实施"外专千人计划"的决策，明确了新时期我国引进高层次外国专家的战略目标；二是国务院批复了《国家引进国外智力"十二五"规划》，强调指出，引进国外智力是人才强国战略的重要内容，是对外开放的重要组成部分，关系国民经济和社会发展大局。引进国外技术、管理人才工作必须把握这一新的机遇。

（一）准确把握《国家引进国外智力"十二五"规划》的目标任务

"十二五"时期引智工作的主要目标是：积极参与国际智力交流合作，健全符合国际惯例的引智体制机制，形成规模不断扩大、结构更加合理、效能大幅提升、环境明显优化的引智格局，有效满足经济社会发展对国外优质智力资源日益增长的需求。

《国家引进国外智力"十二五"规划》是指导引进国外技术、管理人才工作的纲领性文件，我们要围绕规划确定的目标，大力引进高层次创新型人才、大力引进先进技术和管理经验，加强消化、吸收和再创新，建立健全科学、实用、高效的国外智力资源绩效评估和智力成果示范推广机制，最大限度发挥国外智力资源效益。

一是突出重点，引进高端、紧缺人才。要以经济社会发展迫切需求为出发点，以重大工程建设、重点基础研究、关键技术攻关和重大装备开发为载体，加大引进国外高层次和紧缺人才力度，更好地发挥引智在创新型国家建设、产业转型升级、区域协调发展、"两型社会"建设等方面的作用。

二是深化国际交流合作。继续巩固与已有专家渠道的合作；充分利用中央和地方政府与外国政府、国际组织在政治经济、科技教育等各个领域交流的渠道，建立政府间合作交流渠道；充分发挥我驻外使领馆、驻外机构的桥梁和纽带作用，开辟人才引进渠道；建立渠道资源共享机制，利用各地区、各部门开展重大国际活动、召开国际会议机会，建立专家资源库并共享资源。

三是完善引智成果推广机制。大力支持引智精品工程和重点项目，在事关国计民生的重点领域形成一批有重要影响的引智成果。以扩大引智成果受益面、促进引智成果产业化为目标,建立一批技术先进、消化吸收再创新能力强的引智成果示范基地和引智示范单位。通过成果合作交流、"二次引进"等方式,推进引智成果共享。

（二）紧密围绕《国家引进国外智力"十二五"规划》的重点领域攻坚克难

"十二五"期间,引进外国专家项目工作要以经济社会发展重点行业、核心领域和关键环节的需求为重点,把握"高端、紧缺、急需"取向,注重团队引进,科学部署,统筹规划,确定重点任务和目标,把各项措施落实到服务国民经济和社会发展的新任务和新要求上来。

一是促进创新型国家建设。要以增强科技创新能力、加快建设国家创新体系为目标,以推进重大科学技术突破、建立以企业为主体的技术创新体系和科技基础设施建设为重点方向,以重点科研机构、重大工程项目、大型企业、集团公司等机构为主要载体,大力引进高端外国专家。

二是支持产业转型升级。要以发展现代农业为重点,优先支持优质品种繁育、农业生物技术、高效栽培与养殖、疫病防控与农业安全、节水灌溉、农业机械化、农业信息技术和特色高效农业等领域的引进外国专家项目;要以改造提升制造业、培育发展战略性新兴产业、推动能源生产和利用方式变革、提高信息化水平、推进海洋经济发展等为重点,着力在传统产业提升自主研发能力和技术进步、战略性新兴产业突破核心技术和产业发展、新能源开发利用、新兴海洋产业发展以及海洋科学技术研发等关键环节,大力引进国外高层次专家;要以加快发展生产性服务业为重点,以大力发展现代物流业、培育壮大高技术服务业、规范提升商务服务业为目标,优先支持提升现代物流智能化和标准化水平、促进工业设计从外观设计向高端综合设计服务转变、提升软件开发应用水平、信息安全服务等方面的引进外国专家项目。

三是服务区域协调发展。继续为新一轮西部大开发、全面振兴东北地区等老工业基地、中部地区崛起和东部地区率先发展提供国外智力支持。对西部地区,要突出对生态环境保护、优势资源转化、特色产业发展的支持;对东北地区等老工业基地,要突出对装备制造、原材料、汽车等优势产业升级,农业发展方式转变和生态环境保护等领域的支持;对中部地区,要突出对粮食生产基地、能源原材料基地、现代装备制造及高技术产业基地和综合交通运输枢纽建设的支持;对东部地区,要突出对发展战略性新兴产业、现代服务业和先进制造业的支持。

四是服务建设"两型社会"。把服务资源节约型、环境友好型社会建设作为引智工作的重要着力点,重点在低碳技术和先进节能技术研制、气候变化科学研究、高效节水灌溉技术开发、废物资源化利用、湖河环境保护和生态治理、重金属污染综合治理、环境监测预警和应急能力建设、荒漠化（石漠化）和水土流失综合治理、森林草原病虫害防治等领域，积极引进外国专家。同时，学习借鉴发达国家发展社会事业、加强公共服务、促进社会公平的经验和成果，加大对保障和改善民生的引智项目支持力度。

（三）充分发挥"外专千人计划"和"高端外国专家项目"的引领作用，推动整体工作上层级、上水平

"外专千人计划"着眼高端、多元支持、政策配套，是国家目前最高层次的外国专家引进计划。国家外国专家局作为牵头组织单位，深入实施"外专千人计划"，将有利于加快外专系统政府职能转变，进一步优化引智资源结构，全面提升引智工作质量和效益，推动新时期引智工作上层级、上水平。

为配合"外专千人计划"实施，国家外国专家局启动了"高端外国专家项目"，要求专家水平与"外专千人计划"专家相当：入选者应是在国外著名高校、科研院所担任相当教授职务的专家学者；在国际知名企业或金融机构担任高级职务的专业技术、经营管理人才；拥有自主知识产权或掌握核心技术的创新、创业人才；"外专千人计划"入选专家工作团队中的主要成员；国家急需紧缺的其他高层次外国专家。

"外专千人计划"和"高端外国专家项目"是参与国际人才竞争，推动引智工作转型创新的战略选择，承担着为国家聘请高端外国专家的光荣使命。能否成功引进高质量的外国专家，关系到这项工作的公信力，也体现了外专系统的工作能力和水平。

"外专千人计划"的实施也是关系到国家未来发展的战略举措。实现经济增长方式的转变，推动产业转型升级，根本靠科技，关键在人才。近年来，我国制定了国家人才发展规划，积极参与国际人才竞争，确立人才优先发展战略布局，实施更加开放的人才国际化政策。当前，国内已培养涌现出一大批学业有成的高端科技人才，但总体数量少，且在学术视野、研究水平等方面与国外高端人才还存在差距。国际金融危机和国内转型发展使高层次人才供求发生变化。我们必须紧紧抓住这一机遇，有计划、有目标地吸引一批高端外国专家。

全国外专系统要继续增强责任感、使命感，把"外专千人计划"和"高端外国专家项目"作为各项工作的重中之重，大力引进和用好高端外国专家，不断开创引智工作新局面。

三、做好今明两年引进国外技术、管理人才项目工作

2012年是党的十八大召开之年，今明两年的工作，事关引智"十二五"

全局,具有承上启下之效,重要性不言而喻。今年的项目计划已经下达,希望大家在下半年抓紧执行,保质保量完成今年的引进专家工作。现在,我就今明两年的几项具体工作强调如下:

(一)要继续落实"抓管理、抓重点、抓成果"工作

引进国外技术、管理人才工作要继续贯彻关于"抓管理、抓重点、抓成果"和开展"引智项目管理年"的总体部署,力争管理水平明显提高,引智重点更加突出,引智成果取得新的突破。要按照我们年初下发的《关于加强引进国外技术、管理人才项目管理的通知》要求,严格执行关于项目管理和经费使用的规章制度,认真执行项目工作流程,突出项目工作重点,严格财务纪律,充分履行管理职能,强化对引进国外技术、管理人才项目的管理,抓出一批重点引智成果。

针对引智经费管理中发现的一些问题,今年将开展专项检查工作,重点检查近3年内国家外国专家局审批的引智项目。我们高度重视这项工作,成立了专项工作领导小组。现在是各地区各部门自查自纠阶段,希望各地区各部门认真开展自查自纠,及时将总结报告送国家外国专家局。在重点检查阶段,我们将到有关单位检查,希望各地区各部门配合。也希望通过专项检查工作,提高引智项目和经费管理水平,建立健全科学完善的引智工作运行机制。

(二)要组织好"高端外国专家项目"和重点项目的实施工作

由于一些客观原因,"高端外国专家项目"和重点项目、"东欧和独联体引智专项"、"软件与集成电路引智专项"今年批复较晚。各外国专家局和引智归口管理部门要增强责任意识,协调一致,密切配合,指导、帮助用人单位,认真筹划好入选项目的实施工作,切实将各项优惠政策落实到位,为外国专家创造良好的工作和生活环境。同时,要及时跟踪了解项目的进展情况,为用人单位和外国专家提供及时、周到的服务,努力将每一个"高端外国专家项目"和重点项目都打造成"出成果、出经验、可示范"的引智精品工程。

(三)要以落实局省(部际、大项目)合作协议为契机,加大地方、部门财政对引智的支持力度

国家外国专家局与32个省市及有关部门签署了合作协议,极大地推动了引智事业的发展。从2011年的统计数据来看,各地对聘请专家的经费投入与国家引智经费基本持平。但是,各地区之间很不平衡,很多省市还没有配套经费。需要各地外国专家局狠抓引智成果,提高引智影响力,来吸引地方政府关注引智事业。这样才能

形成良性互动，推动引智事业的协调发展。

（四）要认真做好2013年引进国外技术、管理人才项目计划的申报工作

2013年的引进国外技术、管理人才项目工作，要以实施"外专千人计划"和"高端外国专家项目"为突破，以引进国外高层次人才为重点，加大重点项目支持力度，减少常规项目数量，确保项目质量。各外国专家局和引智归口管理部门要按照《财政部关于编制2013年中央部门预算的通知》的要求和国家外国专家局下发的申报要求，结合本地区、本行业的实际工作需要，组织好2013年引进国外技术、管理人才项目计划的申报工作，并确保在2012年10月底之前按质、按量完成。这里需要强调的是，国家外国专家局已经决定，明年的"高端外国专家项目"将同其他类别的项目一起纳入正常程序，不再单独申报，请统筹考虑。

（五）要高度重视并认真做好成果的总结、宣传工作

各单位要按照国家外国专家局"三抓"部署和"抓成果"的具体要求，力争把"影响面宽、示范性强、推广性好"的引进国外技术和管理人才项目成果挖掘出来，用脍炙人口的文字、丰富多彩的方式把它的光彩和影响力展示出来。

（六）要积极开辟高层次外国专家合作渠道

退休专家组织是我们重要的合作渠道。但是，随着引智事业的发展，它们满足不了用人单位日益多样化的需求，同时，因其所在国援外政策的调整，导致这些机构派遣专家的数量逐年下降，专业领域也越来越窄。特别是在配合"高端外国专家项目"实施上，传统的专家组织更显得力不从心。对此，我们要进一步解放思想，积极应对。

各地外国专家局要高度重视外国专家渠道的开辟工作。一是要深化与传统专家组织的合作；二是要积极开拓新的合作渠道，重点是高层次专家渠道；三是要创新合作机制，在现有合作的基础上积极寻求高层次外国专家资源的多元化开发利用形式，探索符合国际惯例和市场规律的合作机制；四是要增加经费投入，积极探索多元化投入机制；五是积极探索渠道资源共享机制。

在国家引进国外智力成果示范推广基地工作会议上的讲话

国家外国专家局副局长　陆　明
(2012年9月10日)

这次会议是引智系统自1998年开始建立国家引进国外智力成果示范推广基地以来召开的第5次引智基地工作会议,是在党的十八大即将召开之际,在外专系统深入贯彻执行《国家引进国外智力"十二五"规划》、全面实施"外专千人计划"工作关键时期召开的一次重要会议。本次会议的任务是:总结近两年引智成果示范推广工作,交流经验,展示成果,并部署今明两年的任务。在此我谈两点意见。

一、近两年来引智基地建设的基本情况

引智基地建设始终围绕中心,服务大局,紧扣我国现代农业发展主题,以引智项目为推手。工作重点:一是保障国家粮食安全和农产品长期有效供给,巩固和提高农业综合生产能力;二是促进农业发展方式的转变,提高农业现代化水平,促进产业优化升级,提高土地产出率、资源利用率、劳动生产率;三是推广提高农产品附加值、延长农业产业链的节本增效技术,增加农业生产效益,促进农民收入持续、稳定提高;四是适应农村劳动力转移就业的趋势,提升农业生产经营水平,促进轻简化、集成化技术的推广,提高标准化科学种养水平;五是促进资源的可持续利用。

从1998年开始建立国家级引智基地至今,先后有170个单位获得命名。到2011年底,仍在有效期内的国家级引智基地共有89个。按地区划分:东部地区42个、中部地区15个、西部地区24个、东北地区8个;按专业品种划分:粮棉油基地25个、果树蔬菜花卉等园艺类基地17个、畜牧基地15个、水产基地8个、林业基地8个、设施农业技术基地6个以及土肥植保节水等其他专业基地10个。涉及全国37个省、自治区、直辖市、副省级城市和新疆生产建设兵团,农业部、国家林业局、解放军总后勤部、武警部队等行业部门和军队系统。这两年的工作至少以下几个方面可圈可点。

（一）以国家级基地为引导、省级基地为基础的引智基地工作体系得到进一步完善

各地根据自身区域优势和引智工作发展的需要，建立了数量不等的省级引智基地。据不完全统计，全国已设立省级（含副省级城市）引智基地接近600个，有的地方还建立了地市级、县区级基地。初步形成了以国家级基地为引导、以省级基地为基础，两级基地互为补充、辐射带动、共同发展的良好局面。

（二）完善措施，严格管理，基地质量和水平不断提高

按照"存量做优、增量做强"的原则，进一步提升引智基地的规范化管理水平。严格准入标准，认真执行《国家引进国外智力成果示范推广基地和国家引进国外智力示范单位管理办法》，严把专家咨询、答辩、考察各主要评审环节，保证入选单位的质量。完善退出机制，在5年内完成引智成果示范推广任务后，如无新任务，则基地命名以及相关责任和义务自行解除。不断完善年审制度，逐步健全中期评估和绩效评价机制。

（三）继续加大引智项目支持力度，增强引智基地的成果示范推广能力

2011年批准国家级引智基地申报的"农引推"项目75个，占全部支持项目的45%，资助金额占项目经费总额的43%；2012年批准国家级基地申报的引智示范推广项目78个，占全部支持项目的58%，资助金额比重达到60%。除此之外，对基地申报的其他引智项目，如引进外国专家项目、出国（境）培训项目等，也同样给予优先支持。通过实施引智项目，促进了基地自身发展，初步形成以项目带成果、以成果促基地、以基地聚人才的良性互动机制。

（四）充分发挥国家专项资金的引导作用，积极探索基地发展模式，拓展引智成果示范推广资金投入渠道。以国家专项资金为引导，带动多方投入，探索有效工作模式，采取多种手段扶持基地发展壮大

海南省外国专家局依托引智基地的技术优势，着力推动引智成果示范推广工作，摸索出一套以公司为龙头，公司与农户优势互补，利益共存，共同发展，促进农民快速致富的"公司＋农户＋订单＋小额信贷＋政府贴息"的引智成果示范推广帮扶模式，通过政府担保农户小额贷款，有效地解决了农民自我发展经济的启动资金问题。从2006年开始，福建省正式将引智成果示范推广经费列入年度预算，并出台了《福建省引进国（境）外智力成果示范单位管理办法》，为引智基地和示范单位的建设和长远发展提供了制度保障。甘肃省外国专家局积极争取相关部门支持，出台了《小额担保贷

款促进引智项目发展实施意见》，目的是以引智项目为依托，通过落实小额担保贷款，解决引智项目发展过程中的资金困难问题。小额贷款的对象是实施经国家外国专家局、甘肃省外国专家局批准的引智项目，且符合小额担保贷款条件的个人及劳动密集型小企业。

（五）开展国家级引智基地带头人的国内外培训，提高引领基地发展的能力

今年，在福建举办了东北及西部地区国家引进国外智力成果示范基地带头人培训班，来自东北和西部地区的32名基地带头人参加；启动了国家级引智基地带头人赴国外培训，来自相关基地的25位优秀骨干赴以色列参加专业培训。

（六）示范推广方式更趋灵活，引智成果受益面不断扩大

一是重点带动，整体推进。以基地为依托，采取展会、现场会、专项研讨等形式，重点示范推广应用前景好、示范带动大、适应区域广的引智成果。两年来，重点推广了云南陆稻、双低油菜等10多个成果，全国89个基地共推广引智成果200余项，取得可喜成绩。二是深入实施"二次引进"，促进引智成果跨地区推广。"二次引进"具有成本低、周期短、见效快的特点，是促进引智成果大面积、跨地区推广的有效形式。经过几年的努力，"二次引进"已经初具规模，形成了一套机制。三是深入开展智力拥军，提升军队农副产品的供给质量。自2000年以来，紧密围绕解放军和武警部队急需，从国家引智基地引进国外的优良品种和先进种植养殖技术，改善军队农副产品品种结构和质量，提高了农副业保障水平，并培养了军地两用人才。

（七）加强引智成果宣传力度，进一步扩大引智基地的影响力

2011年，我们不仅组织有关媒体对多家国家级引智基地进行宣传报道，还将成熟、实用、效益好的引智成果编辑成书出版。各地外国专家局也主动采取多种形式宣传引智成果，扩大基地的影响；积极借助各种平台展示、宣传引智成果和基地建设成就。

问题和不足：一是各地对引智成果示范推广工作重要性的理解和认识存在较大差距，引智成果转化、创新能力有待于进一步提高，引智成果共享机制尚需完善；二是基地布局还不够合理，建设发展水平参差不齐，区域发展优势尚未得到充分释放；三是基地人才队伍建设急需加强，业务培训力度亟待提高；四是与行业主管部门联系沟通机制有待进一步完善，基地建设资金投入机制尚不健全。

二、下一步的工作任务

（一）认真落实《国家引进国外智力"十二五"规划》，准确把握引智成果示范推广工作的目标任务

《国家引进国外智力"十二五"规划》明确指出，要把引智成果示范推广工作作为引智服务民生的结合点和切入点，加强示范推广体系建设。一是要积极培育引智成果。大力实施引智精品工程和重点项目，在事关国计民生的重点领域培育一批有重要影响的引智成果，广泛宣传，加强示范，大力推广。二是创新引智成果发现、评价和推广示范机制，探索建立引智成果与市场需求有效对接机制，完善成果交流体系建设，深化"二次引进"，推动全国范围内引智成果共享。在农业领域，精选100个优良引智成果，大力进行推广；在工业和服务业领域，精选100个有较大影响的品牌项目，加大支持力度。三是加强基地建设。坚持"存量做优、增量做强"的原则，以扩大引智成果受益面、促进引智成果产业化为目标，建设一批技术先进、消化吸收再创新能力强的引智基地和示范单位。加强对引智基地和示范单位的指导和管理，完善评审制度，健全退出机制，确保其先导性和示范作用。通过重点专家项目支持、重点推广经费保障、重点引智成果宣传等方式，做大做强一批有重大影响的品牌项目，重点建设50个高水平引智基地。着眼于推动企业成为技术创新主体和提高企业自主创新能力，以大型企业研发中心为依托，重点建立50个引智创新示范单位。四是完善与行业主管部门的沟通合作机制，积极争取行业主管部门的支持，紧密围绕行业发展的中心任务开展工作。

（二）大力推进引智成果共享体系建设

《国家中长期人才发展规划纲要（2010—2020）》提出，要制定"引进国外智力成果共享等办法"，中央人才工作领导小组将该项任务分解给国家外国专家局。接到任务后，国家外国专家局成立了由经济技术专家司牵头，局内相关部门参加组成的"引智成果共享课题组"，在广泛调研和向农业部、中国农科院、中国科学院等有关部门专家咨询的基础上，又在引智系统内展开了多轮广泛深入的研讨，于今年上半年完成了《关于推进引进国外智力成果共享体系建设的意见》的起草工作，拟上报中央人才工作领导小组。

今后一个时期，我们要以此为契机，推进引智成果共享体系建设。在建设中，要充分认识市场在引智成果推广方面的基础性作用，遵循市场利益分配机制。要充分发挥政府部门的宏观调控作用，制定有利于调动市场主体积极性，引导和鼓励项目单位示范推广引智成果的政策措施。要积极推进引智成果信息共享平台建设，拓宽信息交

流沟通渠道,鼓励国内各单位共享引智资源。要加强国家引智基地示范推广能力建设,进一步提高引智基地的辐射和带动能力。积极支持部队、老少边穷地区深入实施"二次引进"。

(三)鼓励引智成果推广资金投入方式的多元化

引智成果要转化为现实生产力,需要充足的资金,要以中央财政支持为引导,带动各方投入。我们将以"农引推"项目资助为导向,引导鼓励基地积极寻求多元化建设资金投入,为引智基地可持续发展提供连续有力的资金保证。这方面,许多省市外国专家局已经迈出了实质性步伐,希望更多的外国专家局结合自身优势和所在区域特点,探索出更多适合引智示范推广工作发展和基地建设的好方法和好经验。

(四)加强引智基地人才队伍建设,大力实施引智项目,不断提高引智基地示范推广能力

我们要在总结以往经验的基础上,针对基地建设发展特点,继续加大引智基地带头人的国内和国外培训力度。以骨干力量培养为重点,带动整体人员素质提高。同时,继续对现有引智基地(示范单位)申报的引进国外智力人才项目和出国培训项目继续予以倾斜支持,优先立项、优先安排引智经费,不断提高现有引智基地(示范单位)的科研和管理水平,使引智基地(示范单位)不仅要成为引进吸收国外智力进行再创新的研发高地和推动产业发展的中坚力量,还要成为培养高素质人才的中心。

党中央、国务院对引智工作提出了更高的要求,赋予了引智工作新的使命。做好示范推广工作,使更多的引智成果更好地应用于经济和社会发展,为全面实现建设小康社会奋斗目标作出应有的贡献,是我们每一个引智人义不容辞的责任。

在 2012 年国家软件与集成电路人才国际培训基地工作会议上的讲话

国家外国专家局副局长　陆　明

（2012 年 12 月 13 日）

在实施《国家引进国外智力"十二五"规划》的关键时期，在全面落实国务院《进一步鼓励软件产业和集成电路产业发展的若干政策》进入实质性阶段，特别是在贯彻党的十八大会议精神之际，来自国家软件与集成电路人才国际培训基地和相关部门、单位领导、专家学者们汇聚在美丽的成都，共商发展大计，可谓占尽天时地利人和。本次会议的主要任务是：认真贯彻党的十八大精神，总结过去两年的工作，共同谋划明后两年的发展建设。

一、两年来培训基地的工作

在过去的两年里，我们紧扣经济社会发展需要，以国家重大引智工程为依托，以培训基地师资建设、学科建设和资源建设为着力点，统一组织、科学管理、团结奋斗、攻坚克难，在制度建设、引智项目的组织实施和国外智力资源的开发等方面开展了一系列卓有成效的工作，取得了可喜的进展。

（一）围绕发展，紧扣需要，大力实施引智项目

近两年来，国家外国专家局根据各培训基地发展建设的需要，投入引智专项经费约 400 万元，共计支持海外专家 300 多人次来华讲学交流；先后派出 120 余名业务骨干赴美国、比利时等国接受短期或中长期培训。同时，国家外国专家局还在条件成熟的培训基地开展了"软件与集成电路创新团队引进计划"试点工作，先期投入 100 万元用于引进海外创新团队。

（二）多方并举，广开渠道，积极开发海外智力资源

我们主动与世界发达国家和地区的政府、非政府机构加强在科技、教育和人才领域的合作，积极开辟国际交流合作渠道。先后与匈牙利国家创新局、比利时科技部、芬兰国家技术创新投资局等政府机构，与 IEEE、美国英语协会、日本及中国香港、澳门、台湾地区的民间专业机构，以及一些世界著名企业、国际一流大学等建立

了新的合作关系，拓展了合作内容。

（三）积极进取，主动参与，多途径构建合作交流平台

组织培训基地参加中国国际人才交流大会，成功举办了国家软件与集成电路人才国际培训基地与港澳台机构对接会，与来自中国香港、澳门和台湾地区的17家机构进行了面对面的交流和接洽；中国国际人才交流基金会邀请来自美国、比利时、新加坡的著名专家学者参加集成电路技术与人才培养高级培训班；支持西安基地主办中美软件技术发展研讨会；配合国家发改委、工业和信息化部等主管部门联合主办了两届软件国际博览会；与中国软件行业协会以及其他知名IT企业合作，举办物联网、软件工程教育、服务外包等专题研讨和培训。

（四）加强管理，完善措施，科学有序地推动培训基地建设

一是聘请国内软件与集成电路领域的资深专家，组建培训基地建设与发展指导委员会，为培训基地制订发展规划和开展科学评价等提供咨询指导。二是继续完善管委会成员结构和工作职责，除原各培训基地的主要负责同志外，还吸纳了国家外国专家局相关司室分管领导和培训基地所在省市的外国专家局分管领导充实进入管委会。进一步明确了管委会在引智项目组织实施、引智资源拓展、项目评估和绩效评价等方面的职责。三是为了更好地适应培训基地建设发展的需要，使管理更加科学、服务更加高效，重新修订了《国家软件与集成电路人才国际培训基地管理办法》。

（五）解放思想，勇于探索，国际化人才培养能力得到提高

近两年来，各个培训基地结合自身特点和发展需要，大胆实践新的引智方式，主动开展灵活多样的国际合作交流，不断探索和创新适合产业发展需要的国际化人才培养方法和模式，进一步提升了国际化水平，复合型实用型人才培养能力得到加强，努力营造出适合创新型人才成长的良好生态环境。

如，成都基地不断深化与爱尔兰、荷兰等国家高校在国家公派研究生、"本硕博"联合培养、学生交换等方面的合作，建立国际国内双导师制度，联合培养学生；北大基地坚持按照国际化办学的思路，在全球范围聘任系主任和教师，积极引进国际先进教学理念、课程体系、师资力量和优秀教材；沈阳基地通过面向国际化人才培养的课程体系建设与教学模式研究，创办软件工程国际班，通过引进国外知名专家来基地授课和选拔业绩突出的中青年学术骨干出国深造，实现本土化与国际化相结合，形成新的教学模式；杭州基地通过多年实践积累，形成了以国际学术专题讲座、出国培训、引进课程体系和教材等相结合的国际化师资培训体系；西安基地通过实施"国家软件与集成电路引智创新

团队计划",引进高端国际创新团队,加入国际研究合作联盟,开展博士研究生联合培养,同时也取得了一些高水平研究成果;大连理工基地紧密围绕集成电路发展需要,积极借鉴国际集成电路领域的先进技术和理念,加强培训教学体系建设;长沙基地通过引进国内外企业界软件专家,构建国际人才服务联盟,建立了与国际高校和企业之间的双向交流长效机制,形成了一支复合型人才培养队伍;厦门基地通过实施"高校与企业结合、国内与国外结合、专业技术与文化培养结合"的三结合 CHECK-IT 项目,为引进国外智力促进国际化人才培养提供了一种全新模式;昆明基地配合云南省"两强一堡"的建设、经济结构的调整、信息产业的发展以及昆明市建立服务外包基地城市的目标,积极培养人才。

又如南昌基地"外语+软件技术+职业素养+项目实战"的人才培训模式;上海基地的暑期国际短期集中培训班;大连交大基地针对金融、物流以及数字媒体等领域开展的"五年制双专业"教学;济南基地的"低中高三级软件架构师培养体系";南京基地的"学校、政府、开发区"合作共建培训方式;武汉基地的"高校IT专业'助推计划'"等,都体现出鲜明的办学特点,都是主动开展国际合作交流,创新引智方式的有益尝试。

同志们,在总结成绩的同时,更应该清醒地看到,我们在培训基地运行管理、组织实施引智项目、人才培养的针对性和实用性、培训基地之间横向联合及资源共享等方面,距离"办好国家软件和集成电路人才国际培训基地"的要求还有一定差距,还需要我们大家通过更加努力的工作加以补足。

二、深刻领会党的十八大精神

信息技术已经成为影响世界经济和社会发展进步的重要因素。而软件与集成电路的研制水平和产业化能力在信息化发展中又起着关键的基础性作用。同其他行业一样,人才也是决定软件与集成电路技术和产业发展水平的关键因素。要想缩短我国软件和集成电路研发与世界先进水平之间的差距,关键要靠自主培养人才,特别是软件和集成电路领域中真正有创新能力的人才。但是,单纯靠我们目前的教育方法还很难满足这一需要。这就给引智工作留出了巨大的发展空间。党中央、国务院对引智支持软件与集成电路产业发展提出了明确的要求。从2000年起,国家外国专家局在设立"软件与集成电路引智专项",支持院校、研究单位和企业高端专业人员出国(境)进修和聘请外国专家来华工作的同时,立足国际化人才的长远需求,依托高等院校建立起15个软件和集成电路人才国际培训基地。培训基地在相关政策支持下,在引进国际化教育模式和课程体系,与国际知名大学、企业及研究院所合作等方面进行了有益探索和尝试，成绩斐然。

党的十八大把信息化在国民经济和社会发展中的作用提升到新的高度，同时也对信息化建设提出了更高要求，这意味着信息技术产业新的飞跃发展时期的到来。作为信息化和产业发展的基础和关键，软件与集成电路的作用和影响将更加凸显，对专业人才需求将更加旺盛，对人才的质量要求会更高。我们要深刻领会党的十八大精神，解放思想，凝聚力量，按照科学发展观的要求大胆实践、勇于探索，努力完成国家交给我们"办好国家软件和集成电路人才国际培训基地"的光荣任务。

三、求真务实，筹划好明后两年的工作

《国家引进国外智力"十二五"规划》强调，要在"十二五"期间"重点建设5个国家软件和集成电路人才国际培训基地，鼓励引进高端人才和团队，通过出国培训、国际联合研究与办学等方式开展国际合作，将培训基地建设成为国家信息产业发展的人才高地"。

在今后一段时间内，培训基地工作要认真学习宣传贯彻党的十八大精神，进一步解放思想，团结奋进，求真务实，勇于实践，按照"抓管理、抓重点、抓成果"的要求，做好各项工作。

第一，国家外国专家局将继续加大对基地建设的投入，按照《国家引进国外智力"十二五"规划》提出的要求和目标，加强指导，积极落实相关政策措施。通过"外专千人计划"、"高端外国专家项目"、"软件与集成电路引智专项"、"高等学校学科创新引智计划"等项目平台，着重在海外高端人才和团队引进、专业骨干出国（境）培训等方面给予更多倾斜；引导更多的国外智力资源（包括专家资源和优质培训资源）为培训基地开展国际合作，提高教学、研发、管理水平服务；进一步解放思想，鼓励培训基地积极探索、创新国际联合研究与办学的体制机制。

第二，各培训基地所在省市外国专家局要主动投入到培训基地建设和管理中来，认真履行职责，结合本地特点和需要，积极调动各方资源为培训基地发展服务。要将培训基地的引智项目申报、执行和评估纳入日常项目管理之中，加强指导，并根据培训基地特点和需求，创新管理模式和服务方式。特别需要强调的是，将来基地项目的申报，是通过地方外国专家局向国家外国专家局进行申报。

第三，要进一步加强和完善专家咨询工作，创新工作模式，健全工作机制，切实发挥专家在培训基地发展规划、学科建设、办学模式以及成果评价等方面的咨询指导作用。去年成立了培训基地建设与发展指导委员会，召开会议，听取了各个指导专家对培训基地发展方向的意见，之后我们对

培训基地工作做了进一步的完善。

第四，要加强培训基地管理委员会的工作，进一步完善人员组成结构和运行机制，明确责任，加强沟通，凝聚力量，认真履行职责，切实在引智项目组织、实施以及评估等方面负起监督指导的责任。中国国际人才交流基金会要认真履行政府委托职责，在培训基地与政府、社会、海外以及基地之间，发挥纽带作用，主动做好日常管理服务、组织协调、联络沟通等方面的工作。过去的十多年中，基金会做了大量的工作，与各个培训基地建立了良好的关系，在培训基地项目实施和落实中发挥了重要作用。

第五，进一步完善管理，建立健全引智成果发现评价机制、海外智力资源评估机制，积极探索实现培训基地之间海外智力资源和优秀引智成果共享方法和实现途径，规范引智项目绩效考评办法。

第六，目前，各培训基地信息统计不规范、不统一，不利于分析。因此，要建立培训基地信息数据统计和情况通报制度。各培训基地之间要加强信息沟通。

在2012年中国政府"友谊奖"工作座谈会上的讲话（摘要）

国家外国专家局副局长　刘延国
（2012年3月13日）

一、外国专家表彰工作任重道远

（一）"友谊奖"工作使命光荣

向优秀外国专家颁发"友谊奖"活动起源于20世纪50年代。当时中央政府主要向来华工作的前苏联专家授予"友谊纪念章"和周恩来总理签名的中华人民共和国"感谢状"，这种方式对于调动外国专家工作积极性、增进与外国专家间友谊起到了很好作用。1956年国务院先后发布《国务院关于发给苏联专家"中苏友谊章"范围的通知》和《国务院秘书厅关于发给外国专家感谢状问题的通知》，1959年国务院制定了《关于发给苏联专家感谢信、感谢状和纪念章的办法》。这一系列文件标志着我国对外国专家激励机制的初步建立。

1985年中共中央引进国外智力领导小组办公室和国务院办公厅外国专家局开始恢复中断多年的对外国专家表彰工作。1990年国家外国专家局印发了《对外国专家奖励办法》。1991年经国务院领导同意，正式恢复设立"友谊奖"，国家外国专家局印发了《关于设立"友谊奖"的暂行规定》。这两个文件的印发，促进了外国专家表彰激励工作的全面恢复和蓬勃发展。去年，按照中共中央办公厅、国务院办公厅《关于印发〈评比达标表彰活动管理办法（试行）〉的通知》（中办发〔2010〕33号）的要求，经国家外国专家局与中央有关部门协调，同意中国政府"友谊奖"为常设表彰奖励项目，确立了"友谊奖"作为中国政府奖项的重要地位。

（二）"友谊奖"工作责任重大

"友谊奖"是中国政府授予来华工作外国专家的最高奖项，用以表彰为中国经济建设和社会发展作出突出贡献的优秀外国专家。党中央、国务院对此项工作一直十分重视。每年国庆节前夕，我们邀请获奖外国专家及配偶来到北京，由国家领导人亲自为他们颁奖；国务院总理在人民大会堂亲切接见并邀请他们参加国庆招待会。截至去年，已经有来自66个国家和地区的1199名外国专家获此殊荣。为不断提高"友谊奖"知名度和权威性，多年来我们一直本着宁缺毋滥的原则，将高质量和公正性放在评审工作的首位，坚持原则、实事求是、从严掌握。在评审中，我们坚持以专家事迹和所作贡献为主要考量内容，在此基础上，兼顾国别、行业、部门及地区间的平衡；不仅注重候选外国专家学术水平、所创造的经济价值，也重视他们的奉献精神和工作的社会效益，特别是对中国、对中国人民的深厚感情。往年获奖者中，有相当一部分是在我国贫困地区克服各种困难，无私奉献的国际友人和外国专家。今后我们仍要坚持这个做法，对他们的事迹予以充分肯定和表彰。

（三）"友谊奖"工作意义深远

"友谊奖"作为我国引智工作的一项激励性和导向性政策措施，不仅是我国吸引、凝聚和用好国外高层次人才的有效手段，也是进一步与国际社会建立信任、加深友谊的有效方式。"友谊奖"评选等一系列活动的开展，加深了我们与外国专家的友谊，吸引了更多外国专家参与到中国的改革开放和现代化建设进程中来，促进了中国与世界各国的交流与合作。在新形势下，我们更要把"友谊奖"工作提高到深入贯彻科学发展观，落实中央人才工作重大战略部署，推动引智工作全面发展的高度来认识和实施。要进一步提高"友谊奖"评选的公开性、公平性和科学性，使之为开发海外高层次人才资源发挥更大的作用。

（四）各地外国专家表彰工作逐渐规范

据不完全统计，目前已有三十多个省、市、自治区参照中国政府"友谊奖"的评选办法和程序，结合各自的情况及特点设立了地方奖项。这样做既可以充分调动外国专家的积极性，又能够为申报中国政府"友谊奖"提供人选储备；更为重要的是有利于争取地方各级政府和专家聘请单位对引智工作给予更多的支持和关注。在接下来的发言讨论中，希望各位代表就各自地区开展外国专家表彰工作所取得的成绩、存在的困难，以及今后地方表彰工作、中国政府"友谊奖"工作建议提出意见和建议。

二、关于今年的中国政府"友谊奖"工作

去年底，国务院批复了《国家引进国外智力"十二五"规划》。今年是全面实施这一规划的关键之年。下面，按照全国引智工作会议的部署及要求，我就今年中国政府"友谊奖"工作提出以下几点要求：

（一）高度重视，明确责任

"友谊奖"评选是一项涉及面广、

政策性强、影响力大的工作，各单位必须高度重视，及时向省、区、市主要领导汇报，明确责任主体，制订工作计划，确定专人负责和联系，严格遵守规定程序。申报工作是整个"友谊奖"工作的基础。各单位要积极做好申报过程中的协调工作，紧紧依靠各级专家管理部门和专家聘用单位，以及各级政府部门，抓好调查、推荐、论证、审批、上报等各个环节的工作。各单位应深入调研，全面掌握本地区、本部门的外国专家情况，既要做好动员，又要严格把关。

（二）注重效率，保证进度

为了保证后续工作的顺利进行，各单位在申报工作中要增强紧迫感，抓好工作进度。今年"友谊奖"的申报截止日期是5月11日。这个日期是根据"友谊奖"后续工作所需时间倒推确定的，希望有关单位要顾全大局，除了发生不可抗拒的原因外，一定要在规定时间内完成申报。同时，要根据以往可能出现的问题（如有关领导出差出国无法签字等情况）提前研究解决办法。

（三）设定标准，科学评审

1991年，国家外国专家局印发《关于设立"友谊奖"的暂行规定》（外专发〔1991〕122号），明确规定了"友谊奖"评审标准。但每年都会根据具体情况对这一评审标准做一些完善。下面我提出几条今年的评审标准，供各位代表参考：

（1）为我国当前重大发展战略和中心工作作出重要贡献的外国专家应重点考虑；包括在农村经济发展、转变经济增长方式、促进区域协调发展、加强资源节约和环境保护、改善民生，以及在引进海外高层次人才和紧缺人才等方面作出重要贡献的外国专家。

（2）长期对中国友好，并作出重要贡献的高层次专家应重点考虑。

（3）长期在艰苦环境下无私奉献，并作出积极贡献的外国专家应重点考虑。

（4）在我国发生重大突发性事件时提供帮助并做出重要贡献的外国专家应重点考虑。

（5）"外专千人计划"入选专家重点考虑。去年，中组部、人力资源和社会保障部和国家外国专家局联合印发了《"千人计划"高层次外国专家项目工作细则》，按照中央人才工作协调小组的统一部署，由国家外国专家局牵头组织实施，利用10年左右的时间，引进500～1000名高层次外国专家，每年引进50～100名。"外专千人计划"的入选专家可以不受"曾获省部级奖项"的限制，并优先推荐。

（四）文字简洁，内容翔实

务必高度重视申报材料的质量，各单位要严格把关，按照申报通知的要求，仔细核对专家中英文姓名等个人资料，认真核实专家事迹内容，做到材料翔实可靠，文字简洁通顺，同时尽量回避使用英文缩写和英文单词，如确有需要，应注明中文意义并力求准确。

三、做好重点外国专家队伍建设工作

（一）外国专家队伍的发展沿革

20世纪30年代开始，爱泼斯坦、路易·艾黎、傅莱、马海德、伊莎白、沙博里等一批国际友人不远万里来到中国，投身到中国人民的解放事业之中，和中国人民同甘苦共命运，发挥了积极和非常重要的作用。他们不仅以自己的专业才能奉献中国的革命和建设事业，还在我们党和国家与世界的交往中发挥了独特作用，并始终关注着中国的发展。在中国革命、建设和改革的不同历史时期，他们做出了不可磨灭的重要贡献，是中国人民爱戴和信赖的老朋友。1980年至1984年间，国务院先后授予建国前后来华工作的35位外国专家以"外国老专家"称号，享受特殊的政治和生活待遇。如今，半个多世纪过去了，他们大多已到耄耋之年，有的已经与世长辞。目前，我们服务的外国老专家及遗孀共有16人，由于部分老专家健康状况欠佳，已不便参加有关活动。如何保持外国老专家队伍的规模和活力，是当前面临的现实课题。

新中国成立特别是改革开放以来，我国引进国外智力事业取得长足进展，成就辉煌。据统计，境外来大陆工作的专家从20世纪80年代末每年不足万人次，增加到2011年的46万人次。1199名中国政府"友谊奖"获得者，是这些来华工作外国专家的优秀代表，是需要重点倚重的外国专家队伍。近几年，我们加强了与"友谊奖"获奖专家的联系，除了每年国庆前夕在京举办高规格的颁奖活动外，还在每年夏季为在华的历年获奖专家组织集体休假联谊活动，以增进他们对我国经济社会发展的了解，丰富他们的社会生活，加深与他们的感情交流。此外，我们还有选择地安排一些"友谊奖"获奖专家参加春节前夕中央领导会见活动，以此陆续充实外国老专家队伍。

（二）重点外国专家队伍建设的意义

当今世界正处在大发展大变革大调整时期，世界多极化、经济全球化深入发展，科技进步日新月异，全球思想文化交流交融交锋呈现新特点。世界范围的综合国力竞争，包括软实力之争，归根到底是人才和智力资源的竞争。谁能够源源不断地吸引和凝聚全球优秀人才和智力，谁就能够掌握实现发展目标的第一资源。因此，在持续加大引进国外智力的同时，有效整合已有的外国专家资源，团结和凝聚一批政治上可以信任、贡献突出、享有声望的重点外国专家队伍，具有十分重要的战略意义。建立重点外国专家队伍，一是挖掘资源、打造智库

的战略举措，通过汇聚一批在国际科技前沿和产业发展高端的领军人物，依靠他们的聪明才智和独到见解，为党和国家决策提供有力的智力支持；二是以才引才、延揽资源的重要手段，重点外国专家是各领域水平较高、声望较大、人脉关系广泛的一批人，可以发挥他们的带动作用，引进利用更多的高层次人才，产生良好的扩散效应；三是开展公共外交的有生力量，掌握一批重点外国专家，有利于我们在对外开放中更好地与国际社会交往互动，能够展示国家良好形象，推动形成客观友善、于我有利的国际舆论环境。

重点外国专家队伍是引智工作的软实力，党和国家历来高度重视。温家宝总理上任以来，和历届总理一样，每年春节都与外国专家见面，一再表明中国政府扩大开放和加强引智的决心。今年1月12日，温家宝总理在与外国专家座谈时，对如何进一步发挥外国专家作用作了重要指示。遵照这一指示，国家外国专家局从今年2月起，每月向国务院报送1期《外国专家建议》。前段时间，国家外国专家局分别在云南、山东、上海等地召开外国专家座谈会，就党和政府关心的热点问题听取外国专家的意见。我们还通过电子邮件等形式，与更多的外国专家保持着密切的联系。

新形势新任务要求我们建立健全选拔、使用、激励机制，凝聚并造就一支规模较大、结构合理、良性循环的重点外国专家队伍。

（三）重点外国专家队伍建设的思路

新时期重点外国专家队伍的建设，要体现"服务发展、以用为本、创新体制、高端引领"的原则。"服务发展"就是根据引智服务大局的宗旨不断完善重点外国专家队伍建设；"以用为本"就是以充分发挥重点外国专家的作用为根本，突出实效；"创新体制"就是与时俱进，使重点外国专家队伍符合我国社会主义市场经济特点，在管理服务上赋予新的内容；"高端引领"就是保证重点外国专家队伍的整体和个体水平的较高层次。

按照这些原则，国家外国专家局对建立重点外国专家队伍的初步考虑是：人选基本条件是对华友好、贡献突出，重点考虑活跃在相关领域国际科技前沿和产业发展高端的高层次人才，大致范围是中国政府"友谊奖"获得者、"外专千人计划"入选者以及省部级外国专家奖项获得者。同时，在国别、领域等方面把握一定的平衡。由专家聘用单位推荐后，国家外国专家局将组织相关部门组成评审委员会进行评审。在管理方面，按照"老人老办法、新人新机制"的原则，实行动态管理，即做到有进有出、不断更新，保持队伍整体素质的优化，重点是建立以业绩考核、项目立项和成果备案为主要内容的管理制度，形成吐故纳新的良性循环。同时建立重点专家决策咨询服务体系,做到充分信任、放手使用,通过顾问、咨询等形式,让他们有机会领衔或参与国家重大科研和工程项目,最大限度地发挥智囊作用。在服务方面,建立联系机制,通过发放聘书、定期座谈、专题研讨等方式,密切同重点外国专家的联系。针对专家的不同需求,帮助他们获得良好的工作和生活条件,侧重给予政治、荣誉方面的待遇,比如参加国家外国专家局组织的专家休假、参观考察和领导会见等。

重点外国专家队伍建设涉及方方面面,是一个系统工程,需要各地区、各部门共同参与、齐抓共管。在这里,我提两点要求:一是希望大家围绕重点外国专家队伍建设,常提建议、多出主意,广泛论证,帮助我们加速出台相关政策;二是希望大家加强与优秀外国专家的联系,为建立国家层面的重点外国专家队伍提供资源。

在中国国际人才市场 2012 年工作会议上的讲话

国家外国专家局副局长　刘延国
（2012 年 6 月 8 日）

同志们：

中国国际人才市场 2012 年工作会议今天在历史文化名城曲阜召开。在此，我谨代表国家外国专家局向各位代表表示热烈欢迎，同时，向山东省人力资源和社会保障厅、山东省外国专家局、济宁市人力资源和社会保障局、曲阜市人力资源和社会保障局以及中国国际人才市场曲阜市场为此次会议的召开给予的关心和支持，表示诚挚的感谢！

这次中国国际人才市场工作会议的主要任务是：贯彻落实全国引进国外智力工作会议精神和《国家引进国外智力"十二五"规划》要求；研讨实施《中国国际人才市场管理办法（试行）》，征求《中国国际人才市场管理办法（试行）实施细则》的意见和建议；交流地方市场工作经验和总市场介绍新开发项目资源等。下面我讲几点意见。

一、中国国际人才市场建设稳步发展

过去一年，在国家外国专家局的指导下，在中国国际人才交流协会和有关省市外国专家局的关心下，中国国际人才市场总市场和地方市场的建设与发展取得了成效，主要体现在以下几个方面：

一是规范市场运行机制。调研、起草和呈报《中国国际人才市场管理办法（试行）》。今年，国家外国专家局批准实施《中国国际人才市场管理办法（试行）》，为加强国际人才市场的管理奠定了基础。

二是举办中国国际人才市场项目交流会，促进了总市场与地方市场合作交流，从而为实现资源共享初步迈出了积极的步伐。如曲阜、大连等地方市场经过加强与中国国际人才市场在 TIP、SMEI、中外语言文化交流等项目方面的合作，取得了较好成效，为今后进一步加强总市场与地方市场的合作，实现资源共享积累了经验。

三是注重中国国际人才市场地方市场的建设。根据盐城市政府和江苏省外国专家局的提议，通过实地考察，经国家外国专家局批准，"中国国际人才市场江苏沿海市场"正式成立。此外，还为无锡市场正式挂牌。

四是开辟了国际营销与市场职业资质认证培训考试、剑桥TKT培训考试、世界五百强宝洁公司人事代理和香港职业训练局大陆独家招生代理等新项目，不断拓展发展空间。

五是组织国际人才市场建设与发展方面的出国培训。为学习、借鉴国外人力资源管理和猎头公司的运作理念、模式和方法，促进中国国际人才市场的体系建设，在国家外国专家局的大力支持下，中国国际人才交流协会专门选派了国家相关部门和有关省市、地方国际人才市场的负责同志赴美国培训。此外，为促进中国国际人才市场业务建设，还专门选派负责TIP项目的人员赴美国培训。他们回国后，为国际人才市场的业务建设与发展发挥了积极作用。

差距和不足是：总市场与地方市场的交流合作还不够紧密；一些地方市场没有经营载体；少数地方市场挂牌后根本不开展国际人才业务；特别是，在发挥定价功能、信息发布功能、信息交流功能等方面还有许多工作要做，在横向合作、纵向合作、形成网络优势、整体优势方面还有待加强，等等。

二、抓住机遇，开拓进取，做好国际人才市场工作

《国家引进国外智力"十二五"规划》提出，"推进人才服务国际化，拓展和完善国外人才测评、培训、咨询等市场服务功能，建立统一开放的国际人才资源服务平台"，将是"十二五"时期的主要工作任务。国家外国专家局把中国国际人才市场的建设与发展列入2012年工作要点，给予高度重视。国家外国专家局局长张建国在今年的全国引进国外智力工作会议报告中指出："加强国际人才市场服务体系建设，规范市场运行机制，发展专业性、行业性、区域性人才服务市场，优化地方分市场布局，加强资源共享，加快建设统一、开放、规范的国际人才市场体系。"我们要根据国家外国专家局的工作部署，抓住机遇，开拓进取，特别做好以下几方面的工作：

（一）加强管理，落实《中国国际人才市场管理办法（试行）》

今年3月，国家外国专家局批准实施《中国国际人才市场管理办法（试行）》，我们还要制定相关的实施细则，切实把国际人才市场的管理落实到实处。一是规范中国国际人才市场的运行机制、完善市场服务功能、推进市场体系建设，促进中国国际人才市场法制化建设，建立统一、开放的国际人力资源服务平台。二是明确地方市场与国家外国专家局、中国国际人才交流协会和总市场的关系，做到职责清晰，管理有据可依，工作有章可循。三是强调中国国际人才市场统筹规划、统一品牌和服务标准。四是实行地方市场准入与退出机制。根据《中国国际人才市场管理办法（试行）》

规定,对地方市场实行动态管理,对做得好的要进行表彰,对不遵守规定或违背规定的,要按提示、亮黄牌、限期整改、亮红牌直至停止其资格的顺序处理。五是收费标准要符合国家和当地政府的有关规定。

(二) 突出重点,开拓进取

要以"外专千人计划"和"高端外国专家项目"的实施为契机,做好相关服务工作。目前,总市场和地方市场开展的主要业务是:引进国外专家、国际人才咨询服务、国际资质认证、人才测评、知识体系培训、人才中介、人力资源整体外包等。从长远看,中国国际人才市场的核心应是国际人才业务,包括国际人才的咨询、测评、培训、代理、派遣和中介服务。最终的发展目标是国际猎头。因此,总市场和地方市场在做好现有业务的同时,一定要加强其机构建设、从业人员培训,建立供需信息平台,培育国际人才市场的核心项目业务,使之成为名符其实的国际人才市场,切实为"外专千人计划"、"高端外国专家项目"和"地方海外人才引进计划"服务。

(三) 积极探索,务求实效

党的十八大将在今年下半年召开,做好当前和今后一个时期的工作十分重要,要切实把市场的各项工作做细致,做牢固,不能出现问题。不能因工作失误,给国家和地方经济造成损失,给社会带来不良影响。做好中国国际人才市场的建设与发展,取决于我们工作的推进力度,取决于我们的精神状态和工作作风。我们要研究国际国内经济形势对人才流动的影响,做到胸中有数。要把国际人才市场的发展与国家和地方经济的特点结合起来,把国际人才市场业务向行业化、专业化方向转化,在政策上、业务上要有前瞻性,做到未雨绸缪,才能立于不败之地。

在第2届中国人才发展论坛·海归、海外人才论坛上的演讲

国家外国专家局副局长　刘延国
（2012年6月16日）

《国家引进国外智力"十二五"规划》提出："营造吸引人才、留住人才、用好人才的良好环境，健全外国专家来华工作服务体系，认真落实外国专家在医疗、保险、子女入学等方面的保障措施，进一步完善外国专家意见和建议的工作机制。根据国外高层次人才的特点，加强个性化服务，为外国专家提供良好的工作环境。加强引智公共服务。"

国家外国专家局负责外国专家引进和服务管理工作，近年来，结合新的形势要求，在外籍人才引进环境建设方面做了一些很有意义的探讨。2010年，国家外国专家局国外人才信息研究中心在向外籍人才调查10个评价指标的基础上，与专业咨询公司和国内外专家合作，设计了4个一级指标和18个二级指标，形成中国城市引才引智综合环境评估指标体系。

中国城市引才引智综合环境评估指标体系

一级指标	二 级 指 标
政策环境	□海外人才权益保障的有效性
	□海外人才在华身份相关政策的合理性
	□海外人才引进及评聘政策的合理性
	□海外人才创业扶持政策的激励性
	□海外人才政策信息获取的便利性
政务环境	□海外人才相关机构配置的完整性
	□海外人才相关事务办理流程的合理性
	□海外人才对政务人员工作质量的满意度

续上表

一级指标	二级指标
工作环境	□海外人才对工作及创业环境的满意度
	□海外人才升迁发展机会的透明度及公平性
	□海外人才薪酬待遇的满意度
	□国际化氛围与多元文化的融合度
生活环境	□海外人才对人居自然环境的满意度
	□海外人才对城市发展规划的满意度
	□海外人才对医疗卫生环境的满意度
	□海外人才对子女教育环境的满意度
	□海外人才对社会公共文明的满意度
	□海外人才对城市包容性的满意度

这个评估体系反映了当前外籍人才对我国城市引才引智环境条件的主要关注点，也是我们在城市引才引智环境建设上需要加强重视的主要方面。下面以这一体系及评选结果为依据，谈几点思考和看法。

环境条件满意度反映了外国专家对引才引智综合环境的直接感受，也是对引才引智政策措施落实的评价。如何完善各项配套设施，创造更好的外国专家创新创业和工作生活环境是提升引才引智竞争力的关键。

一、法制建设是参与国际人才竞争的必备条件

在评估政策环境的5个二级指标里，外籍人才的权益、身份、评聘和扶持是最受关注的评估指标，突出体现了法制建设的重要性。《2011年中国城市引才引智综合环境评估调查报告》列举了我国自1985年起在国家和地方层面出台的一系列法规政策、体制创新试点项目，反映出我国在引才引智政策环境建设方面做出的积极努力。评估结果也显示，北京、上海、天津、深圳和广州等城市政策环境得分较高，其中上海在"海外人才引进评聘政策合理性"上得分最高，从一定程度上反映出，政策措施如何科学匹配外籍人才的需求非常重要。在当今国际人才竞争愈演愈烈的情况下，根据国家经济社会发展的需要，通过制定和完善法律法规，理性引进外籍人才，是形成人才竞争优势的关键。具体地说，我国当前加快技术移民法律的立法是保证人才竞争优势的客观要求。技术

移民法律是一个国家参与国际人才竞争的必备条件，它从法律上规范了一个国家对外籍人才的准入条件和给予外籍人才的权利义务保障，比政策具有更大的权威性和稳定性，也是技术移民选择去留的主要依据。国际人才竞争的实践也充分说明，一个国家如果不具备法律法规作为引进人才的基本环境保障，就难以实现对所需人才持续有效的引进。近年来，我国政府高度重视"技术移民法"的立法工作，责成国家外国专家局开展相关调研和论证，并已经取得阶段性成果。但应当强调的是，国际人才竞争形势迫切需要我们进一步加快技术移民法律的立法进程。一是加快论证和立法程序，优先把"技术移民法"列入人大的立法计划，切实贯彻《国家人才发展中长期规划纲要（2010—2020年）》关于"人才制度优先创新"的精神。二是加快"技术移民法"的立法基础工作。根据多数移民国家的成功做法，实施"技术移民法"需要有效的市场需求调查机制作为支撑；且需以雇主行业协会为主要载体、政府行政部门负责统计。我国地域辽阔、行业繁多、各地情况千差万别，建立这样的机制需要尽早启动，加快完善，为实施"技术移民法"提供保障。三是可以选择部分城市先行先试，为"技术移民法"的立法和实施提供参考依据。

二、服务效能是检验政务环境的重要指标

对外籍人才服务效能的提高是考量各项引才引智政策"落地"的重要标志，也是衡量政府部门公共服务质量的重要指标。根据《中国城市综合引才引智环境评估指标体系调查报告》，北京、上海、广州、天津、深圳在政务环境评比中排列前五。这些城市的外籍人才服务有较大优势，机构健全、程序规范、质量较高、经验比较丰富，这与城市的国际化程度较高相关。当前引才引智政务环境建设应当注重三个方面：一是注重提高政策执行力，切实把国家引才引智政策落实到位。做到这一点光有机构还不行，更重要的是需要培养一批掌握政策、熟悉外语、善于与外籍人才打交道的专门人才，依靠他们提高对外籍人才服务的效能。二是注重提高公共服务的创新能力。各地具体条件不尽相同，外籍人才的具体要求也不尽相同。引进外籍人才需要充分发挥当地优势，创新服务方式和服务项目，形成既能满足外籍人才的基本需求，又能体现地方优势、特色的服务环境。三是注重规范服务，保证政务环境的公开、公平、公正和效率。

三、选择工作环境主要看发展前景

决定外籍人才迁居的最重要因素是发展前景，包括个人事业（创业）发展前景、个人对工作环境的适宜程

度（雇方和同事的认可和重视程度）以及工作场所的多元文化氛围等。从评价指标体系和评比结果看，引进外籍人才一定要从实际需要出发，避免盲目追求数量和表面效果。外籍人才引进的主体是用人部门，所以，在人才引进中一定要尊重市场规律，让市场在人才配置中发挥主导作用。另外，用人部门一定要创造适于外籍人才工作的基本环境条件，特别要勇于改进那些不符合人才使用规律和不符合国际惯例的"习惯做法"。

四、生活环境的关键是人文要素

城市规划、生活起居、医疗条件、子女教育、文化娱乐、社会公共文明和城市文化的包容度等都是人居和人文环境的重要指标。因此，引进外籍人才在客观上也为城市建设提出了新的要求。也就是说，城市的建设和管理都应该向国际化方向迈进。

在2011年的评比中，中国城市生活环境成为外籍人才眼中的突出短板，不满意率为11.9%。这在一定程度上反映出城市建设的国际化程度还有待提高。外籍人才主要对医疗卫生、子女教育、自然生活环境等不甚满意。另外，对工作中遇到的官僚主义作风、科研体制机制弊端等抱怨也不少。综合起来看，与发达国家的国际化城市，特别是具有悠久移民传统的城市相比，我国城市在人居和人文环境上的确存在很多差异。

五、综合环境"东强西弱"值得关注

2011年引才引智综合环境10强城市的80%集中在东南沿海（北京、天津、上海、苏州、杭州、厦门、广州、深圳），中西部城市只有重庆、武汉入选。在入选城市中，北京和上海又以绝对优势占据前两位。以上结果与我国外籍专家分布情况基本相符。目前，外国专家高度集中在东部地区，据国家统计局和国家外国专家局的联合统计调查，2000年东部地区引进外国专家占比为85.6%，2009年达到87.3%。而在实际需求上，我国西部地区正在实现跨越式发展，急需大量高层次人才，也包括外籍人才。这种分布在一定程度上提示，在西部大开发过程中应当把国际化环境建设放在重要的战略位置，积极创造吸引和留住外籍人才的硬件和软件环境。一是在地区和城市规划的顶层设计上一定要把引才引智的国际化建设考虑在内，要有前瞻性，要舍得投入。二是可以因地制宜地开展试点，例如在一些科研机构、教育和大型企业，率先营造一个具有国际吸引力的小环境，然后再逐步形成具有当地特色的引才引智环境。三是进一步提高西部地区参与国际交流合作水平，加大对外交流和宣传的力度，增强西部地区国际知名度和吸引力。同时，要加快培养适应国际化要求的本地人才，提高政府和社会国际化服务的水平。

在国际猎头发展高峰报告会暨中国高端人才引进交流会上的致辞

国家外国专家局副局长 刘延国
（2012年6月18日）

女士们、先生们、同志们：

由中国国际人才市场与美国思路科技集团共同举办的国际猎头发展高峰报告会暨中国高端人才引进交流会，今天在这里隆重举行。我谨代表国家外国专家局表示热烈祝贺！向美国思路科技集团总裁柯思鸣先生等中外专家和参会代表表示诚挚的感谢和热烈欢迎！

当今世界科学技术发展突飞猛进，经济全球化趋势日益增强，人才竞争，特别是高层次人才竞争呈现全球化的趋势，并越来越激烈。因此，搭建国际人才中介机构的合作平台，建立国际人才市场服务体系，提高人才资源的合理流动和市场配置的必要性愈加凸显。中国要实现"十二五"规划目标，根本靠科技，关键在人才。《国家中长期人才发展规划纲要（2010—2020年）》提出要实行更加开放的人才政策。中国政府正在实施引进海外高层次人才的"千人计划"、引进非华裔外国专家项目的"外专千人计划"，各地区、各部门也结合实际组织实施了一系列海外人才引进计划，力求使经济发展更多依靠科技创新驱动。在这种新形势下，人才中介机构的发展空间将更加广阔。

国家外国专家局作为中国政府主管智力引进的职能部门，高度重视国外高层次人才的引进工作，十分重视人才公共服务体系建设。中国国际人才市场作为中国政府批准、中国国际人才交流协会主办的首家国家级国际人才机构，是国际人才交流和市场化运作的主力军。其主要任务就是与国外人才中介机构共同搭建高层次人才交流合作平台，充分发挥其在人才资源配置中的桥梁纽带作用；组织开展形式多样的合作交流活动，积极探索开辟中国高层次人才引进的渠道和途径，不断提高人才资源开发利用水平。我们要继续深化中外人才中介机构的交流与合作，鼓励和支持国内人才中介机构学习、借鉴国外管理经验、经营理念、运作模式和方法，以加快自身的国际化进程,从而为中国经济建设和社会发展提供更加坚实的人才保障。

预祝国际猎头发展高峰报告会暨中国高端人才引进交流会圆满成功!祝愿各位中外专家和各位参会代表身体健康、工作顺利、生活愉快!

谢谢大家!

在"两刊"、"两网"引智宣传工作会议上的讲话(摘要)

国家外国专家局副局长 刘延国
(2012年9月6日)

一、贯彻中央领导指示精神,发挥好引智宣传导向作用

中共中央政治局委员、中央书记处书记、中央组织部部长李源潮同志指出,中国的快速发展为外国专家来华创新、创业提供了机遇和舞台,世界上不只有"美国梦",中国也有一个大家可以追求的"梦"。他在2012年第1期《国际人才交流》杂志上发表了题为《中国也有一个可以追求的梦》的文章,进一步阐述了吸引世界各国专家来华创新创业的"中国梦"。这一理念的提出,实际上也对引智宣传工作提出了新的视角、新的启示和新的要求。

从延安时期开始的整个20世纪,外国专家来华主要是为帮助推动中国的革命和建设事业。与之相应的宣传工作也主要围绕他们在华所体现的无私奉献精神和国际主义精神展开。新时期以来,随着中国经济的腾飞和"科教兴国战略"、"人才强国战略"的提出,尤其是"千人计划"、"外专千人计划"等重大人才项目的实施,来华创新创业的高端外国专家越来越多。外国专家的来华目的已逐步转变为到中国寻求发展、追求事业梦想。

经济全球化趋势不可逆转,科技创新驱动经济发展,是当今世界经济发展的两个鲜明特点。这个发展潮流带动了人才全球流动,驱动着人才全球配置。中国作为蕴含着巨大发展潜力的最大发展中国家,创新驱动力日益强劲;特别是中央提出转变经济发展方式和调整产业结构的战略部署之后,中国向世界昭示着科技创新的巨大积极性和发展愿景。外国专家从为了"奉献中国"到追求"圆梦中国",这反映着中国综合国力的提升和创新环境的出现,折射出来华外国专家主流群体的观念变化。引智宣传工作应该准确、深刻地把握这一新的形势,进一步领会中央精神,在宣传引智成果和外国专家贡献的同时,突出合作创新和共享共赢,挖掘外国专家与我互惠双赢、实现价值的创新创业理念、

经验和事迹，为更多外籍人才圆梦中国创造良好的舆论环境。要把中国的引进智力放在创造国际合作新平台的高度去宣传，要让我们自己认识到，引才引智是对外开放、追赶先进、走向世界的必然要求；要让外籍人才认识到，中国是创新创业、大有可为的好地方。

二、加强公共外交意识，改进对外宣传方法，调动一切可以调动的积极因素

今年初，温家宝总理指示国家外国专家局承担协调有关部门、收集上报外国专家建议的工作。国务院副总理张德江提出了具体要求。按照国务院领导的要求，国家外国专家局启动了外国专家建议收集整理工作，并取得了较好的效果。有两点体会：

第一，引智宣传需要树立公共外交意识。过去，为推广引智经验和扩大引智影响，引智宣传注重外国专家事迹和成果报道，这是正确的，还应继续坚持下去。但是我们还应该重视另一个方面，即外国专家本身就是我们宣传工作的目标群体。引智宣传要特别注意研究他们的特点，了解他们的喜闻乐见和热衷偏好等，想方设法拉近与他们的距离。要从"传达"式改为"引导"式，从单向宣讲转变为双向互动，用他们乐于接受的方式介绍中国，介绍我们的引智政策。要把人才强国战略和更加开放的人才政策融会在与他们的对话、交流和娱乐当中，让他们切实感受到中国向世界学习的诚意，感受到中华民族包容多种文化的传统，这样才能逐步营造出良好的引才环境，切实发挥好引智宣传的作用。

第二，应当利用好外国专家的智慧和影响力。外国专家有两大特点：一是视野开阔。他们多数有着丰富的国际工作经历，见多识广，在对外传播的国际通行做法和经验方面有着比我们更多的知识，他们的意见在一定程度上可以弥补我们的一些不足。二是高层次外国专家在国际上知名度高，影响力大，他们对中国的理解与支持不仅可以影响其专业领域，甚至可以影响外国媒体、政府乃至政要，面对当今国际舆论对中国发展褒贬不一、众说纷纭的现状，属于西方知识阶层的外国专家现身说法，往往比我们的宣传解释更具说服力。

国家外国专家局正在尝试建立外国专家智库，以进一步发挥他们建言献策、对外宣传和开展公共外交的作用。各地也可以尝试建立以中国政府"友谊奖"获奖专家为基础的高层次外国专家智库团队，通过建立"外国专家建议信箱"、"外国专家咨询小组"等，请他们以各种方式为地方经济和社会发展建言献策。

三、创新宣传手段，加强跟踪调查，积极推动引智软环境建设

《国家引进国外智力"十二五"规划》提出，要"营造吸引人才、留住

人才、用好人才的良好环境。"这里所说的环境，包括硬件环境和软件环境，引智宣传在推动软环境建设方面可以发挥更加积极的作用。

在过去的一年中，全国引智系统充分利用报刊、电台、网络等现有传媒平台，利用展览、专题片、论坛、活动、图书画册、简报以及各种内部出版物等，开展了多种形式的宣传活动，对引智系统重大活动、重大成果以及重要专家进行了多角度的宣传报道。国家外国专家局加强了与中央主要新闻媒体合作，在《光明日报》开设引智专栏，组织中央媒体下基层采访典型，也收到了很好的宣传效果。《国际人才交流》杂志开展的"我与外教征文大赛"，吸引了上万人参赛。此外，全国各地的引智宣传也开展得有声有色、多姿多彩。

但应该承认，我们在创新创业软环境方面与发达国家仍然存在很大差距。2011年，《国际人才交流》杂志与专业咨询公司和国内外专家合作，开展了中国城市引才引智综合环境评估，设计了4个一级指标和18个二级指标。这一活动除了通过英文网站吸引外籍网民参与外，还通过各地外国专家局邀请了约1000名外籍人才参加评估、评选活动。这个活动一方面向外籍人才展示宣传了中国城市引智软环境发展状况；另一方面也发现了引智软环境建设中值得重视的一些现象。比如，引智综合环境呈现"东强西弱"态势。2011年引才引智综合环境十强城市的80%集中在东南沿海地区，中西部城市只有两个城市入选。这在一定程度上提示我们，在西部大开发过程中应当把国际化环境建设放在重要的战略位置。评估调查还显示，中国城市"生活环境"成为外籍人才眼中的突出短板，20个候选城市18个二级指标的最低分有一半落在"生活环境"满意度区间。一定程度上反映出我国国际化城市建设上的缺陷。外籍人才主要对医疗卫生条件、子女教育条件、自然环境等不甚满意。

引智宣传工作要不断创新，深入调研，真实地反映我国引智综合环境的变化；客观反馈在华外籍专家的生活、工作需求以及对软硬件环境的评价。要让政府部门、用人单位了解实际情况，增强软环境建设意识，增加软环境建设投入，这是形势发展对引智宣传工作的新要求。

四、加强应急机制建设，掌握引智宣传主动权

随着来华外国专家逐年增多，分布区域日益广泛，参与程度不断加深，矛盾纠纷和突发事件可能增多。外国专家是比较特殊的一个群体，把握好突发事件的新闻报道非常重要。我们需要加强新闻宣传的应急管理，加强制度建设，掌握新闻宣传和舆论传播主动权。要在处置纠纷和突发事件时做到熟悉情况、熟悉处理原则和处置程序，做好领导的参谋和助手。

今年，为健全完善重大突发事件

的新闻发布和舆论引导机制，国家外国专家局补充修订了《国家外国专家局突发事件应急工作预案》，旨在加强突发事件的媒体应对和舆论引导机制；此外，国家外国专家局教科文卫专家司编印了《外国文教专家管理案例选编及政策法规要点释义》一书，向引智系统宣传介绍有关政策法规以及涉及外国文教专家事件的处理方法，指导地方外国专家局和聘请单位依法妥善处理各类矛盾和事件，提高处理涉外突发性事件的能力。

五、深入推进"抓管理、抓重点、抓成果"，务实做好引智宣传

第一，各级引智部门一定要增强政治意识和大局意识，深刻领会中央精神，加强引智创新，调整宣传思路，主动和积极地营造良好的引智舆论环境，以优异成绩迎接党的十八大的胜利召开。

第二，引智宣传工作要紧密结合实施《国家引进国外智力"十二五"规划》和"外专千人计划"，加强有针对性的对外宣传，加强与高端外国专家的交流互动，积极促进国外优质智力资源开发与利用，推动引智软环境建设。外国专家是我们引智宣传的宝贵资源，我们一定要用好用足，充分发挥其独特的作用。

第三，要着力加强引智宣传能力建设。各级领导要重视引智宣传队伍建设、制度建设和创新发展，带头抓引智宣传。要完善管理制度，深入研究、认真梳理在引智宣传方面存在的问题，有计划、有步骤地积极探索、开拓创新。要突出重点，围绕国家重大人才工程、引智重点项目、重大成果、重要专家、重大政策，扎实有效地开展工作，进一步加强与中央和地方重要新闻媒体合作，同时，积极发挥国家外国专家局"两刊"、"两网"引智宣传主阵地作用，全力推动引智宣传工作上新的台阶。在抓管理、抓重点的基础上，抓出一批重大引智宣传成果。

第四编

国家外国专家局有关司室、事业单位领导的发言

在"两刊"、"两网"引智宣传工作会议上的总结发言

国家外国专家局政策法规司司长　韦大玮
（2012年9月6日）

本次会议对过去一年的引智宣传工作做了总结回顾，对下一个阶段的工作提出了要求。国家外国专家局副局长刘延国同志在会上分析了引智宣传工作面所临的机遇和挑战，中央对引智工作提出新的要求，需要我们调整宣传思路。我们要把握变化，发挥好引智宣传工作舆论导向作用。他对下一阶段引智宣传工作作出了部署，我们要认真落实。

国家外国专家局国外人才信息研究中心主任陈化北介绍了"两刊"、"两网"引智宣传的情况。"两刊"、"两网"一直是我国引智宣传的主阵地，在引智宣传过程中不断创新，产生了积极的影响。5位地方外国专家局代表分别介绍了引智宣传经验，值得兄弟省市借鉴。各地还有许多的经验和成果，由于时间关系无法在会上一一展示，大家可以把好的经验和做法写成书面材料，报送我们或发表在《专家工作通讯》和《国际人才交流》杂志上，供大家分享和学习、参考。

刚才，参会代表围绕引智软环境建设、开发利用外国专家外宣资源、自助网站平台建设等议题开展了研讨。各位发言代表提出了很多很好的建议和思路，我们回去后将认真研究，在制定明年的引智宣传工作计划时加以吸收。

希望大家根据刘延国同志讲话所提出的要求，扎实开展引智宣传工作。

第一，要将本次会议的精神带回去，及时向上级汇报，充分把握引智宣传新理念、新要求，认真加以贯彻落实。

第二，改进对外宣传方法，调动一切可以调动的积极因素，充分发挥外国专家在对外宣传中的渠道和智囊作用。"外国专家建议"工作，从国务院领导同志到国家外国专家局局党组都高度重视。我们认为这也是向外国专家宣传中国，通过外国专家向党中央、国务院领导宣传引智的一种重要方式，希望各地高度重视，积极发动外国专家参与建言献策活动，尝试建

立外国专家智库,进一步发挥外国专家在对外宣传和交流中的作用。

第三,创新宣传手段,加强跟踪调查,真实反映我国引智综合环境变化,反馈外籍专家在华生活、工作、需求以及对软硬件环境各类指标的满意度,配合《国家引进国外智力"十二五"规划》"中国城市引才引智综合环境评估"(外籍人才中国城市评选)工作,积极推动引智软环境建设。

第四,加强制度建设,做好应急预案。在互联网时代,引智机构随时可能因为一件小事或者突发事件,被推向舆论的风口浪尖。我们必须加强制度建设,做好应急预案,采取有效措施,掌握引智宣传以及舆论传播的主动权。

第五,结合《国家引进国外智力"十二五"规划》、"外专千人计划"的实施,围绕深入推进"抓管理、抓重点、抓成果"活动,务实开展引智宣传工作。国家外国专家局今年组织中央媒体下基层,取得了很好的效果,中央媒体乐意,聘请单位高兴。这一活动明年还将继续组织,希望各地外国专家局积极配合。各地要利用好"两刊"、"两网"引智宣传平台,扩大"两刊"、"两网"的传播范围,在建设外国专家精神家园、打造引智工作者学习园地方面要舍得投入。早投入,早受益;多投入,多受益。

在外国专家组织工作会议上的发言（摘要）

国家外国专家局经济技术专家司司长　袁旭东
（2012年12月7日）

一、关于2012年的工作

国家外国专家局要求专家组织在每年年底按照格式提交派遣专家工作的年度报告和项目清单。从2011年年底到2012年年初，德国退休专家组织（SES）、法国退休人员协会（ECTI）、奥地利退休专家俱乐部、乌克兰聚英股份有限公司、比利时高级专家组织、瑞典工程师协会、法国高级专家组织、以色列高级专家组织、荷兰高级专家组织、意大利退休专家组织和美国国际高级专家组织等先后报送了2011年度的项目工作报告或项目清单。现在又要到年底了，希望还未提交报告的组织能按照要求把今年派遣专家项目的清单和工作报告及时报送国家外国专家局。

据统计，SES和ECTI是2011年派遣专家最多的两个组织，派遣总数已接近上述全部外国专家组织的50%。这样成绩的取得离不开这两个专家组织里中国项目官员的支持，他们与相关地方的外国专家局和用人单位建立了良好的工作关系，通过有针对性的工作使派遣专家的规模得到逐步扩大。特别是SES，继2010年后，今年再次在德国组织了针对中国地方项目官员的工作研讨会。这种做法非常有益于加强基层项目单位与SES之间的了解，并有针对性地开展项目合作。希望其他组织也能加大工作力度，派遣更多的专家来华工作。

2011年已向部分专家组织颁发了第1批"外国专家来华服务证明"。专家们对这项工作普遍给予好评。今年，我们对"外国专家来华服务证明"作了进一步修改。在此次会议上，第2批"外国专家来华服务证明"将由国家外国专家局副局长陆明颁发给有关外国专家组织代表，并请大家将证明送达专家手中。

二、关于下一步工作的意见

1. 积极争取更多的外国专家来华工作

为支持专家组织的工作，国家外国专家局将对管理费和零用费标准进行调整。在与专家组织签订的协议中明确，如果项目执行成功，将支付项目管理费和专家零用费。近年来，国家外国专家局本着公平、合理的原则对管理费和零用费进行了调整，目前在与各专家组织的签订协议中确定的标准都是上次调整后的结果。从今年起，国家外国专家局将再次对管理费和零用费标准做出调整：零用费将统一调整为每天200元人民币，欧洲国家专家组织的管理费将调整为每个项目400欧元，其他国家的组织将调整为每个项目500美元。这个标准将自2013年起在国家外国专家局与专家组织续签协议时落实到位。加大高层次外国专家引进力度。国家外国专家局将针对不同专家组织的特点开展有针对性的工作，吸引更多的专家组织与我合作。外国专家组织是国家外国专家局对外人才交流的重要渠道，加强与专家组织的沟通与协调、支持专家组织向中国派遣更多更好的外国专家，是国家外国专家局对外国专家组织工作的宗旨。近年来，随着中国经济的快速发展，专家引进工作发生一些变化，对国家外国专家局现有的工作模式提出了新的挑战。从去年起，国家外国专家局组织实施了"外专千人计划"、"高层次外国专家项目"等，重点支持引进国外著名高校、科研院所担任相当教授职务的专家学者；国际知名企业或金融机构担任高级职务的专业技术人才和经营管理人才；拥有自主知识产权或掌握核心技术的创新、创业人才；中国急需紧缺的其他高层次外国专家。专家组织向用人单位派遣的专家层次较高，能够符合以上要求的，国家外国专家局将探索实行新的政策。目前正在与有关部门沟通与协商，抓紧制定有关措施。

2. 国家外国专家局将进一步加强包括网上洽谈系统等在内的平台建设，方便专家组织与用人单位的沟通与联系

一是将在网上洽谈系统中增加专家个人注册功能，允许有意向的专家本人登录系统，通过注册为某一个专家组织的会员来使用该系统与中方用人单位建立联系。

二是将增加网上互评功能，由专家组织和用人单位在项目结束后对对方的工作进行评价，并将评价结果作为对用人单位和专家组织分级的依据。对评价等级长期不好的单位和组织我们将考虑采取相应措施。

三是对网上洽谈系统中的需求表等功能进行优化，更好地满足用人单位和专家组织洽谈项目的需要。建议专家组织使用系统来收集项目需求，这样便于国家外国专家局掌握项目洽谈情况，也有利于对用人单位进行管理。

四是通过举办项目洽谈会、根据合作协议安排考察等方式，使外国专家组织更好地了解中方项目需求，扩大对华派遣专家的规模。

五是提高工作人员的业务能力和服务水平。

在全国外国文教专家管理工作会议上的发言

国家外国专家局教科文卫专家司司长　夏　兵
（2012 年 10 月 25 日）

本次外国文教专家管理工作会议的主要任务是总结过去一年的工作；明确思路，部署进一步加强外国文教专家管理工作的重点任务。

一、一年来的工作回顾

（一）建章立制，外国文教专家管理服务政策法规体系日趋完善

围绕外国文教专家聘请和管理中存在的热点、难点、重点问题，完善政策，建章立制，不断推动外国文教专家管理走向制度化、科学化、规范化。一年来，国家外国专家局发布了《外国文教专家聘用合同管理规定》，进一步加强了对聘请外国文教专家工作的规范管理；发布了《关于解决长期在华工作的外国专家配偶生活待遇问题的通知》，对专家配偶在住房、医疗和生活补贴等方面的待遇作出了规定。此外，还协助做好文教专家分类管理工作，积极推进相关管理办法的制定；积极参与《中华人民共和国出境入境管理法》、《关于为外籍高层次人才来华提供签证及居留便利有关问题的通知》、《外国人在中国永久居留享有相关待遇的办法》等法律和政策的研究制定工作。此外，《聘请外国文教专家资格单位年检工作规定》也在研究制定中。

值得一提的是，各地外国专家局也在完善有关政策法规方面做了大量工作，为依法依规开展外国专家管理工作奠定了基础。

（二）加强管理，外国文教专家聘请依法有序

在外国文教专家管理方面，国家外国专家局的行政许可职能主要有："聘请外国专家单位资格认可"、"介绍外国文教专家来华工作的境外组织资格认可"和"宗教院校聘用外籍专业人员资格认可"。

一年来所做的工作主要有：完善外国文教专家聘用合同管理制度，健全外国专家聘用争议解决机制，保障聘请单位和外国专家的合法权益，促

进外国文教专家和谐有序聘请；进一步规范境外专家组织资格认可工作程序，切实做好境外组织管理；继续加强对外国文教专家中介机构的管理。此外，还组织召开了外国文教专家中介机构管理工作座谈会，探讨了如何进一步规范中介机构等问题；及时指导并调解北京、河南、吉林等地3起外国文教专家聘请纠纷事件。

（三）提升服务，引进国外人才环境不断优化

国家外国专家局不断加大工作力度，健全机制，完善政策，加强服务，努力营造良好的引智环境。推动外国专家社会保险政策出台，建立外国专家社会保障机制，为长期在华工作的外国专家提供有力保障，解除他们的后顾之忧。积极推动有关部门出台签证便利和绿卡等出入境政策法规，进一步完善引进外籍高层次人才的优惠政策。贯彻落实温家宝总理年初在外国专家座谈会上提出的关于建立外国专家建言机制的指示精神，外国专家局迅速建立了外国专家建言的工作机制，将外国专家提出的建设性意见和建议及时报送国务院领导，进一步畅通了外国专家建言献策渠道，使引智工作效益最大化。组织重点外国专家休假活动，健全外国专家联谊机制。积极推荐优秀外国专家参评中国政府"友谊奖"，近年获奖文教专家比例不断提高，高层次、高水平专家越来越多，表彰的激励效应不断显现。举办第四期全国重点聘请外国文教专家资格单位外事处长交流培训班，为高校等聘请单位定期交流信息和经验，共同提升引智工作能力创造条件，提供服务。

各地外国专家局以服务外国专家和聘请单位为宗旨，推出不少新举措，不断提升服务水平，充分发挥外国专家的作用。越来越多的地方注重加强外国专家的日常管理，优化服务环境，在英文服务网站、英文刊物以及外国专家俱乐部建设等方面探索形成了一些模式。许多地方建立了特色活动联谊制度，定期组织外国专家活动。积极参与《国际人才交流》杂志等举办的"我与外教"征文活动。这些活动不仅丰富了专家业余文化生活，增进了感情，增加了联系方式，也帮助他们尽快融入当地的社会与文化。

（四）多措并举，文教专家管理工作能力建设得到加强

各级外国专家局采取各种有效措施，加强队伍建设，提升外国文教专家管理工作能力。政策法规学习是提高管理能力的基础。越来越多的地方重视和加强培训工作，定期举办外国文教专家管理培训班，提高聘请单位和基层外国专家局主管干部的业务素质和行政能力，取得了明显成效。不少外国专家局积极争取领导支持，机构和人员都得到了加强，一批素质高、责任心强、熟悉外国专家相关政策法规的干部进入专家管理队伍，为外国

文教专家管理工作扎实开展提供了有力保障。

国家外国专家局通过调研、座谈、培训，以及下发文件、信息通报等方式，加强了对地方的指导、激励和督促，推动各地积极主动抓好专家管理工作，提升管理工作能力。专门组织编写《外国文教专家管理案例选编》，发送各地外国专家局和聘请单位，帮助外专管理干部提高业务能力，指导他们依法妥善处理各类涉专矛盾和事件。多数地方外国专家局积极与我局沟通，报送各类信息，踊跃为两刊投稿，主动衔接工作，形成上下互动，共同推进工作的良好局面。

外国专家管理工作涉及众多部门，加强与有关部门的协调配合是做好专家管理工作的必然要求，也是重要经验。国家外国专家局教科文卫专家司主动加强与公安、外交、教育、人社等部门的沟通协调，争取他们的支持配合。各地外国专家局也主动加强与外事、公安、教育、宗教等部门沟通配合，在外国专家数据提供、应急管理、开展培训、资格年检、日常管理、违规通报、非法事件查处等方面建立了常态化的联系机制，建立起横向沟通、纵向衔接、联动监管的立体化管理网络。多部门的协调配合、齐抓共管，大大提升了我们的外国文教专家管理工作能力。

二、外国文教专家管理工作的形势和任务

（一）随着法律法规的逐步完善，外国专家依法管理的基础不断夯实，手段更加丰富

2013年7月1日实施的《中华人民共和国出境入境管理法》强化了外国人到中国工作的管理，也赋予了国家外国专家局更多职责。

（二）外国文教专家管理工作将面临更为艰巨的任务

中央赋予国家外国专家局牵头组织实施"外专千人计划"的重要任务。对此，我们要努力提升服务水平，加强环境建设。在这方面的任务将更加艰巨。

中等以下教育机构聘请资格认可职责全面下放后，随着专家聘请市场化深入发展，聘请规模不断扩大，特别是民办教育培训机构聘请外国专家需求快速增长，各种矛盾越来越多，管理难度也越来越大，外国文教专家管理工作能力的提升将面临更为艰巨的任务。

随着外国人管理工作面临的新情况、新问题不断出现，国家对外国人管理工作的要求也越来越高。中央有关部门已将外国人纳入到实有人口管理，全国人大常委会等对外国人管理问题予以高度关注，专门就如何加强外国人管理提出意见和建议。我们的

管理责任也就更重了,这些都迫切要求我们进一步加强专家管理工作队伍建设。

必须指出的是,我们的工作还有一些不到位的地方。如各地文教专家管理工作发展不平衡,政策落实不到位;一些地方重项目、轻管理的倾向比较突出,办事程序复杂,效率低下;外国专家信息平台建设和引进渠道开辟还难以满足社会日益增长的需求,等等。对此,需要进一步加以改进。

三、开创外国文教专家管理工作的新局面

外国文教专家管理将进入一个高端引领、不断优化、全面提升的新阶段。要使外国文教专家来华工作准入调控机制不断完善,来华工作的外国文教专家结构不断优化;要使外国文教专家服务工作的水平不断提升,引才环境日益改善,对高层次人才的吸引力和竞争力不断提高,来华工作的优秀人才数量快速增长,基本满足经济社会发展对人才的需求;要使外国文教专家管理工作不断加强,政策不断完善,机制不断健全,对聘请单位、中介机构和外国文教专家的管理水平不断提升,依法、有序、和谐、平安聘请外国文教专家的工作局面逐步形成;要使外国专家资源市场化配置步伐不断加快,各地国际人才市场培育和建设取得更大发展,为外国专家聘请和国际人才交流提供的服务不断深化,水平不断提升。

(一)加强政策研究,夯实专家管理工作基础

政策环境是吸引人才的关键因素,要高度重视政策研究工作。针对外国文教专家聘请和管理工作存在的突出问题,不断健全工作机制,完善政策法规,指导聘请单位依法开展工作,不断推动外国文教专家聘请和管理工作制度化、规范化。加快政策创新步伐,不断完善吸引高层次外国专家来华工作的各类制度措施。积极参与《中华人民共和国出境入境管理法》有关配套法规和实施细则的制定工作。各地外国专家局要围绕新情况、新问题,特别是工作中的热点、难点问题开展深入研究,及时提出解决办法。鼓励各地因地制宜,创新政策,健全机制,不断提升外国文教专家管理和服务工作水平。

(二)加强管理工作,确保外国文教专家聘请工作规范有序

贯彻国务院新时期依法行政的要求,改进管理方式,创新管理手段,保证外国文教专家依法有序聘请。加强有关政策法规的宣传,引导用人单位依法合规聘请使用外国文教专家。依法强化外国文教专家来华工作准入管理。认真按照有关法规文件规定,严把准入关,严格外国专家来华工作许可证和外国专家证的发放。依法强化外国文教专家聘请日常管理。把管理贯穿于外国文教专家聘用的全过程,在专家的准入、流动以及各种涉及专

家的纠纷和事件的解决处理等各个环节中，都要明确责任人，切实履行职责，把管理工作做细做实。加强外国文教专家聘用合同管理，要求聘用双方依法订立合同，最大限度防范各种聘用争议和矛盾。切实做好外国专家调解仲裁工作，妥善解决聘用争议，实现依法聘请、和谐聘请。

加大对外国文教专家聘请活动的检查和监督力度，以年检工作为抓手，建立健全对聘请单位、中介机构和境外专家组织的监督检查工作机制，督促他们完善管理措施，依法规范有序聘请和介绍外国专家。与公安、工商部门加强密切配合，坚决查处非法聘请单位、非法介绍外教的中介机构以及非法在华工作的外教，净化市场秩序。

（三）加强服务保障，营造良好的引进国外人才环境

加强服务平台建设，创新服务手段，提升服务水平。深化引智政务公开，简化审批程序，强化监督制约，提高办事效率。对于一些制度健全、管理规范的重点聘请资格单位，尽可能为他们开辟必要的绿色通道，提供高效便利服务。积极协调和督促有关部门，切实落实海外高层次人才在居留和出入境、落户、医疗、保险、住房、子女入学等方面的政策待遇，帮助他们解决实际的困难和问题。加强沟通协调，争取畅通国家外国专家局向公安部直接推荐外国专家申请中国永久居留权的渠道。建立健全外国专家的诉求表达、权益保障、工作激励和社会参与机制。注重培育和发现优秀外国专家典型，做好重点外国专家队伍建设，畅通外国专家建言渠道，经常听取他们的意见和建议。加强重点专家的宣传，充分发挥中国政府"友谊奖"、荣誉市民、领导会见等的激励作用，不断激发他们的积极性和创造性。完善外国专家社会参与机制，加强人文关怀，举办各种形式的文化活动，帮助外国专家融入当地社会和文化。积极开辟引才渠道，加强信息平台建设，着力抓好高端外国专家库建设和专家需求信息发布工作；扶持培育一批运作规范、实力较强的中介机构，进一步畅通外国专家来华工作渠道。

（四）加强分类管理，提升外国文教专家管理和服务水平

适应新的形势要求，积极实施外国文教专业人才的分类管理，按照"分类管理，政策有别"的原则，把目前按外国文教专家统一管理的外国文教专业人才分为外国专家和外国专才两类，并施以不同政策，服务与管理并举，保障国家人才引进战略顺利实施。对外国专家，重点加强服务，有针对性地制定完善外国专家在来华工作准入、出入境和居留、医疗、社会保障等方面的优惠政策，简化手续，切实为他们提供便利，营造良好引才环境。对外国专才，坚持"国内紧缺，

按需聘请"的原则，按照国家有关规定，进一步健全工作机制，创新管理方式，采取有效措施，从严加强准入管理，保障外国专业人才依法、有序、高效地聘请使用。

外国专家和外国专才按规定统一办理外国专家来华工作许可。各地外国专家局要结合实际制定配套文件或实施细则，确保分类管理工作落实到位。鼓励各地根据实际情况，积极探索外国专家、外国专才来华工作和外国人就业统一协调管理的新路子。

（五）加强队伍建设，提升专家管理工作能力

各地要利用外国专家局职能不断完善、工作任务日益加重的契机，在新一轮机构改革中努力推动引智机构和外国专家管理工作队伍建设。

在 2012 年出国（境）培训项目对接会上的发言（摘要）

国家外国专家局出国培训管理司司长　崔长征
（2012 年 3 月 24 日）

本次项目对接会的目的主要是：贯彻、落实中央关于加强因公出国（境）管理的政策精神，对今年出国（境）培训工作提出具体要求，同时为国内组团单位与境外培训机构提供面对面直接交流与沟通的机会。

下面我就贯彻落实中央关于加强因公出国（境）管理的政策精神着重强调几点。

第一，国家外国专家局出国培训管理司将坚决贯彻中央关于加强因公出国（境）管理精神，认真履行职责，对出国（境）培训按照"控制总量、突出重点、保压结合、服务发展"的原则严格把关，做好今年出国（境）培训项目的审批审核，不断优化培训项目的结构，确保出国（境）培训工作能够始终服务国民经济社会发展的大局。为配合贯彻落实党的十七届六中全会精神，加快文化大发展大繁荣的要求，今年还要加大支持文化领域的出国（境）培训的力度。继续推进出国（境）培训管理体系建设，积极开发国（境）外优质教育培训资源，建立境外培训机构和信息共享平台。认真贯彻中央关于党风廉政建设的精神，坚决禁止出国（境）培训中的违规、违纪行为，制止以培训为名变相公款出国（境）考察、访问、旅游等现象。

第二，出国（境）培训归口管理部门要按照国家外国专家局"抓管理、抓重点、抓成果"的工作思路，强化组织领导、沟通协调和管理队伍能力建设，建立、完善出国（境）培训项目数据库，不断提高出国（境）培训项目管理水平。要结合本地区本部门人才队伍建设需要，择优选派培训对象，突出抓好高层次和紧缺急需人才培训。要围绕本地区本部门发展重点，科学设置境外培训项目，精心谋划培训内容。要严格遵守出国（境）培训的各项规章制度，完善项目责任制，提升出国（境）培训项目的初审把关质量。要健全各地区各部门抓培训成果的工作机制，逐步建立健全培训成果数据库，努力做好培训成果总结、跟踪和示范推广工作。要将项目执行安排得更趋合理化、更趋科学化，尽量争取能在上半年多执行一些项目，不要都集中在下半年执行，否则我们将对这些项目进行必要的调控。

第三，境外培训机构要切实把培训质量放在第一位，深刻领会培训质量是培训工作的生命线的内涵，及时了解中国政府关于因公出国（境）管理以及出国（境）培训的有关要求，严格遵守中国政府制定的有关政策规定。要与国内派出单位相互支持，密切配合，充分利用你们掌握的国（境）外教育培训资源，共同组织落实好2012年出国（境）培训项目，与派出单位齐心协力，努力提升培训质量。国家外国专家局将进一步加强境外培训机构的监督管理和评估认定工作，完善优胜劣汰的准入退出动态制度，推动开展培训团组与境外培训机构双向互评，各境外培训机构要积极发挥在培训项目实施中的监督作用。

在国家外国专家局新农村建设培训班开班仪式上的发言（摘要）

国家外国专家局机关党委专职副书记、纪委书记　彭启明
（2012年12月9日）

国家外国专家局始终坚持以科学发展观为统领，围绕中心、服务大局，积极推动引智事业为经济社会又好又快发展服务，以"人才是第一资源、是国家发展的战略资源"为指导思想，深入实施西部大开发战略，积极探索为扶贫地区提供智力和人才支持的新途径、新举措。自2002年定点帮扶四川省屏山县以来，国家外国专家局坚持不懈地就引智工作如何为贫困地区提供服务进行调研，推动实施"引智扶贫"工程。10年来，引智工作紧密结合屏山县经济社会发展的重点领域，将智力扶贫作为新时期扶贫工作的主题，积极开展扶贫送温暖活动，利用引智资源和成果，为屏山县引进农林牧种植养殖新品种和新技术；采取聘请外国专家到国内授课、组织人员出国（境）培训和在上海、厦门、深圳等沿海发达地区举办专题培训班等方式，为屏山县培养党政人才和专业技术人才，为屏山地区的经济社会发展提供了必要的智力支持和人才保障。

根据屏山县的实际情况和需求，本期培训班的主题是新农村建设，课程安排既有专题讲座、理论研讨，又有实地考察，形式多样，内容丰富。此次来参加培训的大多是县乡主要负责同志，是落实工作的骨干力量，希望大家在此次学习培训中，一是要珍惜学习机会。大家平时工作都很忙，很辛苦，集中学习的机会并不多，希望大家珍惜机会，结合实际工作中的疑难问题和薄弱环节，带着问题学、带着思考学，认真听讲、积极思考，相互交流经验，确保学习取得良好成效。二是要严格遵守纪律。要严格遵守各项规章制度，听从团队指挥，生活上相互关心、相互帮助，注意人身安全和财产安全。三是要通过实地考察，解放思想、更新观念，了解发达地区的创业发展过程，积极思考本地区新农村建设的发展方向和目标。四是要通过学习考察，认真总结收获体会，结合本地区实际，结合个人本职工作，认真写好总结报告。总之，希

望大家要抓住在杭州学习考察的短暂时间,多看、多听、多学,多交流,充分借鉴新农村建设好的经验、好的做法,进一步提高政策理论水平和带动发展能力,用学到的知识为家乡建设服务,不辜负各级领导的关心和期望。

在 2012 年"外专千人计划"申报部署会议上的发言

国家外国专家局"外专千人计划"专项办公室主任　聂　飙

国家外国专家局自 2011 年"外专千人计划"启动以来，认真贯彻落实中央人才工作协调小组的部署，统一思想，深入调研，举全系统之力积极稳妥地推进宣传发动、项目申报、专家评审、政策研究等各项工作。去年 12 月 16 日，顺利完成了第 1 批"外专千人计划"平台评审工作，经中组部海外高层次人才引进工作专项办公室组织专家顾问组复核，共有 40 名专家入选。今年 1 月 21 日，中共中央政治局委员、中央书记处书记、中央组织部部长李源潮在国家外国专家局报送的《关于"外专千人计划"有关情况的报告》上批示指出："很有成绩，乘势而上"。这是对全国外专系统通力合作，圆满完成第 1 批申报评审工作的充分肯定和鼓励，也是对今后工作提出的殷切希望和要求。我们要认真贯彻批示精神，进一步坚定信心、凝聚力量、乘势而上，继续巩固和加强"外专千人计划"的良好发展势头，围绕"三个到位"的要求（思想认识落实到位、申报评审工作落实到位及特殊政策措施落实到位），全力以赴把今年的工作抓实抓好。

一、认真贯彻落实中央领导同志批示精神，进一步深化对"外专千人计划"重大意义的认识，确保思想认识落实到位

第一，"外专千人计划"是"千人计划"的重要组成部分。"千人计划"作为国家重大人才引进工程，自实施以来成效显著，受到了国内外的广泛关注，树立了引进人才的国家品牌。同时，也应当看到，在全球高端人才群体中，非华裔外国专家仍占绝大多数，是我国现代化建设可资利用的特需资源。但目前引进的 1653 名海外高层次人才中，高层次外国专家仅占 47 名，特别是国际著名专家、新技术领军人才不多。"千人计划"实施两年后，中央审时度势，在推出"青年千人计划"、"顶尖人才与创新团队"项目后，又增设了"外专千人计划"。"外专千人计划"的实施，进一步优化了引进海外人才的结构，拓展了"千

人计划"项目领域和引才体系,是推动"千人计划"向深度和广度发展的重大举措。

第二,"外专千人计划"是中国参与国际人才竞争,引领发展转型的战略选择。近年来,中国积极参与国际人才竞争,制定国家人才发展规划,确立人才优先发展战略布局,实施更加开放的人才国际化政策,推动产业创新升级和发展转型。实现这一目标根本靠科技,关键在人才,人才是转型之要、是竞争之本。最近,国内有专家提出,我国正面临从投资拉动向人才拉动、从招商引资向招才引智、从人口红利向人才红利的历史性转变。实现这"三个转变"的关键在于高质量人才队伍的建设。当前,国内虽有一批学术有成的高端科技人才,但总体数量偏少,且在学术视野、研究水平等方面与国外高端人才存在差距。因此,我们必须紧紧抓住国际金融危机和国内转型发展带来的高层次人才供求态势变化的机遇,有计划、有目标地吸引一批高端外国专家。这是关系到国家未来命运的战略性举措。

第三,"外专千人计划"是推动新时期引智事业科学发展的强大动力。"外专千人计划"着眼高端、多元支持、政策配套,是中国目前最高层次的外国专家引进计划。国家外国专家局作为牵头组织单位,深入实施"外专千人计划",将有利于加快外专系统的政府职能转变,进一步优化引智资源结构,全面提升引智工作的质量和效益;必将对推动新时期引智工作上层级、上水平。全国外专系统要继续增强责任感、使命感,抓住机遇、珍惜机遇,把"外专千人计划"作为各项工作的重中之重,大力引进和用好高端外国专家,不断开创引智工作的新局面。

二、认真总结经验,积极完善工作措施,确保申报评审工作落实到位

"外专千人计划"承担着为国家聘请高端外国专家的光荣使命。中央领导同志和中央人才工作协调小组高度重视,已将"外专千人计划"列入2012年人才工作重点,并将在3月和7月组织两次申报和评审。能否成功引进高质量的外国专家,不仅关系到这一计划的公信力,也将体现外专系统的工作能力和水平。去年,在全国外专系统的共同努力下,首次平台评审顺利完成。中组部人才局、评审专家对评审的组织工作给予了积极评价,同时也提出了一些改进的意见和建议。与其他平台不同的是,我们这个平台是综合平台,项目范围更广、涉及领域更宽、评审难度更大。首次评审是一个探索路径、摸索经验的过程。评审工作的顺利实施进一步坚定了我们的信心,也为今后工作的开展奠定了良好基础。

今天我们召开申报说明会,主要是向大家通报第1批申报评审工作情况,介绍申报程序、注意事项、专家

评审重点等相关工作,并就聘请单位的工作流程提出建议,从而为今年的申报评审工作做好准备。虽然没有名额限制,在评审过程中,我们将始终坚持"从严掌握,质量第一"的原则,严格掌握评审标准,保证入选的专家都是顶尖的外国专家。当然,我们也非常欢迎各级外专部门、申报单位对我们的工作提出意见和建议,以帮助我们进一步完善工作,提高管理水平。

三、加强统筹协调,加快制定和完善政策措施,确保各项特殊政策措施落实到位

评审结果正式公布后,需要各聘请单位、地方外国专家局认真落实好国家规定的特殊政策,充分发挥引进专家的作用,为他们提供更加便捷高效的服务。李源潮在第14届中国留学人员广州科技交流会外裔专家座谈会上指出,要为来华创新创业的外国专家提供更加优惠的条件,提供"保姆式服务"。这为我们健全外国专家跟踪服务体系提出了更高要求。"外专千人计划"除执行"千人计划"规定的相关政策待遇外,还针对外国专家的特点,增加了两项特殊政策:一是根据工作需要,经用人单位向从事科研工作、特别是从事基础研究的外国专家提供总计300万~500万元的科研补助经费。二是根据"外专千人计划"专家在华工作年限给予适当补助,专项用于提高其医疗、养老保障水平。此外,国家外国专家局还将根据聘请单位的薪酬标准给予入选专家一定的薪酬补贴。目前,国家外国专家局正加强与财政部、人力资源和社会保障部等的沟通协调,加快制定科研经费补助、医疗养老补助、入选专家薪酬补贴等配套管理办法,力争尽快发布实施。此外,按照政策规定,将授予"外专千人计划"长期项目专家以"国家特聘专家"称号。国家外国专家局与中组部人才局近期就此事进行了沟通,将为第1批入选专家颁发证书,并成立"外专千人计划"专家联谊分会。当然,除了上述国家层面的支持外,我们更希望聘请单位在工作中对入选专家予以充分信任、积极支持和放手使用,为他们提供良好的工作条件和生活待遇,以激发他们的创新创造活力。

李源潮在《国际人才交流》杂志2012年第1期卷首发表署名文章——《中国也有一个可以追求的梦》,明确提出:现在世界上不仅有一个西方的"美国梦",也有一个东方的"中国梦",我们热忱欢迎世界各国的专家来华工作,分享中国的发展机遇,实现自己的人生梦想。我想,通过我们大家的共同努力,一定会为外国专家营造良好的工作环境,一定会吸引更多优秀的外国专家来华创新创业。

把握老年心理,助力老干部工作

国家外国专家局离退休干部办公室主任　苏光明

中国人口的迅速老龄化正在成为一个日益紧迫的社会问题。国务院2011年印发的《中国老龄事业发展"十二五"规划》指出:"十二五"时期,随着第一个老年人口增长高峰到来,我国人口老龄化进程将进一步加快。从2011年到2015年全国60岁以上老年人将由1.78亿增加到2.21亿,平均每年增加老年人860万;老年人口比重将由13.3%增加到16%,平均每年递增0.54个百分点。这也就是说,未来20年,我国人口老龄化日益加重,到2030年全国老年人口规模将会翻一番,老龄事业发展任重而道远。我们必须深刻认识到发展老龄事业的重要性和紧迫性。

人口老龄化是社会发展必然要面对的问题。人们对此的认识也是逐步加深的。解决"在快速发展的老龄化进程中,老龄事业老龄工作相对滞后的矛盾日益突出"这个问题,则更是一项浩大的社会工程,需要各级政府及全社会都具备清醒的认识和付出长期不懈的努力。这个问题如果解决不好,将会影响社会的安定和发展。因此,我们必须以高度的责任感和使命感,树立积极的老龄观,推动老龄事业健康发展。

党和政府确定的老龄事业工作目标是,让老年人"老有所养、老有所教、老有所学、老有所为、老有所乐",也就是促进他们的"保健、健康、参与、发展"。因此,老干部工作应该始终贯彻政治上尊重、思想上关心、生活上照顾的服务理念。我的体会是:

1. 营造良好的环境氛围

工作中要做到"一切为老干部,为老干部一切"。构建良好的环境和安全的氛围是使老年人放松身心的前提。如:宽敞明亮的棋牌室,干净整洁的活动室,安静舒适的理发室,排列有序的阅览室等,把老干部活动中心办成亲切温馨的"家"。

2. 应具备专业知识

老干部们的生活环境、年龄跨度、健康状况、文化水平、专业背景、生活习惯各异,如何做好服务工作,让他们满意,是老干部工作的重中之重。人们常说,与思想觉悟高、政治威望高、生活阅历及工作经验丰富的人打交道，既需要人文智慧，更需要沟通技巧。因此，只有不断积累人文、历史、医学、心理学等方面的知识，用心去做事，才能做好老干部工作。

3. 培养积极健康的工作心态

做好老干部工作，必须学会管理好自己的情绪，找到适合的方法去自我宣泄和放松；要在学会悦纳自己的同时，悦纳别人。这样不仅能营造出快乐的内心世界，更有利于问题和矛盾的解决。快乐积极的情绪会感染周围的人。有句话说得好："积极情绪像太阳，照到哪里哪里亮；消极情绪像月亮，初一十五不一样"。

4. 掌握交流技巧

老干部随着年龄的增加，身体器官在慢慢老化，机能逐渐衰退，健康问题会越来越突出。他们要面对逐步衰老的现实、正视死亡。对此，家人当然要给予高度重视，积极、耐心地沟通和交流。我们在工作中也要注意自己的言行举止，要想老干部所想，急老干部所急，做有效的沟通和交流。在日常工作中要让老干部感到尊重、温暖、能够被倾听和获得情感共鸣，这样才能使他们得到心理上的慰藉。语言交流要通俗易懂，多用良性语言，不用刺激性语言，少用容易产生疑惑的语言；要注意聆听他们的意见，做到具体问题具体分析，对有些事要实话实说，同时注意谈话对象的反应。

5. 注意总结经验

有针对性地做好老干部工作，掌握辨析三种模式：一是"主动—被动型"。有些老干部主观能动性较弱，平时生活中依赖性强，常被孤独、自卑心理及抑郁、焦虑等负性情绪困扰。对他们要给予理解，有针对性地做工作，多沟通，积极主动，耐心引导他们，达成一致意见。二是"指导—合作型"。部分老干部有属于个人的兴趣爱好，在组织活动时，能积极主动的按要求去做，对工作人员交代事，比较配合。三是"共同参与型"，这些老干部较为主动，思想活跃，知识面广，信息量大，在举办团体活动时常建言献策，共同配合，互相指导，这种情况多见文化素质较高及从事过老干部工作的，共同参与型是我们共同追求的理想模式。

党的十八大再次强调，做好老干部工作是一项重要的政治任务，同时对老干部工作者提出更高的要求，只有不断提高专业水平，对老干部要多鼓励，帮助老干部消除权力上的失落感、心理上的失衡感、生活上的孤独感、能力上的自卑感，以"春蚕精神"和"蜡烛风格"尽己所能，使他们永葆"老牛明知夕阳短，不用扬鞭自奋蹄"的激情，才能有的放矢的做好老干部工作，实现健康老龄化的目标。

引智工作面临的新形势和新挑战

国家外国专家局机关服务中心主任　柳忠三

一、引智工作面临的国内外新形势

在我国，支撑经济快速发展的人口红利正在消失；资源短缺、环境压力对经济发展的制约正在显现；仅仅依靠购买或引进技术支撑产业创新发展的模式已难以为继。

但另一方面，经济总量居世界第二、研发人员居世界首位、全社会研发支出经费突破万亿元、论文发表数量居世界第二、论文引用率居世界第六、发明专利授权量居世界第三；对外贸易由于人民币的非国际化，积累了庞大的外汇储备——这些为我国实施创新驱动发展战略，推动经济增长方式的转变提供了必要与可行的条件。

在国际上：2008年以来，世界各国对金融危机产生根源的反思和应对，引发对实体经济与虚拟经济并重发展的重视。同时，全球高新技术的积累与进步，预示着以个性化定制、时空敏捷集中生产制造方式为基本特性的第三次工业革命的临近。因此，发达国家纷纷出台创新驱动发展战略。

但各类分析表明，受国际金融危机影响，经济低迷已被普遍描述为世界范围的一种"新常态"，其突出表现是需求的短缺化，即市场需求越来越成为世界经济竞争角逐的最稀缺资源。由此，欧美发达国家纷纷采取削减公共支出降低赤字等举措，研发投入下降、失业率上升，使国际间人才流动加快。这给我国引进急需紧缺的高端人才提供了难得的机遇。

二、现实问题制约引智的快速发展

我国在成为世界第一制造业大国的进程中，"技术引进红利"成为支撑经济快速发展的关键因素之一。由于投入较少和人才缺乏，多数企业在再创新方面成效不大。这在一定程度上拖了我国跻身制造业强国的后腿。

另外，粗放增长造成资源大量耗费和环境严重污染，对整个国民经济的健康发展以及建设"两型社会"都构成了较大危害。一些习惯于西方发达国家境外高层次人才，尤其是非华裔的高水平专家在选择来华工作时，可能会把环境问题作为一个重要考量标准来看待。

党的十八大提出"以科学发展为主题，以加快转变经济发展方式为主线，是关系我国发展全局的战略抉择。""质量"正在以前所未有的强度进入全民意识，有望形成一种时代精神。在新的经济增长阶段务必更加注重提高质量和效益的思想自觉、战略自觉和行动自觉，使经济增长进入新的更高层次的良性轨道。

提高质量和效益本质上就是要在更大范围倡导创新思维，在产品、供应链、产业链等方面多出创新成果特别是原始创新成果，以创造更高的附加值。这是面对经济下行压力及风险最具根本意义的"对冲"之策。新一届政府成立以来，大力推动引资、引技、引智相结合，利用海外人才智力资源加快发展，已经成为我国人才工作的基本共识和重要抓手。

三、创新驱动发展战略的实施是引智工作的新切入点

党的十八大整体部署了创新驱动发展的战略，其主要目标是通过大幅提高科技创新对经济增长的贡献率，使其成为综合国力的战略支撑。实施创新驱动发展战略，加快建设国家创新体系，推进经济结构战略性调整，全面提升开放型经济水平。技术、智力、人才正成为推动发展的新动力。新时期我国科技改革创新的一个基本要求，就是要为2020年进入创新型国家行列、进而到2050年前后成为世界科技强国提供强有力的保障。目前，我国距进入创新型国家行列还有不足8年，时间紧迫、任务艰巨。

作为实现创新驱动的主体，我国企业创新能力依然薄弱，许多领域缺乏具有自主知识产权的核心技术，尚未真正成为创新决策、研发投入、科研组织和成果应用的主体。制约企业创新的体制机制障碍仍然存在。我国企业在面临融资难、税收偏高和劳动力成本上涨过快等诸多困难。特别是：关键技术和创新人才缺乏；虽拥有大量的外汇，却难以购买到必须的先进设备和产品换代的专利和技术。实现创新驱动既需要拔尖人才，更需要资金支持。而这正是引智工作的优势所在，积极引进和用好海外人才智力，推动我国人才高地建设，为我国实施创新驱动战略提供海外人才智力支撑，是时代赋予引智引才工作的新机遇。

在2012年国际职业资格认证项目特许机构年会上的发言（摘要）

国家外国专家局培训中心主任　白继迅
（2012年11月26日）

今年，在国务院国有资产监督管理委员会和国家外国专家局的大力支持下，在各培训、考试机构，特别是美国项目管理协会（PMI中国）、美国管理会计师协会（IMA中国）、美国普尔文有限公司等的通力协作下，国际先进、成熟、适用的职业资格认证项目推广与应用工作取得了长足发展。

据统计，参加今年"项目管理师（PMP）职业资格认证考试"的人数达3.06万人，比去年同期增长35.6%。PMP引入中国13年来，累计为我国培养了130多万名项目管理专门人才，其中约13万人参加了"项目管理师（PMP）职业资格认证考试"，近7万人获得"PMP证书"。最近两年，我们成功克服了金融危机的负面影响，使项目管理人才培养走出低谷，呈现蓬勃的发展势头，每年考生人数的增长率均在30%以上。去年，由国务院国有资产监督管理委员会与国家外国专家局共同主办的中央企业项目管理创新技能大赛，在央企又一次形成了学习项目管理的热潮。我们通过加强对特许机构的管理、聘请境外项目管理专家在国内巡讲、举办央企项目管理培训班、组织项目管理出国培训交流等措施，使越来越多的企业认识到项目管理的价值所在。在一些大型央企集团和具有国际业务的大型企业的带动下，PMP已经逐渐成为企业参与国际竞争、实现经营战略目标中的一个规范性岗位认证要求。

今年，我们还重点与北京教育考试院合作开展了人力资源管理职业资格证书与学历教育证书的双证书教育。据统计，共约有1.5万人参加了美国国际人力资源管理师（IPMA）职业资格认证考试。

"美国注册管理会计师"（CMA）被誉为国际财会领域的"三大金牌证书"之一，也被业内专家认为是企业财务人员转型的方向，是能为企业带来增值的岗位认证之一。今年通过加强宣传、培养师资、大力发展优秀的特许机构等举措，在培训机构的共同努力下，CMA 的推广有了较快的发展。CMA 中文考量达到 3746 门次；会员人数达到 6637 人，比上一年度净增 2197 人。增长幅度均达到 40%。据不完全统计，我国今年新增 CMA 获证人员 581 人，比去年增长 46%。通过与专家、学者特别是企业界人士交流沟通，我们与特许机构进一步加深了对"管理会计、创造价值"内涵的理解与认识，进一步明确了 CMA 的目标市场，坚定了未来做好 CMA 推广工作的信心。

今年，我们在与美国企业市场营销学会（BMI）合作的基础上，又与全球最大、最具影响力的美国市场营销协会（AMA）开展合作，针对企业内高层管理者或对企业战略营销有影响力的人才，引进了"高级市场运营总监认证"（CMM），与原有的市场总监、营销总监和市场营销师形成了完整的市场营销知识体系。目前已经应用于中航工业集团市场体系构建的培训认证中。明年，国家外国专家局同国务院国有资产监督管理委员会将共同举办中央企业国际市场营销技能创新大赛，进一步加快我国国际市场营销人才的培养。

创新项目是刚刚引入国内的职业资格认证项目。据了解，不少大中型企业已经设立了创新的部门和岗位，这意味着与创新相关的认证在企业中已经有了落地的基础。在今年的央企培训班中，这套知识体系得到广泛的认可。

近年来，我们还与国务院国有资产监督管理委员会群工局合作开展了中央企业国际化人才培养项目，在全国 9 个省市组织了"国际项目管理师"、"美国注册管理会计师"、"国际人力资源管理师"、"市场营销总监"和"首席创新官"等 8 个项目近 40 期培训班，来自 74 家中央企业和 22 家地方国务院国有资产监督管理委员会所属企业的近万人参加了培训和认证考试，平均认证考试通过率接近 90%，均高于国际通过率 20%，对国内的国际化人才培养起到了很强的引领作用，扩大并提升了引进国外先进、成熟、适用的知识体系及其资格认证在国内的影响力，为广大特许培训机构开拓市场创造了良好的外部环境和有利的工作平台。

党的十八大报告要求"全面落实经济建设、政治建设、文化建设、社会建设、生态文明建设五位一体总体布局"。报告中提到人才强国战略、人才培养相关问题有三处之多，其中还提到"提高利用国外资源综合优势和总体效益，推动引资、引技、引智有机结合。加快走出去步伐，增强企业国际化经营能力"。这些论述为国际化高端人才建设和培养拓展了巨大发展空间。

建设创新型国家要靠人才来支撑。《国家中长期人才发展规划纲要（2010—2020 年）》明确要求，"逐步实现由人力资源大国向人才强国转变"，并提出"积极利用国（境）外教育培训资源培养人才""建立和完善与国际接轨的职业认证认可制度,提高人才职业化、国际化水平。"

建设创新型国家,进一步提升国家竞争优势,实现我国二次腾飞,就必须大力培养项目管理人才。用项目管理方法提升政府公共管理效率,改善公共服务质量,提高经济运行质量和社会管理水平。用项目管理的原则和方法去指导操作层面上的改革与实践,提高每一项正确决策的执行力。项目管理是实现从科学管理到管理创新转变的方法论。让科学管理落到实处,落到一个个具体项目上。

各位代表,国务院国有资产监督管理委员会与国家外国专家局2011年签署了《关于引智服务做强做优中央企业合作框架协议》,将全面落实《国家引进国外智力"十二五"规划》,积极把握引智事业发展的战略机遇期,紧紧围绕中央企业"十二五"转型升级、科技创新、国际化经营、人才强企、和谐发展五大战略,发挥国务院国有资产监督管理委员会和中央企业自身优势,突出抓好中央企业改革发展重点难点问题研究培训和央企高管人员培训,突出抓好高层次科技创新人才和急需紧缺专门人才的引进和使用,突出抓好国资监管和企业国际化经营急需的国际权威知识标准体系和职业资格认证,全方位地系统地提升企业核心竞争力。两个部委的这项战略合作意味着国家要为央企的壮大发展提供系统化、高端化、国际化的人才建设保障。

在"两刊"、"两网"引智宣传工作会议上的发言

国家外国专家局国外人才信息研究中心主任　陈化北
（2012年9月6日）

一、围绕中心，突出重点，当好引智宣传主力军

"两刊"、"两网"一直是宣传重大引智活动的主力军。国家外国专家局每年有几次重大活动：如每年春节前夕国务院总理会见外国老专家和部分中国政府"友谊奖"专家、中国政府"友谊奖"颁奖活动、中国国际人才交流大会、全国引进国外智力工作会议、中美工程技术研讨会、外国专家集体休假等，都会派出记者全程跟踪，对重点人物和重点项目进行深入采访，并在第一时间将消息通过国家外国专家局官网向公众发布，并在"两刊"上予以报道。充分发挥了"两刊"深度宣传与"两网"资讯快捷的优势。

二、《专家工作通讯》：服务引智大局的行业内参与学习园地

《专家工作通讯》紧紧围绕服务引智科学发展这条主线，按照国家外国专家局的工作部署，配合引智工作重点，加大了中央关于引进海外高层次人才和智力引进工作的宣传力度。《专家工作通讯》开设了《"外专千人计划"大家谈》栏目，并在《探讨与研究》栏目刊登了胡又牧、王辉耀、沈荣华等人才学领域专家、学者的文章，聚焦中国人才的高端化引进，探讨打造中国"人才梦"的战略。此外，还连载了《从俄联邦技术移民立法与管理看我国技术移民法的政策取向》一文，从理论层面对国家外国专家局在"技术移民法"修订中要注意的重点问题给予了关注和探讨。《特别策划》栏目集中报道有关地方的引智工作，已经在各地政府部门产生了一定的影响，得到有关地方外国专家局的大力支持。

三、《国际人才交流》：做好重要选题、精心打造品牌活动

《国际人才交流》杂志是国家外国专家局主管、面向海内外公开发行的双效期刊。今年，《国际人才交流》重点推出"中国梦"选题。在2012年第1期刊发了中共中央政治局委员、中央

书记处书记、中央组织部部长李源潮的《中国也有一个可以追求的梦》文章，同期配合发表特别策划《托起东方的"中国梦"》。这是李源潮同志首次在媒体上公开发表关于"中国梦"的文章，表达对人才的渴求。文章见刊后，新华网、人民网、光明网、千人计划网等全文转载，并在全国人才、组织系统中掀起了关于"中国梦"的讨论，涌现了一批评论、分析文章。《国际人才交流》杂志还加大了对特别策划的选题策划、主题提炼、采访组稿和版面设计。为了吸引读者，特别策划的选题更加贴近生活，以"老外"的视角讲解中国现象、中国故事，如《老外看公共安全》、《奥运军团的洋教练》等。还对"外国专家建议"选题进行深入挖掘，从读者的角度出发，挖掘了一些热点话题。

总之，"两刊"的价值体现在其办刊宗旨及其特点上。我把这些概括为"四化"和"六性"。

"四化"是：

1．高端化

"两刊"是高端人才面对面交流的一个平台；同时，其阅读人群也日趋高端化。"两刊"很大一部分是要送到党中央、国务院，送到各部委领导桌面上的。

2．国际化

"两刊"以国际化的视角，面向国内外进行宣传报道。

3．专业化

"两刊"具有鲜明的引智行业特色。

4．信息化

一是内容的信息化，具有非常丰富的信息量；二是形式的信息化，《国际人才交流》拥有自己的网站。

"六性"是：

1．政策性

"两刊"对国家引智方面的重要会议、国家外国专家局领导的重要讲话等都会加以报道。

2．新闻性

"两刊"紧跟形势，及时报道引智方面的重大活动和热点问题。

3．知识性

"两刊"刊登引智方面的专业知识，可以说是引智工作者的"学习园地"。

4．学术性

"两刊"刊登了关于技术移民法制定方面的调研文章；为探讨聘请高端外国专家的可行做法，刊登了国际猎头运作的专题报道。还开辟了"探讨与研究"等专栏，对制定引智政策、法规进行探讨。

5．交互性

"两刊"已成为引智领域进行交流的平台，既让读者阅读，也搜集他们的反馈，让大家投稿、交流经验。

6. 可读性

"两刊"不断革故鼎新，版式、内容等力图新颖、轻松、活泼，适当增强趣味性。

因此，各级引智部门应该把"两刊"、"两网"当做重要的平台和工具，当做宣传的主阵地。它们是引智人自己的媒体。我们要爱护好、利用好，让它们更好地发展。要加强"两刊"的投稿、组稿和宣传发行的组织工作。

四、"两网"创新服务模式，新闻发布机制日趋成熟

网络媒体对于平面媒体来说，其快捷与便利无法比拟。国家外国专家局政府网站是国家外国专家局的官方网站，是新闻报道、政策法规发布、政务公开的重要窗口，是全国引智行业对外宣传的最主要平台。随着互联网的日新月异，国家外国专家局的官方网络的发展也进入了快速发展时期。

近一年来，我们对政府网站不断进行更新与改善，无论从网页的视觉效果还是从内容上都有了很大发展，使之更加大众化、国际化、权威化。我们加强了对全国引智图片新闻的更新，基本上每天都有新的图片发表在头版显要位置，使得网上读者能用最短的时间、最直接的方式，了解全国引智工作的最新工作动向。

第五编

引智工作法规和政策文件

中华人民共和国出境入境管理法

(2012年6月30日第十一届全国人民代表大会常务委员会第二十七次会议通过)

中华人民共和国主席令

第五十七号

《中华人民共和国出境入境管理法》已由中华人民共和国第十一届全国人民代表大会常务委员会第二十七次会议于2012年6月30日通过，现予公布，自2013年7月1日起施行。

中华人民共和国主席　胡锦涛
2012年6月30日

目　录

第一章　总则
第二章　中国公民出境入境
第三章　外国人入境出境
　第一节　签证
　第二节　入境出境
第四章　外国人停留居留
　第一节　停留居留
　第二节　永久居留
第五章　交通运输工具出境入境边防检查
第六章　调查和遣返
第七章　法律责任
第八章　附则

第一章 总 则

第一条 为了规范出境入境管理，维护中华人民共和国的主权、安全和社会秩序，促进对外交往和对外开放，制定本法。

第二条 中国公民出境入境、外国人入境出境、外国人在中国境内停留居留的管理，以及交通运输工具出境入境的边防检查，适用本法。

第三条 国家保护中国公民出境入境合法权益。

在中国境内的外国人的合法权益受法律保护。在中国境内的外国人应当遵守中国法律，不得危害中国国家安全、损害社会公共利益、破坏社会公共秩序。

第四条 公安部、外交部按照各自职责负责有关出境入境事务的管理。

中华人民共和国驻外使馆、领馆或者外交部委托的其他驻外机构（以下称"驻外签证机关"）负责在境外签发外国人入境签证。出入境边防检查机关负责实施出境入境边防检查。县级以上地方人民政府公安机关及其出入境管理机构负责外国人停留居留管理。

公安部、外交部可以在各自职责范围内委托县级以上地方人民政府公安机关出入境管理机构、县级以上地方人民政府外事部门受理外国人入境、停留居留申请。

公安部、外交部在出境入境事务管理中，应当加强沟通配合，并与国务院有关部门密切合作，按照各自职责分工，依法行使职权，承担责任。

第五条 国家建立统一的出境入境管理信息平台，实现有关管理部门信息共享。

第六条 国家在对外开放的口岸设立出入境边防检查机关。

中国公民、外国人以及交通运输工具应当从对外开放的口岸出境入境，特殊情况下，可以从国务院或者国务院授权的部门批准的地点出境入境。出境入境人员和交通运输工具应当接受出境入境边防检查。

出入境边防检查机关负责对口岸限定区域实施管理。根据维护国家安全和出境入境管理秩序的需要，出入境边防检查机关可以对出境入境人员携带的物品实施边防检查。必要时，出入境边防检查机关可以对出境入境交通运输工具载运的货物实施边防检查，但是应当通知海关。

第七条 经国务院批准，公安部、外交部根据出境入境管理的需要，可以对留存出境入境人员的指纹等人体生物识别信息作出规定。

外国政府对中国公民签发签证、出境入境管理有特别规定的，中国政府可以根据情况采取相应的对等措施。

第八条 履行出境入境管理职责的部门和机构应当切实采取措施，不断提升服务和管理水平，公正执法，便民高效，维护安全、便捷的出境入境秩序。

第二章　中国公民出境入境

第九条　中国公民出境入境，应当依法申请办理护照或者其他旅行证件。

中国公民前往其他国家或者地区，还需要取得前往国签证或者其他入境许可证明。但是，中国政府与其他国家政府签订互免签证协议或者公安部、外交部另有规定的除外。

中国公民以海员身份出境入境和在国外船舶上从事工作的，应当依法申请办理海员证。

第十条　中国公民往来内地与香港特别行政区、澳门特别行政区，中国公民往来大陆与台湾地区，应当依法申请办理通行证件，并遵守本法有关规定。具体管理办法由国务院规定。

第十一条　中国公民出境入境，应当向出入境边防检查机关交验本人的护照或者其他旅行证件等出入境证件，履行规定的手续，经查验准许，方可出境入境。

具备条件的口岸，出入境边防检查机关应当为中国公民出境入境提供专用通道等便利措施。

第十二条　中国公民有下列情形之一的，不准出境：

（一）未持有效出境入境证件或者拒绝、逃避接受边防检查的；

（二）被判处刑罚尚未执行完毕或者属于刑事案件被告人、犯罪嫌疑人的；

（三）有未了结的民事案件，人民法院决定不准出境的；

（四）因妨害国（边）境管理受到刑事处罚或者因非法出境、非法居留、非法就业被其他国家或者地区遣返，未满不准出境规定年限的；

（五）可能危害国家安全和利益，国务院有关主管部门决定不准出境的；

（六）法律、行政法规规定不准出境的其他情形。

第十三条　定居国外的中国公民要求回国定居的，应当在入境前向中华人民共和国驻外使馆、领馆或者外交部委托的其他驻外机构提出申请，也可以由本人或者经由国内亲属向拟定居地的县级以上地方人民政府侨务部门提出申请。

第十四条　定居国外的中国公民在中国境内办理金融、教育、医疗、交通、电信、社会保险、财产登记等事务需要提供身份证明的，可以凭本人的护照证明其身份。

第三章　外国人入境出境

第一节　签　证

第十五条　外国人入境，应当向驻外签证机关申请办理签证，但是本法另有规定的除外。

第十六条　签证分为外交签证、礼遇签证、公务签证、普通签证。

对因外交、公务事由入境的外国人，签发外交、公务签证；对因身份特殊需要给予礼遇的外国人，签发礼遇签证。外交签证、礼遇签证、公务签证的签发范围和签发办法由外交部规定。

对因工作、学习、探亲、旅游、商务活动、人才引进等非外交、公务事由入境的外国人，签发相应类别的普通签证。普通签证的类别和签发办法由国务院规定。

第十七条 签证的登记项目包括：签证种类，持有人姓名、性别、出生日期、入境次数、入境有效期、停留期限、签发日期、地点，护照或者其他国际旅行证件号码等。

第十八条 外国人申请办理签证，应当向驻外签证机关提交本人的护照或者其他国际旅行证件，以及申请事由的相关材料，按照驻外签证机关的要求办理相关手续、接受面谈。

第十九条 外国人申请办理签证需要提供中国境内的单位或者个人出具的邀请函件的，申请人应当按照驻外签证机关的要求提供。出具邀请函件的单位或者个人应当对邀请内容的真实性负责。

第二十条 出于人道原因需要紧急入境，应邀入境从事紧急商务、工程抢修或者具有其他紧急入境需要并持有有关主管部门同意在口岸申办签证的证明材料的外国人，可以在国务院批准办理口岸签证业务的口岸，向公安部委托的口岸签证机关（以下简称"口岸签证机关"）申请办理口岸签证。

旅行社按照国家有关规定组织入境旅游的，可以向口岸签证机关申请办理团体旅游签证。

外国人向口岸签证机关申请办理签证，应当提交本人的护照或者其他国际旅行证件，以及申请事由的相关材料，按照口岸签证机关的要求办理相关手续，并从申请签证的口岸入境。

口岸签证机关签发的签证一次入境有效，签证注明的停留期限不得超过三十日。

第二十一条 外国人有下列情形之一的，不予签发签证：

（一）被处驱逐出境或者被决定遣送出境，未满不准入境规定年限的；

（二）患有严重精神障碍、传染性肺结核病或者有可能对公共卫生造成重大危害的其他传染病的；

（三）可能危害中国国家安全和利益、破坏社会公共秩序或者从事其他违法犯罪活动的；

（四）在申请签证过程中弄虚作假或者不能保障在中国境内期间所需费用的；

（五）不能提交签证机关要求提交的相关材料的；

（六）签证机关认为不宜签发签证的其他情形。

对不予签发签证的，签证机关可以不说明理由。

第二十二条 外国人有下列情形之一的，可以免办签证：

（一）根据中国政府与其他国家政府签订的互免签证协议，属于免办签证人员的；

（二）持有效的外国人居留证

件的；

（三）持联程客票搭乘国际航行的航空器、船舶、列车从中国过境前往第三国或者地区，在中国境内停留不超过二十四小时且不离开口岸，或者在国务院批准的特定区域内停留不超过规定时限的；

（四）国务院规定的可以免办签证的其他情形。

第二十三条 有下列情形之一的外国人需要临时入境的，应当向出入境边防检查机关申请办理临时入境手续：

（一）外国船员及其随行家属登陆港口所在城市的；

（二）本法第二十二条第三项规定的人员需要离开口岸的；

（三）因不可抗力或者其他紧急原因需要临时入境的。

临时入境的期限不得超过十五日。

对申请办理临时入境手续的外国人，出入境边防检查机关可以要求外国人本人、载运其入境的交通运输工具的负责人或者交通运输工具出境入境业务代理单位提供必要的保证措施。

第二节 入境出境

第二十四条 外国人入境，应当向出入境边防检查机关交验本人的护照或者其他国际旅行证件、签证或者其他入境许可证明，履行规定的手续，经查验准许，方可入境。

第二十五条 外国人有下列情形之一的，不准入境：

（一）未持有效出境入境证件或者拒绝、逃避接受边防检查的；

（二）具有本法第二十一条第一款第一项至第四项规定情形的；

（三）入境后可能从事与签证种类不符的活动的；

（四）法律、行政法规规定不准入境的其他情形。

对不准入境的，出入境边防检查机关可以不说明理由。

第二十六条 对未被准许入境的外国人，出入境边防检查机关应当责令其返回；对拒不返回的，强制其返回。外国人等待返回期间，不得离开限定的区域。

第二十七条 外国人出境，应当向出入境边防检查机关交验本人的护照或者其他国际旅行证件等出境入境证件，履行规定的手续，经查验准许，方可出境。

第二十八条 外国人有下列情形之一的，不准出境：

（一）被判处刑罚尚未执行完毕或者属于刑事案件被告人、犯罪嫌疑人的，但是按照中国与外国签订的有关协议，移管被判刑人的除外；

（二）有未了结的民事案件，人民法院决定不准出境的；

（三）拖欠劳动者的劳动报酬，经国务院有关部门或者省、自治区、直辖市人民政府决定不准出境的；

（四）法律、行政法规规定不准出境的其他情形。

第四章　外国人停留居留

第一节　停留居留

第二十九条　外国人所持签证注明的停留期限不超过一百八十日的，持证人凭签证并按照签证注明的停留期限在中国境内停留。

需要延长签证停留期限的，应当在签证注明的停留期限届满七日前向停留地县级以上地方人民政府公安机关出入境管理机构申请，按照要求提交申请事由的相关材料。经审查，延期理由合理、充分的，准予延长停留期限；不予延长停留期限的，应当按期离境。

延长签证停留期限，累计不得超过签证原注明的停留期限。

第三十条　外国人所持签证注明入境后需要办理居留证件的，应当自入境之日起三十日内，向拟居留地县级以上地方人民政府公安机关出入境管理机构申请办理外国人居留证件。

申请办理外国人居留证件，应当提交本人的护照或者其他国际旅行证件，以及申请事由的相关材料，并留存指纹等人体生物识别信息。公安机关出入境管理机构应当自收到申请材料之日起十五日内进行审查并作出审查决定，根据居留事由签发相应类别和期限的外国人居留证件。

外国人工作类居留证件的有效期最短为九十日，最长为五年；非工作类居留证件的有效期最短为一百八十日，最长为五年。

第三十一条　外国人有下列情形之一的，不予签发外国人居留证件：

（一）所持签证类别属于不应办理外国人居留证件的；

（二）在申请过程中弄虚作假的；

（三）不能按照规定提供相关证明材料的；

（四）违反中国有关法律、行政法规，不适合在中国境内居留的；

（五）签发机关认为不宜签发外国人居留证件的其他情形。

符合国家规定的专门人才、投资者或者出于人道等原因确需由停留变更为居留的外国人，经设区的市级以上地方人民政府公安机关出入境管理机构批准可以办理外国人居留证件。

第三十二条　在中国境内居留的外国人申请延长居留期限的，应当在居留证件有效期限届满三十日前向居留地县级以上地方人民政府公安机关出入境管理机构提出申请，按照要求提交申请事由的相关材料。经审查，延期理由合理、充分的，准予延长居留期限；不予延长居留期限的，应当按期离境。

第三十三条　外国人居留证件的登记项目包括：持有人姓名、性别、出生日期、居留事由、居留期限、签发日期、地点，护照或者其他国际旅行证件号码等。

外国人居留证件登记事项发生变更的，持证件人应当自登记事项发生变更之日起十日内向居留地县级以上地方人民政府公安机关出入境管理机构申请办理变更。

第三十四条　免办签证入境的外国人需要超过免签期限在中国境内停留的，外国船员及其随行家属在中国境内停留需要离开港口所在城市，或者具有需要办理外国人停留证件其他情形的，应当按照规定办理外国人停留证件。

外国人停留证件的有效期最长为一百八十日。

第三十五条　外国人入境后，所持的普通签证、停留居留证件损毁、遗失、被盗抢或者有符合国家规定的事由需要换发、补发的，应当按照规定向停留居留地县级以上地方人民政府公安机关出入境管理机构提出申请。

第三十六条　公安机关出入境管理机构作出的不予办理普通签证延期、换发、补发，不予办理外国人停留居留证件、不予延长居留期限的决定为最终决定。

第三十七条　外国人在中国境内停留居留，不得从事与停留居留事由不相符的活动，并应当在规定的停留居留期限届满前离境。

第三十八条　年满十六周岁的外国人在中国境内停留居留，应当随身携带本人的护照或者其他国际旅行证件，或者外国人停留居留证件，接受公安机关的查验。

在中国境内居留的外国人，应当在规定的时间内到居留地县级以上地方人民政府公安机关交验外国人居留证件。

第三十九条　外国人在中国境内旅馆住宿的，旅馆应当按照旅馆业治安管理的有关规定为其办理住宿登记，并向所在地公安机关报送外国人住宿登记信息。

外国人在旅馆以外的其他住所居住或者住宿的，应当在入住后二十四小时内由本人或者留宿人，向居住地的公安机关办理登记。

第四十条　在中国境内出生的外国婴儿，其父母或者代理人应当在婴儿出生六十日内，持该婴儿的出生证明到父母停留居留地县级以上地方人民政府公安机关出入境管理机构为其办理停留或者居留登记。

外国人在中国境内死亡的，其家属、监护人或者代理人，应当按照规定，持该外国人的死亡证明向县级以上地方人民政府公安机关出入境管理机构申报，注销外国人停留居留证件。

第四十一条　外国人在中国境内工作，应当按照规定取得工作许可和工作类居留证件。任何单位和个人不得聘用未取得工作许可和工作类居留证件的外国人。

外国人在中国境内工作管理办法由国务院规定。

第四十二条　国务院人力资源和社会保障主管部门、外国专家主管部门会同国务院有关部门根据经济社会发展需要和人力资源供求状况制定并定期调整外国人在中国境内工作指导目录。

国务院教育主管部门会同国务院有关部门建立外国留学生勤工助学管理制度，对外国留学生勤工助学的岗位范围和时限作出规定。

第四十三条　外国人有下列行为之一的，属于非法就业：

（一）未按照规定取得工作许可和工作类居留证件在中国境内工作的；

（二）超出工作许可限定范围在中国境内工作的；

（三）外国留学生违反勤工助学管理规定，超出规定的岗位范围或者时限在中国境内工作的。

第四十四条　根据维护国家安全、公共安全的需要，公安机关、国家安全机关可以限制外国人、外国机构在某些地区设立居住或者办公场所；对已经设立的，可以限期迁离。

未经批准，外国人不得进入限制外国人进入的区域。

第四十五条　聘用外国人工作或者招收外国留学生的单位，应当按照规定向所在地公安机关报告有关信息。

公民、法人或者其他组织发现外国人有非法入境、非法居留、非法就业情形的，应当及时向所在地公安机关报告。

第四十六条　申请难民地位的外国人，在难民地位甄别期间，可以凭公安机关签发的临时身份证明在中国境内停留；被认定为难民的外国人，可以凭公安机关签发的难民身份证件在中国境内停留居留。

第二节　永久居留

第四十七条　对中国经济社会发展作出突出贡献或者符合其他在中国境内永久居留条件的外国人，经本人申请和公安部批准，取得永久居留资格。

外国人在中国境内永久居留的审批管理办法由公安部、外交部会同国务院有关部门规定。

第四十八条　取得永久居留资格的外国人，凭永久居留证件在中国境内居留和工作，凭本人的护照和永久居留证件出境入境。

第四十九条　外国人有下列情形之一的，由公安部决定取消其在中国境内永久居留资格：

（一）对中国国家安全和利益造成危害的；

（二）被处驱逐出境的；

（三）弄虚作假骗取在中国境内永久居留资格的；

（四）在中国境内居留未达到规定时限的；

（五）不适宜在中国境内永久居留的其他情形。

第五章　交通运输工具出境入境边防检查

第五十条　出境入境交通运输工具离开、抵达口岸时，应当接受边防检查。对交通运输工具的入境边防检查，在其最先抵达的口岸进行；对交通运输工具的出境边防检查，在其最后离开的口岸进行。特殊情况下，可以在有关主管机关指定的地点进行。

出境的交通运输工具自出境检查后至出境前，入境的交通运输工具自入境后至入境检查前，未经出入境边防检查机关按照规定程序许可，不得上下人员、装卸货物或者物品。

第五十一条　交通运输工具负责人或者交通运输工具出境入境业务代理单位应当按照规定提前向出入境边防检查机关报告入境、出境的交通运输工具抵达、离开口岸的时间和停留地点，如实申报员工、旅客、货物或者物品等信息。

第五十二条　交通运输工具负责人、交通运输工具出境入境业务代理单位应当配合出境入境边防检查，发现违反本法规定行为的，应当立即报告并协助调查处理。

入境交通运输工具载运不准入境人员的，交通运输工具负责人应当负责载离。

第五十三条　出入境边防检查机关按照规定对处于下列情形之一的出境入境交通运输工具进行监护：

（一）出境的交通运输工具在出境边防检查开始后至出境前、入境的交通运输工具在入境后至入境边防检查完成前；

（二）外国船舶在中国内河航行期间；

（三）有必要进行监护的其他情形。

第五十四条　因装卸物品、维修作业、参观访问等事由需要上下外国船舶的人员，应当向出入境边防检查机关申请办理登轮证件。

中国船舶与外国船舶或者外国船舶之间需要搭靠作业的，应当由船长或者交通运输工具出境入境业务代理单位向出入境边防检查机关申请办理船舶搭靠手续。

第五十五条　外国船舶、航空器在中国境内应当按照规定的路线、航线行驶。

出境入境的船舶、航空器不得驶入对外开放口岸以外地区。因不可预见的紧急情况或者不可抗力驶入的，应当立即向就近的出入境边防检查机关或者当地公安机关报告，并接受监护和管理。

第五十六条　交通运输工具有下列情形之一的，不准出境入境；已经驶离口岸的，可以责令返回：

（一）离开、抵达口岸时，未经查验准许擅自出境入境的；

（二）未经批准擅自改变出境入境口岸的；

（三）涉嫌载有不准出境入境人员，需要查验核实的；

（四）涉嫌载有危害国家安全、利益和社会公共秩序的物品，需要查验核实的；

（五）拒绝接受出入境边防检查机关管理的其他情形。

前款所列情形消失后，出入境边防检察机关对有关交通运输工具应当立即放行。

第五十七条　从事交通运输工具出境入境业务代理的单位，应当向出入境边防检查机关备案。从事业务代理的人员，由所在单位向出入境边防检查机关办理备案手续。

第六章　调查和遣返

第五十八条　本章规定的当场盘问、继续盘问、拘留审查、限制活动范围、遣送出境措施，由县级以上地方人民政府公安机关或者出入境边防检查机关实施。

第五十九条　对涉嫌违反出境入境管理的人员，可以当场盘问；经当场盘问，有下列情形之一的，可以依法继续盘问：

（一）有非法出境入境嫌疑的；

（二）有协助他人非法出境入境嫌疑的；

（三）外国人有非法居留、非法就业嫌疑的；

（四）有危害国家安全和利益，破坏社会公共秩序或者从事其他违法犯罪活动嫌疑的。

当场盘问和继续盘问应当依据《中华人民共和国人民警察法》规定的程序进行。

县级以上地方人民政府公安机关或者出入境边防检查机关需要传唤涉嫌违反出境入境管理的人员的，依照《中华人民共和国治安管理处罚法》的有关规定执行。

第六十条　外国人有本法第五十九条第一款规定情形之一的，经当场盘问或者继续盘问后仍不能排除嫌疑，需要作进一步调查的，可以拘留审查。

实施拘留审查，应当出示拘留审查决定书，并在二十四小时内进行询问。发现不应当拘留审查的，应当立即解除拘留审查。

拘留审查的期限不得超过三十日；案情复杂的，经上一级地方人民政府公安机关或者出入境边防检查机关批准可以延长至六十日。对国籍、身份不明的外国人，拘留审查期限自查清其国籍、身份之日起计算。

第六十一条　外国人有下列情形之一的，不适用拘留审查，可以限制其活动范围：

（一）患有严重疾病的；

（二）怀孕或者哺乳自己不满一周岁婴儿的；

（三）未满十六周岁或者已满七十周岁的；

（四）不宜适用拘留审查的其他情形。

被限制活动范围的外国人，应当按照要求接受审查，未经公安机关批准，不得离开限定的区域。限制活动范围的期限不得超过六十日。对国籍、身份不明的外国人，限制活动范围期限自查清其国籍、身份之日起计算。

第六十二条　外国人有下列情形之一的，可以遣送出境：

（一）被处限期出境，未在规定期限内离境的；

（二）有不准入境情形的；

（三）非法居留、非法就业的；

（四）违反本法或者其他法律、行政法规需要遣送出境的。

其他境外人员有前款所列情形之一的，可以依法遣送出境。

被遣送出境的人员，自被遣送出境之日起一至五年内不准入境。

第六十三条　被拘留审查或者被决定遣送出境但不能立即执行的人员，应当羁押在拘留所或者遣返场所。

第六十四条　外国人对依照本法规定对其实施的继续盘问、拘留审查、限制活动范围、遣送出境措施不服的，可以依法申请行政复议，该行政复议决定为最终决定。

其他境外人员对依照本法规定对其实施的遣送出境措施不服，申请行政复议的，适用前款规定。

第六十五条　对依法决定不准出境或者不准入境的人员，决定机关应当按照规定及时通知出入境边防检查机关；不准出境、入境情形消失的，决定机关应当及时撤销不准出境、入境决定，并通知出入境边防检查机关。

第六十六条　根据维护国家安全和出境入境管理秩序的需要，必要时，出入境边防检查机关可以对出境入境的人员进行人身检查。人身检查应当由两名与受检查人同性别的边防检查人员进行。

第六十七条　签证、外国人停留居留证件等出境入境证件发生损毁、遗失、被盗抢或者签发后发现持证人不符合签发条件等情形的，由签发机关宣布该出境入境证件作废。

伪造、变造、骗取或者被证件签发机关宣布作废的出境入境证件无效。

公安机关可以对前款规定的或被他人冒用的出境入境证件予以注销或者收缴。

第六十八条　对用于组织、运送、协助他人非法出境入境的交通运输工具，以及需要作为办案证据的物品，公安机关可以扣押。

对查获的违禁物品，涉及国家秘密的文件、资料以及用于实施违反出境入境管理活动的工具等，公安机关应当予以扣押，并依照相关法律、行政法规规定处理。

第六十九条　出境入境证件的真伪由签发机关、出入境边防检查机关或者公安机关出入境管理机构认定。

第七章　法律责任

第七十条　本章规定的行政处罚，除本章另有规定外，由县级以上地方人民政府公安机关或者出入境边防检查机关决定；其中警告或者五千元以下罚款，可以由县级以上地方人民政府公安机关出入境管理机构决定。

第七十一条　有下列行为之一的，处一千元以上五千元以下罚款；情节严重的，处五日以上十日以下拘留，可以并处二千元以上一万元以下罚款：

（一）持用伪造、变造、骗取的出境入境证件出境入境的；

（二）冒用他人出境入境证件出境入境的；

（三）逃避出境入境边防检查的；

（四）以其他方式非法出境入境的。

第七十二条　协助他人非法出境入境的，处二千元以上一万元以下罚款；情节严重的，处十日以上十五日以下拘留，并处五千元以上二万元以下罚款，有违法所得的，没收违法所得。

单位有前款行为的，处一万元以上五万元以下罚款，有违法所得的，没收违法所得，并对其直接负责的主管人员和其他直接责任人员依照前款规定予以处罚。

第七十三条　弄虚作假骗取签证、停留居留证件等出境入境证件的，处二千元以上五千元以下罚款；情节严重的，处十日以上十五日以下拘留，并处五千元以上二万元以下罚款。

单位有前款行为的，处一万元以上五万元以下罚款，并对其直接负责的主管人员和其他直接责任人员依照前款规定予以处罚。

第七十四条　违反本法规定，为外国人出具邀请函件或者其他申请材料的，处五千元以上一万元以下罚款，有违法所得的，没收违法所得，并责令其承担所邀请外国人的出境费用。

单位有前款行为的，处一万元以上五万元以下罚款，有违法所得的，没收违法所得，并责令其承担所邀请外国人的出境费用，对其直接负责的主管人员和其他直接责任人员依照前款规定予以处罚。

第七十五条　中国公民出境后非法前往其他国家或者地区被遣返的，出入境边防检查机关应当收缴其出境入境证件，出境入境证件签发机关自其被遣返之日起六个月至三年以内不予签发出境入境证件。

第七十六条　有下列情形之一的，给予警告，可以并处二千元以下罚款：

（一）外国人拒不接受公安机关查验其出境入境证件的；

（二）外国人拒不交验居留证件的；

（三）未按照规定办理外国人出生登记、死亡申报的；

（四）外国人居留证件登记事项发生变更，未按照规定办理变更的；

（五）在中国境内的外国人冒用他人出境入境证件的；

（六）未按照本法第三十九条第二款规定办理登记的。

旅馆未按照规定办理外国人住宿登记的，依照《中华人民共和国治安管理处罚法》的有关规定予以处罚；未按照规定向公安机关报送外国人住宿登记信息的，给予警告；情节严重的，处一千元以上五千元以下罚款。

第七十七条　外国人未经批准，擅自进入限制外国人进入的区域，责令立即离开；情节严重的，处五日以上十日以下拘留。对外国人非法获取的文字记录、音像资料、电子数据和其他物品，予以收缴或者销毁，所用工具予以收缴。

外国人、外国机构违反本法规定，拒不执行公安机关、国家安全机关限期迁离决定的，给予警告并强制迁离；情节严重的，对有关责任人员处五日以上十五日以下拘留。

第七十八条 外国人非法居留的，给予警告；情节严重的，处每非法居留一日五百元，总额不超过一万元的罚款或者五日以上十五日以下拘留。

因监护人或者其他负有监护责任的人未尽到监护义务，致使未满十六周岁的外国人非法居留的，对监护人或者其他负有监护责任的人给予警告，可以并处一千元以下罚款。

第七十九条 容留、藏匿非法入境、非法居留的外国人，协助非法入境、非法居留的外国人逃避检查，或者为非法居留的外国人违法提供出境入境证件的，处二千元以上一万元以下罚款；情节严重的，处五日以上十五日以下拘留，并处五千元以上二万元以下罚款，有违法所得的，没收违法所得。

单位有前款行为的，处一万元以上五万元以下罚款，有违法所得的，没收违法所得，并对其直接负责的主管人员和其他直接责任人员依照前款规定予以处罚。

第八十条 外国人非法就业的，处五千元以上二万元以下罚款；情节严重的，处五日以上十五日以下拘留，并处五千元以上二万元以下罚款。

介绍外国人非法就业的，对个人处每非法介绍一人五千元，总额不超过五万元的罚款；对单位处每非法介绍一人五千元，总额不超过十万元的罚款；有违法所得的，没收违法所得。

非法聘用外国人的，处每非法聘用一人一万元，总额不超过十万元的罚款；有违法所得的，没收违法所得。

第八十一条 外国人从事与停留居留事由不相符的活动，或者有其他违反中国法律、法规规定，不适宜在中国境内继续停留居留情形的，可以处限期出境。

外国人违反本法规定，情节严重，尚不构成犯罪的，公安部可以处驱逐出境。公安部的处罚决定为最终决定。

被驱逐出境的外国人，自被驱逐出境之日起十年内不准入境。

第八十二条 有下列情形之一的，给予警告，可以并处二千元以下罚款：

（一）扰乱口岸限定区域管理秩序的；

（二）外国船员及其随行家属未办理临时入境手续登陆的；

（三）未办理登轮证件上下外国船舶的。

违反前款第一项规定，情节严重的，可以并处五日以上十日以下拘留。

第八十三条 交通运输工具有下列情形之一的，对其负责人处五千元以上五万元以下罚款：

（一）未经查验准许擅自出境入境或者未经批准擅自改变出境入境口岸的；

（二）未按照规定如实申报员工、旅客、货物或者物品等信息，或者拒绝协助出境入境边防检查的；

（三）违反出境入境边防检查规定

上下人员、装卸货物或者物品的。

出境入境交通运输工具载运不准出境入境人员出境入境的，处每载运一人五千元以上一万元以下罚款。交通运输工具负责人证明其已经采取合理预防措施的，可以减轻或者免予处罚。

第八十四条 交通运输工具有下列情形之一的，对其负责人处二千元以上二万元以下罚款：

（一）中国或者外国船舶未经批准擅自搭靠外国船舶的；

（二）外国船舶、航空器在中国境内未按照规定的路线、航线行驶的；

（三）出境入境的船舶、航空器违反规定驶入对外开放口岸以外地区的。

第八十五条 履行出境入境管理职责的工作人员，有下列行为之一的，依法给予处分：

（一）违反法律、行政法规，为不符合规定条件的外国人签发签证、外国人停留居留证件等出境入境证件的；

（二）违反法律、行政法规，审核验放不符合规定条件的人员或者交通运输工具出境入境的；

（三）泄露在出境入境管理工作中知悉的个人信息，侵害当事人合法权益的；

（四）不按照规定将依法收取的费用、收缴的罚款及没收的违法所得、非法财物上缴国库的；

（五）私分、侵占、挪用罚没、扣押的款物或者收取的费用的；

（六）滥用职权、玩忽职守、徇私舞弊，不依法履行法定职责的其他行为。

第八十六条 对违反出境入境管理行为处五百元以下罚款的，出入境边防检查机关可以当场作出处罚决定。

第八十七条 对违反出境入境管理行为处罚款的，被处罚人应当自收到处罚决定书之日起十五日内，到指定的银行缴纳罚款。被处罚人在所在地没有固定住所，不当场收缴罚款事后难以执行或者在口岸向指定银行缴纳罚款确有困难的，可以当场收缴。

第八十八条 违反本法规定，构成犯罪的，依法追究刑事责任。

第八章 附　　则

第八十九条 本法下列用语的含义：

出境，是指由中国内地前往其他国家或者地区，由中国内地前往香港特别行政区、澳门特别行政区，由中国内地前往台湾地区。

入境，是指由其他国家或者地区进入中国内地，由香港特别行政区、澳门特别行政区进入中国内地，由台湾地区进入中国内地。

外国人，是指不具有中国国籍的人。

第九十条 经国务院批准，同毗邻国家接壤的省、自治区可以根据中国与有关国家签订的边界管理协定制定地方性法规、地方政府规章，对两国边境接壤地区的居民往来作出规定。

第九十一条 外国驻中国的外交

代表机构、领事机构成员以及享有特权和豁免的其他外国人,其入境出境及停留居留管理,其他法律另有规定的,依照其规定。

第九十二条 外国人申请办理签证、外国人停留居留证件等出境入境证件或者申请办理证件延期、变更的,应当按照规定缴纳签证费、证件费。

第九十三条 本法自 2013 年 7 月 1 日起施行。《中华人民共和国外国人入境出境管理法》和《中华人民共和国公民出境入境管理法》同时废止。

中共中央组织部、人力资源和社会保障部、公安部等 25 部门关于印发《外国人在中国永久居留享有相关待遇的办法》的通知

人社部发〔2012〕53 号

各省、自治区、直辖市、新疆生产建设兵团、副省级市组织、人力资源和社会保障、公安、外事、发展改革、教育、科技、财政、住建、商务、计生、人民银行、国资、海关、税务、工商、旅游、侨务、银监、证监、保监、外专、民航、外汇部门，各铁路局，国务院各部门、各直属机构人事部门：

《外国人在中国永久居留审批管理办法》颁布以来，一批外籍人才获得《外国人永久居留证》，为我国吸引海外人才和投资者更好参与国家建设发挥了重要作用。《国家中长期人才发展规划纲要（2010—2020 年）》明确提出，要实施更加开放的人才政策，大力吸引海外高层次人才回国（来华）创新创业。经中央人才工作协调小组同意，现印发《外国人在中国永久居留享有相关待遇的办法》，请认真贯彻执行。

在中国永久居留的外国人享有相关待遇问题，涉及工作和生活的方方面面，是吸引海外人才来华工作的重要措施。各级组织、人力资源和社会保障、公安、外交、发展改革、教育、科技、财政、住建、铁路、商务、计生、人民银行、国资、海关、税务、工商、旅游、侨务、银监、证监、保监、外专、民航、外汇等相关部门要充分认识这项工作的重要意义，加强协调配合，抓紧出台实施细则和办法，积极落实各项措施，切实保障外籍人才在中国永久居留的合法权益和各项待遇。要不断完善服务政策，增强服务意识，提高服务水平，为大力吸引海外人才来华创新创业营造良好环境。

中共中央组织部　人力资源和社会保障部
　　公安部　外交部　发展改革委
　　教育部　科技部　财政部
　　住房城乡建设部　铁道部　商务部
　　人口计生委　人民银行　国资委
　　海关总署　税务总局　工商总局
　　旅游局　侨办　银监会　证监会
　　保监会　外专局　民航局　外汇局
2012 年 9 月 25 日

外国人在中国永久居留享有相关待遇的办法

"外国人永久居留证"是获得在中国永久居留资格的外国人在中国境内居留的合法身份证件，可以单独使用。凡持有中国"外国人永久居留证"的外籍人员可享有以下待遇：

一、除政治权利和法律法规规定不可享有的特定权利和义务外，原则上和中国公民享有相同权利，承担相同义务。

二、在中国居留期限不受限制，可以凭有效护照和"外国人永久居留证"出入中国国境，无需另外办理签证等手续；其配偶及直系亲属，可按有关规定申请办理相应签证、居留证件或"外国人永久居留证"。

三、进出境自用物品按照海关对定居旅客的有关规定办理手续。

四、在中国就业，免办"外国人就业证"；符合条件的，可优先办理"外国专家证"、"回国（来华）专家证"以及各地人才工作居住证。

五、可以技术入股或者投资等方式创办外商投资企业，可以合法获得的人民币在中国境内进行外商直接投资。

六、在中国投资项目、设立外商投资企业的，发展改革、商务、工商、外汇等部门按照外资管理有关规定简化核准及审批程序，提高效率。

七、可按规定参加专业技术职务任职资格评审和专业技术人员资格考试。

八、随迁子女义务教育阶段入学，符合条件的，可享受相关政策，由其居住地教育行政部门按照就近入学的原则办理入、转学手续，不收取国家规定以外的费用。

九、可以"外国人永久居留证"作为有效身份证件办理参加社会保险各项手续。在中国境内就业的，按照《中华人民共和国社会保险法》有关规定参加各项社会保险；在中国境内居住但未就业，且符合统筹地区规定的，可参照国内城镇居民参加城镇居民基本医疗保险和城镇居民社会养老保险，享受社会保险待遇。办理社会保险关系转移接续、终止等手续，社会保险经办机构按照有关规定简化流程、提供方便。

十、可按照《住房公积金管理条例》等规定，在工作地缴存和使用住房公积金，离开该地区时，可按规定办理住房公积金的提取或转移手续。

十一、可不受《关于规范房地产市场外资准入和管理的意见》中关于境外个人在境内购买自用商品住房需在境内工作、学习超过一年的限制，按照其他有关规定在境内购买自用、自住商品住房。

十二、在缴纳所得税方面，按照中国税收法律法规以及税收协定的有关规定，履行相应的纳税义务。

十三、在国内办理银行、保险、证券和期货等金融方面业务，可以"外国人永久居留证"作为身份凭证，享有中国公民同等权利、义务和统计归属。

十四、在国内取得的收入，依法纳税并持有税务部门出具的对外支付税务证明后，可兑换外汇汇出境外。可以"外国人永久居留证"作为身份凭证，按照相关外汇管理规定办理外汇业务。

十五、在国内购物、购买公园及各类文体场馆门票、进行文化娱乐商旅等消费活动与中国公民同等待遇、价格相同。

十六、乘坐中国国内航班，可凭"外国人永久居留证"办理有关登机手续；在国内乘坐火车，可凭"外国人永久居留证"购买火车票；在国内旅馆住宿，可凭"外国人永久居留证"办理有关入住手续。

十七、在申领机动车驾驶证和办理机动车登记方面，享受中国公民同等待遇。初次申领或持境外机动车驾驶证换领"中华人民共和国机动车驾驶证"，符合驾驶证申领或换领条件的，可凭"外国人永久居留证"、公安部门出具的住宿登记证明、身体条件证明，经考试合格后，由公安机关核发"中华人民共和国机动车驾驶证"。申请办理机动车登记，可以凭"外国人永久居留证"、公安部门出具的住宿登记证明及机动车相关证明、凭证，到公安部门办理机动车登记业务。

十八、加入或恢复中国国籍，公安部门按照有关规定简化手续，加快办理。

十九、本办法由人力资源和社会保障部、公安部会同相关部门负责解释。

二十、本办法自发布之日起施行。

中共中央组织部、人力资源和社会保障部、外交部、公安部、国家外国专家局关于为外籍高层次人才来华提供签证及居留便利有关问题的通知

人社部发〔2012〕57号

各省、自治区、直辖市、新疆生产建设兵团党委组织部、人力资源和社会保障厅（局）、外办、公安厅（局）、外国专家局，党中央国务院各部门人事部门：

根据现行出入境管理法律法规及《关于印发〈关于海外高层次引进人才享受特定生活待遇的若干规定〉的通知》（组通字〔2008〕58号）等文件规定，现就外籍高层次人才来华签证及居留有关问题通知如下：

一、提供签证及居留便利的对象

凡纳入下列海外高层次人才引进计划引进的外籍来华高层次人才及其外籍配偶和未满18周岁外籍子女，或中国籍回国高层次人才的外籍配偶和未满18周岁外籍子女，可以为其提供签证及居留便利。

（一）中央海外高层次人才引进计划（"千人计划"）；

（二）中央和国家机关各部委、各直属机构、中央企业开展并报中共中央组织部、人力资源和社会保障部或国家外国专家局备案同意的各类海外高层次人才引进计划；

（三）各省、自治区、直辖市和副省级城市开展并报中共中央组织部、人力资源和社会保障部或国家外国专家局备案同意的各类海外高层次人才引进计划；

（四）省级以下开展的规模较大、层次较高、具有较强影响力，经各省（自治区、直辖市）和副省级城市党委组织部、人力资源和社会保障部门或外国专家主管部门审核，报中共中央组织部、人力资源和社会保障部或国家外国专家局审批同意的各类海外高层次人才引进计划。

二、提供签证及居留便利的措施

（一）需多次临时入、出境的，可

办理5年多次有效、每次停留不超过180天的长期多次签证。

（二）需在中国工作或长期居留的，可办理工作签证或2至5年有效的外国人居留证件。

（三）符合办理永久居留条件的，可申请办理永久居留手续。

（四）符合条件的，颁发来华定居专家证或外国专家证。

三、办理签证及居留便利事宜的程序

（一）中央和国家机关各部委、直属机构、中央企业按照本通知第一条第一、二款引进的高层次人才及其配偶和未满18周岁子女，按以下程序办理签证或长期居留手续：高层次留学人才由相关部委、直属机构、中央企业组织人事部门填写《高层次留学人才登记表》和《高层次留学人才名单》，与相关证明材料一并报送人力资源和社会保障部专业技术人员管理司；高层次外国专家由相关部委、直属机构、中央企业引智归口管理部门填写《高层次外国专家登记表》和《高层次外国专家名单》，与相关证明材料一并报送国家外国专家局办公室。人力资源和社会保障部专业技术人员管理司或国家外国专家局办公室审核后，将名单函告外交部领事司或公安部出入境管理局，由外交部领事司或公安部出入境管理局通知相关驻外使领馆或公安机关出入境管理部门，按各自职能为有关人员审发长期多次签证、工作签证或2至5年外国人居留许可。

（二）各省、自治区、直辖市按照本通知第一条第三、四款引进的高层次人才及其配偶和未满18周岁子女办理签证或长期居留手续，由用人单位填写登记表和名单，与相关证明材料一并报送省级人民政府人力资源和社会保障部门或外国专家主管部门。省级人民政府人力资源和社会保障部门或外国专家主管部门审核后，将名单函告所在省、自治区、直辖市外事办公室或公安机关出入境管理部门，所在省、自治区、直辖市外事办公室将名单函告外交部领事司。驻外使领馆凭外交部领事司通知、公安机关出入境管理部门凭省级人民政府人力资源和社会保障部门或外国专家主管部门公函按各自职能为有关人员审发长期多次签证、工作签证或2至5年外国人居留许可。

（三）列入本通知第一条第一、二、三、四款的高层次人才及其配偶和未满18周岁未婚子女，本人有意愿办理永久居留手续且符合有关条件的，由人才引进计划执行部门或地方填写登记表和名单，与有关证明文件一并报人力资源和社会保障部专业技术人员管理司审核，人力资源和社会保障部定期向公安部提供名单，公安部通知相关地方公安机关对名单中有关人员受理审发"外国人永久居留证"。名单中确定的外籍高层次人才仅需提供护照复印件，无需提供奖励证明、科研成果证明等证明材料和健康证明。

列入本通知第一条第一、二、三款的高层次人才的外籍配偶仅需提供婚姻证明、健康证明、在国外无犯罪记录的本人书面声明及护照复印件，未满18周岁未婚外籍子女仅需提供亲属关系证明及护照复印件。列入本通知第一条第四款的高层次人才的外籍配偶仅需提供婚姻证明、健康证明、在国外无犯罪记录证明及护照复印件，未满18周岁未婚外籍子女仅需提供亲属关系证明及护照复印件。

（四）符合条件的外籍高层次人才申请办理来华定居专家证或外国专家证，由所属中央和国家机关部委、直属机构、中央企业或各省、自治区、直辖市人力资源和社会保障部门或外国专家主管部门将名单报送人力资源和社会保障部或国家外国专家局审批同意后发证，并享受相关待遇。

四、其他事项

未进入重点引才计划的高层次人才及其家属子女办理签证和居留手续，仍按《关于海外高层次留学人才回国工作绿色通道有关入出境及居留便利问题的通知》（人社部发〔2009〕113号）等有关规定执行。

各级"千人计划"服务窗口要积极拓展服务领域，提升服务质量，为包括外籍人才在内的各类海外高层次人才提供个性化、一站式、全方位的服务，承办好各项具体服务工作。

为外籍高层次人才来华工作提供签证及居留便利是加大海外高层次人才引进力度的一项重要举措。各级组织、人力资源和社会保障、外交、公安、外专部门要充分认识这项工作的重要意义，加强配合、完善服务，为全面建成小康社会和建设创新型国家提供有力人才保障。

中共中央组织部
人力资源和社会保障部
外交部
公安部
国家外国专家局
2012年9月28日

国家外国专家局、国家发展和改革委员会、科学技术部、公安部、人力资源和社会保障部、外交部、教育部关于印发《〈国家引进国外智力"十二五"规划〉主要目标和任务工作分工方案》的通知

外专发〔2012〕140号

中央编办、工业和信息化部、民政部、财政部、环境保护部、住房城乡建设部、农业部、商务部、文化部、卫生部、人民银行、国务院国有资产监督管理委员会、国务院法制办、中国科学院：

　　为贯彻落实《国务院关于国家引进国外智力"十二五"规划的批复》（国函〔2011〕163号）精神，确保《国家引进国外智力"十二五"规划》顺利实施，经国务院有关部门同意，现将《国家引进国外智力"十二五"规划主要目标和任务工作分工方案》印发你们，请认真组织实施。

国家外国专家局
国家发展和改革委员会
科学技术部
公安部
人力资源和社会保障部
外交部
教育部
2012年11月26日

《国家引进国外智力"十二五"规划》主要目标和任务工作分工方案

为全面实施《国家引进国外智力"十二五"规划》（以下简称《规划》），现提出主要目标和任务工作分工安排如下。

一、分工原则

1. 明确政府职责和市场功能

充分体现政府与市场在《规划》实施中的不同功能，对涉及需要政府履行职责的目标和任务进行分解，对依靠市场主体自主行为实现的目标和任务，不作分解。

2. 体现《规划》与《国民经济和社会发展第十二个五年规划纲要》等其他国家发展战略、专项规划的衔接和政策协调

3. 落实具体事项和责任主体

依据各部门的职责分工，将《规划》确定的主要目标和任务分解落实到相关部门和地区。

4. 突出主要工程和重点任务

按照《规划》提出的发展目标和主要任务，明确工作要求，切实保障《规划》提出的主要目标和任务顺利完成。

二、主要目标

一是引进外国专家年均增长4.6%，总量达到197.4万人次。引进外国高层次创新型人才达到45.4万人次，占总量的23%。（外国专家局会同国务院有关部门）

二是出国（境）培训规模科学合理。"十二五"期间出国（境）培训要控制规模，在零增长前提下，重点是优化结构，提升效果。（外国专家局会同国务院有关部门）

三是国外智力资源在产业和地区间的分布更加合理，中西部地区占全国的比例由13.7%提高到18.7%，老工业城市占全国的比例大幅度提高。引智资源向战略性新兴产业倾斜。（外国专家局会同国务院有关部门）

四是引进外国专家对人才队伍建设的贡献率由1.9‰提高到2.8‰，引进外国专家对经济增长的贡献率由2.8%提高到4.2%。（外国专家局会同国务院有关部门）

三、重大引智工程

(一) 创新型国家建设引智工程

1. "千人计划"高层次外国专家项目

按照"千人计划"的标准和待遇,利用10年左右的时间,引进500~1000名高层次外国专家。实施"千人计划"配套引智项目。(外国专家局)

2. 科技创新人才引进项目

在我国具有相对优势的科研领域,建设50个高水平的科技创新团队。以服务国家重大科研项目、国家重点工程和重大建设项目为重点,引进1000名国际著名专家、新技术领头人。(科技部、中国科学院、外国专家局)

3. 学科创新人才引进项目

继续实施高等学校学科创新引智计划(简称"111"计划),逐步扩大高校学科创新引智基地规模,引进1000名高校学科创新人才。实施"重点支持计划",引进2000名专业水平高、教学科研成果突出的拔尖人才。(教育部、外国专家局)

(二) 产业转型升级引智工程

1. 农业引智项目

加大强农惠农富农引智项目力度。引进国外先进种植养殖技术和生产经营方式,加快推进农业科技创新,深化"一村一品"特色农业发展模式,发展高产、优质、高效、生态、安全农业。(农业部、外国专家局)

2. 工业引智项目

以战略性新兴产业为重点,引进2000名高技术外国专家,掌握一批具有自主知识产权的核心技术。加大经济发展重点领域高水平外国专家引进力度。(外国专家局、发展改革委、工业和信息化部)

3. 服务业引智项目

在现代服务业、高技术服务业和综合交通运输体系等重点领域引进1000名高水平有管理经验的外国专家,带动人才培养。(外国专家局、工业和信息化部、人民银行等)

4. 软件与集成电路引智项目

重点建设5个国家软件与集成电路人才国际培训基地,鼓励引进高端人才和团队,通过出国培训、国际联合研究与办学等方式开展国际合作,将基地建设成为国家信息产业发展的人才高地。(工业和信息化部、外国专家局)

(三) 区域协调发展引智工程

1. 西部大开发引智项目

在基础设施建设、保护和治理生态环境、合理开发优势资源、发展区域特色产业等重点领域聘请外国专家

20000人次，引进先进实用技术100项。（外国专家局、西部地区省区市人民政府）

2. 振兴东北地区等老工业基地引智项目

突出产业基础和地缘优势，加大从俄罗斯、日本、韩国等周边国家引进专家力度。配合全国老工业基地调整改造，引进外国专业人才2000人次。（外国专家局、发展改革委、黑龙江省、吉林省、辽宁省、内蒙古自治区及老工业基地城市人民政府）

3. 中部地区崛起引智项目

引进国外优良品种和先进种植技术，促进粮食主产区建设。推进中部地区具有比较优势的能源和制造业发展，加大对中部地区基础设施建设和现代化市场体系建设的引智支持力度。（外国专家局、中部地区省人民政府）

4. 东部地区率先发展引智项目

支持东部地区发挥优势，建设10个国际智力资源集聚高地。推动形成具有国际竞争优势的产业。（外国专家局、东部地区省市人民政府）

5. 主体功能区引智项目

优化开发区域，重点支持提高产业技术水平项目。重点开发区域，重点支持吸纳资金、技术、产业和增强人口积聚能力的项目。限制开发区域，重点支持发展生态环境可以承载的特色产业。禁止开发区域，重点支持生态环境整治项目。（有关省区市人民政府、外国专家局、发展改革委）

（四）两型社会建设引智工程

1. 环境保护引智项目

服务环境治理重点工程，引进1000名具备丰富经验和实践能力的外国专家。（环保部、外国专家局）

2. 资源节约引智项目

围绕"十二五"节能减排目标，学习借鉴国外先进管理理念和模式，推动节能减排，发展绿色经济、循环经济，促进节能环保产业发展。引进10项先进节能技术，建设资源节约共性、关键技术和装备的引进服务平台，加强应用示范推广。（环保部、外国专家局）

3. 改善民生引智项目

在社会发展重点领域引进1000名具有一定国际影响的外国专家，建设10个和谐社会建设引智示范项目。（人力资源和社会保障部、民政部、教育部、卫生部、住房城乡建设部、文化部、外国专家局等）

（五）人才队伍能力建设引智工程

1. 党政人才出国（境）培训项目

以提高领导水平和执政能力为核心，以中高级领导干部为重点，每年

重点支持 1000 名中高级领导干部和优秀中青年干部出国（境）培训。（外国专家局）

2. 企业高级经营管理人才出国（境）培训项目

适应产业结构优化升级和实施"走出去"战略的需要，以提高现代经营管理水平和企业国际竞争力为核心，每年重点支持 1000 名高层次企业经营管理人才赴国（境）外培训。（国务院国务院国有资产监督管理委员会、工业和信息化部、外国专家局）

3. 专业技术人才出国（境）培训项目

以提高专业水平和创新能力为核心，以高层次人才和紧缺人才为重点，每年重点支持 3000 名专业技术人才出国（境）培训。每年组织 200 名大学校长出国（境）培训。（外国专家局会同国务院有关部门）

4. 高技能人才出国（境）培训项目

以提升职业素质和职业技能为核心，每年重点支持 1000 名高技能师资及部分高技能人才出国（境）培训。引入先进、成熟、适用的国际职业资格培训课程，推动高技能人才培养。（人力资源和社会保障部、国务院国务院国有资产监督管理委员会、外国专家局）

5. 农业科技人才和农村实用人才出国（境）培训项目

以提高科技素质、职业技能和经营能力为核心，每年重点支持 1000 名农业科技人才和农村实用人才赴国（境）外培训。（农业部、外国专家局）

6. 社会工作专业人才出国（境）培训项目

以提升社会工作专业人才的职业化、专业化水平为着力点，每年重点支持 1000 名中高级社会工作专业人才赴国（境）外培训。（民政部、外国专家局）

（六）国际智力交流合作平台建设工程

1. 设立"国际高端人才交流基金"

每年资助 50 名国外知名科学家来华从事研究或与企业开展合作交流；资助 50 名重点领域高层次人才以访问学者、课题研究等形式赴国（境）外学习进修；资助 100 名优秀青年人才参加重要国际学术交流活动。（外国专家局、教育部、科技部、人力资源和社会保障部、中国科学院等）

2. 开辟引智渠道

巩固、提升与 300 多个专家组织、政府机构、著名大学等的合作关系，拓展合作内容。新建 100 个高层次引智渠道。（外国专家局、外交部、科技部）

3. 引智促进"走出去"战略

支持国内教育科研机构在国外建设 50 个研究基地或研究项目。对在国外聘用当地优秀人才给予资金和项目倾

斜。（教育部、科技部、中国科学院等）

4. 组织重大引智活动

组织影响大、规格高的国家级、国际性智力资源交流活动，搭建高层次国际智力资源交流与合作平台。进一步提升中国国际人才交流大会、中美工程技术研讨会的效果。（外国专家局）

5. 外国专家智库建设

遴选100名优秀外国专家，组建外国专家智囊库，为国家重大项目、前瞻课题研究以及事关区域和地方发展的重大问题提供专业咨询、政策建议和论证评估。（外国专家局）

（七）引智精品示范工程

1. 培育重大引智成果

在农业领域，精选100个优良引智成果，大力进行推广；在工业和服务业领域，精选100个有较大影响的品牌项目，加大支持力度。（外国专家局会同农业部、工业和信息化部等国务院有关部门）

2. 引智成果示范推广基地建设

做大做强一批有重大影响的品牌项目，建设50个高水平引智成果示范推广基地。（外国专家局会同国务院有关部门）

3. 引智示范单位建设

着眼于推动企业成为技术创新主体和提高企业自主创新能力，以大型企业研发中心为依托，建立50个引智创新示范单位。（外国专家局、科技部等）

（八）引智信息化建设工程

1. 完善信息服务体系

建立统一的外国专家来华工作证件管理系统、引智项目网上申报系统，完善引智信息资源管理体系。加强各业务领域数据共享与系统整合，推进与相关部门的信息交换与共享。（外国专家局、工业和信息化部等）

2. 丰富国家海外高层次紧缺型人才库

利用海外高层次人才联系窗口和中国国际人才网，吸引国外人才自荐；通过证件管理系统、搜索引擎的技术升级丰富国外人才资源信息；深化与有关专业机构合作，提升专业人才信息库功能。（外国专家局）

3. 优化国外人才测评系统

建立健全国外人才计分评价系统，不断优化测评模型，为探索实行技术移民政策和国际人才流动市场化提供完善的技术支撑和实际应用。（外国专家局、外交部、公安部、国务院法制办）

4. 建立引智综合环境评估机制

对我国主要城市引智政策环境、政务环境、工作环境、生活环境等进行指标化评估，形成中国城市引智综合环境报告，为引智环境建设及发展提供决策参考。（外国专家局）

四、主要任务

(一) 关于体制机制创新

一是加强引智工作宏观管理和统筹协调，健全咨询决策、协调落实和监督约束机制，建立资源共享、优势互补的引智服务平台。（外国专家局会同国务院有关部门）

二是按照转变职能、理顺关系、优化结构、提高效能的要求，完善引智工作运行机制。加强引智机构建设，健全地方工作机构，充实引智工作队伍。（外国专家局、中编办、各省区市人民政府）

三是坚持人才智力资本优先原则，健全多元化经费投入机制。加大资金投入力度，保证引智经费逐年稳定增长。拓宽国外人才创新创业融资渠道。调整优化引智经费支出结构。加强经费管理，确保资金使用效益。（外国专家局、财政部、人力资源和社会保障部）

四是建立科学有效的国外智力资源供给和评价体系。（外国专家局）

五是健全国家外国专家局与有关部委、地方政府合作机制，强化政策引导，突出工作重点，优化引智分类指导机制。（外国专家局会同国务院有关部门、有关省区市人民政府）

六是完善引进人才分配激励机制，建立符合国际惯例的国外智力资源开发利用模式。（外国专家局会同国务院有关部门）

七是完善中国政府"友谊奖"以及行业部门和地方政府奖项等激励机制。（外国专家局会同国务院有关部门、有关省区市人民政府）

八是健全外国专家来华工作服务体系，认真落实外国专家在医疗、保险、子女入学等方面的保障措施，进一步完善反映外国专家意见和建议的工作机制。加强引智公共服务。加强引智宣传。（外国专家局会同国务院有关部门、各省区市人民政府）

九是建立应急预警机制，提高处理引智领域涉外突发性事件能力。（外国专家局会同国务院有关部门、各省区市人民政府）

(二) 关于重大政策

一是建立健全引智政策法规体系，积极推动外国专家来华工作条例，以及加强引进国外智力工作、加强因公出国（境）培训管理、开发利用国外智力资源、引进国外智力成果共享等法规和文件的制订。（外国专家局、外交部、国务院法制办、人力资源和社会保障部）

二是大力推动引智政策创新，积极探索实行技术移民，研究制定促进国际交流合作、促进"引资"与"引智"相结合、鼓励非公有制经济组织和社会组织引智发展等方面的政策文件。（外国专家局、外交部、国务院法制办、公安部、商务部、人力资源和社会保障部）

三是突出产业导向，科学预测我国经济社会发展对国外智力资源需求，

制定重点领域人才开发目录和引进国外人才行业指导目录。（外国专家局、人力资源和社会保障部）

四是加强引智重大项目制度建设，健全项目运行机制。（外国专家局会同国务院有关部门、有关省区市人民政府）

五是推进引智工作行政审批制度改革。建立健全行政许可责任制和监督检查机制。（外国专家局）

六是加强对外国专家和派遣外国专家中介组织管理。（外国专家局）

七是建立健全出国（境）培训的审批、管理和考评机制，完善出国（境）培训质量效益评估体系。积极开发利用国（境）外优质教育培训资源，完善境外优质培训机构体系建设。创新出国（境）培训方式，推动建设功能完备、资源共享、规范高效的网络培训体系。（外国专家局、国务院有关部门）

八是加强与国际高水平人力资源和机构、行业组织等交流与合作，推进专业技术人才、技能人才职业资格国际、地区间互认。（外国专家局、人力资源和社会保障部等）

九是建立统一、开放的国际人才资源服务平台。规范中国国际人才市场运行机制。加快培育一批具有国际竞争力的人才中介机构。（外国专家局、人力资源和社会保障部、有关省区市人民政府）

十是创新引智成果发现、认定和示范推广的政策措施。（外国专家局）

十一是加强引智工作基础性建设。深入开展引智理论研究，加强引智需求调研，建立健全引进国外智力工作统计和定期发布制度。（外国专家局会同国务院有关部门、各省区市人民政府）

五、贯彻实施任务分工的基本要求

一是加强对《规划》实施工作的组织领导，建立《规划》实施工作联席会议制度。制定各项目标任务的分解落实方案和重大工程实施方案。建立《规划》实施情况的监测、评估、考核机制，加强督促检查。

二是分工项目的牵头单位要会同参加单位按照任务分工要求，进一步细化措施，明确责任；各参加单位要积极配合、加强协作、各负其责，共同完成好各项工作任务。

三是所有分工项目，要提出阶段性时间进度要求，保证实施工作按时间进度推进。

四是每年年底，《规划》实施工作联席会议对贯彻实施情况进行督促检查，通报进展情况；在《规划》实施中期阶段，要对《规划》实施情况进行中期评估，提交评估报告。各有关单位要及时解决实施中存在的问题，确保《规划》的有效实施。

2012年引进国外智力工作要点

外专发〔2012〕8号

2012年是"十二五"规划承上启下的重要一年,是全面实施《国家引进国外智力"十二五"规划》的关键一年。引智工作的总体要求是:以邓小平理论和"三个代表"重要思想为指导,深入贯彻落实科学发展观,紧紧围绕"迎接十八大、学习十八大、宣传贯彻十八大",认真落实中央经济工作会议部署,坚持民生为本、人才优先,按照"抓管理、抓重点、抓成果"的基本思路,以落实《国家引进国外智力"十二五"规划》为主线,以实施"外专千人计划"为突破,以引进国外高层次人才、提高出国(境)培训质量和效益为重点,认真组织实施重大引智工程,进一步推动重大引智政策创新,提升开发利用国外智力资源能力,优化引智发展环境,为我国经济平稳较快发展和全面建设小康社会提供有力的国外智力保障。

一、全面实施《国家引进国外智力"十二五"规划》

(一)建立全国引智规划体系

《国家引进国外智力"十二五"规划》(以下简称《规划》)是外专系统第一个国务院专项规划。各地区各部门要对照《规划》,对本地区本部门引智规划草案进行必要的修改完善,尽快出台实施;已经出台规划的,可根据实际进行修订完善,确保重要指标、重点任务等方面与《规划》衔接一致。

(二)加强《规划》实施的组织领导

要从全局和战略的高度充分认识这项工作的重要性和紧迫性,切实加强组织领导,统筹兼顾,狠抓落实。要制定《规划》实施方案,明确任务分工,确保各项目标任务落到实处。

(三)建立《规划》实施考核评估机制

确定各项重要指标、重点任务、重大工程阶段性和中期目标任务,建立完善《规划》实施监测评估机制,健全《规划》指标统计监测体系,强化《规划》实施情况跟踪分析,及时研究解决《规划》实施中的重大问题。

(四)加强协同配合,积极争取各方支持

推动《规划》实施是一项系统工

程。要在地方各级党委政府和各部门的统一领导下，开展广泛深入的宣传活动，形成有利于《规划》实施的氛围。积极争取各级领导的关心和支持，加强与有关部门沟通协调，形成合力，共同推动《规划》实施。

二、大力引进国外高层次人才和紧缺人才

（一）深入实施"外专千人计划"

2012年"外专千人计划"的目标是，围绕我国经济和社会发展重点行业和关键领域的需求，分两批引进50～100名高层次外国专家。做好第一批"外专千人计划"入选专家的后续服务工作，抓好有关优惠政策待遇的落实。进一步改进完善"外专千人计划"工作流程，研究制定相关政策措施。在做好"外专千人计划"长期项目的同时，继续做好其他重点引智项目，特别要注重发挥外专部门传统优势，注重引进国外人才的高端、紧缺趋向。不断总结经验，适时推出"外专千人计划"短期项目和青年项目。继续推进"千人计划配套引智工程"。

（二）为加快建设创新型国家服务

实施"创新型国家建设引智工程"。以服务国家重大科研项目、国家重点工程和重大建设项目为重点，引进一批国际著名专家和科技领军人才，建设一批高水平的科技创新团队。继续实施高等学校学科创新引智计划（简称"111"计划）、"海外名师引进项目"、"高层次文教专家重点支持计划"，不断提升高校综合实力和国际影响力。继续实施"软件与集成电路引智项目"、"独联体与东欧国家引智项目"等重点项目，引进一批核心技术研发人才，着力突破制约经济社会发展的关键技术。

（三）大力支持产业转型升级

实施"产业转型升级引智工程"。在农业领域，围绕发展现代农业，加大强农惠农引智项目力度。引进国外先进种植养殖技术和生产经营方式，加快推进农业科技创新，提升农业现代化水平。在工业领域，以推进国家重大专项实施为切入点，以战略性新兴产业为重点，精心选择一批关键和前沿技术攻关项目，引进外国专家合作研究，掌握一批具有自主知识产权的核心技术。在发展现代服务业方面，通过引进外国专家带动服务业人才培养，提高服务业综合实力和国际竞争力。

（四）为促进区域协调发展服务

实施"区域协调发展引智工程"。围绕促进区域协调发展，合理配置引智资源，为西部大开发、全面振兴东北地区等老工业基地、中部地区崛起、东部地区率先发展等区域发展战略提供有力的国外智力支持。落实国家主

体功能区建设战略，配合区域功能定位确立引智工作重点。加大对革命老区、民族地区、边疆地区和贫困地区的扶持力度。继续实施智力拥军和引智扶贫项目。

（五）积极参与资源节约型、环境友好型社会建设

实施"两型社会建设引智工程"。围绕实现国家"十二五"节能减排目标，引进资源节约、环境友好的生产方式和消费模式。积极开展应对全球气候变化的国际合作，在环境保护领域推动建立资金、技术转让国际合作平台和管理制度。重点支持改善民生引智项目，在社会发展重点领域引进一批具有一定国际影响的外国专家。

（六）为推动文化繁荣发展服务

围绕构建现代文化产业体系、推进文化科技创新，支持文化艺术类院校和团体引进高层次外国专家。鼓励文化领域国际人才交流合作，提高国内人才跨文化沟通能力。

三、切实提升出国（境）培训质量和效益

（一）大力推动各类人才队伍建设

着眼国家经济社会建设重点领域需求，坚持控制总量、优化结构、提高质量的原则，积极配合国家重大人才工程，统筹抓好各类人才出国（境）培训，提升人才队伍国际化水平。实施"人才队伍能力建设引智工程"。以提高领导水平和执政能力为核心，选派一批中高级领导干部；以提高现代经营管理水平和企业国际竞争力为核心，选派一批战略企业家和职业经理人；以提高专业水平和创新能力为核心，选派一批高级专业技术人才；以提升职业素质和职业技能为核心，选派一批高技能人才；以提高科技素质、职业技能和经营能力为核心，选派一批农村实用人才带头人和农村生产经营型人才；以人才培养和岗位开发为基础，选派一批中高级社会工作专业人才出国（境）培训。以促进我国文化发展为目标，选派一批文化领域高级管理人员和业务骨干出国（境）培训。

（二）继续强化出国（境）培训管理

以严格计划管理、优化培训结构、改进培训方式、健全监督机制、强化质量评估、完善培训渠道动态管理为重点，进一步加强出国（境）培训管理体系建设。强化培训内容的针对性，严肃查处违规违纪事件，不断提高出国（境）培训质量和效益。办好十七大以来出国（境）培训成果展。加强BFT考试管理和指导。

（三）积极开发国（境）外优质教育培训资源

按照向高层次发展、按需开辟、有进有出的原则，以国外名牌大学、著名企业和研究机构为重点，积极开发国（境）外优质教育培训资源，着

力构建国家级出国（境）培训服务平台。

四、深化国际人才交流与合作

（一）提高国际交流合作层次

着眼于我国经济社会发展对高层次人才的迫切需要，学习借鉴发达国家的有益经验和管理模式，建立完善符合国际人才流动规律的引才、用才机制。支持我国高等学校、科研院所、大型企业与国外高水平教育、科研机构和大型企业建立联合研发基地。

（二）加强交流合作平台建设

组织好中国政府"友谊奖"评审颁奖、中国国际人才交流大会、中美工程技术研讨会等重大引智会议和活动。加强与相关国际组织合作，积极参与全球性、区域性智力资源交流合作，搭建高层次国际交流合作与政策对话平台。积极开展引智公共外交活动，遴选一批在我国长期工作、对我友好、贡献突出并在国际上具有崇高声望的优秀外国专家，组建外国专家智库，更好发挥外国专家对我国各项工作的建言献策作用和对国际舆论的引导作用。

（三）拓宽高层次引智渠道

发挥各方优势，整合各类资源，利用多种方式，努力拓宽引智渠道。充分利用我国中央和地方政府与外国政府、国际组织在政治经济、科技教育、文化卫生等各个领域交流的渠道，建立政府间交流合作机制。充分发挥我驻外使领馆的桥梁和纽带作用，发挥驻外机构的作用，开辟高层次人才引进渠道。加强各级国际人才交流协会的工作。积极探索与国际猎头公司及其他高层次专业中介机构的合作。鼓励地方、企业开展多种形式的人才交流合作。

五、完善引智成果示范推广体系

（一）积极培育重大引智成果

深入开展调查研究，大力培育重大引智成果，广泛宣传，大力推广。创新引智成果示范推广政策，探索建立引智成果与地方、企业需求有效对接机制，通过提高成果转化率、建立成果合作交流机制、"二次引进"等方式，推动全国范围内引智成果共享。

（二）加强引智示范推广基地和示范单位建设

坚持存量做优、增量做强的原则，以扩大引智成果受益面、促进引智成果产业化为目标，建设一批高水平引智成果示范推广基地和示范单位。加强对引智基地和示范单位的指导和管理，完善评审制度，健全退出机制，确保其先导和示范作用。

（三）引进和推广国际职业能力资格认证

加强与国际高水平人力资源机构、行业组织等的交流与合作，促进国际职业能力资格考试本地化。做好现代项目管理资格认证（PMP）、工程管理国际认证（EMCI）、国际高级人力资源管理职业资格（IPMA-HR）、国际营销和市场职业标准认证（SMEI）和欧洲能源管理师资格认证、全封闭英语口语培训（TIP）等国外执业证书的推广和培训、认证考试工作，完善推广机制和服务模式，培养高层次的国际化、外向型人才。

六、推进引智公共服务体系建设

（一）大力推进引智信息化建设

以国家引智信息资源和平台建设为基础，完善以中国国际人才网为主渠道的网上交流平台，提高引智政务信息化水平。整合外国专家来华工作证件管理系统和引智项目网上申报系统，完善引智信息资源管理体系。加强"国家海外高层次紧缺型人才库"建设，利用海外高层次人才联系窗口和中国国际人才网，吸引国外人才自荐；通过搜索引擎的技术升级丰富国外人才资源信息；深化与有关专业机构合作，提升专业人才信息库功能。优化"海外高层次人才联系窗口"，进一步扩大其影响力。做好"外专千人计划"信息系统建设。

（二）加强国际人才市场服务体系建设

推进人才服务的国际化，拓展和完善国外人才测评、培训、咨询等服务功能，建立统一、开放的国际人才资源服务平台。规范中国国际人才市场运行机制，发展专业性、行业性、区域性人才服务市场，扩展全国市场总量和规模，优化地方市场布局。加快培育一批具有国际竞争力的人才中介机构，通过经费补贴、开辟通道等方式鼓励支持开展国外业务。组织外籍人才招聘会，为外籍人才和用人单位搭建双向选择和交流平台。

（三）完善局省（部际、大项目）合作机制

继续推进与相关省区市人民政府和教育部、科技部、国务院国有资产监督管理委员会、中国科学院、工程院、中国商用飞机有限责任公司等部门引智合作框架协议的执行，加强沟通协调，强化政策引导，突出制度保障，创新引智模式，提升引智层次。建立合作协议执行情况的评估检查机制，开展协议执行效果、重点项目进展等方面的评估检查。

（四）积极推进引智区域合作

鼓励和支持各地区之间持续开展广泛、深入合作。加强区域内引智整体规划，共同开发利用引智资源，在有条件的地区推动构建统一高效的国

际人才大市场。强化引智工作分类指导，引导智力资源向中西部地区、东北地区等老工业基地和革命老区、民族地区、边疆地区及贫困地区倾斜。大力推进新一轮海外智力援疆工程。继续支持东部地区率先发展。

七、提高引智依法行政能力

（一）加强法规制度建设

围绕落实中央人才工作协调小组制定的《关于实施更加开放的人才政策工作方案》，有序推动探索实行技术移民工作，年底完成探索实行技术移民可行性报告。积极与各有关部门协商，抓紧推动《关于进一步加强引进国外智力工作的意见》出台，做好《开发利用国外智力资源办法》和《引进国外智力成果共享办法》起草、修改工作。认真做好《外国专家来华工作条例》与《外国人来中国工作管理条例》合并后的起草修改工作。大力推动引智政策创新，不断完善服务和保障外国专家工作、生活的政策措施。

（二）依法实施行政许可

推进行政审批制度改革，完善对审批权的监督制约。不断优化工作流程，为外国专家和聘请单位提供便捷、高效的服务。加大归口管理力度，推动引智行政许可实施，认真做好有关许可事项下放后的指导工作。建立健全行政许可责任制和检查监督机制，做好行政许可证件和外国专家证件发放工作。

（三）提高宏观管理水平

改进管理方式，加快职能转变，更加注重运用法律、规划、服务等手段对引智工作进行管理，把以人为本的理念融合依法管理之中。健全外国专家表彰激励机制、权益保障机制，做好外国专家参加中国社会保险工作。做好外国老专家服务工作，提升服务质量，提高服务效率。加强对外国专家和派遣外国专家中介组织管理，增强风险防范意识，及时处理涉外违法聘用事件。

（四）加大政务公开力度

深入贯彻落实《政府信息公开条例》，不断健全政府信息主动公开机制，修订完善引智信息公开指南和公开目录，采取多种形式主动发布引智信息。认真办理依法申请公开事项，为公众提供优质信息服务。进一步拓宽信息渠道，加强政务信息报送工作。

八、加强系统自身建设

（一）加强队伍建设

以"迎接十八大、学习十八大、宣传贯彻十八大"为主线，深入开展创先争优活动。坚持用马克思主义中国化最新成果武装党员干部头脑，不断推进学习型党组织、学习型机关建设。加强干部培养锻炼，加强教育培训工作，切实提高能力素质。

（二）深入开展"三抓"活动

围绕落实《国家引进国外智力"十二五"规划》目标任务，深入开展"抓管理、抓重点、抓成果"活动，着力解决业务工作中的突出问题、着力优化引智资源结构、着力建立重效益抓成果的长效机制。

（三）加强调查研究

进一步加强调查研究工作，完善领导干部带头深入基层调研和专题业务调研工作机制，提高调查研究服务决策的科学性、时效性和针对性。加强引智需求调研，进一步提高调查研究质量，更有针对性地安排重点项目。加强引智理论研究，组织实施一批高水平引智软科学研究课题，不断提高研究能力和水平。采取多种形式，促进调查研究和课题研究成果交流与应用。

（四）加强新闻宣传工作

进一步加强对引智宣传工作的指导和管理，完善与新闻媒体的沟通协调协作互动机制。加强重点业务工作和重大活动的宣传策划，为政策落实和工作推进创造良好舆论环境。加强新闻发布制度建设，完善新闻发言人制度。进一步加强对外宣传，改进对外宣传工作方式。加强舆情引导工作，建立舆论正面引导机制。加强系统宣传阵地建设，发挥系统刊物、网站等的宣传阵地作用。

（五）加强作风建设

按照惩治和预防腐败体系五年规划的要求，推进反腐倡廉建设。加强党风廉政教育，提高党员干部党性修养和廉洁自律意识。结合廉政风险防控机制建设，规范权力运行流程，推进系统政风行风建设。加强工作目标任务的督查落实，强化大局意识、责任意识和服务意识，坚持精益求精，确保各项工作目标高标准、高质量、高效率完成。

全国外专系统干部职工要紧密团结在以胡锦涛同志为总书记的党中央周围，继续解放思想，坚持改革创新，开拓进取，扎实工作，全面完成2012年各项目标任务，以优异成绩迎接党的十八大胜利召开。

国家外国专家局
二〇一二年一月十七日

2011 年度国家引进国外智力成果示范推广基地及示范单位年审工作情况通报

外专发〔2012〕10 号

各省、自治区、直辖市及副省级城市外国专家局，新疆生产建设兵团外国专家局，农业部、国家林业局引智办：

根据《国家引进国外智力成果示范推广基地和国家引进国外智力示范单位管理办法》（以下简称《管理办法》）关于年审工作的要求，以及《关于做好 2011 年度国家引进国外智力成果示范推广基地和国家引进国外智力示范单位年审工作的通知》精神，我局对全部应参加年审的单位进行了审查，现将 2011 年度年审工作情况通报如下：

一、年审材料报送情况

根据《管理办法》规定，除了 2011 年底到期的 22 个国家引进国外智力成果示范推广基地（以下简称"引智基地"）和 10 个国家引进国外智力示范单位（以下简称"示范单位"）不参加年审外，共有 73 个引智基地和 81 个示范单位应参加 2011 年度年审。截止到 2011 年 12 月 31 日，有 72 个引智基地和 78 个示范单位在规定时间内提交了年审材料。

二、现场考核情况

2011 年，按照《管理办法》相关要求，重点对广西、陕西、山东、青海和江苏的部分国家级引智基地和示范单位进行了抽检。根据引智基地建设和示范推广效果，以及引智成果示范推广经费使用情况等几个方面进行了考评。

大多数国家级引智基地和示范单位能够在中央经济社会发展纲要指引下，结合区域经济发展，在促进当地农业产业结构调整和帮助农民脱贫致富中，发挥积极的示范作用。

三、审定结果

根据《管理办法》关于年审工作的要求，经审定，北京市"优质梨栽培"等 72 个引智基地（附件 1）和北京市"现代农业"等 78 个示范单位年审合格（附件 2），大连市"彩色植物引种快速繁育"引智基地及哈尔滨市

"日本胡萝卜优良品种"等3个示范单位（附件3）未按要求在网上提交年审报告，被视为年审不合格。

福建省"红壤山地综合开发"等12个引智基地和辽宁省"大排量长距离油用型输送泵生产"等8个示范单位因五年期满，依据《管理办法》有关条款予以撤销（附件4）。

中国汽车工程研究院有限公司自被命名为国家引进国外智力示范单位后引智示范作用不够明显，示范效应较小，该单位自行申请退出，经重庆市外国专家局报国家外国专家局批准，同意撤销该单位"替代燃料汽车关键技术开发及产业化"国家引进国外智力示范单位命名。

今年，我们将严格按照《管理办法》要求，加强对引智基地和示范单位的管理和现场检查，切实完善退出机制，使年审工作更加制度化和规范化，提高国家级引智基地和示范单位的质量和水平。

附件：

1. 2011年度国家引进国外智力成果示范推广基地年审合格单位名单
2. 2011年度国家引进国外智力示范单位年审合格单位名单
3. 2011年度引智基地及示范单位年审不合格单位名单
4. 2011年度国家引进国外智力成果示范推广基地及国家引进国外智力示范单位退出单位名单

国家外国专家局
二〇一二年二月一日

附件1

2011年度国家引进国外智力成果示范推广基地年审合格单位名单

序号	基地名称	申请单位	引智归口部门
1	优质梨栽培	北京市大兴区林业局	北京市外国专家局
2	精准农业技术	北京农业信息技术研究中心	北京市外国专家局
3	奶牛胚胎移植	北京奶牛中心	北京市外国专家局
4	畜禽疫病免疫技术	天津市畜牧兽医研究所	天津市外国专家局
5	斯格配套系种猪引进	河北衡水老白干酒业股份有限公司京安养殖分公司	河北省外国专家局
6	干旱沙地节水灌溉技术	内蒙古自治区林木良种繁育中心	内蒙古自治区外国专家局
7	铁单（研）系列玉米新品种	铁岭市农业科学院	辽宁省外国专家局
8	玉米吉东16号选育	吉东种业有限责任公司	吉林省外国专家局
9	优质马铃薯产业化生产	延边朝鲜族自治州农业科学研究院	吉林省外国专家局
10	燕麦引进与繁育	吉林省白城市农业科学院	吉林省外国专家局
11	蓝莓良种繁育与标准化生产技术	吉林农业大学	吉林省外国专家局
12	半矮秆大豆窄行密植高产栽培技术	黑龙江省农科院合江农业科学研究所	黑龙江省外国专家局
13	都市型现代农业	上海孙桥现代农业联合发展有限公司	上海市外国专家局
14	珍稀食用菌工厂化栽培技术	上海市农业科学院	上海市外国专家局
15	优质花卉种苗繁育	连云港振兴实业集团有限公司	江苏省外国专家局
16	优质弱筋小麦品种及标准化栽培技术	江苏里下河地区农业科学研究所	江苏省外国专家局
17	美洲黑杨良种繁育	江苏省泗洪县陈圩林场	江苏省外国专家局
18	甘蓝良种引进与栽培	南京市蔬菜科学研究所	南京市外国专家局
19	超级稻品种选育与栽培集成技术	中国水稻研究所	浙江省外国专家局
20	海水鱼类养殖及饲料开发	浙江省海洋水产研究所	浙江省外国专家局
21	翠冠梨选育及棚架栽培	杭州星民垦殖场/杭州滨江果业有限公司	杭州市外国专家局
22	中华鳖日本品系养殖技术	杭州萧山天福生物科技有限公司	杭州市外国专家局
23	国审稻"绿旱一号"	安徽省农业科学院水稻研究所	安徽省外国专家局
24	稻鸭共生技术	安徽省农业科学院畜牧兽医研究所	安徽省外国专家局
25	生物防治技术	福建省农业科学院	福建省外国专家局

续上表

序号	基地名称	申请单位	引智归口部门
26	瘦肉型猪标准化生产	福建农凯畜牧实业有限公司	福建省外国专家局
27	池蝶蚌繁育技术	抚州市洪门水库开发公司	江西省外国专家局
28	引进大樱桃示范推广	枣庄市山亭区果业服务中心	山东省外国专家局
29	自然养猪法	山东省畜牧总站（包括山东省农业科学院畜牧兽医研究所等五个示范点）	山东省外国专家局
30	蔬菜工厂化生产	寿光市蔬菜高科技示范园管理处	山东省外国专家局
31	生态农业	山东凯银集团股份有限公司	山东省外国专家局
32	皮南牛良种繁育与养殖	南阳市动物疫病预防控制中心	河南省外国专家局
33	高产优质棉花新品种及生产技术	中国农业科学院棉花研究所	河南省外国专家局
34	兰考系列小麦新品种	河南天民种业有限公司	河南省外国专家局
35	优质油菜新品种选育与推广	华中农业大学	湖北省外国专家局
36	澳洲"美人指"葡萄	湖南省衡阳市蒸湘区科技局	湖南省外国专家局
37	耐寒桉树良种	湖南省林业科技推广总站	湖南省外国专家局
38	水稻三控施肥技术	广东省农业科学院水稻研究所	广东省外国专家局
39	热带亚热带果树新品种引进	广东省农业科学院果树研究所	广东省外国专家局
40	乳肉兼用水牛的繁育与开发利用	广西壮族自治区水牛研究所	广西壮族自治区外国专家局
41	国外木薯种质的引进与利用	广西壮族自治区木薯研究所	广西壮族自治区外国专家局
42	澳洲坚果产业化发展	广西壮族自治区亚热带作物研究所	广西壮族自治区外国专家局
43	香蕉标准化生产	海南省香蕉协会	海南省外国专家局
44	凡纳对虾引进与繁育	海南省水产研究所	海南省外国专家局
45	温带牧草良种选育与扩繁	四川省草原科学研究院	四川省外国专家局
46	红阳猕猴桃新品种及标准化栽培技术	四川省自然资源科学研究院	四川省外国专家局
47	中国南方草地畜牧业标准化	贵州牧草种子繁殖场	贵州省外国专家局
48	南方蓝莓繁育及栽培技术	麻江县果品办公室	贵州省外国专家局
49	优质多抗麦类新品种	云南省农业科学院粮食作物研究所	云南省外国专家局
50	西藏设施农业新品种、新技术、新材料引进	西藏自治区农牧科学院	西藏自治区外国专家局
51	苹果高光效树形技术	延安市果业发展办公室	陕西省外国专家局
52	小麦条锈病基因控制	甘肃省冬小麦研究所	甘肃省外国专家局

续上表

序号	基地名称	申请单位	引智归口部门
53	油橄榄引种栽培和综合加工技术	陇南市武都区大湾沟油橄榄工作站	甘肃省外国专家局
54	小蠹虫聚集信息素检测和防控技术	青海省森林病虫害防治检疫总站	青海省外国专家局
55	马铃薯集成技术	宁夏马铃薯工程技术研究中心	宁夏回族自治区外国专家局
56	利木赞牛引进与繁育	宁夏四正生物工程技术研究中心	宁夏回族自治区外国专家局
57	苜蓿新品种引进与繁育	宁夏农牧厅农业国际合作项目管理中心	宁夏回族自治区外国专家局
58	淡水冷水鱼良种繁育	新疆天润赛里木湖渔业科技开发有限责任公司	新疆维吾尔自治区外国专家局
59	果品基地节水灌溉技术	新疆生产建设兵团农业建设第十四师二二 四团	新疆生产建设兵团外国专家局
60	蜜蜂健康养殖技术	中国农业科学院蜜蜂研究所	农业部
61	无公害微生物农药生产应用技术	中国农业科学院植物保护研究所	农业部
62	果树机械授粉技术	中国农业科学院郑州果树研究所	农业部
63	中国西门塔尔牛新品种选育	中国农业科学院北京畜牧兽医研究所	农业部
64	绿僵菌生物防蝗	中国农业科学院植物保护研究所	农业部
65	资源高效利用型植物工厂技术	中国农科院农业环境与可持续发展研究所	农业部
66	对虾良种繁育技术	中国水产科学研究院黄海水产研究所	农业部
67	特色热带香料饮料作物引种及产业化	中国热带农业科学院香料饮料研究所	农业部
68	粮油品质检测	中国农业科学院油料作物研究所	农业部
69	亚热带珍优树种及利用技术	中国林业科学研究院亚热带林业研究所	国家林业局
70	杨树新品种选育/杨树人工集约栽培	中国林业科学研究院	国家林业局
71	园林植物材料引进及应用	湖北省林业科学研究院	国家林业局
72	自然农业新品种新技术	总后勤部农副业科技服务站	总后勤部

附件2

2011年度国家引进国外智力示范单位年审合格单位名单

序号	单位名称	申请单位	引智归口部门
1	现代农业	北京顺义三高科技农业试验示范区管理委员会	北京市外国专家局
2	刑事鉴定技术	北京市刑事科学技术研究所	北京市外国专家局
3	微侵袭神经外科	首都医科大学宣武医院	北京市外国专家局
4	计算机病毒与网络攻击监测预警系统	国家计算机病毒应急处理中心	天津市外国专家局
5	植物源性食品中农药多残留检测	天津市农业科学院中心实验室	天津市外国专家局
6	时速350公里铁路动车组	唐山轨道客车有限责任公司	河北省外国专家局
7	智能化装备制造	新奥博为技术有限公司	河北省外国专家局
8	益生菌应用和产品开发	内蒙古伊利实业集团股份有限公司	内蒙古自治区外国专家局
9	工业核仪表系列产品	丹东东方测控技术有限公司	辽宁省外国专家局
10	苦参碱生物农药示范推广	沈阳东大迪克化工药业有限公司	辽宁省外国专家局
11	褐菇培养料隧道发酵技术	辽宁田园实业有限公司	辽宁省外国专家局
12	优质草莓良种选育	东港市草莓研究所	辽宁省外国专家局
13	R0110重型燃气轮机研发	沈阳黎明航空发动机（集团）有限责任公司	沈阳市外国专家局
14	±500 kV 直流输电设备技术引进	特变电工沈阳变压器集团有限公司	沈阳市外国专家局
15	全断面掘进机	沈阳重型机械集团有限责任公司	沈阳市外国专家局
16	支线飞机设计与制造	一航沈飞民用飞机有限公司	沈阳市外国专家局
17	应用新胚胎生物技术建立肉牛繁育体系研究	大连雪龙产业集团有限公司	大连市外国专家局
18	长春中俄科技合作基地	长春中俄科技园	吉林省外国专家局
19	向日葵新品种选育及应用	吉林省向日葵研究所	吉林省外国专家局
20	非林地人参种植技术	吉林省集安益盛药业股份有限公司	吉林省外国专家局
21	小儿脑性瘫痪康复治疗技术	黑龙江省小儿脑性瘫痪防治疗育中心	黑龙江省外国专家局
22	俄罗斯花楸苗木	黑河市中昌经济贸易有限责任公司	黑龙江省外国专家局

续上表

序号	单位名称	申请单位	引智归口部门
23	马铃薯病毒测试盒应用技术	黑龙江省农业科学院植物脱毒苗木研究所	黑龙江省外国专家局
24	LED产业链开发与应用	扬州经济开发区管理委员会	江苏省外国专家局
25	毛纺织品设计与开发	江苏阳光集团有限公司	江苏省外国专家局
26	现代生态农业组培及产业化技术	江苏阳光生态农林开发有限公司	江苏省外国专家局
27	高速公路沥青路面修筑技术	江苏省交通科学研究院有限公司	江苏省外国专家局
28	第三代移动通信TD-SCDMA技术应用	浙江华立通信集团有限公司	浙江省外国专家局
29	氟化工生产	巨化集团公司	浙江省外国专家局
30	汽车零部件设计与制造	万向钱潮股份有限公司	杭州市外国专家局
31	特殊显示技术	安徽华东光电技术研究所	安徽省外国专家局
32	汽车数字化设计	奇瑞汽车股份有限公司	安徽省外国专家局
33	公路旧（废）沥青混凝土再生利用设备	福建南方路面机械有限公司	福建省外国专家局
34	雷公藤GAP种植与深加工	福建省汉堂生物制药股份有限公司	福建省外国专家局
35	南方红豆杉繁育技术	明溪县林业科技推广中心	福建省外国专家局
36	半导体照明高亮度LED芯片开发及产业化	厦门市三安光电科技有限公司	厦门市外国专家局
37	软件开发	厦门软件产业投资发展有限公司（厦门软件园）	厦门市外国专家局
38	晶体硅光伏产业化技术	江西赛维LDK太阳能高科技科技有限公司	江西省外国专家局
39	中国太阳谷菲涅尔发电示范	皇明洁能有限公司	山东省外国专家局
40	高性能碳纤维及装备产业化技术	威海拓展纤维有限公司	山东省外国专家局
41	引进国外先进玻纤生产技术	泰山玻璃纤维有限公司	山东省外国专家局
42	国外绿化苗木引进	昌邑金丝达绿化苗木有限公司	山东省外国专家局
43	超高支纯棉面料加工技术及产业化	鲁泰纺织股份有限公司	山东省外国专家局
44	兆瓦级农业废弃物气化发电装置	山东百川同创能源有限公司	济南市外国专家局
45	太阳能与建筑一体化	山东力诺瑞特新能源有限公司	济南市外国专家局
46	海洋监测装备技术	山东省科学院海洋仪器仪表研究所	青岛市外国专家局
47	数字化橡胶轮胎装备及信息化系统	软控股份有限公司	青岛市外国专家局

续上表

序号	单位名称	申请单位	引智归口部门
48	固体废弃物综合利用	青岛天人环境股份有限公司	青岛市外国专家局
49	低品位铝矿资源综合利用	登封电厂集团铝合金有限公司	河南省外国专家局
50	等离子燃煤点火装置	洛阳博耐特工程技术有限公司	河南省外国专家局
51	等离子垃圾焚烧炉	开封市德意环保设备实业有限公司	河南省外国专家局
52	精密模具	湖北鄂丰模具有限公司	湖北省外国专家局
53	网络自动控制橇装式海洋防砂作业机组	四机赛瓦石油钻采设备有限公司	湖北省外国专家局
54	STCC污水处理及深度净化技术	武汉新天达美环境科技有限公司	武汉市外国专家局
55	3S移动遥感测量系统	立得空间信息技术有限公司	武汉市外国专家局
56	现代中药和天然产物药物产业化	哈药慈航制药股份有限公司	湖南省外国专家局
57	活性垫料生态养猪技术	浏阳市富硒生物研究所	湖南省外国专家局
58	半导体电子装备	格兰达技术（深圳）有限公司	深圳市外国专家局
59	广东－独联体公共引智平台	广州市白云化工实业有限公司	广州市外国专家局
60	特种蚕桑产业开发	广西壮族自治区蚕业技术推广总站	广西壮族自治区外国专家局
61	罗汉果产业开发	桂林市大地农业生物技术开发研究所	广西壮族自治区外国专家局
62	芒果优良品种及标准化栽培技术	攀枝花市农林科学研究院	四川省外国专家局
63	优质肉兔养殖技术暨扶贫新模式	四川省旭平兔业有限责任公司	成都市外国专家局
64	混合动力汽车研发	重庆长安汽车股份有限公司	重庆市外国专家局
65	国际柑橘技术集成应用	忠县果业局	重庆市外国专家局
66	闪光焊工艺生产环形件	贵阳安大宇航材料工程有限公司	贵州省外国专家局
67	荷斯坦奶牛性控胚胎生产技术	云南中科胚胎工程生物技术有限公司	云南省外国专家局
68	名优花卉引进与产业化生产	陕西省苗木繁育中心	陕西省外国专家局
69	集成电路产业技术支撑与服务	西安集成电路设计专业孵化器有限公司	西安市外国专家局
70	电子冷却装置	中国科学院近代物理研究所	甘肃省外国专家局
71	数控精密轧辊磨床技术	天水星火机床有限责任公司	甘肃省外国专家局
72	西北特色经济林新技术研究	宁夏林业研究所（有限公司）	宁夏回族自治区外国专家局
73	藏毯研发	青海藏羊地毯（集团）有限公司	青海省外国专家局
74	兆瓦级直接驱动永磁风力发电机组	新疆金风科技股份有限公司	新疆维吾尔自治区外国专家局

续上表

序号	单位名称	申请单位	引智归口部门
75	加工番茄机械化栽培	中粮屯河股份有限公司	新疆维吾尔自治区外国专家局
76	特色蔬菜罐头出口加工	新疆中亚食品研发中心（有限公司）	新疆维吾尔自治区外国专家局
77	农业节水配套技术	新疆天业（集团）有限公司	新疆生产建设兵团外国专家局
78	葡萄酒产业化品质控制	新天国际葡萄酒业有限公司	新疆生产建设兵团外国专家局

附件 3

2011 年度引智基地及示范单位年审不合格单位名单

序号	单位名称	申请单位	引智归口部门
1	彩色植物引种快速繁育	大连西郊生物园有限公司	大连市外国专家局
2	日本胡萝卜优良品种	哈尔滨市农业科学院	哈尔滨市外国专家局
3	上海光源工程	中国科学院上海应用物理研究所	上海市外国专家局
4	替代燃料汽车关键技术开发及产业化	中国汽车工程研究院有限公司	重庆市外国专家局

附件 4

2011 年度国家引进国外智力成果示范推广基地及国家引进国外智力示范单位退出单位名单

序号	基地名称	申请单位	引智归口部门
1	红壤山地综合开发	建阳市农业开发示范场	福建省外国专家局
2	新红将军苹果培育与生产	蓬莱市园艺场	山东省外国专家局
3	稻藕鱼立体生态农业	山东省枣庄市台儿庄区农技服务中心	山东省外国专家局
4	柑橘良种培育与生产	华中农业大学	湖北省外国专家局
5	控制法桐飘毛修剪	武汉法雅园林集团有限公司	武汉市外国专家局
6	石斛兰花期调控及产业化	珠海市农业科学研究中心	广东省外国专家局
7	水稻优异种质创新利用	贵州省水稻研究所	贵州省外国专家局
8	优质专用玉米育种	云南省农业科学院作物所	云南省外国专家局
9	红色梨产业化	云南省农业科学院园艺所	云南省外国专家局
10	布尔山羊胚胎移植	陕西省布尔羊良种繁育中心	陕西省外国专家局
11	高白鲑养殖	青海省渔业环境监测站	青海省外国专家局
12	优质苗木栽培	四川林业科学研究院	国家林业局
13	大排量长距离油用型输送泵生产	辽宁恒星泵业有限公司	辽宁省外国专家局
14	重大装备开发	大连重工·起重集团有限公司	大连市外国专家局
15	有机硅植物生长调节剂	中油吉林石化公司研究院	吉林省外国专家局
16	磁性材料生产	横店集团东磁股份有限公司	浙江省外国专家局
17	水上运动器材设计与制造	杭州富阳飞鹰船艇有限公司	杭州市外国专家局
18	3G 核心技术	福建富士通信息软件有限公司	福建省外国专家局
19	发动机油封技术	青岛基珀密封工业有限公司	青岛市外国专家局
20	替代燃料汽车关键技术开发及产业化	中国汽车工程研究院有限公司	重庆市外国专家局
21	高架轻轨交通工程	重庆市轨道交通总公司	重庆市外国专家局

关于印发《国家外国专家局关于加强党的纯洁性实施意见》的通知

外专发〔2012〕11号

局机关各部门、局直属单位：

现将《国家外国专家局关于加强党的纯洁性实施意见》印发给你们，请结合工作实际认真贯彻落实。

国家外国专家局
二〇一二年一月三十一日

国家外国专家局关于加强党的纯洁性实施意见

在十七届中央纪委七次全会上，胡锦涛同志强调，全党都要从党和人民事业发展的高度，从应对新形势下党面临的风险和挑战出发，充分认识保持党的纯洁性的极端重要性和紧迫性，不断增强党的意识、政治意识、危机意识、责任意识，切实做好保持党的纯洁性各项工作。为落实好全会精神，结合我局实际，在执行好《国家外国专家局贯彻落实〈建立健全惩治和预防腐败体系2008—2012年工作规划〉的实施意见》基础上，制订加强党的纯洁性实施意见。

在新的形势下保持党的纯洁性，要坚持党要管党、从严治党，坚持强化思想理论武装和严格队伍管理相结合、发扬党的优良作风和加强党性修养与党性锻炼相结合、坚决惩治腐败和有效预防相结合、发挥监督作用和严肃党的纪律相结合，不断增强自我净化、自我完善、自我革新、自我提高能力，始终坚持党的性质和宗旨，永葆共产党人的政治本色。

当前和今后一个时期，要着力抓好以下几个方面的工作。

一要大力保持党员、干部的思想

纯洁性。局党组将重视和加强思想建设，教育引导广大党员、干部坚定思想信念、坚守共产党人精神家园，在思想上政治上行动上同党中央保持一致。要加强理论武装，党组将做好学习计划，组织好党组中心组学习；机关党委将通过组织导读经典、读书赏析等系列读书活动，引导机关形成崇尚学习的氛围，同时举办各种培训班，教育引导广大党员、干部认真学习和实践中国特色社会主义理论体系，做到真学真懂真信真用，自觉划清马克思主义同反马克思主义等重大是非界限，旗帜鲜明抵制各种错误思想理论影响。要教育引导党员、干部坚持不懈加强党性修养和党性锻炼，始终站稳政治立场。不断增强政治意识，做共产主义远大理想和中国特色社会主义共同理想的坚定信仰者和忠实践行者。要加强道德建设，通过举办专题研讨班等形式教育引导广大党员、干部牢固树立正确的世界观、权力观、事业观，带头弘扬以爱国主义为核心的民族精神和以改革创新为核心的时代精神，模范践行社会主义荣辱观，树立良好道德风尚，争做社会主义道德的示范者、诚信风尚的引领者、公平正义的维护者。

二要大力保持党员、干部队伍纯洁性。各党支部要抓好支部建设和新党员培养工作，把好党员入口关，建立入党积极分子和新党员教育机制，加强思想上入党教育，重视党员质量，成熟一个发展一个，努力把我局系统的先进分子吸收到党内来。局党组将在选好干部配好班子上下工夫，坚持五湖四海、任人唯贤，坚持德才兼备、以德为先，选拔任用那些政治坚定、有真才实学、实绩突出、群众公认的干部，使干部队伍结构合理、人才辈出、朝气蓬勃。机关党委要加强日常管理，建立健全教育管理机制，做到哪里有党员哪里就有党组织、哪里就有健全的组织生活和严格的教育管理，既时时教育、处处提醒，又以人为本、关心爱护，使每个党员、干部思想更成熟、党性更坚强、品德更高尚，使每个党组织特别是党的基层组织更团结巩固，更富有创造力、凝聚力、战斗力。要疏通出口，建立健全党员党性定期分析制度，完善民主评议党员制度，对不合格的党员要按照党章和其他有关制度规定进行严肃处理，组织力量进一步修改完善《关于加强驻外机构党员管理的有关规定》。人事部门要建立健全干部考核评价机制和干部退出机制，制定调整不适宜担任现职干部办法，解决干部能上不能下、能进不能出问题。

三要大力保持党员、干部作风纯洁。机关党委要创新工作方式，拓宽工作思路，在全局范围内开展党的群众观点、群众路线教育，教育党员、干部坚持群众路线，带着深厚感情做群众工作，了解实情察民意，加强沟通听民声，办事公道聚民心，从群众中汲取智慧和力量，始终与人民同呼吸、共命运、心连心。各级党组织要把实现好、维护好、发展好最广大人民根本利益作为检验纯洁性的试金石；想问题、作决策、干工作都要从群众利益出发，求真务实，真抓实干，努力做到与经济社会发展要求相适应、与人民群众期盼相符合。同时，要将治庸治懒治散工作与创先争优活动相结合，通过开展学习教育，营造"求真务实、严谨高效、开拓创新、亲和共赢"的机关风气。要认真落实中央关于党政机关厉行节约的各项要求，弘扬勤俭节约、艰苦奋斗的作风，自觉抵制拜金主义、享乐主义、铺张浪费等不良风气。要倡导认真开展批评和自我批评，鼓励和支持党内自下而上的批评和人民群众的批评，正确对待各方面的批评意见，坚决反对和克服好人主义，坚决反对压制批评甚至打击报复行为。

四要大力保持党员、干部清正廉洁。机关党委要协助党组抓好学习贯彻执行《关于加强领导干部反腐倡廉教育的意见》工作，大力开展党性党风党纪教育，积极推进廉政文化建设。党员领导干部要带头严格执行廉洁自律各项规定，引导教育党员、干部经常对照这些规定进行自查，凡是规定不准做的事项绝对不能做，在任何情况下都得稳得住心神、管得住行为、守得住清白，做到一尘不染、一身正气。要坚决查办腐败案件，健全及时揭露腐败机制，加大从源头上防治腐败工作力度，努力遏制腐败现象易发多发态势。要开展反腐倡廉警示教育，通过加强案件剖析和案件通报工作，使广大党员、干部特别是领导干部从中吸取教训、引以为戒。

五要大力加强监督和严明纪律。要认真执行党内监督条例，坚持民主生活会制度，组织实施好《关于领导干部报告个人有关事项的规定》，坚持和完善民主集中制，在全局范围内倡导加强党员干部对领导干部和领导班子的监督，加强领导班子成员对第一把手的监督和领导班子内部的监督，要推进党务公开，让党员、群众全面了解和有序参与党内事务，明确权力界限、规范权力行为，防止权力滥用，要发挥舆论监督积极作用，教育引导广大党员、干部正确对待舆论监督。要严格执行党的纪律，严格遵守党章和其他党内法规，对违反纪律的行为必须严肃处理，做到纪律面前人人平等、遵守纪律没有特权、执行纪律没有例外。

局机关纪委要在党组的领导下，进一步加强和改进自身建设，努力做到忠诚可靠、服务人民、刚直不阿、秉公执纪，以身作则、率先垂范，按照中央的要求，忠实履行职责，扎实开展工作，发挥教育、监督、检查、处理、保障等职能作用，切实维护党的纯洁性，为深入推进党风廉政建设和反腐败斗争作出应有的贡献，为引智事业科学发展保驾护航发挥必要的作用。

关于因公出国（境）培训人员购买境外保险的意见

外专发〔2012〕25号

各省、自治区、直辖市及副省级城市外国专家局，新疆生产建设兵团外国专家局，国务院各部委、各直属机构引智归口管理部门：

2005年国家外国专家局印发了《关于因公出国（境）培训团组在外期间购买保险的通知》（外专发〔2005〕74号），为出国（境）培训任务的顺利执行提供了有力保障，特别是在处理意外事件时，收到了良好效果。为总结几年来的实践经验，进一步规范管理，保证我出国（境）培训人员人身受到意外伤害和急性病威胁时，能够得到及时救助和安全保障，现就出国（境）培训人员购买境外保险有关事宜提出如下意见：

一、按照"谁派出、谁负责"的原则，派出单位必须为出国（境）培训人员购买境外人身意外伤害和紧急救援医疗保险。

二、派出单位自主选择保险公司，但不得重复购买同一保险，所投保的保险公司应具备以下条件：

1. 是在中国保险监督管理委员会报备的人身险保险公司。

2. 能够提供全球紧急援助服务、门诊及住院垫付服务，对投保人员在境外就医选择的医院或医疗机构无限制要求。

三、各出国（境）培训管理部门要从保障出国（境）人员权益、维护国家利益的高度出发，加强宣传教育和监督检查。对未按本意见要求购买保险而发生纠纷事件，将追究出国（境）培训派出单位的责任。

四、本意见自印发之日起施行，原《关于因公出国（境）培训团组在外期间购买保险的通知》（外专发〔2005〕74号）同时废止。

国家外国专家局
二〇一二年二月二十四日

关于印发《2012年引进国外智力宣传工作要点》的通知

外专发〔2012〕33号

各省、自治区、直辖市及副省级城市外国专家局，新疆生产建设兵团外国专家局：

现将《2012年引进国外智力宣传工作要点》印发给你们，请结合本地区实际，认真贯彻落实。

国家外国专家局
二〇一二年三月十三日

2012年引进国外智力宣传工作要点

2012年是实施国家"十二五"规划承上启下的重要一年，是全面实施《国家引进国外智力"十二五"规划》的关键一年，中国共产党即将召开第十八次代表大会。做好今年引智宣传工作具有重要意义。引智新闻宣传工作的总体要求是：以邓小平理论和"三个代表"重要思想为指导，按照高举旗帜、围绕大局、服务人民、改革创新的总要求，深入贯彻落实科学发展观，以迎接、宣传、贯彻党的十八大、落实《国家引进国外智力"十二五"规划》为主线，以重大引智政策创新和重大引智工程、"外专千人计划"及引进国外高层次人才、提高出国（境）培训质量和效益为重点，进一步加强引智宣传工作；要大力宣传贯彻党的十八大精神，着力展示科学发展观指导下引智事业取得的辉煌成就，展示引智为建设文明、民主、开放、进步的中国服务的良好形象，进一步加强引智舆论引导能力和传播能力建设，为开创中国特色的社会主义引智事业新局面营造良好的国内外舆论氛围。

一、认真学习、深刻领会，宣传贯彻党的十八大精神

今年，引智宣传工作要以迎接党

的十八大，学习、贯彻十八大精神为主线，牢牢把握正确舆论导向，为党的十八大召开营造浓厚氛围。各地要深入学习科学发展观和党的十八大精神，用中国特色社会主义理论体系武装头脑，打牢引智事业团结奋斗的共同思想基础。要引导引智战线广大干部群众，进一步提高坚持中国特色社会主义道路、理论体系和制度的自觉性和坚定性，深刻领会党的十八大提出的重大理论观点、重大战略思想、重大工作部署。要全面准确宣传中央关于经济工作的大政方针和相关政策措施，深入宣传稳中求进的工作总基调，大力宣传党的十七大以来引智战线的不平凡历程，宣传引进国外智力在推进社会主义经济建设、政治建设、文化建设、社会建设及生态文明建设方面的重要作用和突出贡献。党的十八大精神宣传工作，要紧密联系本地引智工作实际，及时报道贯彻落实党的十八大精神的新思路、新举措，充分展示各地引智部门在科学发展观指引下取得的新进展和新成效，唱响社会主义好、共产党好、改革开放好的主旋律。

二、围绕中心，服务大局，增强引智宣传影响力

引智宣传要紧紧围绕国家重大战略和中心任务，围绕2012年引智工作部署，加强与中央媒体、各地主流媒体的合作，紧紧依托外专系统"两刊"（《国际人才交流》和《专家工作通讯》）、"两网"和各地引智刊物、网站，利用各种宣传形式，大力宣传引智服务科学发展和加快经济发展方式转变，为稳增长、控物价、调结构、惠民生、抓改革、促和谐服务方面所采取的有力措施、展现工作的亮点和取得的显著成效，宣传引智为我国经济社会平稳较快发展、社会和谐稳定所发挥的人才和智力支撑作用，为引智工作营造良好的氛围。

1. 大力宣传外专系统深入贯彻科学发展观，按照"抓管理、抓重点、抓成果"的基本思路，以落实《国家引进国外智力"十二五"规划》为主线，以实施"外专千人计划"为突破，以引进国外高层次人才、提高出国（境）培训质量和效益为重点，以重大引智政策创新和重大引智工程实施为抓手，坚持高端引领，整体推进，提升开发利用国外智力资源能力，创新引智体制机制，优化引智发展环境，提升引智综合效益，为推进我国经济发展和社会进步所作出的突出贡献。

2. 根据"十二五"期间国家和地方发展战略目标，宣传引智在紧紧围绕经济社会发展重点行业的需求，全面推进"十二五"规划落实、引进科技领军人才、服务国家重大科研项目和重大工程，建立高端外国专家创新创业基地、引进重点领域国际化创新团队、统筹推进各类人才队伍建设、大力提高出国（境）培训质量和效益所提供的智力支撑、人才保障和先进经验。同时，要继续做好引智重大活

动及优秀外国专家典型的宣传报道工作。

3. 强化成果宣传。要与中央及各地主流媒体协作配合，在知识产权保护的同时，调查研究、深入挖掘、大力宣传重大引智成果，有效发挥智力资源的辐射力，有力促进引智成果的引进、应用和创新，不断推进引智成果社会共享，充分体现引智部门求真务实的工作作风和引智的经济和社会效益。

4. 开拓进取，改革创新。根据中央部署和引智工作在新形势下的发展，不断丰富引智宣传内容，创新宣传形式，利用新兴媒体，开拓宣传渠道，策划宣传主题，为中央和地方主流媒体提供丰富的引智宣传资源，同时，加强系统内的宣传及经验交流工作。

三、积极利用，科学管理，坚持正确的舆论导向

按照中央宣传工作会议的精神，各地引智部门要加强对新闻宣传工作的指导、协调、管理力度。进一步加强重大突发事件新闻发布工作，继续推进新闻发言人和新闻发布制度建设，健全应急报道和引导机制；要从战略高度重视和加强互联网的建设和管理，按照"积极利用、大力发展、科学管理"的方针，加强对引智思想领域、报纸杂志、互联网站等传播渠道、传播阵地的管理和利用，努力形成强大的网上正面舆论。既要宣传引智的方针政策和重点工作，促进引智政务公开，宣传引智先进典型，唱响主旋律，维护引智战线团结稳定，又要加强对新形势下涉稳突发、敏感事件境内外舆论形成和传播的调研，做好舆情信息工作，及时收集国内外社会各界对引进国外智力的舆情动态，密切关注社会思潮的新发展，关注境内外涉华和涉引智的舆情。要深入研究和准确反映引智事业的理论热点、媒体动态、前沿性问题，把宣传引智大政方针与反映外国专家意见建议、维护其在华合法权益统一起来，把坚持正面宣传与加强舆论监督统一起来，进一步提高宣传水平和管理水平。

四、积极宣传学雷锋活动

雷锋是实践社会主义、共产主义思想道德的楷模，要大力弘扬雷锋精神，促进社会主义核心价值体系建设，不断提升全社会包括外专系统广大干部职工的道德和文明素质。要加强对本地区引智部门学雷锋活动的新闻宣传，宣传学雷锋活动的重要意义、雷锋事迹、雷锋精神和雷锋式模范人物，宣传本地外专系统学雷锋活动的进展、成效和先进经验，推动学雷锋活动宣传工作的常态化，促进社会主义精神文明建设。

五、加强领导，提供保障，抓好宣传人才队伍建设

各地引智部门领导要重视和加强宣传工作。要把宣传工作摆上重要议

事日程，为其提供必要的组织、经费、人才保障。要关心从事引智宣传干部的成长，在实践中既要使用宣传干部，加强宣传干部专业素质，也要注重培养和选拔那些政治立场坚定、思想理论修养好、工作能力强的优秀宣传工作干部，着力建设一支政治强、素质高、业务精、纪律严、作风正的引智宣传队伍。

关于 2011 年度全国外国文教专家聘请单位年检工作情况的通报

外专发〔2012〕34 号

各省、自治区、直辖市、新疆生产建设兵团外国专家局、外办、教育厅（教委）、公安厅（局），国务院各有关部委、中央直属机构外国文教专家主管部门：

2011 年度聘请外国文教专家资格单位年检工作，在各地方及各部门外国文教专家主管部门的积极配合和共同努力下，已经完成。现就有关情况通报如下：

根据国家外国专家局《关于做好 2011 年度外国文教专家聘请资格单位年检工作的通知》（外专发〔2011〕108 号）的要求，全国 31 个省、自治区、直辖市、新疆生产建设兵团及 60 个中央部门均提交了 2011 年度外国文教专家聘请单位年检工作报告。

全国共有 1932 家高等教育（大专以上）、科研、文化、卫生等具有聘请外国文教专家资格的机构参加了 2011 年度年检。我局对各地方、各部门提交的年检工作情况报告进行了认真审核，并参考各主管部门的意见，批准年检合格的 1843 家机构登记注册；给予 53 个存在管理问题的聘请单位暂缓注册；对合并和撤销的 36 家聘请单位予以注销聘请资格。

按照有关规定，全国 5286 家中等以下教育机构也参加了 2011 年度年检。这些机构所在地的省区市外国文教专家主管部门负责对其年检结果进行审核审批。其中，4781 家年检合格单位准予注册，292 家尚需整改单位予以暂缓注册，213 家合并和撤销的单位注销了聘请资格。

北京市、天津市、上海市、内蒙古自治区、吉林省、江西省、山东省、四川省、贵州省、宁夏回族自治区、新疆维吾尔自治区、新疆生产建设兵团的外国专家局按规定时间报送年检材料；北京市、天津市、上海市、河北省、内蒙古自治区、辽宁省、吉林省、江苏省、安徽省、江西省、山东省、湖北省、湖南省、广东省、广西壮族自治区、四川省、贵州省、海南省、云南省、陕西省、甘肃省、新疆维吾尔自治区、新疆生产建设兵团的外国专家局会同本省外事、教育、公安等有关部门认真做好年检工作,组织计划周密、检查落实到位,年检总结书面材料比较翔实、统计数据比较准确。特对上述单位予以表扬。

国家外国专家局

二〇一二年三月十四日

关于印发《中国国际人才市场管理办法（试行）》的通知

外专发〔2012〕44号

各省、自治区、直辖市及副省级城市外国专家局，新疆生产建设兵团外国专家局：

现将《中国国际人才市场管理办法（试行）》印发给你们，请遵照执行。试行中发现的问题请及时反馈我局。

国家外国专家局
二〇一二年三月二十八日

中国国际人才市场管理办法（试行）

第一条 为推进引进国外智力体系建设，完善市场服务功能，促进中国国际人才市场健康有序发展，充分发挥国际人才市场在国际人才交流和服务中的作用，根据国家有关法律、法规，制定本管理办法。本办法适用于中国国际人才市场和中国国际人才市场地方市场。

第二条 中国国际人才市场是经原国家人事部和国家外国专家局批准、由中国国际人才交流协会（以下简称"协会"）建立的全国性专业国际人才市场（以下简称"总市场"）；中国国际人才市场地方市场（以下简称"地方市场"）是由地方政府设立、由国家外国专家局批准，从事本地区国际人才交流业务的专门机构。

第三条 总市场和地方市场应遵守国家的法律、法规和有关政策，分别接受中央和地方政府引进国外智力归口部门的监督和管理。国家外国专家局授权协会对中国国际人才市场进行管理和业务指导。

第四条 总市场由协会负责管理，地方市场由地方政府管理。国家外国专家局授权协会负责地方市场的初审、年审工作。地方市场接受总市场的业务指导。

第五条 建立地方市场应由地方政府向国家外国专家局申报，经批准后，以中国国际人才市场××市场名称挂牌运营。

第六条 协会对总市场与地方市场的业务活动进行协调管理，建设统一的国际人才市场服务平台，促进共同发展。

第七条 总市场和地方市场应统筹发展规划，统一品牌和商标形象，建立统一的从业人员资质标准，统一服务、技术与质量标准。

第八条 总市场和地方市场提供中介以及其他社会化服务的收费必须符合国家和当地政府的有关规定。

第九条 协会对地方市场业务工作进行指导、协调。支持地方市场培育和发展相关国际人才业务。对运转正常、成绩显著的予以表彰和奖励，对长期管理不善，违反管理办法规定的将暂停运营或取消其资格。

第十条 总市场及地方市场如需变更名称、办公场所、业务范围、主要负责人以及办理注销登记，须通报中国国际人才交流协会并按国家有关规定办理。

第十一条 本办法由国家外国专家局负责解释。

第十二条 本办法自二〇一二年三月二十六日起施行。

关于印发《"千人计划"高层次外国专家长期项目工薪补助办法(暂行)》的通知

外专发〔2012〕46号

各省、自治区、直辖市及副省级城市外国专家局,新疆生产建设兵团外国专家局,国务院有关部委和直属机构、集团公司引智归口管理部门:

为加强和规范"千人计划"高层次外国专家长期项目工薪补助经费管理,根据《"千人计划"高层次外国专家项目工作细则》(组通字〔2011〕45号)规定,我局制定了《"千人计划"高层次外国专家长期项目工薪补助办法(暂行)》,现印发给你们,请遵照执行。

国家外国专家局
二〇一二年三月二十九日

"千人计划"高层次外国专家长期项目工薪补助办法(暂行)

第一条 根据中共中央组织部、人力资源和社会保障部、国家外国专家局《关于印发〈"千人计划"高层次外国专家项目工作细则〉的通知》(组通字〔2011〕45号)和国家外国专家局有关管理规定,制定本办法。

第二条 "千人计划"高层次外国专家项目(以下简称"外专千人计划")工薪补助经费来源于财政部批准设立的引智专项经费,通过用人单位用于资助入选"外专千人计划"专家的工薪支出。

第三条 工薪补助标准为不超过用人单位与外国专家签订的合同或协议中所规定支付工薪的60%,原则上每年每位外国专家工薪补助总数不超过60万元,最多连续支持三年。

第四条 "外专千人计划"专家获得批准后,申报单位在60天内编制"千人计划"高层次外国专家长期项目工薪经费预算(见附件1),经有关省区市外国专家局或部委引智归口管理部门审核后，报国家外国专家局审批。

第五条 用人单位先垫付专家工薪补助，项目执行满一年后，核销垫付的工薪专项经费，报送专家工薪补助经费决算表（见附件2），并向国家外国专家局提交项目当年执行情况总结（见附件3）。用人单位须严格按照批复的工薪补助额度专款专用。

第六条 国家外国专家局负责对"外专千人计划"执行情况进行专项检查，对配套工薪专项经费的使用进行审计，建立"外专千人计划"专家配套工薪专项经费违约违规追缴机制。

（一）"外专千人计划"专家出现下列情况者，按违约处理

1. 专家本人未按工作合同规定在国内连续工作三年，或每年工作时间不足9个月；
2. 专家本人未能按要求自被批准成为"外专千人计划"专家起6个月内到岗工作；
3. 专家本人单方中止工作合同或不履行工作合同所规定义务。

（二）审计中发现下述问题之一的，按财务违规处理

1. 编报虚假预算，套取国家财政资金；
2. 未对经费进行单独核算；
3. 截留、挤占、挪用经费；
4. 违反规定转拨、转移经费；
5. 提供虚假财务会计资料；
6. 未按规定执行预算；
7. 虚假承诺、自筹经费不到位；
8. 其他违反国家财经纪律的行为。

第七条 专家违约情况一经查实，用人单位根据国家外国专家局处理意见退回全部或部分国家工薪专项经费资助，并将经费按原渠道退还国家外国专家局。

第八条 财务审计发现违规问题，用人单位根据国家外国专家局处理意见追回全部或部分国家工薪专项经费资助，并将经费按原渠道退还国家外国专家局。

第九条 专家或用人单位发生违约违规的，一经查实，三年内不得申报国家外国专家局各类人才引进计划和经费资助。情节严重的，按有关法律、法规进行处理。如专家或用人单位遇不可抗力，如疾病、事故、自然灾害等影响出现违约违规的，经用人单位申报，国家外国专家局审核后酌情处理。

第十条 本办法由国家外国专家局负责解释，自颁布之日起实施。

附件：

1. "千人计划"高层次外国专家长期项目工薪补助经费预算申报书
2. "千人计划"高层次外国专家长期项目工薪补助经费决算表
3. "千人计划"高层次外国专家长期项目工薪补助经费执行情况表

附件1

"千人计划"高层次外国专家长期项目
工薪补助经费预算申报书

项　目　编　号 _____

"外专千人计划"专家姓名 _____

专　家　国　别 _____

工　作　年　度 _____年至_____年

申　报　单　位 _____

联　系　人 _____

引　智　归　口　部　门 _____

填报日期：　　　　年　　月　　日

国家外国专家局制

一、"外专千人计划"专家信息

项目编号						
姓　名	中文		性别		照片	
	英文		出生日期			
出生地			国籍			
国外工作单位及职务	中文					
	英文					
现任职单位名称				职务（岗位）		
现任职单位地址				邮编		
单位性质		□国有		□民营	□中外合资	
项目负责人	姓名		性别		出生日期	
	学历		职务职称			
	电话		传真			
项目单位联系人	姓名		电话			

二、项目信息

	年度	当年计划工作起止日期	当年计划工作总天数
专家工作年度、时间			
专家工作描述			

三、专家工薪经费来源情况（三年，单位万元）

经费来源	金 额	备 注
国家外国专家局配套引智经费		
其他财政拨款（含部门、地方匹配）		
用人单位自有资金		
其他资金（请注明来源）		
合 计		

四、专家合同（协议）工薪

专家合同（协议）年薪（万元）	拟申请年度工薪补助

项目负责人签字：　　　　　　用人单位负责人　　　　　引智归口部门负责人
　　　　　　　　　　　　　　签字（公章）：　　　　　签字（公章）：

附件2

"千人计划"高层次外国专家长期项目工薪补助经费决算表

项目号 　　　　　　　　　　　　　　　　　　　　　　　　　　　金额单位：元

专家姓名			国别	
专家来华起止日期				
收款单位账户信息	开户银行： 收款账号：		账户名称： 联系电话：	
专家工薪补助经费决算				
科目名称	申请核销金额	单据张数	国家外国专家局核准金额	
工　薪				
申请核销金额（大写）				
国家外国专家局核准金额（大写）				
项目单位公章：		引智工作归口管理部门公章：		
负责人：　　经手人：　　日期：		负责人：　　经手人：　　日期：		
国家外国专家局项目批准司室：		国家外国专家局财务司：		
审核人：　　　　日期：		审核人：　　　　日期：		

说明：1. 请附外国专家护照复印件（包括首页、出入境页）；
　　　2. 请附外国专家国际机票复印件。

附件3

_____年度
"千人计划"高层次外国专家长期项目工薪补助经费执行情况表

项　目　编　号 _____

"外专千人计划"专家姓名 _____

专　家　国　别 _____

工　作　年　度 _____年至_____年

申　报　单　位 _____

联　系　人 _____

引　智　归　口　部　门 _____

填报日期：　　年　月　日

国家外国专家局制

一、项目执行情况

专家工作起止日期		当年实际工作总天数	
项目完成情况			
专家发挥的主要作用			

二、当年经费来源（万元）

经费来源	金　额	备　注
国家外国专家局配套引智经费		
其他财政拨款（含部门、地方匹配）		
用人单位自有资金		
其他资金（请注明来源）		
合　计		

三、当年经费实际支出（万元）

科目	专家合同（协议）年薪	国家外国专家局配套引智经费	其他财政拨款	单位自有资金	其他资金	合　计
专家工薪						

关于进一步加强引智项目和经费管理工作的通知

外专发〔2012〕52号

各省、自治区、直辖市及副省级城市外国专家局、新疆生产建设兵团外国专家局，国务院各部委、各直属机构引智归口管理部门：

"十二五"时期，落实国家人才战略和《国家引进国外智力"十二五"规划》任务紧迫，为了保证引进国外智力工作顺利进行，各地区各部门要按照国家外国专家局关于"抓管理、抓重点、抓成果"的总体部署，认真落实"2012项目管理年"的各项任务，进一步加强引智项目和经费管理工作，建立健全引智项目和经费的监督约束机制。现就进一步加强引智项目和经费管理工作通知如下：

一、加强引智项目和经费管理的重要意义

"十一五"时期，国家外国专家局每年定期组织专项审计小组开展对各地区各部门引智项目和经费的审计工作，大多数地区和部门的引智项目和经费管理水平有了显著提高，但个别地区和部门仍存在超标准超范围开支、虚列支出、账表不符等违规违纪现象，造成了国家财产的损失，危害了引智事业的发展。因此，应在全国外专系统内深入开展专项治理，进一步加强引智项目和经费管理工作。加强引智项目和经费管理，是实施人才强国，保证引进国外智力工作顺利有效进行的需要；是强化源头治理，建立健全惩治和预防腐败体系的需要；是努力提升和优化引进国外智力项目管理和财务管理水平的需要；是建立科学完善引智工作运行机制的需要。

二、加强引智项目和经费管理的工作任务

各地区各部门要根据各自的职能分工，加强对引智项目和经费的管理工作，强调部门间的协调配合，建立完善的决策、考评和监督机制。

（一）建立引智项目管理责任制

建立项目全程管理责任制，抓好引智项目和经费管理工作，做到领导高度重视，规章制度健全，管理不缺位，责任到人，确保引智项目和经费管理工作落到实处。各地区各部门外专系统负责人应作为本地区本部门引

智项目和经费管理工作的第一责任人，对引智项目和经费管理工作负总责。

（二）抓好引智项目评审工作

建立项目评审制度，所有申报的引智项目应进行专家评审、科学论证，做到既客观、科学、公正，又符合《国家引进国外智力"十二五"规划》支持方向。各地区各部门要制订引智项目评审原则、标准和程序，规范评审行为。

（三）推进引智项目绩效评价

建立项目绩效评价体系，有效推进引智项目绩效评价工作。各地区各部门要制定导向明确、具体细化、合理可行的绩效目标，确定科学的绩效评价指标、标准和方法，推动建立重质量抓成果的长效机制。

（四）加强引智项目和经费监督检查

建立引智项目和经费监督机制，国家外国专家局将继续坚持年度专项审计制度，对引智专项经费进行重点检查。各地区各部门要进一步加强对项目申报、评审、经费使用、成果评价等全过程的监督检查，将建立健全引智项目和经费的监督机制作为惩治和预防腐败体系的重要手段。

三、开展专项治理工作的范围和内容

（一）成立专项治理工作领导小组

在国家外国专家局党组统一领导下，成立由机关党委、纪委、财务牵头、有关单位参加的专项治理工作领导小组，领导小组主要负责指导和协调全国范围内的专项治理工作。各地区各部门要成立由分管领导牵头、相关部门负责人参加的专项治理工作机构。

（二）专项治理工作范围

此次开展专项治理工作的范围是各省、自治区、直辖市及副省级城市外国专家局、新疆生产建设兵团外国专家局，国务院各部委、各直属机构引智归口管理部门。

（三）专项治理工作内容

国家外国专家局审批的引智项目均纳入专项治理范围，重点检查近三年国家外国专家局审批的引智项目，对违规违纪情节严重的，应追溯到以前年度。

四、开展专项治理工作的方法步骤

此次在全国外专系统内开展的加强引智项目和经费管理专项治理工作，从本通知下发之日起至2012年底基本结束，主要采取自查自纠和重点检查相结合的方式进行。

（一）自查自纠阶段（截至2012年8月底）

各地区各部门要按照本通知的要求，抓紧制订具体工作方案，落实工作措施，认真开展自查自纠，做到不走过场，全面覆盖。重点从以下几个方面开展自查自纠工作：

（1）项目申报单位资格是否合法；

（2）申报的引智项目是否经过专家评审；

（3）项目审批程序是否符合规定；

（4）执行的项目内容与申报是否一致；

（5）核销单据中有无假发票等非法票据；

（6）经费拨付有无违反财务规定；

（7）有无虚列支出转移专项资金；

（8）有无虚列项目套取专项资金；

（9）是否按照专项经费管理办法规定的开支范围和标准执行；

（10）实际支出和决算报表是否一致。

对自查中发现的各种违法违规问题，必须及时纠正，自查自纠工作结束后，各地区各部门应于8月底前将自查自纠总结报告报送国家外国专家局。2012年开展专项经费审计的地区和部门，要在审计开始前完成自查自纠工作。

（二）重点检查阶段（2012年9月初至10月底）

在各地区各部门自查自纠工作的基础上，国家外国专家局要组织开展重点检查工作，重点检查工作由局领导或司领导带队，今年审计的地区和部门全部纳入重点检查单位范围，其他地区和部门将进行重点抽查。

（三）整改落实阶段（截至2012年12月底）

各地区各部门要针对专项治理工作中存在的问题，制定整改措施并抓好落实，做到资金处理到位，违纪责任人员处理到位。在整改过程中要深入剖析产生问题的原因，完善制度，强化源头治理，建立健全监督机制。

各地区各部门要高度重视、积极落实，进一步加强引智项目和经费管理工作，努力开创我国引智工作新局面。

国家外国专家局
二〇一二年四月六日

国家外国专家局关于印发突发事件应急工作预案的通知

外专发〔2012〕67号

各省、自治区、直辖市及副省级城市外国专家局,新疆生产建设兵团外国专家局;局机关各部门、局直属单位:

为健全完善重大突发事件新闻发布和舆论引导机制,根据中央精神,我局对《国家外国专家局突发事件应急工作预案》(外专发〔2007〕63号)进行修订补充,现印发给你们,请贯彻执行。外专发〔2007〕63号文件同时废止。

请各省区市外国专家局参照本工作预案,进一步建立完善本单位应急预案机制。

国家外国专家局
二〇一二年五月八日

国家外国专家局突发事件应急工作预案

目 录

一、总则
(一) 编制目的
(二) 编制依据
(三) 指导思想
(四) 适用范围
(五) 工作原则
(六) 分类分级

二、组织指挥体系及职责

（一）领导机构和办事机构

（二）应急工作的日常管理机制

（三）应急机构职责

三、运行机制

（一）预警分级和行动

（二）分级响应及响应程序

（三）应急处置程序

（四）突发事件的调查、处理与后果评估

四、附则

附件： 1. 国家外国专家局机关消防应急工作预案
    2. 国家外国专家局安全事故应急工作预案
    3. 国家外国专家局突发传染性疾病处置工作预案

一、总则

（一）编制目的

建立健全统一指挥、反应灵敏、协调有序、运转高效的应急处置机制，明确工作职责、原则和任务，提高处置突发事件的能力，最大限度地预防和减少突发公共安全事件及造成的人员伤亡和损害，确保社会稳定和国家外国专家局干部职工的生命财产安全。

（二）编制依据

依据《国务院关于实施国家突发公共事件总体应急预案的决定》、《国家处置大规模群体性事件应急预案》、《突发公共卫生事件应急条例》及有关法律、行政法规，制定本预案。

（三）指导思想

贯彻落实中央关于"做好应对风险和突发事件的思想准备、预案准备、机制准备和工作准备，坚持防患于未然"的指示精神，坚持以人为本，遵循预防为主、常备不懈的方针，按照集中领导、统一指挥，分级管理、规范有序，反应灵敏、运转高效的工作机制，积极稳妥地处置突发事件。

（四）适用范围

本预案适用于涉及国家外国专家局机关事务并需要由国家外国专家局负责处置的重大突发公共事件的应对工作。

（五）工作原则

1. 以人为本，减少危害

把保障公众健康和生命财产安全作为突发事件应急处置的首要任务，最大限度地减少突发公共事件造成的人员伤亡和危害。

2. 依法管理，预防为主

根据有关法律和行政法规，加强应急管理，维护公众的合法权益，依法管理处置突发事件的各项工作。增强忧患意识，坚持预防与应急相结合，常态与非常态相结合，防患于未然，努力做到早发现、早报告、早控制、早解决，力争从源头上做好预防工作。

3. 集中领导，统一指挥

在国家外国专家局党组的领导下，建立健全分类管理、分级负责的应急工作机制，成立处置突发事件应急工作领导小组，负责统一指挥处置突发事件的各项工作。

4. 协同应对，快速反应

突发事件发生后，按照分级负责、协同应对、快速反应的要求，实行应急处置责任制。在处置突发事件的过程中，各单位要树立大局意识和责任意识，主动配合、密切协同、形成合力，保证突发事件快速有效的处置与信息及时准确的传递。

5. 属地管理，分级响应

突发事件的各项处置工作按照分级响应的要求，实行条块结合、属地管理为主的原则。在各项处置工作的具体实施过程中，及时与北京市及海淀区人民政府有关部门联系，密切配合，有效处置。

（六）分类分级

本预案所称突发事件是指突然发生，造成或者可能造成重大伤亡、重大财产损失和重大社会影响的涉及公共安全的事件。从我局的工作涉及范围和实际情况看，突发事件主要有两个方面。

（1）突发社会安全事件，主要包括重大刑事案件以及规模较大、影响国家外国专家局安全稳定的群体性事件等。如投毒、失火、爆炸等。

（2）突发传染性疾病事件，主要指突然发生，造成或可能造成社会公众健康严重损害的重大传染病疫情、群体性不明原因疾病、重大食物中毒，以及其他严重影响我局干部职工健康的事件。如传染性非典型肺炎、传染性肝炎、肺结核、禽流感、食物中毒等。

以上两类突发公共事件按照其性质、严重程度、可控性和影响范围等因素，分为四级：1级（特别重大）、2级（重大）、3级（较大）、4级（一般）。

二、组织指挥体系及职责

（一）领导机构和办事机构

国家外国专家局处置突发事件工作领导小组（以下简称"领导小组"）是国家外国专家局统一处置突发事件应急工作的领导机构。

组长：由分管局办公室的局领导担任。

成员：由机关各部门、局直属单位的主要负责同志担任。

处置突发事件工作领导小组办公室是国家外国专家局统一处置突发事件应急工作的办事机构（以下简称"应急办公室"），设在局办公室。

主任：由局办公室主任担任（现场总指挥）。

成员：由机关各部门、局直属单位的负责同志或有关同志担任。

应急办公室下设5个组：联络接待组、信息简报组、应急保障组、安全事故处置组、医疗疾控组（突发公共卫生事件）。安全事故处置组、医疗疾控组等2个组针对特定突发事件而启动。

（二）应急工作的日常管理机制

我局应急管理工作，由局办公室承担，正常办公时间的联系电话：68428937；非办公时间的联系电话：68425528。非办公时间遇有应急情况，值班人员在及时处置的同时，立即向办公室领导报告。

（三）应急机构职责

处置突发事件工作领导小组：负责处置突发事件领导工作。突发事件发生时，及时传达贯彻党中央、国务院有关指示精神及局党组的要求，分析突发事件的形势、发展态势；研究决定国家外国专家局处置工作的重大决策及需要采取的重要措施，对处置工作实行统一指挥。

处置突发事件工作领导小组办公室：负责现场处置协调工作。承上启下，协调各方，统一应对。指导各组现场处理；及时掌握突发事件的全面情况，进行汇总分析，做好总结上报工作；完成处置突发事件工作领导小组交办的其他工作。

联络接待组：负责组织协调机关各部门、局直属单位处置突发事件工作。按照早发现、早报告、早处置的原则，与各单位及时沟通，收集信息，及时向信息组反馈、交流情况。接待协助我局处置突发事件的有关同志，完成处置突发事件工作领导小组交办的其他任务。

信息简报组：负责收集、对外发布信息。按照迅速、准确、及时的原则，收集、汇总、分析和交流信息，并在第一时间向有关部门报告情况，并陆续报送突发事件的性质、涉及人员、目前事态、处置措施、处理结果等信息。

突发事件发生后，要将新闻发布工作纳入突发事件总体应急预案之中，坚持"及时准确、公开透明、有序开放、有效管理、正确引导"的方针，明确各部门相关职责、工作程序、应对原则和方法等，保证新闻发言人能参与事件处理决策当中。按照应急预案和"快报事实、慎报原因"的工作原则，快速拟定新闻发布材料和口径，及时发布已认定的权威信息，阐明政府主张；并根据事态发展、处置进展和舆情走向，及时调整发布策略，客观公布事件进展和政府调查处理措施，掌握话语权和舆论主导权。重要信息要反复核实，防止误报、漏报、瞒报。要主动做好新闻发布和采访现场的服务和管理工作。加强与中央宣传部门、政府新闻发布主管部门和新闻单位的联系，争取支持，并建立与有关部委、事发地政府及外专系统内重要信息及时通报机制。

应急保障组：负责应急保障工作。为突发事件的应急处置工作提供各项所需物资和条件，主要包括所需资金、车辆、食品、药品、设备器材等，保证随时使用。

安全事故处置组：负责事故现场的处置工作。迅速报警并控制现场，摸清突发事件的性质和造成的人员伤亡、财产损失情况。在第一时间向局处置突发事件领导小组组长报告，根据领导小组组长的指示，再向有关领导和部门报告。参加现场抢救工作。

医疗疾控组：负责突发公共卫生事件中疫情的监控和防治宣传工作。根据社会上发生的疫情，及时提出国家外国专家局预防方案。疫情发生时，保持与地方医疗单位联系，组织、指导国家外国专家局有关单位对重点部门、部位进行隔离、消毒。

三、运行机制

建立应对突发公共事件的预警机制、响应分级、响应程序、应急处置及调查评估等机制，提高应急处置能力和指挥水平。

（一）预警分级和行动

逐步建立完善突发公共事件预警信息收集、评估、发布制度。按照突发公共事件的发生、发展规律和特点，及时分析其危害程度、可能的发展趋势，及时做出相应级别的预警，依次用1级、2级、3级、4级四个预警级别。

根据突发公共事件的危害性和紧急程度，由处置突发事件工作领导小组发布、调整和解除预警信息。预警信息包括突发公共事件的类别、预警级别、起始时间、警示事项、应采取的措施和发布机关等。

1级

指标迹象：突发公共事件发生。

行动：启动应急预案，采取各种措施维护社会稳定和干部职工生命财产安全，处置突发事件领导小组及办公室成员全部到岗到位指挥，全体工作人员到现场开展工作。

2 级

指标迹象：突发事件将要发生的迹象十分明显。

行动：办公室注意收集信息，跟踪事件动态，考虑发生突发事件的方式、规模、影响，制定具体应对措施，并向局处置突发事件工作领导小组汇报事件有关情况、发展态势及将要采取的措施，在领导小组的统一指挥下，全体工作人员全部到岗到位开展工作。

3 级

指标迹象：突发事件发生可能性增大。

行动：办公室向工作人员通报情况，提醒有关人员高度重视，注意收集信息，跟踪事件动态，同时考虑突发事件可能发生的方式、规模及初步应对措施，并宣布启动应急预案。

4 级

指标迹象：突发事件可能发生。

行动：办公室向工作人员通报情况，提醒有关人员思想重视，注意收集信息，跟踪事件动态。

（二）分级响应及响应程序

根据事件的性质、规模和影响，国家外国专家局处置突发事件应急响应分为 1 级（特别重大）、2 级（重大）、3 级（较大）、4 级（一般）四级响应。

1 级响应：突发事件已经发生，即进入 1 级响应，由处置突发事件领导小组统一部署应对措施。

2 级响应：突发事件将要发生的迹象十分明显，即进入 2 级响应，由办公室主任请示领导小组组长启动具体应急预案处置。

3 级响应：突发事件发生的可能性增大，即进入 3 级响应，由办公室布置具体应急措施。

4 级响应：突发事件可能发生，即进入 4 级响应，办公室向工作人员通报情况，收集有关信息，跟踪事件动态。

（三）应急处置程序

1．报告情况

突发公共事件发生后，自动启动应急预案，办公室要及时将掌握突发事件的情况向处置突发事件工作领导小组汇报，同时在第一时间向有关部门以及驻地公安派出所报告情况。报告内容主要包括时间、地点、信息来源、事件性质。

2．分析形势

处置突发事件工作领导小组及时召开领导小组成员会议，通报突发事件的主要情况，传达局党组和上级有关精神，对突发事件的处置做出部署和安排，明确指挥位置及各自职责任务。

3．开展工作

应急预案启动后，处置突发事件

工作人员必须马上进入岗位，保证联络畅通。各组应立即按照职责分工开展工作，加强沟通，随时向处置突发事件工作办公室主任报告情况。

（四）突发事件的调查、处理与后果评估

一是对突发事件需要进行调查、处理与后果评估时，由处置突发事件工作领导小组办公室组织人员完成。

二是对突发事件的起因、发展情况、造成损失、后果、主要责任人进行调查，并在最短的时间内向处置突发事件工作领导小组写出书面调查报告。

三是根据突发事件处置过程中暴露出的问题，进一步修改完善有关防范和处置预案。

四、附则

一是根据《国家外国专家局突发事件应急工作预案》，制定了3个分预案，包括：《国家外国专家局机关消防应急工作预案》（附件1）、《国家外国专家局处置安全事故应急工作预案》（附件2）、《国家外国专家局突发传染性疾病处置工作预案》（附件3）。

二是机关各部门、局直属单位应根据各单位具体情况，制定相应的突发事件处置应急预案。

三是国家外国专家局处置突发事件工作领导小组及办公室组成人员变动时，要及时调整。司级领导调整要报领导小组组长审定，处以下人员调整要报小组办公室主任审定。

四是本预案由国家外国专家局办公室负责解释与组织实施。

五是本预案自发布之日起实施。

附件1

国家外国专家局机关消防应急工作预案

目 录

一、总则
（一）编制目的
（二）编制依据
（三）工作原则
（四）适用范围
二、应急处置工作程序
（一）及时报警
（二）赶赴现场
（三）现场施救
（四）控制现场
（五）报告情况
三、善后处置
（一）分析火因，认定责任
（二）总结教训，制定措施
（三）处罚
（四）奖励

一、总则

（一）编制目的

有效预防火灾，减少火灾危害，最大限度地保护国家外国专家局干部职工人身安全，减少公共财产损失。

（二）编制依据

依据《中华人民共和国消防法》和公安部《机关、团体、企业单位消防安全管理规定》及《北京市消防条例》，制定本预案。

（三）工作原则

坚持以人为本，遵循预防为主、常备不懈的方针，把保障公众健康和生命财产安全作为首要任务，最大限度地减少火灾造成的人员伤亡和危害。

（四）适用范围

本预案适用于国家外国专家局机

关办公楼，局直属单位及下属单位的独立办公场所、我局管理的宿舍区、外专大厦，由各有关管理单位参照本预案，根据实际情况制定各自的消防预案，并报办公室备案。

二、应急处置工作程序

（一）及时报警

最先发现火险要迅速拨打119报警，同时向应急办公室报告。报告内容：发生火险地的详细地址（单位名称和地址）、着火部位、火势情况、报警人姓名、电话等。

（二）赶赴现场

接到火警报告后，应急办公室成员、失火单位负责同志等要立即赶赴现场，并组织人员赶往现场实施扑救。

（三）现场施救

在消防人员到达之前，现场总指挥要立即组织人员进行灭火、救援，同时派人到主要路口接应消防车辆，疏导交通，划定警戒线，并初步了解掌握火灾发生情况等。如有人员被困，首先要组织救人。在救火全过程中，要确保灭火、救援人员安全。

（四）控制现场

在消防人员到达以后，现场总指挥负责向消防指挥员介绍情况，配合消防队进行扑救，并负责维持现场秩序。

（五）报告情况

在火灾扑救过程中，现场总指挥要随时向领导小组组长报告情况。

三、善后处置

（一）分析火因，认定责任

失火单位对发生火灾事故要认真分析，查找原因，必要时要请专家到现场勘察，认定责任，对火灾事故的损失进行评估。

（二）总结教训，制定措施

失火单位要及时提交火灾事故调查报告，报领导小组。主要内容包括：火灾原因、火灾损失、责任认定、主要教训、采取的措施。

（三）处罚

在征求相关单位意见的基础上，领导小组对造成火灾的直接责任人和在救火过程中不听从统一指挥，造成严重后果的人员提出处理建议，按干部管理程序报批。

（四）奖励

领导小组对在救火过程中组织得力，处置得当，表现勇敢的人员提出表扬和奖励建议，按干部管理程序报批。

附件2

国家外国专家局安全事故应急工作预案

目 录

一、总则
（一）编制目的
（二）编制依据
（三）工作原则
二、应急处置工作程序
（一）立即报警
（二）赶赴现场
（三）控制现场
（四）实施抢救
（五）情况报告
三、善后处置

一、总则

（一）编制目的

有效地保护国家外国专家局干部职工的生命财产安全，最大限度地减少人员伤亡、财产损失和社会影响，及时果断地处置突发事故。

（二）编制依据

依据《国家突发公共事件总体应急预案》，制定本预案。

（三）工作原则

坚持"安全第一、预防为主"的方针，遇有突发性安全事故，要做到处变不惊、临危不乱、责任明确、分工协作、密切配合、处置果断、依法处置。

二、应急处置工作程序

（一）立即报警

事故发生单位和个人发现事故后，立即报警，同时迅速向局应急办公室报告（工作时间以外和节假日向局值班室报告）。由应急办公室主任立即向领导小组组长报告。

（二）赶赴现场

事故发生后，由应急办公室或值班室迅速通知有关人员以最快速度赶赴现场。

（三）控制现场

维护秩序，保护现场，必要时划出安全线。

（四）实施抢救

快速反应。发现人员受伤后，要在第一时间拨打120急救电话，对受伤人员进行现场抢救，减少人员伤亡。

（五）情况报告

对安全事故发生情况进行简单调查、摸底之后，迅速向有关单位报告，报告的内容：事故发生的性质、地点、原因及采取的措施。

三、善后处置

一是事故发生后，按照局党组的要求，妥善处理有关善后工作，由事故发生单位按有关规定和程序办理。

二是认真分析事故的原因，总结经验教训，并制定相应的预防措施。

附件 3

国家外国专家局突发传染性疾病处置工作预案

目 录

一、总则
（一）编制目的
（二）编制依据
（三）适用范围
（四）工作原则
二、应急处置措施
（一）疫情报告
（二）处置措施
（三）隔离与消毒
三、注意事项

一、总则

（一）编制目的

有效预防、及时控制和消除突发公共卫生事件及其危害，指导和规范各类突发公共卫生事件的应急处理工作，最大限度地减少突发公共卫生事件对国家外国专家局干部职工健康造成的危害，保障国家外国专家局干部职工身心健康与生命安全。

（二）编制依据

依据《中华人民共和国传染病防治法》、《突发公共卫生事件应急条例》、《国家突发公共事件总体应急预案》、《传染性非典型肺炎防治管理办法》，编制本预案。

（三）适用范围

适用于国家外国专家局范围之内，涉及国家外国专家局干部职工健康及卫生安全的事项。

（四）工作原则

1. 依法管理

严格执行国家有关法律、法规，对传染性疾病的预防、疫情报告、控制和救治工作实行依法管理。严格落实一把手负责制和工作责任制，对工作不落实、违反规定的，轻者批评，重者依照有关规定追究责任。

2. 预防为主

加强宣传教育，普及传染性疾病的防治知识，提高干部职工防护意识。发现病例及时采取有效的预防与控制措施，迅速切断传播途径，控制疫情传播和蔓延，从源头上做好预防工作。

3. 属地管理

传染性疾病的预防与控制工作实行条块结合、以块为主、属地管理。国家外国专家局的防治工作应在北京市和海淀区人民政府的统一指挥下进行，并结合国家外国专家局实际抓好各项预防措施落实。

4. 快速反应

建立预警和医疗快速反应机制，强化人力、物力、财力储备，增强应急处理能力。保证发现、报告、隔离、治疗等环节紧密衔接，一旦出现疫情，能快速反应，及时处置。

5. 依靠科学

贯彻依靠科学技术战胜传染性疾病的方针，实施科学防治。在预防工作中要听取有关专家的意见，不能自行其是。一旦发生疫情，应在医生的指导下进行各项救治、隔离和消毒工作。

二、应急处置措施

国家外国专家局如出现传染性疾病病例或疑似病例，实施下列应急处置措施。

（一）疫情报告

国家外国专家局职工如发现有传染性疾病症状的人员，应立即向所在单位主要负责人和局应急办公室报告，报告内容包括：症状、所在地点及联络方式。如症状明显、病情紧急应直接打120急救电话，并及时报告。如干部职工家属、家属单位和住宅邻居出现传染性疾病病例或可疑症状，应按上述程序及时报告。

（二）处置措施

接到疫情报告后，局应急办公室应立即与海淀区疾控中心联系，协助接诊救护人员、车辆做好病人隔离送诊工作，最大限度地避免交叉感染。

（三）隔离与消毒

一是疫情出现后，局办公室、机关服务中心组织人员协助区疾病控制中心对病人所在楼层（宿舍门洞）、办公室、近期在本单位活动场所进行消毒，并协助做好病人家属的隔离和安抚工作。

二是出现疫情的单位和机关服务中心的有关人员共同组织对病人的发病情况及近期所接触过的人员进行调查、登记，按卫生部颁布的标准，分层次对与病人接触者进行隔离。

三是机关服务中心指定专用车辆作为传染性疾病防治工作隔离专用车。由局应急办公室统一调度、使用，进行转运、急救工作，严防在隔离过程中造成传染。

四、注意事项

本预案启动程序是：当北京市启动疫情应急响应时，经领导小组研究决定，启动本预案。

如在我局管理的外专大厦、宿舍区等场所发现病人，应按本预案规定的程序处置。

国家外国专家局关于印发《"外专千人计划"科研经费补助管理办法》的通知

外专发〔2012〕70号

各省、自治区、直辖市及副省级城市外国专家局,新疆生产建设兵团外国专家局,国务院有关部委和直属机构、集团公司引智归口管理部门:

为贯彻执行《"千人计划"高层次外国专家项目工作细则》(组通字〔2011〕45号),规范和加强"外专千人计划"科研经费补助管理,经报中央人才工作协调小组同意并经财政部会签,现将《"外专千人计划"科研经费补助管理办法》印发给你们,请遵照执行。

附件:
《"外专千人计划"科研经费补助管理办法》

国家外国专家局
二〇一二年五月十八日

"外专千人计划"科研经费补助管理办法

第一章 总 则

第一条 为贯彻中共中央组织部、人力资源和社会保障部、国家外国专家局联合下发的《关于印发〈"千人计划"高层次外国专家项目工作细则〉的通知》(组通字〔2011〕45号)要求,充分发挥"外专千人计划"专家在科研工作中的领军作用,规范和加强科研经费补助管理,依照国家有关财务规章制度制定本办法。

第二条 "外专千人计划"科研经费补助(以下简称"科研经费补助")来源于中央财政拨款,用于从事科研工作、特别是从事基础研究的"外专千人计划"专家的科研工作经费补助。补助经费连续支持三年，补助总额300万～500万元人民币。

第三条　海外高层次人才引进工作专项办公室（以下简称"专项办"）负责提出"外专千人计划"专家名单及科研经费补助额度建议，报海外高层次人才引进工作小组（以下简称"工作小组"）审定。

财政部根据国家外国专家局提出的科研经费补助分年度预算建议方案，批复并下达科研经费补助年度预算。

第四条　科研经费补助的开支范围是与专家开展科研工作直接相关的劳务费（不得支持给有工资性收入的人员）、设备费、材料费、测试化验加工费、燃料动力费、差旅费、会议费、国际合作与交流费、出版/文献/信息传播/知识产权事务费等，不得用于支取管理费。

第二章　经费申请与审批

第五条　专项办组织专家顾问组对国家外国专家局评审出的"外专千人计划"专家进行复核，提出"外专千人计划"专家名单和科研经费补助额度建议，报工作小组。工作小组最终审定"外专千人计划"专家名单和科研经费补助额度。

第六条　用人单位在"外专千人计划"专家到岗后60天内，根据科研工作需要和补助额度编制分年经费预算方案，按规定报送国家外国专家局。国家外国专家局组织审核经费预算，提出科研经费补助分年度预算建议方案报财政部。

第七条　财政部审核国家外国专家局报送的经费预算建议方案，按预算管理相关规定经主管部门（地方）下达至用人单位。

第三章　预算执行

第八条　用人单位应严格按照批复的预算执行。执行期内，若当年经费有结存，可结转下年度使用；执行期结束后，若经费有剩余，按照国家财政有关规定执行。

第九条　用人单位应按照国家相关法律、法规、财务规章制度及本办法的规定，制定内部管理办法，对科研经费补助进行单独核算，加强监督与管理。不得超范围支出，严禁使用科研经费补助支付各种罚款、捐款、投资等，严禁以任何方式变相谋取私利。

第十条　每年底用人单位向国家外国专家局报送科研经费补助执行情况、成果的同时，必须详细报告预算执行情况。

第十一条　用人单位若因故中途终止或项目资助结束，应及时清理账目和资产，编制财务报告及资产清单，经主管部门（地方）报国家外国专家局，由国家外国专家局组织清查处理。清查后补助资金若有结余，按国家财政有关规定处理。

第十二条　用人单位是事业单位

的，使用科研经费补助购置和试制的固定资产属于国有资产，其管理按照国家有关规定执行。用人单位是企业的，使用科研经费补助购置和试制的固定资产，按照《企业财务通则》等相关规章制度执行。科研经费补助形成的知识产权等无形资产的管理，按照国家有关规定执行。

第四章　监督检查

第十三条　中组部、财政部、国家外国专家局对科研经费补助的使用进行监督检查和财务审计，检查和审计结果作为调整预算安排的重要依据。

第十四条　执行期结束后，由国家外国专家局组织开展科研经费补助绩效的全面评估。

第十五条　对预算执行过程中，用人单位编报虚假预算、套取国家财政资金，截留、挤占、挪用经费，违反规定转拨、转移经费，提供虚假财务会计资料或有其他违反国家财经纪律行为的，将予以通报批评、终止或收回科研经费补助；"外专千人计划"专家违反合同约定、本办法及相关财务制度规定使用经费的，将终止或收回科研经费补助。构成犯罪的，依法移送司法机关追究刑事责任。

第五章　附　则

第十六条　本办法由国家外国专家局负责解释，自发布之日起实施。

关于变更 BFT 考试中文名称的通知

外专发〔2012〕77 号

各省、自治区、直辖市及副省级城市外国专家局，新疆生产建设兵团外国专家局，国务院各部委、各直属机构出国培训归口管理部门，各 BFT 考试中心：

经全国 BFT 考试工作委员会研究，并报国家外国专家局批准，现将 BFT 考试的中文名称"全国出国培训备选人员外语考试"变更为"中国国际化人才外语考试"。英文名称不变。

特此通知。

国家外国专家局
二〇一二年六月二十六日

关于授予中国人民武装警察部队特种警察学院国家引进国外智力成果示范推广基地的决定

外专发〔2012〕95号

根据《国家引进国外智力成果示范推广基地和国家引进国外智力示范单位管理办法》的规定,国家外国专家局对中国人民武装警察部队特种警察学院的申请,按规定程序进行了评审,决定命名中国人民武装警察部队特种警察学院为"国家引进国外智力成果示范推广基地",命名有效期为2012年7月至2017年6月。

希望中国人民武装警察部队特种警察学院切实履行引智成果示范推广基地应尽的义务,做好引智成果的示范推广工作。

国家外国专家局
2012年7月27日

国家外国专家局关于授予50名外国专家2012年度中国政府"友谊奖"的决定

外专发〔2012〕110号

为了表彰在中国经济社会发展中作出突出贡献的外国专家,经有关部委和各省、自治区、直辖市、副省级城市推荐,经中国政府"友谊奖"评审委员会评审,并报请国务院批准,决定授予来自阿根廷、亚美尼亚、澳大利亚、白俄罗斯、比利时、加拿大、古巴、丹麦、法国、德国、以色列、意大利、日本、韩国、立陶宛、俄罗斯、西班牙、瑞典、瑞士、乌克兰、英国、美国等22个国家的50名外国专家2012年度中国政府"友谊奖",颁发中国政府"友谊奖"奖章和荣誉奖牌。

国家外国专家局
2012年9月12日

国家外国专家局关于在福建省福州市建立"中国福州海西引智试验区"的批复

外专发〔2012〕116号

福州市人民政府、福建省公务员局：

《关于申请建立"中国福州海西引智试验区"的请示》（榕政综〔2012〕172号）收悉。经研究，现批复如下：

一、同意在福州市建立"中国福州海西引智试验区"，请认真组织实施《中国福州海西引智试验区建设管理方案》（以下简称《方案》）。

二、"中国福州海西引智试验区"建设要深入贯彻落实科学发展观，紧紧围绕党中央、国务院重大决策部署，遵循国际人才和智力资源流动规律，以落实《国家引进国外智力"十二五"规划》为主线，根据福州市经济社会发展需要，充分发挥福州市的台侨优势和"中国福州海西引智试验区"先行先试、引智创新、辐射带动的功能，重点开展三项引智试验工作：一是开展吸引高端外国专家来榕创新创业试验，构建海峡西岸高端外国专家的人才高地；二是开展海峡两岸人才交流与合作机制试验，先行先试海峡两岸人才交流与合作机制创新；三是开展海外人才聚集区试验，建设吸引海外人才回国（来华）发展的聚集区。

三、"中国福州海西引智试验区"由国家外国专家局、福州市人民政府、福建省公务员局共建，由福州市人民政府负责建设与管理。

福州市人民政府、福建省公务员局要加强对试验区建设的组织领导，加强与相关部门的沟通协调，按照《方案》确定的总体思路、主要目标和建设管理内容，推进政府引导、市场主体、社会广泛参与的引智引才模式，有序推进试验区建设。要落实试验区建设经费及硬件保障，创新政策和机构设置。通过在福州市外国专家局加挂"福州市外国人工作管理局"牌子，建立在榕工作外国人统一归口管理的体制机制；制定并定期调整外国人在福州市工作指导目录，为在榕工作的外国人提供建设性咨询服务，构建全方位服务体系。

国家外国专家局将按照职能，加大对试验区建设的支持力度，在政策制定、资金投入、项目安排等方面给予倾斜，同时加强对试验区建设的指导、试验区建设情况的跟踪分析和督促检查，适时开展试验区建设阶段性总结评估工作。

国家外国专家局
2012 年 9 月 18 日

关于印发《国家软件与集成电路人才国际培训基地管理办法》的通知

外专发〔2012〕121号

各省、自治区、直辖市及副省级城市外国专家局，新疆生产建设兵团外国专家局：

为进一步规范国家软件与集成电路人才国际培训基地管理，国家外国专家局对原《国家软件人才国际培训基地管理暂行办法》进行了修改，制定了《国家软件与集成电路人才国际培训基地管理办法》，经国家外国专家局第十八次局务扩大会审议通过。现印发给你们，请遵照执行。在执行过程中，如有任何问题，请及时告知我们。

国家外国专家局
2012年10月9日

国家软件与集成电路人才国际培训基地管理办法

第一章 总则

第一条 为了落实国务院关于《进一步鼓励软件产业和集成电路产业发展的若干政策》（国发〔2011〕4号）提出的"办好国家软件和集成电路人才国际培训基地"要求，积极推动我国软件与集成电路人才队伍建设和软件产业的发展，规范国家软件与集成电路人才国际培训基地（以下简称"培训基地"）管理，有效发挥培训基地培养国家急需软件与集成电路人才的作用，特制定本办法。

第二条 培训基地是指通过聘请外国专家、选派人员出国（境）培训以及引进先进的技术、科研成果、知识体系等形式充分利用国（境）外智力资源，培养国际化、复合型、实用型和有创新能力的软件与集成电路人才的机构。

第三条 培训基地建设的宗旨是紧密围绕我国软件与集成电路产业的发展需要,运用政府推动和市场机制相结合的手段,按照国际化特征突出、特色显著、示范和带动作用强的要求,为软件与集成电路人才培养和行业发展提供有力的人才保障和国(境)外智力支持。

第四条 国家外国专家局委托中国国际人才交流基金会(以下简称"基金会")承担有关培训基地建设、联络、管理等方面的具体工作。

第二章 申报条件

第五条 申请单位需具备以下申报条件:

1. 拥有一定软件或集成电路人才培养实力。

具有成熟的人才培养师资队伍、培养模式、课程体系以及相应的硬件配套设施。与产业界紧密联系,了解产业人才需求,开展与应用紧密相关的人才培养。有能力结合企业与高校的各自优势,为培养国际化、复合型、实用型人才提供平台,真正做到产学结合。

2. 在软件或集成电路领域国外智力引进方面有丰富的经验,有广泛的国际合作资源并具有自我发展的能力。

瞄准国际前沿,大力推进国际交流,通过学术研究、技术开发或科研项目等多层面国际合作,学习国外先进的人才培养理念和方法,利用国外先进的人才智力资源以及硬件设施,取长补短,通过"派出去"和"引进来"两种方式,培养国内急需紧缺的软件及集成电路人才。

3. 申请单位应是所在地区培养高层次软件或集成电路人才的重要机构,得到当地政府在政策、资金等方面的支持,对当地软件或集成电路人才培养起到示范带头性作用。

第六条 申请组建培训基地须由当地省(区、市)外国专家局会同行业主管部门提出,经当地省(区、市)政府同意后,以政府名义向国家外国专家局申报。多家单位联合申请组建基地应指明牵头负责单位。

第七条 申请单位应提供以下材料:

1. 申请报告;
2. 省(自治区、直辖市、副省级城市)人民政府公函;
3. 申报表(详见附件1)。

第三章 审批认定程序

第八条 基金会负责收集申报材料,组织有关部门和专家论证,提出初审意见并报国家外国专家局,经国家外国专家局审核提出终审意见。

第九条 对于经审定同意设立培训基地的单位,国家外国专家局将以书面形式正式回复提出申请的地方人民政府。

第四章 培训基地管理与运行

第十条 国家外国专家局设立培训基地建设与发展指导委员会(以下

简称"指导委员会"），成员由国内软件与集成电路领域资深专家组成。其重要职能包括：

1. 负责基地的战略规划和发展指导，确保基地建设与发展与国家发展规划相符合，紧密结合国家软件与集成电路产业人才发展需要。

2. 督促检查各基地建设情况，深入调查研究，协调解决基地发展方向以及模式等方面的有关问题，总结推广交流先进经验，为国家外国专家局提供相关建议。

3. 每年召开一次指导委员会会议，部署总结相关工作，研究讨论重要问题。出席会议人员包括：指导委员会专家、外国专家局相关司室代表和基金会代表。会议具体筹备工作由基金会负责。

第十一条 培训基地成立基地管理委员会（以下简称"管委会"），负责基地建设过程中具体项目计划、实施以及评估等监督指导工作，加强基地间合作，统筹国内外资源，搭建有效人才培养平台。管委会成员主要由国家外国专家局相关业务司室代表、基金会和各培训基地的主要负责人及当地外国专家局代表组成。每年召开一次管委会会议，每两年召开一次培训基地工作会议，会议具体筹备工作由基金会负责。根据培训基地的发展可设立若干专业委员会。

第十二条 国家外国专家局对培训基地给予如下支持：授予"国家软件（集成电路）人才国际培训基地"称号；对其聘请外国专家、派遣人员出国培训项目予以优先安排、重点保障和资金支持；为其提供引智信息，推荐引智渠道、外国专家及国外合作伙伴；支持其引进国外优质教材、课程体系和具有市场前景和较强实用性的专业资质证书，利用国外智力资源开发具有特色的软件课程；举办培训基地工作交流会及引智成果推广活动；鼓励培训基地与高等院校、优质企业、科研机构进行产学研合作和协同创新；建设培训基地共享的国际合作与交流网和外国专家库，宣传培训基地的创新工作和成果；对成果突出的基地，经评审可授予"国家引进国外智力成果示范推广基地"或"国家引进国外智力示范单位"称号。

第十三条 培训基地建设及绩效情况将定期接受考核。考核内容为：培训基地的建设与管理受到当地政府的重视与支持情况，组织管理机构与运行机制的规范性和创新性，项目的整体运转情况及其效益，预期工作规划与目标的实现情况、资金使用情况等。对成绩显著的培训基地将给予表彰和奖励。对管理不善或工作效益差的培训基地，责成限期整改，经整改无效的提出批评、警告，直至撤销其培训基地资格，取消相关配套政策和荣誉称号（具体考核表请见附件2）。

第十四条 培训基地设立后，申请单位要根据本地区和行业的具体情况成立由申请单位与当地外国专家局等有关方面组成培训基地日常运行管理机构，其主要职责是：贯彻落实国家和地方有关政策法规，优化运行机制，认真履行各项合作协议，注意建立和积累各种合作渠道，积极开展多层次的国际人才培养项目，促进软件与集成电路产业发展。制订并实施本培训基地发展规划和年度计划，按时保质完成国家外国专家局支持的引智项目，年底向当地外国专家局提交本年度引智项目执行情况工作报告，并向当地外国专家局提交本年度工作总结和下年度工作计划。指派培训基地信息员负责本培训基地网站建设，及时更新培训基地动态。

第五章 附 则

第十五条 本管理办法由国家外国专家局负责解释，自颁布之日起生效，原《国家软件人才国际培训基地管理暂行办法》（外专发〔2006〕39号）同时废止。

附件：
1. 国家软件与集成电路人才国际培训基地申报表
2. 国家软件与集成电路人才国际培训基地绩效考核表

附件1

国家软件与集成电路人才国际培训基地

申 报 表

基地名称_____

申请单位_____

201　年　月　日填报

国家外国专家局印制

填 报 说 明

一、引智归口部门系指省、自治区、直辖市、副省级城市外国专家局，新疆生产建设兵团外国专家局，国务院有关部委引智归口管理部门。

二、申请单位系指申报国家软件/集成电路人才国际培训基地的单位。

三、基地名称系指申请国际软件/集成电路人才国际培训基地包含属地的名称。

四、行业系指软件或集成电路。

五、单位性质系指国有企业、外商独资企业、合资企业、私营企业、事业单位或其他。

六、行业主管部门系指申报单位所在省、自治区、直辖市、副省级城市相关行业的主管部门或国务院有关部委。

七、本地区软件产业发展情况和人才培养计划：申请单位在未来五年内人才培养计划及预期目标。

八、照片页应附有10幅5寸的原版光面彩色照片，内容包括：基地全景、外国专家在基地工作、基地人员在国外培训及引智成果特写的照片。每幅照片须附简要文字说明。

九、其他有关材料可以以附件形式附在后面。

十、此表用A4打印纸打印，补充材料请附在申报表后。

申请单位情况	基地名称			类别	软件基地（　　　）
					集成电路基地（　　　）
	负责人		职务职称	行业	
	电话		传真	手机	
	单位名称			单位性质	
	通讯地址			法人代表	
	总人数		高级职称	中级职称	
	网址				
	电子邮件				

主要业务：

专业教育培训能力、师资及团队建设情况、国际交流及引智项目和经验：

基地运行管理团队及运作模式：

续上表

本地区产业发展情况、人才培养计划以及基地的参与程度：

申请单位意见：
负责人（签字）：　　　　　职务：　　　　　单位公章 　　　　　　　　　　　　　　　　　　　　　　　年　月　日

专家评审意见（由业内知名专家填写）：

专家姓名	工作单位及联系电话	职务职称	专家签名

软件与集成电路行业主管部门审核意见：
负责人（签字）：　　　　　职务：　　　　　单位公章 　　　　　　　　　　　　　　　　　　　　　　　年　月　日：

续上表

引智归口部门审核意见：
负责人（签字）：　　　　　　职务：　　　　　　单位公章 　　　　　　　　　　　　　　　　　　　　　　　　　　年　　月　　日
国家外国专家局组织专家组评审意见：
负责人（签字）：　　　　　　职务：　　　　　　单位公章 　　　　　　　　　　　　　　　　　　　　　　　　　　年　　月　　日

专家姓名	工作单位	职务职称	联系电话

国家外国专家局意见：
负责人（签字）：　　　　　　职务：　　　　　　单位公章 　　　　　　　　　　　　　　　　　　　　　　　　　　年　　月　　日

照片及说明

照片及说明

（此页请自行复印）

其他有关材料（中央机关、部委、地方政府支持函，本地区软件院校、软件园和软件企业支持函等）：

附件2

国家软件与集成电路人才国际培训基地

绩效考核表

基地名称 _____

201 年 月 日填报

国家外国专家局印制

培训基地基本情况	基地名称			类别	软件基地（　　　）
					集成电路基地（　　　）
					软件与集成电路基地（　　　）
	负责人		职务职称		行业	
	电话		传真		手机	

基地组织机构及制度建设情况（10分）

基地人才培养能力提升情况（软硬件环境建设、政产学结合状况等）（10分）

基地国际交流合作开展情况（25分）

本年项目计划目标及执行情况（25分）

续上表

专项资金使用情况（使用比率、支出范围、使用标准、地方配套资金及使用情况等）（20分）

自我总结阶段成绩、创新点与经验教训（10分）

本培训基地意见：
负责人（签字）：　　　　　　职务：　　　　　　单位公章 　　　　　　　　　　　　　　　　　　　　　　　　　年　　月　　日

基金会意见：
负责人（签字）：　　　　　　职务：　　　　　　单位公章 　　　　　　　　　　　　　　　　　　　　　　　　　年　　月　　日

国家外国专家局相关司室意见：
负责人（签字）：　　　　　　职务：　　　　　　单位公章 　　　　　　　　　　　　　　　　　　　　　　　　　年　　月　　日

国家外国专家局关于印发《关于出国（境）培训材料审核工作人员实行持证上岗的意见》的通知

外专发〔2012〕131号

各省、自治区、直辖市及副省级城市外国专家局，新疆生产建设兵团外国专家局：

为提高出国（境）培训项目审批审核效率，规范出国（境）培训管理，国家外国专家局制定了《关于出国（境）培训材料审核工作人员实行持证上岗的意见》，现印发给你们，请遵照执行。

国家外国专家局
2012年11月2日

关于出国（境）培训材料审核工作人员实行持证上岗的意见

为提高出国（境）培训项目审批审核效率，规范出国（境）培训管理，增强工作透明度，确保中央关于出国（境）培训政策法规的贯彻落实和工作任务的顺利执行，根据有关规定，提出如下意见。

第一章 实行培训考试持证上岗制度

第1条 国家外国专家局举办培训学习班，讲授中央关于出国（境）培训管理的文件精神与政策法规，组织学习出国（境）培训基础理论和实务知识，促进各省区市外国专家局出国（境）培训项目管理人员掌握相关业务知识和办理程序。

第2条 各省区市外国专家局出国（境）培训项目管理人员要参加国家外国专家局举行的笔试考试，满分100分，90分及以上为合格。

第3条 国家外国专家局为经过培训考试合格者颁发持证上岗资格证书。

第4条 国家外国专家局在局网站上对外公布具有持证上岗资格的人员名单。

第5条 国家外国专家局对具有持证上岗资格的人员的签字规范样本进行备案。

第6条 为适应人员变动情况,培训考试原则上每2年举办一次。特殊情况下,根据工作需要可举办临时性的培训学习班和考试。

第7条 持证上岗资格证书由国家外国专家局统一印制、颁发。

第二章 建立岗位责任制度

第8条 各省区市外国专家局须指定1~2名在编人员从事出国(境)培训具体业务工作,并参加国家外国专家局举办的专题培训。

第9条 获得持证上岗资格的人员应当遵纪守法,恪守职业道德,切实履行职责,保守国家秘密。

第10条 各省区市外国专家局申报的出国(境)培训项目计划和项目执行材料,必须由具有出国(境)培训工作持证上岗资格的人员审签和主管领导签批后,方可上报国家外国专家局出国培训管理司,否则出国培训管理司将不予受理。

第三章 完善审批审核程序

第11条 国家外国专家局出国培训管理司按照有关规定和要求,依法公开项目申报和执行所需材料与办理程序。

第12条 出国培训管理司在收到各省区市外国专家局上报的出国(境)培训项目执行材料后,按照规定程序,依次经过经办人员初审,处领导核审,司领导或局领导审批。

第13条 出国培训管理司对于没有问题的上报材料,自收到上报材料后,在15个工作日内批复,出具批件。

第14条 出国培训管理司对于有疑问或存在问题的上报材料,由经办人员在三个工作日内将所有问题列齐一并通知有关省区市外国专家局,请及时修改或补充有关材料。出国培训管理司自收到经过修改或补充后的完整材料之日起,按第三章第13条办理。

第四章 健全考核评估机制

第15条 各省区市外国专家局要高度重视持证上岗工作制度,支持并督促持证上岗资格人员认真负责地履行职责,做好出国(境)培训项目的计划申报和执行工作。

第16条 国家外国专家局将对各省区市外国专家局出国(境)培训项目上报工作进行考查评估。

第17条 凡在工作中不认真负责、把关不严,上报材料不完整,其中一年内连续三次出现失误,影响审批审核效率的,将予以警告提醒;连续五次出现失误，将取消相关人员的持证上岗资格。

第18条 对于弄虚作假、徇私舞弊者，一经发现，将吊销其持证上岗资格，并在国家外国专家局网站公布，当事人在一年内不得从事出国（境）培训项目的申报工作；对于严重违纪违法行为，将按有关规定严肃处理。

第五章 做好变动衔接工作

第19条 各省区市外国专家局要做好人员调整变动的衔接工作，确保工作不中断，业务不停顿，顺利完成交接。

第20条 在持证上岗工作人员发生变动时，需要有合格继任者，提前做好交接工作，及时参加培训学习，通过相应的培训考试获得持证上岗资格，以免影响正常的项目计划申报和执行工作。

第21条 有条件的省区市外国专家局要指定出国（境）培训项目持证上岗资格后备人选。

第22条 在持证上岗人员调离出国（境）培训工作时，应及时报国家外国专家局，注销其持证上岗资格。

第六章 附 则

第23条 各省区市外国专家局可以参照本意见，制定相应的实施措施，做好本地区出国（境）培训工作。

第24条 本意见在各省区市外国专家局试行。国务院各部委、各直属机构出国（境）培训归口管理部门可根据实际情况，参照本意见开展相关工作。

第25条 本意见由国家外国专家局出国培训管理司负责解释。

第26条 本意见自2013年1月1日施行。

关于命名2012年国家引进国外智力成果示范推广基地和国家引进国外智力示范单位的通知

外专发〔2012〕148号

各省、自治区、直辖市及副省级城市外国专家局，新疆生产建设兵团外国专家局，国务院有关部委引智归口管理部门，解放军总后勤部军需物资油料部：

根据《国家引进国外智力成果示范推广基地和国家引进国外智力示范单位管理办法》（外专发〔2008〕23号）的有关规定，国家外国专家局对2012年申报国家引进国外智力成果示范推广基地和国家引进国外智力示范单位的单位进行了评审，决定命名河北天和肉牛养殖有限公司等12家单位为国家引进国外智力成果示范推广基地（以下简称"引智基地"，名单见附件1），首都医科大学附属安定医院等17家单位为国家引进国外智力示范单位（以下简称"示范单位"，名单见附件2）。2012年命名的示范单位，命名中不再包括具体项目名称。以上命名有效期为2012年12月至2017年11月。

希各被命名单位再接再厉，切实履行引智基地和示范单位义务，做好引智成果的示范推广工作。

各引智归口管理部门要加强对被命名单位的指导和管理，不断总结引智工作经验，充分发挥引智基地和示范单位的引领作用，使引智工作为我国的经济和社会发展作出更大的贡献。

附件：
1. 2012年度国家引进国外智力成果示范推广基地名单
2. 2012年度国家引进国外智力示范单位名单

国家外国专家局
2012年12月31日

附件1

2012 年度国家引进国外智力成果示范推广基地名单

序号	项目名称	单位名称	引智归口部门
1	黑毛和牛品种引进与繁育	河北天和肉牛养殖有限公司	河北省外国专家局
2	"瓦勒拉尼系统"积雨抗旱造林	内蒙古自治区林业技术推广中心	内蒙古自治区外国专家局
3	欧美经济树种引种	大兴安岭地区农林科学院	黑龙江省外国专家局
4	俄罗斯浆果经济树种繁育	黑龙江省黑河市中俄林业科技园区	黑龙江省外国专家局
5	地方鸡种保护、选育及利用技术	江苏家禽科学研究所	江苏省外国专家局
6	盐碱地生态改良	山东省林业科学院 总后黄河三角洲粮油基地	山东省外国专家局 总后军需物资油料部
7	高油酸花生新品种	河南省开封市农林科学院	河南省外国专家局
8	湘沙优质猪培育及养殖技术	湖南省湘潭市家畜育种站	湖南省外国专家局
9	晚熟柑橘标准化生产技术	重庆市农业科学院果树研究所	重庆市外国专家局
10	南方蓝莓良种繁育及栽培技术	贵州省瑞蓝果业科技发展有限责任公司	贵州省外国专家局
11	优质食用豆引进与开发	云南省农科院粮食作物所	云南省外国专家局
12	肉羊胚胎移植	新疆农垦科学院	新疆生产建设兵团外国专家局

附件 2

2012 年度国家引进国外智力示范单位名单

序号	单位名称	引智归口部门
1	首都医科大学附属安定医院	北京市外国专家局
2	中国医学科学院阜外医院	北京市外国专家局
3	中国医学科学院肿瘤医院	北京市外国专家局
4	内蒙古鹿王羊绒有限公司	内蒙古自治区外国专家局
5	长春海伯尔生物技术有限责任公司	长春市外国专家局
6	黑龙江双锅锅炉股份有限公司	黑龙江省外国专家局
7	中国科学院上海生命科学研究院计算生物所	上海市外国专家局
8	中国水稻所	浙江省外国专家局
9	威海长青海洋科技股份有限公司	山东省外国专家局
10	安阳市恒生能源有限责任公司	河南省外国专家局
11	中国石化集团江汉石油管理局第四机械厂	湖北省外国专家局
12	湖南泰嘉新材料有限公司	湖南省外国专家局
13	广州珠江啤酒股份有限公司	广州市外国专家局
14	陕西北美基因工程股份有限公司	西安市外国专家局
15	甘肃省祁连山水源涵养研究院	甘肃省外国专家局
16	青海洁神环境能源产业有限公司	青海省外国专家局
17	中国农科院蜜蜂研究所	农业部引智办

2012 年引进国外智力工作总结

外专发〔2012〕149 号

2012 年，全国外专系统紧紧围绕"迎接十八大、学习十八大、宣传贯彻十八大精神"，按照"抓管理、抓重点、抓成果"的基本思路，以落实《国家引进国外智力"十二五"规划》为主线，以实施"外专千人计划"和"高端外国专家项目"为抓手，以引进国外高层次人才、提高出国（境）培训质量和效益为重点，坚持高端引领，整体推进，各项工作取得了新成绩，为全面建成小康社会提供了有力的国外智力支持。

一、积极推动《国家引进国外智力"十二五"规划》实施

《国家引进国外智力"十二五"规划》（以下简称《规划》）是引智工作第一个国务院专项规划。2012 年是推进《规划》全面实施的关键之年，着力建立《规划》实施机制，确保《规划》各项目标任务落到实处。

（一）制定《规划》实施部际分工方案

国家外国专家局就《规划》分解落实单位的层次、范围等事宜与有关部委进行深入沟通，起草了部际分工方案并印送 24 个中央及国务院部门广泛征求意见，积极争取发展改革、财政、人社、教育、公安、外交等部门的支持，建立《规划》实施机制，与相关部委联合印发了《国家引进国外智力"十二五"规划主要目标和任务工作分工方案》。

（二）建立《规划》实施联席会议制度

建立了由发展改革委、科技部、公安部、人社部和国家外国专家局组成的《规划》实施联席会议制度，完善协调落实机制，强化保障措施，合力推动《规划》实施。6 月底召开了《规划》实施工作第一次联席会议，讨论并通过联席会议有关职责及《规划》分工等相关事宜。

（三）做好《规划》实施的监督检查和评估准备工作

依托《规划》实施考核评价和指标统计监测单位的专家学者，组织课题组开展座谈调研，研究建立科学有效的《规划》实施监督检查和评估办法，明确《规划》实施的检查、报告

和通报制度,建立监督约束机制,为《规划》中期评估做好准备。

(四)各省区市积极推动《规划》实施工作

《规划》颁布后,各省区市非常重视,切实加强领导,提出了具体实施方案和措施,将《规划》实施纳入本地区国民经济和社会发展总体规划,建立完善统筹协调机制。山东省、江苏省、湖北省等地根据《规划》编制实施本地区引进国外智力"十二五"规划。陕西省、天津市等地出台了贯彻落实《规划》的实施意见和工作方案。

二、大力引进国外高层次人才和紧缺人才

坚持"以我为主、按需引进、突出重点、讲求实效"的方针,立足国家经济社会发展需求,以重大工程建设、重点基础性研究、关键技术攻关和重大装备开发为载体,加大引进国外高层次人才和紧缺人才力度,为创新型国家建设、产业转型升级、区域协调发展、资源节约型和环境友好型社会建设服务。全年共批准执行经济技术类专家项目3564项,资助聘请外国专家13727人次;批准执行教科文卫类专家项目6470项,资助聘请外国专家22000人次。

(一)深入实施"外专千人计划"和"高端外国专家项目"

坚持高端引领,以"外专千人计划"和"高端外国专家项目"为重点,引进一批世界领先水平的科学家、科技创新领军人才。一是认真组织开展"外专千人计划"的申报和评审工作。完成第二批和第三批平台评审,目前已有94名专家入选"外专千人计划"。丰富评审专家库,增加评审专家专长与申报人从事领域的匹配度和针对性,改善评审打分、数据统计及后续跟踪信息等相关内容,提高评审和管理效率。二是制定完善相关配套管理办法。与财政部、人社部等部门充分沟通协调,报中央人才工作协调小组审核同意,出台《"千人计划"高层次外国专家长期项目工薪补助办法》和《"外专千人计划"科研经费补助管理办法》,进一步规范和加强"外专千人计划"工薪补助经费和科研经费的管理。三是做好专家后续服务工作,加强入选专家服务体系建设。增设专项办联络处,配备了懂外语、有专家工作经验的工作人员,及时了解专家在华工作、生活情况及专家相关意见,为专家联络服务创造良好条件。在第十一届中国国际人才交流大会上为42名"外专千人计划"专家授予"国家特聘专家"荣誉称号并颁发荣誉证书。四是完善"外专千人计划"引才体系,启动实施2012年"高端外国专家项目"。共有397项高端项目通过评审,重点领域引智项目支持力度进一步加大。

(二)为促进创新型国家建设服务

实施创新型国家建设引智工程。一

是支持国家重大工程和重要科研项目攻关。着力引进一批国际著名专家和科技领军人才，建设一批高水平的科技创新团队。服务国家重大专项，在核心电子器件、大型装备制造、大飞机、大科学装置等领域，引进高水平外国专家开展合作研究，掌握一批具有自主知识产权的核心技术。与中国科学院继续合作实施"创新团队国际合作伙伴计划"，2012年度支持打造20个创新团队。支持中国商用飞机有限责任公司等单位引进高端外国专家团队，带动国内创新人才和青年人才培养。二是支持高校重点学科和科研基地建设。继续实施高等学校学科创新引智计划（"111"计划）、"高层次文教专家重点支持计划"、"海外名师引进计划"、"高校领导海外培训项目"等，不断提升我国高校学科建设和国际影响力。2012年新增"111基地"34个，总数达到173个；新增海外学术大师49人、学术骨干350余人，为我国高校探索出了一条通过国际合作推动创新发展的新路径。三是引进国际职业能力资格认证，加快国际化人才培养。做好项目管理（PMP）、管理会计师（CMA）、国际物流师（GLM）等的推广、培训和认证考试工作，培养高层次的国际化人才。

（三）为支持产业转型升级服务

实施"产业转型升级引智工程"。一是在农业领域，积极引进国外先进种植养殖技术和生产经营方式，引进农产品安全生产、检测技术和农作物优良种子，促进农业科技创新。推进全国新增千亿斤粮食生产能力建设，重点支持主要粮食作物、畜产品、水产品以及蔬菜、水果、花卉等园艺产品生产技术提高。加强引智成果示范推广基地建设，重点支持自然养猪、水稻三控等技术的推广。二是在工业领域，重点支持节能环保等七大战略性新兴产业，在关键技术攻关项目中引进高水平外国专家及团队。继续实施"独联体与东欧国家引智项目"、"软件与集成电路引智项目"等重点项目，引进一批核心技术研发人才。落实《国务院关于印发进一步鼓励软件产业和集成电路产业发展若干政策的通知》，与工信部联合实施《关于进一步推进软件和集成电路产业引进国外智力工作的意见》，修订印发《国家软件与集成电路人才国际培训基地管理办法》。国家外国专家局与国家能源局、工信部、西北工业大学联合举办"中德风电人才培养"十周年总结大会。中国国际人才交流基金会与中国投资协会联合建立中国新兴产业国际人才发展专项基金。三是在服务业领域，重点支持医疗、金融、保险、物流、证券等现代服务业。通过引进外国专家带动服务业人才培养，提高服务业综合实力和国际竞争力。

（四）服务区域协调发展

实施区域协调发展引智工程，加强和推进统筹区域发展的重大引智项目。一是大力实施"西部大开发引智工程"、"海外智力援疆工程"。2012年支持西部地区执行专家项目1765项，聘请外国专家6681人次；执行出国（境）培训项目170项，派出培训2991人次。与西部地区云南省、贵州省政府签订局省引智合作协议。贯彻落实中央新疆工作座谈会精神，成功组织"百名外国专家新疆行暨引智成果援疆周"活动，邀请来自33个国家的120余名外国专家与新疆有关单位集中洽谈交流、项目对接、实地考察，取得丰硕成果。举办杨凌农高会系列活动，举行"2012杨凌国际农业科技论坛"，来自美国、加拿大等17个国家的外国专家与国内专家学者共同研讨交流世界农业科技最新成果；召开"中加以农业科技创新合作第五次圆桌会议"，促进中国与加拿大、以色列在农业科技领域的深层次合作。二是实施振兴东北地区等老工业基地引智项目。2012年支持东北地区专家项目940项，聘请外国专家3656人次；执行出国（境）培训项目85项，派出培训1239人次。认真抓好一批对东北地区经济发展、技术进步具有支撑和拉动作用的对俄引智项目，为东北地区资源枯竭型城市转型和可持续发展提供海外智力支持。三是加大对革命老区、民族地区、边疆地区和贫困地区的扶持力度。继续开展引智扶贫，组织四川省屏山县的党政干部和专业技术人员到东部发达地区学习培训。继续做好智力拥军项目，支持总后军需物资油料部举办全军科技兴农工作会议、武警总部后勤部召开农副业引智成果经验交流会，支持武警在藏区、无人区驻军开展新型农副业生产，服务部队后勤保障建设。

（五）积极推进资源节约型、环境友好型社会建设

实施"两型社会建设引智工程"。通过聘请外国专家，实施南水北调中线工程水源地生态环境保护、农业面源污染防治与生物能源技术引进等引智项目，跟踪世界节能减排、循环利用、清洁能源、生态环境监测先进技术。围绕实现国家"十二五"节能减排目标，引进资源节约、环境友好的生产方式和消费模式。启动与香港新世界发展有限公司共同出资设立的海外高层次人才交流基金—社会管理专项资助项目，助推我国社会管理事业发展。

三、切实提高出国（境）培训质量和效益

严格按照中央关于出国（境）培训工作的政策要求，坚持"少而精、突出重点、从严掌握、择优安排"的原则，2012年批准出国（境）培训人员5万余人次，培训质量和效益进一步提高。

（一）配合国家重大人才工程，服务各类人才队伍建设

一是积极支持"六支队伍"建设培训项目。与中组部、外交部联合下

发《关于领导干部境外培训"182 计划"2012 年班次安排及有关办班工作的通知》,加强专题性培训,继续开展"青年英才开发计划"、"西部之光"高级专业人才中长期国(境)外培训项目,支持地方组织部门选派后备干部到国(境)外知名机构开展非学历培训。二是启动重大人才工程培训项目计划。与人社部、国务院国有资产监督管理委员会签署合作协议,重点开展知识更新工程专技人才、高技能人才、央企高管人才出国(境)培训。与农业部签署合作协议,重点支持"现代农业人才支撑计划"出国(境)培训。与科技部、中国科学院签署合作协议,重点支持科技领军人才、创新人才出国(境)培训。三是继续做好国(境)外培训重点品牌项目。组织开展公共政策和公共管理赴新加坡南洋理工和国立大学长期项目、中青年领导干部赴杜克中长期项目、经济领域专门人才牛津短期项目、水务领域人才赴法国培训项目、医政管理赴美国培训项目、农业领域人才赴美国乔治城大学培训项目等。

(二)强化管理,完善出国(境)培训各项制度

一是强化培训项目和经费管理。坚决贯彻执行《关于进一步加强因公出国(境)管理的若干规定》、《因公出国(境)人员审批管理规定》、《党政机关和涉密单位出国(境)团组保密管理暂行规定》等中央文件精神,认真落实培训总结、成果跟踪、项目执行率、经费核销"四挂钩"制度。制定印发《关于调整中长期出国(境)培训人员费用开支标准的通知》,加大高层次人才出国(境)培训资助力度。严肃查处出国(境)培训中发现的违纪违规事件。二是强化国(境)外培训安全要求。强化外事纪律培训,制定印发《关于进一步加强出国(境)培训安全工作的通知》、《关于贯彻落实严禁党员干部在境外出版发表政治性有害出版物和文章及携带有害出版物入境的通知》,要求各出国(境)培训归口管理部门必须加强监管,各组团单位必须高度重视和加强预培训工作,各培训团组和团员必须提高安全防范意识。同时,修订印发《关于因公出国(境)培训人员购买境外保险的意见》。三是加强内部管理。制定《出国(境)培训审批审核工作内部管理暂行规定》,进一步规范内部审批审核原则和程序,确保培训项目审批审核责任落实。改革创新国家外国专家局直属单位出国(境)培训团组管理,适当减少培训团组数量,提高经费资助比例,不再向参团单位和个人收费。四是进一步完善 BFT 考试管理体系。将 BFT 考试中文名称变更为中国国际化人才外语考试,成立新一届专家委员会,建立 BFT 新网站,升级改造新考务系统。

(三)积极开发利用国(境)外优质教育培训资源

按照"向高层次发展、按需开辟、

有进有出"的原则，新认定美国罗格斯大学、英国埃塞克斯大学、日本早稻田大学等10家高层次培训机构，暂停与6家境外培训机构的合作关系，取消2家境外培训机构的培训资格，进一步提高境外培训机构的整体水平。推进高层互访，与美国、德国、乌克兰、韩国、英国等国家的20多个著名大学、政府部门、驻华使馆和知名机构进行互访交流；与美国乔治城大学签署合作备忘录，深化合作内容。

成功举办第四届出国（境）培训项目对接会。国内外260多家单位的400多名代表参会，签署合作意向1720份，培训项目供需双方直接见面和洽谈，有效提高了出国（境）培训的针对性和合作质量。

四、以引智重要会议和活动为平台，深化国际人才交流与合作

（一）组织引智重要会议和活动，搭建高层次交流平台

12月5日，习近平总书记在北京同在华工作的优秀外国专家亲切座谈，并发表重要讲话。这是党的十八大后习近平总书记的首场外事活动。讲话全面阐述了中国对外开放战略和外交政策，表达了中国政府坚持对外开放基本国策和互利共赢开放战略的坚定决心和信心，展示了中国政府积极发展与世界各国友好合作的开阔视野和博大胸怀，明确了引智工作在建设中国特色社会主义进程中的功能定位和独特作用。这充分体现了中央对引智工作的高度重视，为全国外专系统进一步做好新时期引智工作指明了方向。

一年来，国家外国专家局牵头成功组织开展了总理与外国专家座谈、第九届中美工程技术研讨会、中国政府"友谊奖"颁奖大会及总理会见获奖专家、第十一届中国国际人才交流大会、2012中国白城农业科技国际合作会议等重大活动，进一步提高了引智工作的社会关注度和影响力。各地区立足当地经济社会发展战略需求，积极搭建高层次人才交流合作平台。安徽省"外国专家江淮行"、福建省"618"海峡项目成果交易会、黑龙江省"哈洽会"等重要活动，通过专家交流、项目展洽和对接活动等不同形式，取得了一大批丰硕成果。

（二）巩固和拓展高层次引智渠道，深化国际人才交流与合作

一是利用政府和民间等多种形式，努力拓展高层次引智渠道。与匈牙利国家创新局签署合作协议，推进两国科技人才交流与培训。与以色列可持续发展组织、中国旅美科技协会、美国电器电子工程师学会建立联系，开展派遣专家来华服务。积极推进北京师范大学和哥伦比亚大学新闻学院合作，支持并促成北京理工大学和里加科技大学签订合作备忘录，支持北京大学和加拿大安大略省创新厅联合召

开中加干细胞科技合作研讨会，支持河南大学与世界大学校长联合会、亚太大学联合会共同主办"高等教育国际化论坛"活动。二是巩固和加强与现有渠道的合作关系。继续与德国退休专家组织SES、法国专家咨询协会ECTI等合作，实施400多项专家组织项目。与乌克兰聚英股份有限公司BMC、美国跨文化交流公司CCE等续签合作协议。促成以色列西勒雅法医学中心与解放军总医院第一附属医院签署合作协议，推动TOPAZ教授等以色列著名创伤医疗专家在更大范围推广负压创伤治疗技术。在教科文卫领域，巩固和加强与英国工程技术学会、英国皇家化学会、美国天普大学、中国留美经济学会、日本日中技能者交流中心、日本拓殖大学、俄罗斯包曼工学院、白俄罗斯技术大学、瑞典乌普萨拉大学、香港科技大学等高层次合作渠道和合作项目。

五、推进引智公共服务体系建设

（一）大力推进引智信息化建设

加强信息化建设是提高引智工作科学化管理水平的重要手段。做好"外专千人计划"信息系统建设，开发应用"外专千人计划"和"高端外国专家项目"专家评审和管理信息系统；完成"引进国外技术、管理人才项目综合信息管理系统"、"外国专家工作证件管理系统"升级；加强海外高层次人才资源库建设；不断完善以中国国际人才网为主渠道的网上交流平台；积极向专家聘请单位推广外国专家管理信息系统。

（二）有序推进局省（部际、大项目）合作

2012年国家外国专家局与云南省、贵州省、水利部、工业和信息化部、中国农业科学院签署引智框架合作协议，与中国商用飞机有限责任公司签署2012年引智工作行动计划。到2012年底，与国家外国专家局签署合作协议的省区市、部委达到31个，有力推动了各省区市、部委引智工作上层级、上水平。创新引智模式，强化政策引导，探索引智试验区建设，在福建省福州市建立"海峡西岸引智试验区"，在山东省日照市建立"蓝色经济引智试验区"。

（三）进一步扩大引智成果示范推广力度

以扩大引智成果收益面、促进引智成果产业化为目标，建设一批高水平的引智成果示范推广基地和示范单位。完成引智成果示范推广基地和示范单位评审。截至2012年底，引智基地和示范单位共有196家，其中引智基地89家，示范单位107家。组织了国家引智成果示范推广基地成果展，集中展示"十一五"以来我国农业引智工作取得的优秀成果。

（四）不断加强国际人才市场建设

规范中国国际人才市场运行机制，发展专业性、行业性、区域性人才服务市场，出台《中国国际人才市场管理办法（暂行）》。推动中国国际人才市场的整体化建设，为地方经济社会发展提供国际人才交流服务平台，提出成立中国国际人才市场湖南市场的可行性报告。推进人才服务国际化，举办国际猎头发展高峰报告会暨中国高端人才引进交流会，生物医药和纳米技术海外高层次人才项目洽谈会。组织外籍人才招聘会，为外籍人才和用人单位搭建双向选择和交流平台。进一步加强中国国际人才市场网站建设。

（五）积极做好引智宣传工作

制定《2012年引进国外智力新闻宣传工作要点》，积极开拓引智宣传工作新思路。加强突发事件舆论引导，建立应急事件新闻发布制度。制定对外宣传口径，提高引智对外宣传的科学性和规范性。继续加强与《光明日报》人才周刊、《中国组织人事报》等中央主要新闻媒体的联系与合作，积极宣传引智工作的新特点、新动向、新进展，开展"中央媒体引智基层行"活动。《专家工作通讯》、《国际人才交流》工作稳步推进，宣传主阵地作用进一步加强。

六、提高引智依法行政能力

（一）积极推进引智法规制度建设

一是积极参与《中华人民共和国出境入境管理法》立法。在2012年6月30日颁布的《中华人民共和国出境入境管理法》相关条文中明确了"外国专家主管部门"的作用、增加了"引进人才"签证类别，规定由国家外国专家局会同人社部制定并定期调整外国人在中国境内工作指导目录、制定外国人在中国境内工作管理办法，这对优化引智法规政策环境具有重要意义。二是与中组部、人社部、公安部、外交部等部门联合制定《关于为外籍高层次人才来华提供签证及居留便利有关问题的通知》。这是一项给予高层次外国专家出入境及居留便利的重要文件，强化了外国专家主管部门尤其是省级外国专家主管部门管理和服务高层次外国专家的职能。三是启动《外国人在中国工作管理条例》起草相关工作。开展了地方外国专家和外国人在华管理情况书面调研和全国外国专家管理机构、人员情况调查，做好有关基础性工作。

（二）提高外国专家管理和服务水平

一是依法实施行政许可。建立健全行政许可责任制和检查监督机制，改进行政许可证件和外国专家证件发放工作，为外国专家和聘请单位提供便捷、高效服务。推进行政审批制度改革，在国务院第六轮行政审批项目集中清理和审核论证工作中深入研究论证，确保行政审批事项有法可依。编印《外国文教专家管理案例选编及政策法规要点释义》，指导聘请单位外专管理干部依法妥善处理各类涉专矛盾和事件，提高处理突发性事件能力。二是做好外国专家建言工作。认真落实温家宝总理指示精神，及时收集和反馈外国专家的意见建议。在云南、重庆、哈尔滨、西安等地召开多场高端外国专家座谈会，广泛听取外国专家对我国经济社会发展的意见建议，2012年向国务院领导报送8期《外国专家建议》，内容涉及小微企业融资、网络安全、生物科学基础研究及生物医药、与独联体国家科技和人才优势互补、宏观经济调整、发展私营媒体等。三是为外国专家提供优质服务。不断完善在华外国专家奖励机制，做好对获中国政府"友谊奖"和地方政府奖项外国专家的联络服务工作。制定《关于解决长期在华工作的外国专家配偶生活待遇问题的通知》，对专家配偶在住房待遇、医疗待遇、生活补贴、经费来源等方面作出明确规定。组织外国老专家开展丰富多彩的考察联谊活动，妥善处理外国老专家及其家属工作、生活中遇到的困难和问题。修订《外国专家在华服务证明》，颁发给来华提供义务服务的外国专家，受到外国专家的普遍欢迎。

七、加强外专系统自身建设

（一）认真学习宣传贯彻党的十八大精神

学习好、领会好、贯彻好党的十八大精神，是全国外专系统当前和今后一段时间的重要政治任务。国家外国专家局印发《关于学习宣传贯彻党的十八大精神的意见》，对学习宣传贯彻党的十八大精神作出具体部署，全面理解和准确把握贯穿于党的十八大报告中的新思想、新观点和新举措，进一步增强政治意识和大局意识，提出新时期新阶段引智工作的发展思路和方向，不断推动引智事业科学发展。开展党的十八大引智宣传活动，与中央电视台新闻频道合作，在《新闻联播》党的十八大特别报道"科学发展、成就辉煌"中播出《"外专千人计划"助力中国经济发展》的新闻报道，反响热烈；在党的十八大"走基层"活动报道中，播出了担任珠江国旅海南总顾问的优秀俄罗斯专家安德烈·伊万诺夫的人物专题报道。

（二）深入开展"抓管理、抓重点、抓成果"活动

组织实施"引智项目管理年"活动，在全国外专系统深入开展专项治理工作，进一步加强引智项目和经费管理，建立健全引智项目和经费的监督约束机制。下半年集中对全国22个省区市外国专家局进行了重点检查，有力促进了地方引智项目和经费管理

长效机制的建立，专项治理工作取得阶段性成果。

强化规范性管理，制定《国家外国专家局行政审批责任追究办法（试行）》、《国家外国专家局机关和直属单位审批事项》，建立健全行政审批责任体系，规范行政审批行为。

注重引智成果收集，组织各省区市外国专家局和部委引智归口管理部门总结汇编近两年优秀引智成果，在全国引智会上作交流。落实《关于进一步加强出国（境）培训成果总结、跟踪和推广工作的意见》，及时总结各地区各部门优秀培训成果，按照与中央组织部干教局关于迎接党的十八大收集整理宣传党政领导干部出国（境）培训成果的会谈精神，向中央组织部干教局提供了有关培训成果材料。与中央组织部、外交部共同编辑出版《领导干部出国（境）培训成果案例选编》和《境外培训工作画册》。

（三）加强调查研究

紧密围绕全局中心工作和重点任务，制定和实施2012年重点课题调研工作计划。开展"外专千人计划"专家到岗和政策落实情况调研，就专家医疗、养老保险事宜进行深入研究，积极探索外国专家医疗保险接续服务工作。积极推进技术移民具体制度调研，完成《开发利用国外智力资源办法》、《引进国外智力成果共享办法》起草工作。组织实施引智软科学研究课题。改革驻外调研课题选定及调研报告评比方法。

（四）加强干部教育培训

提升引智干部队伍整体素质，组织全国外专系统干部开展多次集中学习培训，着力提高引智业务能力。举办出国（境）培训工作管理暨持证上岗培训会议，来自全国47个省（自治区、直辖市）外国专家局的62名同志通过培训考试，成为首批具有从事出国（境）培训材料审核工作持证上岗资格的业务专办员。开展国家引智基地带头人能力建设培训，举办东北及西部地区国家引智基地带头人培训班，组织22名与种植业相关的引智基地带头人赴以色列培训，学习以色列先进的种植业技术，了解以色列在农业新品种、新技术示范推广方面的成功做法。举办第四期全国重点外国文教专家聘请资格单位外事处长培训班，指导并推动各地组织开展外国文教专家管理工作培训，受训人员达2000多人，有力保障了外国文教专家的依法有序聘请。

回顾总结一年的工作，积累了宝贵经验：一是必须坚持围绕中心、服务大局。坚决贯彻落实党中央、国务院的决策部署，自觉在大局下谋划和行动，把中央对引智工作的指示要求落到实处。二是必须坚持突出重点、统筹兼顾。始终把大力引进和用好国外高端紧缺人才、提高出国（境）培训质量和效益等工作摆在突出位置，集中力量抓好落实，以重点工作的突破带动整体工作的推进。三是必须坚持迎难而上、改革创新。牢固树立创新思维和进取意识，针对制约引智事业发展的新情况、新问题，不断创新工作方式，集中力量攻关突破，为科学发展注入不竭动力。四是必须坚持团结协作、密切配合。在充分发挥职能优势的同时，注重与各有关单位的协调配合，注重系统上下的协调一致，形成推动工作的整体合力。

在肯定成绩的同时，我们也要清醒地看到，引智工作与贯彻落实科学发展观的要求相比，还存在一些问题和不足，主要是：政策法规建设有待进一步加强，国外智力资源开发利用能力还需进一步提升，引智成果的发现、培育、总结和评估机制有待进一步深化。在新的一年里，我们要以高度的责任感和使命感，以时不我待、奋发有为的精神状态，以狠抓落实、务求实效的工作作风，解放思想，凝聚力量，攻坚克难，努力推动引智工作再上新台阶！

国家外国专家局

国家外国专家局、财政部关于调整中长期出国（境）培训人员费用开支标准的通知

外专发〔2012〕126号

各省、自治区、直辖市及副省级城市外国专家局（引智办）、财政厅（局），新疆生产建设兵团外国专家局、财政局，国务院各部委、各直属机构引智归口管理部门：

根据突出重点、优化结构、提高质量的要求，为进一步加强高层次人才出国（境）培训力度，保证中长期出国（境）培训工作健康稳定发展，考虑到近年来国外物价水平的上涨、医疗保险费用的增加以及其他一些相关费用的提高，经研究，决定对中长期出国（境）培训人员的费用开支标准进行调整。现将有关事项通知如下：

一、中长期出国（境）培训是指90天以上（含90天）的出国（境）培训。调整后的中长期出国（境）培训人员费用开支项目包括：伙食费、住宿费、交通费、通讯费、书籍资料费、医疗保险费和零用费等。

二、中长期出国（境）培训人员费用开支标准分为"高级职称"人员开支标准和"普通职称"人员开支标准两类。"高级职称"指高级工程师（或相当高级工程师的其他职称）及以上职称、正县（处）级及以上行政职务。"普通职称"指工程师（或相当工程师的其他职称）及以下职称、副县（处）级及以下行政职务。

三、各派出单位要从严掌握党政干部中长期出国（境）培训规模，认真选拔培训人员，加强出国前外语和专业培训，严格考核，确保培训质量。

四、各地区、各部门要认真执行本通知精神，执行情况和效果应及时向国家外国专家局报告。

五、调整后的中长期出国（境）培训人员费用开支标准（见附件）自本通知发布之日起执行。

国家外国专家局
财政部
2012年7月30日

附件：
中长期出国（境）培训人员费用开支标准表

中长期出国（境）培训人员费用开支标准表

序号	国家（地区）	币种	标准（每人每月）	
			高级职称	普通职称
一	美洲、大洋洲			
1	美国（一类地区）	美元	2000	1800
	美国（二类地区）	美元	2000	1700
	美国（三类地区）	美元	2000	1400
2	加拿大	加元	2600	1700
3	澳大利亚	澳元	2100	1800
4	新西兰	新西兰元	2200	2000
5	其他国家（地区）	美元	1100	600
二	欧洲			
6	俄罗斯	美元	1400	1100
7	白俄罗斯	美元	1150	800
8	乌克兰	美元	1150	800
9	其他独联体国家	美元	1100	700
10	德国	欧元	1800	1300
11	法国	欧元	1800	1300
12	芬兰	欧元	1800	1300
13	荷兰	欧元	1800	1300
14	爱尔兰	欧元	1800	1300
15	奥地利	欧元	1800	1300
16	比利时	欧元	1800	1300
17	卢森堡	欧元	1800	1300
18	葡萄牙	欧元	1800	1100
19	西班牙	欧元	1800	1100
20	希腊	欧元	1800	1100
21	意大利	欧元	1800	1100
22	冰岛	欧元	1800	1100
23	塞浦路斯	欧元	1800	1100

续上表

序号	国家（地区）	币种	标准（每人每月）	
			高级职称	普通职称
二	欧洲			
24	马耳他	欧元	1800	1100
25	斯洛文尼亚	美元	1100	800
26	保加利亚	美元	1100	800
27	匈牙利	美元	1100	800
28	波兰	美元	1400	950
29	英国（伦敦地区）	英镑	1400	1150
	英国（其他地区）	英镑	1400	1000
30	丹麦	丹麦克朗	12000	9500
31	挪威	挪威克朗	13000	11000
32	瑞典	瑞典克朗	15000	13000
33	瑞士	瑞士法郎	2500	2000
34	其他国家（地区）	美元	1100	700
三	亚洲、非洲			
35	日本	日元	200000	160000
36	韩国	美元	2000	1400
37	新加坡	新元	2200	2100
38	印度	美元	1100	600
39	以色列	美元	1200	1000
40	南非	美元	1100	760
41	其他国家（地区）	美元	1100	600
42	中国香港	港元	14000	12000

国家外国专家局 2012 年扶贫工作总结

外专报〔2012〕147 号

2012 年，国家外国专家局扶贫工作在国务院扶贫办的指导下，在局党组的领导下，认真贯彻落实中央扶贫开发工作会议精神，按照《关于做好新一轮中央、国家机关和有关单位定点扶贫工作的通知》要求，在坚持智力扶贫，加大培训力度，帮助发展特色经济（一村一品）的基础上，积极创新帮扶方式，充分利用引智优势和引智成果，为我局定点扶贫地区四川省宜宾市屏山县落实引智扶贫项目。一年来，通过选派贫困地区管理和技术人员参加各类培训团组、开展扶贫捐助活动等方式，使定点扶贫工作取得了较好的效果。

一、2012 年扶贫工作情况

1. 完善组织和制度保障

为做好智力扶贫工作，2009 年，我局制定了《国家外国专家局扶贫工作管理办法》，成立了扶贫工作领导小组，由分管领导任组长，相关单位和部门的负责同志任成员。扶贫工作由机关党委牵头负责，经济技术专家司、出国培训管理司等有关业务司室和工青妇等群团组织密切配合，共同开展扶贫工作。2012 年，为落实好中央扶贫开发工作会议新的任务部署，做好新形势下定点扶贫工作，我局修订完善了《国家外国专家局扶贫工作管理办法》，进一步健全了工作制度，明确了责任分工。

2. 利用引智资源，为当地培养管理技术人才

2007 年开始，屏山县的工作重点为向家坝水电站库区移民工作，2012 年 9 月，向家坝水电站库区移民全部平稳搬迁安置，屏山县的工作重心由库区移民向县域经济发展转移，新县城的建设需要大批的管理和技术人才，针对屏山县经济社会发展的实际情况和需求，结合我局引智优势，2012 年，我局着重为屏山县培养了一批管理、专业技术人才。

（1）中西部及贫困地区中小学英语教师培训班。2012 年，我局全额资助四川省宜宾市屏山县 15 名初高中英语教师在北京大学参加了美中教育机构 ESEC 与北京大学联合举办的 TIP 全封闭英语口语培训班，通过培训，提高了英语教师的口语水平，更新了教

学理念，丰富了教学方法，提升了职业素养。截至2012年底，我局已经连续3年资助屏山县40余名中小学英语教师参加此项培训。

（2）新农村建设培训班。为帮助屏山县发展新农村经济，培养农业产业带头人，通过调研，我局选择了新农村经济发展较好、有示范作用的杭州市，为屏山县举办了一期新农村建设培训班。由屏山县县委书记带队，来自四川省宜宾市屏山等区县的30名县乡主要领导干部参加了培训。培训班结合屏山县地域经济特点，围绕浙江新农村建设与发展经验、现代农产品品牌建设营销策略等内容精心设置课程，既有专题讲座也有理论研讨和实地考察，内容丰富，形式多样。国家外国专家局机关党委常务副书记彭启明同志专程参加开班仪式，并与参加培训的学员进行了座谈，详细地询问他们的学习、生活情况，了解屏山县的引智需求。通过专题培训，学员们开阔了眼界，增长了知识，更新了观念，增强了努力发展地方经济的信心和决心。

（3）西部开发人才支援计划。在我局的积极推动下，香港教育工作者联会与宜宾市签订了西部开发人才支援计划，协议在两年内香港教育工作者联会将每年选派义工教师来宜宾开展英语教师培训，宜宾市也将分期选派校长和教师到香港学习和交流。2012年下半年，来自香港的一线教师和专家团队一行4人对宜宾市的91名中小学英语教师进行了英语素养与教学方法的培训，通过培训，提升了中小学英语教师的专业素质，使他们对英语教学方式、教学辅助手段和教学目标等有了新的认识和思考。

3. 发挥职能优势，推广引智成果进行科技扶贫

自2008年开始，我局为屏山县引进了日本柑橘优良品种"不知火"，为了在当地进行大面积示范推广，促进柑橘的优化升级，加快示范基地建设，帮助当地农民增加收入尽快脱贫致富，我局每年在资金和技术方面都给予了大力支持，2012年，我局一如既往地帮助屏山县引进优良种苗进行大面积推广，为农民带来可观的经济效益。

4. 献爱心、送温暖，深入实地搞调研

多年来，我局对定点扶贫工作非常重视，每年春节前，局领导都亲自带队赴屏山县进行实地调研，看望慰问贫困群众，开展献爱心、送温暖活动。2012年春节前夕，由局领导带队的一行5人前往我局定点扶贫点四川省宜宾市屏山县，开展送温暖走访慰问活动，实地调研定点扶贫工作。我局向屏山县捐赠了10万元引智项目推广经费，过冬物资棉被100床、棉大衣100件，深入屏山县富荣镇青华村看望慰问了罗洪友等6户贫困家庭，向每户发放慰问金500元，捐赠了棉被、大衣等过冬物资，还专门给孩子们带来书包、文具、糖果等。实地考察了屏

山县新县城的建设情况，听取了屏山县工作情况汇报和引智需求，研究确定了帮扶工作思路和工作计划。

二、关于2013年扶贫工作计划

2013年，我局将按照《中国农村扶贫开发纲要（2011—2020）》的要求，按照国务院扶贫办的统一部署，在继续巩固和发展原有的扶贫项目的基础上，将智力扶贫作为新时期扶贫工作的主题，结合屏山县的经济社会发展需要，充分发挥我局引智优势，通过"请进来、走出去"的方式，积极开拓职业培训项目和专业技术人员培训项目，加大管理人才和专业技术人才的培训力度，进一步协商选派我局干部赴屏山挂职锻炼或选派屏山优秀的中青年干部到我局挂职锻炼的可行性，为屏山县的各项事业发展提供智力支撑和人才保障。为贫困地区尽快实现脱贫致富奔小康作出贡献。

国家外国专家局
2012年12月31日
（签发人：张建国）

关于在山东省日照市建立"中国蓝色经济引智试验区"请示的批复

外专函〔2012〕71号

山东省外国专家局：

你局《关于在山东省日照市建立"中国蓝色经济引智试验区"的请示》（鲁外专〔2011〕83号）收悉。现批复如下：

一、原则同意在山东省日照市建立"中国蓝色经济引智试验区"。

二、建立"引智试验区"要深入贯彻落实科学发展观，紧紧围绕党中央、国务院重大决策部署，遵循国际智力资源流动规律，以落实《国家引进国外智力"十二五"规划》为主线，按照"抓管理、抓重点、抓成果"基本思路，把"引智试验区"作为加强局省合作机制、创新引智实践的重要措施，推动引智工作创新发展。

三、建立"引智试验区"要从实施本地国家级发展战略出发，先行先试，推进政府引导、市场主体、社会广泛参与的引智引才模式。要通过探索引智政策、引智公共服务和引智环境建设的新举措，提高本地区对外开放的国际化水平，特别是利用外籍人才和国外资源的国际化水平，提升引智引才硬实力和软实力水平。

四、建立"引智试验区"要突出"试验"与引智推广示范相互补充，把引智重点工作和项目落到实处，利用好地方资源优势，提高引智综合效能，探索创新方式方法，形成好的典型和经验。

国家外国专家局
二○一二年五月三十日

关于转发第一批"外专千人计划"入选专家名单的通知

外专办发〔2012〕71号

相关省、市外国专家局，国务院有关部委和直属机构、集团公司引智归口管理部门：

根据中共中央组织部《关于印发第七批"千人计划"引进人才名单的通知》（组厅函字〔2012〕17号），现将第一批"外专千人计划"入选专家名单转发给你们。经初审、平台评审和海外高层次人才引进工作小组同意，共有40名专家入选第一批"外专千人计划"。请你部门按照相关文件规定，认真落实好入选专家的各项配套政策待遇。我局将适时检查相关政策的落实情况。

国家外国专家局办公室
二〇一二年三月六日

关于印发《国家外国专家局 2012 年重点课题调研工作方案》的通知

外专办发〔2012〕86 号

局机关各部门、局直属单位：

根据局务会审议通过的 2012 年局重点调研课题选题，我们制订了《国家外国专家局 2012 年重点课题调研工作方案》，现印发给你们。各牵头部门要切实负责，有关单位要积极参与，密切配合，确保局重点课题调研的顺利完成。

国家外国专家局办公室
二〇一二年三月二十一日

国家外国专家局 2012 年重点课题调研工作方案

为更好地完成我局各项重点工作，做好 2012 年重点课题调研，制订本方案。

一、调研工作的指导思想

以邓小平理论和"三个代表"重要思想为指导，深入贯彻落实科学发展观，按照"抓管理、抓重点、抓成果"的基本思路，围绕实施《国家引进国外智力"十二五"规划》和《中央人才工作协调小组实施〈国家中长期人才发展规划纲要（2010—2020 年）〉任务分工方案》中由我局负责牵头开展的工作及引智工作的重点、难点和热点问题进行专题调研，研究提出有针对性的对策建议，为科学决策提供依据，切实提高新形势下做好引智工作的水平。

二、重点调研课题及分工

（1）"外专千人计划"实施及配套政策落实情况调研（张建国局长负责，牵头部门局办公室）。

（2）外国专家分类管理（包括文教

专家聘请中介机构管理）调研（李兵副局长负责，牵头部门教科文卫专家司）。

（3）国家重大人才工程出国（境）培训项目需求调研（孙照华副局长负责，牵头部门出国培训管理司）。

（4）《开发利用国外智力资源办法》起草调研（孙照华副局长负责，牵头部门中国国际人才交流协会办公室）。

（5）引智成果共享机制和管理办法调研（陆明副局长负责，牵头部门经济技术专家司）。

（6）外国专家来华工作管理立法调研（刘延国副局长负责，牵头部门政策法规司）。

三、调研课题的组织实施

（一）调研课题组织方式

每个调研课题组成一个调研组。调研组人员由局领导、牵头部门或单位及相关人员组成。各调研组实地调研的时间要适当错开，避免集中。原则上不重复到一个省（区、市）和部门调研，调研地点由各调研组提出建议，由局办统筹协调报局领导同意后确定。

（二）调研工作进度安排

1. 调研准备阶段（3—4月）

对调研工作进行动员部署，组建调研组。各调研组制定详细的调研提纲和行程安排。

2. 组织实施阶段（5—11月）

各调研组分赴各地和相关部门开展实地调研。

3. 总结汇报阶段（12月）

调研结束后，每个调研组撰写篇幅5000字左右的调研报告，送政策法规司汇总。2012年底的局务虚会上将对重点课题调研工作进行交流总结，听取各调研组专题汇报。

四、有关要求

（一）统一思想，提高认识

通过重点课题调研，及时发现新问题、总结新经验、提出新对策，是落实局党组"三抓"基本思路的重要举措，是创新管理方式、提高服务质量的有效手段，也是改进干部队伍作风的重要体现。各部门、各单位要高度重视重点课题调研工作，把开展调研活动纳入重要议事日程，确保取得实效。

（二）突出重点，注重质量

要紧紧围绕针对事关全局或制约引智事业发展的重点、难点和热点问题进行深入研究和细致分析。要注重调查效果，深入基层，深入实际，广泛听取各方面意见，了解真实情况，掌握第一手资料，及时撰写出有观点、有数据、有分析、有深度、有参考价值的调研报告，使调研成果真正为科学决策、民主决策提供参考。

（三）切合实际，转变作风

局重点课题的调研要与贯彻落实

全国引进国外智力工作会议精神、《2012年引进国外智力工作要点》、《国家引进国外智力"十二五"规划》结合起来，将对引智重点问题的研究与引智工作实际结合起来。要认真贯彻中央关于加强作风建设的要求和公务出差的有关规定，务实清廉，轻车简从。

五、调研工作的组织协调

调研工作由局党组直接领导，局办公室和政策法规司承担调研的协调和有关事务性工作。

各部门、各单位可参照本方案，制定本单位2012年度调研方案。组织调研前，应与局办公室和政策法规司进行沟通，在选题、人员、时间和地点上与局领导牵头的调研统筹安排，相互协调，保证局重点课题的调研。

关于外国文教专家聘请资格单位组织英语类外教使用外国文教专家测评系统的通知

外专办发〔2012〕90号

各省、自治区、直辖市和副省级城市外国专家局，新疆生产建设兵团外国专家局，国务院有关部委引智归口管理部门及各有关单位：

英语类外国文教专家测评系统测试工作已开展五年，根据使用过程的反馈意见，2010年和2011年我局对该系统进行了修订。为保证测评系统能够较为稳定和准确地反映外国文教专家的教学能力，且能为外国文教专家聘用单位的录用工作提供科学的参考依据，现要求各聘请外国文教专家资格单位今年继续组织所聘请的英语类外教使用外国文教专家测评系统。有关事项通知如下：

一、测评内容

主要内容包括工作适应性测评和工作绩效测评两大部分。

二、测试方式

1. 工作适应性测评

工作适应性测评包括在线履历测评、在线行为方式测试、在线笔试（包括基础知识和写作）三部分，由外教在网上完成。

测评系统可由国家外国专家局政府网站（www.safea.gov.cn）左侧"相关网站链接"中"英语类外国专家测评系统"链接进入，也可直接通过在地址栏直接键入http://evaluation.safea.gov.cn访问。各聘请外国文教专家资格单位可以注册为"Employer"，用户经审核生效后可以通过输入外教姓名查询最终测评结果。

2. 绩效测评

工作绩效测评包括合同执行情况、工作表现评估、获奖记录、处分记录、纠纷申告和"其他"六个部分。

各聘请外国文教专家资格单位通过"外国专家来华工作证件管理系统"（https://fewpa.safea.gov.cn），可在"外国专家信息管理"栏目内添加"工作记录"，为所聘专家填写绩效测评结果。

三、测评截止时间

2012年11月20日为测评截止日期，届时我们将公布各用人单位测评情况。

四、意见反馈

各用人单位在使用中对测评体系的意见与建议可直接反馈至国家外国专家局国外人才信息研究中心。

五、关于培训

各引智主管部门可以根据各用人单位要求组织培训，国家外国专家局国外人才信息研究中心负责该系统的使用讲解。

国家外国专家局办公室
二〇一二年三月二十三日

关于加强引进国外技术、管理人才项目管理的通知

外专办发〔2012〕129号

各省、自治区、直辖市和副省级城市外国专家局，新疆生产建设兵团外国专家局，国务院有关部委（局、集团公司）引智归口管理部门：

为贯彻落实《国家引进国外智力"十二五"规划》，根据国家外国专家局关于"抓管理、抓重点、抓成果"和开展"2012项目管理年"活动的总体部署，现将加强引进国外技术、管理人才项目管理工作通知如下。

一、严格执行规章制度

各地外国专家局、各引智归口部门要严格执行《引进国外技术、管理人才项目管理办法》（外专发〔2008〕2号）、《国家引进国外智力成果示范推广基地和国家引进国外智力示范单位管理办法》（外专发〔2008〕23号）、《引进人才专家经费管理实施细则》（外专发〔2010〕87号）、《"千人计划"配套引智经费管理办法》（外专发〔2011〕73号）、《国家外国专家局关于国家重点引智项目经费管理有关问题的通知》（外专发〔2006〕156号）等文件规定，结合实际制定管理细则，认真抓好项目执行和经费使用。

二、认真执行项目流程

各地外国专家局、各引智归口部门组织引进国外技术、管理人才项目申报，要符合规定流程，表格填写规范，评审意见、签字盖章等申报材料要素齐全。要引导项目单位通过引进国外技术、管理人才综合信息管理系统申报常规项目和示范推广项目，加强对项目单位注册、申报、审批管理。认真组织评审专家对项目进行评审，严格控制项目数量，提高申报质量。按规定时间向国家外国专家局报送项目材料，提高工作效率。及时组织项目实施，抓好成果总结。

三、突出项目工作重点

各地外国专家局、各引智归口部门要引导项目单位立足经济社会发展的紧迫需求，以重大工程建设、重点基础研究、关键技术攻关和重大装备开发为载体，组织实施"高端外国专

家项目"、软件与集成电路引智项目、独联体与东欧国家引智项目等重点项目，与国家外国专家局签署了局省（部际、大项目）合作协议的地区和部门，要紧紧围绕协议确定的工作重点聘请海外高层次专家，确保引进的技术、管理人才项目符合国家"十二五"发展方向，服务创新型国家建设、产业转型升级、区域协调发展、两型社会建设。

四、加强绩效评价和成果跟踪

各地外国专家局、各引智归口部门要强化绩效意识，完成国家外国专家局重点项目绩效评价各项任务，积极推进绩效评价工作，最大限度发挥引智项目效益。要做好项目实施跟踪、成果总结，收集汇总优秀引智成果、外国专家典型事迹并及时报送国家外国专家局。国家外国专家局将对成果较多、质量较好的项目单位、地方外国专家局加大支持力度，推动建立重质量抓成果的长效机制。

五、严格财务纪律

各地外国专家局、各引智归口部门要严格执行国家引进国外智力财务制度规定的开支范围和标准，坚决制止各类违法违规事项发生，预防财务审计已发现问题再次出现，如决算报表填列与项目单位实际申报情况不符、项目号和项目名称与项目计划表不符、决算报表数与账面实际支出金额不符等。

今年起，国家外国专家局将组织对引进国外技术、管理人才项目管理的专项检查工作，主要检查软件与集成电路引智项目、独联体与东欧国家引智项目、示范推广项目、"高端外国专家项目"等重点项目，检查的重点是项目执行情况、经费使用情况和项目绩效情况。

各地外国专家局、各引智归口管理部门要充分履行管理职能，强化对引进国外技术、管理人才项目的管理，引进国外高层次人才和紧缺人才，为国家、地方发展重点领域和行业发展提供有力的国外智力支持。

国家外国专家局办公室
二〇一二年五月四日

关于印发《出国（境）培训团组国内预培训及回国总结经费管理办法（试行）》的通知

外专办发〔2012〕133号

局机关各部门、局直属单位：

现将《出国（境）培训团组国内预培训及回国总结经费管理办法（试行）》印发给你们，请结合实际认真贯彻执行。在实施中有何问题和建议，请及时反馈。

国家外国专家局办公室
二〇一二年五月九日

出国（境）培训团组国内预培训及回国总结经费管理办法（试行）

一、根据中央有关规定精神，为加强对我局直接组织的出国（境）培训团组的管理，制定本办法。

二、本办法适用于由我局直接组织的（包括事业单位承办的）出国（境）培训团组。

三、由我局直接组织的出国（境）培训团组，在国内举办预培训及回国总结会议所需经费按国家规定从我局出国（境）培训专项经费列支，不向参团人员或单位收取。费用开支标准为每人每天400元人民币，含食宿、会议室租金、资料、交通等费用。

四、由我局直接组织的出国（境）培训团组预培训及回国总结会议须在北京外国专家大厦举办。

五、预培训及回国总结会议举办前，承办单位和北京外国专家大厦填写会议申请单，培训司审核确认；会议结束后由北京外国专家大厦和局财务司根据承办单位和培训司共同确认的会议经费核销单结算。

六、专项经费使用须符合公共财政要求。各有关单位要认真履行经费核销手续，完整准确地填报预培训及回国总结会议经费核销单。

七、北京外国专家大厦要根据我局预培训和回国总结工作的具体要求,保证提供会议所需各项服务。

八、在北京以外地区组织的预培训及回国总结会议,参照本办法执行。

九、本办法自发布之日起实施。

附件:

1. 预培训及回国总结会议申请单(略)
2. 预培训及回国总结会议经费核销单(略)

关于印发"引智试验区"工作方案的通知

外专办发〔2012〕138号

局机关各部门，局直属单位：

《"引智试验区"工作方案》已经国家外国专家局第十六次局务扩大会议通过，现印发给你们，请遵照执行。

国家外国专家局办公室
二〇一二年五月八日

"引智试验区"工作方案

为了加强国家引智局省合作机制，深入推进"抓管理、抓重点、抓成果"活动，我局制定如下"引智试验区"工作方案：

一、指导思想

深入贯彻落实科学发展观，紧紧围绕党中央、国务院重大决策部署，遵循国际智力资源流动规律，以落实《国家引进国外智力"十二五"规划》为主线，按照"抓管理、抓重点、抓成果"基本思路，把"引智试验区"作为加强局省合作机制、创新引智实践的重要措施，推动省区市各级引智工作创新发展。

二、工作目标

充分利用引智局省合作机制，紧紧围绕引智工作大局和省区市工作重点设立试验区。突出引智政策环境、工作环境、创新创业环境以及生活环境建设的先行先试。注重试验项目的总结评估和成熟经验的推广，推动引智创新工作由单个试验向综合性、区域性试行的扩展，提升引智工作创新的整体水平。

三、评估框架

（一）试验区立项评估

1. 试验项目目标及预期成果；

2. 试验项目的创新性；

3. 试验项目与本地经济社会发展的相关性；

4. 试验项目实施计划（可行性评估）；

5. 各级组织财政保障。

（二）试验区项目绩效评估

1. 试验项目实施成果与效益；

2. 试验项目取得的示范经验；

3. 试验项目组织实施经验；

4. 试验项目成果创新性；

5. 试验取得的其他经验或存在的问题。

四、组织实施

（一）制订规划

申请"引智试验区"的市（县）人民政府会同省级外国专家局与我局共同研究，确定"引智试验区"的试验项目、进度计划、预期目标和具体实施措施。

（二）逐级申报

省级外国专家局对当地设立"引智试验区"进行评估，形成申请材料报我局。

（三）评估审批

政策法规司征求局相关单位意见，综合评估申请材料，提出建议报局领导审批，并以我局名义答复审批结果。

（四）管理指导

我局负责对"引智试验区"综合管理考核和指导工作。按规定标准对"引智试验区"进行阶段评估和最终评估。对引智试验项目达标的"引智试验区"，提出给予"引智示范区"的称号建议报局务会审议。对未达标的"引智试验区"，撤销其"引智试验区"称号。

附件：

"引智试验区"参考指标

附件

"引智试验区"参考指标

（一）引智政策指标

1. 外国专家权益保障政策；
2. 外国专家在华身份相关政策；
3. 外国专家引进及评聘政策；
4. 外国专家创新创业扶持及激励政策。

（二）引智公共服务指标

1. 外国专家服务机构配置；
2. 外国专家相关事务办理流程；
3. 外国专家公共服务人员状况；
4. 外国专家信息服务水平。

（三）引智硬件设施指标

1. 外国专家创新创业硬件设施；
2. 外国专家发展机会；
3. 外国专家薪酬。

（四）引智软件设施指标

1. 国际化氛围与多元文化；
2. 外国专家子女教育；
3. 外国专家医疗卫生设施；
4. 人文环境。

关于切实做好 2012 年政务公开工作的通知

外专办发〔2012〕152 号

局机关各部门、局直属单位：

为贯彻落实《国务院办公厅关于印发 2012 年政府信息公开重点工作安排的通知》（国办发〔2012〕26 号）和《国务院办公厅关于转发全国政务公开领导小组 2012 年全国政务公开和政务服务工作要点的通知》（国办发〔2012〕29 号）精神，现结合我局工作实际，就做好 2012 年政务公开工作通知如下。

一、总体要求

以邓小平理论和"三个代表"重要思想为指导，深入贯彻落实科学发展观，按照十七届中央纪委第七次全会和国务院第五次廉政工作会议的部署和要求，全面落实《中共中央办公厅 国务院办公厅印发〈关于深化政务公开加强政务服务的意见〉的通知》（中办发〔2011〕22 号）精神，着眼于贯彻党中央、国务院的决策部署，着眼于落实《国家引进国外智力"十二五"规划》和重点工作任务，着眼于加强外专系统自身建设，着眼于保障人民群众和外国专家合法权益，着眼于促进社会和谐稳定，进一步拓展政务公开领域和内容，扎实推进政务公开制度建设，不断完善政务服务体系，为我国经济社会又好又快发展服务。

二、推进重点领域信息公开

按照"公开是原则，不公开是例外"的要求，结合实际情况确定政务公开内容。对引智工作行政管理和公共服务事项，除涉及国家秘密、工作秘密和依法受到保护的商业秘密、个人隐私之外，应当如实公开。

（一）深入推进行政权力公开透明运行

改革行政权力运行机制，深入推进行政审批制度改革，以制约和监督权力为核心，将公开透明原则融入各项行政程序，促使行政权力规范行使。认真落实中央纪委、监察部《关于加强廉政风险防控的指导意见》（中纪发〔2011〕42 号），将推进行政权力公开透明运行与加强廉政风险防控紧密结合起来，全面清理和明确各类职权，明确职权名称、内容、行使主体和法律依据等，依法向社会公布，做到依法确权、科学分权、公开示权、有效控权，防止权力滥用。扩大行政事务公开的领域和范围，进一步完善并公开涉及群众切身利益的重要改革方案、重大政策措施、重点工程项目等决策机制和程序，让人民群众及时了解、有序参与重大行政决策。

(二) 加大政务信息主动公开和依申请公开力度

按照《国家外国专家局政务公开目录》等规定，及时主动向服务对象和公众公开相关政府信息，包括领导介绍、机构设置、部门主要职能、联系方式等组织机构情况；引智工作有关法律、法规、规章和规范性文件，重点加强社会公众关注度较高的规范性文件、决定等的及时公开工作；国家外国专家局编制的重要规划；主要业务流程和办事程序，包括行政审批、行政许可、引智项目、外国专家管理、出国（境）培训管理等各项业务工作的办事依据、程序及时限；重大引智活动情况；公务员招录等人事管理情况；及时发布引智工作中的新闻、公告、通知和工作简报等信息。进一步规范、细化依申请公开工作的处理流程，提高依申请公开办理质量。畅通信息渠道，不断扩大公开信息量，及时更新网上内容，更好地满足社会公众的信息需求。

(三) 推进财政预算和决算公开、"三公"经费和行政经费公开

2012年我局部门预算已于4月24日向社会公开，公开内容包括国家外国专家局概况、2012年部门预算表、2012年部门预算安排情况说明和名词解释四部分，有关预算表格已细化至款级科目，其中，社会保障和就业、住房保障支出等相关支出已细化到项级科目。下一步要按照财政部统一部署在规定时间内公开2011年度我局部门决算。积极推进"三公"经费和行政经费公开。在2011年公开"三公"经费支出总额和分项数额的基础上，细化"三公"经费的解释说明，公开车辆购置数量和保有量、因公出国（境）团组数量及人数、公务接待有关情况等。按照财政部统一部署公开2011年度部门行政经费支出情况。

(四) 推动局直属单位的信息公开工作

将局直属单位的政务信息公开工作纳入全局政务信息公开范围，加强指导和监督。对直属单位的政务信息实行目录管理和备案制度，规范办事依据、服务程序、服务期限和监督渠道等，全面提高信息公开工作水平。

三、推进制度建设和落实

(一) 加强组织领导

根据人员变动情况，对局政务公开工作领导小组成员进行相应调整。领导小组负责我局政务公开工作的组织领导，并对外专系统政务公开工作进行指导和协调。领导小组办公室设

在局办公室,负责政务公开的日常管理工作。机关党委加强对政务公开工作的监督检查。

(二) 加强制度建设

按照《条例》要求,完善政府信息公开的各项工作制度。立足引智实际,对本单位的政府信息进行认真梳理,对公开目录和公开范围作出更加明确的规定,便于在实际工作中遵循。完善政府信息公开各项保障措施,丰富政府信息公开监督考核形式。对涉及面广、社会关注度高的信息,公开前要做好应对预案,公开后要密切关注舆情,及时做好答疑解惑工作。建立健全重大事项通报制度,对重大引智决策、重要引智项目安排及重要引智经费使用等,除法律法规有明确规定外,逐步在规定范围内予以公开。

(三) 加强政府网站等公开渠道建设

切实加强我局政府网站建设,充分发挥政府网站信息公开第一平台作用。不断丰富业务信息,在网上设置相应的工作窗口,拓展有针对性的服务内容,充分发挥应用系统功效,构建政府与用户信息交互的服务平台。加强信息公开总体设计,优化栏目结构,丰富查询统计功能,推动各系统功能整合和数据共享,方便各类用户查询。充分发挥《国家外国专家局简报》、《专家工作通讯》、《国际人才交流》以及新闻媒体等渠道的作用,方便社会公众获取政府信息,保证我局政府信息的及时、准确公开。

(四) 加强学习培训工作

以《条例》及相关政府信息公开政策文件为重点,围绕政府信息公开工作中出现的新情况新问题,及时组织工作人员开展形式多样的学习培训活动。通过学习培训,帮助工作人员提高对推进政府信息公开工作重要意义的认识,增强做好政府信息工作的责任意识和工作能力。

国家外国专家局办公室
二〇一二年五月二十四日

关于解决长期在华工作的外国专家配偶生活待遇问题的通知

外专办发〔2012〕153号

各有关单位：

我局曾专门出台文件，较好地解决了建国后陆续来华、长期在我国工作的外国专家的待遇问题。但由于其中部分专家配偶无工作，医疗和养老没有保障，特别是专家去世后，他们的生活更加困难，为此，多次要求组织上予以帮助解决。

为顺利解决这一历史遗留问题，为长期专家配偶提供必要的生活保障，参照《关于解决未享受老专家待遇并长期在华工作的外国专家实际问题的通知》（外专发〔2002〕117号）有关精神，本着尊重历史、以人为本、顾全大局、有利解决的原则，现对上述通知所确定的长期在华工作外国专家配偶（以下简称"专家配偶"）有关生活待遇问题作如下规定：

一、住房待遇

专家夫妇居住在原专家工作单位提供的住房的，专家去世后，原专家工作单位应同意专家配偶继续居住原住房或享受同等标准的居住待遇（在原住房因故需要调整的情况下）直至终老。

专家夫妇居住在原专家工作单位的住房或以政府补贴购买私有住房的，专家配偶在专家去世后，除应由其本人承担的费用（如水电、燃气费等）外，供暖、物业管理等相关费用，仍由原专家工作单位继续承担直至终老。

居住在其他住房的，原专家工作单位不承担相关费用。

二、医疗待遇

无工作的专家配偶的医疗待遇按原专家工作单位现有办法执行，或参照其国内职工报销标准执行。

有工作的专家配偶按其单位有关规定执行。

中国内地境外（含港澳台地区）所产生的医疗费用，相关单位不予报销。北京之外中国境内所产生的医疗费，根据相关单位的报销规定办理。

三、生活补贴

专家去世后，原专家工作单位应

按专家去世前退休金的40%的标准，为无退休金的专家配偶发放生活补贴直至终老。

专家配偶移居境外（含港澳台地区）的，需提供本人名下的境外收款账户，并定期（至少每个季度一次）与原专家工作单位联系，以证明其生存。若专家配偶在境外去世，其家属需立即通知原专家工作单位，否则原专家工作单位有权通过法律程序追索多支付的补贴。

四、经费来源

以上所需经费从各单位专家聘请经费或原有渠道予以统筹解决。

五、其他事项

其他未尽事宜，由有关各方协商解决。

无工作的老专家配偶有关生活待遇参照本通知执行。

六、组织实施

本通知自2012年7月1日起实施。此前所涉专家配偶的各项待遇仍按原规定执行。

国家外国专家局办公室
二〇一二年五月二十四日

关于进一步加强相关审批事项和项目管理工作的通知

外专办发〔2012〕158号

局机关各部门、局直属单位：

在第十五次局务会扩大会议上，局党组就加强审批事项和项目管理工作进行了专门部署。按照局党组要求，根据我局"三定方案"规定和实际情况，局办公室会同各单位拟定了《国家外国专家局机关和直属单位审批事项》。

为贯彻落实好局党组部署，请各单位严格按照统一归口管理、明确职责、权责一致的要求，规范项目审批流程，完善项目审批管理办法，做到规章制度健全、管理不缺位、责任到人，不断提升引智项目规范化管理水平。局机关各部门和直属单位要重点对《国家外国专家局机关和直属单位审批事项》中列出的各项审批职能相关法规制度、管理办法进行清理和修订完善，明确各单位一把手是本单位审批事项和项目管理的第一责任人，强化一把手对审批事项和引智项目的管理责任和经济责任，进一步明确项目主管人员、处级干部、部门领导、局领导等各级审核把关的重点和应承担的责任。

请各单位在今年12月底前将修订完善后的《国家外国专家局机关和直属单位审批事项》涉及的各项审批职能相关法规制度、管理办法报局办公室，局办公室将汇编成册，发给全局每一位同志，认真抓好贯彻落实，加强监督检查。

特此通知。

附件：国家外国专家局机关和直属单位审批事项

国家外国专家局办公室
二〇一二年五月三十一日

附件：

国家外国专家局机关和直属单位审批事项

一、局办公室

（一）负责政府采购和国有资产管理；

（二）负责管理国家引智专项经费并编报引智专项经费预、决算，驻外机构经费审核报批；

（三）牵头负责"外专千人计划"的申报、组织评选、政策落实和服务工作。

二、政策法规司

（一）拟定引进国外智力软科学研究项目计划；

（二）向部分地方外国专家局下拨引智活动经费；

（三）向驻外使领馆划拨引智活动经费；

（四）探索实行技术移民工作；

（五）外事礼品购置计划及经费。

三、经济技术专家司

（一）外国专家来华工作许可；

（二）聘请外国专家单位登记管理；

（三）引进国外技术、管理人才项目计划审批，包括重点项目计划、软件与集成电路引智专项、东欧与独联体引智专项；

（四）引智成果示范推广项目审批；

（五）国家引进国外智力成果示范推广基地和国家引进国外智力示范单位审批；

（六）组织实施"高端外国专家项目"。

四、教科文卫专家司

（一）外国专家来华工作许可；

（二）聘请外国专家单位资格认可；

（三）介绍外国文教专家来华工作的境外组织资格认可；

（四）宗教院校聘用外籍专业人员资格认可（与国家宗教局联合实施）；

（五）外国文教专家聘请计划审批；

（六）组织实施"高端外国专家项目"。

五、出国培训管理司

（一）自筹经费赴境外培训项目审批；

（二）国家资助赴境外重点培训项目计划和项目执行审批，包括软件与集成电路引智专项、东欧与独联体引智专项；

（三）境外培训承办机构资格认定。

六、机关服务中心

办公楼运转费及改造项目计划和经费。

七、协会办公室

（一）驻外机构管理；
（二）国际人才市场分市场的建立与管理。

八、基金会

（一）海外高层次人才交流基金的管理；
（二）实施软件与集成电路人才培养专项，国家软件与集成电路人才国际培训基地建设；
（三）高校领导海外培训项目。

九、培训中心

（一）BFT培训考试机构资格认定；
（二）BFT专家资格评定；
（三）BFT临时考试审批。

十、信息中心

（一）信息系统运行维护费；
（二）海外高层次紧缺型人才信息资源管理专项；
（三）国际人才测评系统专项。

国家外国专家局2011年政府信息公开工作年度报告

外专办函〔2012〕9号

根据《中华人民共和国政府信息公开条例》（以下简称《条例》）和《国家外国专家局政府信息公开实施办法》的相关规定，我局编制了《国家外国专家局2011年政府信息公开工作年度报告》。

一、认真贯彻落实《政府信息公开条例》，切实推进政府信息公开制度和能力建设

一是加强组织领导。2011年，为进一步加强我局政务公开工作的领导，针对部分单位负责同志及工作人员岗位变动的情况，及时对局政务公开领导小组及办公室成员进行了调整。各单位主要负责人要作为第一责任人，亲自抓督促、抓协调、抓落实。

二是加强制度建设。进一步完善了政府信息公开依申请公开、保密审查和监督保障等措施。为认真贯彻落实中纪委《2011年全国政务公开工作要点》（中纪办发〔2011〕12号文件）通知精神，结合我局工作实际制定下发通知（外专办发〔2011〕224号），就切实做好我局2011年政务公开工作提出贯彻落实意见，重点是按照中央部署积极推行行政决策公开，增强行政权力运行透明度，加大政府信息公开力度，积极稳妥推进财政预算决算公开，进一步推动我局主动公开的力度，突出主动公开的重点。

三是加强政府信息公开栏目建设。对局政府网站信息公开栏目进行了改版建设，使栏目更适应政务公开工作的需要，开设了信息公开目录、信息公开指南和依申请公开等栏目，并提供信息检索查询、网上受理申请、表格下载等多种功能。对群众关注热点问题进行了公开，及时回复社会关切问题。

二、主动公开政府信息情况

2011年，我局采取多种措施，加大主动公开力度，通过国家外国专家局政府网站、《国家外国专家局简报》、《专家工作通讯》和《国际人才交流》、新闻媒体等多种渠道，保证了我局政府信息的及时、准确公开。至2011年

底，通过我局政府网站主动公开各类引智政务信息增量信息共9260条（含地方外国专家局），政府网站当前日均访问量约5.5万人次。我局通过政府网站主动公布外国专家管理、引智行政许可事项审批结果等方面信息。例如，派遣团组和人员赴境外培训的机构资格认可是我局一项重要的行政许可事项。我局在境外培训机构的评估、认定和管理过程中，坚持公开、公正、透明的措施，对境外培训承办机构实行评估、认定、年检、公布制度。继续本着严格准入、定期审查、有进有出的管理方式和开辟高层次培训渠道的原则，不断完善评估管理制度，提高境外培训机构的总体素质。2011年2月25日，我局在政府网站上公布了2011年度境外培训机构名单，2011年认定了283家境外培训机构，终止了6家。各省区市外国专家局也按照我局要求公布了2011年聘请外国专家单位名单。

我局严格执行政府信息公开条例，主动、及时、准确公开财政预算决算、重大建设项目批准和实施、社会公益事业建设等领域的政府信息。按要求向社会公开部门预算和决算，以及政府性基金、国有资本经营等方面的预算和决算。公开了出国出境、出差、公务接待、公务用车、会议等经费支出。

三、依申请公开政府信息情况

2011年，我局受理政府信息公开书面申请2件。已办理完毕1件，另1件正在办理之中。

四、咨询处理情况

2011年我局门户网站共答复公众留言56条。

五、公开收费信息

2011年，我局对公众提出依申请政府信息未发生收费情况，没有费用减免情况。

六、复议、诉讼情况

2011年，我局未发生因政府信息公开申请行政复议或者提起行政诉讼的情况。

七、存在的主要问题和改进措施

（一）主要问题

我局的政府信息公开工作虽然取得了一定的效果，但与全面贯彻施行《条例》和社会公众的需求相比，还存在一些不足：一是政务公开方式方法比较单一；二是政务服务信息化水平有待加强；三是公共政策制定透明度和公众参与度需要增强。

（二）改进措施

一是改革政务公开方式方法。坚持方便群众知情、便于群众监督的原则，拓宽工作领域，深化公开内容，丰富公开形式，促进我局自身建设和管理创新。坚持区别情况、分类指导，提高政务公开的针对性和有效性。坚持创新载体、完善制度，实现政务公开的规范化、标准化。

二是积极推行行政决策公开。坚持依法科学民主决策，建立健全体现以人为本、执政为民要求的决策机制，逐步扩大行政决策公开的领域和范围，推进行政决策过程和结果公开。凡涉及群众切身利益的重要改革方案、重大政策措施、重点工程项目，在决策前要广泛征求群众意见，并以适当方式反馈或者公布意见采纳情况。

三是进一步加强信息化建设。进一步提高政务服务信息化水平。充分利用现有电子政务资源，逐步实现网上办理审批、缴费、咨询、办证、监督以及联网核查等事项。重视和加强政府网站建设，完善门户网站功能，扩大网上办事范围，及时充实和更新信息发布内容。

国家外国专家局办公室
二〇一二年一月五日

关于报送《支持中关村人才特区建设 2011 年工作总结和 2012 年工作计划》的函

外专办函〔2012〕11 号

中关村人才特区建设指导委员会办公室：

按照关于报送《支持中关村人才特区建设 2011 年工作总结和 2012 年工作计划》通知的要求，现将我局支持中关村人才特区建设的有关情况报上。

国家外国专家局办公室
二〇一二年一月六日

支持中关村人才特区建设 2011 年工作总结和 2012 年工作计划

根据中央人才工作协调小组和中关村人才特区建设指导委员会要求，我局认真对照《关于中关村国家自主创新示范区建设人才特区的若干意见》中 13 项政策和"人才特区建设指导委员会"成员单位职责，2011 年在人才特区建设政策支持、资金投入、人才引进和人才服务等方面做了以下工作：

一、继续加大力度支持人才特区在我局申报引进外国专家项目和出国（境）培训项目，在政策层面和经费资助上予以倾斜；

二、围绕人才特区的产业重点，借助"中美工程技术研讨会"、"生物医药高端国际研讨会"等平台，邀请海外高层次专家到人才特区相关企业进行咨询指导或研讨交流，并建立长效联系，形成交流与合作机制；

三、利用我局网络平台及专家库为人才特区设立海外人才联系窗口，推荐海外高层次专家到人才特区工作或发布专家需求信息；

四、在中关村人才特区相关高校，如清华大学，设立"国家集成电路人才国际培训基地"。

为认真贯彻落实《关于中关村国

家自主创新示范区建设人才特区的若干意见》，切实履行我局作为"人才特区建设指导委员会"成员单位的职责，2012年我局将与北京市委组织部等相关部门保持密切联系，进一步了解中关村人才特区在与国外相关机构开展人才交流与合作，引进海外高层次专家和出国（境）培训方面的具体需求，在延续2011年支持措施的基础上着重对人才特区申报"外专千人计划"和"高端外国专家项目"予以具体指导，对入选"外专千人计划"的外国专家及人才特区单位给予持续政策和资金支持。

关于报送 2011 年留学回国服务工作总结和 2012 年工作打算的函

外专办函〔2012〕30 号

人力资源和社会保障部办公厅：

根据《关于提交留学回国服务工作 2011 年度工作总结和 2012 年工作要点的函》的要求，就我局 2011 年工作总结和 2012 年工作打算报送你厅。

一、基本情况

2011 年我局支持各地外国专家局申报的"留创园"多个相关引智项目，参加 3 个省区举办的"留创园"座谈会，为 3 个省市的高新区、创业园设立办理外国专家证窗口；共支持 30 多位留学回国人员举办的 10 余项学术论坛、研讨会、论坛；通过互联网公开数据搜集海外高层次人才信息，2011 年新增留学人员数据超过 1 万条。帮助 35 家地方外国专家局开辟地方分窗口，发布海外高层次人才需求 1200 余项；成功举办第十届中国国际人才交流大会，共有 5 位诺奖大师，多位国际知名学者，众多海外领军人才，3000 多家海内外机构（单位），70 多个国家或地区的 2000 多名海外代表参加。

二、主要工作

（一）积极支持地方外国专家局开展"留创园"引智工作

对地方外国专家局申报的"留创园"相关引进外国专家、IT 和独联体等引智项目予以大力支持。外国专家证件管理系统实现了全国联网，并在北京、上海、浙江等地外国专家局的高新区、创业园设立办证窗口。派人参加在包头、长春、广州举办的创业论坛、"留创园"座谈会、"留创园"年会和"留交会"。

（二）创造良好氛围，积极做好留学回国人员服务工作

一是与有关部门合作，支持举办论坛、研讨会等活动。与中国留美经济学会（CES）合作，支持参与在对外经济贸易大学、上海财经大学举办的"入世十年——中国与世界经济"、"如何应对中等收入国家陷阱"研讨会，数十名留学美国、加拿大的华人经济学家出席并发表演讲，我局刘延国副

局长会见CES代表团。支持、推动中南大学邀请留学美国、澳大利亚、新西兰等国的华人专家围绕"111基地"建设举办"材料学科与工程国际论坛",我局派有关人员出席并讲话。与南开大学共同策划、支持中国留美经济学会(CES)会长王艳灵博士等两位华人经济学教授赴延边大学讲学、交流。

二是支持回国人员与国内大学合作,举办讲学、研讨活动。推动、支持美籍华人专家孙伟博士(清华大学生物制造研究所所长、"千人计划"学者)在清华大学举办"国际生物、纳米集成技术高层论坛",中国科学院外籍院士王中林教授等海外华人专家出席并做学术报告,李兵副局长出席活动并致辞;推动、支持加拿大华人专家宋伟宏教授(UBC大学校长助理,加拿大联邦老年病首席科学家)在重庆医科大学举办"中加儿童发育疾病及老年痴呆症学术研讨会"并成立"中加儿童发育疾病及老年痴呆症联合转化医学研究中心",我局派相关人员参加并与加方、重庆市有关领导共同为联合研究中心揭牌。支持宋教授与中南大学医学院的学术合作;推动、支持美国农业部华人专家高炜博士、兰玉彬博士、潘忠礼博士、严文贵博士及加拿大农业部华人专家周坚强博士、石贤全博士、陈勤博士等与国内大学、研究机构开展农业领域的学术交流与合作,积极开展农业引智活动;推动、支持美籍华人专家段燕文教授、沈奔教授在湖南长沙举办"第五届化学生物学与创新药物中美圆桌会议",我局派人出席活动并讲话;推动、支持美籍华人专家李海峥教授在中央财经大学的"中国人力资本研究中心"建设及"中国人力资本指数"等研究项目;推动、支持美籍华人专家高家红教授在北京大学的"脑成像研究中心"建设及相关高层次国际学术研究、交流活动;推动、积极支持加拿大环境科学首席科学家黄国和教授与华北电力大学、湖南大学的学术、研究合作。

(三)完善海外高层次人才信息库,做好海外高层次人才联系窗口工作

积极开展海外高层次人才信息库建设,通过多种渠道搜集海外高层次人才情况。完善海外高层次人才搜索引擎(search.chinajob.com),利用技术手段通过互联网公开数据搜集海外高层次人才信息。帮助地方外国专家局开辟分窗口,发布海外高层次人才需求信息;利用百度等通用搜索引擎推广窗口以吸引海外高层次人才关注和自荐;积极为自荐人才与用人单位进行对接服务,2012年累计推荐海外留学人员70人次,其中为中国铝业推荐人选已经入选第六批"千人计划",为中国商飞推荐留学生项目已经签约。

(四)成功举办第十届中国国际人才交流大会

2011年11月4日至5日在深圳成

功举办第十届中国国际人才交流大会。中共中央政治局委员、国务院副总理张德江连续第三年出席大会开幕式并发表重要讲话。大会新增系列国际专业会议，包括国际新药发明科技年会、纳米医学峰会、药物传递系统国际交流大会、首届小核酸国际大会等，邀请了来自35个国家生物医药、新能源等新型产业领域的800多名海外高层次专家参会，举办各类专题会议80多场，凸显大会国际化、高端化、专业化特点。

国内省市踊跃参会，江苏展团规模最大，近400人参会，全省出台82个引才计划，设立50亿元引才资金，资助引进高级专门人才。各省市外国专家局纷纷表示，参与每年大会能完成本区域引智项目和外国专家聘请的大部分工作，参与大会已经成为每年引智工作不可或缺的一部分。

三、2012年工作打算

一是围绕"千人计划"、高端专家项目，大力支持各地"留创园"申报引智项目；

二是建立和加强与聘用单位的联系，为留学回国人员提供全方位配套服务；

三是继续与有关单位协作，共同举办各类交流活动，推动成果共享和经验交流；

四是继续加强海外高层次人才信息库建设，借助海外高层次人才搜索引擎加强信息采集；

五是继续开展多种形式的海外高层次人才对接活动，积极向用人单位推荐通过窗口自荐的留学人员；

六是做好2012中国国际人才交流大会的组织工作，通过驻外机构继续推荐海外专业机构参会与国内交流。

国家外国专家局办公室
二〇一二年一月二十日

国家外国专家局 2011 年对口支援新疆工作情况总结和 2012 年工作打算

外专办函〔2012〕88 号

2011 年,我局根据中央关于"深入实施西部大开发战略若干意见"和新疆工作座谈会精神,围绕《国家中长期人才发展规划纲要(2010—2020年)》和我局与新疆维吾尔自治区、新疆生产建设兵团联合签署的《关于引进国外智力对口援疆工作合作框架协议书》确定的目标任务,以科学发展观为指导,按照加快转变经济发展方式、着力保障和改善民生、建设资源节约型和环境友好型社会及提高自主创新能力的要求,针对新疆地区各地经济发展特点,紧密结合实际,认真实施"海外智力援疆工程",大力引进国外先进智力,为推进新疆跨越式发展和长治久安提供了强有力的海外人才和智力保证。

一、基本情况

2011 年我局支持新疆地区经济技术专家项目 135 项,聘请专家 372 人次,资助经费 672 万元;文教类专家项目 45 项,聘请专家 138 人次,资助经费 342.5 万元;批准审核立项出国(境)培训 37 项 444 人,审批立项 40 项 550 人,资助经费 590 万元。

在新疆地区建立了 2 个国家引智成果示范推广基地,6 家国家引智示范单位。

二、主要工作

(一)大力引进国外先进技术和管理人才,促进新疆地区经济和社会发展

一是以促进提升农牧民生活水平为目标,为特色经济发展引进人才和智力。通过支持中粮屯河、麦趣尔、中亚食品、西域种业、赛湖渔业等企业以及开展"二次引进"工作,推进了番茄、西甜瓜、奶牛、设施农业等农牧业品种、技术的创新和产业化进程。支持节水新技术实施及新型喷滴灌肥料研发项目,引进美国农用飞机组装和试飞项目,棉花机械采收装备及技术项目,高产奶牛、肉毛兼用细毛羊性控胚胎移植、子宫角深部输精和品系繁育关键技术项目,葡萄新品

种引进、果品储运和加工以及水稻栽培、小麦育种和病虫害防治技术等引智项目，通过引进智力，提高了企业效益，增加了广大农牧民收入和生活水平。

二是以促进自治区优势资源转化战略和生态环境保护为目标，为提升大企业、大集团核心竞争力提供海外智力支持。支持金风科技、特变电工、蓝山屯河、新疆众和、新能源等企业引进国外智力，促进石油石化、光能风能、煤炭等资源的有效转换。新疆特变电工利用新疆丰富的煤电资源，引进国际先进技术，在多晶硅副产物的处理排放上，采用先进的干法尾气回收技术，实现了煤炭开采、多晶硅提纯、副产物回收循环利用等完整的太阳能产业链，降低了生产成本，提供了数千工作岗位和上万个就业机会。支持新疆天业集团60万吨离子膜烧碱与70万吨聚氯乙烯项目，新疆中基实业股份有限公司56万吨大桶番茄酱加工和20万吨小罐番茄酱加工项目，农八师石河子市金天阳纺织有限公司300万米全毛及毛混纺精纺呢绒制品项目和新疆爱立泽纺织有限公司20万锭棉纺项目，薰衣草特色香料加工项目和煤化工项目的引智工作，解决了关键技术问题，提升了工艺水平和企业竞争力。

三是以促进提升科研水平为目标，为新疆地区科研机构引进资源和人才培养提供支持。支持新疆农科院、畜科院、林科院、中国科学院新疆分院、地震局、气象局等机构，引进了一批科研资源，培养了大批科研人才，特别是一些科研机构的研究水平大幅度提高。中国科学院乌鲁木齐天文站通过引进国外智力平台，与国际一流的相关机构建立了深入的合作关系，派出一批学术技术骨干到国外培训。通过这支队伍的自主努力，建立了具有国际运行水准的观测研究基地。围绕学科建设和重点试验室的建设，支持石河子大学的准噶尔盆地南缘沙生植被保护、荒漠化生态系统恢复和塔里木大学的塔里木盆地生物资源保护利用等重点引智项目。

四是围绕加快形成人才优先发展战略布局，加大引智成果推广力度。为落实智力援疆精神，对新疆农业、林果业、养殖业等技术引进及相关高校重点科研项目、实验室建设、学科建设引智需求等方面，全方位、多层次、宽领域地开展引进国外智力工作，积极扩大资助规模，采取多种方式推进教科文卫领域海外高层次人才引进工作，推动新疆与国外高校项目交流。

（二）大力支持新疆地区重点项目和人才队伍建设出国（境）培训

一是围绕民生问题和产业发展，大力支持派人出国培训。有针对性地支持了该地区医疗质量管理、外商投资与招商引资政策、土壤固碳减排技术与农业生态环境影响、欧洲加工型苹果技术、草原生态建设与保护、野生牧草种质资源保护与利用、番茄精加工技术研究、特色农产品电子商务平台、设施农业高效生产技术、种子质量管理新技术、薰衣草高产栽培及深加工技术、南疆特色果蔬功能成分开发利用关键技术、煤层气技术等培训项目，并取得较好效果。积极支持就业、医疗、教育以及节能减排、生态环保等公益事业发展，选派技术和教师骨干出国培训、深造，加强和扩大对独联体国家培训合作和技术交流。举办5期TIP英语培训班，培训118名中小学英语教师。

二是围绕社会管理和新型城镇化建设，加大人才培养力度。选派部分党政、企管干部和专业技术人员，参加出国（境）培训项目赴外培训；赴香港公务员培训在内容上，从单纯经济管理培训扩大到基础公务员能力培训、城市规划与交通管理等方面；人员从乡镇长、团场长拓展到基层公务员、城市建设、交通等管理人员。昌吉回族自治州结合赴新加坡城市规划与建设管理培训的收获、体会，创新规划思路，按照城乡一体化发展要求编制城乡建设规划。支持"展望计划"西部人才工程为新疆地区培训县、处级以下干部，推动了新疆地区人才队伍建设。

（三）有效发挥宣传平台作用，努力加强引智信息服务

充分发挥《专家工作通讯》、《国际人才交流》、中国国际人才网和引智政府网的平台作用，宣传新疆地区引智工作、在新疆工作的外国专家事迹、内地省市引智成果对新疆的支援（二次引智）等所取得的成绩，取得良好效果。"两刊"全年共发表有关新疆地区文章17篇，图片9张，其中第2期《专家工作通讯》专门为新疆地区作了"特别策划"。"两网"发布了大量有关新疆地区的工作信息，其中外网183条，内网14条。全年免费为新疆和兵团外国专家局赠阅"两刊"，每期各100册，带动了他们在"两刊"上发表研讨文章的主动性和对引智宣传工作的积极性。通过当地各级领导、有关部门、引智基地和聘请外教单位的传阅，扩大了引智工作的影响。

三、2012年工作设想

2012年，我局将继续落实《中共中央国务院关于深入实施西部大开发战略的若干意见》、《西部大开发十二五规划》和《关于引进国外智力对口援疆工作合作框架协议书》，进一步了解新疆地区经济社会发展对智力的需求，在做好现有项目的同时，不断开辟新的引智项目，为新疆地区经济社会发展提供更加有力的智力支撑。

一是继续加大政策研究力度，推进引智信息共享，确保为新疆地区发展提供更加有力的政策支持和优质服务。

二是做好重点项目的引进智力工作的支持力度。继续做好对中粮屯河、西域种业、金风科技、特变电工等重

点项目的支持，促进新疆农业项目及特色产业发展和新疆大中型企业转型升级；支持新疆农科院、畜科院、林科院、中国科学院新疆分院、地震局、气象局等机构引进外国专家，为实施新疆科技创新服务。同时，加强绩效评估，做好引智成果跟踪工作。

三是引导新疆地区教科文卫领域的引智工作向更高层次、更宽领域发展。做好部属高校外国文教专家聘请计划和国家重点领域、新兴交叉学科、学校重点发展规划的外国文教专家引智项目审核、审批。鼓励并指导新疆各有关高校做好"外专千人计划"和"高端外国专家项目"申报工作。同时，做好重大人才计划和项目引智成果收集，提高成果共享和推广，扩大引智工作的实效性和影响力。

四是大力支持重点项目的出国（境）培训工作。做好新疆地区高技能人才开发与社会保障、突发公共卫生事件应急管理与处置系统建设与完善、特色农作物栽培及深加工关键技术研究、现代葡萄产业新技术、新疆特色林果业产业化发展以及蜜蜂新品种繁育研究、城市建设与规划管理、煤矿安全与煤化工循环经济技术、鲜食葡萄产业链关键技术、果树标准化生产与果品采后处理、特色旅游资源开发与管理等出国培训项目。

五是办好8月份"百名高端外国专家新疆行暨引智成果援疆周"活动。拟邀请驻外使领馆、外国专家组织代表、"友谊奖"获奖专家、"千人计划"高端外国专家，以及有关省市一起与新疆维吾尔自治区和新疆生产建设兵团的企业、科研机构、大学和农场进行项目咨询对接，讲学和洽谈交流活动。

国家外国专家局办公室
二〇一二年三月二十三日

工作卷

中国引进国外智力年鉴·2013卷

第六编

国家外国专家局引智工作

办 公 室

一、围绕中心，发挥职能，服务引智事业创新发展

（一）积极参与重要会议的组织筹备工作

一是认真做好全国引进国外智力工作会议的筹备、承办工作。起草全国引进国外智力工作会议报告、引智工作总结，汇编全国各地方各部门引智工作总结、全国优秀引智成果。二是认真做好国家外国专家局党组会议、局务会议等会务工作。全年承办局党组会20次、局务会7次。三是做好国家外国专家局务虚会的各项会务工作。整理汇编国家外国专家局机关各部门、直属单位工作总结，制作会议手册等。四是牵头制订国家外国专家局机关和直属单位年度会议计划。

（二）推动局省（部际、大项目）合作协议的签署、实施

牵头组织了与云南省、贵州省、水利部、工业和信息化部、中国农业科学院引智框架合作协议及与中国商用飞机有限责任公司引智工作行动计划的签署仪式。截至年底，与国家外国专家局签署合作协议的部委、省（区、市）、大型企业已达31个。

（三）认真做好重大引智活动的安排协调

参与承办了中共中央总书记习近平与外国专家座谈、高端外国专家座谈会及国家外国专家局领导出席的重要活动；起草国家外国专家局领导内外事活动讲话、致辞等相关工作；完成了《国家外国专家局简报》、《外国专家建言》版头设计及向国务院办公厅秘书局备案工作；汇总下达国家外国专家局2012年出访计划；起草每季度工作安排，编制每周工作安排；密切与公安部警卫局的沟通协调，确保国家外国专家局大型会议活动的顺利实施。

（四）承担西部开发、智力援疆、振兴东北老工业基地等相关基础性工作

配合国家发展和改革委员会西部开发司对《2012国家西部开发报告》中国家外国专家局工作部分内容进行修订，报送《国家外国专家局服务西部大开发2012年工作总结和2013年工作设想》，向《长安》杂志"新一轮对口援疆工作专刊—中央部委卷"提供

《引智援疆助力新疆跨越式发展和长治久安》的文稿和图片；向国家发展和改革委员会东北振兴司报送《国家外国专家局支持东北地区等老工业基地振兴10周年工作总结》等。

（五）做好外国专家统计工作，为引智提供基础数据支持

牵头与国家统计局共同完成了2010—2011年境外来中国内地工作专家统计调查工作的启动、文件会签、数据论证、资料汇编、书籍印发等相关工作。协调相关司室对数据进行科学分析，查找专家聘请和管理问题，对数据利用、专家界定、行业分布提出说明意见，为下年度数据统计工作做好准备。

（六）落实国务院行政审批制度改革专项工作

国务院行政审批项目集中清理和审核论证工作开展后，先后多次牵头组织相关司室主要负责人和项目管理人员对在这次项目清理审核工作中涉及国家外国专家局的行政审批项目，进行了广泛讨论和反复论证。本着顾全大局、实事求是、有保有弃的原则，提出相关意见和建议，认真组织答辩和情况报送，保证了国家外国专家局基本职能。

（七）认真完成各类综合性事务

协调办理完成了第十一届全国人民代表大会第五次会议交办国家外国专家局人大代表建议、全国政协第十一届五次会议交办国家外国专家局政协委员提案的答复工作；认真做好向中共中央纪律检查委员会、监察部报送国家外国专家局党政干部因公出国（季度、半年）情况报告工作；完成中国国际人才交流与开发研究会的2012年度社团登记年度检查和《智力引进》干部培训教材开发等相关工作；发放"外国专家来华工作许可"8.07万件、为来华工作的320名外国专家办理了签证通知函，为国家外国专家局人员办理出国（境）手续152人次。

二、规范程序、狠抓落实，确保机关事务高效运转

（一）推动行政审批责任体系的建立完善

认真推动落实国家外国专家局党组关于加强和改进管理工作的决定。牵头拟定了《国家外国专家局机关和直属单位审批事项》，起草了《国家外国专家局行政审批责任追究办法》，建立健全行政审批责任体系，规范行政审批行为。

（二）规范公文处理

认真贯彻落实国务院办公厅《关于印发〈党政机关公文处理工作条例〉的通知》，按照新国家标准，制作常用机关公文模板，提供给全局各单位使用。修订了国家外国专家局内部文件签批单、国家外国专家局发文稿纸和

国家外国专家局办公室发文稿纸，举办了一期公文处理培训班；建立文件回传机制，规范文件传递程序。文件经各位局领导阅批后，继续回传给有关局领导，使有关局领导能够及时了解其他局领导对该文件的批示内容和处理意见。

（三）进一步加强安全和保密工作

为迎接党的十八大召开，印发了《关于进一步落实内部安全保卫工作的通知》，强化了预警和内部防范。

（四）认真做好档案管理工作

继续推动落实《国家外国专家局文件材料归档范围和文书档案保管期限规定》。

（五）承担局政务公开相关具体工作

认真贯彻落实《国务院办公厅关于印发2012年政府信息公开重点工作安排的通知》、《国务院办公厅关于转发全国政务公开领导小组2012年全国政务公开和政务服务工作要点的通知》，印发《关于切实做好2012年政务公开工作的通知》。

（六）做好国家外国专家局文件办理工作

负责收发登记、拟办、传阅、核稿、印制、归档等日常事务。全年共办理国家外国专家局发文142件，国家外国专家局办公室发文381件，呈报局内收文2183件。

（七）认真做好信访及公务用车问题专项治理等工作

认真接待每位信访者，在对信访事项进行认真"会诊"后，拿出具体处理意见报国家外国专家局领导作出批示后加以落实。全年共接待、处理各类信访问题20余起。

三、统筹安排，精心组织，促进队伍建设全面发展

做好各项日常人事工作的服务保障。以提高组织工作满意度为目标，不断提高干部选拔任用工作水平。着眼从根本上提高干部队伍素质，不断做好干部培训工作。

政策法规司

2012年，政策法规司紧紧围绕引智工作重点，坚持服务大局、改革创新、突出重点、有所作为，各项工作取得了新成绩。

一、政策法规工作

（一）全力推进《国家引进国外智力"十二五"规划》的实施

1. 起草、修改《国家引进国外智力"十二五"规划主要目标和任务工作分工方案》

起草《国家引进国外智力"十二五"规划》的分解方案，送24个中央及国务院部门征求意见并修改后报国家外国专家局局务会审议。国家外国专家局最终会同国家发展和改革委员会、财政部、教育部、外交部等六部门印发了《分工方案》。

2. 建立《国家引进国外智力"十二五"规划》实施联席会议制度

起草《国家引进国外智力"十二五"规划》（以下简称《规划》）实施建议并报经国家外国专家局批准后，建立了由国家发展和改革委员会、科技部、公安部、人力资源和社会保障部、国家外国专家局组成的《规划》实施联席会议制度。6月底召开第一次联席会议，讨论并原则通过了联席会议的职责和《规划》分工的相关事宜。

3. 做好《国家引进国外智力"十二五"规划》实施监督和评估的准备工作

协助负责《规划》实施考评和指标统计监测课题的单位，与局内各部门进行座谈沟通，研究建立科学有效的《规划》实施评估方法，明确检查、报告和通报制度，为明年《规划》实施的中期评估奠定基础。

（二）法规制度建设

1. 积极参与《中华人民共和国出境入境管理法》立法工作

年初，全国人大常委会法制工作委员会来函征求国家外国专家局对《中华人民共和国出境入境管理法》（草案）的修改意见。政策法规司与全国人大常委会法制工作委员会、国务院法制办公室、公安部、人力资源和社会保障部等部门沟通联系，积极参与立法工作。6月30日正式颁布的《中华人民共和国出境入境管理法》增加了"人才引进"类签证，规定"国务院人力资源和社会保障主管部门、外国专家主管部门会同国务院有关部门根据经济社会发展需要和人力资源供求状况制定并定期调整外国人在中国境内工作指导目录。"

2. 参与《关于为外籍高层次人才来华提供签证及居留便利有关问题的通知》的制定

主动与人力资源和社会保障部专业技术人员管理司等部门沟通，反映国家外国专家局对该通知的修改建议。由中共中央组织部、人力资源和社会保障部、外交部、公安部和国家外国专家局联合印发的这一通知最终明确，国家外国专家局与中组织、人社部共同作为各类海外高层次人才引进计划的备案部门。

3. 启动"外国人在中国工作管理条例"的起草工作

2011年底，人力资源和社会保障部决定将《外国人在中国工作管理条例》和《外国人来华就业管理条例》合并，着手建立统一的外国人在华工作管理法律法规体系。《中华人民共和国出境入境管理法》也将相关条例作为重要配套法规之一。国家外国专家局将该条例的起草工作调研作为重点调研课题之一，由副局长刘延国牵头，政策法规司会同国务院法制办公室、人力资源和社会保障部就业促进司和中国国际劳动保障研究所等相关单位分赴大连、广西和天津进行了深度调研，为"条例"的起草奠定了基础。

4. 探索实行技术移民

起草我国实行技术移民可行性报告的框架提纲；分别在福建和浙江召开座谈会，听取地方政府相关部门的意见和建议；在此基础上会同有关专家论证、起草并修改可行性报告。

（三）其他工作

（1）提交国家外国专家局局务会审议通过了《国家外国专家局2012年重点课题调研工作方案》，并做好调研报告的起草、汇编工作。

（2）完善软课题研究项目的组织和管理。强化对软课题项目的管理；有针对性地邀请专家参与软课题研究；注重提高研究质量。

（3）认真做好法规文件征求意见的回复、各类会议材料、工作总结等的起草以及领导交办的其他各项工作。2012年共办理各类文件复函30件，审查修改国家外国专家局与云南省、贵州省、工业和信息化部、中国农业科学院等的合作框架协议或行动计划，办理《关于在山东省日照市建立"中国蓝色经济引智试验区"请示的批复》。

二、新闻宣传工作

（一）加强引智新闻宣传的制度建设和工作指导

（1）印发《2012年引进国外智力新闻宣传工作要点》，积极开拓全年引智宣传工作的新思路，明确总体要求、重点内容和工作安排，在为各地区各部门提供必要指导的同时，把握住引智宣传的舆论导向。

（2）为健全完善重大突发事件新

闻发布和舆论引导机制，对《国家外国专家局突发事件应急工作预案》进行了补充完善，将新闻发布工作纳入突发事件总体应急预案之中，增加了突发事件应对和应急报道工作的内容。通过应急事件新闻发布的制度建设，大力加强突发事件舆论引导工作，切实提高危机引导水平。

（3）为进一步规范国家外国专家局对外宣传，提高引智对外宣传的科学性、规范性，印发《国家外国专家局2012年对外宣传口径》。

（4）会同国家外国专家局国外人才信息研究中心召开"国家外国专家局'两刊'、'两网'引智宣传工作会议"，总结过去一年引智宣传工作，表彰引智宣传先进集体和个人，探讨新形势下引智宣传新思路，形成了新形势下大力宣传引智工作的共识。

（5）继续加强与中央媒体、国家相关部委和地方引智部门的沟通联系，随时了解引智工作的新特点、新动向、新进展，磋商宣传工作的新形式，利用多种方式进行宣传报道，形成引智宣传工作的合力。同时主动了解听取国家外国专家局相关单位对引智宣传工作的意见建议，协助他们联系组织新闻媒体开展宣传报道。

（二）关于迎接党的十八大召开的新闻宣传工作

（1）根据国家外国专家局领导指示和2012年宣传计划，于7月底邀请新华社、《人民日报》、《光明日报》等7家中央媒体记者赴山东采访。新华社7月26日播发通稿《孔孟之乡借"外脑"追赶世界发展脚步》，《人民日报·海外版》7月27日头版刊登《山东用"外来和尚"念好发展经》的报道，《中国组织人事报》8月6日刊登《洋专家助推转型升级——山东省引智工作服务产业发展纪实》的报道并配发多幅照片。这一工作得到国家外国专家局领导的重视。

（2）在与中央电视台新闻频道的精心策划下，"外专千人计划"首次亮相"新闻联播"。10月14日，题为《"外专千人计划"助力中国经济发展》的新闻在中央电视台《新闻联播》节目的十八大特别报道"科学发展、成就辉煌"中播出。另外，还与中央电视台俄语频道共同策划，播出了关于海南珠江国际旅行社总顾问、俄罗斯专家安德烈·伊万诺夫的专题报道。

（三）关于引智主题宣传活动

（1）举办第11届中国国际人才交流大会新闻发布会，组织十几家中央媒体进行集中报道。国家外国专家局局长张建国着重介绍了《国家引进国外智力"十二五"规划》和"外专千人计划"的实施情况。

（2）经精心策划，国家外国专家局副局长刘延国应邀就"外专千人计划"及其实施情况接受了《中国日报》记者的专访。9月24日该报头版刊登了题为《全球人才追逐梦想工作》的专访稿件。这是首次在英文读者群体中专门就"外专千人计划"的宣传报道。

（3）为落实中央对外宣传办公室关于"走转改"的要求，组织开展"中央媒体引智基层行"活动，集中报道基层优秀外国专家和典型引智成果，取得了良好效果。今后"中央媒体引智基层行"将作为引智宣传重要专题活动定期开展。

（4）经精心策划，中央电视台俄语频道在《宾至如归》栏目中播出了对获得中国政府"友谊奖"的俄罗斯专家莉莉娅·波波娃·安娜托里耶夫娜的专访。

（5）为国家外国专家局各种引智工作的开展营造良好舆论氛围。如联系协调中央电视台财经频道《经济与法》栏目、中国国际广播电台俄罗斯东欧地区广播中心，就外国专家及聘请机构管理的相关政策措施等采访国家外国专家局教科文卫专家司相关负责人；协助联系中央媒体记者对BFT考试中文名称变更、"海外高层次人才交流基金——社会管理专项"的启动、在国际猎头发展高峰报告会暨中国高端人才引进交流会、全球顶级市场营销专业机构进入中国等各类活动的采访，共刊发报道近30篇。

（四）关于重大引智活动的宣传工作

组织中央媒体先后对全国引进国外智力工作会议、春节期间温家宝总理会见外国专家、第9届中美工程技术研讨会、百名外国专家新疆行暨引智成果援疆周活动、中国政府"友谊奖"系列活动、第11届中国国际人才交流大会等重大活动进行全力报道，共在广播、电视、报纸、杂志、网络媒体上刊登报道近50篇。

（1）组织新华社、《人民日报》、《光明日报》、人民网、《中国组织人事报》等对全国引进国外智力工作会议及时作了报道，上述媒体共发表相关稿件10余篇。

（2）春节前夕，温家宝总理会见了外国老专家和外国专家代表。新华社、《人民日报》、中央电视台、中央人民广播电台等中央媒体，均在显要位置或重要时段进行了及时报道。

（3）组织中央媒体集中深入报道了第9届中美工程技术研讨会北京重点绿色环保行及相关主题研讨情况，扩大了社会影响。

（4）邀请多家中央媒体记者全程跟踪采访百名外国专家新疆行暨引智成果援疆周活动，不仅全方位报道了活动盛况、引智新貌和专家风采，更把一个经济发展迅速、社会和谐稳定、人民安居乐业、风光美丽独特的新疆展现在世界面前，进一步显现出引智工作在区域协调发展中的重要作用，提升了社会对引智服务西部大开发的关注度。

（5）经精心策划，新华社、《人民日报》、中央电视台、中央人民广播电台均在显要位置或重要时段，对中国政府"友谊奖"颁奖系列活动进行了报道；《人民日报》、《人民日报·海外版》、《光明日报》等记者还对部分获奖专家进行了专访。

（6）组织11家中央媒体报道第11届中国国际人才交流大会，努力引导媒体宣传大会呈现的引智重点、热点和成果。中央电视台在大会召开当天的《新闻联播》和《晚间新闻》同时播出了相关消息。

（五）巩固和开辟引智宣传阵地

深化与新华社、《人民日报》、中央电视台、中央人民广播电台、《人民日报·海外版》等中央媒体合作，继续加强与《光明日报》和《中国组织人事报》等重要媒体的合作，开拓中国新闻社海外中心等合作平台。

（1）不断探索与中央电视台的深度合作。除了与新闻频道的常规合作外，还计划在国际频道《外国人在中国》栏目中开设外国专家系列节目。

（2）在《光明日报》的《引智专栏》刊发了《大学校长，该向国际名校学什么？》、《杰弗里·雷蒙：只要你足够优秀，就可以在中国施展才华》、《外国专家：为中国培养国际化人才》等专题报道。

（3）逐步开拓与中国新闻社海外中心的合作。该中心是向海外华文媒体提供新闻供版服务的专业机构，为30多个国家及地区的60多家中文报纸供稿。开辟这一新的引智宣传阵地，有利于提升引智工作在海外的影响。

此外，还编印了《国家外国专家局2012年年报》、《2011年引智工作新闻报道文章汇编》等宣传材料。

三、礼宾联络工作

（一）外国老专家工作

承办中央领导同志与外国老专家和优秀专家代表座谈会，参加春节前夕由中共中央办公厅牵头在大会堂举办的团拜活动。组织外国老专家赴北京市郊考察、休闲。组织外国老专家及家属暑期赴北戴河休假疗养。

（二）中国政府"友谊奖"相关工作

中国政府"友谊奖"相关工作的圆满完成，向全社会集中展示了引进国外人才工作系统的整体形象，广泛宣传了引进国外智力在经济和社会建设中的丰硕成果，在外国专家群体中产生了巨大的激励作用。

（三）组织重点外国专家休假联谊

为贯彻、落实温家宝总理"要关心外国专家生活，把外国专家的社会生活搞得丰富多彩"的重要指示，充分体现中国政府对外国专家的尊重和关怀，丰富在华工作的外国专家的社会生活，加强与外国专家的沟通和交流，组织部分在华中国政府"友谊奖"获奖外国专家及家属参加百名专家新疆行活动。外国专家对这一活动给予高度评价，并对引智需求洽谈展表现出浓厚兴趣。他们希望借此平台向新疆推荐国外资源，促进新疆经济跨越发展、社会和谐进步。

经济技术专家司

2012年，经济技术专家司根据国家外国专家局2012年工作要点，按照"抓管理、抓重点、抓成果"的要求，保质保量完成了全年的工作任务。

一、重点引进高端外国专家，服务国家经济社会发展的关键领域

重点引进以下几类国家科技、产业发展重点领域急需的领军人才：在国外著名高校、科研院所担任相当教授职务的专家学者；在国际知名企业或金融机构担任高级职务的专业技术人才和经营管理人才；拥有自主知识产权或掌握核心技术的创新、创业人才；"外专千人计划"入选专家工作团队中的主要成员；国家急需紧缺的其他高层次外国专家。

在促进创新型国家建设方面：依托国家重大科研项目、重点工程，支持中国科学院、中国商用飞机有限责任公司等引进高端外国专家和创新团队。

在支持产业转型升级方面：农业项目重点引进国外先进的种植养殖技术和生产经营方式，以及农产品安全生产、检测技术和优良种子。工业项目向节能环保、生物、高端装备制造、新能源、新材料、新能源汽车等战略性新型产业倾斜。服务业项目重点支持医疗、金融、保险、物流信息、证券等现代服务业。"软件与集成电路专项"支持《国务院关于印发进一步鼓励软件产业和集成电路产业发展若干政策的通知》和国家外国专家局与工业和信息化部联合印发的《关于进一步推进软件和集成电路产业引进国外智力工作的意见》中确定的重点。

在服务区域协调发展方面：支持西部大开发、振兴东北老工业基地、中部崛起、东部地区率先发展。

在服务"两型社会"建设方面：支持环境保护、资源节约、改善民生引智项目，社会管理类项目。

二、继续深化与相关部委和重点引智单位的合作

一是通过实施"外专千人计划"和"高端外国专家项目"，深化与中国商用飞机有限责任公司的合作。与该公司签署2012年引进国外智力行动计划，并授予该公司国家引进国外智力示范单位称号。

二是牵头与工业和信息化部签署《关于引进国外智力加快推进工业转型升级合作框架协议书》，参与主办2012

年中国国际软件博览会。

三是牵头与中国农业科学院签署《引进国外智力为农业科技发展服务行动计划》，共同促进农业科技创新人才的培养和引智成果的推广。

四是与中国科学院协调继续实施"创新团队国际合作伙伴计划"，公布2012年度20个创新团队名单。协调中国科学院国际合作局与天津外国专家局签署合作协议。

五是促成以色列西勒雅法医学中心与解放军总医院第一附属医院签署合作协议，推动以色列著名创伤医疗专家在更大范围推广负压创伤治疗技术。

三、开展专项治理检查，加强项目计划管理

参与起草《国家外国专家局专项治理工作实施方案》；协助组织对广东、辽宁、黑龙江、河北、广州、深圳、沈阳、大连、哈尔滨等9个地区引智归口管理部门的专项检查；对项目计划管理进行认真自查，认真梳理了工作制度建设、执行流程、管理情况，印发《关于加强引进国外技术、管理人才项目管理的通知》。

四、拓展国外合作渠道

一是开辟新渠道。推动国家外国专家局与匈牙利国家创新局签署合作协议。与韩中新科人才交流协会、以色列可持续发展组织、中国旅美科技协会、国际电气与电子工程师学会（IEEE）建立联系，开展派遣专家来华服务。

二是深化与传统专家组织合作关系。继续与合作近30年的德国退休专家服务组织（SES）、法国专家国际咨询组织（ECTI）等合作，实施400多项专家组织项目。安排德国退休专家服务组织、法国专家国际咨询组织等专家组织项目负责人来华考察项目。与乌克兰聚英有限公司（BMC）、美国国际文化交流中心（CCE）等组织续签合作协议。

五、引智成果示范推广工作

农业引智成果示范推广项目的支持重点是：推进全国新增千亿斤粮食生产能力建设，特别是支持主要粮食作物、畜产品、水产品以及蔬菜、水果、花卉等园艺产品生产技术提高。

（一）基地建设工作

完成2012年度国家引智成果示范推广基地和国家引智示范单位的评审工作。共有29个单位通过评审，包括国家引智成果示范推广基地12家，国家引智示范单位17家。迄今，仍在5年命名有效期内的国家引智成果示范推广基地和国家引智示范单位共196个，其中国家引智成果示范推广基地89家，国家引智示范单位107家。

完成2011年国家引智成果示范推广基地和国家引智示范单位年审。共有150家通过，3家不合格，20家5年命名有效期满予以撤销。

此外，还举办了东北及西部地区国家引进国外智力成果示范基地带头人培训班，共有32名基地带头人参加培训；组织了基地带头人赴以色列培训，学习引进以色列先进的种植业相关技术，了解以色列在农业新品种和新技术示范和推广方面的成功做法。

（二）采用多种方式推介成果

支持山东寿光国际蔬菜博览会、安徽"绿旱一号"研讨会，通过会议邀请各地相关引智基地参加，加强基地之间的交流与合作，扩大引智成果的示范和推广。

（三）起草"关于推进引智成果共享的意见"

就"关于推进引智成果共享的意见"征求中国农业科学院、中国科学院科技政策与管理科学研究所有关专家的意见；召开部分省市外国专家局局长参加的研讨会，听取各方面的意见和建议。

教科文卫专家司

2012年，教科文卫专家司以《国家引进国外智力"十二五"规划》和《2012年引进国外智力工作要点》为目标，将工作重点放在组织实施"外专千人计划"、"高端外国专家项目"、"高等学校学科创新引智计划"（"111计划"）等国家重点引智项目上；同时加强教科文卫专家管理工作，规范境外组织许可程序和拓展海外渠道。

据统计，全年共批准部属高校聘请计划6210人；计划拨付经费5.59亿元，同比增长10%；批准地方重点高校"高等学校学科创新引智计划"试点项目11个，拨付经费174万元；批准省区市重点引智项目50个，拨付经费228万元；批准文化、科研等其他领域重点引智项目62个，拨付经费298万元。

本年度全国共办理文教类"外国专家来华工作许可"9859件，签发、换发、延期文教类"外国专家证"2.36万件。办理聘请外国文教专家资格单位57家。

一、以引进高端外国专家为重点，推动教科文卫专家管理工作向纵深发展

（一）"外专千人计划"和"高端外国专家项目"

据统计，在入选"外专千人计划"的94名专家中，文教类专家共有59名，占62%。全年各高校共申报"高端外国专家项目"321个，最终批准222个，聘请高端专家222人，拨付经费2700万元。

（二）编制2012年度部属高校聘请计划，重点支持"111计划"和高层次专家引进，着力提高部属高校的国际化水平和全球竞争力

（1）"111计划"、"引进海外高层次文教专家重点支持计划"和"海外名师引进计划"等国家重点引智项目，占总经费规模的40.43%。

年内新增"111基地"34个，总数已达173个；引进海外学术大师（诺贝尔奖得主、院士、国际知名专业学会或协会主席、有较高国际影响力的著名专家教授及学科带头人等）49人，学术骨干（国际知名专家、学者）350余人。一些大学还依托"111基地"深化了与国外名校在新兴学科研究发展、人才培养等方面的合作，如由美国科学院院士、哈佛大学教授查尔斯·李波领衔的"武汉理工大学—哈佛大学纳米联合重点实验室"。

"引进海外高层次文教专家重点支持计划"和"海外名师引进计划"分

别引进并重点资助了62名当年累计来华工作5个月以上，和162名当年累计来华工作2个月以上、连续来华3年以上的海外高层次文教专家。

（2）围绕高校自身学科建设、教学改革、重点科研项目的开展或中外联合研究中心的建立，以高层次外国专家引进为重点，安排经费予以重点支持，占经费总规模的49.55%。

（3）将常规语言教学和普通外专交流类项目，压缩至经费总规模的10.2%。

（三）在地方重点高校开展"111计划"试点

以扶持地方高校引智为抓手，为"外专千人计划"和"高端外国专家项目"培育预备队。

（四）通过实施"高校领导赴海外培训项目"，提升高校管理队伍的国际化、专业化水准

国家外国专家局和教育部年内联合组织高校领导赴海外培训团5个，分别赴美国、英国、澳大利亚和瑞典培训。培训内容围绕《国家中长期教育改革发展规划纲要》提出的高等教育发展目标，重点瞄准现代大学制度的建立和完善、高等教育质量提升、课程和教学改革、师资队伍建设等主题。据统计，该项目自2003年实施以来，共有51期1041人次高校领导参加培训。

二、服务大局，做好外国专家管理工作

（一）加强制度建设

1. 研究解决长期在华工作专家配偶的生活待遇问题

针对部分长期在华工作的外国专家配偶的工作、生活问题，国家外国专家局经过认真研究和广泛征求意见，印发了《关于解决长期在华工作的外国专家配偶生活待遇问题的通知》，比较好地解决了这一历史遗留问题。

2. 继续推进文教专家分类管理

将外国文教专家分类管理列为本年度重点研究课题。在深入调研的基础上，起草了分类管理的文件初稿；印发《关于开展外国文教专家分类管理调研的通知》；分别赴北京、广东、山东、甘肃、黑龙江、江苏、贵州、辽宁等地调研，了解掌握管理现状，听取对加强分类管理及加强中介机构管理的意见和建议。

（二）加强外国文教专家管理

1. 争取保留行政许可项目

在新一轮行政审批清理工作中，保留了"聘请外国专家单位资格认可"、"介绍外国文教专家来华工作的境外组织资格认可"、"宗教院校聘用外籍专业人员资格认可"等。

2. 加强中介服务机构的审批管理

把涉及教科文卫专家聘请的中介机构作为管理抓手,继续认定和培育一批中介机构;为研究制定具有可操作性的管理措施,组织召开了外国文教专家中介机构管理交流座谈会,对进一步规范中介机构,促进其健康发展提出意见。

3. 借助媒体宣传,加强文教专家管理工作

在国家外国专家局政策法规司的协助下,支持中央电视台财经频道《经济与法》栏目制作专题节目,对非法聘请使用外籍教员的民办教育机构进行曝光。此举进一步树立了国家外国专家局的管理权威。

(三)做好资格单位年检和"外国专家证"的管理

1. 2012年度外国文教专家聘请资格单位年检

共对全国7687家聘请资格单位进行了全面的检查。其中,准予注册7052家,占总数91.74%;暂缓注册324家,占总数4.21%;注销资格311家,占总数4.05%。与此同时,国家外国专家局向各省(区、市)外国专家局、外事办公室、教育厅(教育委员会)、公安厅(局)和国务院各有关部委、中央直属机构外国文教专家主管部门通报了情况。

此外,还编印了《2012年外国文教专家聘请情况白皮书》。

2. 行政许可和"外国专家证"的办理

加大归口管理力度,认真做好有关许可事项下放后的指导工作。审核办理了中央直属聘请资格单位的"外国专家来华工作许可"、"外国专家证"的发放和延期工作。

(四)加强工作指导和业务培训工作

1. 加强信息通报

一方面,依据《外国文教专家违法违规通报管理办法》有关规定,对9名外籍聘用人员违法违规行为处理情况进行通报,并通过外国专家来华工作证件管理系统实现对上述人员的信息提醒和限制审批,保证聘请工作依法有序进行。另一方面,树立管理典型。对河南省外国专家局等单位在专家管理方面好的做法,在《专家工作通讯》上进行介绍和推广;对山东省外国专家局扎实推进外国专家管理工作通过国家外国专家局发简报予以表扬,激励和推动各地积极主动抓好专家管理工作。

2. 组织编印《外国文教专家管理案例选编及政策法规要点释义》

在2011年工作的基础上,编印该书并分发到各地,指导地方外国专家局和聘请单位外国专家管理干部依法妥善处理各类涉专矛盾和事件,提高

处理引智领域涉外突发性事件能力。

3. 指导并调解聘请纠纷事件

及时指导并调解北京、吉林等地3起外国文教专家聘请纠纷事件,指导江苏省外国专家局查清媒体报道的"请菲佣当外教"严重失实事件,及时澄清"涉专事件"真相,引导正确的舆论导向,消除了不良影响。

4. 抓好培训工作

继续落实《关于进一步加强外国文教专家管理培训工作的意见》的要求,指导各地建立外国文教专家管理培训长效机制,加大培训力度,提升文教专家依法聘请和管理水平。2012年以来,广西、湖南、黑龙江、江苏、贵州、天津、辽宁、陕西等地相继举办了培训,参训人员达1700人。

三、拓宽渠道,强化规范,做好国际交流工作

(一) 巩固和加强已有的高层次合作渠道和合作项目

2012年,与教科文卫专家司有合作、交流关系的国外机构来访频繁,英国工程技术学会首席执行官尼尔·费因、美国科罗拉多州前州长威廉·瑞特、爱尔兰驻华使馆公使衔参赞兼副馆长欧瑞庚、美国玛瑞埃特大学校长简·斯科特、天普大学副校长戴海龙、日本岛根大学副校长保母武彦、法国里昂中央理工大学前校长张多雷、中国留美经济学会会长陆丁及候任会长方涛、亚特兰大中华专业人士协会会长胡少华、大纽约地区中国专家协会会长方彤、香港科技大学校长陈繁昌,以及科罗拉多州立大学代表团、芝加哥大学中国中心、俄罗斯包曼工学院、白俄罗斯技术大学、泰国皇家理工学院、日本日中技能者交流中心代表团、日本拓殖大学代表团、瑞典乌普萨拉大学代表团等相继来访,与国家外国专家局领导进行了相关工作会谈,进一步巩固和加强了已有的高层次合作渠道和合作项目。

1. 主动与聘请单位联系,掌握高层次专家信息

为12月5日习近平总书记同外国专家座谈推荐高质量教科文卫类专家。

2. 完成本年度与英国皇家化学会"英国化学教授来华讲学"项目

通过协调,英国皇家化学会资助Falko Drijfhout博士等5位会士或高级会员本年度分别赴浙江大学、四川大学、兰州大学、青海大学、宁波大学义务讲学、交流。

3. 完成与美国天普大学相关合作项目

支持、推荐天普大学与温州医学院建立了"3+2"学生培养合作计划及科研、人才交流合作。2012年天普大学法学院为国家外国专家局提供6个名额,参加天普、清华法学硕士项目学习。天普法学院与国家知识产权

局共同举办了"天普学员座谈会"。

4. 积极推进与中国留美经济学会（CES）合作

推动、支持其在河南大学成功举办了CES2012年年会及特邀诺奖大师讲座活动。目前正积极支持CES与西南财大筹备12月份举办的第3届CES会长论坛，探讨与该组织长期合作的方式。

（二）进一步拓宽对外交流渠道

先后与到访的拉脱维亚共和国里加科技大学校长Leonids Ribickis、美国佛罗里达国际大学校长马克·罗森伯格、美国康涅狄格大学生物技术教授李义、法国里昂商学院副院长沈岱及其亚洲校区发展总监许辞遒、亚利桑那州立大学副校长丹尼斯·西蒙、美国哥伦比亚大学傅式基金会工程及应用科学学院前任院长潘慕凡一行、英国卡迪夫大学副校长Hywel Thomas、加拿大滑铁卢大学副校长Ken McGillivray、荷兰代尔夫特理工大学驻中国首席代表余麟、匈牙利维努纽斯大学中国代表等进行了友好交流，拓宽了国际交流与合作渠道。

（三）积极支持国内高等教育国际化建设

积极推进北京师范大学和哥伦比亚大学新闻学院的合作。支持、促成北京理工大学和里加科技大学签订合作备忘录；支持北京大学和加拿大安大略省创新厅联合召开中加干细胞科技合作研讨会；支持、参加河南大学与世界大学校长联合会、亚太大学联合会共同主办的"高等教育国际化论坛"活动；支持、参与北京工业大学推进国际化进程工作会议；出席四川大学和美国亚利桑那州立大学（ASU）在成都召开的2012高等教育创造力研究国际会议；出席了欧盟科技人才培训项目STF（中国）第二期总结会议。

与北京大学、西安交通大学、华中科技大学、香港科技大学以及教育部、财政部座谈，为"院系（学科）国际化推进计划"（暂定）做好前期调研工作。

（四）加强文教专家境外组织管理

强调"境外组织许可"的权威性与严肃性，理顺程序和报送材料。进一步提高境外文教专家组织管理水平。继续加强对已经认定的境外文教专家组织的管理和分类指导，做好日常联络和服务工作；加强对境外文教专家组织的调研工作；积极了解、引导和推动文教专家机构的相关合作项目。

（1）按规定严格把关，对不符合要求或不配合工作的，坚决不予办理。积极发展新机构，本年度共受理境外机构申请十余家，新认定境外文教专家机构5家，目前机构总数达80家。

（2）举办在京境外文教专家组织代表新年茶话会，境外组织驻京代表共19人参加了茶话会。

(3) 完成第 11 届中国国际人才交流大会期间举行的 2012 年境外文教专家组织工作会议及组织专家机构参展的相关工作。完成 2012 年境外文教专家组织年检工作。

(4) 加强对已经认定的境外文教专家组织的管理和服务工作。为境外组织在华负责人和项目官员办理来华工作许可、邀请函、专家证等手续近百人次。

(5) 完成教科文卫专家司与境外组织、合作机构协议的整理。

（五）专家建言工作

(1) 2010 年中国政府"友谊奖"获奖外国专家、国际防癌组织主席美国杰瑞姆·贝林森教授提出"关于筹建中国肿瘤预防研究院的建议"。该建议已作为"外国专家建议"第 3 期报给国务院领导。

(2) 联系中国政府"友谊奖"获奖外国专家张多雷等就高等教育国际化问题进行建言。

(3) 安排并陪同美国德克萨斯州环保局蒋式彦博士访问环保部，与有关人员进行座谈和交流。

出国培训管理司

2012年，出国培训管理司认真贯彻实施《国家引进国外智力"十二五"规划》，认真落实中办、国办转发中纪委等部门印发的《因公出国人员审批管理规定》等文件精神，确保出国（境）培训工作始终坚持正确的政治方向，始终服务于"十二五"规划的重点。

本年度派出国（境）培训约5万人次。

一、严格计划审批和执行审批审核

在项目计划审批中，严格贯彻执行中央关于出国（境）培训的政策，坚持"少而精、突出重点、从严掌握、择优安排"方针，做到总量适度控制、不超上年。

开展出国（境）培训项目年中检查和微调工作。根据上半年项目审批审核执行情况检查的结果，考虑到影响项目和经费执行的各种变化因素，结合各地方、各部门实际工作需要，按照从严控制、确保新增项目不超过减少项目的要求，对部分项目进行适度微调，取消了一些本年度不能执行的项目，适当加大了重点急需项目和经费资助力度。

项目的审批审核坚决贯彻执行中央文件精神，坚持"控制总量、突出重点、保压结合、服务发展"的原则。要求各地区、各部门准确把握政策规定，做到不符合条件、不符合要求的培训项目、参团人员坚决不放行、不派出，避免搭车、照顾等现象。同时提高审批审核效率，严格执行报批截止到10月10日的要求，督促项目单位提前组织、提前报批、提前执行。通过定期统计审批审核情况，密切跟踪项目及经费执行进度，做到底数清楚，调控及时，确保项目的顺利实施和经费支出的合理有效。

二、建立健全法规制度，努力提升管理水平

认真落实《国家引进国外智力"十二五"规划》中关于提高依法行政能力，完善制度，强化监管，加强因公出国（境）培训管理等法规和文件制定的精神，切实加强和改进出国（境）培训管理工作，确保培训质量和效益。

1. 坚持"总量控制、计划管理"

落实培训总结、成果跟踪、项目执行率、经费核销"四挂钩"制度，

督促引导培训计划均衡执行并继续采取鼓励上半年执行项目的措施。坚决取消不符合中央规定以及培训主题不突出或内容宽泛的项目、不符合本单位业务范围或不符合规定的双跨团组。坚持总量不突破上年规模，除境外全额资助、专业技术和企业项目外，党政干部培训项目不得增加，只允许在计划范围内调整。

2. 制定《出国（境）培训审批审核工作内部管理暂行规定》

进一步规范内部审批审核原则和程序，增强规范性透明性。其中，审批类出国（境）培训项目执行实行经办人签字后，由中国国际人才交流协会办公室综合管理部部长、国家外国专家局出国培训管理司计划处处长、司长和国家外国专家局分管副局长审查并签字的"四审"制度；审核类出国（境）培训项目执行实行经办人签字后，国家外国专家局出国培训管理司分管处长、分管副司长和司长审查并签字的"三审"制度。

3. 印发《关于因公出国（境）培训人员购买境外保险的意见》

按照"谁派出、谁负责"的原则，要求派出单位必须为出国（境）培训人员购买境外人身意外伤害和紧急救援医疗保险。

4. 印发《关于进一步加强出国（境）培训安全工作的通知》

要求各出国（境）培训归口管理部门必须加强监管，各组团单位必须高度重视和加强预培训工作，各培训团组和团员要提高安全防范意识，同时发挥境外机构的作用，切实保障培训团组的境外安全。强化外事纪律教育。

5. 参与专项治理重点检查

提出出国（境）培训工作检查的基本原则要求和主要内容范围，重点审查前2年审批类出国（境）培训项目经费使用情况、执行效果及管理制度，并分赴各地开展审查工作。

6. 印发《关于调整中长期出国（境）培训人员费用开支标准的通知》

考虑近年来国外物价上涨因素，会同财政部印发《关于调整中长期出国（境）培训人员费用开支标准的通知》，以确保中长期培训的健康发展。

7. 切实履行BFT考试工作指导职责

牵头组织召开全国BFT工作委员会第一次会议，确定了今后一个时期BFT的发展方向、工作目标和主要任务。成立了新一届BFT专家委员会。召开新闻发布会对BFT中文名称进行变更。就BFT收费情况及2011年BFT大会之后有关文件精神的贯彻落实情况进行调研。经过努力，BFT资金短缺问题初步得到解决。

据统计，全年共组织BFT全国统一考试4次、临时考试5次，参加人数达1.34万人。

8. 编印《出国（境）培训管理工作文件汇编》

帮助各地方、各部门出国（境）培训管理人员学习掌握有关政策法规。修订出国（境）培训项目、人员审核表，简化审核程序。将出国（境）培训项目的报送材料清单、境外邀请函模板、出国（境）培训日程安排模板、经费证明及超龄人员健康担保函等的参考样本在国家外国专家局网站公布，供各出国（境）培训项目组织派出单位和归口主管部门审查时参考。

9. 印发《关于出国（境）培训材料审核工作人员实行持证上岗的意见》

举办出国（境）培训工作管理暨持证上岗培训会议，全国各省区市外国专家局的62名人员通过培训考试，成为首批获得持证上岗资格的业务办事员。

三、打造精品项目

在项目计划审批和执行中，坚持突出重点，紧贴国家重大人才工程建设和《国家引进国外智力"十二五"规划》，统筹推进各类人才队伍建设，积极支持六支队伍建设和文化产业发展急需人才培训项目，支持改善民生、保持社会和谐稳定培训项目。服务西部大开发、东北老工业基地振兴和中部崛起战略。围绕国有大型企业"走出去"发展战略，支持重点行业和企业提升国际竞争力的培训项目。在"独联体与东欧国家引智专项"、"国家软件与集成电路引智专项"中加大支持引进吸收基础上的创新项目。支持地方组织部门培养后备干部到国（境）外知名机构开展非学历培训。对列入局省（部际、大项目）合作框架协议项目予以优先支持。会同中共中央组织部、外交部印发《关于领导干部出国（境）培训"182计划"2012年班次安排及有关办班工作的通知》，重点选派一批市委书记和市长、省部级副职和优秀厅局级正职领导干部、中央管理企业和中央管理金融企业领导人员开展有针对性的专题培训。继续与中共中央组织部重点开展"青年英才开发计划"、"西部之光"高级专业人才中长期出国（境）培训项目。进一步推进与国家开发银行合作协议的落实，组织实施了国家开发银行第2期协议项目。

围绕《国家中长期人才发展规划纲要（2010—2020年）》确立的重大人才工程，启动重大人才工程培训项目计划，专门列出1000万元经费，重点支持5个中央部门选派高层次人才出国（境）培训。与农业部签署合作协议，重点支持"现代农业人才支撑计划"出国培训；与科技部、中国科学院签署合作协议，重点支持科技领军人才、创新人才出国培训，全额资助中国科学院赴德国、美国科技创新管理培训项目；与人力资源和社会保障部、国务院国有资产监督管理委员会签署合作协议，重点开展知识更新工程专技人才、高技能人才、央企高管人才出国培训。努力使出国（境）培训工作更加紧贴中央人才工作的战略部署，进一步满足人才工作的发展需要，更加积极主动地发挥出国（境）培训归口管理部门的职能作用，拓展出国（境）培训领域。充分保证国家外国专家局的重点培训项目。

四、开发利用境外优质教育培训资源

按照《国家中长期人才发展规划纲要（2010—2020年）》和《国家引进国外智力"十二五"规划》关于出国（境）培训的要求，坚持向高层次发展，按需开辟新渠道，更好地开发利用境外优质教育培训资源，加强与国（境）外著名大学、科研机构和大型企业在高层次人才培训方面的合作。

进一步提高培训机构的整体素质。新认定了美国罗格斯大学、美国克莱蒙研究生大学、英国埃塞克斯大学、英国威斯敏斯特大学、日本早稻田大学、日本公益财团法人日中技能者交流中心、瑞典乌普莎拉大学、乌克兰国家农业科学院、马来西亚拉曼大学、法国法兰西商学院等10家高层次培训机构等；暂停与香港管理专业协会等6家机构的合作关系；终止与英国桑德兰大学、美国东方专业教育中心的合作关系。

推进高层次互访交流，深化合作内容，提高合作质量。有关领导会见或接待了来自美国、德国、乌克兰、马来西亚、韩国、英国、日本、希腊、新西兰等国家的20多个大学校长、政府部门、驻华使馆和著名机构等访问团，这些境外单位表示愿意依托其优势优质资源，与国家外国专家局加强人才培训合作交流，按照国家外国专家局要求做好培训工作。副局长孙照华率团访问了英国、南非、沙特的著名大学、大型企业等境外机构，就人才培养与合作进行了广泛交流。他利用出访培训机会，与美国斯坦福大学校领导进行会谈并签署培训合作意向书。修改并签署了与美国杜克大学2012年的培训协议，确认与英国牛津大学2012年的培训项目执行协议，起草并签署与美国乔治城大学的合作备忘录。

召开了部分接团较多的培训机构座谈会，了解其培训团组接待的能力和条件，对其确保质量和水平提出要求，并印发通知请他们提出保证接团质量的书面报告，督促他们把培训质量放在第一位。

认真做好出国（境）培训机构的信息管理。对于72家机构提出申请机构名称、法人代表、中国代表处设立、培训特长、境外地址、通讯方式、联系人等信息变更，在司务会进行专题研究讨论，在清理这些信息变更的基础上，进一步规范化管理。进一步收集签字人样本、培训特长等，把握出国（境）培训机构的优势资源等基本情况。

建立出国（境）培训渠道约谈制度，针对项目执行时审批审核中出现的问题,出国培训管理司召集相关机构来国家外国专家局面谈沟通,指出其在境外日程安排、接待等方面的问题不足,提出必要的批评和建议,促使其警醒,少出不出错误。

五、注重培训需求与成果的收集

利用参加各种会议活动的机会或开展专题调研,到山东、湖南、湖北、江西、河南、江苏、安徽、上海、广东、黑龙江、天津等省(市),以及中共中央纪律检查委员会和国家预防腐败局、国家质量监督检验检疫总局、国家开发银行等中央有关部门进行调研,听取组织人事部门、出国(境)培训归口管理部门的意见建议,了解党政部门、企事业单位、新农村建设、科研院校等的出国培训成效和需求,进一步提高出国培训项目的针对性实效性。

继续落实《关于进一步加强出国(境)培训成果总结、跟踪和推广工作的意见》等有关文件的要求,及时总结各地区各部门培训成果。按照年初与中共中央组织部干教局关于迎接党的十八大共同收集整理宣传党政领导干部出国(境)培训成果的会谈精神,向中共中央组织部干教局介绍了近年来国家外国专家局开展成果工作的有关情况,并提供了近年来有关成果材料。收集到的河南省出国培训重要成果,特别是河南省焦作市云台山旅游开发典型出国培训成果,中共中央组织部干教局拟作为报送培训成果案例的标准范文。参加中共中央组织部、外交部和国家外国专家局共同组织的《领导干部出国(境)培训成果案例选编》和《出国(境)培训工作画册》编辑出版工作。参加了中共中央组织部干教局调研组对江苏省委组织系统进行的培训成果调研。对武汉市委组织部、武汉市食品药品监督管理局、江西省"一村一品"等培训成果进行调研。

六、召开第4届出国(境)培训项目对接会

来自国内外260家单位的400多名代表参会,签署合作意向书720份。

机关党委

一、坚持理论武装，切实加强党员干部思想建设

（一）认真学习贯彻党的十八大精神

印发《国家外国专家局关于学习贯彻党的十八大精神的意见》，对学习贯彻十八大精神作出了具体安排。为国家外国专家局党组、中心组和全局党员干部发放了十八大报告、中国共产党章程、十八大文件汇编等书籍，在认真组织党组中心组专题学习的同时，要求各党支部结合工作实际，制定详细的学习计划，通过不同形式认真学习贯彻党的十八大精神。

（二）坚持不懈抓好学习型党组织建设

邀请北京师范大学副教授于丹、中国爱乐乐团著名指挥家余隆、宣武医院神经外科教授凌峰、国防大学教授金一南、中国海监总队常务副总队长孙书贤为干部职工讲授文化、艺术、健康、党史、时事等方面的知识。

根据中央关于加强干部培训的有关要求，在坚持党组、中心组学习的基础上，注重以中心组学习带动党支部和党员学习，定期举办党员干部培训班和工青妇委员培训班，就当前引智工作的重点、难点问题邀请专家学者进行解读。同时，分批次为党员干部购买多种学习资料，鼓励党员干部充分利用业余时间，采取多种形式，加强学习研究，不断提高政策理论水平和业务水平，提高工作能力和工作效率。

（三）大力开展理想信念教育

先后组织全体党员干部观看了理想信念主题教育片《信仰》、《雨中的树》，旨在通过优秀共产党员的生动事迹，教育引导党员干部坚定理想信念、发挥模范带头作用、时刻保持党员的先进性和纯洁性。

（四）积极开展学雷锋活动

印发《关于深入开展学雷锋活动推进精神文明创建工作的通知》，要求各党支部组织干部职工认真学习雷锋精神，领会雷锋精神的真谛、把握雷锋精神的实质，引导干部职工立足本职岗位，争创一流业绩，加强社会主义核心价值体系教育，丰富精神世界，提升道德素养。

二、以"基层组织建设年"为契机,切实加强基层党组织建设

(一)认真做好国家外国专家局出席党的十八大代表推荐提名工作

按照中央和中央国家机关工作委员会的统一部署,印发了《关于国家外国专家局推荐提名出席党的十八大代表选举工作的通知》,要求各党支部认真传达学习《通知》精神,组织动员全体党员积极参与推荐提名,行使党员的民主权利。国家外国专家局各级党组织通过自下而上、上下结合、反复酝酿、逐级遴选的方法,对出席党的十八大代表候选人初步人选和出席中央国家机关党员代表大会代表进行了推荐提名。此次推荐提名工作,党组织参与率达到了100%,党员参与率达到了95%。在中央国家机关党代表会议上,国家外国专家局党组书记、局长张建国当选中央国家机关出席党的十八大代表。

(二)组织召开中国共产党国家外国专家局直属机关第5次代表大会

代表大会对中国共产党国家外国专家局直属机关第4届委员会和纪律检查委员会的工作进行了全面的总结,并选举产生了中国共产党国家外国专家局直属机关第5届委员会和纪律检查委员会。

(三)认真落实"基层组织建设年"的各项工作部署

按照中央和中央国家机关工委的要求,结合创先争优活动,围绕提升基层党支部建设科学化水平,开展了"基层组织建设年"系列活动。

1. 加强机关党支部建设,推动基层党支部整改提高

起草并印发《关于认真落实〈关于在创先争优活动中开展基层组织建设年的实施意见〉的通知》、《国家外国专家局基层党组织工作量化考核办法》,要求各党支部全面把握基层组织建设年的总体要求,紧紧围绕"强组织、增活力,创先争优迎十八大"这一主题,着力解决党支部建设中的突出问题,着力增强党支部的创造力、凝聚力和战斗力;要求各党支部按照基层党组织量化考核评分表进行自评,通过自评明确改进提高目标、责任和措施,认真抓好落实。

2. 做好党员的管理、发展工作,健全党组织

针对国家外国专家局驻外党员管理的特殊性,完善了《国家外国专家局驻外机构党员管理规定》(试行),实现党员管理制度化、规范化、全覆盖。按照"坚持标准、保证质量、改善结构、慎重发展"的方针,积极从业务骨干和优秀青年中发展党员,国家外国专家局本年度共有4名优秀青年加入了中国共产党。

经会议研究同意，按照"应建必建、应派必派"的原则，成立了中国对外人才开发咨询公司（中国国际人才市场）党支部和中谊国际旅行社党支部。

3. 积极开展基层组织建设年征文活动

为更好的落实基层组织建设年的各项工作部署，进一步提升基层党支部建设科学化水平，创新党建活动载体，根据中央国家机关工作委员会的部署，开展了基层组织建设年征文活动。

4. 逐步完善党内规章制度

按照中央党务公开领导小组办公室关于印发《2012年全国党务公开工作要点》的通知精神，起草并印发了《国家外国专家局党的基层组织实行党务公开实施意见》，认真落实党员知情权、参与权和监督权，保障党员民主权利。

三、以"引智项目管理年"为抓手，切实加强作风建设和反腐倡廉建设

（一）贯彻预防为主的方针，完善党风廉政制度建设

按照党风廉政建设"标本兼治、综合治理、惩防并举、注重预防"的方针，注重完善制度建设，从源头上防止腐败现象的发生。印发《关于元旦、春节期间严肃纪律加强廉洁自律工作的通知》、《国家外国专家局关于加强党的纯洁性实施意见》、《国家外国专家局党风廉政建设工作要点》等文件，对廉政建设的各项任务进行了分解，具体落实到相关部门，明确了责任和分工。

（二）切实履行职责，加大监督检查工作力度

监督检查贯彻落实中央关于健全惩治和预防腐败体系2008—2012年工作规划的实施意见情况，加强对重点部位和关键环节的监督，突出抓好干部选拔任用、出国（境）培训和专家项目审批、财务预算执行和管理、收支两条线等重点部位和环节以及重点项目的监督检查。协助党组做好"小金库"、公务用车、"三公"经费等专项治理工作的监督检查。督促各单位认真做好厉行节约工作。

（三）落实民主生活会制度

根据中纪委、中央组织部《关于以"坚持以人为本执政为民理念发扬密切联系优良作风"为主题开好2011年度县以上党和国家党员领导干部民主生活会的通知》要求，积极协助国家外国专家局党组并组织各党支部开好2011年度民主生活会。国家外国专家局党组高度重视各党支部所提的意见和建议，召开专门会议进行研究部署。协助局党组起草并下发了《关于对2011年度民主生活会前各支部所提

意见和建议的整改措施落实方案》，明确了各单位的任务分工，并将召开民主生活会的情况上报中共中央组织部和中国共产党中央纪律检查委员会。

（四）认真执行领导干部报告个人有关事项制度

为进一步增强《报告有关事项规定》的可操作性，中国共产党中央纪律检查委员会和中共中央组织部对《领导干部个人有关事项报告表（一）》和《领导干部个人有关事项报告表（二）》进行了细化，严格按照中央的要求，向各单位印发细化后的报告表，组织处以上领导干部认真进行填报，并做好表格的收集、整理和上报工作，确保该制度落到实处。

（五）牵头开展引智项目和经费的专项治理工作

2012年是引智项目管理年，国家外国专家局结合典型案件的查处，在全国外专系统开展了加强引智项目和经费管理专项治理工作，牵头组织开展专项治理工作，在各地区各部门自查自纠的基础上，组织开展重点检查工作，建立健全引智项目和经费的监督机制，从源头上防止腐败现象的发生。

四、以推动精神文明与和谐单位建设为宗旨，积极开展群团工作

（一）工会、妇委会工作

积极开展体育健身活动、送温暖献爱心活动、植树造林活动。关心职工健康生活。开展"低碳环保、绿色出行"有奖知识问答。

（二）共青团工作

注重加强政治思想教育，做好团干部教育培训工作。开展贯彻落实党的十八大精神专题活动。

五、党建带群建，建立健全创先争优活动长效机制

深入开展社会主义核心价值体系学习教育活动。组织部分妇女同志赴湖南开展系列教育活动。组织干部职工积极参加中央国家机关工会联合会组织的"当好主力军、建功十二五、迎接十八大"首届中央国家机关公文写作技能大赛，共有16篇稿件被评为优秀奖。印发《关于认真做好创先争优活动总结工作的通知》，要求各党支部系统总结创先争优活动的特点、做法、成效、经验启示和存在的问题及整改措施。

六、扶贫工作

2012年春节前夕，由国家外国专家局领导带队前往定点扶贫单位四川省宜宾市屏山县，开展送温暖走访慰问活动。围绕屏山县移民迁建的特点，在杭州举办了一期新农村建设培训班，屏山县等区市的30名县乡干部参加了培训。同时，在北京为屏山县培训了15名中小学英语老师。按照项目管理年的工作部署，围绕"抓管理、抓重点、抓成果"活动，完善《国家外国专家局扶贫工作管理办法》，规范扶贫工作的组织与管理。

七、智力拥军工作

一是积极协调中国人民解放军总后勤部、武警部队引智示范推广项目和出国培训项目报批实施工作，经国家外国专家局经济技术专家司审批，批准中国人民解放军总后勤部示范推广项目7项，资助经费170万元；武警部队示范推广项目5项，资助经费85万元。

二是会同武警部队联合召开西藏自治区和四川省藏区基层部队农副业生产引智试点观摩会。由国家外国专家局和武警总部后勤部组织协调专家开展的"青藏高原寒旱区设施农业技术示范推广项目"，经过实践，已取得初步成效。目前，青海总队五、八中队的两栋日光智能温室已投入正常使用。温室的蔬菜，淡季可以解决部队40%的副食品供给，旺季可以解决60%，解决了青藏铁路巡护任务的武警官兵们吃新鲜蔬菜难的问题。该项目被称为"爱兵工程、暖心工程"。

三是会同武警部队后勤部联合召开农副业生产引智成果经验交流会，集中展示了近年来武警部队农副业生产引智的新成果，辽宁总队、青海总队、117师和青海省外国专家局作了经验介绍，同时就武警部队巩固引智建设成果，更好地推动农副业生产创新发展提出了新的要求。

四是会同武警部队后勤部赴西藏自治区和四川省藏区基层部队检查验收引智建设情况，并联合印发《西藏和四川省藏区基层中队农副业生产引智表彰奖励实施方案》。

五是积极开展引智需求调研工作，完善《国家外国专家局智力拥军项目管理办法》，规范智力拥军项目的管理，加强项目执行情况的监督。

"外专千人计划"专项办公室

2012年,"外专千人计划"专项办公室与相关部门通力合作,完成了"外专千人计划"的项目申报、专家评审、联络服务、文件出台、政策待遇落实及工作队伍建设等各项工作。全力推进"外专千人计划"和"高端外国专家项目"的实施。

一、积极做好"外专千人计划"宣传和说明工作

为推动"外专千人计划"深入实施,做好项目申报工作,在北京、上海、山东、湖北等地召开"外专千人计划"工作说明会,主要面向重点高校、科研院所和大型企业。同时还在天津滨海新区、北京中关村开发区、中国农业科学院和江苏省等单位和地区宣讲,对2012年的申报评审工作进行指导说明。

二、统筹协调,加强沟通,做好政策完善工作

加强与中共中央组织部、财政部、人力资源和社会保障部等相关部门的工作沟通,就"外专千人计划"实施出台的相关配套文件进行多次研究商讨,并达成一致意见。

为进一步规范和加强"外专千人计划"对工薪补助经费与科研经费的管理,经中央人才工作协调小组同意,国家外国专家局会同财政部、人力资源和社会保障部等部门印发《"千人计划"高层次外国专家长期项目工薪补助办法》和《"外专千人计划"科研经费补助管理办法》。此外,还参与修改《外国人在中国永久居留享有相关待遇的办法》(中共中央组织部、人力资源和社会保障部等25部门联合印发)和《关于为外籍高层次人才来华提供签证及居留便利有关问题的通知》(中共中央组织部、人力资源和社会保障部、公安部、外交部、国家外国专家局等五部门联合印发)等文件,使高端外国专家在出入境、永久居留、人才签证等方面获得了相应政策支持。同时,就外国专家医疗、养老保险事宜进行了深入调研。外国专家现可依法参加基本社会保险(基本养老、基本医疗、工伤、失业等)。目前,正在咨询财政部、中国保险监督管理委员会等部门的基础上,积极研究探索外国专家医疗保险接续服务工作。

三、规范程序,高质量完成平台评审

修订《"外专千人计划"评审工作

细则》，进一步明确了项目申报、评审和下达的流程。全面总结第 1 批"外专千人计划"申报评审经验，积极借鉴其他平台的成熟做法，不断完善管理信息系统，使评审工作走向制度化、规范化。4 月，第 2 批"外专千人计划"的 67 名候选专家通过平台评审上报中组部，入选 54 名。9 月，上报第 3 批 84 名候选专家，入选 35 名。

四、不断完善后续联络工作，落实有关支持政策

为了进一步做好"外专千人计划"专家后续服务工作，加强入选专家跟踪联络体系建设，在中国国际人才交流协会办公室增设"外专千人计划"专项办联络处，及时了解入选专家在华工作、生活情况及意见建议，切实提高外国专家管理和服务水平。

1. 实施"外专千人计划"专家到岗情况的跟踪调查

为确保各项政策落实到位，对前两批入选专家到职情况进行摸底调查。结果显示，截至 12 月，第 1 批 40 名入选专家中共有 32 名确认全职到岗，到岗率为 80%。第 2 批 54 名入选专家中有近 30 名专家现已到岗或者正在办理来华工作手续。还对到岗专家的国别、专业领域、项目落地省市、到岗单位进行数据整理与分析。

2. 深入调研，督促政策落实到位

分赴广东、厦门、上海等地开展专项调研工作；召开苏浙沪"外专千人计划"工作会议；在深圳、重庆、黑龙江举办"外专千人计划"配套政策情况说明会。并利用中国政府"友谊奖"、百名外国专家新疆行、中国国际人才交流大会等活动机会与专家进行工作交流。通过调研活动，不仅了解了地方的专家服务工作情况，也对出现的支持政策不完善、经费到位慢、涉外医疗体系不健全、申请科研项目不透明、养老与家属安置无法保障等问题进行了全面掌握。

3. 努力提高服务质量，不断完善服务体系

不断完善高端外国专家居留、出入境、签证和保险、医疗等方面的相关政策，建立专家档案信息库和联络员信息网络，咨询有关涉外入保政策，设计专家入保方案。

五、适时适度做好宣传

组织协调中共中央总书记习近平与外国专家代表（其中有 10 名"外专千人计划"入选专家）座谈和中国国际人才交流大会等重大活动，安排与会外国专家接受媒体采访；在国家外国专家局网站开设"外专千人计划"专门链接，用英文介绍项目基本情况及申报方式；向中共中央组织部提供 6 位入选专家的文字材料和图片；协助中央电视台采访谢里、永田浩等外国专家和《中国日报》采访国家外国专家局领导等宣传活动。

六、建立和完善信息管理系统,保证评审质量

启动由国家外国专家局国外人才信息研究中心自主开发的"外专千人计划"专家评审系统,不断丰富评审专家库,增加评审专家专长与申报人从事领域的匹配度和针对性,改善评审打分、数据统计及后续跟踪信息等相关内容。

七、及时下拨经费,完善预算管理

根据《"千人计划"高层次外国专家长期项目工薪补助办法》和《"外专千人计划"科研经费补助管理办法》的有关规定,向部分在华工作满1年的外国专家聘请单位支付工薪补贴;按照规定渠道及时下拨年度科研经费补助3000多万元;下拨到岗专家一次性补助100万元。认真做好2013年度预算申报工作。

财 务 司

一、预算管理

以抓好 2012 年预算执行为工作重点，强化预算的约束机制，细化预算的分配，提高预算执行的质量和效益。以争取 2013 年财政加大对引智事业的投入为重点任务，为引智工作提供有力的资金保障。

（一）编报 2011 年决算

完成了国家外国专家局系统各项经费的 2011 年决算工作。审核、汇总了事业单位、企业单位、驻外机构、各地方和各部委决算；向财政部报送了部门决算、人民币限额预决算、企业决算、结余资金报表、国库集中支付结余报表、住房改革支出决算、2011 年"三公经费"决算，政府采购信息统计表，行政经费统计报表，2011 年绩效评价项目总结和 2012 年预算绩效管理工作计划；向国务院国有资产监督管理委员会报送了企业国有资产统计报表；向全国总工会报送了工会经费预决算报表；向北京市海淀区统计局报送了统计年报。

（二）2012 年预算分配和预决算公开

根据财政部 2012 年预算批复，围绕全国引智工作会议和 2012 年引智工作要点确定的重点任务，参照以前年度预算安排的惯例，结合 2011 年预算执行情况，在充分听取各方面意见的基础上提出局机关各部门、驻外机构、事业单位预算分配方案，经局务会批准下达各单位。

根据财政部的统一要求、统一格式、统一时间，在国家外国专家局网站向社会公开了国家外国专家局 2012 年预算和"三公经费"及国家外国专家局 2011 年决算。

（三）严格预算执行

加强财务分析和经费的动态监控，继续实行机关经费执行情况月度报告制度和引智专项经费季度分析报告制度。资金拨付与项目执行情况挂钩，加快预算支出进度，增强预算执行的有效性和均衡性。召开预算执行协调会议和预算布置会议，与各部门研究改进办法。

（四）积极争取财政资金投入

积极争取加大对引智事业的财政投入。协调财政部和国家机关事务管理局，争取加大对引智事业的财政投入，保障基本支出的安排。财政部下达国家外国专家局的2013年预算控制数比2012年增长11.49%。

二、审计监督

（一）专项治理

为认真落实"2012项目管理年"的各项任务，进一步加强引智项目和经费管理工作，建立健全引智项目和经费的监督约束机制，印发《关于进一步加强引智项目和经费管理工作的通知》；国家外国专家局党组审议通过了《国家外国专家局专项治理工作实施方案》，由国家外国专家局专项治理工作领导小组及其办公室指导和协调全国的专项治理。

（二）外部审计

配合审计署完成了2011年度预算执行和其他财政收支情况以及决算（草案）审计工作。审计署对国家外国专家局的评价为：国家外国专家局重视预算和财务管理工作，规章制度较为健全，预算收支总体情况较好。重视以前年度审计查出的问题，认真执行审计决定。

（三）内部审计

在专项经费审计方面，完成了对13个省区市和中央引智部门2011年专项经费审计工作。在财务检查方面，完成了对6个中国国际人才交流协会驻外机构2010—2011年度的财务检查。在离任审计方面，完成了对彭启明、夏兵同志任国家外国专家局机关服务中心主任和国家外国专家局国外人才信息研究中心主任期间的经济责任审计。

三、资产管理

进一步加强资产预算管理，规范国有资产出租出借收入，健全资产管理和预算管理的有机结合机制，按要求编报政府采购预算，开展政府采购活动。

（一）认真编制政府采购计划

按财政部和国家机关事务管理局要求，认真编制年度和季度政府采购计划，上报年度和季度政府采购执行情况。积极与各部门进行沟通，将需要列入政府采购计划的事项提前考虑，保证各部门工作的正常运转。

（二）开展政府采购活动

财政部进一步加强了政府采购活动的管理工作，将会议费纳入国库直接支付，将计算机和打印机列入财政部集中采购，财务司顺利完成了局本级会议费的支付和机器设备的采购工作。

（三）做好国有资产管理工作

加强国有资产处置管理工作，组织对国家外国专家局离退休干部办公室、北京外国专家大厦的批量资产处置工作，积极协调国家外国专家局机关服务中心和国家外国专家局国外人才信息研究中心按规定将报废资产上交北京产权交易所和中再生公司。加强国有资产出租出借管理，行政单位出租出借收入及时上缴国库，审核直属单位房屋出租事项，做好批复和财政部备案工作。

离退休干部办公室

离退休干部办公室服务、管理国家外国专家局机关和直属事业单位的离退休干部共141人。

一、离退休干部总体情况分析

离退休干部年龄跨度大，最大的离休干部97岁，最小的53岁，平均年龄72.63岁。现有75岁以上的离退休干部62人，占44%。有22名离休干部，其中生活不能自理的6人，长期患病的16人，是重点服务对象。

近年来，退休人数每年以4%左右的上升速度充实到离退休人员中，未来1~3年将迎来退休小高峰。80岁以下离退休人员有108人，占76.6%，他们是离退休干部办公室组织各项活动，搭建老有所为、老有所乐平台的主体人群。

离退休党员数量持续增长，占离退休总人数比重大。截至12月，共有离退休党员126名，占离退休人数的89.4%。

二、主要工作

（一）抓好离退休干部政治学习，加强离退休党支部建设和思想建设

（1）以每月的党日活动为载体，将政治理论学习可视化、形象化，结合引智工作给老同志们详解"外专千人计划"和"抓管理、抓重点、抓成果"的重点内容。

（2）围绕学习贯彻十八大精神的任务，举办了春、秋两期读书班。分别组织国家外国专家局全体离退休党员干部、全体党委委员和支部委员以及离退休老局长学习十八大报告，领会十八大精神。邀请国家外国专家局副局长孙照华为全体离退休党员干部解读十八大报告。组织学习十八大文件知识问答。

（3）召开第3次离退休党员代表大会，对离退休干部党委进行换届改选，选举产生了新一届党委成员。

（4）举办了2012年度党委委员、支部委员培训班。邀请专家授课，用心理学的知识，从离退休人员角度阐释了这一群体如何健康快乐度过老年生活。

（二）落实好老干部政治待遇、生活保障

（1）走访慰问离休老红军、老八路、老干部300多人次，先后组织6次离退休干部座谈会，广泛听取意见和建议。

（2）积极争取国家机关事务管理局支持，为32名75岁以上退休人员完成了"一键通"居家养老呼叫系统。

（3）争取"夕阳红"救助资金，其中陈旭东、樊士林等人通过审核，获救助基金共计1.6万元。

（4）看望病人80多人次。为老红军、老八路等离休干部门、急诊及住院派车。组织好老同志年度体检，坚持为离休老干部巡诊。离、退休费全部按时发放到位，医疗费报销及时，没有拖欠。为33名80岁以上的老同志祝贺生日。

（5）办理好宋多经丧葬及善后事宜。中秋节，离退休干部办公室工作人员到家中看望其遗孀。

（三）改善老干部活动中心基础设施，为老同志创造更加舒适愉快的活动环境

（1）积极争取国务院机关事务管理局经费支持，获维修基金9万元，更换了老干部活动中心地下室和地上一层的门窗，改造了办公楼防火通道，更换了防盗门，新修了中心车库。

（2）老干部理发室的试运营，解决了一些行动不便的老同志理发难的问题。理发员每周一为老同志服务，每月两次上门服务老红军、老八路。

（3）老干部活动中心新增设了书画教室、展室和茶室，方便了老同志学习交流。

（四）切实丰富老干部的精神文化生活

成立离退休干部理论学习组暨引智研究会，为老同志发挥余热、建言献策提供平台。成立离退休干部书画社。组织离退休女同志庆祝"三八"妇女节活动。组织参观中国兵器工业集团第201研究所、中关村软件园和坦克博物馆。举办春季运动会和冬季运动会及系列健康知识讲座。组织摄影、书法爱好者参加中央国家机关喜迎十八大书画摄影展，共有8幅参赛作品获优秀奖。

此外，老干部活动中心常年活跃着合唱队、京剧组和摄影组。为老同志聘请了专业的声乐老师；为京剧组聘请了伴奏票友；为摄影组聘请离退休的专业摄影师开展摄影讲座。

（五）加强老干部工作部门自身建设

（1）组织《党的十七大以来老干部政策落实情况》调查问卷，形成《国家外国专家局离退休干部办公室十七大以来老干部政策落实情况自查报告》。

（2）加强离退休经费管理使用，撰写《抓好离退休经费管理，提高经费使用的效率》经验交流文章。

（3）将阶段性工作整理编辑，以简报形式报送国家外国专家局领导、局机关及各局直属单位。全年编辑整理简报20期。

（4）积极争取各方面的支持，创造良好的工作环境。

机关服务中心

一、认真贯彻《机关事务管理条例》，协助管理有新改善

《机关事务管理条例》对机关事务工作提出了新任务、新要求，为机关事务依法管理奠定了基础。

（一）抓好局办公楼维修改造工程的施工管理

1. 办公楼地下室及大厅改造项目施工收尾

组织消防专业检测机构对办公楼地下室改造施工安装的消防、报警、供电设备进行安全检测，针对检测报告指出存在的问题，督促施工单位进行整改。上报了《关于国家外国专家局办公楼地下室及大厅改造项目工程结算审核和财务决算审核的报告》。完成了办公楼地下室及大厅改造项目工程验收，有关资料、图纸、洽商的整理。组织施工单位完成了办公楼一层楼道和中间及东面一至三层楼梯墙面的粉刷和办公楼大厅的前厅地面石材进行结晶、抛光处理。

2. 办公楼雨篷修建项目

组织 2012 年办公楼雨篷修建项目的设计和招投标工作，修改补充完善了《建设工程施工合同》、《建设工程委托监理合同》和《办公楼雨篷改造项目委托协助管理合同》。起草了《办公楼施工期间有关事项的通知》，做好办公楼雨篷修建开工准备工作。合理编排机关服务中心全体人员的安全值班，确保整个施工过程安全有序的实施。施工期间，坚持每周召开一次监理会，就施工安全、质量、进度、增加及修改施工项目、方案和施工期间节水节电等提出要求和答复。协调设计单位、施工单位、监理单位办理工程洽商、图纸变更等。

3. 办公楼会议室配套公共卫生间等装修改造

根据年度工作计划，实施对办公楼第二、三、四会议室配套使用的公共卫生间整体装修改造，第五会议室公共卫生间部分设备更新；办公楼一层大厅东西两侧加装暖气；八层电梯机房安装防火门和塑钢窗等。上报了《关于办公楼第二、三、四会议室公共卫生间改造和一层大厅加装暖气等施工项目的请示》和《施工项目的说明》，起草并签订《装修项目施工合同》，聘请雨篷改造项目总监理工程师对卫生间改造装修项目进行义务监理。

（二）进一步规范财务与资产管理

1. 明确财务岗位分工，落实工作责任制

根据机关服务中心管理的要求，制定工作岗位责任，明确岗位职责权限、工作分工和纪律要求，月月有工作计划，强化了人员责任感，加强了内部核算监督，促进了财务人员合作与团结，从制度上奠定了完成年度目标任务的基础。

2. 组织参与财务管理活动

配合进行了对机关服务中心前任主要领导五年半工作的离任审计。完成了机关服务中心资金往来票据的年检核销和购买以及银行账户开户年检工作；为五道口小区职工解决物业管理纠纷提供了10年的原始资料；参与2012年度工资总额的测算工作；对所属企业进行财务检查工作；起草财政部要求的1~9月预算执行情况分析报告，填报季度政府采购计划及资金用款计划申报表；根据局专项资金治理检查的统一安排，参加了对广东、广州、深圳、河北、辽宁、沈阳、大连7省市专项资金的财务检查。

3. 管好用好局房产与固定资产

受国家外国专家局委托继续出租部分房产使国有资产保值增值，为国家外国专家局和友谊宾馆部分职工办理了房产手续变更，完成了2013年住房补贴核算上报工作，为局机关新调入军转干部和公务员建立了住房档案。新增、报废固定资产50余件30余万元；通过北京产权交易所、中再生公司拍卖、回收北京外国专家大厦2012年报废的固定资产（资产原值197余万元，1300余件），拍卖所得上交财政，并对固定资产台账作了相应调整。上报2013年局机关办公家具购置计划。与华天凯丰公司续签了2012年至2013年合同。与达利飞厨房设备技术中心签订了燃气安全检测及维修、管道油烟清洗、厨房设备、制冷设备检测维修保养的协议。

（三）创新外事管理基础工作

1. 礼品管理

对外事礼品进行了盘点登记和分类整理，制定外事礼品管理办法，建立礼品盘点清单、入库台账、出库台账，每月末盘点报送出库情况报表，每季度对礼品出库情况综合分析。

2. "外国专家证"发放

建立"外国专家证"出入库台账，由专管人员负责"外国专家证"的接收、储存、发放，每季度编制报表；采取发放列表备案，各发证单位存档备案发放情况；开通"外国专家来华工作证件管理系统"账户；不定期到有关省市和单位调研"外国专家证"办理情况。

（四）公共事务和文档管理工作有序进行

按照中央国家机关主管部门要求，组织签订安全责任书和计划生育责任书。配合国家外国专家局办公室做好交通安全和计划生育宣传工作。学习有关规章制度，通报国家外国专家局交通违法情况，压减交通违法率。参加"三下乡"送温暖和"为贫困母亲献爱心"等捐款活动，捐款共计25870元。"六一"节为局系统干部职工子女发放学习用品和活动门票等。年初购买发放了计划生育用品；为有需要的同志办理"一胎准生证"；为局内退休职工开具"国家外国专家局退休人员独生子女父母一次性奖励发放通知"，并协助办理领取手续；10月28日男性健康日，在内网开展科普活动。组织进行"绿色出行"问答，协助国家外国专家局工会组织春节联欢会，发放蛋糕卡、电影卡，协助做好名家讲座通知、万步走活动的组织和器材发放等。按时完成档案归档工作，移交国家外国专家局档案室保存期10年文件23份、30年7份、永久16份。

二、狠抓创先争优，服务保障质量有新提高

（一）局重要会议、重大活动服务保障效果明显

圆满完成2012年全国引智工作会议、春节前中央领导同志会见外国老专家及优秀外国专家代表、国际妇女节102周年外国女专家及外国专家夫人参加大会堂招待会，元旦和"五一"专家专场晚会，第9届中美工程技术研讨会，第二、三批"外专千人计划"评审会、高端外国专家项目评审会、第四期引智干部培训班、中国政府"友谊奖"活动等重要会议、重大活动的会务和内外事接待服务任务，上述会议、活动中的接待服务对象总量达2200人次。在中共中央总书记习近平同在华工作的外国专家代表座谈会组织活动中，克服了时间紧、保密要求高等困难，较好地完成了各项任务。

（二）财务后勤工作有条不紊

认真做好年终决算工作。分别完成了财政部和国家机关事务管理局要求的机关服务中心2011年度财务决算报表、所属企业决算汇总报表和编制说明、国有资产报表的统计上报，以及北京市统计局要求的2011年统计报表。完成了机关服务中心2013年财务预算编制的两次上报工作，2011年度会计账簿的结账、转账及2012年会计科目的设置工作；按时进行工资、资产等日常费用的报销及核算，按月发放了局机关及离退休人员的生活补助。组织完成了日常工资核算、审核报销及职工住房公积金、个人所得税的代扣代缴工作。按时计算和缴纳了机关服务中心各项税金，完成了国智物业财务的核算工作。重新核定上报了机关服务中心职工住房公积金交存金额。

完成了全局职工售房款和住房维修基金台账核算。协助国家外国专家局离退休干部办公室开办了理发室，还为行动不便的老同志提供上门理发服务。与国家外国专家局办公室签订了后勤服务承包合同及办公楼运转协议；及时为机关购置办公用品及清洁卫生用品并按时进行发放。

（三）力求服务保障工作常做常新

一是职工餐厅根据国家外国专家局干部职工的饮食特点制定食谱，荤素搭配、营养均衡，从传统的"吃饱吃好"的餐饮理念和饮食习惯，提升到"安全、营养、健康"的意识上来。在国家外国专家局培训中心、国家外国专家局国外人才信息研究中心、中国对外人才开发咨询公司的大力支持下，为全体干部职工增加5种饮料及时令水果供应，每月底或节假日前改善伙食。委托北京市海淀区疾病预防控制中心对职工餐厅的餐具（10件）、凉菜（2个）做了采样检测，检测报告全部合格。严把原材料进货渠道，大宗食品必须定点采购：比如食用油（非转基因）在厂家直接购买，不论是大宗食品或其他原材料都与供货商签订食品安全责任书并索要三证复印件（卫生许可证、检疫检验证明、合格证），购货发票等，确保原材料如有质量问题可100%追溯。

二是办公楼物业建立了公共部位和公共设施设备巡视检查制度。明确了办公楼通卡和备用钥匙管理使用要求。为局值班室等更换了新的相对固定的床上用品套件；对办公室进行墙面粉刷和室内设备维护检修；对办公楼六层七层所有房间的风机盘管进行维护，管道过滤网打开清洗，对其他楼层个别房间空调设备故障进行维修；坚持工作日国旗升降和广播体操播放；坚持每天更换客梯地毯。全年会议服务577次，保洁房间4106次，保洁公共卫生间2640次，换洗棉织品约2568件，电话总机转接电话29050多次，送桶装水386桶。收发室每天接待近百人次来访登记，每天分发报纸、刊物杂志150余份，收发信件100多件，每周2次去邮局发信件。全楼设置52个灭蟑螂药投放点。私家车办理友谊宾馆停车证189个。配合维保单位完成：程控交换机维护6次；3部电梯每月维保2次，更换钢丝绳1根，增设电梯轿厢维护栏2个，完成电梯年检；自动门调试保养12次；消防报警系统维护检测12次，全面检测和设备联动调试2次；灭火器年检480具；每季度对北区宿舍15个单元的住户进行入户水表查抄工作。为友谊北区国家外国专家局职工住宅维修142次，组织对北区宿舍防盗门维修12次。

三是对职工宿舍区公共部分进行维修，尤其是供暖季前期和初期，积极联系友谊宾馆维修部门对部分供暖不达标的住户进行管道维修，保障了职工供暖；协调友谊宾馆无偿对国家外国专家局职工宿舍周围的绿地进行修建和清除杂草。完成了办公用房及公务用车水、电、油统计上报。及时报告了用水超标情况。

四是做好消防安全保卫工作。组织学习国家外国专家局新修订的处理突发事件应急预案，明确职责，熟悉处置程序。完成了消防报警广播设备的更新升级。与保安公司合作对保安人员在安全保卫、防火防盗、应急情况处置、消防器材使用等方面进行了轮训。传达室值班人员认真做好来访人员出入登记手续，对上访人员及时通知有关部门接待。在节假日及"两会"和十八大前，配合有关部门，认真做好安全防火、防盗检查工作，排查整改隐患。物业值班室主动承担签收快递件的工作。节假日期间加强值班，做好安全巡查和办公楼出入人员登记工作，保障了办公楼的使用安全。

三、注重节能减排，节约型机关建设有新进展

按照国务院及国家机关事务管理局部署，在国家外国专家局厉行节约工作领导小组领导下，机关服务中心积极配合国家外国专家局办公室具体抓好全局厉行节约各项措施指标的落实，从日常节约工作抓起，以节能减排为重点，以推广使用节能新产品新技术为突破口，在建设节约型机关工作中进行了积极探索，并取得了一定成效。

一是为进一步提高节能意识，为全局同志作出表率，机关服务中心严格执行《机关服务中心工作人员节能减排守则》，落实奖惩措施。如在节电上，按月统计中心各办公室耗电量，并与奖励挂钩，使各办公室月均用电量控制在25度以下。国家外国专家局车队较好地完成了节油的目标任务。

二是配合局有关部门，结合国家外国专家局设备用电实际情况，对办公楼公共用电设备，按照局节电措施进行了认真贯彻落实，机关服务中心严格执行各楼层电开水器设定的供水时间，利用开水间设置未喝完开水回收桶内的水进行保洁工作，水池旁安装倒茶水篓。坚持落实楼道照明灯隔3亮1，各办公室减少一组照明灯（减少灯管550根左右）等节电措施。为了解用电情况，物业指派专人每月对全楼各办公室内电表进行察看登记。为局办公楼各层电开水器更换滤芯，请专业机构按高标准要求检测水质，既保证安全饮水又方便取水。

三是职工餐厅厨房设施设备到水、电、气都落实到人，做到专人管理，专人负责。灶具做到火等气，操作间隙及时闭火，杜绝了长明灯，长流水现象。同时，为提高设备使用率，减少费用，机关服务中心还积极搞好设施设备的维修和保养。做到小修自己动手，全年共修灯泡、灭蝇灯29次；吊顶8次；电路开关6次；厨房设备23次；电器设备4次；水龙头6次；门窗2次，确保了设施设备的正常运转。

四是职工餐厅控制原材料节约

成本。

四、明确目标责任，企业经营绩效有新突破

2012年是北京外国专家大厦正式开业10周年。年初，大厦管理团队提出"加强管理、文明服务、节约增效、确保安全"的管理方针，完善各项规章制度、岗位流程，全力提高大厦整体运营质量水准，做到全年宾客接待服务满意率达到98.5%，网络好评达97%，确保年度安全经营服务无责任事故。通过全体员工共同努力，取得了良好的经营效益和社会效益。截止到11月底，北京外国专家大厦共接待住客总间夜量为42429间夜，经营收入超出预算21.24%，比2011年同期增长了18.11%，其中客房收入比2011年同期增长了21.75%，餐饮收入同比增长了5.99%，康体收入同比增长了17.71%，其他收入同比增长了64.76%。北京外国专家大厦能源费用比2011年同期下降了2.27%。员工工资及福利比2011年同期增长了9.74%。

机票处2012年完成局出国培训重点团组、中国国际人才交流大会参会人员等重要的机票订购保障任务，开辟了一些新客户，年底在上交完房租和管理费后，超额完成额定利润。

五、强化学习培训，职工队伍素质有新提升

机关服务中心始终把深化创先争优活动与构建"外国专家之家"有机结合起来，积极组织职工参加局内外举办的专题培训、名家讲座、观影联欢、植树、运动会、健康万里行等活动，进一步增强全体职工凝聚力，充分调动大家立足本职创先争优的积极性和主动性。

中国国际人才交流协会办公室

2012年，中国国际人才交流协会办公室以落实《国家引进国外智力"十二五"规划》和国家外国专家局党组确定的各项重要工作为重点，认真做好"外专千人计划"服务工作，精心组织重大国际人才交流活动，狠抓项目执行，着力驻外机构建设，强化对所属企业的管理，加强队伍建设，各项工作取得了新进展。

一、发挥独特优势，服务"外专千人计划"

一是成立工作班子，建立"外专千人计划"负责人联系网络。为了做好"外专千人计划"专家服务工作，成立"外专千人计划"专项办联络处。同时积极联络各地方建立"外专千人计划"负责人联系网络，参与组织联络员会议和预培训会议，明确相关职责。

二是参与"外专千人计划"第1~3批专家平台评审和第1批"高端外国专家项目"评审。

三是开展调研，建立"外专千人计划"专家信息档案，探索"外专千人计划"专家医疗保障模式，做好专家成果收集及宣传工作。

四是组织"外专千人计划"入选专家出席第11届中国国际人才交流大会、"国家特聘专家证书"颁发仪式与大会相关活动。共有42位外国专家获颁"国家特聘专家证书"。

二、精心组织重大活动

一是举办第9届中美工程技术研讨会。本届会议由国家外国专家局与科技部、工业和信息化部、北京市政府、安徽省政府、江西省政府、中国工程院及美洲中国工程师学会、美国机械工程师学会共同主办，200余名中外专家按先进制造、信息技术、绿色城市、矿区治理和低碳产业5个专题组，分赴70多家单位进行现场诊断、咨询研讨，围绕产业发展、技术创新、人才培养等提出78条建议。国务委员兼国务院秘书长马凯出席全体会议并讲话，对中工会的作用和成果给予了充分肯定。

二是承办百名外国专家新疆行暨引智成果援疆周活动。来自33个国家和地区的120余名外国经济技术和教科文卫专家、外国专家组织及出国（境）培训机构代表、部分在华中国政府"友谊奖"获奖专家及配偶、台湾地区相关专家，中国驻9个国家10个使（领）馆科技外交官，国家发展和改革委员会、科技部、外交部、国务院研究室代表，19个对口援疆省市代表赴疆参加了本次活动。

三是配合国家外国专家局，圆满完成中共中央总书记习近平与外国专家座谈活动的筹备工作。根据国家外国专家局党组统一部署，从已到职"外专千人计划"专家中选出10人参加座谈。

四是顺利完成白俄罗斯大学校长访华团的接待工作。应国家外国专家局邀请，白俄罗斯大学校长访华团一行13人于4月来华访问，分别拜访了国家外国专家局、教育部、中国科学院、陕西省政府、重庆市教育考试院等机构，访问了清华大学等8所高校，组织召开座谈会，为推动今后合作建言献策。

五是举办两岸人力资源开发与交流研讨会。此次研讨会由中国国际人才交流协会以中华海峡两岸人才交流协会的名义与台湾发展研究院共同主办、中国人民大学劳动人事学院具体承办。来自台湾地区产经学界的知名专家、学者共13人与11位中国内地学者嘉宾围绕海峡两岸人才交流等议题先后进行了主题演讲。

六是参与组织香港培华教育基金会成立30周年庆典活动。组织参加过中国高级公务员经济管理研讨班（由中国国际人才交流协会与香港培华教育基金会共同举办）的部分学员、选派单位及相关部委的领导干部共计80名参加了此次活动。

七是举办"马可·波罗奖"颁奖活动和外方专家讲学活动。

三、认真执行政策规定，完成国家外国专家局交办的工作

一是高标准做好培训项目预审，保证出国（境）培训的正常进行。

二是起草《开发利用国外智力资源办法》（审议稿）上报国家外国专家局局务会审议。

三是有序办理护照签证手续。全年受理106个团组、共1150人次的签证送签工作，代办申领护照及港澳通行证61本，注销护照14本，及时收缴特批护照6本。

四是参与承办第11届中国国际人才交流大会。除为大会期间的"外专千人计划"相关活动做好服务外，还承担具体负责深圳论坛和新兴产业高端外国人才交流项目对接会等活动的组织工作。

四、稳步推进出国（境）培训工作

（一）传统特色项目

由香港新世界集团资助的12名高级公务员赴美国哈佛大学肯尼迪政府学院接受中短期培训。该项目已累计培训189人，其中省部级干部54人。中国高级公务员经济管理研讨班赴港培训项目（培华项目）分3期培训108人；为加强培训的针对性，特设1期"公共服务专题班"，由香港城市大学承办。

（二）精品项目

本年度促成国家外国专家局与美国威士国际服务组织签署了新的合作协议。由该组织资助的中央部委高级公务员培训迄今已经执行3期。此外，由美国摩根大通集团全额资助的我国金融、经济领域政府或国企高管赴耶鲁研究学习项目完成了第2期赴美培训工作。

（三）其他培训项目

赴台湾地区"特色农业产业化培训团"实地考察了台湾特色农业。此外，还组织了国际营销与市场职业资格认证项目赴美培训、国际人才交流运作模式及方法赴美培训和中国人民大学附属中学教师暑期赴美培训等。

（四）继续协助实施"精进基金资助大学生计划"

香精进基金有限公司迄今已出资2000多万元，资助贫困大学生1146名。

五、加强驻外机构建设

一是推进驻外机构及人员科学考核。印发《关于对驻外机构下达任务实行统一归口管理的通知》和《关于对委托驻外机构任务实行统一归口管理的通知》后，共收到国家外国专家局及各省（区、市）外国专家局的任务通知书24份。

二是结合驻在国的新情况，进一步完善《驻外机构和人员突发事件应急预案》。在日常工作中坚持紧急情况报告制度，安排专人负责关注驻外机构所在国家和地区的政治、经济、安全形势、突发事件的发生等，及时提出处理意见并报局领导。

三是改革驻外调研课题选定及调研报告评比。为提高驻外调研报告的针对性和实用性，在向国家外国专家局机关、直属单位征求调研题目的基础上，归纳出必选课题和自选课题。在规定时间内，驻外机构共报回23篇调研报告。

四是强化驻外干部赴任前实习培训。定了两套驻外人员实习培训方案，把培训和实习相结合、集中培训和自学相结合，使驻外人员对国家外国专家局引智政策、业务知识，驻外管理及财务管理制度等有了全面了解，明确了驻外任务和要求。

五是承办驻外机构协调小组会4次，拟订《国家外国专家局驻外机构和人员管理办法》补充规定。

六是组织新兴产业高端外国人才交流项目对接会。围绕国务院2010年确定的七大新兴产业，通过驻外机构推荐了15家掌握外国高端人才信息资源的海外机构，并邀请国务院国有资产监督管理委员会及9个省市的引智主管部门负责人、项目单位代表参会，为供需双方搭建合作平台。

七是承办2012年京港人才交流中心有限公司董事会，并组织香港董事赴云南调研。

八是组织驻外人员年度考核，检

验、促进驻外机构的建设和发展。

六、规范国际人才市场管理

一是经多方调研并提交国家外国专家局局务会审议，出台《中国国际人才市场管理办法（暂行）》，为规范中国国际人才市场运行机制奠定了基础。

二是举办国际猎头发展高峰报告会暨中国高端人才引进交流会。邀请国际猎头高管和专家来华介绍国际猎头运作理念、模式和方法，交流高端人才配置的经验及体会，中外专家学者及有关政府部门、科研院所、大专院校和企事业单位的代表300多人参会，其中专程从国（境）外来参会的外宾就达30多人。新华社、人民日报、中国日报、央视网等10多家主流媒体到会采访。

三是召开2012年中国国际人才市场工作会议，总结市场工作的发展现状，部署实施《中国国际人才市场管理办法（试行）》，征求对《中国国际人才市场管理办法（试行）实施细则》的意见和建议，交流地方市场工作经验和总市场介绍新开发项目资源。

四是加强调研，合理布局，推动中国国际人才市场的整体化建设，为地方经济社会发展提供国际人才交流服务平台。根据湖南省外国专家局提出成立中国国际人才市场湖南市场的申请，派员赴湘进行了考察，提出了成立中国国际人才市场湖南市场的可行性报告。

五是制定《协会直属企业管委会工作职责》。根据公司法和国有企业管理法规，定期召开中国国际人才交流协会直属企业管理委员会工作会，集体讨论重大经营管理问题，规范中国国际人才交流协会直属企业经营管理。

六是加强中国对外人才开发咨询公司经营管理，各项业务稳步增长。加强企业组织建设，根据国家外国专家局机关党委的批准，成立了中国对外人才开发咨询公司（中国国际人才市场）党支部。加强企业制度建设，完善薪酬改革方案，连续两年为员工提高薪金标准，完善选人用人机制和财务管理等规章制度。加强企业文化建设，组织员工开展相关文体活动，关心员工福利，激发了员工工作热情。加强企业业务建设，切实做好外国专家接待、外国专家保险、人才培训、外籍教师聘请及中介等服务工作。大力抓好人力资源总体外包、中外语言文化交流、中美交换生等项目的拓展挖潜。积极开发培育TKT、SMEI、香港职业训练局大陆地区独家代理招生等新项目，拓展发展空间。2012年咨询公司营业额和经济效益均稳中有升，并超额完成了协会办公室下达的年度经济利润指标任务。在切实做好服务性工作和大力抓好企业创收的同时，社会效益也逐渐显现，例如TIP、TKT项目为新疆、内蒙、甘肃、大连、山东、云南等省（自治区）培养教师，受到各地赞扬。

七是积极改善中谊国际旅行社经

营管理。为改进中谊国旅的经营管理，确保其员工队伍稳定，积极研究和探讨中谊国旅的经营管理方式改革。

八是进一步加强中国国际人才市场网站建设。充分发挥中国国际人才市场网站的窗口和信息平台作用，进行网站改版，完善信息发布平台、交流互动平台、项目推荐平台。同时，做好中国国际人才市场总部网站与地方市场网站的有效链接，促进中国国际人才市场总分市场的一体化建设和整体发展。

中国国际人才交流协会办公室部分重点项目简况

一、与以色列外交部国际合作中心的合作项目

1. 出国培训

根据中国国际人才交流协会与以色列外交部国际合作中心（MASHAV）签署的协议，2012年派出"河流污染防治培训团"和"奶牛养殖培训团"赴以色列培训。

2. 邀请以色列专家来华讲学

根据中国国际人才交流协会与以色列外交部国际合作中心签署的协议，执行了"公共卫生管理"、"荒漠化治理"和"奶牛养殖"3个讲学项目，6位以色列专家前往青海、广西、宁夏、湖北和新疆生产建设兵团授课。

二、技能人才海外实习项目

本年度共派遣3名赴日技能实习生，其中河北派遣基地选取2名赴日从事工业包装技能的实习，江西派遣基地选取1名赴日从事熔接技能的实习。

三、中日中青年领导干部交流项目

中日中青年领导干部交流项目是国家外国专家局配合中组部实施的中日两国青年领导干部交流互访项目。由中组部牵头，相关部委相互配合完成，人选由中组部遴选确定，国家外国专家局具体工作是负责与日方联系、办理相关手续、协调各项活动等。

3月组织"金融创新与风险防范"赴日培训团，共130人。9月组织"农业现代化与城乡一体化"赴日培训团，共116人。

中国国际人才交流基金会

2012年，中国国际人才交流基金会按照"围绕中心，服务大局"要求，坚持以资金的募集、管理、使用为主线，以"求真务实、严谨高效、开拓创新、亲和共赢"为准绳，较好地完成了工作。

一、努力推进公益性捐赠税前扣除资格申请

国家外国专家局已向人力资源和社会保障部报文，人力资源和社会保障部会签财政部和国税总局后呈报国务院申请特批公益性捐赠税前扣除资格。并在国家外国专家局办公室、政策法规司等部门帮助下，继续开展与国务院办公厅、国务院法制办公室、民政部及中央机构编制委员会办公室事业单位登记管理局等的大量协调工作。

二、海外高层次人才交流基金——社会管理专项资助项目顺利展开

据统计，该项目第一、二期共收到申报75件；经评审公示，决定资助46个，资助金额1159万元。

主要工作包括：完成《海外高层次人才交流基金——社会管理专项使用方案和实施细则》的起草、审议和发布工作；召开国内主流媒体通气会。新华网、人民网、光明日报、光明网、中国组织人事报等参加发布消息，引起广泛关注；组织国家外国专家局局长张建国与香港新世界发展有限公司董事局主席郑家纯的记者见面会；协调落实张建国赴湖南调研并与湖南省委书记周强、省长徐守盛等的会谈，推动该项目的实施；在中国国际人才交流基金会网站设立专栏、建立内部专家库；完成项目征集、评审公示、项目单位陈述及签署资助协议等工作。

三、积极推进美中人才交流基金等捐赠资金的使用

为提高捐赠资金的使用效益，对征集到的19个项目进行初审、征集各地外国专家局意见、函评与专家评审、陈述和签署资助协议。共资助金额126.2万元。

四、与中国投资协会共同筹建中国新兴产业国际人才发展专项基金

该基金将主要支持新一代信息技术、节能环保、新能源、新材料、生

物医药、新能源汽车、高端装备制造业七大产业，以及文化、体育、中医药3个行业的国际人才交流与合作。并在第11届中国国际人才交流大会期间签订了首批100万元捐款协议。

五、制定基金管理办法

完成《中国国际人才交流基金会基金管理费使用管理办法（试行）》、《中国国际人才交流基金收益使用管理暂行办法（试行）》、《中国国际人才交流基金会基金项目审批和资助管理办法（试行）》、《中国国际人才交流基金会基金项目验收评估管理办法（试行）》、《中国国际人才交流基金会基金项目预拨资金管理办法（试行）》等5个基金管理办法的制定。这些管理办法的出台，为基金的规范管理和运作奠定了基础。

六、实施高校领导赴海外培训项目

本年度共实施高校领导赴海外培训项目2个：赴美国培训团以斯坦福大学为主要培训学校，培训主题是高校学科创新能力、高校领导力建设与骨干人才培养和使用（包括师资队伍建设）和高校中长期发展战略的制定与实施；赴瑞典培训团以乌普萨拉大学为主要培训学校和接待机构，培训主题是提高高等教育质量、创新创业人才培养和国际交流与促进学术的多样性研究与水平提升。在成果宣传方面，与光明日报、科技日报、国际人才交流等媒体合作，采访有代表性的校长6位，并进行公开报道。

七、推进现代物流业人才培养

一是与中国交通运输协会、中国国际贸易促进委员会、美国运输与物流协会等机构合作，共同主办2012年中美物流会议。美国交通运输部等高级官员、专家出席。

二是推广国际物流师（GLM）资格认证。本年度共发展GLM培训机构13家、考试机构10家。目前全国有GLM培训机构22家、考试机构16家。此外，还建立和完善了GLM网络平台，简化考试报名流程；在北京、上海、安徽及厦门等地组织GLM考试2次，GLMP师资培训班1次。

八、加强国家软件与集成电路人才国际培训基地管理工作

一是规范基地管理，修改管理办法。新的管理办法经国家外国专家局局务扩大会审议通过，印发执行。

二是根据基地指导委员会专家建议，组织相关专家实地考察，为基地建设与发展献计。

三是在成都召开2012年度国家软件与集成电路人才国际培训基地工作会议暨管委会会议，组成新一届国家软件与集成电路人才国际培训基地管委会。

四是根据国家外国专家局的要求

及时调整项目。本年度共有9家基地通过专家评审组的评审,共获得资助165万元。

五是协调相关基地积极参与"外专千人计划"和"高端外国专家项目"的申报工作。北京基地获批"高端外国专家项目"。

六是完善并实施"软件与集成电路引智创新团队计划"。

九、软件与集成电路人才出国培训及外国专家引进顺利完成

"IMEC数模混合技术发展赴比利时培训班"、"云时代下的云信息服务技能应用赴美培训班"和"软件人才管理服务创新能力提升赴美培训班"等共培训软件与集成电路专业人才52名。此外,本年度获批"软件与集成电路引智专项"2项、经费25万元。

十、积极开拓国际资源

一是与美国英语学会合作开展系列活动。主要包括：①与中国软件协会、中国软件与技术服务股份有限公司计算机培训中心、北京软件行业协会、中关村软件园和美国英语学会沟通主办"发掘信息技术最大价值国际高峰论坛",邀请美国企业管理协会有限公司首席执行官、Ferraro咨询公司创办人和首席执行官、惠普公司行业标准服务和存储组技术及业务战略总监等高端专家做主题讲座。②在天津市大学软件学院举办"LINK-IT软件英语培训暑期夏令营",近40名学生参加。③邀请资深专家赴西安、宁夏以及北京基地进行研讨。

二是与日本国际协力中心沟通,就开展软件专业学生赴日顶岗培训进行探讨。

三是负责跟进与国际电气与电子工程师学会(IEEE)合作开展在线科技英语培训项目。

十一、其他对外合作项目

一是组织由中国银行、中国进出口银行、中国邮政储蓄银行、中信集团公司等金融机构高级经理20人参加的赴英国培训项目。

二是与瑞士圣加伦马利克管理中心合作,继续组织高校领导赴瑞士培训。

三是中韩职业技能人才培养合作项目。

四是与工业和信息化部、科技部、国家发展和改革委员会、北京市政府联合主办第16届中国国际软件博览会开幕式。并与相关单位联合主办第16届软博会软件人才培养发展论坛。

培训中心

2012年，培训中心根据国家外国专家局"抓管理、抓重点、抓成果"和开展"2012项目管理年"活动的总体部署，突出工作重点，服务引智大局，在推动工作规范化和程序化管理，大力开展国际化人才培养工作，进一步规范三大外语考试，拓展新的国际合作项目，以及加强自身队伍建设等方面取得一定进展。

一、出国（境）培训工作

获批出国（境）培训项目7个、经费260万元。完成国家外国专家局出国培训管理司交办的重点项目5个，包括：环保及水务领域高级人才培训项目、中央国家机关中青年领导干部赴美国杜克大学培训项目、经济领域专门人才赴牛津大学培训项目、卫生应急队伍能力建设培训团和新农村建设培训团。

二、全国性外语考试

1. 中国国际化人才外语考试（BFT）

本年度共组织BFT全国统一考试4次、临时考试5次，参加考试人数为1.34万人。配合国家外国专家局人事司组织公务员招录英语考试；为中共中央组织部专门组织领导干部赴美国哈佛大学培训及耶鲁大学访问研究英语水平面试。

召开BFT中文名称变更新闻发布会、全国BFT考试工作委员会第一次会议、新一届BFT专家委员会成立大会。组织BFT首期考务培训班，起草BFT考试机构年检规定，申报并完成"中国国际化人才外语考试研究"课题。建立BFT新网站，改版了现有考务系统；根据新的考试管理规定，对现有考务系统进行了升级改造，以适应考务管理的要求。

2. 全国专业技术人员职称外语等级考试

起草《职称外语考试专家委员会章程》（征求意见稿）和《职称外语考试命审题管理办法》（征求意见稿），并组织专家进行研讨。组织2012年职称外语考试终审会，组织专家研讨2012年职称外语教材编写方案。

3. 全国翻译专业资格（水平）考试

起草《关于进一步加强全国翻译专业资格（水平）考试口译考试考务工作相关规定》和《考试突发事件应急预案》。召开全国翻译专业口译考试考务工作管理办法研讨会。首次对全国29个翻译口译考试考点中，具备技术和硬件条件的9个考点进行试题磁带改光盘的试点工作。目前全国共有23个考点成功实现了磁带改光盘。根据国家保密局对保密室设置的要求，建设了外语考试保密室，并对保密室配置了相应的保密办公设备。会同中国外文出版发行事业局考评中心进行试卷的初审和终审。

4. 医务人员出国培训外语水平考试

组织医务人员出国培训外语选拔考试两次，198人参加考试；并组织专家命题、审题、阅卷。

三、国际化人才培养

1. 项目管理（PMP）认证

本年度参加项目管理认证考试的人数为3.06万人，同比增长35.6%。

结合国务院国有资产监督管理委员会高端人才培养项目的开展，加大网络课程培训（E-L）推广和使用，全年有近800人在线学习。召开项目管理考务培训工作会，加强对特许机构的管理，对各地考试机构一线工作人员进行培训。聘请境外项目管理专家在北京、杭州、南京、广州、青岛、东营等地进行巡讲。举办中央企业项目管理培训班两期。组织项目管理出国培训。在第11届中国国际人才交流大会上举办了项目管理·深圳论坛。

2. 注册管理会计师认证（CMA）

本年度CMA中文考量达到4200门次，比去年增长40%。会员人数为6637人，比上一年度增长近40%，已经占全球会员的10%。到目前为止，我国CMA持证人员为1419人。

3. 国际人力资源管理、（美国）国际市场与营销和创新管理项目

通过与国务院国有资产监督管理委员会以及所属中央企业、地方国有企业、教育部职业教育考试中心、北京市委组织部和北京教育考试院等密切合作，使全年考试规模较2011年有了明显扩展：人力资源项目达到1.4万人次，营销项目达到900人次考量，创新项目达到100人次考量。

四、援外培训项目

举办发展中国家智力引进官员研修班两期，分别组织学员赴南宁和长沙进行考察学习。这一活动为引智项目单位提供了与发展中国家政府官员和高级专家交流的平台，实现了援外培训与拓展同发展中国家合作的双赢。

五、"农引推"及专家引进项目

申报引进专家项目9项，引进专家40人次，申请引进专家经费56万元（其中含教科文卫项目1项、引进专家2人次、申报引智专家经费6万元）；申报引智成果示范推广项目7项，申请引智推广经费80万元。引智成果示范推广项目获批6项、经费60万元。专家项目中获准教科文卫引智项目1项、经费4万元；引进国外技术、管理人才项目获批7项、经费38万元。

国外人才信息研究中心

2012年，国外人才信息研究中心围绕《国家引进国外智力"十二五"规划》和重点引智工作，积极开展信息服务、引智宣传和理论研究。

一、信息服务

一是配合国家外国专家局"外专千人计划"专项办公室，完成"外专千人计划"和"高端外国专家项目"专家评审和管理信息系统的开发，并在项目评审中应用。

二是完成引进国外技术、管理人才项目综合信息管理系统、外国专家工作证件管理系统升级，协助国家外国专家局经济技术专家司重点项目申报系统单机软件的开发。按程序执行信息发布工作，完成国家外国专家局网络系统安全评估，实施2012年网络系统等级保护测评。

三是贯彻《国家引进国外智力"十二五"规划》中"完善以中国国际人才网为主渠道的网上交流平台"，建设完成"内蒙古国际人才网"。

四是优化数据模型和算法，升级海外高层次人才搜索引擎系统，为"国家外国专家局国外人才资源总库大连生物医药分库"提供技术服务，通过过滤，可用数据量达36万条。

五是主办首届国际生物多样性大会、生物医药海外高层次人才项目洽谈会、首届世界海洋大会、首届国际智能文明大会和第2届低碳技术大会。全年邀请10余名诺贝尔奖得主和5000余名外国专家参加，建立专业会议项目对接网站。

六是配合国家外国专家局教科文卫专家司完成3000多名外国专家测评。开展经济技术专家履历测评和绩效测评。

七是积极推广外国专家管理系统，与中国科学院国际合作局签订协议，帮助其建立从聘请到考核的全流程电子化管理并生成外籍员工档案。

二、创新"两刊"工作，加强引智宣传

（一）《国际人才交流》全年共发表宣传文章460余篇，照片600余幅

1. 做强特别策划

第1期刊发中共中央政治局委员、中央书记处书记、中央组织部部长李源潮《中国也有一个可以追求的梦》的文章，被多家网站全文转载。连续刊发《李源潮"新年第一文"为何聚焦"中国梦"》等5篇稿件。4月27

日，欧美同学会·中国留学人员联谊会举行"我的中国梦"——海外高层次人才回国创新创业座谈会，李源潮出席座谈会。

先后发表《猎头的世界》、《外国人咋管》、《友谊奖得主看中国》、《2012国际人才热门话题》等重点选题。推出《老外看公共安全》、《奥运军团洋教练》、《把脉中国经济》等热点选题。

2. 开展城市评选活动

发布"2011魅力中国—外籍人才眼中最具吸引力的中国城市"评选结果。启动"2012年中国城市引才引智综合环境评估项目"，收集998位外国专家评价意见，撰写《2011中国城市引才引智综合环境评估调查报告》，此报告是我国第一个对城市引才引智综合环境的评估报告。

3. 宣传重点专家

报道中国政府"友谊奖"获奖专家宋伟宏、贝恩德·乌尼曼、理查德·皮特、陈美银，"千人计划"专家沙德洛夫、"外专千人计划"专家维克多等的事迹。

《卷首》栏目发表国际猎头顾问协会主席彼得·菲利普斯、英国48家集团秘书长麦启安和中国政府"友谊奖"获奖专家约翰·桑顿等外籍专家署名文章。

4. 举办"我与外教"征文大赛颁奖典礼

该大赛共收到投稿3568篇，实际参赛作品1.6万余篇。启动2012"我与外教"全国征文大赛暨"外教看中国"摄影展评活动。

（二）《专家工作通讯》

1. 积极宣传海外高层次人才

开设《"外专千人计划"大家谈》栏目；《探讨与研究》栏目刊登聚焦中国人才引进高端化，探讨打造中国"人才梦"战略的文章。

宣传优秀外国专家事迹，结合国外技术移民政策调研，连载《从俄联邦技术移民立法与管理看我国技术移民法的政策取向》等文章。

2. 探讨公众关心问题

与国家外国专家局教科文卫专家司联合开设《案例分析》栏目，对涉及外国专家的纠纷和突发事件进行分析。与国家外国专家局出国培训管理司联合开设《出国（境）培训实务问答连载》栏目。针对在华"三非"外国人问题，在《文摘》栏目跟踪报道。

3. 探索创新之路

为地方开辟《特别策划》，先后为海南"双百工程"、陕西、河南、山东、湖南"长株潭两型社会建设试验区"等地做报道。

4. 落实"走基层、转作风、改文风"

赴湖南、湖北、甘肃、安徽等地深入基层采访，带回新闻题材。如湖北送农村年轻教师（资教生）赴英国培训，温家宝总理给资教生的回信，均为全国引智系统首次报道。

（三）"两刊"与国家外国专家局政策法规司共同举办全国引智宣传工作会议，表彰引智宣传工作先进单位和个人，对今后宣传工作提出要求。与会代表交流探讨了加强引智宣传工作的新思路、新举措。

三、加大引智理论研究力度

一是参与编辑《外国专家建议》5期，内容涉及网络安全、生物科学基础研究及生物医药、与独联体国家科技和人才优势互补、宏观经济调整、发展私营媒体等。

配合外国专家建言工作收集外国专家信息，已积累来自美、英、法等16个国家的高端专家147人。

二是与中国人事科学研究院等单位合作开展中加人才与交流合作项目。撰写论文《中加智力合作展望》，在加拿大渥太华举办的加中人力资源研讨会上宣读。

在江苏、重庆、上海、南京召开4次项目调研座谈会。对各地专家开展问卷调查，回收问卷980份，整理专家数据近万条，完成了《来华加拿大籍专家流动趋势分析报告》。

三是对国外人才信息研究中心大事记初稿补充修改，已完成修改稿。完成国家外国专家局政策法规司软课题"引智三十年回顾展望/引智发展战略研究"初稿。

四是会同国家外国专家局教科文卫专家司先后与中山大学、北京大学、北京语言大学、吉林大学等探讨引智理论研究与出版方面的合作事宜，并达成共识。

五是完成《外国专家工作生活情况数据库项目书》，启动下述工作：将问卷调查作为常年工作，数据进入外国专家在华工作生活数据库；常年访谈外国专家，将结果列入在华外国专家案例库。

四、办好各项重大活动

一是圆满完成第11届中国国际人才交流大会的筹备工作。

二是在北京、上海和广州组织4场外籍人才招聘会，242家用人单位参加，提供招聘职位4000余个，40余个国家和地区的4700名外籍人士到场。

第七编

国务院相关部委及直属事业单位引智工作

中央国家机关工作委员会

2012年,中央国家机关工委共执行3期(总第45—47期)党务干部出国(境)培训班,分别是赴德国政府组织运行机制与社会功能研究培训班、赴美国政府公务员激励与关怀机制研究培训班和赴澳大利亚政府组织与非政府组织文化建设研究培训班,来自最高人民检察院等64个中央部委的68名党务干部参加了培训,其中赴德国培训班24人,赴美国培训班24人,赴澳大利亚培训班20人。总体上看,呈现出以下几方面的特点。

一、增加政党方面的课程,进一步贴近党务干部工作实际

按照对2012年引智工作"创新培训主题,使之更加体现党建工作的特点和要求"的设想,年初在制订培训计划时,中央国家机关工委选取了课程内容、日常安排相对比较成熟的赴德国培训班进行政党专题方面的探索。围绕培训主题,培训班以德国政党为主要研究对象,重点学习了德国政党概况、政党发展史、基本法、政党法等课程,拜访了德国社会民主党总部、联邦参议院等机构。课程安排受到学员的普遍欢迎,授课期间,学员与德方积极互动,课余时间,学员互相探讨交流,激发了很多有益的思考。特别是在回国后的总结会上,学员就中德两国政党状况、政治体制改革、政党制度、法治化进程等多个问题进行了热烈的讨论。大家表示,在党的十八大召开前夕,中央国家机关工委组织党务干部赴德国进行政党方面的学习与培训,对提高思想认识,坚定党的领导,有着重要意义。经过讨论,全体学员一致认为,我国的政党制度与包括德国在内的西方国家的政党制度有着本质的不同,在某些方面德国的做法对我们很有启发,但是也要充分地认识到西方国家政党制度背后的政治理念更值得学习,我党的建设与发展一定要走出一条符合中国国情需要和人民需要的自己的道路。学员们普遍认为这次培训,不仅是一次有关德国政治、政党的学习之旅,更是一次坚定党的领导、坚定理想信念的党性教育之旅。

二、引入预研究报告,创新研究式培训方法

多年经验表明,国内预培训做得越是充分,引智工作的效果就越好。在2012年的预培训中,设置了团队"破冰"环节,来自20余个部委的学

员相互介绍，发挥特长和优势，积极为团组献计献策，增进彼此了解，促进团组融合，为小组讨论、团组培训奠定了良好的基础。借鉴了其他培训的方法，在任务批件下达后，引领学员提前进入状态，开展预研究。具体的做法是，将培训主题分解成若干个子课题，同时，根据不同的职务特点和专业优势，将学员分成若干研究小组，每组对应1个子课题，结合自己的工作和思考进行预研究，并提出培训中重点关注的1~2个问题。预培训时，由每位学员汇报各自的预研究成果，各小组之间分享预研究报告。学员通过查阅书籍、搜索网络信息，向他人请教等多种方式，对培训内容进行预热。无论是预培训中听国内专家学者的讲座，还是在国（境）外的培训，都能够做到提前思考，带着问题去学习，边研究边学习，更大限度地调动了学员参与的积极性和主动性，学习效果得到了进一步增强。

国家发展和改革委员会

2012年,国家发展和改革委员会紧密围绕国家发展和改革委员会的中心任务,"抓管理、抓重点、抓成果",特别是重点抓好出国(境)培训工作,全年共执行出国(境)培训团组28个,国家发展和改革委员会及相关单位共582人参加了出国(境)培训。

一、出国(境)培训的基本情况

2012年年初,国家外国专家局批准国家发展和改革委员会执行的审批类培训项目共11个(其中常规项目8个、独联体引智专项和软件专项共3个),审核类项目24个(包括执行双边、多边协议中的培训项目)。2012年年中在对审核类项目作调整时,根据国家发展和改革委员会有关部门的实际情况和新的培训需求,取消4项,增加3项。

二、出国(境)培训的主要选题及收获

紧密结合国家发展和改革委员会的中心工作,2012年出国(境)培训的主题涉及以下几个专题:

(1)公务员培训机制(人事司、培训中心)。

(2)老工业基地的调整与改造(东北司)。

(3)西部特色优势产业发展与合作(西部司)。

(4)推动发展方式转变的政府经济调节政策(经济运行局)。

(5)农村发展规划(农经司)。

(6)政府公共网络建设与信息安全(国家信息中心)。

(7)基于综合运输枢纽的物流园区的定位布局及运营管理(经贸司)。

(8)经合组织(OECD)国家的财税税收制度(财金司、培训中心)。

由国家发展和改革委员会农经司组织的赴法国培训团学员通过培训认识到,尽管我国的基本国情和法国有很大差别,两国的体制也不同,但法国农村发展规划及其实践对我国仍有许多可以借鉴之处,从中能得到许多有益的启示,即精简涉农规划,并以此为抓手促进支农资金整合;更加注重农业农村规划的操作性、弹性和整体效益;加强规划制定中公众参与;推进农村小型公共基础设施建设的民选、民建、民管。

三、继续引进国外智力资源在国内开展国际合作培训项目，支持发展改革系统的智力引进工作

（一）引进外国专家来华短期讲学

（1）2012年5月，国家发展和改革委员会培训中心与欧盟中欧清洁能源中心在北京联合举办"清洁能源政策和国际经验卫星远程培训班"研讨会，4位专家通过卫星远程培训了近600位学员；

（2）2012年6月，国家发展和改革委员会培训中心和世界银行在天津联合举办"全国地（市）发展改革委主任业务专题研讨班暨中国城市可持续（低碳）发展国际研讨班"，来自世界银行的8位专家应邀前往讲学；

（3）2012年11月，在湖北武汉举办的中德气候变化能力建设项目——气候变化减缓及适应策略示范培训会，来自德国国际合作机构2位专家及国内相关领域的专家学者应邀出席示范培训会，并进行了示范授课；

（4）2012年11月29日，由国家发展和改革委员会培训中心和法国液化空气集团共同举办"绩效考核与评估：公共卫生与基层医疗服务"专题报告会，共有10名中外专家应邀在会上围绕公共卫生及基层医疗服务等问题作了发言，来自各省市医改办、卫生局、药监局等在内的行业专家代表参加了会议；

（5）2012年12月，根据中德合作项目的相关协议，德国前联邦总理环境政策顾问、联邦政府环境政策顾问委员会副主任、柏林自由大学教授马丁·耶尼克受邀来华举办专题讲座，介绍德国及欧盟在制定和实施环境保护政策方面的实践经验。

（二）聘请长期专家来华提供智力服务

（1）国家发展和改革委员会培训中心及国际合作中心申请到2个国家外国专家局的专家经费，聘请了2名来自英国雷丁大学的专家多次来华为企业理财师（CFC）资格证书的培训提供专业指导和教材审定；以及聘请来自挪威和德国的专家来华进行关于廉政及投融资监管方面的讲学。

（2）通过国家发展和改革委员会与德国国际合作机构（GIZ）签署的合作协议，聘请德国专家为国家发展和改革委员会培训中心正在编写的应对气候变化培训教材担任顾问。

四、支持发展改革系统开展引智工作

面向发展改革系统开展引智工作，是国家发展和改革委员会的一项重要工作。2012年在"走出去"和"请进来"这两个方面做了一些具体工作。

（1）国家发展和改革委员会组织的出国（境）培训团组，85%以上的成员都是来自发展改革系统。通过培训，使得地方发展改革委员会、物价

局的业务干部开阔了视野,增长了见识,学到了国外的先进经验。

(2)安排外国专家或者外国公司的高层管理人员到地方讲学,把国外智力资源引进到地方发展改革系统的培训基地,直接帮助地方开展国际合作培训活动。

五、注重培训成果的收集与宣传

"引智成果是引智工作的生命线",也是检验引智工作的重要标准。国家发展和改革委员会按照国家外国专家局的要求,高度重视宣传和介绍在出国(境)培训及引进专家中所取得的收获与总结。每个团组出发前都让团组负责人布置任务,每位团员都要将所学知识及体会的收集、整理作为培训活动的重要内容之一,并要求在回国后半个月内提交培训总结报告。作为个人,也要求其向本单位领导写一份书面报告。

科学技术部

2012年,科学技术部紧密围绕《国家中长期科学和技术发展规划纲要(2006—2020年)》和《国家中长期人才发展规划纲要(2010—2020年)》的精神,积极研究和探索新时期引进国外智力工作的新特点、新方式,积累新经验,取得了一定的成绩。

一、签署部局合作协议

继2011年科学技术部与国家外国专家局签署部局"重大专项引智合作框架协议书"后,为贯彻落实《国家中长期人才发展规划纲要(2010—2020年)》,大力实施创新人才推进计划,科学技术部政策法规司2012年与国家外国专家局出国(境)培训管理司签署了《创新人才推进计划优秀人才出国(境)培训合作备忘录》,以充分发挥双方在出国(境)培训管理、科技创新人才培养等方面的优势,积极推进我国高层次创新型科技人才队伍建设,为加快创新型国家建设提供有力的科技人才支撑。

结合创新人才推进计划相关任务的组织实施,重点培训入选创新人才推进计划的优秀中青年科技创新领军人才、科技创新创业人才、重点领域创新团队成员以及创新人才培养示范基地负责人、推进计划组织实施部门和单位的管理人员等。培训内容侧重于了解掌握相关科研领域的世界科技前沿动态、科技创新发展方向;学习和感受国际知名高校科研机构、创新型企业的科研文化、创新氛围;学习借鉴发达国家在科研管理与改革、人才开发管理等体制机制创新方面的先进理念、政策措施和成功经验等。培训方式采取中长期与短期培训相结合、个人与团组培训相结合等方式。根据研究领域、方向和工作实际需要,组织相关人员赴国外知名大学、科研机构、企业或国际组织等进行培训。2012—2015年,每年派出30人左右参加中长期培训;每年派出2~3个短期培训团组,每个团组20人左右。国家外国专家局每年提供资金,支持科学技术部实施创新人才推进计划优秀人才出国(境)培训。

《创新人才推进计划优秀人才出国(境)培训合作备忘录》决定建立培训项目协调联系机制,每年培训项目结束后,双方定期组织召开碰头会,对项目执行情况、培训效果、存在问题进行总结,明确下一年度的培训重点,进一步完善培训方案。科学技术部政策法规司负责组织做好培训项目总结,逐步建立培训成果评估体系，对培训成果进行跟踪、评估。效益显著的培训成果由双方共同组织示范推广。

二、突出重点，为国家科技计划项目提供引智支持

近年来，科学技术部确定了把有限的引智资金集中用于支持执行国家"863计划"、"973计划"和"支撑计划"重点项目中引智工作的原则，认真组织项目申报和筛选工作，监督指导项目承担单位实施人才引进工作，积极引导对引进技术进行消化、吸收和再创新。

科学技术部申报并获国家外国专家局资助的"人源化单克隆抗体癌症治疗药品"（国家"863计划"项目）、"高性能万吨级非晶体带材关键技术开发及产业化"（国家科技"支撑计划"项目）和"国家统计遥感信息共享与服务平台"（国家"863计划"项目）等多个项目，取得了显著的引智成果。

近5年来，国家外国专家局批复项目数和资助经费额度逐年有所增长，引智项目取得了一定成效，项目种类从单一技术扩展到技术与管理范畴。

三、认真开展引智调研，探索新时期引智工作特点

为落实中央领导关于"摸清需求，突出重点"的指示和国家外国专家局《引进国外智力"十二五"规划》的要求，科学技术部提出了围绕《国家中长期人才发展规划纲要（2010—2020年）》和《"十一五"国际科技合作实施纲要》的人才引进任务要求，深入调查研究各项国家科技计划和重大专项工作的引智现状，摸清和突出重大战略需求，明确引智重点任务，加强部内引智工作的协调与指导的工作请示。经科学技术部领导批准后，与相关部门共同研究拟定了科学技术部"十一五"引智需求与引智工作的调研方案。方案包括16个重大专项引智需求调研、重点国际科技合作基地引智调研、国外吸引人才政策措施比较调研等若干子课题。特别关注研究在当今世界经济全球化、科技全球化的新时期里引智工作的新特点、新形式，以及如何在国际科技合作"三个突破，五个转变"的过程中更好地实现引智作用和效果。

四、坚持"少而精"原则，提高出国（境）培训质量和效益

科学技术部坚持"少而精"，坚持控制总量，支持和开发重点培训题目，鼓励与国外知名大学和著名研究机构的合作培训，鼓励对口专业性的中长期培训，严格在系统内部组团，坚决贯彻执行中央和国务院有关国（境）外培训的文件要求、政策和纪律，不断完善出国（境）培训管理制度、项目负责制度和经费审批制度。

为严格执行国家有关出国（境）培训的各项规定，提高质量，防止违规行为发生，针对在筹组和执行出国

（境）培训班中出现的问题，2012年科学技术部特别加强了在国（境）外培训机构的选择、出国（境）培训协议的签订、出国（境）培训项目财务预算、国（境）外发生不可预见情况的应急处理原则和备案材料等方面的管理。

五、引进人才专项经费管理工作

2012年3月底，国家外国专家局对科学技术部引智项目引进人才专项经费进行了自2006年以来的第3次抽查审计和延伸审计。根据审计结果意见，科学技术部积极配合，对项目经费的管理和使用做出了整改和重申，召开了有关申报单位和项目单位工作会议，明确了"先垫付后核销"的管理方式，整理了《引进人才专项项目管理流程与操作要点》，并将整改结果报国家外国专家局。

工业和信息化部

2012年,工业和信息化部认真贯彻落实全国引进国外智力工作会议精神,坚持以科学发展观为指导,紧紧围绕行业发展大局,加强管理,推进创新,着力提高工作质量和效益,引智工作取得积极成效,为全国工业和信息化实现平稳较快增长提供了有力的国外智力支撑。

工业和信息化部2012年引进国外智力具体情况如下:

出国(境)培训:2012年围绕工业行业管理、战略性新兴产业、信息化与工业化融合、电信监管与信息安全等课题,面向全系统选派双跨类出国(境)培训团组20个(其中16个为国家外国专家局重点资助项目),赴美国、加拿大、德国、英国、法国等发达国家培训干部近500名。工业和信息化部直属单位及部属高校结合本单位实际工作需要及有关购买设备协议,组织本单位人员参加的出国(境)培训项目5项,培训干部近50人。

引进外国专家:国家外国专家局2012年批复工业和信息化部直属单位引进经济技术类专家项目7项,资助经费129万元;7所工业和信息化部部属高校各类别文教专家项目获得国家外国专家局资助经费5124万元;6名外国专家入选"千人计划";26个专家项目获批为高端外国专家项目,得到国家外国专家局重点资助。

专项引智:国家外国专家局2012年共批复资助工业和信息化部专项引智37项、专家125人次,资助经费302万元。另外,批复专项培训4个项目,每个项目资助比例达到70%。

回顾2012年的引智工作,工业和信息化部主要有以下经验和体会:

一、明确任务,突出重点,为工业转型升级提供有力的国外智力支撑

工业是实体经济的主体,是转变经济发展方式的主战场,要求行业人才队伍建设率先提速、优先加强、领先发展,为行业发展提供人才支撑。工业和信息化部的引智工作以"围绕中心、服务大局"为指导原则,紧紧围绕技术改造、自主创新等重点工作,加强对行业发展动态的跟踪了解,坚持以需求为导向,按照缺什么补什么、需要什么培训什么的原则,拓展引智工作领域和覆盖面,将培训、专家引进与事业发展对人才智力的实际需要结合起来,统筹到工业和信息化系统人才队伍建设工作中去,提高引智的

针对性和实效性,切实保证引智工作为加快工业转型升级的大局服务。

二、精确选题,严格管理,切实保证培训质量

一是精确选题紧紧围绕工业和信息化部中心工作和行业发展重点问题,精确选定出国(境)培训的主题,并精心制订培训计划,确保出国(境)培训的针对性和实效性,为培训项目的顺利执行奠定坚实基础。二是做好学员选拔工作。按照"德才兼备、按需派遣、学以致用、宁缺毋滥"的原则,在学员选拔上严格把关,参加培训的人员基本上都是各单位负责相关领域工作的领导或中层干部,坚决杜绝任何假借培训名义照顾出国。三是重视预培训工作。每个培训团组行前专门召开预培训会议,由工业和信息化部人事教育司、国际合作司及相关业务司局介绍情况,强化学员纪律意识,明确出访任务。四是加强团组在外期间的跟踪管理。团组在外期间,项目负责人保持与团组和培训机构的密切联系,跟踪掌握团组在外期间的培训、生活安排状况,根据反馈信息及时协调解决培训过程中的问题。五是认真做好培训总结。回国后每个培训项目都要进行认真、细致的书面总结,既有收获、体会,又有建议和打算,使得培训总结不流于形式,并向各有关司局作专门汇报。下一步还将对总结报告进行分类评价,以督促提高总结报告的质量。六是建立学员考核制度。由团组负责人给每位学员在外的各个方面的表现给予考核打分,归国后将学员考核结果反馈到学员所在单位的组织人事部门,以加强约束激励机制,并作为今后出国(境)培训的人员选拔工作的参考。

三、狠抓执行率和满员度,加大成果推广,进一步提高引智工作效益

一方面,坚持少而精、突出重点、从严掌握、择优安排的原则,狠抓项目执行率、满员度。组织召开出国(境)培训工作会议,明确要求确保项目执行,并在培训班人数上,要求力争满员,本年度项目执行情况直接与第二年项目申报挂钩。在项目执行过程中,各司局各单位根据培训班主题,面向系统积极开展学员报名工作,切实保证了各项目的顺利执行。2012年工业和信息化部审批类项目执行率100%,所有出访团组均在20人以上,项目执行率、满员度为近几年来最高。另一方面,按照"抓重点、抓成果、抓推广"的思路,建立引智成果的发现、评价和推广机制,深入发掘带动力强、科技含量高、经济效益好、社会受益面广的成果,确立重点示范项目,加大成果管理和转化工作,切实将成果工作落到实处,提高引智工作效益。一是建立成果共享机制,工业和信息化部每年均编辑出版引智成果汇编,召开出国(境)培训座谈会,交流共享引智成果,提高引智工作影

响力，扩大受益面；二是着力打造一批品牌、精品项目，形成鲜明特色，用品牌和特色进一步提升引智工作效益。工业和信息化部的电子政务、信息安全、无线电管理、电信监管、战略性新兴产业等培训班已形成了较好的品牌特色，受到派员单位的广泛好评；三是探索建立引智项目的跟踪问效与质量评估机制，密切跟踪培训效果及海外人才发挥的作用，建立健全科学的考核体系，提高量化考核的水平；四是建立引智项目成果及人才数据库。工业和信息化部正在建设人才公共服务平台，其中设立了专门的引智数据库，包含引智项目情况、引智成果、专家人才库、培训授课课件等内容，利用信息化手段发挥引智成果更大的效益。

四、创新模式，拓展领域，努力开创引智工作新局面

2012年，工业和信息化部在引智方面加大创新力度，取得积极成效。

一是积极探索合作办班模式。与世界五百强、著名人力资源服务公司万宝盛华集团签订了战略合作协议，举办以工业和信息化领域的人力资源管理为主题的培训班，由其资助在外期间的培训与食宿费用。该培训班学员由工业和信息化部相关司局、各地工业和信息化主管部门的局级领导干部组成，对于提高工业和信息化系统负责人才工作的领导干部的业务水平起到了积极作用。二是与国家外国专家局签署合作协议。2012年11月，工业和信息化部与国家外国专家局签署了《引进国外智力加快推进工业转型升级合作框架协议书》，以加快推进工业转型升级为主旨，着重围绕工业转型升级重点领域发展导向积极开展引进国外智力工作。通过签署合作协议，争取到国家外国专家局在政策、项目、引智资源配置等方面的倾斜支持，有利于更好地发挥人才智力资源在中国特色新型工业化道路进程中的支撑和引领作用。

国家民族事务委员会

2012年国家民族事务委员会紧紧围绕民族工作，始终坚持"以我为主、为我所用、趋利避害、注重实效"的方针，积极采取措施，切实抓好落实，引智工作继续保持良好势头，为培养选拔少数民族干部人才、加快民族地区经济社会发展发挥了积极作用。

一、全面统筹安排，保障引智工作健康发展

（一）抓工作机制建立

国家民族事务委员会引智工作形成了教育科技司、国际交流司、人事司齐抓共管的局面，高层次外国专家人才的引进、外国专家管理、出国（境）培训管理等逐步实行了块块管理为主、条块结合的管理模式，充分履行管宏观、管政策、管协调、管服务的职责，积极调动委属各单位引智部门的积极性和主观能动性，强化引智主体作用，推动引智工作深入开展。

（二）抓制度建设

引智工作长期健康稳定的发展离不开制度的保障，国家民族事务委员会制定并严格执行《国家民委组织出国（境）培训工作管理办法》和《国家民委关于加强因公出国（境）团组境外纪律的规定》，不断推进出国（境）培训工作的制度化、规范化。指导各单位规范对外国专家的教学和日常生活管理，保证引智工作有序进行。各单位相继制定了聘请外国专家的相关管理规定，建立了外籍专家突发事件的应急预案。通过完善规章制度，各项工作有章可循，有效避免了涉及安全、政治、宗教、民族方面问题或事件的发生。

（三）抓规划制定

在调查研究基础上，制定出台《国家民委中长期人才发展规划（2011—2020年)》和《国家民委中长期干部教育培训规划（2011—2020年)》，对国家民族事务委员会引智工作和出国（境）培训工作提出了明确的目标任务和政策措施，确立了今后十年国家民族事务委员会引智工作的重点。

二、坚持教育和民生优先的导向，开展引智引资工作

（一）突出重点，积极开展外国文教专家聘请工作

2012年，国家民族事务委员会全

年共聘请外国文教专家共计648人，比2011年增加36.6%。其中，中央民族大学从2010年底开始，利用教育部"985工程"经费启动了"海外知名学者民大短期讲学项目"，通过该项目聘请了20余位国外知名专家学者进行短期讲学，2012年共聘请161名外国专家；大连民族学院聘请了159名外国专家学者进行学术交流、科学研究等工作，并且以引智项目为载体，本土教师与外籍专家合作发表学术论文86篇，其中在SCI检索期刊发表论文13篇，完成调研报告21个，出版学术专著7部，获得专利8项。这些引进的专家学者，不但相关学校师生开阔视野、增长见识起到了积极的推动作用，而且为我国科研发展作出了重要贡献。2012年，大连民族学院举办了"东亚区域经济发展国际论坛"，邀请了美国、澳大利亚、日本、韩国、菲律宾、印度尼西亚等国40多位专家和学者参加，对激励各国学者合作攻坚、探讨重大理论和实践问题，推动东亚区域经济发展问题的深入研究，加速东亚经济一体化进程有着重要意义。

（二）积极做好国外援助项目，为少数民族和民族地区做实事

2012年，国家民族事务委员会引进国外援助资金总额超过350余万元。一是做好日本政府对华无偿援助项目申请工作。国家民族事务委员会协调地方民委，及时提供有关日本政府对华无偿援助"利民工程"项目的相关信息，新申请到1个子项目，项目地点为新疆塔城，项目金额60余万元；另有4个子项目（3个在新疆霍城，1个在湖北咸丰）通过初审，将进入协议签署阶段，项目资金240余万元。二是协助有关单位申请到新西兰驻华大使馆发展基金项目1个，项目地点是青海省互助县，资金金额近50万元。这些工作，既是配合西部大开发战略的具体措施，也是从外事工作角度落实相关任务的具体工作体现。

三、立足出国（境）培训，着力提升少数民族干部人才素质能力

（一）不断拓宽培训渠道

一是积极申报，努力争取，出国（境）培训层次有了一定提升。2012年，国家民族事务委员会选拔1人赴美国参加由中组部、国务院发展研究中心、清华大学和美国哈佛大学共同举办的公共管理高级培训班培训。全年共举办培训班5期，组织87名干部参加出国（境）培训；二是与共青团中央合作，举办了3期全国边疆少数民族青年干部和全国少数民族团干部培训班。120名少数民族团干部在北京培训的基础上，赴香港、澳门学习考察。三是充分发挥委属民族院校的优势，积极开展国际交流与合作，培养高层次专业技术人才。四是经过努力，出国（境）培训的范围和渠道略有增

加。培训范围由原来亚洲、西欧、北美、南美、非洲，2012年扩大至北欧。国（境）外培训渠道不再仅仅局限于国家民族事务委员会，还积极争取并选派了有关领导干部参加中组部、国家行政学院、中央团校等组织的出国（境）培训班。

（二）认真做好监督管理

一是抓好项目立项，实行项目分类申请、统一申报、分别实施的流程。二是加强项目全程管理。在项目实施过程中，严格审核项目的收费标准、人员选拔、培训日程、考察安排，具体指导有关司室实施项目，就工作中的难点积极协调争取外国专家局的支持与指导，保证项目较好的执行率。三是抓好出国（境）前预培训和回国后总结汇报两个环节。出国（境）前，专门召开会议做好动员，明确外事纪律，对学习汇报和总结提出明确要求。回国后，举行学习汇报交流会。四是加强学员管理，要求参训学员牢记"123"，即"一个中心"："以团长为中心"，实行团长负责制；"二个不可"："不可擅自更改培训日程，不可擅自脱离团队"，遵守培训班的各项纪律，服从全团统一安排；"三项安全"："国家安全、人身安全和财物安全"。明确要求注意内外有别，遵守保密纪律和外事纪律，展示领导干部良好形象。五是不断完善出国（境）培训的项目库、成果库。

（三）重点抓好培训成果

国家民族事务委员会明确要求所有培训班次要注重抓好培训成果。国家民族事务委员会人事司赴芬兰团组在重点突出公共管理方面内容学习的基础上，着重加强了人力资源开发和少数族裔等方面的培训考察，提出了推动委属院校与芬兰高校合作，积极"走出去、请进来"，加强教育和人才培养的国际交流的建议，赫尔辛基大学希望和国家民族事务委员会加强各个层次、各种方式的合作，芬兰海门应用科学大学不仅表达了同样的愿望，希望能进一步合作，实现互利互赢。国家民族事务委员会国际交流司赴加拿大团组建议，在我国新形势下的城市民族工作机制建设中，可参考"加拿大政府出资—非营利组织承担—少数族裔自身参与—第三方审计的土著居民语言培训、职业教育和就业指导"的工作模式，使有关工作部门受到启发。

公 安 部

2012年,公安部的引智工作紧密围绕新时期公安工作的现实需要,在学习国外先进理念、创新警务工作、引进现代科学技术、提高执法水平等方面发挥了积极的作用。

本年度共执行引进外国专家项目45项,邀请119名国(境)外警务管理和警用技术专家来华讲学交流、开展合作研究,涉及情报信息、侦查技术、痕迹检验、犯罪研究、警察管理、交通管理等专业领域。

一、围绕中心工作开展引智

当前,我国逐步进入人民内部矛盾凸显、刑事犯罪高发、对敌斗争复杂的时期,公安工作面临许多新问题和新挑战。对此,我们按照"优先急需、扶优扶强、注重实效"的原则,加强对国际警务趋势的研究,有针对性地引进国外先进经验和技术,不断扩大引进专家规模,拓宽合作领域,实现了引智工作的有计划、有部署和可持续发展。各执行单位紧密结合实际,密切关注当今世界警务改革的相关理论与实践,围绕公安中心工作中的难点、热点和瓶颈问题开展引智工作。

如:公安部交通管理局邀请外国道路交通管理领域的权威专家为全国130名交通管理业务骨干授课,并把智能交通技术、道路交通安全技术以及交通勤务模式与交通执法经验等应用于工作实践,取得了良好效果。公安大学针对网络犯罪等的新挑战,邀请外国专家介绍网络犯罪侦查领域的最新知识和先进理念,为网络犯罪侦查的理论教学、对策研究提供了有力支持。中国法医学会邀请国外知名法庭科学专家举办"法庭科学新技术研讨培训班",来自全国各地法庭科学技术部门的学科带头人和技术骨干300余人参加研讨,对法医鉴定人员提升现场勘查及检验鉴定水平起到积极的引导作用。

二、打造品牌项目

为借鉴国外警察职业安全和健康保障方面的经验,切实提高全国公安系统的职业安全防护水平和健康素养,举办了警察职业安全与健康保护国际讲坛,来自美国、德国、加拿大、澳大利亚、新西兰等国家的警务专家、驻华警务联络官及全国部分省市公安机关有关负责同志共80余人参加。外国专家从不同侧面介绍了国外警务工作与身心健康、警察心理培训与干预、警察聘用与援助等方面的经验与做法。本次讲坛是公安部警察与科学国际讲坛的系列讲座之一。该讲坛自2005年开办以来，每年举办1期，已成为全国公安系统国际交流的精品项目。

公安大学紧密围绕国际警务执法合作中的热点、难点问题，举办了第4届国际警务论坛暨国际警务执法合作交流研讨会，邀请来自英国、美国、法国、德国、加拿大、澳大利亚、芬兰、新西兰、中国香港以及内地的50余位专家，详细阐述了各自国家或地区在开展国际警务执法合作方面的做法和思路，系统地分析了当前形势下开展国际警务合作的紧迫性和必要性，科学地提出了进一步加强和改进国际警务合作的建议和设想。这一论坛有效地促进了警学研究和警务实战的进一步结合，有力地提升了我国公安院校的国际影响力和核心竞争力。

三、狠抓引智成果

成果是检验和衡量引智工作的试金石。本年度我们继续做好基础数据和资料的收集、整理和分析工作，抓好成果的推广、转化和宣传，确保引智工作有序、有效开展。注意利用公安系统信息通讯的优势，立足公安专网建设公安引智成果库；大力宣传和推广引智成果，挑选执行效果好的项目总结报告，形成年度成果选编供学习借鉴。浙江警察学院等单位还将引智项目全程录像，与其他单位分享，实现一家引进，多家受益。

国土资源部

为适应提高国土资源管理队伍素质的需要，按照国家外国专家局引智工作总体思路，国土资源部2012年紧密结合国土资源工作重点开展引智工作，取得了较好效果。

一、国土资源部引智工作总体情况

国土资源部高度重视引智项目管理工作，认真贯彻国家外国专家局引智规划的总体思路，严格按照国家外国专家局关于《引进国外技术、管理人才项目管理办法》、《引进国外人才专项费用管理暂行办法》及《引进人才专家经费管理实施细则》等各相关规定开展工作，在国家外国专家局的指导和支持下，紧密结合国土资源部中心工作，规范开展引智工作。

自1998年国土资源部建立至今，国土资源部共向国家外国专家局申请并获批执行引智项目93项，共聘请来自美国、加拿大、法国、德国等国家各类专家200余人次，获得国家外国专家局核拨项目经费约590万元。通过引智项目聘请的外籍专家与国土资源部部属相关单位开展了积极有效的合作研究及学术交流活动，内容广泛，涉及国土资源管理各领域，对国土资源部开拓合作研究，提升国土资源管理水平和自主创新能力等方面发挥了积极的促进作用。其中14位由国土资源部聘请的外国专家因在合作领域中的突出贡献获得中国政府"友谊奖"，也为我国与专家所在国家之间建立起友谊的桥梁。

二、加强项目与经费管理情况

2012年，按照国家外国专家局《关于进一步加强引智项目和经费管理工作的通知》要求，国土资源部认真研究确定工作方案，发文部署系统内对近3年承担的引智项目和经费管理开展自查自纠及相关贯彻落实工作，要求严格对照《通知》中列举的10项自查重点对照检查，进一步规范引智项目申报，加强对项目执行全过程的监管等各项管理工作。

2010—2012年，国土资源部共获批国家外国专家局引智项目10项，承担的引智项目累计安排资金84万元（其中2010年25万元，2011年29万元，2012年30万元）。

从自查情况看，各引智项目承担单位能够结合部及本单位年度重点工作申报引智项目研究内容，经广泛征求意见建议、相关业务专家评审、评议，完成项目申报书，并予通过后开展申报，评审审批程序规范。项目获批后，各单位均能严格按照项目既定的活动计划和预算有序开展工作，认真执行项目各项任务，做到执行的项目内容与申报内容相符。有的单位结合实际情况将项目科目科学划分为若干子课题同时实施，体现出科学细化、执行高效的优势特点。项目经费管理严格，能够按照规定的开支范围和标准执行，由财务部门统一管理，单独核算，专款专用。

三、2012年引智项目执行情况

2012年，中国国土资源航空物探遥感中心、国土资源部土地整治中心（原国土资源部土地整理中心）、中国土地勘测规划院承担国家外国专家局引智项目4项，获批专项经费预算30万元。分别是："欧洲地籍管理不动产统一登记体系研究交流"、"矿山土地复垦监测先进技术引进与创新"、"资源能源勘探星载遥感超级试验场研究"、"航空重力梯度旋转平台研制"。

1. "欧洲地籍管理不动产统一登记体系研究交流"项目，由中国土地勘测规划院承担

该项目邀请了瑞典制图、地籍和土地登记局的专家来华参与为期两周的学术交流，双方主要针对中国和瑞典地籍管理现状和发展趋势、双方未来合作模式展开了专题讨论，瑞典专家报告的内容包括：瑞典土地法典及相关立法；不动产形成法的主要内容；三维地籍的实践；瑞典不动产登记制度，如登记公信力、登记错误赔偿制度等；瑞典不动产权利体系；地籍索引图的应用；多部门共享系统中变更信息的更新模式等等。此次交流对于完善我国地籍管理制度，建立以土地登记为基础的不动产统一登记制度起到了重要的借鉴作用。

2. "矿山土地复垦监测先进技术引进与创新"项目，由国土资源部土地整治中心承担

该项目邀请了澳大利亚昆士兰大学矿山复垦中心、昆士兰环境保护局的专家来华参与学术交流。就矿山复垦的完成标准、监测的方法及指标体系、监测手段等开展专题研讨。中方项目人员与澳方专家赴江西德兴铜矿和湖南桃林铅锌矿考察，了解了矿区土地复垦过程中的监测及重金属污染防控有关情况，澳方专家针对其可能存在的问题提出了合理可行的建议。此项目采取内业外业相结合的方式，对土地复垦监测指标的确定、监测方法和监测手段的选择等方面初步形成完整思路，对今后完善土地复垦监测，进而提高矿山土地复垦质量、确保土地复垦效果具有积极的现实意义，为健全我国矿山土地复垦监测制度、完善具体监测技术奠定了研究基础。

3. "资源能源勘探星载遥感超级试验场研究"，由中国国土资源航空物探遥感中心执行

该项目邀请澳方专家进行了技术

交流研讨会，共同对项目进展及所遇技术问题及下一步主要工作内容及技术方法进行了交流讨论，选取工作区内铜镍硫化物类型典型矿床的岩矿光谱数据进行了分析，初步开展了基于反射光谱的矿物定量模型，探索提取定量矿物信息，初步发掘从岩矿光谱的角度探索研究矿物光谱与矿物定量信息关系的技术方法。对野外及室内岩矿光谱数据的正确采集、岩矿光谱数据处理及矿物定量信息的提取以及对矿物定量信息的变化与成矿过程的关系探索研究提供了非常好的技术方法和宝贵意见。

4."航空重力梯度旋转平台研制"项目，由中国国土资源航空物探遥感中心执行

该项目邀请德国专家分别就"GFZ航空重力研究最新进展"及"航空重力测量中的导航定位系统"开展技术讲座和学术交流，介绍德国及欧洲当前开展航空重力研究的新进展，讨论利用导航定位技术，对海域航空重力测量及洋流相关测量，为国内航空重力研究提供借鉴和指导并为下一步进行海域航空勘查作技术准备。通过引进外国专家的方式，对更快速地了解国际航空重力研究应用、机械制造、大地测量等各方面新进展和实际应用情况，缩短国际差距起到了重要作用。

环境保护部

2012年环境保护部根据国家"十二五"经济社会发展的战略目标和环保工作需要,紧密结合生态文明建设和环保中心工作,不断加强引智工作,着力为"十二五"时期各项环保任务提供人才支持和智力服务,大力拓宽引智渠道,聘请多领域外国专家开展交流与合作,取得了较好成效。

一、总体情况

2012年,环境保护部共组织实施了7项引进外国专家项目,引进17名外国专家来华工作,其中有1名专家荣获中国政府"友谊奖"。

2012年,国家外国专家局批复环境保护部7项引进国外技术、管理人才项目,资助资金40万元。截至2012年12月,7个项目和40万资助资金已全部执行,共引进专家20人次。

"温室气体、重点城市群空气质量高分遥感监测关键技术"项目引进外国专家3人次,执行资助资金10万元;"节能减排—清洁发展机制能力建设"项目引进外国专家4人次,执行资助资金5万元;"国内外农药生态风险评价技术比较研究"项目引进外国专家4人次,执行资助资金6万元;"贸易政策的环境影响评价研究"项目引进外国专家1人次,执行资助资金5万元;"辽河流域水污染综合治理技术集成"项目引进外国专家2人次,执行资助资金4万元;"农业面源污染防治与生物能源技术"项目引进外国专家2人次,执行资助资金5万元;"农村有机废弃物处理新技术"项目引进外国专家4人次,执行资助资金5万元。

二、主要做法

(一)紧扣需求,突出重点领域

环境保护部的引智工作紧扣环保重点急需紧缺专业需求,重点聘请和选择有发展潜力的、在本专业领域有突出贡献的学科带头人,为带动环保科技前瞻性战略性研究,解决环境科技难题,破解环保事业发展的技术瓶颈服务。

(二)统筹兼顾,拓宽合作渠道

国家外国专家局的引智项目申报工作和引智专项经费为环境保护部聘请外国专家工作提供了大力支持和有力保障,近年来已有上百名通过该渠道聘请的外国高层次专家,在环境保护部系统重点实验室、创新基地和研究中心从事阶段性、兼职研究，开展基础研究和高新技术研发，指导相关科研等工作。

（三）整合资源，加强配套利用

国家外国专家局引智专项经费的支持对项目顺利启动和执行并取得预期效果起到了关键作用，但随着项目的深入开展以及国内外交流合作的不断深入，项目经费有时会出现缺口。为此，环境保护部加强资源整合，多渠道筹措配套资金，确保项目能开好头，起好步，更能顺利完成，取得成果。目前，除了国家外国专家局专项资金的支持外，环境保护部系统聘请外国专家资金不足部分主要通过自筹解决。资金支持渠道包括国际团体资助、中外合作项目的外方支持和相关项目支持。

（四）加强管理，保障项目实施

为保障项目实施的效果和科技含量，2012年，环境保护部进一步加强引智工作计划管理、项目管理、成果管理。按照国家外国专家局要求的时间积极组织部系统各有关单位申报引进国外技术、管理人才项目。项目批复后，组织各实施单位按照项目要求和进度实施，加强对项目实施情况的跟踪，严格按照国家外国专家局要求预审并报送项目资料。项目完成后，及时组织各项目单位梳理上报项目成果。由于系统地加强了管理，从而有效地保障了聘请外国专家项目的实施进度、引智工作的学术水平和技术含量，保障国家有限的引智经费能发挥最大的效益。

三、主要成果和成效

2012年，环境保护部引智工作在解决影响科学发展和人民健康的突出环境问题、稳步推进污染防治工作、加强环保基础能力建设和人才队伍建设等方面取得了明显成效。通过引进国外技术、管理人才和执行出国（境）培训项目，我国环保系统引进了技术，突破了瓶颈，开阔了视野，拓宽了思路，为做好"十二五"环境保护工作打下了基础。

（一）1名专家获中国政府"友谊奖"

经中国政府"友谊奖"评审委员会评审并由国务院批准，环境保护部推荐的俄罗斯联邦自然资源与生态部部长特鲁特涅夫（现任俄罗斯总统助理）获得2012年度中国政府"友谊奖"。这是自1994年至今，第13位由环境保护部推荐获得这一殊荣的外国专家。

（二）引进国外技术和管理人才项目成果

1. 温室气体、重点城市群空气质量高分遥感监测关键技术攻关及其示范应用研究项目

该项目结合我国温室气体、重点城市群空气质量遥感监测、预报和预警的业务需求,以高分高光谱观测卫星遥感数据为主要数据源,开展京津冀、长三角、珠三角等重点城市群的温室气体、颗粒污染物、雾、霾监测遥感定量反演模型算法和高精度空气质量预报和预警模式系统技术先期公关。该项目引进美国国家海洋与大气管理局专家2人次。对流域水污染、大气污染及生态环境遥感监测的指标体系、方法模型体系、数据库建设、系统集成等进行全面的探索。主要成果包括:构建了区域生态环境遥感监测业务运行方案,建立了区域环境遥感监测示范数据库,建立了示范区环境遥感监测综合示范软件平台。制定了示范区生态环境遥感监测专题产品、应用产品和时序产品分析模板和规范。完成了太湖水体水环境遥感监测应用示范,生产了时间序列的水环境遥感监测产品。完成了太湖周围城市群空气环境遥感监测应用示范,生产了时间序列空气环境遥感监测产品。完成了太湖流域生态环境遥感监测应用示范,生产了时序生态环境对比分析产品。

2. 农村面源污染防治与废弃物综合利用项目

该项目由自然生态保护司承担,2012年度通过国家外国专家局的资助,引进专家2人次。通过农村面源污染防治与废弃物综合利用项目引进外国专家,帮助我国引进了粪污预处理技术、沼气工程过程控制技术和设备,联合开发了沼液养分回收、大回流和沼液零排放技术,建立了国际同业者联盟(生物能源、清洁柴灶)。该项目对于增强我国在气候变化领域的话语权提供技术支撑,对推动社会主义新农村建设具有重要的理论和实践意义。

交通运输部

2012年，交通运输部本着"突出重点，注重质量和效果"的原则，保证引智工作为交通运输事业发展服务，取得了一定的成效。

一、出国（境）培训项目执行情况

2012年，交通运输部共申报了17个出国（境）培训团组，其中有2个备案类项目未执行。其余15个培训项目已全部通过国家外国专家局审批备案，共计321人次参加了出国（境）培训，其中审批类项目3个、53人次，审核类项目12个、268人次。

二、出国（境）培训项目执行的主要做法

（一）抓好培训立项工作

为做好出国（境）培训项目的立项工作，交通运输部明确只有具有行业管理职能的部内各司局和有关部外局才能申报项目。为杜绝项目重复、盲目申请，交通运输部专门召开出国（境）培训项目立项会议，提出有关的立项要求。为保证项目符合交通运输事业发展的实际需要，交通运输部采用专家评审的形式对出国（境）培训项目进行审核把关，专门邀请交通运输部最具权威的总工参与。在评审中专家们积极发表意见，从项目的必要性和可行性进行讨论评议，严格把关，避免了项目的盲目性，取得了较好的效果。

（二）认真组织出国（境）培训项目计划的实施，对实施过程进行有效的指导和监督

在组织实施项目时，一是在培训日程安排和人员组成等方面严格审查。二是做好国内的预培训。在团组出行前，交通运输部都要组织参加培训团组的预培训，就有关出国（境）培训事宜提出要求，即一要明确培训任务，实现培训目标；二要搞好团组的国外管理，健全组织，提高培训质量；三要注意资料的收集，搞好成果推广。三是做好培训后的总结。团组在回国后一个月内上交团组总结报告。交通运输部准备将2011—2012年度重要出国（境）培训团组的总结报告汇编成册，下发给交通系统各有关单位，不断加大出国（境）培训成果的交流和宣传推广力度，使未能出国（境）培训的人员能分享培训成果，充分发挥出国（境）培训的带动效应。

三、培训工作重点成果

2012年，交通运输部对于基础设施建设和公路水路运输发展重点领域工作项目，针对性强、能发挥基础性和引领性作用的先进技术项目给予了倾斜，并取得了一定的成效。

一是交通运输部道路运输司与德国国际继续教育与发展协会为促进中国环保及高效节能运输与物流体系的发展所签订的合作谅解备忘录，组织赴德"道路货运业组织模式培训"团组，在培训过程中较全面了解了德国道路运输货运业的发展情况，学习借鉴了德国发展中小物流企业联盟、完善货运站场设施、推动多式联运、倡导绿色物流理念，作为道路货运业转型升级的重要内容，为加快实现我国道路货运业安全发展、绿色发展、科学发展提供了有力的支持。

二是由交通运输部水运局组织赴美国"水路及港口危险货物运输培训"。通过系统的培训，对当前国际海上危险货物运输状况及存在问题有了概括的了解，对有关国际危险货物运输法规以及这些法规的按规定机构，即联合国危险货物运输专家委员会、国际海事组织等有了全面的系统认识，理清了有关国际公约与国际海运危险货物规则以及各个国际危险货物运输法规相互之间的关系，掌握了危险货物运输有关分类、标签、包装、积载、隔离和应急处置等方面的知识，还知晓了危险货物运输技术培训的重要性及培训的要求。为推进我国危险品货物运输健康快速发展大有裨益。

三是为深入开展交通运输预算资金使用管理绩效考评工作，学习借鉴国外先进国家的做法与经验，交通运输部财务司组织了赴加拿大进行"交通运输预算资金使用管理绩效考评培训"。通过培训，对加拿大交通运输发展的经济社会背景、交通发展情况、财政预算机制、资金来源渠道、资金成本控制与监督方法以及交通运输预算资金使用管理与绩效考评的法律法规等方面，有了较为系统的了解。对我国不断完善交通运输财政投入政策机制、资金预算机制、绩效考评机制，进而提高财政资金的使用效益，起到了借鉴作用。

水 利 部

2012年，水利部的引智工作紧密围绕新时期治水兴水战略和加快水利改革发展的重大问题，拓宽领域，狠抓落实，使引进国外智力工作迈上了新台阶。

据统计，2012年水利部引进国外技术、管理人才项目4项，11人次，投入资助金额30万元。项目涉及水生态保护与修复、农田水利、洪水管理等水利部工作的重点领域，所参与的科研内容，均为当前我国水利行业技术薄弱环节。项目的实施为我国水利培养高层次人才队伍，破解生产、经营和管理中的技术难题，提供了强有力的人才智力保障。

一、引进国外技术、管理人才工作

（一）总体情况

截至2012年12月，世界小水电发展报告、长江中游河道崩岸综合治理技术研究和海河流域重要河湖健康评价体系研究3个项目均已执行完毕，共邀请外国专家6名。其中3个已执行项目均已完成资助经费核销工作，共使用资助经费17.8万元。

2012年水利部向国家外国专家局共申报2名外国专家为中国政府"友谊奖"候选人，其中，瑞士联邦环境署副署长、瑞士国家自然灾害防治委员会主席安德里亚斯·高滋获得中国政府"友谊奖"。

（二）项目执行的管理工作

1. 调研宣传并举，做好项目立项工作

通过调研进一步掌握有关部门的引智需求，摸清行业发展现状和亟待解决的问题，研究和确定引进外国专家工作新的切入点。利用水利部网站等多种形式，宣传外国专家管理政策、工作方法、项目运作程序等，吸引外国专家投身水利事业。

2. 落实项目配套资金，保障项目顺利执行

水利部十分重视项目配套资金落实问题。要求项目用人单位在项目立项时必须落实好项目的配套资金，配套资金不得低于国家专项经费预算，保证项目配套资金及时、足额到位，避免因配套资金问题影响项目执行情况的发生，同时保证为聘请专家创造良好的工作和生活环境。

3. 跟踪项目进展情况，保证项目进程和质量

为保证项目执行进程和质量，水利部对各个项目进行跟踪管理。在2012年度项目计划下发后，要求各项目单位提交项目执行预案，根据提交的预案分阶段对项目执行情况进行跟踪访问，全面掌握项目执行情况，从而使项目按期执行。

4. 严格财务纪律，杜绝经费挪用现象

水利部项目资助经费使用情况严格按照国家引进国外智力财务制度规定的开支范围和标准执行。项目资助经费的核销工作层层把关，严格审核项目经费使用情况，做到专款专用，杜绝专项资助款挪为他用的现象发生。

5. 注重成果推广，扩大引智工作影响

注重外国专家引进工作的成果总结和推广。深入跟踪本年度的引进外国专家项目，做好项目资料的收集整理工作，丰富完善引进外国专家资料库；向项目执行单位调研外国专家在项目中的作用和项目执行效果，督促项目执行单位研究项目成果的行业推广和技术创新的可行性；定期对引进国外技术、管理人才项目执行年度报告进行整理、汇编，宣传引智效益、项目成果和对行业内经济、技术发展的推动作用，积极扩大引智工作的影响。

二、出国（境）培训工作

2012年水利部经国家外国专家局批准的审批类项目4项，共94人参加培训，经费资助比例均为40%。经国家外国专家批准的审核类项目4项，共95人参加培训。

1. 切实加强立项把关，详细制订培训计划

2012年，水利部认真贯彻落实国家外国专家局有关规定及水利部《引进国外智力工作管理办法》，在项目的选择上，结合工作的整体思路和工作重点，与需求单位反复沟通协商，组织有关专家进行评审，确保重点项目优先选择，杜绝项目重复及资金浪费现象。

同时注意做好出国（境）培训的规划和计划工作。每次出国（境）培训均针对出境前、出国（境）培训期间、培训后的各个环节制订详细计划，某些重点培训计划更是由部领导亲自审定。2012年，水利部继续对出国（境）培训全过程进行规范化管理。出国（境）培训前，由部领导亲自做动员。培训团组建临时党支部、班委会，设立若干学习小组实行自主管理，并定期报告学习、生活情况。培训后及时组织汇报交流，总结培训成果。

2. 合理确定培训对象，科学安排培训内容

在出国（境）培训人员选派上，严格执行德才兼备、按需派遣、学以

致用、宁缺毋滥的选派方针，认真做好参训对象的选拔工作，把握参训人员的政治素质与业务水平，着眼于水利当前和未来的发展，优先安排处于重要岗位、具备发展潜力的中青年后备干部以及水利发展所急需的专业技术人才，尽可能使有限的出国（境）培训资源发挥最大效益。

培训内容的设定上，紧紧围绕新时期水利中心工作，针对水利改革发展中迫切需要解决的重点、难点、热点问题，结合国外相关领域的最新成果和发展方向，根据出国（境）培训机构的特点和优势，科学确定真正符合实际需求的培训内容。

3. 开展预先培训，不断创新培训方式

水利部十分重视开展出国前的预培训工作，实现了出国（境）培训和国内预培训的有机结合。各培训团组在派出前，都必须接受外事管理部门和引智工作归口管理部门组织的专业知识、外语能力、国际礼仪、安全保密、组织纪律等方面的预培训工作。预培训工作采取集中培训方式，根据培训团组的不同专业、不同国家、参训人员的不同情况，有针对性地进行。

水利部还与出国（境）培训机构密切合作，精心设计培训课程，多方聘请专家名师，不断创新培训方式。坚持集中授课、参观考察、座谈交流并举，突出多样化、灵活性。课堂授课注重系统性、全局性，并采用启发互动式教学方式，鼓励学员随时发问。实地考察重在增加学员对国外水利建设、规划与管理的感性认识。座谈交流和分组讨论，注重教学相融，交流互动，学员畅所欲言，思考有深度、提问有水平、交流有见地，构建了与外国专家平等交流研讨的平台。

4. 高度重视境外安全，提高安全防范意识

在出国（境）培训团组执行过程中，按照专业对口、内容充实、日程安排合理的要求，严格审查各培训团组的培训课程设计、行程安排和经费预算等，切实加强出国（境）培训安全管理工作，及时了解培训团组在外的活动状况，监督团组严格按照批准的行程开展活动，强化责任意识，认真落实团长负责制，确保了2012年度出国（境）培训工作顺利开展，没有发生安全问题，没有出现违纪现象。

5. 及时组织总结交流，广泛分享培训成果

水利部要求培训团组回国之后要联系实际、集思广益，认真撰写高质量的培训总结报告，并及时召开总结交流会。设计编制了"培训总结上交表"，不仅要求培训团组的团长对培训报告做出评价，还要求组团单位主管领导签署意见，以此确保培训报告的质量。

为保证出国（境）培训团组回国后的成果落实，在每年年初对上一年度培训团组的成果整理汇编成册，并及时将优秀培训总结报告汇编出版，

对重要团组的成果进行跟踪和总结,推广该团组所取得的经验,从而使出国(境)培训项目成果能在水利行业得到应用和共享,扩大培训工作的影响。同时还鼓励学员结合工作实际撰写考察调研报告和理论研究文章,积极向有关杂志和报纸投稿。通过总结汇报、汇编材料、发表文章等方式,促进出国(境)培训成果的交流运用,让更多的人分享出国(境)培训成果。

农 业 部

2012年，农业部的引智工作紧密围绕"三农"工作重点，以引进国外高层次人才、提高出国（境）培训质量为重点，大力提升利用国外智力资源的能力，推进农业科技创新，提升农业现代化水平，促进农业人才队伍建设，为推进现代农业和社会主义新农村建设提供了人才保障和智力支持。全年组织实施了44个请进专家项目和示范推广项目，共请进外国专家97人次；其中2名外国专家荣获中国政府"友谊奖"；派出30个团组、404人出国（境）学习培训。

一、围绕中心、服务大局

农业部以实施"外专千人计划"和"高端外国专家项目"为契机，加大引进国外高层次人才工作力度，积极引进农业科技前沿技术、关键技术、动植物优良品种资源和国外先进管理理念，并进行推广应用，取得了较好的社会效益和经济效益。

（一）通过引进高端紧缺人才，提高了国际交流合作层次和水平，推动了农业科技创新

2012年农业部加大了高端外国专家的引进力度，在引进前瞻性农业高新技术、提高农业科技创新能力方面发挥了重要作用。如中国农业科学院农业资源与农业区划研究所引进了澳大利亚国际知名土壤与环境生态学专家来华开展"粮食主产区土壤肥力演变与培肥技术研究与示范"项目，不仅引进了国际先进的土壤肥力研究新理念和国际先进的土壤碳、氮循环研究的同位素示踪技术，双方还建立了学术交流和人才培养的长期合作关系，搭建了实验室共享平台，确立了合作研究优先方向，显著提升了科研人员在土壤碳、氮循环方面的研究水平。

（二）通过引进先进育种技术，提高了我国农业育种技术水平

中国水产科学研究院黑龙江水产研究所通过实施"虹鳟优良品种选育技术研究"项目，目前已培育出3个虹鳟鱼优良选育系，成功建立起虹鳟鱼70个选育系F3群体6000尾，同时建成了拥有亲鱼、后备亲鱼各3000尾选育扩繁基地。中国农业科学院作物研究所为解决大豆、小麦转基因育种技术存在的问题，依托"大豆品质改良育种技术的引进"和"植物EβF和FPP合成酶基因转基因小麦抗蚜虫特性

比较与鉴定"项目,聘请来自美国、加拿大、英国的5位专家来华开展工作,引进了大豆优质育种基础理论和新材料创制等实用育种技术以及小麦遗传转化技术和转基因小麦抗蚜虫鉴定相关技术,并获得了基因信息、载体、最新的育种材料、突变体材料等重要的基础材料以及部分国内无法购买的实验材料,对提高我国的基础研究水平、拓展育种亲本来源具有重要价值。

(三)通过引进推广先进生物技术,保护了农业生态环境

为扩大引智成果受益面、促进引智成果转化,农业部引智成果示范推广基地在积极引进国外先进技术的基础上,通过人员培训、现场示范、提供技术咨询与服务等多种形式推广引智成果,取得了显著的经济效益和社会效益。如"无公害微生物农药生产应用技术"示范基地从韩国引进了新型生物农药,通过消化吸收研制出新型生物农药武夷菌素,先后在北京、山东、辽宁等8个地区建立保护地蔬菜生物防治技术示范点示范推广"武夷菌素防治果蔬灰霉病技术",病虫害防治效果达90%,增产效果达到20%,基本达到不用化学农药,"武夷菌素防治果蔬灰霉病技术"示范推广项目全年累计示范面积2000亩,带动和辐射的推广面积240万亩,培训农民技术人员400多人,免费发放培训教材8000多套;"武夷菌素研究与应用"还获得了"中国植物保护学会科学技术成果二等奖"和"山东省科技进步二等奖"。

(四)通过派出团组出国(境)培训,促进了农业行业法规制度建设

农业部近几年先后派遣了十几个团组赴北美、欧洲等地学习培训,取得了明显成效。如通过学习国外风险评估、风险管理、风险预防等农产品质量安全管理理念和技术,制定了《农产品风险分析》和《农药环境风险评估》手册。借鉴学习国外先进的质量安全全程追溯技术、农兽药残留标准制定技术、产地安全控制技术等,增强了国内风险评估、产地安全管理的实际操作性,制定了我国《农产品产地安全管理办法》、《农产品质量安全监测管理办法》、《农产品质量安全检测机构考核管理办法》等。

(五)通过建立部局合作机制,加大了农业科技创新人才培养力度

为贯彻落实《国家中长期人才发展规划纲要(2010—2020年)》,推进我国高层次创新型农业科技人才队伍建设,农业部选派农业科研杰出人才、农业技术推广人才和农村实用人才出国(境)培训学习,学习本行业或领域学术前沿和科研成果、先进农业技术和管理理念及现代农业的先进管理经验,努力在农业科技前沿技术、关

键技术、基础领域以及共性技术方面取得突破，促进农业科技创新人才的培养和引智成果的推广和转化。

二、强化管理、完善服务

（一）抓好项目立项

明确引智项目立项要求是确定引智项目的基础。把提升农业科技创新能力、促进现代农业发展作为引智项目立项根本原则，围绕农业科技创新人才培养、农产品质量安全、重大动物疫病防控、农业生态环保、动植物新品种及种植养殖技术等重点领域申报引智项目，保证了项目立项的针对性和实效性。

（二）做好项目评审

项目评审是确定引智项目的关键。根据立项要求重点筛选技术先进、紧缺急需、适合国情的引智项目，在评审时对连续执行且成果突出的项目、引智成果示范推广基地申报的项目给予重点倾斜，对上年引智专项经费使用不规范的单位适当减少项目数量，对主题不明确或没有实质内容的项目不予批准。

（三）强化项目管理

为加强农业部出国（境）培训团组境外管理、经费预算管理等工作，确保培训质量和效益，一方面我们加强对组团单位和境外机构的管理，从团组人数、人员年龄、国别、培训内容、培训时间、日程安排等环节上严格把关，并重点抓好出国前预培训；另一方面加强对出国（境）培训的经费预算管理，在团组立项审批中严把审核关，严格审核经费来源和出国指标。

（四）管好项目经费

为了提高引智专项经费的使用效益，管理好、使用好项目经费，农业部组织对项目单位专项经费使用情况进行财务检查，印发了农业部《关于对引进国外技术、管理人才项目进行专项检查的通知》，并制定了专项检查工作方案，各项目单位认真自查并提交了自查报告，进一步加强和规范了引智项目经费的管理和使用。

（五）抓好总结交流

项目总结报告是引智成果的重要体现。农业部在单位项目完成后，精选了一批培训总结报告汇编成册，报送有关部门和单位进行宣传和交流。成效显著的重点培训项目总结经主管部领导审阅批示后，转发各省市农业系统要求学习参考或贯彻落实，切实做到了"团组出国（境）培训，全农业行业受益"，促进了项目单位之间的交流和引智成果的宣传、推广，收到了良好效果。

国务院国有资产监督管理委员会

2012年,国务院国有资产监督管理委员会认真贯彻落实党中央、国务院各项决策部署,积极与国家外国专家局开展全面合作,根据"培育具有国际竞争力的世界一流企业"总体目标,全面落实"转型升级、国际化经营管理、科技创新、人才强企、和谐发展"五大战略,在国家外国专家局的大力支持和具体指导下,积极开展因公出国(境)培训管理工作,取得明显进展,成果显著,涌现了一大批"工作精品",在国务院国有资产监督管理委员会机关和中央企业形成了工作品牌。现将有关情况汇报如下:

一、对出国(境)培训工作高度重视,2012年进一步夯实基础,狠抓管理,各项工作进展顺利

一是根据国家外国专家局文件精神及相关会议部署,及时更新"国务院国有资产监督管理委员会机关外事办公网"上"因公出国(境)培训"专栏信息资料,规范材料报送,提高工作效率。

二是抓好项目申报。要求各项目组团单位严格遵守"两办规定",申报项目计划必须紧密围绕委中心工作,严禁重复、无实质内容的培训。专门召开会议,对各培训团组的组团范围、在外管理、成果利用、日程安排等各环节提出具体要求。严把项目评审关。坚持计划逐项评审制度,由外事局与项目申报单位就项目内容、业务需求、成果与其是否当前热点重点等进行认真研究,并及时调整项目课题、充实培训内容,坚决裁撤成果预期不突出的项目。认真审核参训人员,坚决裁换与培训内容无关的人员和超龄人员。

三是强调预培训,严格行前教育。外事局向各项目申报单位强调,出国团组需邀请委内外专家、学者就即将出国(境)培训的内容等有关情况进行介绍,预先学习相关知识,确保在外培训的针对性。对逐个培训团组进行外事纪律、外事礼仪、在外行为规范、出访国政治、经济、安全等方面的教育,强化团长负责制,起到了良好效果。

四是继续通过电子政务手段抓成果,加大成果的跟踪与推广力度。为做好出国(境)培训成果收集和整理工作,坚持通过电子政务抓成果,要求各类出国团组回国两周内要将出国(境)总结通过"国务院国有资产监督管理委员会机关外事办公系统"网上

提交外事局,对培训无成果及不交出访总结的组团单位,网上自动取消其下一年度申报出国(境)培训项目的资格,同时自动停止为其办理各类因公出国(境)手续。

二、突出重点,带动全局

2012年,十分重视通过引进国外智力等手段加快提升中央企业人才队伍素质和国际化经营水平,提升国际竞争力,在国家外国专家局的大力支持下,积极开展"走出去"企业高管人员国际化培训和国际化高技能人才培养相关工作,围绕委重点工作组织了一批重点引智培训项目,先后就企业法律顾问制度、企业领导人员评价制度、产权管理、财务管理、改革改组、公司治理和董事会建设、海外风险防范、企业社会责任、高技能人才培养、企业和国资监管信息化等重点、热点领域,组织委内、中央企业和省级国有资产监督管理委员会人员30余个团组、800余人次出国(境)培训,各团组成果丰硕,在与实际工作结合过程中取得了可喜成效。其中,与国家外国专家局合作组织的赴法国威立雅集团水务培训团参训人员层次高(均为一级企业领导班子成员)、内容针对性强,成果推广应用带动作用明显,受到了央企的一致肯定。

2012年下半年,国家外国专家局出国(境)培训管理司与国务院国有资产监督管理委员会外事局签署了出国(境)培训合作备忘录,进一步加大中央企业引智项目支持力度,大力推动产业结构优化升级和企业技术改造,加快培养熟悉国际国内市场、具有国际先进水平的优秀经营管理人才,大大促进了国务院国有资产监督管理委员会和中央企业出国(境)培训工作的深入、全面开展。

三、组织开展重点合作引智项目,以点带面

国务院国有资产监督管理委员会与国家外国专家局合作继续深入开展一批重点引智项目,如国际项目管理师(PMP)、管理会计师(CMA)、国际人力资源管理师、国际焊接资格等国际资质对标项目受到企业的热烈欢迎,2000余人参加了培训和认证考试,工作品牌不断提升。高技能人才特别是班组长作为企业文化的基本载体、企业核心竞争力和执行力的基础,对其进行能力的开发和培养是引智工作的重要内容。2006年以来,连续派出12个团组、与国家外国专家局联合组织3个团组,分别赴欧美发达国家培训,取得了突出成果。参训人员大大开阔了眼界,对高技能人才的内涵有了全球化、高水平的认识,对自己的职业生涯发展建立了信心、提出了更高的要求。其学习成果的推广应用,将为国家、为企业创造出可观的经济效益。同时,参训人员也不同程度地获得提升和被授予各种荣誉,在央企员工中发挥了突出的影响力和带动力。

通过与欧盟开展央企能源管理师

体系建设及人员培训的相关合作，与欧盟驻华代表团及欧盟工业企业总司、能源总司密切沟通协调，进一步深化国务院国有资产监督管理委员会与欧盟的交流，欧盟驻华代表团专程前来介绍欧盟情况、商谈欧盟与国务院国有资产监督管理委员会签署合作备忘录；欧盟总部充分认识到国务院国有资产监督管理委员会和中央企业的重要性，陆续派出能源委员和工业、能源等总司负责人访问国务院国有资产监督管理委员会，不断提升与国务院国有资产监督管理委员会交往的层次，并组织其成员国及相关企业与我中央企业开展了一系列商务交流，取得了良好效果；应欧盟代表团邀请，组织中央企业"走出去"过程中风险评估、管控及信息预警培训团赴欧盟总部开展学习交流。通过组织中央企业高管赴美国思科、甲骨文等世界知名公司开展学习交流，深度了解，对跨国公司有了进一步深入认识，为今后互利合作打下基础。特别是通过上述合作项目，使外方对国资系统形成了正确、正面的认识，大大拓展了国务院国有资产监督管理委员会和中央企业开展国际合作的空间。

国家质量监督检验检疫总局

2012年,国家质量监督检验检疫总局紧紧围绕"抓质量、保安全、促发展、强质检"十二字方针,牢固树立"人才是科学发展的第一资源"理念,按照"请进来、走出去"的工作方针,在引进国外先进技术人才和出国(境)培训等方面再上新台阶、取得新突破。

一、引进国外高级人才和先进技术

(一)找准切入点,精心策划引进专家项目

2012年,国家质量监督检验检疫总局根据"突出重点,成果导向,确保质量"的项目申报原则,重点组织申报了"设备监理与低碳产业发展"、"卓越绩效模式在中国企业的推广实践"、"ISO9001认证在中国的影响"、"宽量限超高精密电流测量仪"、"国际计量互认体系"、"钠钾合金热管校准炉的研制"、"基于深度测序技术"和"源于病毒侵染的小RNAs分子研究抗病毒分子机制"共7个引进专家项目计划。2012年的引智工作证明,预设的切入点是准确的、有效的,引智项目的实施,为提高质检工作服务经济社会发展有效性作出了积极贡献。

(二)扩大结合点,充分发挥引智项目作用

一方面扩大参与范围。"卓越绩效模式在中国企业的推广实践"项目,完成了两次面向全国各级组织及企业的巡回培训交流会,参加人数达300人次。专场培训,为提升中国企业的整体质量管理水平打下了坚实的基础。另一方面采取多种方式。为了充分发挥国外智力的作用,国家质量监督检验检疫总局引进专家项目采取了交流研讨会、授课等多种方式。"卓越绩效模式在中国企业的推广实践"项目,在北京组织召开了交流研讨会,会上美国质量管理专家吴达纯就美国波奖的理论基础、卓越绩效评价准则等方面与大家进行了深入交流研讨。"钠钾合金热管校准炉的研制"项目,彼得·斯特尔博士以授课的形式做了专题报告,介绍了意大利计量院接触测温领域近年来的研究进展。

(三)以高水平的专家确保引智工作成效

2012年,国家质量监督检验检疫总局共引进来自美国、英国、澳大利亚等发达国家专家25人次,包括热管

研究、温标复现等领域的权威专家，全球咨询公司总裁兼首席执行官、英国投资贸易总署高级顾问等高层次专家。在承办单位的积极组织下，外国专家的作用得到了充分发挥。引智工作带来了国际先进的管理和技术理念，为"十二五"期间的相关重点项目提供了极大的支持，解决了相关领域的技术难题。

二、出国（境）培训工作

2012年国家外国专家局共资助经费104万元，批准项目18项，参加培训人员294人次，共成行16个团组。为切实做好出国（境）培训工作，国家质量监督检验检疫总局结合质检工作特点和实际，加强出国（境）培训管理，采取有效措施加强风险控制。

（一）加强培训项目的管理

在培训人员的选择上严格把关，严格审核参训人员层次、年龄、英语水平、团组人数。在团组中成立临时党支部，负责出国（境）培训期间对党员的日常管理和出国团组的领导。严格执行团长负责制，团组出国（境）团长要签署《团长承诺书》，向组织做出郑重承诺。团组培训主体为处级以上干部或各单位业务骨干，充分体现了出国（境）培训人员的业务化；办理的出国（境）培训项目人员年龄以45岁左右的中青年干部为主，充分体现了参加出国（境）培训人员的年轻化；出国（境）培训团组人数均控制在规定范围以内，严禁搭顺风车现象发生。

（二）严格审查培训日程和培训安排

对培训团组的培训日程安排提出了严格要求，培训时间和考察时间必须占总时间的三分之二以上，强化出国（境）培训行前教育和回国后跟踪检查。团组成行前要按照有关规定进行预培训，除了讲授相关课程之外，重点介绍出国（境）培训相关规定与注意事项以及相关外事纪律。培训结束后，根据有关反馈，视需要核实团组的实际行程和授课考察实施情况。

（三）注意把握培训项目的针对性

2012年，国家质量监督检验检疫总局紧密结合年度工作重点和主要工作，在组织申报过程中，重点支持检测检疫技术、认证技术、政府绩效管理、质检法律法规建设、标准化发展战略等多个领域。

（四）坚持成果转化

国家质量监督检验检疫总局计划在2013年初把2012年的培训团组的总结整理汇编成册，印发有关单位，进一步加强培训成果的推广工作，对好的培训成果上网进行交流，给予大力宣传，并对重要团组的成果进行跟踪和总结，推广该团组所取得的经验，大力促进培训成果应用到质检工作实际，使项目成果能得到广泛应用和共享，扩大了培训工作的影响。

国家安全生产监督管理局

国家安全生产监督管理局2012年出国（境）培训工作坚持"围绕中心、服务大局"，在各有关部门的高度重视和支持配合下，较好地完成了全年出国（境）培训计划，项目完成率和人员成行率均创最高水平，为学习借鉴国际先进理念和经验，不断提升安全监管监察队伍能力和水平，加速推动安全生产工作创新发展发挥了积极作用。

2012年，国家安全生产监督管理局在国（境）外举办各类培训班21期，培训本部门（系统）领导干部161人（含司局级领导干部23人），参加其他部委和省（自治区、直辖市）举办的培训班3期、3人（2名司局级人员）。结合中澳煤矿安全示范合作项目，在澳大利亚举办1期煤矿安全技术培训，培训21人；在美国、英国、澳大利亚、德国、南非、加拿大等国举办了以矿山安全、应急管理、职业健康、安全培训和企业安全管理等为主题的培训班20期，培训427人，共计培训21期，451人。中日煤矿安全技术培训项目赴日培训与国内培训因故推迟。

国家安全生产监督管理局高度重视领导干部出国（境）培训工作，坚持以"我为主、为我所用、趋利避害、注重实效"的原则，科学确定出国（境）培训对象、内容、方式和渠道，严格出国（境）培训过程管理，主要做法如下：

一、紧密结合重点工作，加强和改进项目立项工作

2012年度出国（境）培训项目立项时紧密结合相关业务，根据工作实际精心策划和确定培训内容和考察专题，提高项目申报质量，优化项目结构，确保了申报的项目更具全面性、针对性和计划性，结束了过去多头申报、重复申报、散乱单一的状况。培训项目管理方面，采取统一承办，集中管理的方式。出国（境）培训管理队伍的专业化也保证了培训项目的按时派出和任务完成的高质量。

二、各相关业务司局积极牵头培训工作，增强了培训的专业性与时效性

各相关业务司局对培训项目非常重视，派出了分管负责人积极率队参加，在学员选拔方面坚持原则、精挑细选，在培训内容上精心设计、层层

把关,增强了培训的专业性与时效性。

三、培训人员专业对口,学员质量大幅提升

根据要求严把人员审查关,对人员进行选拔与审查,着力挑选有培养前途并且专业对口的培训学员。学员专业对口,回国后也能更好地把学习内容应用到实际工作中。

四、培训内容专业性增强,培训质量大幅提高

在培训课程设计上,采取了以业务司局为主、国际交流合作中心与外国专家局培训渠道为辅的方式。业务司局根据工作重点提出培训内容与方案,与国家外国专家局培训渠道进行沟通,做出初步方案,再与业务司局就每一次培训与公务内容进行讨论与修改,保证了培训内容的针对性与专业性。

五、加强预培训,保证国(境)外培训质量

加大预培训力度,在外事、安全、纪律以及专业方面做好预培训工作。进一步加强对因公出(国)境培训团组的管理,派专人对培训团组就外事纪律方面进行专门培训,建立健全出国(境)培训团组监督检查机制,确保培训团组在境外的安全和任务有效执行。通过不同途径、渠道和方式,对培训团组在境外活动进行了解和检查,监督团组是否按照规定的日程和地点进行培训等。通过检查监督来促进培训任务严格执行,保证培训团组在外的安全,切实提高培训质量。

六、加强培训团组的在外管理工作

在每个培训团组内设领导组及各专业小组进行管理。每小组分设组长与安全员,负责各小组学习、生活及安全管理工作,这样便保证了团组在外管理的有序性与安全。

七、加强出国(境)培训成果的总结、推广和应用

为充分运用好出国(境)培训成果,国家安全生产监督管理局认真汇总出国(境)培训报告,加大成果追踪,突出引智成果的普惠性,以多种方式推进培训成果推广和应用。由于业务司局的积极参与,培训总结的提交速度与质量也明显优于往年。培训学员表示通过在国外的学习,的确学到了不少先进的经验,看到了安全生产未来的发展方向。

目前,国家安全生产监督管理局正在认真汇总各团组出国(境)培训报告,并对各业务司局带队人员及培训学员进行回访,仔细筛选收集到的意见和建议,并积极纳入国家安全生产监督管理局2013年有关工作内容。

2012年的重点出国(境)培训项目主要有:

（一）中日煤矿安全技术合作项目

2012年是中日煤矿安全技术培训项目实施的第11年，因日方机构变更项目延期，之后遇到中日两国关系变化，经国家安全生产监督管理局批准，项目暂缓，谅解备忘录和《2012年项目实施计划》没有签署，赴日培训和来华培训的准备工作进而也无法按计划进行。

2012年，国家安全生产监督管理局继续开展项目成果的总结与推广，不断有新的项目成果涌现，具体如下：

在龙煤矿业控股集团有限责任公司城山煤矿召开了"中日煤矿安全技术培训项目城山煤矿专题培训成果总结会"，会上总结了中日煤矿安全技术培训项目城山煤矿专题培训所取得的成果，交流了学习借鉴日本煤矿安全生产经验的做法，并讨论了进一步深入开展中日煤矿安全技术培训的建议。

开滦集团钱家营矿业分公司在工厂设备技术改造工作中，借鉴从中日煤矿安全技术培训中学习到的经验和做法，加以改进应用，取得了良好的效果。一是综采设备的选型：学习日本先进的设备配置，该公司也采取了电液控自移支架，自移机尾，智能泵站，双速电机等先进装备，达到了采面无事故，人员减少1/4的好效果。二是优化煤仓设计防坨井：学习日本煤仓设计方法，收口采用非对称方式，防止因合力为零，煤体不下落原因造成满仓坨井事故发生。三是优化溜煤槽设计防止冲击：在该公司主运皮带向主井煤仓卸载点溜煤槽处加扰流板，改变煤溜方向，后煤冲击前煤，前煤做缓冲，降低总冲击能量，改造卸煤方向，保护井壁，取得很好的效果。

（二）中澳煤矿安全合作项目

该培训项目是中澳项目中的重点工作之一，其良好的培训效果得到了派员单位的一致肯定。为了使得中澳合作的成果得到更好的推广，国家安全生产监督管理局2012年顺利组织完成了总第8批共21人赴澳培训，学习了解澳大利亚煤矿管理的立法、煤矿安全监察体系、煤矿职业安全健康体系、煤矿安全风险管理、矿山救援、煤矿开采等方面的先进技术和经验。

为落实国家安全生产监督管理局关于进一步加强"中澳煤矿安全合作示范项目"成果总结、应用和推广的指示精神，组织专家对项目成果进行了调研评估。评估专家一致认为项目基本完成了预定工作目标，基本达到了预期效果，尤其是培训对示范企业领导和职工安全理念的转变、安全行为的改善具有较大推动作用，并通过培训、借鉴、创新吸收澳大利亚煤矿安全的先进技术和经验，形成了具有自身特点的安全管理模式、培训方式等。一是借鉴澳大利亚经验，创新的现场应急救援，对井下班组长、生产技术骨干、安全管理等人员进行了应急救援专业训练，在采掘区域建立多功能应急救援硐室，并在井下敷设逃生绳，提高了现场应急救援能力；二是学习澳大利亚方法，创新的培训方式，研发了模拟培训系统软件，将宣东矿井下全场景模拟显现，将现场管理要求、操作方法、工艺流程、科学控制手段，以及支撑技术的理论知识和专家技术三个层次学习平台融为一体，形成了员工、中层管理人员和高层管理人员均可利用的学习培训平台，利用虚拟现实技术提高培训效果；开展全员风险意识培训，由澳大利亚专家培训过的"懂理论会实践"的35名专业技术管理人员担任培训教师并采取互动方式开展培训，针对特定的培训对象，编制专门培训教材，浓缩重点，简化答案，使员工易学、易懂、易掌握，提高了培训效果。

国家统计局

2012年,国家统计局围绕《国家中长期人才发展规划纲要(2010—2020年)》的精神,以科学发展观为统领,围绕统计改革和统计现代化建设的发展需要,紧密结合统计中心工作,切实解决工作中的难点问题,圆满完成了出国(境)培训和聘请外国专家任务。申报立项的出国(境)培训项目11个(审批类2个,审核类9个),共派出273人,其中,地厅局级49人(其中正职7人),县处级及其他224人;引进外国专家9人。

在出国(境)培训方面,2012年的2个审批类团组分别是:"房地产价格统计"赴法国培训团组、"农业统计调查方法项目"赴英国培训团组。9个审核类团组分别是:"服务业统计调查技能"赴美国培训团组、"收入分配核算"赴澳大利亚培训团组、"现代信息技术在统计工作的应用"赴法国培训团组、"农村劳动力流动统计"赴澳大利亚培训团组、"抽样调查方案设计和现场调查管理"赴俄罗斯培训团组、"统计人员分级分类培训体系和统计能力建设"赴德国培训团组、"统计重点领域与高层次人才培养"赴英国培训团组、"政府机构行政管理能力探索与研究"赴加拿大培训团组、"统计调查项目管理"赴澳大利亚培训团组。

从总的情况来看,由于管理严格,运作规范,所有出国(境)培训团组都执行得很顺利,确实学到了国外优秀的统计方法和统计实践经验,收获很大,对我国统计工作的发展和统计制度方法改革提供了新思路、新方法,达到了预期效果。

在聘请专家方面,国家统计局执行3个聘请专家项目,分别是:"中国环比统计方法和季节调整模型的建立"培训、"中国企业一套表实施方案和统计名录库的统一管理"培训、"中国房地产价格统计调查方案和数据评估"培训。3个项目分别聘请澳大利亚、美国、法国以及德国的9名外国专家来华进行讲学、研讨和工作交流,举办了相关培训班和研讨班,来自国家统计局有关业务司、各省(区、市)统计局相关业务处的业务骨干100多人参加培训和研讨。3个聘请专家项目针对性强,着重解决了有关方案设计和技术模型问题,对专业人员进行了培训,进一步完善了有关统计调查方案,提高了人员的统计专业技能,取得了较好的效果。

一、围绕统计中心工作认真做好培训选题，是引智工作取得较好效果的关键

根据国家外国专家局关于申报出国（境）培训项目计划的通知要求，结合实际情况，组织了出国（境）培训团组计划的报名工作。

从2011年开始实施统计"四大工程"项目，即企业一套表制度、基本单位名录库、联网直报系统和数据处理系统建设，作为提高统计数据质量、提高统计能力和提高政府统计公信力的重要抓手。2012年出国（境）培训和聘请专家的立项选题从促进统计"四大工程"和"三个提高"的中心工作出发，优先保证对统计工作和统计队伍建设有重要作用的项目，确保培训成果为我所用，能及时对统计中心工作发挥积极作用，取得促进统计制度方法改革的实际效果。

二、严格把握政策，加强出国（境）培训的协调、管理及服务，是引智工作取得较好效果的保障

从项目申报开始，国家统计局就对各组团单位负责人和经办人提出严格要求，由于每个出国（境）培训团组在执行过程中，各项准备工作头绪较多，而且其中的政策性和时间性都很强，工作必须一环扣一环，而每个业务司负责项目具体工作的办事人员对有关规定、程序和要求，往往也不十分了解。按照国家外国专家局的政策要求做了大量的协调、管理和服务工作，举行专题会议，组织相关人员认真学习有关出国（境）培训的方针政策以及有关具体要求。

2012年初，国家统计局组织相关组团单位团长和经办人召开了出国（境）培训项目计划会，要求各单位加强管理，规范出国（境）培训管理工作，传达了中央有关文件精神和国家外国专家局对出国（境）培训团组的要求，强调按照工作需要选拔人员，强调培训团组的专业性质，以提高出国（境）培训的针对性。

通过组织出国（境）培训项目和聘请专家项目，促进了统计制度方法改革，促进了统计队伍建设，提高了统计能力。

（一）学习了新的统计方法，促进了我国统计方法制度与国际通行规则的接轨，不断提高统计数据质量和政府统计公信力

国民经济核算司组织的"收入分配核算"培训团组通过在澳大利亚的培训，学习了澳大利亚深入而细致的收入分配核算方法，特别是运用经济计量模型来分析贫富差距问题、低收入人群保障问题、政策公平性问题，分析政策的有效性。该团组提出今后在核算居民收入、支出时适当引入"等价规模家庭"的概念，将个人收入和支出转化为家庭收入和支出，再进

行核算和研究；要综合运用多种指标和方法衡量收入差距，除目前国内常用的基尼系数外，还将使用分位数的概念，例如收入中位数、收入十分位数、最贫穷10%人群的平均收入占比等指标进行衡量。

（二）学习了国外开展统计人员培训、绩效考核、服务型统计建设以及调查项目立项的做法和经验，促进统计队伍建设和统计能力建设

统计教育培训中心组织的"统计人员分级分类培训体系和统计能力建设"培训团组通过在德国的培训，认识到德国公务员培训的核心原则是"实用性原则"，即在确定培训类型、培训内容、培训方法时，都以"实用"为原则进行设计，紧密联系公务员自身发展的需求，紧密联系政府工作的现实需求，具有很强的针对性和实用性。同时，将公务员的培训与人员录用、任职和职务晋升紧密相连，这是保证培训规模和质量的关键一环。德国的统计培训对不同的参训对象在培训内容和要求上界定明确，分为入门培训、专业和行业培训、晋升高级职称培训以及国际合作培训，并通过德国公务员培训的激励机制、员工健康管理的人文关怀、新员工的管理方法等，使培训取得较好的效果，表示今后要将实用性原则和分级培训机制逐步纳入中国政府统计系统人员培训。

国家林业局

国家林业局2012年围绕重点工作需要，坚持控制总量、优化结构、提高质量的原则，共派出出国（境）培训团组7个（审批类团组6个，审核类团组1个），培训人员115人，比2011年增长约34%［2011年共执行审批类出国（境）培训项目5项，培训人员86人］。另外，已经完成报批手续并将在2013年第一季度前执行的有5项（审批类团组3项，审核类团组2项）。

一、加大出国（境）培训工作力度，为林业建设提供人才支持

2012年，重点执行了赴德国"林业产权制度改革与管理"、"防护林可持续经营与利用"，赴美国"公有林管理"、"林产品标准化和质量安全监测管理技术"、"国有林区管理体制改革"，赴俄罗斯"森林保护管理法制建设"，赴巴西"森林修复与人工林管理技术"等培训项目，引智出国（境）团组培训工作进一步得到加强。

二、积极引进高端人才，提高创新能力

国家林业局围绕林业重点工作任务需求，积极组织推荐人选申报"外专千人计划"、"高端外国专家项目"、中国政府"友谊奖"。国家林业局推荐的中国林业科学研究院澳大利亚籍专家罗杰·詹姆斯·阿诺德获得2012年中国政府"友谊奖"，成为国家林业局第12位获奖专家。同时，经国家外国专家局评审，2012年国家林业局获批24项引进国外技术、管理人才项目、1项高端外国专家项目。截至目前，各项常规项目、示范推广项目和高端专家项目已全部完成，共引进专家27人次。在常绿/半常绿杨树优良无性系引种示范与推广、欧洲云杉无性扩繁技术体系应用与示范、速生优质杨树的聚合育种与分子改良、钙调素调控杨树木质部发育的机制研究、中国森林认证体系与PEFC认可的技术途径、草坪草逆境生理数量化分析及其质量评价体系建立、沿海防护林功能提升关键技术引进、油茶籽油二油酸甘油酯制备及精炼副产物中植物甾醇、维生素E提取利用技术、木麻黄抗逆种质资源选育、森林增汇技术、碳计量与碳贸易市场机制研究、典型森林土壤碳储量分布格局及变化规律研究、纳米纤维素晶体制备复合材料及其功能特性研究、松香衍生物生物活性定量构效关系研究、中国森林认证产品公

共采购政策技术指南的制定、热带南亚热带珍贵树种人工林多目标经营、桉树大径材培育技术、荒漠生态系统观测、太湖流域湿地生态系统功能作用机理及调控与恢复技术研究、桉木生物炼制及清洁制浆技术、昆虫生态学及数学模型建立技术引进、霸王棕引种示范、欧洲甜樱桃丰产栽培、四季开花山茶花盆花标准化栽培技术、日本花柏良种繁育等方面取得了进展。通过积极引进大量国际前沿的科学理念、高新技术和高水平的人才，有力地增强了我国的林业科技创新能力。

三、加强基地建设，促进引智成果推广

引智工作的根本出发点和落脚点是注重引进技术的消化、吸收和再创新，不断增强自主创新能力。在加强新品种、新技术引进的同时，为促进引智成果的消化、吸收、创新、示范和推广，近年来建立国家引进国外智力成果示范推广基地8个，目前仍在5年命名有效期内的引智基地有4个。包括位于河北唐山的"杨树新品种选育"示范推广基地，位于浙江富阳的"亚热带珍优树种引进"示范推广基地，位于江苏南京的"清洁制浆生产技术及高浓废水治理"示范推广基地，以及位于四川成都的"园林植物材料引进及应用"示范推广基地。

"杨树新品种选育"示范推广基地自成立以来，累积引进杨树优良品种35个，柳树优良品种6个，引进技术12项，在引进杨树新品种和集约栽培技术基础上，加大科技成果转化，利用杨树引进品种，在基地苗圃培育杨树良种苗木200多万株，推广地点遍及北京、天津、河北等地区，推广面积达10万亩。2012年，广泛开展了国内杨树学术交流、成果推广和科研项目等工作，建立示范点2个，举办现场示范会或技术培训班2次，培训人员100余人次，实现了引进、消化、吸收再创新。

"亚热带珍优树种引进"示范推广基地自成立以来，累计引进亚热带珍优树种或品种419个，引进技术45项，均为经济林、用材林、防护林、园林花卉、污染土壤植物修复等社会、经济发展急需资源和技术。2012年重点引进了面源污染林业生态修复技术、油桐分子育种技术、防护林建设技术和丛生竹快繁技术。在引进的同时，促进引智成果推广应用，在上海、江苏、浙江、重庆、安徽、四川等省（市）建立各类试验示范点12个，培训人员420人次。利用引进资源和技术，培育各类苗木350余万株（盆），在长江三角洲地区销售，成为亚热带地区重要观赏、经济及用材树种种苗供应基地。

"清洁制浆生产技术及高浓废水治理"示范推广基地结合了国家大力发展清洁能源的目标，致力于推广目前已在北美、北欧等国家和地区得到了广泛应用的化学机械浆技术以及高浓度废水处理技术，成功应用于日处理

15000吨废水的大型环保工程中，在引进、消化、吸收的基础上，形成了自主知识产权。2012年从加拿大引进了桉木生物炼制及清洁制浆技术，建立示范点1个，举办现场示范会或技术培训班2次，培训人员260余人次。引智成果在江苏淮安、天津武清、广西钦州、山东临沂、安徽砀山得以推广。

"园林植物材料引进及应用"示范推广基地自成立以来，累计引进园林植物优良新品种（家系、品种）70多个，积极组织科研力量加大引进技术的消化、吸收和再创新，通过选择育种、杂交育种、种质资源鉴定评价，筛选适于华中地区栽培的优良新品种，研究与之配套的繁殖栽培技术，形成了一批本土化的优秀引智成果，并在此基础上组织推广应用，累计建立引智成果示范推广基地7个，示范面积200多亩，繁育优质种苗180余万株，产值370万元。2012年，在钟祥、大冶等地新建引智成果良种繁育及规范化种植示范基地50余亩，生产紫薇、北美红果冬青等园林植物新品种良种壮苗30余万株，实现产值60多万元，并举办技术培训及学术报告会4期，参加培训与交流的科研人员、技术工人、基层技术人员280人次，自主选育的新品种"赤霞"被授予品种权。"园林植物材料引进及应用"示范推广基地充分发挥基地的辐射带动作用，取得了较好的经济效益和社会效益。

引智工作的开展促进了林业植物种质资源基因平台建设，通过引智基地对新品种和新技术推广应用产生的巨大辐射作用，推动了全国各地林木种质资源库的建设和发展。同时，以引智基地为大本营与国外一流专家建立了广泛的联系，在基地辐射范围内举办了一系列国际培训班和研讨会，培养了一批林业科技人才，打造了一支与国际先进水平接轨的人才队伍，增强了我国林业自主创新能力，推动了我国林业建设。

在开展引智出国（境）培训、引进人才、基地建设等工作的同时，加强了引智制度建设，进一步规范了管理程序，加大了调研、宣传、成果推广工作力度，取得了一定的成效。

中国银行业监督管理委员会

中国银行业监督管理委员会为有效提高银行业监管水平，增强银行业风险防范能力，培养高素质监管人才队伍，保证银行业监管水平的专业化、国际化，与时俱进地学习国际银行业监管先进经验。2012年度中国银行业监督管理委员会坚持"抓重点、讲实效、出精品"的原则，做好出国（境）培训项目的组织工作。

一、突出重点，精心设计，抓好重点出国（境）培训班次的实施管理

按照中国银行业监督管理委员会关于"一把手""一年国内、一年国外"的轮训部署安排，继2010年"一把手"境外轮训工作之后，2012年该会将出国（境）培训工作重点放在对中国银行业监督管理委员会机关各部门负责人、各银监局局长和会管八家金融机构"一把手"的新一轮轮训工作上。同时，有重点地抓好监管部门副职、银监局副局长及监管业务骨干的培训工作。重点组织实施以下培训班次：

（一）重点举办2期"一把手"出国（境）培训项目

一是与荷兰财政部、荷兰经济事务农业与创新部、荷兰央行合作，在"荷兰政府间合作基金"框架的支持下，共同举办银行监管高层研修班。研修班一行24人，在培训期间走访了荷兰财政部、荷兰中央银行等政府部门，实地考察了荷兰国际集团、荷兰银行、荷兰合作银行、工商银行阿姆斯特丹分行、昊博律师事务所等机构，分别与荷兰前首相巴尔克嫩德、荷兰财政部部长亚赫、荷兰央行行长克诺特等官方人士会谈，就欧债危机最新发展和国际银行业监管改革等议题进行了深入探讨。二是与桑坦德银行集团合作举办"一把手"赴西班牙银行监管高层研修班，共培训24人。培训期间研修班走访了西班牙中央银行、西班牙经济部、西班牙有序银行重组基金等政府部门，实地考察了西班牙桑坦德银行、西班牙对外银行、西班牙储蓄银行等金融机构，就欧债危机时期欧元区核心国家宏观经济和金融环境分析、银行及银行业监管面临的风险挑战等等问题进行了沟通探讨。

（二）与英国汇丰集团合作举办2期专项培训项目

一是选派中国银行业监督管理委员会机关部门副职和银监局副局长共3

人参加"银行业监管高层培训项目",系统学习汇丰集团的发展战略、整体架构、私人银行业务、环球银行业务、内控及合规管理、集团风险管理及另类投资等方面的内容,并就汇丰集团的综合化经营模式、并表监管及国际监管改革新动向与外方进行深入的交流和探讨。二是选派中国银监会机关和银监局组织人事业务骨干共12人参加"银行业监管人力资源条线业务骨干培训项目",培训内容侧重于研究学习国际大型商业银行集团发展战略和人力资源管理两个方面,共安排了集团战略、公司治理、人力资源管理、经济形势分析、声誉风险及英国金融监管体系等15个专题讲座和圆桌讨论,并组织培训学员参加了汇丰年度股东大会,参观了汇丰档案中心和伦敦市内的旗舰分行。

(三)信托业协会与英国伦敦城市大学联合举办了2期信托公司高管研修班

在为期30天的培训里,来自全国20余家信托机构的学员在伦敦城市大学卡斯商学院听取了相关领域高级教授与业内资深专家的授课,从信托法律架构、财富管理、资产管理、房地产信托、全球经济金融发展战略、领导力提升等方面进行了系统学习,并通过对摩根大通、花旗私人银行、巴克莱财富、纽约梅隆银行、Capita信托集团、伦敦证券交易所等9家金融机构的走访考察,就企业信托、国际信托、个人信托、财富管理、资产管理、私人银行业务、PE业务、风险和监管等方面进行深入讨论。

二、严格管理,周密组织,保证出国(境)培训项目合规、有序实施

为保证出国(境)培训项目的培训质量,提高培训的针对性,中国银行业监督管理委员会每期培训项目的参训学员都经过了严格的选拔程序。培训班开班前,均组织预培训会议,人事部门、外事部门和相关组团部门负责人进行行前动员,给学员提出培训要求和培训目的。重点班次还邀请中国银行业监督管理委员会领导亲自进行行前部署和动员。针对出访国家和地区的社会和经济状况,请专家为学员进行专题讲解,介绍外事礼仪,强调外事纪律。课程安排方面,为保证培训的直观性和实效性,选择采取课程讲授和参访机构相结合的形式,以便学员实地了解国(境)外金融和监管机构的情况。

三、注重实效,围绕中心,强化出国(境)培训成果推广

为提高培训针对性和有效性,2012年年初开展培训需求调查,征求广大干部职工及各部门意见建议,针对当前监管中心工作及热点议题设置培训专题。培训结束后要求提交高质量培训总结,交流培训心得。2012年,

中国银行业监督管理委员会集中力量编写了《中国银行业监督管理委员会2011年度智力引进成果汇编》，按照"银行业监管"、"银行业实务"、"专题研究"、"监管能力建设"进行组稿，整理和精选了上年度重点培训项目成果，并发送至全系统，引起积极反响，起到良好的推动效应。同时，通过课件与培训成果挂网、组织参训学员在所在单位再培训等方式，扩大培训成果共享，切实发挥出国（境）培训的"滚雪球效应"。

国家粮食局

2012年，国家粮食局紧密围绕中心工作，缜密策划，精心组织，在学习借鉴国外先进粮食流通体制管理经验和先进技术、培养具备国际视野的创新型人才等方面取得了成果。

本年度共获批引进国外技术、管理人才项目7个，聘请外国专家36人次；获批引智经费75万元。

一、围绕粮食行业需求引进外国专家

我国是粮食生产和消费大国，粮食安全历来关系到国家经济安全、社会安全和人民群众切身利益。由于粮食领域对外开放较晚，粮食科技基础性研究环节薄弱，有关粮油标准体系和粮油加工技术研究相对落后，急需借鉴国外发达国家粮油科技领域的先进经验。国家粮食局确立的原则是：引智工作要围绕能否适应我国粮食行业发展需要，能否推动我国粮食科技进步，能否帮助解决我国粮食产业发展中遇到的问题而展开。

如：国家粮食局科学研究院为执行"营养健康功能油脂加工技术研究"项目，邀请3位外国专家来华进行指导，取得的成果是：第一，确定从人才培养与互访、研究指导、最新科技信息共享、国际合作项目申请等方面强化中外合作；第二，研究人员对国外食用油膳食模式与脂质营养的研究现状、油脂油料生物利用与加工现状与技术进步、植物油中微量营养因子的研究及检测技术等有了较为清晰的认识；第三，外国专家在油脂适度加工方面给课题组研究人员，尤其是缺乏油脂化学系统学习的实际操作人员给予了理论与方法指导，对提升研究人员在脂质分析中的技术能力和加快项目研究进度起到了促进作用；第四，美国农业部东部研究中心围绕东部主要农业资源，开展应用基础研究和应用研究。这与国家粮食局科学研究院定位应用基础研究和应用研究，支撑粮油产后领域行业发展的属性非常接近。美国农业部东部研究中心科研运行模式、高级核心研究人员的工作方式、科技成果管理和转化机制等，提供了启示和借鉴。

二、出国（境）培训取得的成效

（一）推动我国粮食流通信息化进程

"粮食流通信息化管理赴美培训"深入了解了美国粮食流通的信息化状

况，对做好我国粮食流通领域信息化工作具有启示和借鉴意义。一是全面审视我国粮食流通信息化建设需求与现状，重视在信息化建设过程中的顶层设计和引领作用。二是结合我国粮食流通模式，分析我国粮食流通信息化需求，重点解决信息技术的超前性和实用性关系问题。三是树立全球化战略思想，在保障我国粮食流通信息安全的基础上，积极引进国际信息资源，提升我国粮食流通的信息化水平。四是加强政策引导，促进研发创新，引领粮食行业信息化建设快速发展。五是重人才培养，强化粮食流通信息化团队建设。

（二）推动我国粮食产业化发展进程

"粮食产业化发展及支持政策赴澳大利亚培训"较全面地学习和了解了澳大利亚粮食产业化的情况，在推进我国粮食产业化发展有一定的借鉴意义，培训团提出的建议是：一是适度发展粮食规模化种植。二是探索建立和完善服务农民的中介机构。三是加强粮食流通信息化体系建设。四是做大、做强、做优粮食企业。五是强化粮食质量体系建设。六是加大对粮食流通财税、金融支持力度。七是进一步强化我国粮食安全观念，加大与澳大利亚粮食贸易合作力度。

（三）推动我国粮食加工行业发展

"小麦粉深加工技术与管理赴瑞士培训团"提出的建议：一是促进面粉及面制品加工业工业化与信息化的高度融合；二是鼓励企业融合，确保"餐桌"安全；三是走"创新"之路是我国粮机行业发展的必然；四是改变加工方式，用节能环保引领安全消费，他们建议政府有关部门要在粮食生产全过程提倡节能环保，有效地引导安全消费；五是积极发挥行业组织作用，加强人才队伍建设，促进对外交流与合作。

（四）拓展谷物加工研发方向，拓展人才引进渠道

"食品安全与谷物加工技术赴美培训"通过实地参观与座谈，专家讲课与研讨交流，对国际食品工业的发展有了更直接、更全面的了解。在研发方向上，中粮营养健康研究院重点关注全谷物食品、健康油脂、低糖、代糖、低钠、纯天然食品、半成品、早餐谷物、高端食品等，通过这次培训，对这些方面的未来研究方向都得到启示。此外，培训还为中粮营养健康研究院提供了招贤纳才的平台，通过与美国粮食企业高级研发人员、大学教授、技术负责人、博士后研究人员和即将毕业的研究生的多次交流，在人才引进与交流合作得出了三方面建议：重点从国外相关企业中引进高端人才；通过项目形式加强与国外政府研究机构华人科学家的合作研究；做好与美国知名食品院校的合作交流，提前锁定优质毕业生，为中粮研究院输送高素质的后备研发人员。

新华通讯社

一、注重外国专家日常管理

严格执行国家《行政许可法》和有关外国文教专家聘请工作的政策、法规和规定，以合同为依据，对外国专家依法管理。

继续健全管理制度，完善各部门外专管理人员设置，确保每个有外国专家的部门都配备专职管理人员。

加强安全防范，健全应急预案，落实报备制度，对外国专家工作、居住、休假、旅行及其变化情况进行动态跟踪。

2012年，新华通讯社外国专家执行合同总体情况较好，聘请总人数仍然保持较高水平，全年聘请外国专家达到58人次。

二、制定执行新版聘用合同

全面贯彻落实国家外国专家局颁布的《外国文教专家聘用合同管理规定》，依照《规定》要求，广泛调研新华通讯社各部门情况，结合实际，制定了新版《外国文教专家聘用合同》。

理念上，新版合同着眼宏观，注重细节，尊重差异，既体现新华通讯社各部门外专管理的共性，又充分考虑各部门工作的不同要求。新合同的主合同部分去除了一些涉及部门业务细节的条款，转由各部门根据具体情况和不同工作要求制定各自的外国专家考核与管理细则，作为合同附件。

内容上，新版合同删除了原合同中一些与形势发展不相适应的条款，针对近年来出现的一些新情况补充了一批条款。此外，新华通讯社还专门组织法务部门对新合同进行筛查把关，确保新版合同符合《劳动合同法》等相关法律法规。

具体实施层面，为维护合同严肃性，新华通讯社按照"新人新办法、老人老办法"的原则逐步推进。目前合同改革平稳过渡，新版合同使用效果良好。

三、有序推进社保改革

根据人力资源和社会保障部与国家外国专家局的统一部署，依照《在中国境内就业的外国人参加社会保险暂行办法》规定，为在新华通讯社工作的外国专家办理养老、医疗、工伤、失业和生育等五险。

理顺关系，在新华通讯社外国专家管理、社保和财务等相关部门之间建立起协调机制，确保外国专家社保办理快捷、高效。

重视宣传，向外国专家做好宣传解释工作，让外国专家了解国家社保政策，接受社保政策，指导外国专家合理使用社保解决就医等问题，保障社保制度有效实施。

四、调研策划外国专家评优

外国专家在新华通讯社建设世界一流媒体进程中，作用特殊，贡献很大，自1937年马海德受聘成为新华通讯社第一位外国专家以来，一批又一批外国专家默默耕耘，承担了大量外文稿件润色、编译工作，为保障外文稿件质量，提高外文干部写稿、改稿水平作出了杰出贡献。

近年来，新华通讯社外国专家队伍稳步壮大。目前，新华通讯社国际部、对外部、音视频部和信息部等部门共聘有英、法、俄、西、葡、阿等6个语种、约50名外国专家，分别来自埃及、巴西、俄罗斯、美国、西班牙等13个国家。

为进一步提高外国专家管理水平，激励外国专家为国际传播能力建设战略目标贡献力量，新华通讯社提出设立"新华通讯社优秀外国专家"评选机制，并举办首届优秀外国专家评选活动。经广泛调研新华通讯社各部门具体情况，借鉴其他兄弟单位相关经验，形成了一套由部门推荐和全社评选相结合的评优方案和具体操作细则。在做好前期工作的基础上，优秀外国专家评选将在2013年正式启动。

五、妥善处理去世老专家善后事宜

妥善处理新华通讯社退休老专家杰拉德去世后相关善后事宜。新华通讯社退休阿文专家杰拉德2012年6月在埃及探亲期间因突发心梗在埃及去世。杰拉德去世后，新华通讯社按照国家外国专家局及国家相关政策妥善处理了相关善后事宜，参照兄弟单位标准为其家属发放了丧葬补助费及抚恤金，并依据国家外国专家局《关于解决长期在华工作的外国专家配偶生活待遇问题的通知》为其配偶解决生活待遇问题，主要包括：

（1）为杰拉德一次性发放丧葬补助费5000元。

（2）根据国家相关政策，为其家属一次性发放20个月基本工资作为抚恤金，共计14.4万元（杰拉德退休金为7600元，扣除400元交通费，基本工资为7200元）。

（3）根据国家外国专家局政策，新华通讯社每月按其去世前退休金40%的标准为其夫人发放生活补贴直至终老，每月共计3040元。

中国科学院

2012年,中国科学院围绕"一三五"规划和"创新2020"总体规划,面向研究所重点领域科技创新需求,推进引智工作,并取得一系列重要进展。

一、"外专千人计划"

中国科学院共有12名外籍科学家入选"外专千人计划"。该计划已成为中国科学院吸引海外顶尖科研人才的重要支撑渠道,是海外科技人才引进体系的有力补充。

中国科学院科研院所亟须引进具有较强科研实力的智力人才长期工作。"外专千人计划"的申报瞄准能为科技创新发展作出重要贡献的国际一流专家,坚持以我为主,充分面向研究所科技创新需求,服务院所"一三五"规划发展目标,只要是在具有扎实合作基础和合作意愿的重点科研领域,积极审慎地开展申报。与此同时,中国科学院高度重视该计划的实施,充分调动院所资源,结合地方优惠政策,努力为引进的人才创造一流、便捷、舒适的科研和生活环境。

如:美国专家亚历山大·斯特鲁尼科夫2011年底到中国科学院广州生物医药与健康研究院工作,2012年入选"外专千人计划"。一年多以来,他鉴定了一个关键抗癌靶蛋白,目前正在努力解析该抗癌靶点的晶体结构;另外,正在筛选一个包含有3万种化合物的化合物库以期获得候选药物化合物分子;建立了一个筛选系统用于确认另一个新型抗癌靶点。中国科学院全力为其提供了相匹配的科研设备,在原有科研团队基础上继续吸纳优秀人才,打造了一支一流人才队伍。同时,按国家、地方人才引进的政策为其提供住房补贴。

二、"高端外国专家项目"

中国科学院共有19名外国专家入选"高端外国专家项目"。该项目已成为中国科学院拓展与海外科技人才交流联系、开展广泛和实质性科研合作的重要平台,成为吸引高端外国人才长期在院工作的重要途径。

中国科学院鼓励各研究所申报"高端外国专家项目",同时整合自身和其他渠道资金,共同支持实质性科研成果的研究。

如:中国科学院外国专家特聘研究员、俄罗斯科学院大电流所光辐射实验室主任维克多·特拉申科入选"高端外国专家项目",同时还申请了国家自然科学基金的"国际(地区)合作与交流项目"。他目前正在与中国科学院电工研究所强流脉冲课题组展开纳秒脉冲气体放电的合作研究。双方交流了纳秒脉冲下气体放电研究现状、诊断方法、放电模式等研究进展；通过联合实验，研制了逃逸电子束流收集器，开展了阴极材料对逃逸电子束流与X射线特性影响及大气压弥散放电特性的实验。在他的帮助下，电工所在国内首次实现纳秒脉冲下快电子逃逸束流的测量。

三、引进国外技术、管理人才重点项目

中国科学院围绕"大科学装置"建设与运行过程中的技术开发和人才培训需求，积极引进国外技术、管理人才，推动核心技术的突破。共获批4项引进国外技术、管理人才重点项目，在加速器技术、同步辐射、EAST超导托卡马克装置、稳态强磁场、重粒子加速器等领域取得了多项进展。

如：中国科学院高能物理研究所紧密围绕大科学装置的关键技术突破与先端实验应用（涉及加速器技术、高能实验物理、同步辐射等）引进海外专家27人。

第八编

部分大型国有企业、高校引智工作

中国石油天然气集团公司

中国石油天然气集团公司2012年按照中央和国务院国有资产监督管理委员会的统一部署和要求，大力实施人才强企战略，围绕集团公司业务发展需要，依据企业人才规划战略目标，大力推进各项人才工程的实施和开展，特别是中央实施海外高层次人才引进工作开展以来，中国石油天然气集团公司将引进海外高层次人才和创新创业基地建设，作为加强人才队伍建设、进一步提升技术创新能力和核心竞争力的重大任务，积极推进，狠抓落实，取得重要进展。

一、贯彻全国人才工作会议精神，明确人才引进工作任务

全国人才工作会议和中央颁发的国家人才规划纲要，明确了人才强国的奋斗目标和发展途径，是人才工作新的里程碑，要按照中央的精神和要求，深刻领会人才工作会议精神实质，组织实施中国石油重大人才工程，全力抓好集团公司三支人才队伍建设。要采取更加积极的方式和非常措施，加大工作力度，引进和使用好海外高层次人才，通过引进海外高层次人才，带动人才梯队建设，加快形成中国石油天然气集团公司创新人才的团队优势。要搭建好国际、国内两个技术创新平台，为加快引进人才和实施中国石油重大人才工程创造条件。

今后一段时期，中国石油天然气集团公司的人才引进工作，要紧紧围绕油气田难动用储量开发、石油物探、测井重大技术与装备、钻井和炼油化工5个方面重大课题，落实专项资金，制定专门政策，建设和利用国际国内两个研发平台，大力引进海外高端、杰出人才，发挥引领作用，带动人才队伍整体协调发展，提升集团公司技术创新能力和核心竞争力。

二、整合海外研发资源，搭建引进人才发挥作用平台

按照党组统一部署，中国石油天然气集团公司对海外研发机构和研究队伍资源状况进行了梳理和研究，利用休斯敦这座世界石油之都的人才、技术、信息聚集的优势，整合建立了中国石油海外技术研发中心（以下简称"休斯敦中心"），建设以形成实用技术为导向的应用基础研究基地，开展集团公司基础工程技术和关键技术研究，研究成果到国内平台实施技术集成。同时考虑到海外高层次人才家庭因素以及长期在海外创新创业，习

惯了国外工作、生活环境等方面情况，在休斯顿建立研发中心也是为了给人才引进创造更好的方便条件，使引进人才能够既掌握先进技术信息，又能在兼顾家庭的同时，按照中石油的实际需要开展有针对性的研发活动，根据工作进展到国内集成、实施现场试验和推广，形成人才"环流"的动态工作机制。

中国石油天然气集团公司为休斯敦中心核定了机构编制，配备了相关管理人员。休斯敦中心参照在美科研机构设置情况，探索建立在美国本土运作的科研项目组织模式，制定了《海外人才引进管理办法》、《休斯顿中心科研管理细则》等制度办法，为引进人才创造了良好的政策环境。集团公司还投入资金，对休斯顿中心办公环境进行了建设，依据即将开展的研发项目购置和配备了科研设备和仪器，为引进人才尽快投入研发活动创造了良好的工作条件和环境。

三、按需开展人才引进，明确科技攻关项目

2012年休斯顿中心首先在美国以CNPC USA Corporation名义，开展了管理人才招聘工作，通过发布招聘信息、审核求职人才申请材料、专家论证、面试和综合考察等程序，聘任美籍华人James Duan作为中心外籍副主任，是一名成功的企业家和上游石油技术专家，曾就职美国赛门铁克和微软等公司，担任技术部门负责人，还成功创办了个人企业，有丰富的企业运作及科研工作经验。

Duan到任后，协助中心主任以美国当地先进的科研技术公司为模式，创新管理及科技研发机制，依据中国石油天然气集团公司"十二五"期间重大科研项目和所属企业科技攻关项目实施情况，充分征求业务主管部门和企业意见，由业务部门和企业提出研发项目需求，确定了近期将开展科技研究的11个重点攻关项目，在明确项目目标任务、时间节点和对招聘人才技术能力要求的基础上，在美国组织开展了相关人才的招聘活动，成功招聘11名外籍优秀管理和专业技术人才，休斯顿中心从无到有，初步组建起了一个科学规范、健康运行的国际化石油技术研发中心。

四、积极开展科技攻关，研发项目初见成效

2012年，应中国石油天然气集团公司所属川庆钻探公司要求，休斯顿中心承担了"水平井高效分段压裂工具技术"研发任务，在井下工具团队经理Yanmei Li、高级井下工具工程师Marvin Gregory和高级井下工具设计师Peng Cheng等带领下对"快钻桥塞"与"压裂滑套"设计思路进行大胆创新，在设计中较为广泛运用国外先进产品材料，开展了多达13项设计创新，并通过充分论证，使设计方案在国际上居于领先水平，主要技术指标均超过集团公司计划任务书中规划的

工艺要求及参数指标，产品性能与易用性得到大幅度提升。

目前，按照设计方案，经过研发人才共同努力，"快钻桥塞"通过了内部验收，第一代样机已经完成国内现场测试，并协助川庆钻探公司进行国产化试验，采用替代材料完成了"快钻桥塞"的制造，验证了国内工具加工、组装、调试手段的适应情况。同时，根据入井测试情况对"快钻桥塞"进行了重新设计，形成了第二代样品。

"常规压裂滑套"也已提供3套样品给川庆，并配合实现了"常规压裂滑套"的国产化，目前正在"常规压裂滑套"基础上，研制可重复开关压裂滑套。两项技术已申请5项美国专利和8项中国专利。

休斯顿中心还积极推进与中国石油天然气集团公司所属企业开展技术研发合作，与塔里木油田、新疆油田、西部钻探等单位进行了深入探讨，启动了克深2超深超高压裂缝性低渗气藏开发关键技术研究；高研磨及砾石地层高效破岩方法及钻头技术研究；超深超高压速钻桥塞与压裂滑套推广应用配套技术研究关键技术联合研究工作，人才引进及相关科技攻关活动已全面有序展开。

国家核电技术公司

2012年，国家核电技术公司紧紧围绕三代核电自主化依托项目建设、AP1000技术转让、先进压水堆等重大专项的开展，制定引智计划，进一步注重引进高层次人才和紧缺人才，提高出国（境）培训质量和效益，加强管理创新，取得了较为显著的成绩。

全年共引进技术、经济专家20余人次，在1700MWe级核电技术预研、AP1000自主化依托项、软件自主化技术研究、核电站反应堆保护系统安全平台合作研发等多个领域开展了形式多样的技术交流与培训活动，积极促进了国家核电正在承担的大型先进压水堆核电站重大专项工作。特别是邀请美国西屋电气公司、绍尔集团、能源部布鲁克海文国家实验室、俄勒冈州立大学、威斯康辛大学和加拿大坎杜能源公司、法国燃气苏伊士集团、德国卡尔斯鲁厄理工学院的专家、学者到访，有效地集成了核电技术资源，对接世界先进水平，在更广层面、更高层次带动了科技创新能力的提升。

1名外国专家获中国政府"友谊奖"，3名外国专家获"国家核电友谊奖"。

一、本年度引智工作的新举措和新思路

第一，深入研究、落实《国家引进国外智力"十二五"规划》，构建大引智体系，全方位、多层次、宽领域地开展工作；第二，优化制度建设工作，进一步理顺、优化工作程序，为引智工作的顺利开展奠定了基础；第三，将质量意识贯穿到引智项目计划、申报、审批、执行、总结等各个环节，加强项目执行的动态管理，抓出引智成果；第四，开展信息化建设，公司外事管理系统已纳入引智工作的相关基础功能，如引智项目申报、外国专家库等，从而实现引智工作信息的动态管理与资源共享。

二、重点项目情况

1. 1700MWe级核电技术预研（CAP1700）

本项目针对1700MWe三环路大型先进压水堆，对非能动安全壳冷却系统、严重事故缓解技术改进方案和非能动堆芯冷却系统等关键技术开展可行性分析，提出改进方案，为开展具有自主知识产权的CAP1700创新性先

进非能动压水堆核电技术的研发奠定基础。通过引进外国专家开展研究工作，具有以下重大意义：

（1）有利于加快掌握先进核电技术，在消化吸收引进技术的基础上再创新。

（2）有利于形成自主品牌。通过CAP1700关键技术预研，突破核电核心技术，开发具有我国自主品牌的先进核电站。

（3）有利于完善行业自主创新能力。通过预研工作不仅培养和锻炼我国核电的研发人才队伍，而且将形成一大批原创性的技术成果，提升我国核电行业自主创新能力。

2. AP1000自主化依托项目

克服了设计变更频繁、主设备交付延误、国产化设备不符合项偏多等等诸多不利因素，紧紧围绕工程公司年度里程碑节点目标，以点带面，采取各种有效措施稳步推进；整体项目的费用处于可控状态；本年度依托项目没有发生重大安全事故，项目质保体系亦日臻完善，通过各方努力，国产化设备制造获得重大进展；关键设备压力容器、SG顺利交付现场，主系统施工正式启动，并有望在年底完成三门CV顶封头就位。

3. 抗震裕度评价方法研究

日本福岛核事故发生后，核电厂的抗震性能已成为人们普遍关心的话题，对核岛结构进行抗震裕度评价，以掌握核岛的抗震承载力将会越来越受到人们的重视和关心。核岛结构抗震裕度评价方法是美国专家提出的评估核岛结构抗震承载能力的一种新方法和新技术，该方法已经应用于AP1000核电项目。在CAP1400大型先进压水堆核电站重大专项的背景下，为更好地实现在引进、消化和吸收AP1000三代核电技术的基础上进行再创新，将抗震裕度评价方法更好的应用到CAP1400核岛结构的抗震裕度评价中将是本项目的主要研究目标。考虑到现阶段抗震裕度评价方法仍在不断的发展和完善中，因此，完整掌握现有的抗震裕度评价方法并时刻关注国际上抗震裕度评价方法的最近进展，对我国后续核电项目的建设和结构学科的发展都有着重要的意义。抗震裕度评价方法的主要目的是挖掘结构的内在潜力，并找出最薄弱部位以确定结构的抗震承载能力。通常抗震裕度评价采用高置信度、低失效概率HCLPF值量化。然而，目前关于抗震裕度评价的具体计算方法有许多，最新的研究成果和应用也不少，如何结合最新的研究成果确定核岛结构抗震裕度评价的方法将是本项目的研究重点。

三、国际交流合作及对外渠道拓展

一是不断深化与西屋等公司的战略伙伴关系，推动从技术研发、市场开发到供应链拓展和设备制造等全方位的深度合作。

二是不断夯实和拓展与国际组织的合作。继续加强与国际原子能机构（IAEA）的合作与交流，成功承办IAEA核电项目发展战略计划会议等国际会议，参加IAEA举办的各类国际会议18次；作为世界核电运营者协会（WANO）会员，积极参加WANO主办的专业研讨会与WANO建立专用信息渠道，推荐中方人员加入WANO专家工作组，对WANO开展了核电厂人力资源专业调研等；以美国机械工程师协会（ASME）中国国际工作组（CI-WG）为依托，打造中国核电专家参与ASME标准平台。全年共召开4次工作会议，正式向ASME委员会提交规范修订建议8项，为我国争取了参与世界核电规范制订的话语权。另外，还积极开展与世界核协会、美国电气电子工程师学会（IEEE）、美国电力科学院（EPRI）、美国核学会（ANS）等专业性国际核组织的工作交流，探讨合作机会，并对公司未来有重点地加入涉核国际组织进行可行性研究。

中国商用飞机有限责任公司

2012年，中国商用飞机有限责任公司以科学发展观为统领，深入贯彻全国人才工作会议、全国引智项目工作会议精神，全面落实国家外国专家局与公司共同签署的《引进国外智力服务框架协议》，紧密围绕《2012年引进国外智力工作行动计划》，认真抓好"引智工作联系点"建立、"外专千人计划"实施、紧缺急需国外智力引进、高端外国专家团队配置、境外培训渠道拓展等各项重点工作，努力创建一流人才队伍、打造一流自主品牌、建设一流研发中心、铸就一流航空企业。2012年累计引进海外高层次人才31名，另有32人已通过面试评估，正处于合同洽谈阶段。其中入选国家"千人计划"6人（入选"外专千人计划"2人）、获中国政府"友谊奖"1人、入选上海"千人计划"5人、获上海市"白玉兰"奖2人、入选浦东"百人计划"1人。全年累计获得中央、地方及区县人才专项资助共2740万元。

一、坚持人才优先发展，深入实施人才强企战略

（一）建立国家外国专家局"引智工作联系点"

依托国家重大科技专项，做好国家外国专家局在中国商用飞机有限责任公司建立"引智工作联系点"工作。2012年3月1日，公司被国家外国专家局授牌为"国家引进国外智力示范单位"，并签署了《2012年引进国外智力工作行动计划》，标志着双方集聚优势资源，形成工作合力，共谋科学发展。公司以此为契机，通过先行先试、大胆创新，探索建立具有中国商飞特色的开发利用国外高端智力资源的有效模式，不断加大对国外高端智力引进力度，充分发挥国外智力引进工作在国家重大专项中的推动作用。中国商用飞机有限责任公司全年共申报17人入选国家外国专家局高端外国专家项目，获得国家外国专家局引智经费资助1000万元。

（二）深入开展海外高层次人才引进"百人计划"

为深入贯彻实施国家"千人计划"，中国商用飞机有限责任公司先后赴美国、英国、澳大利亚等国家，通过举办海外人才招聘会、海外高层次人才座谈会，不断拓展引才引智工作载体和渠道。

二、灵活创新体制机制，逐步完善引才用才模式

(一) 探索配置外国专家团队

根据 C919 大型客机、ARJ21 新支线飞机研制和公司发展建设需要，重点围绕项目管理、适航管理、质量管理和供应商管理等专业领域，中国商用飞机有限责任公司研究制定了《关于建立公司外国专家信息库的若干意见》，拓宽海外高端智力引进渠道及聘用方式，采取"归口管理、分块负责"的模式，促进专家在咨询服务、工作包、境外供应商管理和联合工作团队方面发挥作用，逐步完善"不为所有，但为所用"，以任务为导向的引才用才模式。全年累计入库专家达 66 人次（60 人），4 人已被长期聘用。此外，还制定了美国公司组建方案，将依托美国公司，直接在海外组建专家研发团队，探索在全球范围遴选一批华裔海外人才和外国专家。

(二) 积极创新海外人才工作体制机制

加强与各所属单位海外人才的沟通交流，听取外国专家提出的建议，不断健全海外高层次人才创新创业基地在人才引进、使用、评价、管理等方面的制度措施，共同探索人才管理新模式。明确海外人才的直接领导、支持团队和岗位职责，确保人才实岗使用；与海外人才共同制定年度重点工作任务书，结合型号研制节点，明确年度重点任务完成时间，并按月跟进考核，确保引进人才发挥作用。

三、运用全球优质资源，不断拓宽境外培养渠道

(一) 完善全球化教育培训体系

根据《2012 年引进国外智力工作行动计划》的有关要求，中国商用飞机有限责任公司充分运用优质境外教育培训资源、深化与海外知名航空院校、供应商企业、科研机构和行业协会在人才培训方面的合作，逐步健全"一条主线，多处布点"的境外培训渠道布局模式。公司已与 8 个国家的 15 家国际知名院校和供应商企业建立了战略合作关系。在"商飞之星"人才培养行动计划中，选派了 33 名青年骨干前往美国哈佛大学、斯坦福大学、通用电气、波音公司等单位培训，努力培养一批复合型、高层次，通晓国际规则，掌握精湛技术的国际化人才队伍。

(二) 抓紧抓实出国（境）培训选派工作

2012 年中国商用飞机有限责任公司共选派 47 名专业骨干赴英国克莱菲尔德大学、法国高等航空航天学院、法国高等航空航天大学、加拿大多伦多大学、澳大利亚皇家墨尔本理工大学开展航空硕士中长期培训；选派 5 名试飞员和 5 名试飞工程师赴美国国

家试飞学院开展培训；选派 5 个团组 77 人分别赴美国国家试飞学院、法国赛峰集团、美国霍尼韦尔公司、荷兰代尔夫特理工大学、德国汉莎技术培训中心开展"民用飞机试飞管理"、"经营管理"、"人力资源管理"、"机翼结构强度"、"总装制造工艺流程"专题培训。4 年来累计选派 114 人赴境外开展中长期培训，目前已有 57 人硕士毕业回国，快速成长为公司型号研制的技术骨干。累计选派 289 人赴国（境）外开展短期专题培训，帮助参训学员拓宽国际视野，掌握航空领域最新前沿理论与技术，提升航空科研综合能力。

（三）加大高层次人才培养力度

一是加强博士后联合培养，分别与皇家墨尔本理工大学、英国克莱菲尔德大学完成"教育培训合作谅解备忘录"签约和"博士后联合培养工作站"挂牌。目前，已立项博士后研究项目 46 项，研究经费达 7800 万元，招收博士后 35 名，办理出站 5 名。二是筹备全球民用航空人才培养计划（GCAT），旨在创建公司和通用电气双方合作文化，分享双方最佳管理实践，建立技术领域未来领导力梯队。

四、优化管理服务体系，有效发挥海外专家作用

（一）完善外国专家管理和服务体系

中国商用飞机有限责任公司不断创新国外智力引进管理机制，认真抓好引智工作各项配套政策落实，为海外专家来公司工作创造良好环境。依托海外高层次人才创新创业基地，努力为外国专家搭建事业平台；建立海外人才引进跟踪机制，抓好签约率、到岗率和实岗使用率；梳理汇总海外人才薪酬福利结构，为研究制定绩效薪酬提供基础数据；梳理海外人才档案情况和领军人才名单，确保掌握高端人才有关情况，保证信息完整性；制定了《"千人计划"资助资金发放办法》，激励海外人才更好发挥作用；举办公司科技人员元宵联谊会、组织海外人才参观钱学森图书馆、参加"千人计划"入选者座谈会和中组部"千人计划"成果展等，促进与海外人才的沟通交流。

（二）学习党的十八大精神，召开海外人才座谈会

为认真学习贯彻党的十八大精神和习近平总书记与外国专家代表座谈时的重要讲话精神，中国商用飞机有限责任公司于 2012 年 12 月 10 日邀请 52 位海外人才、外国专家代表召开海外人才座谈会，共商民机发展大计，研究探讨公司两大型号研制工作。座谈会上金壮龙董事长作了题为《广纳英才，同舟共济，攻坚克难，追求卓越》的讲话，向海外人才传达了党的十八大精神，鼓励广大海外人才，坚定信心、下定决心、坚持恒心，坚持稳中求进，在公司两大型号研制和发展建设的过程中发挥更大的作用。7 位

海外人才和外国专家代表畅所欲言，从不同专业领域和角度提出意见和建议。贺东风总经理对各位代表提出的意见逐一解答，并指出要更加主动、更多服务、更大包容，为海外人才搭建更好的平台，创造更好的环境。座谈会后，针对海外人才提出的各项建议，公司制定督办跟踪表，明确责任单位，确保建议能够落实到位。

华侨大学

2011—2012 学年，华侨大学认真贯彻落实国家引智工作各项方针、政策，紧密围绕学校教学科研工作、国家、地方社会和经济发展需要引进各类外国文教专家，圆满完成了各项引智工作。本学年，华侨大学共聘请了来自美国、英国、日本、加拿大等国家和地区的各类外籍专家120余人次，共有29位长期专家受聘该校工作，其中专业类外籍专家14位，语言类外籍专家15位。

一、长期外籍专家聘请效益显著

随着国家引智工作重点导向的转变，以专业类外籍专家为例，华侨大学适时调整了专业类专家和语言类专家的比重，加大了对专业类专家的聘请力度，努力吸引海外华侨华人和留学人员来校工作。2012年，该校共引进分子药物、数量经济、信息科学、计算机技术和建筑涂料等领域专业类外籍专家14名，聘请学院或科研院所数量也由原来的5个学院或科研院所增加到了10个学院或科研院所。

广大专业类外籍专家辛勤工作，创造出了不少突出的业绩。以他们为主组建科研团队，一方面迅速弥补了该校在部分学科的空白，另一方面也迅速提升了该校的科学研究水平和学术影响力。

在新西兰籍分子药物学著名专家许瑞安教授的带领下，该校生物医学学科迅猛发展，科研力量、师资队伍迅速增强，在新药开发、药理研究、临床治疗等领域都取得了令人瞩目的进展。2012年4月28日，学校正式成立生物医学学院，并将原有的分子药物学研究所更名为分子药物研究院，从而揭开了华侨大学大力进军生物医药领域的序幕。

2012年7月，许瑞安教授"探索新型、高滴度、无rcAAV污染的rAAV载体规模化制备系统"项目获2012年度国家自然科学基金面上项目资助。在许瑞安教授的带领下，生物医学学院林俊生教授、刁勇教授也获得项目资助；程国林、宋秋玲、杨会勇、吕颖慧获得青年资金项目资助，刚成立的生物医学学院年度国家自然资金申报成功率远远高于全国及该校平均水平。

此外，近年来引进的牛津大学专家蔡士杰教授带领研究团队着手申请实验室财政拨款，目前装修实验室和购置各种必需仪器所需资金已到位，即将落实实验室空间、装修实验室、购买和安装实验仪器。蔡士杰教授还积极引进国外高水平科学家到学校讲学并进行科研合作，邀请了牛津大学基础医学研究所研究员刘冀珑博士来校进行交流合作。

澳大利亚籍教授葛悦禾由该校信息学院引进，现为"桐江学者"特聘教授，主要从事天线和电磁场与微波技术等领域的研究，在天线、高级混合材料在天线和微波器件中的应用和电磁场快速算法等领域作出了较重要的贡献。2012年4月，葛悦禾教授入选"福建省引进高层次创业创新人才"，2012年7月入选厦门市第三批引进高层次人才"双百计划"，成为华侨大学首位入选厦门市"双百计划"的高层次人才。

语言类外籍专家聘请方面，教育背景基本实现了由英美文学、教育学、历史学等文科相关专业引进，成功聘请到了多位高学历、教学经验丰富的母语国外国专家，其中博士学历1名，硕士学历7名，本科学历7名，大幅提升了该校语言类外籍专家的整体水平。外籍专家渊博的学识、活泼生动的课堂教学得到了广大师生的赞誉。广大语言类外籍教师除了完成教学工作之外，还积极参加院系举办的各种活动，利用课余时间指导学生参加各类语言类竞赛，为学校的语言学科建设作出相应的贡献。

二、短期外籍专家聘请力度不断加大

2011—2012学年，华侨大学多渠道推动短期专家聘请工作，共聘请100余人次的短期外籍专家来校讲学、开展合作科研或参加学术会议等。短期外籍专家领域涉及信息、数量经济学、机械工程、土木工程、建筑学、材料、药物学、医学、心理学、化学、数学、管理学、历史、文学、会计学、宗教学、公共管理等学科。

短期外籍专家的聘请有力地支持了学校的教学科研工作，推动了各学院各学科的对外交流。其中，比较显著的有2012年4月聘请的2004年诺贝尔物理学奖得主David J. Gross教授和2005年诺贝尔生理或医学奖得主J. Robin Warren教授来校进行学术交流。两位诺贝尔奖得主出席生物医学学院/分子药物研究院的揭牌仪式，被聘请为名誉教授，并做题为"Discovering Helicobacter"的学术讲座，与广大师生交流。

2012年5月3日，美国科学院外籍院士、第三世界科学院特邀院士、德国化学科学院院士、生物化学科学院院士、1988年诺贝尔化学奖得主罗伯特·胡贝尔（Robert Huber）教授作客，为师生作题为"生命基石的奥妙，蛋白质的构造"的演讲，并受聘为名誉教授。

引进几位诺贝尔奖大师来校讲学不仅有助于重点实验室和工程中心的

建设，推动了生物医学学科的建设，同时也加快了多学科的交叉、融合和提升。

此外，引进的外国专家中较显著的还有：2012年5月9日受聘为客座教授，并作题为《抽象画？看不懂！》讲座的英国皇家画家、苏格兰格拉斯哥美术学院郑傅安教授；受聘为分子药物研究院兼职教授，国际基因治疗最热门研究领域——AAV制备技术领军人物、美国Temple大学肖卫东教授；就艺术创作专题和师生做面对面沟通交流的法国著名雕塑家、艺术学博士、建筑师、画家、国立斯特拉斯堡建筑学院教授；参与"鹭岛哲谭"学术会议的美国Duquesne大学Tom Rockmore，德国慕尼黑大学Horst Helle教授；作《临床应用rAAV病毒载体的表征技术及标准化体系》讲座的神经科学领域专家罗嘉教授；日本明治学院大学四方田犬彦教授和横滨国立大学垂水千惠教授等。

同时，华侨大学还充分利用地处海峡西岸经济区的优势，积极聘请两岸专家、学者来校讲学、开展合作研究、参加学术研讨会。

2012年3月，"两岸华文教育协同创新研讨会"在校举办，来自海峡两岸的近60位高校校长、院长、主任及知名专家学者齐聚一堂，深入研讨新形势下如何进一步凝聚两岸智慧和共识，协同创新华文教育工作，探讨如何扩大交流合作领域、提升交流合作层次、拓展交流合作渠道、搭建交流合作平台以及创新交流合作模式等，并形成了众多共识。

三、外国文教专家管理以人为本、贴心关怀

为了更好地发挥外国文教专家的教学科研效益，学校采取了多项措施帮助国外专家尽快融入学校。一方面，出台多项政策措施，保障国外专家享有优厚的科研资金和良好的生活环境，积极寻求国家、省、市相关政策支持，为来校国外专家营造良好的政策、科研和生活环境；另一方面，指定专人负责学校外国专家的服务工作，建立了纵向为分管校领导—直接负责领导—具体工作人员，横向为业务部、处——用人单位协调的简洁高效的联动机制，分工明确，责任到人，以利于迅速应对外国专家在校工作遇到的各项情况。

为丰富广大外籍专家和教师在校生活，还精心组织带领外籍专家和教师参加"福建省高校外国文教专家和外籍教师'八闽行'活动"、在厦工作境外人士代表迎新年座谈会，并为外籍专家和教师举行中秋博饼、圣诞晚宴、新年慰问等丰富多彩的活动，为广大外籍专家和教师营造温馨的生活环境，帮助其尽快融入在校工作和生活。

四、请进来、派出去齐抓共管、双管齐下

除了通过请进国外人才（包括海

外华侨、港、澳、台人才）推动学校跨越式发展外，华侨大学还积极选派优秀师资和干部出国（境）培训，学习掌握国外的先进管理经验和实用技术，为学校建设服务。

2012年7月，英语教师赴英研修团一行17人在英国曼彻斯特大学进行为期4周的英语教学、英语文化等方面的研修和培训，切身感受西方文化，拓宽教学理念，提高科研水平。本次课程除包含中西文化差异、发音策略基础课程外，还涉及教学改革理论、话语分析、高级语言研究等专业课程，并有"教师风格与教学法"、"学习者风格异同"等专题讨论及观摩课。研修团成员通过课程学习、实地考察、课堂观摩等对英语语言及其教学方法进行更深入的学习与探讨，并对西方文化有了更深刻的体会。

暨 南 大 学

2012年，暨南大学继续积极鼓励校内各单位聘请高层次、长短期外国文教专家来校进行合作科研、技术攻关、授课讲学或其他形式的学术交流活动，并于2012年7月首次申报了"高等学校学科创新引智计划"项目。该项目题为"中药创新药物发现与中药现代化"，以药学院姚新生院士为国内学术带头人，日本北里大学山田阳城教授为学术大师，聘请来自日本、韩国、澳大利亚、英国、美国、德国以及中国香港该领域共计14人的专家团队，共同完成该项目。目前，该项目已获批，学校将严格按照《高等学校学科创新引智基地管理办法》支持和管理该项目。

一、重点引智项目

暨南大学每年在组织重点引智项目申报时，都严格依照"重点学科、重点实验室建设、重大科研项目的完成和高层次人才的培养方面"的政策精神，对全校的申报项目进行梳理，优胜劣汰。

为保证完成重点引智项目的工作效益，分期督促检查，并根据检查结果及时对各单位的引智计划作出相应调整。对多次无法落实和执行的项目，给予"红牌"警告，并取消其项目当年的经费资助，情况严重的不予再聘。而对引智成果效益显著的单位，如再生联合实验室、脑功能联合实验室、水生生物研究中心、东南亚研究所及中医药研究所等继续给予大力支持，列入引智项目重点规划单位，连续支持他们申报新项目。奖惩分明的做法逐渐使项目承担单位加强了紧迫感和危机感，从根本上提高了项目负责人对项目执行及其效果的重视程度，有效地促进了聘请计划的落实。

暨南大学多年来重视引智工作的开展与执行，强调效益，并以点带面，收获大批量引智成果，重点引智项目共66项，邀请外专共计99人/月，并成立了联合实验室。截至2012年8月，已建成8所联合实验室，并以实验室为平台，引进国外人才。

（1）暨南大学—香港中文大学再生医学研究联合实验室。

（2）暨南大学—香港大学脑功能与健康联合实验室。

（3）暨南大学—香港科技大学神经科学和创新药物研究联合实验室。

（4）暨南大学—法国天体力学与历表计算研究所天体测量、动力学和空间科学研究联合实验室。

(5) 暨南大学—俄罗斯喀山联邦大学信息技术和分形信号处理联合实验室。

(6) 暨南大学—香港理工大学光纤光子学联合实验室。

(7) 暨南大学—瑞士联邦理工学院共建"细胞生物技术联合实验室"。

(8) 暨南大学—美国加州大学·圣地亚哥鲍威尔结构实验室共同建立"城市生命线工程结构安全国际联合实验室"。

二、常规引智项目

为保证学校教学科研工作需求，除从国家外国专家局申请外专经费外，学校还配备了专门经费供引进人才使用。引智计划主要根据各聘请单位的教学需要分配外国文教专家指标，教学科研类的外国文教专家周授课课时在 8～14 个小时之间。总体来说，专家们均能圆满完成合同规定的工作量和教学任务，积极参与聘请单位教务活动，有力地支持了教学工作及科研发展。

在每位老师抵校任教后，暨南大学主动向他们介绍我国相关政策和法规，以及学校的规章制度，帮助他们熟悉教学生活环境，以保证聘请效益。同时，保证每位专家与学校签订国家外国专家局的标准合同以及根据学校实际情况及待遇制订的合同附件，根据其专业背景及工作任务制定工资标准、为其提供医疗保险及人身意外保险，保证其能够安心在华工作。

(一) 语言教学类引智项目

其中校本部外国语学院引进语言教学类专家 6 人/年，国际学院引进语言教学类专家 2 人/年，珠海校区引进语言教学类专家 4 人/年，华文学院引进语言教学类专家 1 人/年，深圳旅游学院引进语言教学类专家 1 人/年，共计 13 人/年。

语言类外教在完成本职工作之外，还充分发挥自己的专业语言特长为学校做实事，如辅导学生完成毕业论文、指导学生的科技创新工程项目和课外时间活动、为在校教职员工提供英语口语培训等，并积极参与学校的招生宣传、招生面试等，担任学校全英语授课资格考试评委等工作。

(二) 专业教学类引智项目

其中国际学院引进专业教学类专家 6 人/年，人事处引进专业教学/科研类人才 10 人/年，共计 16 人/年。

学校除了给每位外教安排设备齐全的办公室外，还根据外教的需求安排认真得力的优秀学生当助教。学生助教不仅在工作上辅助外教，而且可以帮助他们解决生活上遇到的困难，对初来的外教发挥了积极作用。此外，各学院邀请长期外教参与全英语授课教师俱乐部活动，每学期根据外教的时间表提前做好计划，就自己专业领域选题开设 1～2 场讲座，或开展示范课，与国内教师一起分享教学经验，帮助青年教师提高授课技巧，促进外教和专业教师的交流。

三、引智项目管理

（一）行政管理人员配备情况

目前，暨南大学引智项目的管理模式主要是由校长及主管国际事务的副校长牵头，在学校层面成立由校长、副校长、各部处及学院领导组成的"校级国际交流合作工作委员会"进行领导，在各学院、直属研究所成立"院级国际交流合作工作委员会"，负责对引智项目的具体事项进行管理。校级每年至少召开一次全体会议，对当年的引智项目进行总结，取长补短，同时对次年的引智工作进行规划，确定重点，明确方向。除此之外，不定期组织相关委员就引智工作中的重大事项进行协调或研究。

（二）关于引智专家的规章制度

为了进一步加强暨南大学引智工作的深入开展，学校修订了《暨南大学长期外国文教专家管理办法》及《暨南大学短期外国文教专家管理办法》，并增加了《诺贝尔奖大师暨南行项目管理办法》，让各申请单位及申请人有章可循，有据可依。学校还开辟了国际交流合作处中英文网站，及时上传相关信息，做到信息公开化、工作标准化、服务专业化、效益优势化。

（三）外国文教专家合同规定及待遇

根据各聘请单位的教学需要，外籍专家的周授课课时在8～14个小时之间。除此之外，还要求他们有一定的办公时间，为聘请单位提供学术及其他工作方面的协助。

外籍专家待遇，主要由月工资、国际旅费、住房补贴、医疗保险等几部分组成。月工资根据外籍专家教学工作背景，授课专业及工作量，从5000～15000元不等。国际旅费一般仅为初次到校任教的外籍专家提供。为所有在校的持有外专证的外籍专家及教师提供住房补贴（货币或非货币形式），以及与教职员工相同的医疗保险，并另外为其购买商业人身意外保险。

（四）外国专家楼配套设施的逐年完善

暨南大学经过几年的修缮装修，外国专家楼内外环境得到了很好的改善，保证了学校日益频繁的国际交流活动，营造出了优美的居住环境。外国专家楼管理办公室还自筹经费为专家房更新家电、家具，保证了外国专家的居住舒适度。

第九编

地方引智工作

北 京 市

2012年，北京市着力理顺引智工作体制，扎实开展政策研究，平稳推进出国（境）培训工作，始终以引进和服务高层次外国专家为核心，积极创新，努力开拓，形成了新的工作体制。

入选"外专千人计划"16人；获批"高端外国专家项目"51项、引智经费690万元。

获第11届中国国际人才交流大会"最佳展示奖"和"最佳组织奖"。

全年共办理"外国专家来华工作许可"1534件；办理"外国专家证"1823件，延期3234件，注销854件。

一、完成机构调整

6月，北京市外国专家工作机构做出重大调整：将原有的引智办更名为外国专家和外国人就业工作处（港澳台专家和港澳台人员就业工作处），负责全市外专工作的政策研究、规划与制定；新设立外国专家与外国人就业事务中心（港澳台专家与港澳台人员就业事务中心），具体承担外专服务、业务办理、资源开发等事务性工作；启动北京市国际人才交流协会承办国际人才交流咨询活动，形成了独具特色的"1（外国专家处）+1（外国专家中心）+1（北京市国际人才交流协会）"模式。

二、启动政策研究

按照"融智北京"计划的总体安排，积极做好顶层政策的研究制定。为加大高层次外国专家的引进力度，牵头启动引智需求专项调研，并向全市近400家单位、4000名外国专家发放调查问卷，全方位了解用人单位及外国专家的实际需求。在前期"引进外国专家需求调查以及配套支持政策"专项课题研究成果的基础上，经反复征求市属相关部门、用人单位以及外国专家的意见，拟定《引进和服务外国专家工作暂行办法》。

研究制定在京工作外籍人员的分类标准，突破现有外国专家和一般就业人员的分类模式。一方面，加强对一般就业人员的规范管理；另一方面，明确外国专家细化分类标准，确定重点服务的外国专家群体，提供优化服务，对接优惠政策。

配合"外专千人计划"的实施，在全市重点人才工程"海聚工程"中设立外国专家项目，研究起草《"海聚工程"高层次外国专家项目工作细则》，明确项目分类、引进标准、条件、申报主体、申报评审程序及支持措施等内容，并确定由北京市外国专家局负责人选材料的初审，落实入选外国专家的服务工作。本年度共组织13名外国专家申报"海聚工程"，有9人入选。

三、顺利完成"外专千人计划"的申报工作

积极开展"外专千人计划"相关政策的宣讲。会同北京市国资委、市教委和中关村科技园区管理委员会等部门，面向企业和科研院所召开多场政策宣讲会，介绍"外专千人计划"的重大意义、优惠政策和申报的条件标准；通过《北京日报》、北京人民广播电台等媒体进行重点宣传，认真组织各单位开展申报。

四、加强引智机构的宣传推介

对北京市外国专家局网站进行升级改造，努力将其打造成北京国际人才交流的门户网站，建成外国专家公共服务信息平台。新版网站实现了四大功能：一是引智政策发布，让社会及时了解最新引智政策规定；二是国际人才供求信息发布，力争成为首都国际人才供需信息发布的权威窗口；三是服务外国专家，以打造"外国专家之家"为目标，开展交流互动，为外国专家在京工作生活提供指导；四是引智成果宣传，以扩大引智工作的影响。

以参加第11届中国国际人才交流大会为契机，联合中关村管委会等机构共同搭建宣传展台，以"融智北京"为主题，宣传做大做强北京引智工作的信息，积极参与大会论坛和国际人才的洽谈交流，推介北京吸引国际人才的政策，发布国际人才需求职位，展示引智成就，展现北京集聚国际人才的良好环境。

五、实施重大引智和精品引智项目

在重点发展产业、重大科技创新工程以及重点基础学科中，评选出一批示范性、引领性的引智精品项目，共资助了包括"小麦智能不育体系的建立"、"光机电一体化系统的智能随动测控技术研究"、"微侵袭神经外科学科平台建设与发展"等10个精品引智项目，涵盖都市农业、城市管理、医疗卫生等多个领域，实现了"人才、项目、基地"相结合的引智引才模式。

六、加强出国（境）培训管理

制定《关于进一步加强和改进北京市因公出国（境）培训工作的意见》。这是北京市第一次对因公出国（境）培训工作进行系统、全面的规定，理顺了组织管理体制，规范了各项工作程序，使北京市因公出国（境）培训工作进一步规范化、制度化。

制定《北京市因公出国（境）培训项目择优资助管理办法（试行）》，规范有关申报、评审、经费使用及项目管理等工作，确保择优资助工作的

公开、公平、公正。

加强对培训渠道的动态管理，开展了渠道评估工作。对渠道目录进行调整和充实，进一步优化了北京市优质渠道目录。召集入选优质培训渠道目录的单位参加培训渠道座谈会，与培训渠道签订协议，要求各培训渠道严格按照规定承接培训团组，严格纪律要求。同时，认真听取培训渠道对做好我市因公出国（境）培训的意见，促进我市因公出国（境）培训工作更加规范有序。

召开全市因公出国（境）培训工作交流会，明确工作要求，并对如何确定项目主题、怎样做好项目执行、选好培训渠道、做好成果总结等关键环节以及相关业务流程、报送材料手续等具体工作要求等进行培训，提高组团及培训质量。

上 海 市

2012年，上海市共实施引进国外技术、管理人才项目143项，引进外国专家387人次，资助经费628万元。入选"外专千人计划"8人。

执行出国（境）培训项目115项，选派出国培训2182人。其中，党政干部类项目37项、624人，占28.6%；企业管理人才类项目21项、459人，占21%；专业技术类项目57项、1099人，占50.4%。

2名外国专家获中国政府"友谊奖"，3名外国专家获上海市"白玉兰奖"。获第11届中国国际人才交流大会"最佳展示奖"和"最佳组织奖"。

全年共办理"外国专家证"6623件。据统计，目前在沪工作的外国专家达8.1万人，占全国的六分之一。

一、发挥"外专千人计划"的高端引领作用

2012年12月5日，中共中央总书记习近平在北京人民大会堂同在华工作的外国专家代表亲切座谈。在与会建言的4位外国专家中，有2位来自上海。他们是西班牙工商管理专家、中欧国际工商学院欧方院长佩德罗·雷诺，美国飞行器降噪工程技术专家、中国商用飞机有限责任公司资深工程师谢里·布雷尔德。

上海市实施"外专千人计划"之所以产生较大的影响，与政府和基层形成的良性互动密切相关。首先，在上海举行的长三角地区"外专千人计划"工作推进会极大地推动了"外专千人计划"申报工作。其次，高校、科研院所和企业都表现出较高的申报积极性，尤其是在民营企业的积极参与下，挖掘到大量的外国专家人选信息。申报单位主要包括：上海交通大学、中国科学院上海生命科学研究院、国家新药筛选中心、上海药明康德新药开发有限公司等。申报人选主要来自美国、英国、法国、德国、俄罗斯、瑞典等11个国家，其中包括美国国家科学院、美国医学科学院、美国艺术与科学院院士，95%以上具有博士学位，专业领域主要集中在工程与材料学、生命科学等学科。

另外，为保证"外专千人计划"的顺利执行，还围绕入选专家工作和生活的实际需求、配套政策制定等问题到有关单位开展调研，并提出了相关建议。

二、加强制度建设，探索政策创新，不断完善外国专家管理和服务体系

（一）加强课题调研

一是承担国家外国专家局"引进国外智力软科学研究项目——外国专家智库研究"专题，集中研讨了建立外国专家智库、进一步优化国际人才引进环境和加快上海市国际人才高地建设等问题。二是开展"引进国外智力工作如何为重大工程和重点项目服务"的课题研究。紧密围绕加快发展现代服务业和先进制造业、建设国际金融中心和国际航运中心等上海市重点工作开展调研，尝试通过实施一批重点引智项目引进高层次外国专家。

（二）通过境外人员管理领导小组等机制，与相关职能部门一道共同做好外国专家管理

为进一步促进各职能部门间的协调，加强对境外人员的日常管理与服务，经上海市委、市政府同意，组建上海市境外人员管理工作领导小组，由上海市公安局、海关、市外国专家局等25个职能部门组成，上海市副市长出任组长。成员单位之间可定期进行数据交换，实现对在沪境外人员的信息共享。这一机制现已成为协调解决外国专家工作中的难点问题，有效打击"三非"现象的重要手段。

另外，在聘用单位资质年检过程中，还注重与公安、外事、教育等相关部门一同把关，逐步形成了外国专家归口管理，相关职能部门各司其职的大引智格局。

（三）将原持有"外国人就业证"的跨国公司高层次人才纳入外国专家管理体系

加大宣传力度，经与上海市商委协调，将跨国公司地区总部高层次人才纳入外国专家管理体系，明确外籍高级管理人员和高级技术人员向上海市外国专家局申办"外国专家证"。

（四）对外教专员进行全员培训

为了进一步加强外国文教专家管理工作，规范外国文教专家的聘请程序，对目前上海具有聘请外国文教专家资质的237家单位专管员进行全员培训。

（五）提升外国专家的归属感

发布《关于在沪工作的外籍人员、获得境外永久（长期）居留权人员和台湾香港澳门居民参加城镇职工社会保险若干问题的通知》；依托相关保险公司开发了外国专家健康关爱医疗保险产品，进一步加强了医疗保障和服务；组织"外专千人计划"入选专家、中国政府"友谊奖"和"白玉兰奖"获奖专家进行休养。

（六）建设上海市外国专家局网站，推进信息化管理

将行政许可的有关政策规定、办

理程序、各种申请表格在上海市外国专家局网站上发布,供用人单位在线下载填报;逐步实现网上审批,保障行政审批公开透明。

三、加强出国(境)培训,不断提升本土人才的国际化水平

迄今,上海市已经形成一批成系列、有特色培训项目。如美国宾夕法尼亚大学沃顿商学院的高级经济管理培训、美国斯坦福大学的中小企业培训、新加坡社区建设和管理高级研修班、英国牛津大学提高构建和谐社会能力研修班培训等项目。

四、加强留学人员工作,拓展引智新内涵

目前在沪工作和创业的留学人员超过10万余人,为全国之最。2012年引进留学人员6000余人。在这方面,上海市继续推进了海外高层次人才集聚工程和"雏鹰归巢计划",并努力做好政策落地和服务工作。

天 津 市

2012年天津市共实施引智项目523项，形成引智成果672个，创造效益6.32亿元；引进各类外国专家近2万人次，其中长期工作外国专家近2553人次，高层次外国专家4500人次；引进留学人员2000余人，其中博士300余人，引进留学人员总数达1.94万人；入选"千人计划"18人、"外专千人计划"2人；派遣管理和技术骨干赴国（境）外培训1940人。

一、海外人才聚集工程

（一）构建海外人才发现机制

一是实施海外机构推荐制度。召开天津市海外引才协作机构对接洽谈会，组织近30家海外人才工作站及华人、华侨专业机构负责人，向重点用人单位推荐了500余名海外高层次人才，并与其中120余人达成初步合作意向。二是实施国内机构推荐制度。启动首批国内机构推荐海外高层次人才活动，向41家高校、科研院所和重点企业推荐了包括国外院士、知名院校终身教授和首席科学家在内的海外高层次人才117名。三是实施"以才荐才"制度。组织在津海外人才推荐高端急需人才70余名，为发现人才、储备资源奠定了基础。

（二）完善全球信息发布机制

一是完善需求收集制度。根据天津经济和社会事业发展的需要，进一步完善海外人才需求指标体系，确定了五大类人才的40项统计指标，征集海外引才引智需求2000余条。二是建立发布协作网络。以海外协作单位为主体，定期或随机发布引才政策、需求和合作项目等信息，构建了覆盖广泛、更新及时、运作灵活的海外信息发布网络。三是组织信息发布活动。首次举办天津市引进海外人才智力需求全球发布会；全市60多家重点用人单位借助《人民日报·海外版》、《天津日报》等13家国内媒体和50余家海外留学生组织、华人华侨组织和华文媒体，面向美国、德国、韩国、澳大利亚等20多个国家（地区），集中发布岗位需求1200条，涉及航空航天、电子信息、新能源新材料等专业领域20余个。

（三）优化海外引才对接机制

一是充分利用自有平台引才。举办中国（天津）第8届引进海外人才智力网上交流洽谈会，组织海外高层次人才津门行活动，引进了2100余位高层次海外人才来津工作。组织天津市海外人才招聘团赴美国、加拿大开展招聘活动，共对接海外高层次人才500人，达成引进意向207人，其中包括2006年诺贝尔物理学奖得主、美国专家乔治·斯穆特；另与20多家海外人才机构达成合作意向。二是借助国家平台汇聚人才。组织100多家重点单位参加第11届中国国际人才交流大会、外籍人才招聘会和中国留学人员广州科技交流会，促成300多位海外人才到津工作，达成项目合作意向近500项。三是探索新的模式对接人才。启动"院市引智合作计划"，围绕二次引进高端专家、合作举办学术活动、安排专家到津考察、组织开展成果推广等工作，与中国科学院达成合作意向4项。通过举办院市引智合作对接洽谈会，中国科学院向天津推荐了首批40余位外国特聘研究员和外籍青年科学家等高层次专家。其中，已有近10位专家与高校、科研院所和重点企业达成合作意向，申报2013年引智项目4项。

二、人才素质提升工程

（一）积极实施"专业素质提升计划"

一是服务中心工作更加自觉。抓住明确申报重点、实行政策倾斜、主管部门把关、专家集中评审等关键环节，引导单位围绕重点立项、申报。出国（境）培训项目与滨海新区开发开放、经济结构调整、社会事业发展等重点领域的关联度，平均在85%左右，资金投入也占总投入的80%。二是培训平台更加优良。筛选确定30多家境外培训机构，并首批命名10家海外培训基地，作为重点推荐的培训渠道。先后两次组织境外培训机构洽谈培训会，组织30余家境外培训机构的负责人来津培训，进一步提升境外培训机构的政策水平和业务能力。三是管理运行更加规范。严格执行《天津市出国（境）培训项目实施工作督导制度》、《天津市出国（境）培训项目单位主管领导约谈制》等一系列制度规定，通过实行全权委托、网上预审、委托初审、一次告知、限时审批、监督抽查等具体制度，优化项目审核流程，确保项目执行报批环节高效运行。由于选题准确、管理规范、运行高效，受训人员的国际视野更加开阔，专业素养明显提升，创新能力不断增强。

（二）扎实推进"海归融入计划"

一是推动创新思路的形成。举办首期天津高层次留学回国人员创新创业实训班，邀请创新领域研究专家以及成功企业家、法律专家进行专业讲座，组织学员实地考察创业企业，帮助高层次留学人员在规划发展、拓展市场、转化成果、防控风险等方面形成创新性思路。二是促进创新、创业能力的提升。实施第二期"名师带培计划"，组织"千人计划"入选专家与两院院士、知名企业家结成对子，由创业名师帮助破解关键难题，提升自主创新能力，推动成果转化。在导师的指导帮助下，天津"千人计划"入选专家创办企业。"海归能力提升计划"实施两年来，实现产值16亿元，利润超过2亿元。三是强化实践能力的提升。启动海外高层次人才高校兼职计划，组织"千人计划"入选专家与10所高校对接，担任兼职教授，通过开设专业讲座、指导撰写论文、共同申报课题、开展联合攻关等形式，借助高校资源和实践平台，有效提升了海外人才的实践能力，已初步形成论文、专利等创新成果70余项。

（三）有序开展"外教岗前培训计划"

一是确定培训大纲。启动外国文教专家岗前培训基础讲义编辑活动，推动岗前培训工作向标准化、规范化方向发展。二是开展培训试点。初步形成了网络培训、集中轮训、以考代训等培训模式。三是交流培训经验。系统总结外国专家岗前培训工作的经验，全面部署2012年外国专家岗前培训工作。

三、海外人才开发工程

（一）实施"创新增效计划"

一是帮助对接政策资源。全年海外人才共申报国家各类专项700项，争取国家和天津各类专项经费1.6亿元。二是帮助对接部门资源。定期约请天津市发改委、市经信委、市教委等部门负责人与留学人员进行座谈，帮助海外人才反映意见和诉求50余条，解决各种难题110多个。三是帮助对接区县资源。开展海外人才区县行活动，推动"千人计划"入选专家对接区县的留学人员创业园和孵化器，达成20余个创业项目落地意向。四是帮助对接企业资源。推动10多家企业从高等院校"二次引进"海外人才30余人开展合作，破解关键难题50余项，形成研究成果20余项，创直接经济效益4200万元。

（二）展开"青年骨干带培计划"

一是配备科研助手。根据专家的特点和单位骨干培养的实际，为每位外国专家配备1～2名科研助理，组成工作团队。为337位外国专家配备的608名科研助理已迅速成长为业务骨干和技术能手。二是探索带培模式。形成了"六个一"模式：即"制订一个（项目）执行计划、配置一个创新团队、组织一场学术报告、开展一次项目评价、形成一项创新成果、落实一个跟进方案"，举办专家论坛、专题报告会、科技讲座293场，3100名青年骨干得到外国专家的直接带培，受益人数达2万余人次。三是落实保障措施。紧紧抓住合同约定、跟进检查、绩效评估等关键环节，着力提升带培质量。工作结束后，及时组织绩效考核、群众评议、专家评估，有效保证了带培质量。

(三) 启动"高端决策支持计划"

为了帮助海外人才提高建言献策的质量和针对性,先后开设了一系列专题讲座,向 3000 余位海外人才印发了介绍天津引才政策和工作成效的中英文资料。组织近 500 名海外高层次人才实地考察,增强对天津经济社会发展情况和引智引才环境的了解。全年共有 219 位海外人才围绕科技创新、人才建设、城市交通、环境保护等九大领域提出建言 280 余篇,被各部门采纳的达 70 余条。

四、创新创业成果展示工程

(一) 稳步推进创新创业成果汇集工作

建立和完善了高层次海外人才库、引智引才海外协作机构库、引智引才项目库、引智引才成果库。构建信息采集网络;各单位指定一名信息员,负责引智引才信息的采集、传递、应用和工作联系。落实信息报送制度,坚持每月报送工作成果、信息和数据。天津市外国专家局每月对信息进行汇总整理,形成完整的信息采集网络。目前,各主要数据库共积累高层次留学人员和外国专家信息 2000 余条,引智引才项目信息 786 条,引智引才成果信息 627 条。

(二) 全面开展创新、创业成果展示工作

借助大型国际交流平台举办天津市引智引才成果大型特装展 5 次。利用人民日报、天津日报、天津电视台、北方网等主流媒体和海外 10 多家华文报刊,刊发反映天津引智引才工作和创新创业成果的新闻、专稿及信息 720 余篇(条)。组织"海河友谊奖"评选表彰、"海外人才友谊林"建林、在津外国专家"中国日"的"洋眼看天津"摄影比赛等一系列特色活动,全方位展示海外人才的风采、引智引才的成果,引起了社会各界的广泛关注。

(三) 积极组织创新、创业成果推广工作

新命名引智成果示范推广基地(单位)9 个,国家和市级基地(单位)共 31 个。全年共组织成果推广活动 73 次,推广引智成果 116 项。推动引智成果申报自主知识产权 194 项,形成论文 336 篇,获得国家和地方各类奖项 98 项,投入生产应用 78 个。组织农业引智成果应用培训班 119 个,参加的经营专业户 5600 多人,推广应用面积达 46 万亩,新增经济效益 3.8 亿元。

五、引智政策保障体系

(一) 持续优化政策体系

制定《天津市推荐国家"外专千人计划"人选实施办法》、《天津市引进国外智力专项资金管理暂行办法》

等6项具体规定。先后两次组织已有政策应用效果听证会，对现在政策体系进一步修改完善。组织"外专千人计划"专项政策推介会。举办引智引才重点联系单位负责人政策应用研修班，面向200多家用人单位开展政策宣传推介活动，推动用人单位用足用好政策。

（二）不断加强基础建设

先后举办了5个培训班，帮助全市300余位重点单位的主管领导、留学回国人员企业负责人和引智引才专管员掌握各项政策和服务程序，有效地提升政策水平和执行能力。召开了天津市国际人才交流协会第二次会员大会，选举产生新一届领导机构；成立120名成员组成的新一届天津市引智引才专家咨询委员会，为天津引智引才规划制定、引才专项评审、引智成效评估等工作的开展打下良好基础。依托中国天津人力资源发展促进中心建设了700平方米的"海外人才之家"，把"外国专家来华工作许可"、"外国专家证"办理和引智项目申报等16项服务纳入业务范围，着力打造设施先进、制度完善、工作高效的优质服务窗口。引智专网被国家外国专家局评为"地方引智机构先进自助网站"。

（三）切实提升服务水平

一是了解人才需求。建立海外高层次人才服务联系制度，为144位"千人计划"人选者发放服务联系卡。开展"人才服务月"、"访重点联系单位，促引智引才工作"系列活动，深入了解用人单位和海外人才的需求，为有针对性地开展服务打下基础。二是优化服务流程。实行"一窗接件、综合受理、全权委托、网上预审、即来即办、比例抽检"的一站式服务，手续办理时限压缩75%以上。三是开展专项服务活动。深入天津科技大学、天士力集团等20余家重点联系单位，开展专项服务活动，举办政策宣讲20余场，帮助解决科研器材通关、科研项目申报、社保卡办理等难题110多个。

（四）切实强化运行管理

一是优化管理机制。联合专业机构加强对管理机制的研究，制定并推行目标责任制、工作督导制、联合检查制、工作通报制，实现管理效益的最大化。二是推进依法行政。会同天津市公安、市外办等单位定期组织联合检查，先后深入20余家聘请单位例检和抽检，督促解决30多个具体问题。组织对137家外国专家聘请单位和中介机构进行集中年检。实施法人约谈，约谈聘请单位法人10余人次，宣讲政策、指出问题、提出整改要求，进一步规范了管理，优化了天津的引智引才环境。三是实施效能评价。建立效能评估指标体系，围绕管理的目标、重点、程序、效益等内容进行总结评估，提出评价意见，为进一步加强引智引才管理提供了基础依据。

重庆市

2012年，重庆市共引进外国专家1.09万人次，同比增长22.4%；获批国家和市级配套经费435.5万元；选派出国（境）培训1447人次，同比增长18%，获批经费232万元；入选"外专千人计划"6人；获批国家级引智成果示范推广基地1个。

全年共办理"外国专家来华工作许可"512件，较去年同期增加11.8%；办理"外国专家证"919件，较去年同期增加67.7%，新审批聘请外国文教专家单位资格认可14家。

10名外国专家获"重庆友谊奖"。

争取设立重庆市"两江新区"引智专项工作进展顺利，将为"两江新区"开发开放提供更为坚实的国外智力支撑。加强支持"两江新区"引智工作。

正式印发《重庆市引进国外智力"十二五"规划》，明确提出"十二五"时期的主要目标、重点任务以及将要实施的重大举措：到2015年，建成管理职能健全、工作制度完善、引进渠道畅通、服务质量优良的引进国外专家工作体系，引进国外各类专家2.5万人次左右，经济技术专家比重上升到55%左右；初步建成以国家级引智成果示范推广基地（单位）为龙头、市级基地（单位）为骨干、引智示范项目为基础的服务"三农"和"库区"的引智示范推广体系；初步建立起全市出国（境）培训计划性强、操作规范、部门配合的出国（境）培训管理体系。

一、多种手段引进高层次外国专家

（一）赴国外进行高层次人才招聘

以组织实施"外专千人计划"为抓手，积极开展海外高层次人才引进工作。赴日本开展高层次人才招聘，收集了大批高端专家信息，为高层次人才引进打下坚实的基础。

（二）助推"两江新区"建设，设立"引智产业园"

会同重庆"两江新区"管委会协助起草《国家外国专家局关于引进国外智力促进重庆两江新区开发开放的实施意见》；为进一步推动"两江新区"以及全市高层次外国专家的引进，初步设想在"两江新区"建立"引智产业园"和国际人才交流平台，重点引进五大支柱产业的国际高端人才。

（三）举办引智项目对接会

召开国际引才引智项目对接交流会，包括美国对华教育服务中心（ERRC）、美国国际教育交流协会（CIEE）、美国国际文化交流中心（CCE）、美中教育文化交流中心（US-CECC）、法国退休专家志愿者协会组织（AGIR）、意大利退休专家组织（ISES）和杭州浙大海伦外语教育网络有限公司（China TEFL Network）等在内的多家外国专家组织和中介机构参会，并与部分区县、高校、企业等人才需求单位对接，共达成300多项人才引进和合作协议。

（四）增强引智项目的针对性

加强与企业的沟通和对接，掌握重点领域的外国专家需求，进一步增强工作的针对性和时效性。实施的引智项目涉及汽车摩托车、电子信息、装备制造、生物制药等众多领域。

二、提高管理服务水平，全力推进"外国专家之家"建设

在严格履行行政许可职能的同时，为加深外国专家对中国文化的认同感和工作、生活的归属感，还组织外国专家开展了关爱健康、丰富生活的系列活动。较有特色的是：以感受和了解巴渝传统文化为主题的"重庆非物质文化之旅"和"中国传统文化品鉴沙龙"等活动。

三、开展出国（境）培训，加快培养外向型人才

结合重庆市当前迫切需要解决的重点问题组织出国（境）培训。重点项目如：优秀中青年专业干部中长期培训、中层干部赴香港培训、赴英国职业院校建设与发展高级研修班、赴加拿大公共机构绩效考核专题培训班等。此外，还积极推荐党政干部、专业技术人员、企业经营管理人员参加国家级培训项目。

四、加强队伍建设，夯实工作基础

组织召开引智工作联席会议。来自重庆市经信委、市教委、市科委、市公安局以及"两江新区"等18家引智联席单位参加会议。会议通报了2011年引智工作情况，讨论了《2012年全市引智工作要点》，明晰了全年引智工作任务。

为造就通晓国际规则、履职能力较强的引智工作队伍，举办引智干部业务能力提升专题培训班和文教专家管理工作专题培训班，来自36个区、县（单位）的140名学员参加。

河 北 省

2012年，国家外国专家局批复河北省引进国外技术、管理专家项目46项，核准引智经费165万元，聘请专家225人次。河北省向国家外国专家局申报唐山"新一代动车组研制"、廊坊"全民健身网络工程"、沧州渤海新区"八万吨镍铁"等3个项目的专项资助经费115万元。此外，还获批7个农业引智成果示范推广项目，获经费资助65万元；获批高校文教专家科研项目3个，获经费资助34万元。

全年共办理"外国专家来华工作许可"326件（其中文教类299件，经济类27件）、"外国专家证"759件。

20名外国专家获"燕赵友谊"奖。

一、建立健全规章制度

一是会同河北省发改委、省科技厅、省公安厅、省教育厅、省国有资产监督管理委和省农业厅印发《关于贯彻落实〈国家引进国外智力"十二五"规划〉的意见》，将在高端人才引进、重点人才培养、国际合作交流等方面有效地推动引智工作深入开展。

二是为贯彻落实《"千人计划"高层次外国专家项目工作细则》，起草《关于实施高层次外国专家引进计划的意见》。

二、认真做好外国专家管理工作

认真贯彻落实《行政许可法》，为外国专家提供热情周到的服务。在管理上引入ISO 9000质量体系，增强服务意识，精简办事程序，监控执行过程，提高工作效率，绝大部分行政许可事项能够当天办结。

对聘请外国文教专家资格单位加强管理。据统计，全省具备聘请外国文教专家资格的单位有222家，其中大专以上教育机构73家，中等以下教育机构149家。在管理上严格做到：①严把聘请外国专家资格入口关，对聘请外国专家单位的管理制度、专家住房、安全管理责任落实到人，并对聘请单位日常管理工作给予经常性的检查指导，要求聘请单位增强风险防范意识。②不断完善外国专家突发事件的应急处理机制，联合外事、教育、公安等部门建立"外国人管理领导小组"，并共同制定出台了《河北省政府部门间外国人管理与服务协作规定》，遇有重大问题都及时与相关部门沟通，形成了河北省外国专家局一个窗口对外，外事、教育、公安等部门分工协作的工作体制。

三、举办河北·唐山国际现代农业新技术展示推介会

为拓展国际农业技术交流渠道，加快农业产业结构调整，促进现代农业产业发展，缩短引进国外农业技术成果周期，打造河北省农业引智品牌，5月24—25日以国家外国专家局经济技术专家司、河北省人力资源和社会保障厅及唐山市政府的名义，举办了河北·唐山国际现代农业新技术展示推介会。邀请以色列、美国、西班牙和新西兰等13个国家、19个农业科研机构和企业的21名农业专家代表到会，展示国际先进技术和优良品种。国外农业机构带来了农作物、水果、蔬菜、畜牧等120多个新品种，以及新型肥料、生物技术、农产品加工、节水灌溉等94项现代农业技术项目。全省53家农业引智成果示范推广基地和种植养殖专业户共1160多人参观洽谈。展示会共达成农业新技术新品种引进协议78项，引进技术品种113个；达成合作或引进意向312项，发放农业新技术、新品种宣传资料5200多份。

四、开展引智援疆工作

组织全省外国专家局局长及相关项目单位的技术人员参加百名外国专家新疆行暨引智成果援疆周活动，推介河北从国外引进的优良品种、先进技术和经验。

山 西 省

2012年，山西省共申报引智项目74项，同比增加70%。其中，获批"高端外国专家项目"6项，国家级经济技术类项目35项，山西省"外专百人计划"项目9项。6名外国专家获"山西省外国专家友谊奖"，9个单位获省级引智成果示范推广基地称号。

获第11届中国国际人才交流大会组委会颁发的"最佳组织奖"、"最佳展示奖"。

一、健全完善引智工作政策措施

正式出台《山西省引进国外智力"十二五"规划》，明确了今后5年的引智工作目标和措施。出台《外国专家在晋工作突发事件应急预案》，加强了安全防范，进一步完善了引智工作的制度保障。出台山西省《"外专百人计划"实施办法》。组织编印《外国文教专家管理案例选编及政策法规要点释义》和《外国专家管理实用手册》。为进一步规范行政审批流程，还组织开展了相关政策业务培训。实行引智工作目标责任制，将全国引进国外智力工作会议和全省人力资源和社会保障工作会议的精神细化为10项指标、22个子项，协同省市及各有关部门一项一项抓落实。

二、大力引进高层次和紧缺人才

共引进外国专家516人，其中：具有博士学位者90人，硕士87人。短期项目引进教授级专家98名。比较典型的有：法国ECTI组织推荐的医药专家，德国SES组织推荐的花旗松育苗专家，以及国际牙医师学院院士、种植牙医学专家，美国医学教育专家，以色列医学专家团，美国药力评价专家，法国著名生物化学工程师和南非防治瓦斯爆炸专家等。

组织大同、忻州、吕梁、长治等市参加2012年外籍人才招聘会，重点引进急需的高层次专家。

三、重点支持"一村一品"、"一县一业"发展

将"一村一品"、"一县一业"列入目标责任制考核计划，确定了太原、阳泉两个市和曲沃、长子、应县三个县为重点市县，进行项目需求摸底，并与当地政府部门建立起良好互动的合作关系。长子县方兴现代农业有限公司引进推广的美国"碧玉"青椒、

法国"法拉利"西葫芦等新品种，已成为长治市日光温室和移动大棚种植的主导产品。应县10万亩青椒病虫害防治、曲沃县万亩蔬菜品种改良项目，曲沃县引进日本的黄瓜嫁接技术，将黄瓜嫁接到南瓜根系上，产品深受市场欢迎，经济效益显著提高。

四、积极组织参与国际人才交流活动

先后参与了首届世界晋商大会·人才论坛、百名外国专家新疆行暨引智成果援疆周和引智工作进红区等活动。参与组织了2012山西太原人才智力交流大会。更加注重与引智先进省市的合作交流，与重庆、山东、河南、上海、深圳等地建立了合作关系。

内蒙古自治区

2012年，内蒙古自治区的引智工作围绕经济建设和发展的重点目标，完成引进国外技术、管理人才项目78项，聘请外国专家160人次；完成出国（境）培训项目32项，派出培训625人次。

全年共办理"外国专家来华工作许可"151件、"外国专家证"166件。新批准聘请外国专家资格单位21家。

10名外国专家获内蒙古自治区"骏马奖"。

一、广辟渠道，积极引进海外高层次人才

一是搭建人才招聘平台，开通内蒙古国际人才网。在全国率先开通了内蒙古国际人才网，搭建起引进海外人才的网络平台。该网依托中国国际人才网和海外人才信息库强大的人才资源及影响力，面向海外留学人员和各类人才，用英文广泛宣传人才引进的优惠政策，为内蒙古各类用人单位招聘海外高层次人才提供信息咨询服务，吸引更多海外高层次人才来内蒙古开展技术指导、科技研发、项目创业、人才培养等。

二是建设海外高层次人才联络平台。在德国组织召开内蒙古引进海外高层次人才政策推介会，并与华人社团、留学生组织和侨联等机构建立了工作联系；与美国旧金山的"中关村瀚海硅谷科技园"和洛杉矶的华人团体进行密切沟通，搭建起内蒙古与海外高层次人才联络通道。

三是组织参加中国大连海外学子创业周，发布了40余家用人单位的需求信息300余条，发放各类宣传手册500余份；向海外学子介绍内蒙古经济社会发展的良好势头，宣传"草原英才工程"的有关政策；与50多位留学人员建立工作联系，20名海外高层次人才接受邀请，参加2012中国留学人员西部科技交流洽谈会；与12名留学人员签订了合作意向，专业涉及电子信息、生物、医药、机电、新能源、环保等多个领域。

四是为提升2012中国留学人员西部科技交流洽谈会效果，落实日本华人博士草原行活动的成果，邀请12名海外华人博士到内蒙古参加会议，促进了海外高层次人才、先进技术、科研项目与用人单位的有效对接。

五是组织参加第11届中国国际人才交流大会。与外国专家组织机构洽谈引进国外技术、管理人才项目25项，与国外培训渠道洽谈出国（境）

培训项目31项，并与北美洲中国学人国际交流中心等海外留学人员组织建立了联系。

二、抓住重点，突出质量效益，提升管理水平

第一，是注重抓好项目的质量和效益。一是抓好立项把关，组织各有关专家评审，提高项目申报质量。二是抓好实施过程，采取各种方式，对项目执行情况进行全面跟踪。三是抓好对已完成的项目成果验收，组织专家实地考察评估。四是抓好项目成果总结，提升项目管理水平。在出国（境）培训管理方面加强了预培训教育。强化质量和效益意识，提升项目管理水平，形成了规范、有序、高效的引智管理体制机制。

第二，是安排具有地域特色和优势的引进技术。农牧业方面重点以推进主要农作物产量和品质提升、生态环境及草原保护、畜种改良和新品种培育，农牧业产业化，农牧业产业结构调整，农牧业现代化服务。工业上推进原始创新、集成创新和引进消化吸收再创新，如"DEP稀土工业废水处理系统产业化"项目，通过引进"DEP水处理技术"解决了工业废水的污染问题，提高了水资源的利用率，在节约生产成本、节能降耗方面效果显著，而且实现了世界性的技术突破。内蒙古是全国马铃薯的主要产区，种植面积最大，2011年以来通过引进比利时先进的马铃薯晚疫病数字化预测模型，开发建立内蒙古马铃薯晚疫病数字化监控预警系统，2012年通过该系统指导防控马铃薯晚疫病减少农药使用量250吨，节约资金500万元，减少损失鲜马铃薯10亿千克，挽回直接经济损失3亿元。"优质肉羊高效繁育技术集成示范与推广"项目把德国美利奴羊和当地土种羊杂交结合，经过几年的横交固定，在巴彦淖尔市和赤峰市相继培育出品质优良的"巴美羊"和"昭乌达羊"两个肉毛兼用的新品种。

三、强化外国专家管理工作，坚持依法行政，加强协同配合

一是创新审批机制，办理"外国专家来华工作许可"、"外国专家证"，建立外国专家来华审批责任制。

二是建立法人约谈制度，开展与申请聘请外国专家资格单位的法人见面谈话，告知有关政策规定、外事纪律及管理制度、涉外知识等。

三是会同公安、教育等部门对聘请外国专家资格单位，主要对各高等院校教学场所、外教住所、安全保卫及各项管理制度，实施常规检查和抽查。

四是实行专办员制度，定期培训专办人员，提高办证质量与效率，提升管理和服务水平。

四、加强协作，主动配合、做好引智宣传表彰工作

一是组织召开内蒙古和东北地区

引智协作会议，总结交流了各地"十一五"引智工作及地区合作的经验，探讨"十二五"引智区域合作领域与内容，并考察重点引智项目。与东北三省四市签署了《引智促东北振兴战略合作框架协议》，推动了地区引智合作交流。2012年与东北三省在农作物种植、自然养猪及人才培养等方面实现了引智资源和成果共享。

二是做好各项人才工程的出国培训工作。实施"511专业技术人才培养工程"和"111企业经营管理人才出国（境）培训工程"。

三是加强制度建设，拟定了《内蒙古自治区引进国外智力"十二五"规划》及《引进国外人才专项经费管理暂行办法》。

辽 宁 省

2012年，辽宁省共引进国外技术管理专家3752人次，文教专家2686人次；获国家经费资助2074万元。

入选"外专千人计划"4人、"高端外国专家项目"21项。

全年共办理"外国专家来华工作许可"976件，"外国专家证"705件、延期947件；受理外国文专家聘请资格单位申请49个，批准34个。

各有30名外国专家获"辽宁友谊奖"和"辽宁外国专家荣誉奖"。

一、全面实施引进海外研发团队工作，为辽宁全面振兴提供新的经济增长点

2012年，辽宁省政府批准了引进海外研发团队15批，共引进海外高层次研发人员2800人，实施项目786项；拨付专项资金4.1亿元，各市政府配套经费累计已达3.25亿元。

（一）上下联动，引进海外研发团队取得重大进展

积极协调辽宁省发改委、省经信委、省科技厅、省财政厅、省中小企业厅和省食药监局等有关部门，联合相关领域专家指导企业引进适合本企业发展和满足项目建设实际需要的海外研发团队。同时，委派专人深入项目单位进行落实，协调解决项目实施中存在的问题。组织开展引进海外研发团队工作"回头看"活动，对近年来省政府批准实施的全部项目进行了跟踪问效。迄今，海外研发团队已帮助相关企业成功研发出了一批在国内外均处于领先或首创地位的新产品，技术水平牢牢占据了国内行业的制高点，形成了自主知识产权。如沈阳鼓风机集团有限公司通过引进日本和美国研发团队，完成了国产化首台（套）百万吨乙烯装置用裂解气压缩机组的全部设计工作；特变电工沈阳变压器集团有限公司通过引进德国和瑞典研发团队，成功研制出目前世界上电压等级最高的±800千伏换流变压器；瓦房店轴承集团有限责任公司通过引进日本研发团队，研制的1.5兆瓦风力发电机主轴轴承属于国内首创；辽宁新风集团有限公司通过引进德国研发团队，设计制造了具有自主知识产权的柴油机电控高压共轨燃油喷射系统，打破了国外的技术垄断。

（二）长效机制作用和效果凸显，确保引进海外研发团队工作持续有效

引进海外研发团队工作已连续4

年写入《辽宁省政府工作报告》和《2010—2020年辽宁省人才发展规划》,并纳入了省政府对各市政府的绩效考核体系。据初步统计,在辽宁省政府批准实施的786个项目中,属于支柱产业的项目达到三分之二以上,其中涉及高端装备制造、新材料、新一代信息技术、新能源汽车等战略性新兴产业研发团队431个、研发人员1300余人;160个结项项目现已年累计实现销售收入351亿元,极具产业化发展前景。

二、高端引领、服务振兴,引进外国专家工作迈上新台阶

(一)申报"外专千人计划"和"高端外国专家项目"取得新突破

共向国家外国专家局申报"外专千人计划"人选25人,申报"高端外国专家项目"人选38人。经评审,4名外国专家入选"外专千人计划"。有21人入选"高端外国专家项目",其中有国外院士4人,服务世界500强企业的高层技术、管理人员10余人,在国外知名高校担任教授的10余人。这些专家在推动企业关键技术创新方面发挥了重要作用。如鞍山荣信电力电子股份有限公司聘请的意大利专家保罗·安东尼奥·保丁格诺已经协助企业完成了电子注入增强门极晶体管(IEGT)10千伏高压变频调速装置和轻型直流输电系统的定型设计工作。丹东奥龙射线仪器有限公司聘请马来西亚专家颜志发协助企业研制成功160千伏纳米X射线管。这些高端专家引进之后切实发挥了作用,在海内外发挥了人才种子集聚效应,推动相关领域吸引更多海外高端人才为本省服务。

(二)构建立体化外国专家引进结构,各类引智项目协同促进经济结构调整

全省获批国家级重点项目4项,"软件与集成电路专项"14项,获得资助专项经费450万元;常规引智项目达200项,获批引智专项经费575万元;省级重点引智项目34项,获批引智经费208万元。共引进外国技术、管理专家1200余人次,取得了显著的经济和社会效益:

1. 在农业方面,引进了一批先进的农业种植、养殖新技术,培训了大批农业技术人员和农民

如沈阳金秋实牧业有限公司通过引进秘鲁专家,推广活体采卵法牛性控胚胎生产技术,全年培训农业技术人员和农民1260人次,组织技术人员为农民养殖户胚胎移植5000余枚,助农增收达6000余万元。

2. 在工业领域,通过引进外国专家提升了企业自主创新能力、核心竞争力和综合实力

如华晨汽车集团通过聘请英国、意大利等国专家完成了电动车目标设计,确定整车及关键零部件性能参数

和技术方案。

3. 按照国家扶持非公企业发展的要求,对于民营企业给予适当倾斜

积极发挥项目资金的杠杆作用,推动部分民营企业改进生产技术与工艺流程、降低生产成本、提升企业管理水平。如辽宁某民营公司通过聘请新西兰专家开发出一项新型专利产品"叶轮无轴向力多级离心泵",完成5个口径、43个规格的新产品设计,实现产业化后年产值将达5000万元。

(三) 健全项目管理制度,逐步提高项目质量和效益

首先,从项目源头入手建章立制、加强政策培训,将规范管理的理念贯穿项目管理全过程。召开全省引智项目管理工作会,对全省负责引进外国专家工作的人员进行培训,将国家相关规定传达到基层。同时,加强政策宣传和引导,利用多种机会、采取多种方式推介、宣传外国专家项目的引进标准、程序、支持政策等,让有关企事业单位都能理解相关政策规定。在项目计划组织阶段,年初及时下发项目计划,对如何组织实施好项目提出具体要求。转发国家外国专家局《关于做好2012年外国专家组织工作的通知》等文件,就开展专家组织项目进行部署。在项目评审阶段,建立项目评审答辩制度,提高申报的透明度。为保证项目评审的公正、公平、公开,采取专家评审委员会听取项目单位汇报、答辩、无记名投票等程序,并在辽宁省外国专家局网站进行公示后确定入选项目。在项目实施过程中,省、市外国专家局密切配合,落实外国专家人选,对专家到职、项目实施和经费使用情况进行摸底和督导。由于管理规范有序,顺利通过了国家外国专家局组织的专项检查,并赢得充分肯定。

(四) 紧密结合振兴老工业基地需求,积极引进东欧及独联体国家专家

共有11个项目列入"东欧及独联体国家引智专项",累计引进东欧及独联体国家专家207人次,获批经费295万元。如沈阳航新非标设备制造有限公司实施的"金属复合材料"等一批重大项目,通过聘请国外高层次专家开展技术攻关,取得了多项重大成果。另外,还确定省级"东欧及独联体专项"12个。如辽宁中信生物科技有限公司作为国内知名的氯化胆碱生产企业(氯化胆碱是动物生长不可缺少的一种维生素),其产量只能部分满足国内外的市场需求,通过聘请俄罗斯和日本专家,提高了生产能力,进一步增强了国际竞争力。

(五) 社会管理项目取得零的突破

如沈阳大学等单位获批"创新社会管理,构建和谐劳动关系"等4个项目,每项最高40万元的资助,标志着辽宁省突破了引智工作仅服务高新技术成果引进的单一模式,推动着引智逐步向民生领域延伸。

三、注重实效、共享成果,智力援疆及拥军工作取得显著效果

(一)以服务"三农"为目标继续做好智力援疆工作

积极响应国家外国专家局开展的智力援疆活动,继续组织沈阳、丹东和盘锦等市向新疆提供加拿大燕麦种子2500余千克、草莓种苗15万株和蔬菜新品种100万株,总价值7万元。经新疆塔城等地区试种,马铃薯、草莓分别增产15%和30%。尤其是经济作物燕麦,其产量比辽宁高出50%,并给当地农牧民带来了经济收益。派出风电领域、燕麦种植领域的3名外国专家参加百名外国专家新疆行暨引智成果援疆周,并举办了辽宁智力援疆成果展,受到充分肯定。

(二)开展引智拥军工作,助力提高军队的后勤保障能力

积极协调辽宁省农委、省农科院为沈阳军区联勤部推荐相关专家,协助建设农业设施招投标专家库。组织专家服务武警部队农副业生产,引进生猪养殖、水稻、蔬菜新品种和新技术,为部队后勤建设提供全方位智力支持,在农副业引智成果交流会上获得好评。

(三)建立外国农业专家资源共享机制,加强农业引智成果推广

具体做法是:在专家来某项目工作的同时,向其他有需求的市(县区)发布信息;大力扶持省级农业龙头企业实施农业引智成果推广项目,促进农户显著增收。

四、不断完善引智成果示范推广体系

(一)深化引智成果示范推广体系建设

新批准10个省级引智成果示范推广基地(单位)、继续保留25家单位为省级引智成果示范推广基地(单位)。迄今,省级引智成果示范推广基地(单位)已达46个。

(二)建立首个省级引智促进与推广工作示范平台

辽宁省外国专家局与沈阳辉山经济开发区合作共建首个省级引智促进与推广工作示范平台,形成优势互补、信息互通、工作互动的机制。进一步拓宽沈阳辉山经济开发区引进海外高层次人才渠道,积极培育区内企业引进国外智力重大项目、高端项目,推动辉山地区经济社会发展。通过示范平台积极组织俄罗斯、加拿大专家到开发区进行技术咨询和指导,取得了较好效果。

五、依法实施引智行政许可，规范外国专家的聘请和管理

（一）加强宏观指导，不断创新外国专家管理方式

为加强对各地外国专家工作的宏观指导和规范管理，实施了外国专家聘请资格单位法人约谈制度和各市委托许可签发人年度备案制度。并通过工作调研、现场办公、业务培训等方式指导各市进一步理顺工作体制，制定操作规程，规范审理事项，简化审批程序。目前全省14个市全部实现了"外国专家来华工作许可"、"外国专家证"的网上申办。

（二）完善监督机制，扎实开展外国文教专家聘请资格单位年检

积极与辽宁省公安厅、省外侨办和省教育厅等有关部门沟通协调，按照"依法、高效、简化程序"的总体要求，不断规范聘请资格单位的聘请行为。依法对全省505家外国文教专家聘请资格单位进行年检，准予注册470家，注销聘请资格32家，暂缓注册3家，并向国家外国专家局报送了《关于2012年度辽宁省外国文教专家聘请资格单位年检工作情况的报告》。

（三）多项并举，不断加强外国专家管理工作能力建设

一是按照国家外国专家局的要求，积极开展外国文教专家分类管理工作、外国专家管理工作和在华外国人工作等相关专题的调研，并及时向国家外国专家局报送。二是继续开展外国文教专家管理业务培训。举办全省外国专家管理工作业务培训班，邀请国家外国专家局领导和有关专家进行政策解读、案例分析和业务指导。三是创新工作手段，提高工作效率。全省14个省辖市全部实现了外国专家来华工作许可事项网上申请、受理和审批，建立了国家、省、市和聘请单位4级信息共享机制，实现了管理信息化、统计程序化。

六、评审颁发"辽宁友谊奖"、"辽宁外国专家荣誉奖"

2012年是辽宁省政府设立"辽宁友谊奖"、"辽宁外国专家荣誉奖"10周年。为有效发挥对外国专家的表彰激励作用，组织开展了2012年度"辽宁友谊奖"评审工作，对申报辽的120名外国专家进行评审，最终评选出"辽宁友谊奖"和"辽宁外国专家荣誉奖"获奖外国专家各30名。

沈 阳 市

2012年，沈阳市共实施国家和辽宁省、沈阳市三级引智项目120项，引进海外高层次人才1000余人次。实施出国（境）培训项目28项，派出培训440人。

全年共办理"外国专家来华工作许可"164件、"外国专家证"262件，受理外国文教专家单位资格申报10件，其中有3件已通过审核。

6名外国专家获"辽宁友谊奖"，10名外国专家获沈阳市"玫瑰奖"。

一、坚持依法行政，进一步优化外国专家工作生活的软环境

1. 在行政许可工作方面

主要采取以下措施：一是严把外国专家来华工作的入门关；二是实行网上办公，全程政务公开，做到"阳光审批"；三是缩短办理时限，来华许可办理时限从国家规定的20日缩短至5日，外国专家证办理从7日缩短到3日，将资格认可初审工作限制在20个工作日内；四是开辟绿色通道，实行特事特办，得到了聘请单位和外国专家的好评；五是及时更新完善外国专家信息库，实行动态管理服务，共录入外国专家信息880条；六是注重部门协作，主动会同沈阳市公安局、市外办、市教育局等部门开展资格认可审核工作。

2. 在外国专家奖励工作上

进一步完善了相关评选表彰体系。一是广泛动员征求人选，确保申报质量；二是认真听取沈阳市发改委、市科技局、市经贸局等相关部门及各行业有关专家的意见，确保奖励工作的公开、公正、公平；三是隆重举办颁奖仪式，以进一步发挥激励、示范效应；四是加强宣传工作，在《沈阳日报》开辟《外国专家风采录》专栏，利用媒体对获奖专家事迹进行宣传。

3. 在创新服务措施方面

一是建立重点外国专家联系制度，对荣获"辽宁友谊奖"、"玫瑰奖"的外国专家进行电话问询、实地走访，并对专家提出的一些问题给予及时解答。如针对外国专家提出的购房问题，积极与沈阳市房产局、市公安局沟通，在沈阳市外国专家局网站上发布了"外国专家在沈阳购房办理指南"等英文信息；二是组织40余名外国专家、外籍教师参加中外友人粽子节活动；三是就外国专家聘用合同执行的有关情况，组织开展外国专家分类管理专

项调研，为完善外国专家有关纠纷调处机制提供了决策依据；四是创新服务平台，新建了一个聘请资格单位QQ群，用以指导工作的业务和经验交流；五是在16家聘请单位进行外国专家绩效评估试点，目前已对100余名专家进行了初步评定。

二、强化项目申报和评审管理

一是围绕沈阳市实施的工业"五项工程"，深入挖掘重点骨干企业的引智需求，申报的项目95%以上入选国家、省、市三级计划，获批经费占各级政府资助总额的90%。

二是在立项阶段主动征求沈阳市发改委、市科技局、市经信委等部门的支持，依托科技、产业发展专项计划开展工作，并做好项目的评估论证。

三是依托国家、省、市三级引智成果示范推广体系，充分发挥企事业单位作为引智主体的能动性。

四是聘请专家评审把关。实行行业专家独立评审制度，重点评价项目的可行性、引进专家的必要性、技术的创新性等因素，对不符合标准项目予以剔除。

五是建立项目管理责任体系，对内明确管理内容、职责，对外实行抽检制度。

六是以区县（市）、开发区绩效考核为抓手，完善信息通报等制度，形成分工明确、各司其职的工作格局；七是针对项目申报、经费核拨及执行总结等组织专项培训。

三、努力提升出国（境）培训质量

1. 工作计划管理

指导企事业单位科学定位培训需求，提出切实可行的培训项目和目标；依据各单位提出的培训需求，结合全市因公出国（境）培训的总体计划安排，调整、合并或取消重复内容的培训团组；遴选并择优推荐国家外国专家局审定的培训机构，避免企事业单位选择无资质的旅游、咨询服务机构；并与沈阳市外办、市财政局等部门共同审核确定全年出国（境）培训计划并报批。

2. 执行管理

一是工作流程管理。在接到国家外国专家局项目立项计划后及时举办培训会，介绍相关政策、操作流程、执行要求等，进一步规范和推进出国（境）培训项目的执行。二是强化预培训管理。在团组出国前，集中进行强化政治思想、组织纪律、外事纪律、安全形势、危险防范知识、培训学习要求等方面的教育，保证国（境）外培训顺利完成。三是境外全程管理。注重境外培训的跟踪服务，及时予以指导。四是培训目标管理。对培训学员提出了"七个一"的目标要求，即要求学员运用培训成果研究解决一个重点问题，撰写一篇高质量的研究报告，提出一个有参考价值的意见和建议，编写一本反映学习成果的论文集，开展一次展示沈阳的宣传活动,结交一批外国朋友,引进一批资金和项目。五是训后跟踪管理。采取听取单位组织(人事)部门汇报、召开学员座谈会、填写成果调查表、进行回访等多种方式,对培训的后续成果进行及时跟踪。

3. 成果管理

一是指导培训单位根据境外培训学习内容,结合每名参训人员撰写的总结,研究培训成果在今后实际工作中的运用与推广;二是探索建立培训成果评估机制,由各培训单位的相关业务部门、人力资源部门、个别专家组成专家评审组,听取团组在国外的课程安排、教学组织、学习考察等情况汇报,提出改进、完善的意见和措施;三是由相关行业主管部门适时组织开展全市同行业、同领域的系统内讲座、座谈等业务交流活动,最大化地利用国(境)外的学习培训成果。

大 连 市

2012年,大连市以规范外国专家管理和引进海外研发团队项目为重点,切实加大海外高层次人才引进力度,着力推进公共引智服务,积极促进对外交流与合作,进一步扩大引智成果的推广范围,全面提升引智质量和效益。

全年获批国家级引进国外技术、管理人才项目45个,经费515.3万元,入选"外专千人计划"1人;编制大连市2012年度引智项目计划,实施引智项目65个,引进外国专家480人次,投入专项资金625.3万元。共执行出国(境)培训项目35项,派出培训646人。

1名外国专家获中国政府"友谊奖",8名外国专家获"辽宁友谊奖",25名外国专家获大连市"星海友谊奖"。

全年共办理"外国专家来华工作许可"334件、"外国专家证"475件。

一、完善工作机制,着力提高管理水平

从完善工作机制入手,进一步强化外国专家和引智项目规范管理,一是规范外国专家行政许可。积极与外事、公安、教育等部门沟通协调,举办外国专家管理工作座谈会,简化外国专家行政许可工作流程,将"外国专家证"新办、延期、变更等业务放到市行政服务中心窗口,办结时间由原来7个工作日缩短为即时办结,受到外国专家和聘请单位好评。还采取聘请单位自查、有关部门实地核查的方式,开展聘请外国文教专家资格单位年检工作,指导聘请单位遵守相关法律法规,完善外国专家管理制度,及时兑现外国专家待遇,有效解决外国专家工作生活中的实际困难。二是健全引智项目管理机制,先后建立引智项目分领域专管制度和月报制度。同时,发挥基层的地缘和管理优势,建立二级管理体制,实现引智项目的全过程管理,指导企业用好用足引智政策和资金,确保引智资金用于引进关键技术和紧缺人才。会同各区、市、县对国有大中型企业、高新技术企业以及辽宁省引进海外研发团队项目单位进行调研。

二、全力推进海外研发团队项目引进工作

重点开展了以下工作:一是完善扶持政策。制定出台了《大连市引进海外研发团队管理办法》,确定政策扶持范围,明确资金比例配套等政策措

施，进一步调动基层的积极性。二是科学分解任务指标。综合考虑各区、市、县的产业布局和发展方向，结合上年度指标完成情况、引智资源分布情况等因素，将全市引进海外研发团队项目指标按行政区划进行分解下达，保证各区、市、县任务明晰、科学合理。三是狠抓项目征集。深入到大连市发改委、市科技局、市国务院国有资产监督管理委员会等部门及各区、市、县和先导区，采取召开项目申报现场说明会、到重点企业上门服务等形式，对全市300多个项目进行摸底调研。四是加强获批项目管理。建立引智项目联络员制度，对已获批项目的实施进行动态监督管理。建立项目进度月报制度，确保项目按计划推进和如期结项。

三、着眼实际需求开展出国（境）培训

为大力培养适应"三个中心、一个聚集区"建设需要的各类人才，精心组织实施出国（境）培训项目，切实加强全过程管理，不断提高培训质量和效益。一是以各类高层次、高素质人才培养为重点，先后组织开展了赴比利时安特卫普港进行港口与现代物流管理培训、赴丹麦社会保障业务培训、赴法国特种设备安全监管培训、赴美国青年干部公共管理培训等项目，培养了一大批具有国际先进理念的党政人才、熟悉国际市场运作的企业经营管理人才、掌握前沿科技的专业人才，有力推动了人才队伍建设。二是进一步加强管理，制定了《大连市加强领导干部境外培训工作的意见》并组织召开了出国（境）培训专题工作会议，使管理逐步到位，纪律得到有效落实。三是扎实开展公务员长短期交流研修项目。积极组织赴日韩交流研修公务员人选推荐选拔工作，向日本岩手县、伊万里市和韩国仁川市各派遣1名为期1年的交流研修员；接收安置了日本岩手县和韩国仁川市各1名交流研修员，接待了韩国春川市短期公务员交流研修团；与日本岩手县、花卷市新签署了公务员交流研修协议，每年单方向岩手县、花卷市各派遣1名为期一年的交流研修员，促进了大连与日本、韩国的交流与合作。

四、拓宽引智渠道，不断深化公共引智服务

一是积极搭建公共引智服务平台。广泛深入了解企业对外开展技术和人才合作的需求信息，并依托相关海外合作机构开展信息互换；依托大连市人才交流协会与国外人力资源服务机构建立互访及信息联络；与相关单位合作举办2012中国大连首届国际新兴信息及通讯技术产业大会和2012中国大连首届世界海洋大会，为国有大中型企业技术革新、招才引智和中小企业对外开展人才引进和技术合作牵线搭桥。二是借助第11届中国国际人才交流大会招才引智，掌握了大批高端人才和引智项目信息资源，并进行有

效对接。三是加强与日、韩等国的公务员交流与合作。发挥大连独特的区位和地缘优势，继续组织实施与日本、韩国城市政府间互派公务员长短期交流研修项目，进一步促进了与日韩的交流与合作。四是增强引智成果推广示范效应。举办优秀引智成果与对接会，坚持存量做优、增量做强的原则，加强引智成果示范推广基地（单位）管理，切实增强引智先导示范作用。

吉 林 省

2012年，吉林省引智工作主动服务"三化统筹"、"三动战略"，在推动经济社会又好又快发展和自主创新、培育战略性新兴产业等方面发挥了重要而独特的作用。利用国家和省引智经费聘请经济技术类国外专家300余人，派出培训672人，建成省级引智成果示范推广基地（单位）15个。

全年共办理"外国专家来华工作许可"942件、"外国专家证"2561件、"聘请外国专家资格许可"14件，完成了外国专家聘请资格的年检工作，深入实地检查用人单位20余家，共处理与外国专家有关的上访8次。管理外国专家人数达3800余人。

1名外国专家获中国政府"友谊奖"，6名外国专家获"长白山友谊奖"，44名外国专家获"吉林省优秀外国专家"称号。

一、引进国外智力领域越来越宽，渠道越来越广，引进人才的层次越来越高

一是聘请的外国专家领域涉及汽车、石化、现代农业、农产品加工、光电子、新材料、新能源等十八大行业领域。

二是与18个国家和地区30余家外国专家组织、培训机构和人才中介机构建立了联系，并开展人才交流合作。德国SES、法国ECTI、以色列MATAT、意大利ISES、荷兰PUM等外国专家组织每年都有高层次的专家到吉工作，第11届中国国际人才交流大会期间，与国外专家组织、境外培训渠道洽谈项目26项。

三是重点引进一批能够突破关键技术、发展高新产业、带动新兴学科的战略科学家、科技领军人才和国际化创新团队。有3人入选"外专千人计划"，获批"高端外国专家项目"8项。

二、引进国外智力与经济建设结合更加紧密，效果越来越明显

一是围绕支柱产业、优势产业、战略性新兴产业开展引智，实现了由注重规模数量向追求质量效能的转变。吉林省首批十大科技成果攻关项目和十大科技成果转化项目都与引智密切相关。"一汽混合动力汽车项目"通过聘请德国专家，取得了一批具有自主知识产权的核心技术，全面提升了吉林省汽车产业的创新能力。吉化研究院借助引智开发出拥有自主知识产权

的稀土异戊橡胶,填补了国内空白。此外,从韩国引进的"自然养猪法"已推广到全国30个地区和解放军、武警部队团以上单位。

二是实现了由单纯的引进专家技术向提高产业关联度和延长产业链转变。吉林省农科院水稻所通过引进日本、韩国、菲律宾水稻育种专家培育出的"吉林超级稻",亩产达752千克,年推广400多万亩,为农民增收逾40亿元,目前已通过国家"948项目"验收。通过引进美国、加拿大专家的"专用玉米育种技术",创造出湿润区玉米亩产1168.78千克和西部半干旱区亩产超吨粮的新纪录。自该项目执行以来,共增产玉米36亿千克,农民增收42亿元。辽源吉东种业有限责任公司利用引进的美国材料先后审定了3个高产、稳定、抗逆玉米新品种,每年推广500万亩以上,为农民增收5.4亿元。延边自治州农科院通过引进国外马铃薯品种资源选育出5个马铃薯新品种,推广到全国12个省(自治区),增产鲜薯11万千克。

三是实现了由引人到育人的转变。通过引智项目带动、派出培训、合作研究等多种形式,培养出一大批高水平的科技专家、学科带头人和创新人才。"一汽"模具制造有限公司依托英国路虎铝车身模具等合作平台,先后派出23批113人次到英国、美国、德国、意大利进行培训交流,实现了企业与国际先进技术的有效对接。

三、依法行政水平进一步提高,外国专家服务跃上新台阶

以打造"外国专家之家"为切入点,全面提高管理和服务水平,加强内部管理,简化工作程序,方便外国专家证件办理,积极协调和解决外国专家工作、生活和学习中遇到各种问题,努力营造良好的服务环境,靠政策和服务吸引和留住外国专家。坚持依法行政,规范系统内行文流程,提高办文、办会水平。先后下发了关于聘请专家、出国培训、专家管理等方面的文件,及时传达国家政策,规范了业务流程。对国家软件系统升级及时培训,提高了所属人员的业务水平。

长 春 市

2012年,长春市共执行国家级引进国外人才项目43个,重点引进国外人才153人次;派出培训271人次。入选"高端外国专家项目"1项。

1名外国专家获"长白山友谊奖",1名外国专家获"吉林省优秀外国专家"荣誉称号;10名外国专家获"长春友谊奖",13名外国专家获长春市"优秀外国专家"荣誉称号,5名外国专家被评为长春市"荣誉专家"。

一、国外人才引进取得新成效

按照国家外国专家局引智规划的总体部署,并结合地方经济发展特点,多点开花,项目的总体水平再创新高。国家外国专家局资助的各类项目几乎均有执行。这些项目的组织和实施,对于实现加快发展、改善民生、建好城市、促进和谐的目标,将起到巨大的推动作用。

在汽车和零部件制造领域,法雷奥压缩机(长春)有限公司继"KC-88可变排量"项目上马并稳定运行后,执行"引进KC-83定排量压缩机"项目,现生产能力达到60万套能力。该项目预计2015年前在长春生产基地扩大拓展压缩机的生产规模和深化产品品种。长春贝斯特精密机械有限责任公司通过"汽车天窗玻璃曲率检测设备的研制"项目,控制气动元件确保高级汽车天窗的可靠定位,利用机械部件将高精度位移传感器放置于天窗玻璃上,通过工控板卡将位移传感器信号采集进计算机,同时提供了各个点检测数据的判断标准,有了数值上的检测依据,检测系统可以直接给出产品的检测结果。检测系统的研发为其他各汽车部件类似的质量检测提供了理论依据。

在农副产品深加工领域,长春大成集团的国家级重点引智项目"液体产品(树脂醇C、秸秆处理液)钠离子等离子脱除",很好地解决目前脱盐程序成本过高的问题,提高产品使用寿命与稳定性,研发的小试装置,可使甲酸、乙酸和乳酸产品从树脂醇C中分离提纯,增加了产品的附加值,清洁环保。该成果的应用于大成集团已经建成的年产20万吨植物多元醇生产线后,可生产树脂醇C和秸秆糖产品分别达到5万吨以上。通过下游厂家的应用,将实现大规模的市场销售,大大提高此产业的经济效益和社会效益。

在生物与医药领域,长春海伯尔生物技术有限责任公司共引进古巴专业技术人才19人次，帮助企业建立了完善的生产工艺、质量标准、检验方法及产品质量等标准体系。其中"B型流感嗜血杆菌结合疫苗产业化"项目采用化学合成方法合成抗原物质，再与破伤风类毒素结合制成结合疫苗，成功研制了世界首例该类型的合成疫苗。该项目用化学合成方法制备，工艺简单，生产成本低，适合规模化生产。重组人干扰素α2b注射液产业化项目采用高压匀质机裂解工程菌技术和不含人血白蛋白及其他蛋白成分的新型稳定剂配方，达到了产品纯度高、热源低、副作用小的特点。该项目目前已有3MIU、5MIU、6MIU、10MIU四个规格。其中，10MIU的重组人干扰素α2b注射液是中国唯一上市的高规格干扰素产品，填补国内生物制药领域此项空白，其产品的原液及成品已顺利通过古巴药监局和中国国家食品药品监督管理总局的GMP认证。

在信息和光电子领域，吉大正元信息技术股份有限公司在电子证书认证系统在行业中处于主导地位，产品的市场占有率在70%以上，重点行业覆盖率超过80%。吉大正元是国家高技术研究发展计划成果产业化基地，几年来，围绕着信息安全相关技术开展了大批项目研究，先后承担诸多国家级重点科研项目，"网络安全隔离与信息交换设备与系统"项目（获批"软件与集成电路专项"）是吉大正元在总结多个国家大型的属性管理、认证、授权项目的基础上结合国内外最新的技术进展研制开发的，技术正趋于成熟稳定，产品已小批量生产，在公安部、监察部和水利部、财政部及其他行业已得到实际应用，现正在进行系统升级和产业化建设阶段。

在战略性新兴产业领域，长春市中科希美镁业有限责任公司执行的"稀土镁合金关键技术及应用"项目（获批"东欧及独联体引智专项"），引进俄罗斯专家的3项成熟技术，并经研发后申请了美国和中国的发明专利，在2010年获得授权，该项目突破了西方国家在大口径稀土镁合金方面的独占技术，解决了稀土在镁合金中的固溶强化和晶界强化技术难点，取得了高性能镁合金重要技术突破和自主技术创新，关键是大大降低了生产成本。使得稀土镁合金在国内外市场有了极大的竞争力，可以广泛应用到航空航天、国防军工和民用领域，同时充分利用了我国稀土和镁资源的两大优势。长春中俄科技园股份有限公司的"溴化亚铜蒸汽激光器显微高速摄影技术引进"项目，克服了当高速摄影的放大倍数提高时，由于景深、曝光量、工作距离以及曝光时间减少而导致成像不清和强光照射损坏样品的技术瓶颈，研发出具有完全知识产权的高速激光显微摄影设备，打破跨国企业对我国的技术垄断和技术封锁，具有较大的经济价值，预计项目完成时产值将达到2000万元。

二、出国培训工作实现新跨越

结合人才强市战略的实施，坚持

请进来与派出去相结合的原则,充分利用好国内外两个市场和两种资源,广泛争取境内外的资金支持。在市财政大幅压缩出国培训配套经费和事办从严控制境外培训人数的困难局面下,积极协助政府有关部门从严把握出境培训人选标准,同时积极向市政府说明和争取对能够促进社会和经济建设发展的培训团组的支持,取得了不错的效果。

结合进一步推进人力资源和社会保障工作,提高依法行政的能力和水平,组织了政府绩效评估赴澳大利亚培训团、长春市骨干公务员赴香港培训团;为促进长春市科技创新和支柱产业发展,组织了科技创新与管理创新赴德国培训团、高性能轻合金的研发及航天应用、新能源汽车技术培训等项目;为了促进长春第三产业的发展水平,提升服务层次,满足现代服务业的发展要求,专门组织了长春市赴新加坡现代服务业专题培训;结合进一步提高教师队伍人才建设,组织了教育教学专业带头人培训团、职业院校专业带头人培训团。在人手有限、引智专项资金有限和资源有限的前提下,我们突出重点、整合资源、注重服务、强化管理,把有限的资金和培训名额用在刀刃上,充分发挥引智工作抛砖引玉的作用,加速了人才队伍建设的步伐,为促进地方经济和社会发展,为长春老工业基地振兴发挥了不可替代的作用。

三、外国专家管理工作迈上新台阶

按照国家外国专家局关于"加强领导,统一思想,明确目标要求,突出工作重点,狠抓工作落实,完善各项规章制度"的要求,严格执行国家及省里的相关政策和规定,结合本地经济与社会发展的实际情况,吃透政策,强化服务,注重时效,并创新管理模式,满足了用人单位及外国专家的需求,全力营造外国专家来长春工作的绿色通道,为外国专家在长春工作和生活充分提供便利条件,使外专管理工作从另一个角度更好地服务于经济建设和社会发展。

完成本年度"长春友谊奖"和优秀外国专家的组织申报、评审汇总和申请报批工作,并在8月组织颁奖大会。此外,针对外国专家管理工作方面,还主动与各相关部门沟通协调,共同商讨和制定外国专家管理工作的相关规定,全面提高为外国专家服务的整体水平。

积极参加国家外国专家局国外人才信息研究中心组织的第1届"我与外教"全国征文活动,组织长春本地院校单位积极参与,1篇文章获二等奖,2篇文章获优秀奖,长春市外国专家局也获"优秀组织单位"荣誉称号。

四、中国长春创业就业博览会海外高层次人才区谱写新篇章

以第3届中国·长春创业就业博览会首次设立海外高层次人才项目对接区为契机,根据国家外国专家局关于做好2012年外国专家组织工作的要求,结合经济和社会发展的实际情况,邀请瑞典工程师协会、法国专家咨询协会、意大利高级专家组织、美国旧金山美中交流组织以及其他专业人才机构的代表来长春参会,与本地用人单位进行项目对接。经过周密筹划、精心组织、认真实施,本次海外高层次人才项目对接区的工作收到了良好的效果,得到了参会外国专家组织和本地企业机构的好评。

海外高层次人才项目对接区会议期间,共接待来访950人次,来访单位100多家,洽谈外国专家需求及人才培养项目143项,涉及农业、汽车、IT、生物医药等8个领域,专家组织共接收项目需求61项,初步达成人才引进意向20项,初步达成人才培训意向35个,现场签约6个引进海外高层次人才项目合作框架协议,签约4个人才培养协议,签约7个人才培养合作意向。与来自瑞典、法国、意大利、美国的6家高级专家组织和专业人才机构签署了战略性合作协议。根据协议,这些高级专家组织每年将支持长春市引进国外智力项目需求,针对长春本地企业和机构的需求,选派适合的高级专家来长进行专业咨询服务、技术指导或留学人员带着优秀科研项目来长创业。

以第11届中国国际人才交流大会为平台,在大会上组织第四届长春·创业就业博览会推介会,向各外国专家组织、境外培训渠道及其他海外专业人才机构展示、宣传长春创博会,并诚挚邀请一部分机构次年到长春参会。

共有来自世界各地的12个海外华人团体代表,共十几个国家的近五十名海外留学生代表和用人单位的代表参加了此次推介会。在会议上向各海外学人团体和留学生代表介绍了长春引进海外人才落户创业就业的政策,并发布了海外人才招聘信息和科技项目需求信息。在会议上,长春市人社局与参会的4家海外学人团体代表分别签署了引进海外高层次人才项目战略合作框架协议,长春市科技局与中华清洁发展海外专家联合会等五个团体签署了科技项目合作框架协议,部分用人单位与到会并达成合作意向的海外留学生也分别签署了国际技术需求供给及人才合作框架协议。

黑 龙 江 省

2012年，黑龙江省全年共实施引进国外技术、管理专家项目413项，引进国外专家551人次；入选"外专千人计划"3人，获批"高端外国专家项目"14项；执行出国（境）培训项目18项，派出培训169人，执行国家重点培训项目4项，派出7人；重点推广引智成果14项；成功举办第23届中国哈尔滨国际经济贸易洽谈会（哈洽会）系列引智活动；黑龙江省外国专家局在全国外国文教专家工作会议上获管理工作先进单位称号。

全年共办理"外国专家来华工作许可"388件、"外国专家证"831件。1名外国专家获中国政府"友谊奖"。

一、突出高端引领，积极开展高层次外国专家引进工作

积极组织实施"外专千人计划"和"高端外国专家项目"，有力地促进了重点基础科学研究与重大科技攻关项目的推进，提升了相关学科建设的水平和科研团队的学术水平。如哈尔滨工业大学实施的"可调谐波长/多波长半导体激光超精密绝对距离测量方法"项目，对我国发展数控装备和微电子制造业具有重要的战略意义；"基于无人机的无线传感器网络系统"项目解决了在极端气候环境下无人机实时通讯和大数据量采集的关键问题，实现了高起点、高水平的跨越式发展。

齐齐哈尔齐重数控装备股份有限公司与德国IFD公司合作实施的"数控超重型卧式车削加工中心关键技术研究"项目，重点引进了德国高精度、重载型床头箱的设计、工艺及制造技术，对提高我国重型卧式车削加工中心的设计、制造水平，缩短我国与欧洲国家在重型机床制造领域的差距起到了积极的推动作用。

二、突出重点领域，推进引智工作深入发展

（一）重点做好现代农业发展引智工作

按照黑龙江省关于实施"千亿斤粮食产能工程"要求，重点开展针对大豆、玉米、水稻、马铃薯等四大作物的引智服务工作。引进的美国大豆密植高产技术在黑龙江省、吉林、辽宁、新疆的部分地区推广，已取得了显著的增产增收效果，大豆公顷产量提升到3000～3750千克。在美国专家指导下开展大豆田土壤亚表层排灌溉系统建设研究实验，为大豆超高产研究提供了技术储

备。支持从国外引进大豆分子育种、大豆少免耕等技术,对提高黑龙江大豆生产技术水平具有重要意义。"美国玉米高产品种和标准化生产技术"项目,在2010年引进美国玉米高产品种"先玉335"的基础上,2012年又引进推广了"先玉508"和"迪卡516"等新品种。此外,还重点实施了日本优质有机水稻栽培技术引进、韩国水稻育苗土标准化生产技术引进和韩国、俄罗斯生物肥技术等一批引智项目;重点开展了马铃薯病毒病检测新技术引进与创新、马铃薯晚疫病生物防控技术的研究与应用、马铃薯深加工技术引进等项目。

(二) 大力开展装备制造业优化升级引智工作

如重点支持齐齐哈尔二机床(集团)有限责任公司实施"数控大型多工位压力机技术引进"项目。该项目集成了诸多高端技术,代表了当今冲压设备的最高水平,被誉为大型冲压设备的革命性产品,是我国目前汽车生产必须进口的设备,但相关核心技术一直被德国、日本少数设备制造商垄断。齐二机床公司与拥有该项技术的世界前沿设计企业——德国汉克公司合作,引进了6名核心专家团队开展技术服务和骨干培训,为突破国外技术垄断,发展国产大型多工位压力设备奠定了良好基础。

(三) 推进高新技术和战略性新兴产业发展引智服务

如战略性新兴产业的重点项目——大庆佳昌晶能信息材料有限公司"砷化镓单晶片及抛光片产业化"项目,通过引进美国高层次专家研发新的工艺技术用于生产低位错密度砷化镓单晶材料。该项核心技术的研发与产业化,将进一步提高我国砷化镓单晶材料的工艺技术以及产品质量水平,带动我国砷化镓材料及相关产业的发展。

(四) 积极做好生态建设和改善民生引智工作

重点支持了欧美树种引进、俄罗斯赛地小浆果树种引进、蓝莓深加工、寒地畜禽养殖粪污生态化处理、盐碱地改良益生菌制备技术引进、天然植物抗霉菌毒素饲料添加剂的引进与开发、污水中传染性肠道病毒实时定量PCR检测方法的研究等一批生态项目,同时引进德、美、英等国医疗专家开展了聋儿失语症康复、小儿孤独症疗育、肿瘤预防、诊断与治疗技术、全面荷尔蒙基因疗法、现代生物共振治疗等一大批实用技术。

三、突出地缘优势,着力打造对俄引智"桥头堡"

(一) 实施对俄重点项目,快速提升重大科技攻关和重大工程水平

1. 1000兆瓦及以上级核电汽轮机设计关键技术引进项目

聘请俄罗斯科学院院士、国际泰斗级核电专家雅努什·达尼列维奇及

助手开展技术交流合作，在完成了1000兆瓦核电发电机关键参数设计的核心技术基础上，开展了1500兆瓦超大容量核电汽轮发电机研发工作，并将用于我国海阳、三门核电站建设，该项目的实施使我国在该领域的设计技术跨越20年。

2．"蓝宝石单晶制备和加工技术引进"项目

该项目同时着眼于加工技术的消化吸收和再创新，不断地改进和完善加工工艺、设备，提高了产品质量、生产效率和材料利用率，降低了生产成本。在外国专家的帮助下，产品的国际市场竞争力迅速攀升，突破了发达国家的技术垄断。

3．"基于聚酰亚胺的c/c复合材料制备技术引进"项目

在俄罗斯专家的指导下，项目单位针对聚酰亚胺的合成工艺、碳化、石墨化工艺技术的相关细节以及聚酰亚胺/碳纤维复合材料制备成型技术、复合材料性能测试等进行了系统学习。项目进展顺利，取得重大突破。

4．"俄罗斯等独联体和东欧国家种质资源引进"项目

通过引进专家、出国培训、联合进行科技勘察、商务购买等方式，收集了200余份耐寒和抗逆性强的主要农作物、牧草和浆果种质资源，丰富了我国的植物物种类型，拓宽了我国种质资源的遗传基础，解决了黑龙江在高纬度高寒的气候条件下对耐寒、抗逆等种质资源的迫切需求。

5．"花楸引进和示范"项目

目前，黑河中昌公司花楸种植面积已达到1.5万亩。计划到2015年，苗木基地栽植面积达到20万亩，实现苗木销售收入5000万元，花楸浆果加工产业收入5.5亿元，并以爱辉区为中心，扩大到周边县市。

6．"蓝莓引种扩繁及产业化"项目

邀请俄罗斯里沙文科园艺研究所、俄罗斯巴克察尔浆果试验站、俄罗斯瓦维洛夫植物研究所远东试验站、白俄罗斯国家植物园的5位专家进行蓝莓栽培与繁殖技术指导，解决了组培苗污染率高等问题，对促进蓝莓产业发展发挥促进作用。

（二）打造一批对俄合作精品工程

1．"对俄高端人才引进工程"

引进独联体国家科学院院士或在国际上高度认可、拥有重要科研成果、能够与中方连续合作3年以上的高端专家，用人单位在住房、办公条件等方面提供优惠条件，实行年薪加补贴政策。

2．"重点学科中外共建工程"

引进俄罗斯等海外高端人才参与重点学科建设，在尽短时间内打造5

个在国际上有较强竞争力的领先学科（专业）带头人梯队，和30个国内一流的领先学科（专业）带头人梯队，500个全省领军的重点学科（专业）带头人梯队。对入选者给予50万元人民币的一次性资助，用人单位提供不少于120平方米的住房或提供相应的住房补贴，另给予10万元的安家补助费。

3."中俄博士后创新、创业工程"

经选拔入驻"中国·龙江博士后创业园"的俄罗斯博士后人员可同时加入"黑龙江省博士后特别资助计划"，每个研究项目可获得50万元人民币资助。依托哈尔滨医科大学与莫斯科大学，哈尔滨工业大学与莫斯科石墨研究院和白俄罗斯特种材料研究所之间的合作平台，在生物技术、材料科学与工程等领域互派博士后研究生。

4. 对俄合作平台建设工程

组织开展"哈洽会"对俄项目推介活动。依照"三高"原则（即高端人才、高新技术成果、高附加值），组织俄、日、韩等国高层次专家携项目和成果参会，组织召开东北亚科技成果发布会，开展人才智力项目推介对接活动。组织开展"中俄专家口岸行"活动，加强中俄双方合作交流。加强对俄合作项目库、专家库和成果库建设。

四、突出外国专家管理，努力提高工作水平

一是依法审查批准20家单位聘请外国文教专家资格，目前全省具有聘请外国文教专家资格单位达到241家；接待外国专家业务咨询近百次，较好协调解决了外国文教专家聘用工作中出现的问题。

二是组织完成2011年聘请外国文教专家资格单位专项检查工作，经报国家外国专家局审批，有214家聘请外国文教专家资格单位通过了专项检查，对全省17家资格单位暂缓注册，有7家资格单位经过整改通过验收，取消了20家单位的聘请资格，进一步规范了外国专家管理。

三是扎实进行聘请外国经济技术专家单位登记工作。共新登记聘请单位51家，全省登记单位达到185家。

四是不断规范外国文教专家兼职管理工作。实行了初审、审查制度，完善了备案审批及程序管理，掌握了全省实行外国文教专家兼职的基本情况，兼职工作得到了有序开展。

五是积极开展外国专家管理业务培训。邀请国家外专局领导，会同外事、公安、教育等主管部门对全省聘请资格单位近200人业务培训，使各级外国专家管理人员素质和水平得到提高。

五、突出引智平台建设，提高引智服务能力

（一）组织开展"哈洽会"引智工作

组团参加了第 23 届"哈洽会"，共邀请了来自俄罗斯、美国、德国、日本、韩国以及香港等 30 个国家和地区的海外高层次专家 342 名，为大会提供国际人才智力合作项目 500 余项；设立了国际人才智力交流合作主题展区，组织外国文教专家需求项目洽谈会等 3 场国际人才交流合作项目对接洽谈会；组织召开了高端外国专家座谈会。

（二）开拓与瑞士的合作渠道

为学习借鉴瑞士中小企业发展的成功经验，推动中小企业跨越式发展，经黑龙江省政府批准，与瑞士西北应用科学大学签署了为期 5 年的黑龙江省中小企业赴瑞士系统培训合作协议。

（三）积极建设外国专家中介机构

黑龙江省国际人才交流协会、齐齐哈尔联合国际语言教育交流中心被正式批准为外国文教专家聘请中介类资格单位，填补了工作空白。

哈 尔 滨 市

2012年，哈尔滨市的引智工作围绕经济社会发展重点，坚持突出特色，高端引领，注重效益，整体推进，在不断拓展新领域中取得了明显成效。全年共完成引智项目46项，投入专项资金415万元，引进高层次、急需外国专家173人次；选派出国培训110人。其中，入选"高端外国专家项目"3项、获批经费80万元。

一、坚持重点支持、高端引领原则，不断提高引智辐射力

一是围绕哈尔滨市正在实施的300余个重点经济建设项目，开发出中航工业哈尔滨东安发动机（集团）有限公司、哈尔滨东金集团、哈尔滨航天模夹具制造有限责任公司及哈尔滨中超信诺科技有限公司等16个引智项目，有力地推进了重点项目的建设。

二是积极引进电站设备、汽车、新材料、新能源、生物药业等领域的高层次、紧缺专家。切实组织好引智大项目的实施，及时协调解决有关问题；组织有关专家赴重点产业园区、项目单位进行指导。

如哈尔滨电机有限责任公司引进的"AP1000核发电机制造技术"，是目前世界上最先进的第三代核电技术，目前只有俄、法、美、日等少数几个国家掌握。哈尔滨电机厂通过引进5名日本核电专家，解决了多项技术难题，提升了加工能力，为整机总装及模拟实验奠定了良好的基础。哈尔滨飞机工业集团公司实施"Y12F型飞机除防冰系统设计及适航验证"项目，通过引进美国航空工业专家，解决了飞机除防冰系统的科技难题，使Y12F型飞机在通勤类飞机除防冰设计与验证领域达到国际先进水平。

二、突出地域特色，充分发挥对俄引智作用

哈尔滨地处东北亚中心，是欧亚大陆桥和空中走廊的重要枢纽，区位优势明显，近年来每年执行对俄罗斯人才智力引进项目都在20项左右。2012年引进的83人次俄罗斯、白俄罗斯等独联体国家专家，大多是生物农药、农业机械、节能、环保等重点发展领域、掌握国际先进技术高端专家。此外，还签订引智和人才交流合作协议129项，引进了一批符合哈尔滨市重点发展产业方向的高层次专家；在海内外专家园区行活动中分别组织俄罗斯、白俄罗斯、乌克兰、美国、韩国、日本等国家的35名技术管理专家赴哈

南工业新城、江北科技创新城等重点园区进行技术指导、培训和攻关合作。

三、加大引智宣传力度

一是加强引智成果、引进海外专家项目、重点产业园区需求和高端领军人才梯队建设的宣传。哈尔滨电视台、黑龙江电视台、哈尔滨日报、新晚报等多家新闻单位、媒体对海外专家招待酒会暨海内外专家园区行启动仪式、人才项目签约仪式、中韩汽车产业发展交流会等多项引智活动进行了报道。

二是通过网站、刊物、简报等载体及时发布动态信息。利用参加第11届中国国际人才交流大会的机会，加强引智政策、动态、成果及项目运作程序的宣传。

江 苏 省

2012年，江苏省共实施国家级引智项目209项，省级项目153项；获批引智专项经费1173万元。其中，入选"外专千人计划"和"高端外国专家项目"38项。实施出国（境）培训项目119个，选派出国培训2194人，获批国家级经费210.78万元。多项工作受到国家外国专家局的表彰和肯定。

共办理"外国专家来华工作许可"1680件、"外国专家证"4797件，办理聘请外国专家单位资格认可59项。

1名外国专家获中国政府"友谊奖"；14名外国专家获"江苏友谊奖"。

参加第11届中国国际人才交流大会，达成各类引智项目合作意向326项，并获大会组委会颁发的"最佳展示奖"和"最佳组织奖"。

据统计，江苏年聘请长期外国专家逾5000人次，其中经济技术管理类专家占34.5%，教科文卫专家占65.5%。具有博士学位者占11.1%，硕士占24%，学士占60.7%。外国专家已遍布江苏各行各业，其中教育、制造业、信息技术业位居前三。

江苏已形成省、市、县纵向贯通，外专、公安、外事、业务主管等部门横向协调的管理工作机制。

一、坚持规划引领，引智工作规范管理取得新成效

根据国家和江苏省有关引智、人才工作"十二五"规划的要求，研究制定《江苏省"十二五"引进国外智力规划》（以下简称《规划》）。《规划》明确了"十二五"时期江苏省引智工作的指导思想、工作目标、推进措施和规划实施的组织领导、经费支持等；计划引进外国专家年均增长率为4.8%，到2015年达到24.8万人次，其中高层次外国专家占20%。

为规范外国专家管理，江苏省人力资源和社会保障厅会同省教育厅、省公安厅和省外办联合出台《江苏省外国专家管理办法》。该办法是江苏省第一部外国专家管理方面的规范性文件，包括外国专家的界定、准入居留、聘用管理、奖励宣传、社会保障、争议处置、应急处置等内容，旨在鼓励和吸引外国专家到江苏工作，保护外国专家和聘请单位的合法权益。

为配合"外专千人计划"和江苏省人才国际化的战略部署的实施，拟定《江苏"外专百人计划"实施意见》，提出利用5年左右的时间，重点引进世界知名高端外国专家和紧缺外

国专家。

另外,还制定、修改了引智成果推广示范基地管理、引智项目、专项经费管理等方面工作的配套规定;通过各种会议、培训、交流,传达贯彻国家政策精神,注重各项政策的落实到位。

二、积极落实《国家引进国外智力"十二五"规划》,把工作重点转移到引进高层次外国专家上来

一是入选"外专千人计划"9人,并已全部到岗。多次召开业务培训和说明会,以配合"外专千人计划"的申报,并完成了第一批"外专千人计划"专家入职情况报告、工薪申请、科研经费申请,报送第二批"外专千人计划"承诺书等工作。二是获批"高端外国专家项目"29项。

三、着力培养国际化人才,出国(境)培训取得新成绩

下大力气提高培训项目的质量和效益。培训主题涵盖面广,涉及公共管理、企业经营、金融商务、软件信息、安全生产、城建规划、文化教育、现代农业、医疗卫生、环保节能、地勘测绘等数十个领域。培养和储备了一批了解国际惯例、专业知识丰富、具有世界眼光和战略思维的复合型紧缺人才,为推进江苏"两个率先"提供国际化的人才和智力支撑。

坚决杜绝以培训为名的公款出国(境)旅游。一是编印《出国(境)培训工作资料汇编》,举办出国(境)培训工作业务培训班,提升管理人员的业务水平。二是严格计划管理,加强审核,落实逐案报批,并要求项目单位做好国内预培训工作,增强培训的针对性和实效性。三是规范培训渠道管理,要求所有出国(境)培训团组必须与正规承接渠道签订培训协议,严禁通过中介公司安排培训日程。四是实行"四挂钩"原则,即审批、审核年度培训项目计划与前3年项目计划的执行率、培训成果、经费核销和国外管理等情况挂钩。

统筹推进各类人才队伍建设。以党政干部人才为重点,开展"三支队伍"出国(境)培训。围绕培养眼界宽、思路宽、胸襟宽的"三宽型"领导人才、"知识型、专业型、创新型"的高级经营管理人才和高层次研发人才,组织行政管理、经济管理、法律监督、城市规划、核能利用、公共卫生和国土资源等数十个领域的专题出国(境)培训班。连续举办的党政后备干部"高研班",从市县、省级机关、大型企业和高校选调处以上年轻干部进行中长期培训,所培训学员中有一半目前都担任地市级主要领导。

为适应经济结构调整的需要,重点实施现代服务业等领域的人才培训工程。自2006年起组织实施"百名现代服务业人才出国培训计划",并被江苏省委、省政府列入年度重点工作。

共选派培训现代服务业领域的高层次人才456名。另外，已有72名医生参加"临床医疗交流"项目学成归来，多人被江苏省卫生厅列为卫生系统重点人才。

四、依法行政，外国专家和聘请单位管理与服务有新突破

完善管理措施，创新管理手段，努力以人性化的服务和良好的管理，激发外国专家的创新创业的活力。一是贯彻《江苏省外国专家管理办法》，建立健全制度，规范工作程序。设立专门受理窗口，确定专职办理人员，编制行政许可工作指南和流程图，将申办条件、办理时限、程序、申请材料等向社会公开，并在《新华日报》上公示2011年度外国文教专家聘请资格单位年检结果。二是建立便捷服务机制，采取窗口受理、每日集中审批，使用江苏省外国专家局编号印章的形式，延伸服务窗口，委托各省辖市外国专家局办理外国专家来华工作证件，下放中等以下教育机构聘请外国专家单位资格认可受理与初审权。目前全省共设立14个外国专家来华工作证件办理窗口。此外，还与公安、教育、外事等部门联合开展文教专家聘请单位资格年检。三是深化服务，努力打造"外专之家"，形成引智良性循环。举行"外国专家苏北行"，组织美、英、日、德等10多个国家的120余位外国专家参观考察了盐城、泰州等市，全方位地了解江苏的发展新成就，感受江苏的独特魅力。以人为本，走访、慰问外国专家200多人次，关心外国专家生活工作，倾听专家的意见和呼声，帮助解决困难，每至西方传统节日，寄送贺卡，送上问候与祝福。四是建立队伍培训机制。坚持把打造过硬的外专管理队伍作为做好各项工作的基础。举办全省外国专家管理工作培训班，邀请国家外国专家局领导和业内专家、江苏省出入境、安全、宗教、检验检疫、海关、社保等多部门专家授课，宣讲政策、答疑解惑，培训外专管理人员150余人次。

五、优化机制环境，引智服务水平有新提升

搭建平台，与上海、浙江联合建立长三角地区外国专家交流、共享机制。在第6届长三角地区外国专家供需见面会上，现场设展单位21家，提供岗位需求840个，吸引众多外国专家，现场意向签约率为19.8%。加强中国国际人才市场江苏6家分市场建设，全方位为国际化人才交流服务。

开展引智成果普惠活动，努力做到一家引进、多家受益。重点建设省级以上引智成果示范推广基地（单位、示范村）111家。其中，国家级基地（单位）9家，2012年新批准省级基地（单位、村）16家。支持实施引智成果示范推广活动，如采取区域合作、成果整合、产学研一体化等普惠模式。支持镇江市成立"引进国外智力成果示范推广高效农业新技术培训基地"，

形成以稻鸭共作、土著菌养殖、食用菌生产技术等为主导的生态农业"集团军"。创建精品，形成了一批引智成果示范推广品牌，彩色树种技术、布袋除尘技术等已形成地方特色品牌优势。

开展引智宣传。积极通过《新华日报》和江苏省国际人才交流协会网站、江苏省人力资源和社会保障厅网站、《国际人才交流》、《专家工作通讯》等宣传引智政策和成果，公布引智项目信息和项目表格等。编印《江苏引智十年》画册和《2011—2012江苏引智成果集锦》画册。江苏省外国专家局连续8年荣获国家外国专家局"两刊"、"两网"引智宣传工作先进单位一等奖。

南 京 市

2012年，南京市共执行引智项目34项，引进国（境）外专家398人次。其中，入选"高端外国专家项目"1项。4名外国专家获"江苏友谊奖"，11名外国专家获南京市"金陵友谊奖"。

一、高端专家引进实现新突破

坚持以高端外国专家的引进为核心，整合资源，加大对引进海外高层次人才的支持力度。如入选"高端外国专家项目"的南京康庄光电仪器有限公司"超高倍率500倍显微物镜研发"项目，通过引进俄罗斯著名的光学设计专家籍德米特里·弗罗洛夫，完成了500倍放大光学镜头研发，不仅填补了技术空白，而且将给我国光学、工业检测和仪器仪表等行业带来变革。

积极探索人才团队整体引进新模式。如连续支持南京江苏鼎泰药物研究有限公司的"国际创新药物临床前毒理研究和安全性评价外包服务"项目，引进了以美国籍专家蔡遂雄、田野为核心的海外团队，并入选2012年江苏省"创新团队计划"。

二、政策塑造新品牌

2011年，南京市"321人才计划"提出，用5年时间，引进领军型科技创业人才3000名，包括海外留学归国创业人才、港澳台及外籍创业人才、国内高层次创业人才各1000名，并对入选者，提供100万～200万元启动资金和不少于100平方米的工作场所、不少于100平方米的人才公寓等多项扶持政策。这一计划迅速成为南京海外人才工作的形象和品牌。在2011年下半年和2012年上半年"321引进计划"评审中，共有3174名海内外高层次人才申报，最终986人入选，并注册科技型企业909家，落户企业累计注册资金达到23.18亿元，其中注册资金在1000万元以上的企业达12家。2012年下半年申报人数达到3687人。

三、平台建设展现新亮点

中国留学人员南京国际交流与合作大会是全景展示和推介南京市海外人才引进政策及工作的首要平台。据统计，近两届大会期间共有300多位海外人才现场报名申报"321人才计划"，有3000多位海外人才就"321人才计划"，与南京18个区县（园区）进行了深度交流，780多位海外人才与南京市各类创业载体签订了创办企业的落户意向协议。从"321引进计划"申报结果看,30%的入选者都有参加大会的经历。

四、服务品质得到新提升

为保证海外人才引得进、留得住,加速推进了引智工作的"三个转型"。一是引才机制转型。为增强海外人才的归属感,协调11个政府部门为引进人才提供"市民待遇"。目前"南京兰卡"的服务范围已由原来的归国留学人员扩展到外籍、外裔人才,市民待遇由原来的9项增加到14项,解决了海外人才的基本关切。二是服务内容转型。推出了3项特制服务:321创业企业融资双双会致力于在列入"321人才计划"的企业与科技银行和投融资机构之间搭建鹊桥;"南京留学人员创业企业CEO俱乐部"为"321计划"企业与政府、本地企业家拉起了纽带。"321企业人才招聘精品市场"按照企业招聘需求,提供个性化服务,提高了企业人才招聘的效率和针对性。三是服务方式转型。下放市级业务权限,调动区县(园区)工作能动性。在区县(园区)设立有统一标识的"321服务窗口",实现服务数字化。

浙 江 省

2012年，浙江省共引进各类国（境）外专家3万人次，其中高层次外国专家6000人次。

引进了一批掌握核心技术的高端外国专家。其中，入选"外专千人计划"6人，入选"高端外国专家项目"22人；入选浙江省"外专千人计划"15人。

30名外国专家获浙江省"西湖友谊奖"。

一、信息平台建设实现突破

建立中国·浙江国际人才市场网络，收集、管理、发布各类高层次外国专家信息，促进企业需求申报的常态化和供需信息的实时有效对接。已收集外国专家信息860余条，涉及工程与材料科学、生命科学、化学、医药、信息、经济管理等领域。经多次沟通协商，国家外国专家局信息中心专家库中的3万余条专家信息资源可为浙江省所用。220余家企业通过信息平台发布外国专家需求信息700余个，对接成功20人。如浙江金盾链条制造有限公司通过网络信息平台，成功引进2名德国汽车机械制造专家，解决了困扰已久的技术难题。

二、引智渠道全面拓展

加强与发达国家和地区相关机构的联系，积极与国（境）外相关机构建立合作关系。截至2012年年底，已与26家外国专家组织、5家境外专业行业协会、6家国际猎头建立合作关系，为引智工作发展打下了坚实基础。

三、"海外工程师计划"稳步推进

鼓励引导各地通过工薪资助、项目资助等手段，调动和激发企业引进海外工程师的积极性。宁波市自2010年起，每年投入近7000万元资助企业引进海外工程师，实现了数百项专利和超千项的技术突破。杭州市大力实施"115引智计划"，先后引进27位高端外国专家，完成了28项重点引智项目和182项普通引智项目的实施工作，引智成果转化新增产值共计160多亿元，利润超过11亿元。温州市出台了《鼓励引进"海外工程师"暂行办法》，对当地企业引进的海外工程师，给予最高30万元的年薪资助。

四、强化外国专家管理

下放权限，提高行政效能。在所

有地市和义乌市设立延伸服务窗口的基础上,对现有管理职能和审批事项进行了逐一梳理,将"外国专家来华工作许可"、"外国专家证"的核发权限下放至县一级,从而提高了服务效率;加强沟通协调,强化社会保障,确保外国专家能够实现人人参保;加强专家管理工作队伍的培训,先后组织3期培训班,培训人员300余人次,从而提高了外国专家管理和服务水平。

五、重大活动成效明显

成功举办中国浙江投资贸易洽谈会海外高层次人才智力洽谈会,参会企业推出外国专家引进项目446项,经洽谈对接,达成合作意向285项。举办北京外籍营销人员招聘会,推出营销主管、海外业务经理、推广运营总监等100余个外籍营销人才岗位需求,来自美国、德国、意大利、西班牙、印度等20余个国家和地区的260余名外籍人才前来应聘,其中160人与用人单位达成初步就业意向。组织60余家企业参加第11届中国国际人才交流大会,推出引智项目需求125个,达成初步合作意向36个。

杭 州 市

2012年,杭州市共实施引智项目210项,引进外国专家318人。其中,入选"高端外国专家项目"3项,列入浙江省"百村引智示范项目"2项。特别是依托"115引智计划"积极引进高端外国专家,缩短了各领域与国际领先水平的差距。共执行出国(境)培训项目24项,选派专业技术、管理人员422人出国培训;审核杭州市参加跨地区、跨部门出国(境)培训团组143批、567人次。

6名外国专家获浙江省"西湖友谊奖"。

全年共办理"外国专家来华工作许可"178件、"外国专家证"493件。

一、出台"115引智计划"

杭州市委办公厅、市政府办公厅联合印发《杭州市"115引智计划"实施意见》,明确对引进的高端外国专家将给予40%~60%的年薪资助;对重点引智项目每项资助30万元,普通项目资助10万元。随后,杭州市政府召开工作会议,全面推进"115引智计划"的实施工作,并借助网络、报纸、杂志等媒体广泛宣传,通过调研、走访等形式对重点企事业单位进行政策宣传,一批在发展中遇到技术、管理难题的企事业单位消除了聘请外国专家成本过高的顾虑。截至2012年年底,共收到申报项目290项,其中申报高端外国专家年薪资助的58项,申报重点引智项目的32项,申报普通引智项目的200项。

据统计,在外国专家的帮助指导下,杭州市企事业单位获市级以上科技成果奖27项,获授权专利778项,其中发明专利93项,研发新产品或品种1789个;引智成果转化新增产值共计60多亿元,利润超过6亿元。

二、通过实施引智项目带动经济转型发展,涌现出一批通过聘请外国专家加快企业转型升级事例

如:杭州市华鹰集团通过引进国际高端外国专家,连续中标3届奥运会比赛用艇供应商,从一个手工作坊式小厂变身为全球最大的赛艇制造基地。萧山天福生物科技有限公司在国外资深专家的帮助指导下,培育出我国第一个中华鳖新品种——中华鳖日本品系,一举突破了中华鳖养殖的技术瓶颈。浙江富春江水电设备股份有限公司引进俄罗斯专家,带领研发团队成功开发出六叶片高水头轴流转桨

式水轮机转轮，赢得了黄河班多水电站水轮机总价近两亿元的制造合同。

三、引智基地在实现引智成果效益最大化中发挥了重要作用

2012年，杭州市新建市级引智成果示范推广基地6家，在带动农民改良品种、增收致富方面发挥了积极作用，受益农户达8539户，带动农民增收4亿多元。如：浙江省引智基地、杭州千岛湖鲟龙有限公司引进俄罗斯和德国专家，学习掌握了鲟鱼籽酱产品（素有"黑色黄金"美誉）的全套加工技术，并制订了国内首个鲟鱼鱼籽酱的企业标准；平均每年推广养殖鲟鱼15万尾，不仅促进了渔民增收致富，还引导鲟鱼产业由单纯的养殖向养殖与加工业并举转型。杭州市引智基地、杭州佳惠农业开发有限公司通过聘请外国专家引进了国际最新的芦笋品种"格兰德"及其配套栽培技术，经过多年试验、示范和推广，使农民每亩增收5000多元，已有2000多个农户受益，示范辐射面积达到2万亩以上。

四、扎实推进出国培训工作

一是大力支持区、县（市）政府开展赴国外培训。组织"自主创新与产业转型升级"、"创新社区建设与管理"、"文化创意品牌提升"、"战略性新兴产业发展"等培训团赴美国和新加坡培训。

二是全力支持人才队伍建设，支持党政人才出国培训。组织"战略性新兴产业统计制度设计与调查"、"政府资金绩效审计"、"行政监察研修班"等党政干部培训团赴发达国家培训，配合市委组织部完成了第10期MPA班的派出工作。注重专业技术人才队伍的出国培训，组织"现代学校文化建设和公民教育"、"社区卫生服务与医院管理体制和运行机制"等团赴国外培训。配合实施人才工程做好出国培训。

宁波市

2012年，宁波市共引进各类外国专家1552人次、"海外工程师"223人；选入"外专千人计划"2人、"高端外国专家项目"3项。执行出国（境）培训项目45项，派出培训698人次。

全年共办理"外国专家来华工作许可"257件、"外国专家证"350件。

宁波市外国专家局被评为全国外国文教专家管理工作先进单位。

一、重大引智项目取得显著成效

一是以实施"外专千人计划"为契机，以海洋经济、战略性新兴产业、服务业、新材料、生物技术为重点引进高端人才。在"外专千人计划"的带动下，引智工作高端引领的方向更加明确，提高质量、增加效益和优化结构的引进人才思路更加清晰。

二是以优化项目、规范管理、抓好成果和效益为重点，深化实施"海外工程师"计划。随着时间推移，"海外工程师"计划的持续效益不断显现，综合影响力不断扩大。如宁波建新赵氏集团引进的"海外工程师"已成功研发出30个新产品，为企业解决了11个技术难题。目前，部分新产品已批量生产，可新增年销售额6000多万元。

三是以能力提升为核心，统筹各类人才队伍建设，大力提高出国（境）培训质量和效益。坚持以提高质量和效益作为规划、推进和评价出国（境）培训工作的基本要求，重点抓好高层次培训项目，着力增加专业技术人才出国（境）培训比例，切实提高培训的针对性和实效性。

二、利用国外优质资源的能力不断提升

如在东北亚·宁波周活动期间，与日本大阪工业大学和大阪商工会议所共同探讨推动东钱湖多功能水体生态环境综合整治技术研究及工程项目；考察韩国首尔市立东部技术教育学院以创业、就业为导向的职业技能培训，商讨中韩技能培训合作事宜。在欧洲·宁波周活动期间，与德国手工业技能发展中心签订了有关职业教育师资培训、职业证书引进和高技能人才培养的合作协议。

三、创新引智机制

一是"海外工程师"计划使引智工作实现了三个转变：①从引进短期工艺技术专家向引进长期、高端、紧

缺专家的转变;②从退休专家资源向全方面、多渠道、高层次国际资源的转变;③从只注重国外人才引进向人才引进、培养和服务相结合的转变。

二是以提高出国培训效能为目标,以统一归口管理、完善制度措施、加强监督制约为着力点,进一步规范党政干部出国(境)培训管理。制定了《关于进一步加强出国(境)培训管理的若干规定》,从计划报批、分类管理、审批审核、项目执行等环节入手,强化出国(境)培训归口管理;从预培训、培训协议书、培训团长责任制、培训团组和境外机构双向评估、境外保险等层面切入,强化境外培训期间的监督管理。

四、进一步优化引智环境

1. 深入推进行政许可

坚持严格依法行政、优化外国专家管理和对用人单位的服务。建立突发事件应急预案,完善风险防范机制。认真做好"外国专家来华工作许可"和"外国专家证"的发放工作,实现"外国专家证"的网络化管理。坚持外专、教育、公安和外事多部门联动机制。

2. 建立"海外工程师"计划的智能化管理系统,进一步加强引智信息化建设

通过搭建"海外工程师"管理平台,实现了企业网上申报,县(市)区和市级管理部门二级网上审核、审批和智能化管理。目前,通过该管理平台可以实时掌握"海外工程师"的动态工作情况,为"海外工程师"计划的绩效评估和统计创造了条件。

3. 推进引智宣传工作

如通过《宁波日报》、《东南商报》和《中国组织人事报》宣传报道"海外工程师"计划的基本情况和典型成果事例。

安　徽　省

2012年，安徽共实施引智项目301项，入选"外专千人计划"2人，获批"高端外国专家项目"11项；引进各类外国专家1650余人次，派出培训953人；实施农业引智成果示范推广项目21项；开展"千村引智试点"42个。启动安徽省"外专百人计划"。省级财政引智经费投入1000余万元。

全年共办理"外国专家来华工作许可"238件、"外国专家证"747件，新批复聘请外国专家资格单位10家。

1名外国专家获中国政府"友谊奖"。

一、推进引智合作全面协议实施、创新重要引智政策、加大对重点区域和产业的引智支持

1. 巩固局省合作机制，创新方式、拓展领域、打造引智精品牌

首先，与国家外国专家局共同主办第9届中美工程技术研讨会矿区治理专题研讨会，邀请42名高层次中外专家参加研讨。中外专家赴两淮实地考察了采煤沉陷区环境治理、循环经济发展、土地复垦等项目，进行现场咨询指导，举办了两场专题论坛，提出了10条针对性强的建议，并在全体会议上向国务院及有关部委领导宣读。活动期间，安徽省人力资源和社会保障厅与美洲中国工程师学会签署了"才智交流合作协议"；选荐安徽省15名专家参与"先进制造组"等研讨活动。其次，组织实施了"引智促振兴——外国专家江淮行"新能源专题活动。5名应邀请参加活动的高层次外国专家与中国科学院新型薄膜太阳能电池重点实验室主任、"973项目"首席科学家戴松元等4名国内知名专家一道，问诊把脉新能源产业。中外专家共同研讨形成建议书，对新能源产业存在的问题提出了意见和建议。

2. 拟订《安徽省"外专百人计划"实施意见》，并经安徽省人才工作领导小组审议出台

拟用10年左右的时间，引进50~100名能够突破关键技术、发展高新产业、带动新兴学科的高层次外国专家。首批申报的60名人选已经通过专家组评审。

3. 加大对重点区域和产业的引智支持

重点支持的皖江城市带承接产业转移示范区、合芜蚌自主创新综合配套改革试验区、皖北和沿淮部分市县

引智项目占全省项目总数的90%以上。三大区域聘请专家项目执行120项，到职外国专家320人；培训项目执行49项，派出培训720人。对皖江示范区和合芜蚌人才特区工业支柱产业、高新技术和新兴产业优先立项，重点支持金融、物流、电子等领域急需紧缺人才的培养。贯彻落实战略性新兴产业"111集聚工程"，积极为自主创新直接调度和重点考核项目提供引智服务，特种显示、电子信息、汽车制造、装备制造等产业发展巧借外脑，融入了更多的引智支持。在美好乡村建设中，大力实施为农民致富增收的"农引推"项目。

二、规范管理引智项目、提高项目执行率、加强实施效果

（一）科学编制年度引智项目计划

认真组织引进人才项目。经济技术类专家项目紧密围绕优势产业、新兴产业集群、现代农业等领域，重点支持汽车、电子信息、化工等产业；文教专家项目围绕生命科学、新能源、环保等领域，重点支持产学研一体化项目、学校重点学科建设和应用型人才培养项目。

（二）加强引智工作分类指导

围绕区域发展战略，根据不同区域的优势特点和功能定位，不断优化引智结构和布局。对创新承接能力强的合芜蚌人才特区，优先布局创新驱动的高端引智项目。对皖北、皖西重点支持带动辐射面广的农引推项目，就草莓产业化、"稻鸭共生"技术推广等向阜阳、宿松等市县提出建议。对传统工业，重点做好结构升级。对中小和民营企业，以引智强化现代企业管理理念，提升创新、竞争能力。

（三）推进引智项目优化管理

一是开展各种引智业务培训。先后举办了引进人才项目、出国境项目、外国专家管理工作业务培训班，邀请国家外国专家局有关领导和省直职能部门负责人授课和解读政策。二是实行对项目进展情况的动态管理。通过项目推进会、调研考察、约谈等多种有效方式，及时与项目单位沟通，了解项目进展情况，加强督促与指导，有效提升了项目执行率。三是加强项目绩效考核，并将考核结果作为下一年度立项和项目经费下拨的主要依据。四是认真开展引智专项经费审计，规范经费和财务管理。

三、广辟引智渠道，深入对接

（一）开展国际交流

将两大区域经济联盟组合起来参加第11届中国国际人才交流大会。其中，合芜蚌自主创新综合试验区·合肥经济圈招才引智招商引资展洽推介活动被列为重要内容，成为亮点之一。

（二）探索才智交流合作新模式

利用企业、高校的海外基地等平台，建立引智海外工作站，探索以挂牌的方式延伸引智服务，进一步畅通国际交流合作渠道。经深入沟通，与JAC日本设计中心、合肥学院驻德办事处、马钢德国MG公司、香港金融管理学院等共建筹备工作基本就绪。与美洲中国工程师学会进一步开展务实合作，邀请了美国国家科学院院士叶文工等6人组成的专家团进行水资源开发与利用考察指导。巩固与德中交流基金会中德临床医疗交流合作的长效机制，选派医疗人才赴德国进行为期3个月的学习研修。

四、优化引智工作环境

（一）提升引智工作功效

合肥市积极争取政策支持，兑现对企业长期聘请高层次外国专家资助政策，围绕战略性新兴产业发展，有效调整引智结构和布局。芜湖市争取市财政支持，服务市首位产业发展，实行引智经费配套资助，在各县区和重点园区建立招才引智工作站，健全引智服务网络。淮南、淮北市利用重要引智活动平台，与外国专家和相关机构建立了长效合作机制。蚌埠、铜陵、亳州、六安市以实施引智项目为载体，促进传统产业改造升级。黄山、池州、宣城等市借力引智推动旅游产业发展，积极服务美好乡村建设。安庆、马鞍山、宿州、滁州、阜阳等地探索引智成果的"二次引进"，示范推广效果明显。

（二）健全外国专家管理服务体系

一是实行政务公开，制订并公布规范的流程图，优化办理行政许可程序，主动减少行政审批环节，缩短审批时限至法定时限的50%。将中等以下教育机构聘请外国专家单位资格认可业务的受理和核查委托市外国专家局办理。二是建立联席会议机制，定期与外事、公安、教育等部门进行工作会商，并参与公安部门外国专家信息管理系统建设，实现资源共享。三是贯彻落实《安徽省外国专家奖励办法》。

（三）扩大引智宣传

一是宣传、报道重要活动、成果精品、典型专家。新华社、人民日报、安徽日报、安徽电视台等主流媒体对外国专家在企业技术进步、管理水平提升和人才培养等方面发挥的作用作了报道。据统计，各类媒体宣传报道安徽引智工作的信息达80余篇。二是编印引智成果画册和信息简报，加强引智网络平台建设。安徽引智宣传工作获国家外国专家局表彰。

福 建 省

2012年，福建省（含计划单列市厦门及部属在闽高校）获批国家级引智项目154项、引智经费资助近3000万元（同比增长50%以上）。组织实施省级重点引智项目51个、资助引智经费300多万元。通过组织实施国家和省级引智项目，引进高层次或急需紧缺的国（境）外专家1438人次，引进国（境）外新品种、新技术106个，帮助解决企业技术或管理难题138项，引智项目单位产生的增收节支效益近12亿元。

入选"外专千人计划"5人；获批"高端外国专家项目"、国家级重点引智项目、"软件与集成电路引智重点专项"、"东欧与独联体引智专项"共12项，引进高端海外人才124名。

获第11届中国国际人才交流大会会组委会颁发的"最佳展示奖"。

全年共办理"外国专家来华工作许可"397件、"外国专家证"1049件，新批准中等以下教育机构聘请外国文教专家资格10家。

一、引进高端外国专家

一是推动诺贝尔化学奖得主、"超分子化学之父"、法国专家让－马里·莱恩与重点行业龙头企业、莆田市三棵树涂料股份有限公司以及厦门大学开展交流合作。让－马里·莱恩受聘为三棵树公司首席技术顾问和厦门大学荣誉教授，分别与三棵树公司和厦门大学签署了共建实验室、联合开展课题研究、选派专业技术骨干到莱恩教授实验室学习进修的合作协议。这是福建省民营企业首次与诺贝尔大师合作。与让－马里·莱恩的合作将有助于提升福建省在超分子化学与材料方面的科研和学术水平。二是举办海外大师海西行活动。组织28位海外大师到企事业单位开展学术讲座、学术交流、重大产业和工程咨询论证、项目合作洽谈，促成20多项海外大师的项目成果与有关单位达成合作意向或协议。三是组织船舶工业集团公司、厦门钨业股份有限公司、南平铝业有限公司、福州大学、厦门大学等32家重点企事业单位的58名代表参加第11届中国国际人才交流大会，并利用大会福建馆平台积极引进急需的高端外国人才和智力，宣传高端外国专家引进政策和引智成果，推介重点产业、重点学科的100多个人才和项目需求，推动福建省参会单位与德、法、英、美、意等多个外国专家组织以及海外留学生组织、高校、科研机构成功对接合作19个高端外国人才项目。

二、开展引智工作先行先试

9月18日,"中国福州海西引智试验区"经国家外国专家局批复正式建立。国家外国专家局赋予引智试验区三大方面引智试验的功能:一是开展吸引高端外国专家在榕创新、创业试验,构建海峡西岸高端外国专家的人才高地;二是开展海峡两岸人才交流与合作机制试验,先行先试海峡两岸人才交流与合作机制创新;三是开展海外人才聚集区试验,建设吸引海外人才回国(来华)发展的聚集区。10月18日,人力资源和社会保障部副部长、国家外国专家局局长张建国,中共福建省委常委、福州市委书记杨岳,福建省副省长陈荣凯等出席"中国福州海西引智试验区"揭牌仪式,共同为引智试验区揭牌。引智试验区积极开展引智工作试验探索并取得初步成效:一是在福州市外国专家局基础上加挂成立了福州市外国人工作管理局;二是试验区搭建高端外国专家引进平台,共引进46名高端外国专家。其中,福州技术开发区福建格通电子信息科技有限公司引进的世界无线领域权威专家、澳大利亚工程院院士布兰卡·武切蒂奇教授入选"外专千人计划"。福州丹诺西诚电子科技有限公司引进的国际知名汽车电子专家、美国丹诺公司技术总裁拉贾·丹杜被国家外国专家局列入2012年"高端外国专家项目"。三是19家留学人员创办的企业获得福州市留创园入园许可,12人获得福州市留学人员创业启动资金资助,有力促进海外华侨华人和留学人员来试验区创业发展。

三、探索高端外国专家的团队式引进

支持福州大学以"外专千人计划"专家、国际著名桥梁建筑设计专家布鲁诺·布里斯格拉为领军人才,组建"可持续与创新桥梁工程研究中心",配套引进日本、意大利、美国等高端外国专家团队14人次,已有5名高端外国专家团队到位,参与开展国际先进水平的可持续与创新桥梁工程设计建造研究,对推动福建省高校重点学科建设和福建省乃至全国危旧桥梁改造具有重大作用,对引进国外高端人才智力服务经济和社会事业发展具有很强示范意义,国家外国专家局局长张建国和福建省副省长陈荣凯先后两次亲临福州大学指导视察引进高端外国专家团队工作。

四、组团赴发达国家招聘引进外国人才

组织东南(福建)汽车工业有限公司等13家企业赴日本参加福建—日本技术人才交流会,共推动促成招聘企业与38名福建省经济社会发展急需的高层次或实用型日本人才签约,其中聘用日本技术人才工作合同13个、工作意向书13个,拟引进26名日本技

术人才全职来闽工作；项目合作合同6个、项目合作意向书2个，14名日本人才来闽到岗工作。

五、借助"618交易会"平台引进高层次国（境）外专家和项目

共组织邀请130多名高层次国（境）外专家来闽直接参加第10届中国·海峡项目成果交易会（618交易会），征集推介国（境）外项目1500多项，推动62项成功对接。在第10届"618交易会"上，有3个落地实施项目被组委会评为优秀项目，2个被列为重点扶持项目（每个获资助50万元），2个被列为省级重点推进项目，项目合作的5名国（境）外高层次专家被授予"618突出贡献奖"。截至2012年年底，第10届"618交易会"已实施完毕和正在实施的项目共带动引进123人次国（境）外高层次专家来闽合作，引进国（境）外新技术或新品种40个，帮助解决企业技术难题89个，带动企事业单位新增项目投资近3.5亿元，新增年销售收入近5.5亿元，新增年利税8560万元。

六、推进闽台港澳人才交流合作

积极推进闽台人才智力和项目技术合作，共新征集台湾专家项目成果500多项，推动19项台湾专家项目成果与企事业单位成功对接和合作。组织实施54个对台引智项目，支持企事业单位引进台湾高层次专家367人次，引进、吸收和利用台湾现代农业、电子信息、机械、石化、生物医药、灾害预警等行业的先进技术和先进品种31个，解决技术、管理难题48个，有效扩大闽台人才智力交流合作。

七、优化引智服务环境

尽最大可能减少涉外行政审批办事环节，压缩办事时限，共有4项涉外行政审批办事时限缩短了50%以上。完善外国专家管理服务，在福州市设立了外国专家行政许可办事窗口，延伸服务网络，方便服务对象。

厦 门 市

2012年，厦门市共实施国家级引进国外技术、管理人才项目19项，引进国（境）外专家57人，获批经费135万元，市财政配套190万元。实施出国（境）培训项目13项，派出培训183人。入选"外专千人计划"1人。

全年共办理"外国专家来华工作许可"167件、"外国专家证"521件。

16名外国专家获厦门市"白鹭友谊奖"。

一、高端引领、突出重点，海外高层次人才和智力引进取得新突破。以实施"外专千人计划"等重大人才工程为契机，将工作的重点放在提高质量、优化结构和提升服务水平上

一是立足经济社会发展紧迫需求，加大引进海外优秀人才和创新创业团队的力度。重点支持电子信息、机械制造、光电、生物医药、新材料、新能源以及现代农业等领域的引智工作，大力引进能够突破关键技术、发展高新技术产业的海外领军人才和创新团队。

二是深入实施"外专千人计划"等重点人才工程。广泛发动重点企业积极申报"外专千人计划"、"高端外国专家项目"和"海外高层次人才交流基金社会管理专项"。

三是发挥职能优势，为海外高层次人才与用人单位提供良好的洽谈对接服务。组织150多家重点企业参加中国·海峡项目成果交易会；组织多家新能源企业在战略性新兴产业（新能源）国（境）外专家项目成果现场推介对接会上进行项目对接；通过国家外国专家局网站、中国国际人才网及中国国际人才交流协会网站为用人单位发布招聘信息；组团参加第11届中国国际人才交流大会，并会同福建省外国专家局、福州市外国专家局在主展馆设立展台，宣传引智政策和成果，并在"精英天下"展区开展现场招聘；充分利用福建省闽港人才合作平台，推荐有关企业申报闽港人才合作项目，同时积极邀请香港地区专家学者来厦门市讲学或开展合作研究活动，选派企业专业技术人员赴港交流学习。

二、加强对出国（境）培训工作的归口管理和宏观调控，严格把关工作重点

一是选派专业对口的党政干部、企业经营管理人才及专业技术人才赴美国、英国、德国、加拿大、瑞典、

澳大利亚、日本、新加坡及中国台湾等国家和地区，学习国外先进的技术和管理经验。

二是组织和选派人员赴新加坡进行短期培训，内容涉及民航管理、公共管理与法律、陆地交通与港口管理、卫生与急救、环境与城市开发、经贸旅游等12个领域。

三是进一步加快国家软件与集成电路人才国际培训（厦门）基地建设，共培训适用型软件人才、集成电路设计人才及实训大学生3500多人次。

三、强化服务，依法行政，引智工作环境不断改善

一是优化办事流程，拓展延伸服务。进一步梳理完善办事程序，编写简明办事指南，主动为用人单位解惑答疑，组织专家对申报的项目进行论证；对项目实施全程跟踪管理，协调解决执行过程中的问题；进一步规范外国专家医疗保险，通过公开招标的方式，确定试点办理机构；加强与科技、工商、公安等部门的协调配合，为海外人才提供全方位、"保姆型"服务。

二是坚持依法行政，加强管理。主动联系公安、外事、教育等涉外部门，共同做好外国专家管理工作，按时完成2012年度聘请外国文教专家资格单位的年检工作。

江 西 省

2012年,江西省引智工作认真贯彻落实全国引进国外智力工作会议精神,按照"抓管理、抓重点、抓成果"的工作思路,全面落实《国家引进国外智力"十二五"规划》,求真务实,开拓进取,圆满完成了各项工作任务。

获批"高端外国专家项目"2项、资助经费57万元。1名外国专家获中国政府"友谊奖",15名外国专家获"庐山友谊奖"。

一、统筹兼顾抓管理,加快形成更加科学的外专管理体系

(一)健全外国专家管理机制

在全国率先实现了外国专家行政许可市级服务窗口全覆盖,在全省11个设区市设立了服务窗口。认真履行国家外国专家局下放的审批职能,做好中等以下教育机构聘请外国专家单位资格认可办理工作和聘请外国经济技术专家单位登记管理工作。建立健全聘请外国专家单位年检制度,规范外国专家聘请行为。探索外国专家分类管理办法,采取分级备案的方式,对到赣短期工作外国专家进行备案管理。积极完善外国专家聘用合同管理制度,健全外国专家聘用争议解决机制,保障聘请单位和外国专家的合法权益,为外国专家管理工作创造了良好的政策环境。积极推动《江西省外国专家管理办法》、《江西省外国文教专家离任考核评价办法》等政策性文件的研究制定工作。

(二)加强外国专家保障机制

进一步完善全省外国专家突发事件应急体系,切实加强中日钓鱼岛争端期间和十八大召开前后的外国专家安全稳定工作。联合涉外管理部门开展应急预案的模拟演练,督促指导各地、各单位因地制宜,制定切实可行的预案。加强对外专动态的掌控和网络舆情的监督,与公安、国安、教育、外事等部门加强信息共享,确保将不稳定因素消灭在萌芽状态。积极争取江西省卫生厅支持,出台《关于做好在赣工作外国专家和来赣交流外国友人医疗保障工作的通知》,在综合实力最强的4家三甲医院开设外专就医绿色通道,凭"外国专家证"就能够参照干部保健待遇享受医疗服务。

(三)强化外国专家管理部门联系机制

主动加强与教育、外事、公安、国安、卫生等部门的沟通协调,积极

争取他们的支持配合。充分发挥江西省引智工作领导小组、外国专家在赣工作突发事件应急工作领导小组、外国专家奖励表彰工作评审委员会等协调议事机构的作用,在外国专家数据共享、应急管理、资格年检、违规通报、非法查处等方面建立了常态化的联系机制,形成了齐抓共管的工作格局。

二、引进海外高层次人才,打造引智工作品牌

(一)成功举办第9届中美工程技术研讨会江西分会

服务江西省节能环保产业发展,会同江西省工信委联合承办了第9届中美工程技术研讨会江西分会。11位外国专家与30多位中方专家共同研讨了"水泥窑炉处理城市垃圾"和"铜冶炼炉渣热能回收"两个世界性难题。举办了水泥窑炉处理城市垃圾中美技术研讨会,来自企业、高校院所和有关行业主管部门的340多人参加,反响热烈。中美专家提交了专题建议报告书,使水泥窑炉处理城市垃圾从理论研讨层面提升至实施操作的层面。这项工作得到江西省委、省政府领导的高度肯定和有关企业的一致好评。

(二)立足省情服务产业发展升级

全年先后支持江西省十大战略新兴产业金属新材料、非金属新材料、半导体照明、航空制造、光伏等行业引进海外高层次专家近100人次。在引进专家的指导下,项目单位实现关键技术突破7项、填补国内空白5项;新获专利授权41项、专利受理16项、重大技术发明1项。其中,晶能光电(江西)有限公司引智项目"硅衬底氮化镓基LED材料及大功率芯片技术"被工业和信息化部评为2012年信息产业重大技术发明,并纳入《电子信息产业发展基金项目指南》。江西杰克机床有限公司在外国专家的帮助下,成功解决了机床异型轮廓面表面质量、加工效率与加工精度问题,专家指导研发的一款超高速随动数控磨床被列入国家重点新产品计划,并荣获中国机床工具协会"春燕奖";通过持续引智,该公司产品在国内知名的汽车发动机生产线上实现替代进口,成为机械机床领域的一匹黑马。为提升引智后劲突出高端引领效应,积极争取江西省委、省政府支持,出台"外专千人计划"的配套支持政策,从2012年起,给予"外专千人计划"入选专家每人1000万元的创新、创业事业发展资金支持。

三、构建引智推广网络

(一)大力推进"一村一品"示范体系建设

发展"一村一品"特色产业是调整农业产业结构、促进农业增效的重要手段。坚持以市场为导向,以人才

智力为支撑，依托各地资源优势和区位优势，因地制宜，分类指导，务实推进。围绕"一村一品"发展中遇到的技术、经营、管理难题，先后引进外国专家120多名，引进国外新技术、新品种200余项。全省累计投入"一村一品"专项资金近亿元，引导社会资金投入30亿元，培育壮大了葡萄、花卉苗木、农家乐观光园、油茶、茶叶、绿色有机蔬菜、南丰蜜桔、赣南脐橙等一批各具特色的主导产业。

（二）加强农业引智新成果的培育推广工作

围绕现代农业发展，全年示范推广有市场前景、有推广价值的国外先进农业新品种、新技术60多项，重点推广"生态养鸭法"、"水稻三控施肥技术"、"池蝶蚌健康养殖技术"等生态环保农业新技术。举办引智成果现场推广会和各类培训班，共计培训农民2800余人次，帮助农民了解掌握运用农业引智成果。充分发挥引智工作职能优势，请进外国专家帮助指导国外新品种栽培和新技术应用，有效推动引智成果共赢共享。

（三）大力开展农业引智成果援疆工作

举办引智援疆"一村一品"培训班，来自新疆各地州的乡镇负责人和引智系统的共30位学员来赣参加培训。江西省有关市县"一村一品"工作负责人和致富带头人现身说法并带学员赴实地考察，让学员们深受启发和鼓舞。培训班结束后，新疆维吾尔自治区人力资源和社会保障厅专门发来感谢信。利用百名外国专家新疆行暨引智成果援疆周平台，带着专业技术人员赴疆实地指导"一村一品"特色产业发展，专门选送了三味辣椒和百喜草新品种供免费试种，并就开展具体对口项目和技术支持达成了若干合作意向。

四、出国（境）培训工作针对性和实效性不断提高

（一）强化管理，推进出国（境）培训工作规范化和标准化

一是建立会商制度，强化归口管理。建立由江西省外国专家局牵头，会同江西省委组织部、省纪委、省政府办公厅、省外办等部门组成的全省出国（境）培训项目计划联合评审制。二是建章立制，规范和严格出国（境）培训审核管理。对国家外国专家局有关规定和要求进行细化，明确了项目执行审核的13项细则和具体要求；印发《出国（境）培训工作手册》，推进标准化管理；完善并汇编《出国（境）培训工作内部制度》，规范了审核工作内部流程，有效避免失误、错误的发生。三是继续加强出国培训专管员制度建设和队伍培训。

（二）突出重点，培训急需紧缺人才

在国家外国专家局大力支持下，

围绕重点民生工程、鄱阳湖生态经济区建设及"一村一品"等领域，组织实施创业与就业服务体系建设、医疗及社会保障体系建设、鄱阳湖生态经济区低碳产业发展对策、农业产业化经营与农协组织建设等重点培训项目，培训急需紧缺人才100余人次。

（三）注重实效，抓好成果的总结、交流和推广

会同江西省委组织部召开全省出国（境）培训成果交流座谈会。参训学员代表结合自身实际，围绕"一村一品"与新农村建设、城镇规划与管理，以及本地发展重点等不同方面，交流了他们出国（境）培训回国后的收获、学以致用的实践和取得的成果。编印《江西省"十一五"期间出国（境）培训成果选编》、《江西省"一村一品"出国（境）培训成果选编（二）》，广泛推广和宣传培训成果。"一村一品"、小城镇规划管理两个主题的培训成果得到江西省领导的充分肯定。

山 东 省

2012年，山东省引智系统认真贯彻落实山东省委、省政府的决策部署，围绕中心、服务大局，按照国家外国专家局"抓管理、抓重点、抓成果"活动的要求，坚持"大活动引领、大项目带动、大合唱聚力"的工作思路，突出重点，稳中求进，各项工作取得了显著成效。山东省外国专家局两次获得国家外国专家局通报表扬，被评为全国外国文教专家管理工作先进单位、引智宣传工作先进单位，并多次在全国性工作会议上作典型发言。特别是山东首批入选"外专千人计划"的专家、烟台市农业科学研究院引进的保加利亚农学家布拉高夫，12月5日参加了中共中央总书记习近平与在华工作的外国专家代表进行的座谈并在会上发言。

全年共办理"外国专家来华工作许可证"1273件、"外国专家证"3157件，审核办理中等以下教育机构聘请外国专家资格单位51家，并对528家文教专家聘请资格单位进行了年检。

入选"外专千人计划"3人，获批"高端外国专家项目"21项。3名外国专家获中国政府"友谊奖"，24名外国专家获山东省政府"齐鲁友谊奖"。

一、加强外国专家管理

1. 规范专家证件办理程序

进一步理顺和规范外国专家管理工作中的证件办理程序，在全省设立了19个外国专家来华工作办证服务窗口，为外国专家提供方便快捷的服务。

2. 建立外国文教专家聘请单位管理联审机制

加强与公安、外事、教育部门的沟通协调，在外国文教专家聘请单位管理工作中建立联审机制，共同做好聘请单位资格认可、年检和外国专家表彰等工作。114家大专以上院校的聘请资格单位准予注册；385家单位中等以下准予注册、16家暂缓注册、13家注销资格。国家外国专家局印发《关于2012年度全国外国文教专家聘请资格单位年检工作情况通报》，对山东省外国专家局外国文教专家聘请资格单位年检工作提出通报表扬。

3. 开展引智工作调研

到省属重点高校、科研院所、国有企业，中央驻鲁单位共35家重点引智单位实地调研，召开了14个引智单位参加的座谈会，向各市发放调查问卷，进一步摸清高层次外国专家的工作情况，宣传介绍"外专千人计划"政策规定，指导各单位做好申报工作。

4. 举办引智业务培训班

加强引智干部业务培训和引智业务理论研究，举办了引智业务培训班。各市外国专家局负责人、省直有关部门、单位和高等院校的国际人才交流工作负责同志共150余人参加培训。

二、大力引进高层次外国专家

为对接"外专千人计划"和"高端外国专家项目"，启动实施了省级"高端外国专家项目"申报评审工作，经评审，30个项目入选山东省"高端外国专家项目"。此外，全省还实施"东欧独联体引智专项"和"软件集成电路引智专项"等162项、省级引进专家常规项目365项。

三、加强出国（境）培训管理

1. 提高出国（境）培训监管水平

共执行出国（境）培训项目127项，派出培训2078人，项目执行率为81%。为进一步提高出国（境）培训工作的管理水平，完善归档基础资料、规范工作流程，编辑印发了《山东省出国（境）培训工作手册》，指导和规范全省出国（境）培训工作。建立出国（境）审批档案存储管理制度，归档整理各类档案、文件资料，加强了出国（境）培训报批送审材料的管理。进一步加强出国（境）培训团组审核把关的规范性。围绕加强管理，规范程序，从培训团组派出单位、境外培训机构、加强自身管理等方面提出了改进措施，逐步建立邀请函签字样本资料库，并进行存档比对。通过严格审核把关，共查出各类搭车、超龄等不符合出国（境）培训管理规定的人员200多人。

2. 实施重点出国（境）培训项目

全省出国（境）培训项目结构进一步优化，党政团组数量比往年有所减少，低碳经济、可持续发展等专业技术类和中长期项目增加，"蓝区"、"黄区"等重点区域带动战略、保障民生和高层次培训项目的比重提高。选择了一批系统性、连续性、影响力度大的培训项目作为重点项目，集中管理和组织实施。为有效应对国际贸易摩擦，组织实施"国际贸易摩擦高端法律人才培训工程"，选派优秀律师赴国外培训，逐步构建能够胜任国际贸易摩擦案件的专业型高端法律人才队伍。继续会同山东省委组织部等组织实施了"党政领导干部出国（境）培训"项目，从科学设置境外课程、提高培训的针对性，到严格掌握审批条件，择优选派出国人员等各个环节都进行了充分研究，选派了一批党政干部赴美国、德国、新加坡等国家和地区培训。大力实施"技工院校电子信息工程师资培训"，组织有关技工院校20名教师赴韩国进行电子信息工程技术培训。

四、推广引智成果

1. 加强引智成果示范推广体系建设

认真开展2012年度国家级和省级引智成果示范推广基地（单位）评选。获批国家级基地（单位）2家，山东省人力资源和社会保障厅新命名省级引智示范推广基地15家。截至2012年年底，山东省共设立国家级基地（单位）24家，省级基地147家，数量居全国第一。

2. 实施引智成果示范推广项目

每年召开专家评审会评选引智成果示范推广项目，加强项目实施的监督和管理，提升项目的层次和科技水平，确保项目执行效果。共获批国家级项目6项，实施省级重点项目15项，示范推广项目35项。

五、举办重大引智活动

1. 举办外国专家山东行活动

在第7届中国山东海内外高端人才交流暨技术项目洽谈会期间，聘请50名高层次外国专家（全部具有博士学位，其中院士8人、具有教授或高级研究员职称的33人）来山东开展50项新材料、新能源、生物医药和海洋生物技术等符合"转调创"要求的技术合作项目，签署战略合作协议23个，举办"中乌材料技术"、"国际生物医药与区域经济建设"、"公共用水安全"等学术论坛和专家讲座18个，1900余人参加了学习和培训。

2. 会同有关部门举办第13届中国（寿光）国际蔬菜科技博览会和中国（昌邑）北方绿化苗木博览会

共展示菜果和优质苗木品种3000余个，形成科技成果500余项，实现贸易额180多亿元。

3. 承办国家引智成果示范推广基地成果展暨引智成果送老区活动

9月，在临沂市举办国家引进国外智力成果示范推广基地成果展暨引智成果送老区活动，邀请全国90多家国家级引智示范基地携展板和实物来临沂设展，为老区18个县市推介引智新品种、新技术、新成果，老区农技人员和农户6000人入场观展交流，全国14家单位与临沂市项目单位现场签约。

4. 组织省内"外专千人计划"入选专家参加百名外国专家新疆行暨引智成果援疆周活动

整理汇总一批科技含量高、经济效益好、适合在新疆推广应用的引智成果，利用展板、宣传册和实物等方式进行展示，并带领项目单位负责人赴对口支援地区对接项目，受到新疆维吾尔自治区和新疆生产建设兵团引智同行及当地群众的热烈欢迎。

5. 积极开展智力拥军工作

印发《关于进一步做好智力拥军

工作的通知》，要求各市建立军地长期有效合作共建机制，加大对部队农副业生产支持力度，进一步拓宽智力拥军工作服务领域，实施军地引智成果共享，良种、技术和专家团队进军营工程。联合省农科院与驻鲁陆海空部队后勤单位召开智力拥军工作座谈会。5月在寿光举办一期军队农业技术培训班，共有驻鲁陆、海、空及武警部队60名基层农技人员参加培训。

六、创新引智工作机制

1. 创设"中国蓝色经济引智试验区"

5月30日，国家外国专家局正式批复在日照市设立"中国蓝色经济引智试验"。10月30日，在日照市举行了"中国蓝色经济引智试验区"揭牌仪式，人力资源和社会保障部副部长、国家外国专家局局长张建国和山东省副省长孙绍骋、日照市委书记杨军等出席仪式并讲话。共有8个引智合作项目和5个聘请外国专家项目在揭牌仪式上签约。

2. 建立"山东半岛蓝色经济引智示范区"

山东省外国专家局、青岛市人力资源和社会保障局和青岛西海岸经济新区管委会签订《山东半岛蓝色经济引智示范区战略合作框架协议》。示范区主要围绕山东半岛蓝色经济区、西海岸经济新区和蓝色硅谷核心区建设，立足海洋领域经济产业发展，加快构建现代海洋科技创新体系与产业体系，为全省提供经验和示范。

3. 建立"山东省引智综合试验区"

山东省外国专家局、济南市人力资源和社会保障局、济南市历城区政府举行共建引进国外智力综合试验区签约仪式，这标志着省内首个省、市、区三级共建引智试验区在历城设立。试验区将结合济南市、历城区的产业特点和优势，以建设都市农业和绿色农业为主大力引进国外智力。

七、完善制度建设

山东省政府批复山东省人力资源和社会保障厅与省发展和改革委、省科技厅、省财政厅和省公安厅等部门联合制定的《山东省引进国外智力"十二五"发展规划》。这是指导"十二五"时期全省引智事业科学发展的纲领性文件。此外，联合山东省财政厅制定《山东省省级引进国外智力专项资金管理暂行办法》，加强省级引进国外智力专项资金管理，规范省级引智项目的管理程序，进一步提高资金使用效益。出台《山东省引进国外智力工作考核办法（试行）》，有力促进了引智工作的科学管理，建立起工作考核评估的长效机制。出台《外国专家在鲁工作突发事件应急预案》，切实保障外国专家的人身财产安全和合法权益，维护国家安全和公共利益。制定《山东省外国专家工作证件办理规程》，提高了外国专家工作证件办理制度化、规范化、程序化水平。

济　南　市

2012年，济南市共实施引智项目24项，引进外国专家127人次；实施出国（境）培训项目17项，派出培训253人。

一、积极探索机制创新

（一）出台地方配套政策

为扶持、引导有条件的企业、单位引进高端外国专家和创业团队，拟订《济南市"海内外高层次人才引进计划"高层次外国专家项目工作细则》。

（二）参与筹建引智综合试验区，探索引智服务县域经济新模式

为打造以现代服务业为主体、以高新技术产业和先进制造业为支撑、以现代都市农业为基础的现代产业体系，在山东省建立了首个三级共建的"山东省引智综合试验区"，引进大樱桃苗1.2万棵；并以山东省董家草莓引智成果示范推广基地为依托，建成了1万平方米的都市农业示范组合体，进一步带动县区层面引智工作的展开。为创新区域引智合作机制，还与青岛市外国专家局签署了《引进国外智力战略合作协议》。

（三）努力拓展引智渠道

在中国山东第7届海内外高端人才交流暨技术项目洽谈会上举办生物医药技术、新材料技术等7个外国专家论坛，吸引1600名专业技术人员参加。此外，为拓展引智合作和国际人才交流渠道，还与乌克兰基辅国家科技与经济信息中心签署了战略合作协议。

二、大力引进国外高层次和紧缺人才

（一）在传统工业方面

济南轨道交通装备有限公司实施的"3.0兆瓦风电机组研发"项目，通过引进英国专家，迅速掌握风机控制算法设计和验证领域的核心技术，达到了世界领先水平。济南发电设备厂实施的"150兆瓦汽轮发电机的叶片装配和总装、现场安装调试"项目，在德国专家的指导下，掌握了关键技术，加快了150兆瓦汽轮发电机的国产化进程。

（二）在农业方面

引进德国、日本农业专家实施生猪标准化养殖、奶牛饲养管理和繁育技术提高、大樱桃标准化生产、核果

类果树病虫害防治等引智项目，培训农业科技人员和农村实用人才1000余人，积极推广成果，发展高产、优质、高效、生态、安全型农业。

（三）在高新技术产业方面

山东华芯半导体有限公司实施的"集成电路封装测试生产"项目，通过引进高端奥地利专家建成了我国首条高端存储器封装测试生产线，为信息产业特别是集成电路产业的持续发展提供了核心技术支撑。山东山大华天软件有限公司实施的"高端三维CAD/CAM系统核心技术的引进研究"项目，通过引进高端法籍华人专家梅敬成，在核心平台、通用构件、行业软件等方面取得重大突破。目前，该软件已推广安装5000套以上，为国内制造业节省软件采购和维护成本3亿元左右。

（四）在民生保障方面

济南市环境监测站实施的"济南市大气污染监测与预警体系建设"项目，在美国、俄罗斯专家的指导下，引进区域与城市大气污染控制技术规范，为研发"PM2.5"监测体系、提升大气污染防治水平作出了贡献。

三、健全制度，强化管理

（一）完善项目管理体系，推行标准化管理

对济南市国家级引智项目和经费管理情况（2009—2011年度）开展专项检查治理。针对相关问题，进一步修改完善了项目立项评审制、启动报告制、实施跟踪制、结项评估制、成果报送制、经费监督审计制等各项制度，实现程序化、规范化。

（二）严格规范管理，确保出国培训质量

一是强化计划管理，建立预先通报机制。立项时，先经济南市外国专家局初审，报业务分管市领导同意后，经评审委员会评审，报市主要领导签署后上报；执行时，初步确定派出人选后，先报济南市外国专家局预审查，通过后再报送正式材料。二是加强预培训。联合济南市外办、市安全局进行外事纪律教育。

（三）优化办事程序，营造良好服务环境

一是积极争取山东省外国专家局支持，批准济南市为高端外国专家办理2～5年的"外国专家证"。出台外国专家预约服务、到期提醒、上门服务、定期联系等服务措施。二是建立外国文教专家聘请资格认可申请联审机制，通过向教育、公安、外事部门发送征求意见公函、实行并联审批，从而大幅提高了办事效率。

青 岛 市

2012 年，青岛市的引智工作坚持突出重点、高端引领、创新机制、优化环境、务实推进，全力集聚海外人才智力推动蓝色经济发展。全年共实施引智项目 80 项，引进外国专家 1500 人次；入选"外专千人计划"1 人，获批"高端外国专家项目"6 项；引进留学归国人才 1601 人，吸引海外人才项目落地 150 个，直接投资达 13 亿元；实施出国（境）培训项目 29 项，派出培训 500 余人。

1 名外国专家获中国政府"友谊奖"，5 名外国专家获山东省政府"齐鲁友谊奖"。

全年共办理"外国专家来华工作许可"441 件、"外国专家证"1463 件。

一、服务大局，助推"蓝色经济"发展

一是举办 2012 中国青岛蓝色经济国际高端人才项目洽谈会（蓝洽会），共吸引 205 名海外高层次人才聚集岛城，提交创新创业项目 260 个，与 150 名海外高层次人才达成合作意向，直接投资额达 13 亿元，亿元以上的投资项目有 6 个。其中，美国密歇根大学博士雷新根与青岛玛斯特生物技术有限公司就营养学与生物环保技术研发达成合作意向，项目投资 2000 万美元；加拿大麦克马斯特大学博士汲江带来海水淡化膜技术，计划打造世界一流的膜高新技术产业基地；约翰·赫利克博士的太阳能幕墙技术、美国张晓舟博士的枯草杆菌蛋白高效表达系统、荷兰黄江博士的基因工程技术生产人血白蛋白技术等多项高端项目，均展现出广阔的合作前景。本届"蓝洽会"是一次国际化程度高、规模大、实效好的国际高端人才合作盛会，在青岛历届人才项目洽谈会中层次最高、人数最多、投资额最大。

二是组织"千人计划"专家青岛蓝色经济行和"千人计划"专家与蓝色经济对接峰会，邀请包括美国工程院院士在内的 50 余位"千人计划"专家，与项目单位面对面交流、现场对接。会上，"千人计划"专家联谊会与高新区达成共建"千人计划"专家合作基地的协议，并宣布成立第一届"青岛'千人计划'专家委员会"。

三是重点组织实施高端引智项目，并取得显著成果。白俄罗斯专家卡巴诺夫·弗拉基米尔入选"外专千人计划"，获批经费 500 万元。此外，全年执行"高端外国专家项目"和国家级重点专项 9 项，引进高端外国专家 76 人次，解决技术难题 100 余个。如青岛半导体研究所引进俄罗斯和乌克兰有关高端专家进行合作研发，引智成果

为"神舟"号系列飞船和"嫦娥"一号、二号卫星提了技术支持。青岛软控股份有限公司聘请斯洛伐克专家卡罗尔·万卡主持科技部"数字化橡胶轮胎装备优化与升级项目"取得了突破性成果，收购了拥有60多年成型鼓研发经验的美国公司，并在美国建立了研发中心，成为我国轮胎装备行业打开北美市场的先导企业。

四是开展海外人才项目洽谈工作。赴德国、法国和北美开展人才引进和项目洽谈，与海外高端人才、驻外使领馆代表进行了深入洽谈，签订了一批合作意向；还在德国法兰克福市建立了青岛第6家海外引智引才工作站。

二、"蓝色人才培养工程"取得新进展

一是重点开展"涉海"、"涉蓝"产业急需人才的培养，实施了中德生态园建设赴德培训、蓝色经济区高层次人才开发赴美培训、自由贸易港区建设培训、高新区软件业发展孵化器建设赴硅谷培训等重点项目。二是围绕全市重大项目、重点工程培养国际化人才，实施了拔尖人才赴美研修、新农村建设赴德培训、生态农业技术赴英国培训、名校名师出国培训、职业教育人才培训等一批层次高、内容专业的项目。三是以表彰先进来激励、带动人才培养工作。在"蓝洽会"上，青岛市政府发放了上千万元的扶持资金，一批优秀的海外人才和专家项目获得表彰和奖励。

三、引智环境进一步优化

一是出台《青岛市海外高层次人才工作居住证暂行规定》。对高层次海外人才在居留证办理程序、居留期限、多次往返签证、子女入学、所得税缴纳、荣誉评选、物质奖励等方面实施优惠政策。二是建立首批"青岛市蓝色经济区引智成果示范基地"，出台《青岛蓝色经济区引智成果示范基地管理办法》。三是加强留学人才平台建设。首家国家级留学人员创业园获人力资源和社会保障部批准建立；高层次人才创业中心已有5批45家企业获准入驻，34家完成工商注册，7家留学人员创业园企业顺利迁入。四是首次出台海外引才工作站奖励政策。制定首个奖励海外引才工作站的政策，作为"青岛英才211计划"的7项配套措施之一正式出台。

四、强化管理

一是加强出国（境）培训业务管理。首次组织全市出国（境）培训项目单位专办员培训；编写《青岛市出国（境）培训项目执行报批材料及办理程序》。二是加强全市106家聘请文教专家单位资质管理，对违规聘请外教者进行查处，并对相关涉事人员进行处理和教育。三是加强外国专家管理。通过对各区市、有关创业园区和驻青高校、科研院所等进行分类、分级调查统计和需求预测，初步建立起海外高层次外国专家人才信息库。

河 南 省

2012年，河南省共完成引进国外技术、管理人才项目155项，聘请外国专家1531人次，在豫工作或访问的外国专家达8000余人次；执行出国（境）培训项目74项，派出培训1245人次；新建国家级引智示范基地（单位）2个，省级引智成果示范推广基地（单位）20个；办理"外国专家来华工作许可"548件、"外国专家证"1007件。

一、实施四大引智工程，重点引进高层次和紧缺型国外人才

（一）实施农业引智工程，加大强农惠农项目高端专家和智力的引进力度

实施涉及国家粮食工程、农业新品种新技术引进等的引智项目共50余项，占项目总数的40%左右，引进国外农业先进技术和人才的数量比往年有较大幅度增加，推动了河南粮食核心区建设。如郑州市蔬菜研究所连续多年聘请外国专家，已引进20多个蔬菜新品种和多项新技术，2012年被评为河南省引智示范推广基地。该所建立的以色列新品种和新技术示范基地集成了国外优秀的蔬菜种质资源和先进的栽培管理技术，达到了一定规模的示范带动效应。在外国专家的指导下，通过引进国外先进的蔬菜栽培管理技术，在提高蔬菜产量和品质的同时，减少了化肥农药等的使用，确保了蔬菜产业的可持续发展。此外，还成功举办了超级小麦育种引智10周年暨成果示范推广研讨会，来自西班牙、澳大利亚、英国等8个国家和地区的知名小麦专家学者到会交流育种成果。

（二）实施工业引智工程，加大核心技术研发专家和国外优秀人才的引进力度

如郑州机械研究所通过与德国多特蒙德工业大学、韩国海洋大学、美国焊接协会的合作，解决了国际热核聚变实验堆磁体支撑钎焊技术研究遇到的瓶颈问题，为该项技术成果的产业化创造条件。该所聘请的德国专家沃尔夫冈·蒂尔曼和乌克兰专家马克西莫娃同时入选2012年"高端外国专家项目"。中信重工机械股份有限公司通过引进外国专家，在特大型磨机工作及结构参数优化研究特大型磨机关键件制造工艺研究等领域取得全面进展，缩短了与国际先进水平的差距。随着开发大型磨机的关键技术问题的

解决，该公司试验、设计和开发手段大幅度提升，从而提高了我国在该领域的竞争力，带动了我国相关行业的技术升级。河南省中原内配股份有限公司是我国气缸套行业排头兵企业，该公司通过聘请英国GKN集团工程师约翰·索伦尔解决了诸多技术难题。

（三）实施环保引智工程，加大对环境保护和节能减排项目的扶持力度

侧重在重点流域水环境治理、大气污染防控、城市生活医疗垃圾处理、发展绿色循环经济等领域引进国外先进经验和成果。如2012年国家级重点引智项目——安阳贞元集团"年产2200方车用沼气"项目，经过外国专家技术攻关、自主创新，成功研发出适合我国生物天然气产业快速发展的模块化集成技术，缩短了异地建厂周期，并提出了"生物天然气"的创新性概念，堪称新能源领域开展国际人才和技术合作的典范；开封市德意环保设备实业有限公司通过引智，在医疗垃圾焚烧炉技术上取得关键性突破，其产品畅销国内外并产生了良好的社会经济效益。

（四）实施民生引智工程，加大对教育、社会保障、医疗卫生等领域的扶持力度

如河南大学邀请2010年诺贝尔经济学奖得主、美国西北大学教授戴尔·莫滕森，2000年诺贝尔经济学奖得主、美国芝加哥大学教授詹姆斯·赫克曼等国际顶尖专家参加中国留美经济学会2012年年会，并分别作了题为《中等发达国家的劳动力转移政策与中国的借鉴》、《经济发展与产业升级转移》、《英国产业革命原因新探及其对中国的启示》和《中国转型中的制度变迁与发展阶段》的主题报告，并就中原经济区建设提出了意见和建议。此外，还帮助急需突破技术瓶颈，又难以找到合适专家或无力支付聘请高层次专家工资的医疗机构，积极联络境外专家组织，邀请外国医学专家50余人次无偿提供技术指导和培训，提升了当地医疗水平，为群众解决了困扰多年的医疗问题。郑州大学第一附属医院聘请的英国癌症研究第一临床研究中心教授尼古拉斯·罗伯特·莱蒙和新乡医学院聘请的多伦多大学总医院教授库斯马诺分别入选国家和省级"高端外国专家项目"。

（五）打造示范推广精品工程，建立了一批引智成果示范推广基地（单位）

出台《河南省引进国外智力成果示范推广基地和河南省引进国外智力示范单位管理办法》，建立了科学有效的引智成果发现、培育、评价和推广机制，精选优秀成果，大力进行推广，引智成果示范推广基地建设步入了健康有序、快速发展的轨道。目前，共有6个国家级引智成果示范推广基地（单位），45个省级引智成果示范推广

基地（单位）。与此同时，各省辖市根据自身区位优势和引智工作发展的需要，建立了数量不等的市级引智成果示范推广基地。如郑州市有市级基地7个，濮阳市有市级基地17个，初步形成了以国家级基地为主导、以省、市级基地为支撑，三级基地互动的模式。

二、创新工作机制，转变职能，外国专家管理工作取得新突破

（一）建立健全省级外国专家联席工作制度

成立由河南省外国专家局牵头，河南省教育厅、省公安厅、省外侨办等为成员单位的"外国专家联系工作小组"。采取召开座谈会、实地考察、个别抽查、集中培训等多种形式，对聘请外国文教专家资格单位进行联合调查，重点检查聘请单位贯彻落实国家和省有关政策、规定及外国专家管理工作情况。

（二）建立外国专家建言机制

组织外国专家对河南省建设和发展提出意见和建议，进一步畅通外国专家建言献策渠道，使引智工作效益最大化。成功引进2010年诺贝尔经济学奖得主戴尔·莫滕森等国际知名专家做客河南电视台《聚焦中原》栏目，就河南省如何跨越"中等收入陷阱"，解决城镇化和劳动力转移带来的发展难题等提出建议，并介绍了以芝加哥为中心的美国中部地区经济发展的经验，为河南经济乃至中原经济区的崛起腾飞出谋划策。还编辑了《外国专家看河南》一书，收录了近30位外国专家的建议和在河南工作期间的感受。

（三）建立法人约谈制度和聘请资格单位培训制度

对申请聘请外国专家资格的单位、年检未能正常注册的单位、在聘请外国专家期间出现涉及安全、政治、宗教等重大事件、产生合同纠纷未能解决的单位实行法人约谈，对单位领导和专职人员进行业务培训，宣讲相关政策、指出存在的问题、提出整改要求，使这些单位进一步熟悉了解外国文教专家管理的有关政策和办理程序。还召开了部分聘请单位外国文教专家管理工作培训会，邀请省教育厅、省公安厅、省外侨办等部门的负责人就所分管业务进行授课，有效地提高了聘请单位外事管理人员的政策管理水平。组织部分高校到厦门大学考察学习外国专家聘请和管理工作的先进经验和做法。

（四）完善外国专家人身保险制度

保障外国专家和聘用单位的合法权益，规避高额医疗风险。委托保险公司为在豫工作的外国专家量身定制出一套疾病医疗和意外伤害保障方案，涵盖疾病、意外身故以及住院津贴等多项保险责任。

（五）建设"外国专家之家"

组织全省外国专家开展形式多样、

丰富多彩的联谊活动，充分调动外国专家的工作积极性。组织外国专家中原行活动，到部分企业参观、座谈。组织外国专家赴淮阳参加荷花节活动，了解河南省的历史和风俗文化。此外，郑州市外国专家局还组织外国专家到黄河边开展植树活动。

三、强化管理，务实运作，提高引智工作能力和水平

（一）加强引智政策法规建设

制定了《河南省外国专家局行政许可岗位责任书》和《外国专家在豫工作突发事件应急预案》，下发了《关于实行外国文教专家管理工作专办员制度的通知》、《关于加强外国专家管理工作的通知》、《河南省中等以下教育机构聘请外国专家单位资格认可办理规定》、《河南省引进国外人才项目管理办法》和《河南省引进国外智力成果示范推广基地和河南省引进国外智力示范单位管理办法》，编写了河南省外国文教专家管理工作培训教材和引进国外人才项目工作文件汇编。

（二）加强"四库一账"建设

不断完善项目库、外国专家库、引智成果库及国外培训渠道库。建立外国专家台账，实行外国专家来豫信息月报制度，每月初统计当月拟来豫工作的外国专家信息，每月底汇总下个月拟来豫工作的外国专家信息，实现全省外国专家资源共享。月初上报《来豫工作外国专家信息表》，月底上报《外国专家绩效评估表》，进一步加大了对引进国外智力项目的评审、跟踪问效和成果评估工作。

（三）加强引智宣传，营造良好舆论氛围

围绕全省引智工作会议、超级小麦育种引智10周年暨成果示范推广研讨会等会议活动加强宣传。5月25日《河南日报》刊登了题为《河南省构筑中原经济区人才支撑新高地》的文章，在社会上产生较大反响。河南卫视报道了河南省引智工作会议，大河报、郑州日报和新华网、人民网等30余家媒体、网站刊登或转载了引智工作会议新闻，受到社会广泛关注。此外，还注重通过《专家工作通讯》和《国际人才交流》进行宣传。

湖 北 省

2012年,湖北省引进各类外国专家1万多人次。其中,经济技术管理类专家3723人次,占36%,教科文卫类专家6619人次,占64%。经济技术管理类专家主要集中在国有企业、民营企业和外资企业,国有企业聘请1183人次,民营企业聘请1101人次,外资企业聘请657人次,合计占经技术管理类专家总量的79%;教科文卫类专家主要集中在教育行业,高校聘请3043人次,占教科文卫类类专家总量的46%。

获批国家级引智项目203项。其中,"外专千人计划"8项,"高端外国专家项目"16项,引进国外技术、管理人才项目49项,资助专家232人次;"东欧和独联体引智专项"1项,外国教科文卫引智项目5项,培训项目124项,选派出国培训1731人次。

全年共办理"外国专家来华工作许可"637件、"外国专家证"1861件(含新办973件、延期888件),新增聘请外国文教专家资格单位35家,累计337家。

12名外国专家获湖北省政府"编钟奖"。

一、引进高层次外国专家

(一)入选"外专千人计划"的外国专家均为国际相关专业领域内的著名专家学者

如华中科技大学聘请的罗伯特·吉尔伯特是澳大利亚科学院、皇家化学院院士,在化学界成就斐然。他将以武汉生物技术研究院为平台,研发预防2型糖尿病和缓解糖尿病患者病痛的新药物。

(二)引进高端外国专家,积极推动科技创新、产业结构调整和经济发展方式的转变

如我国第一个、世界第二个拥有自主知识产权生产的碟片激光器,第一家符合"国际cGMP规范"(动态药品生产管理规范)的软胶囊制药厂,第一家拥有酵母菌种的酵母生产企业在外国专家的智力支撑下,创造了一系列科研成果。

1. 在科技创新方面

引进一批科技领军人才和国际化创新团队,着力增强企业的自主创新能力。如支持安琪酵母聘请荷兰、美

国的国际顶级酵母技术专家范·罗森伯格等为顾问,汇聚世界一流科研力量提升自主创新能力,一举攻克菌种培育难题,成为我国唯一一家拥有酵母菌种的酵母生产企业,在很短的时间内就从地方走到全国,并跻身全球三大酵母公司之列,年出口额1.5亿美元。支持武钢维尔卡钢绳制品有限公司引进安杰尔·莫拉莱斯及其团队,研发生产出了注塑钢丝绳等28种钢丝绳产品,将使用寿命提高了60%,有效遏制我国钢丝绳低端产品严重过剩、高端钢丝绳产品依赖高价进口的现象,同时,对保障我国大型企业安全生产起到积极作用。为此,安杰尔·莫拉莱斯获2012年度"编钟奖"。

2. 在产业结构调整方面

加强关键领域和重要环节的技术改造,提升优化传统产业,拓展第三产业,夯实发展战略性新兴产业的基础。如人福医药集团公司吸纳美国软胶囊行业的领军人物克雷格·约瑟夫为全球运营总监,攻克水溶性药物的软胶囊处方研究和工业化生产的技术壁垒,在光谷生物城建设我国第一家符合"国际cGMP规范"的软胶囊制药厂,并产生了良好的经济社会效益。该厂预计2016实现销售额超过10亿元,税前净利润4.76亿元。四机赛瓦石油钻采设备有限公司引进俄罗斯专家,研发成功低温自动混浆固井橇和自动混浆石油水泥车,取得了一项发明专利授权和两项实用新型专利授权。

该产品具有国际领先水平,已接到76台设备订单,合同金额高达2.4亿元。湖北新火炬科技股份有限公司组建乌克兰专家研发团队,在新型高效转子发动机的设计和工艺上申报了4项发明专利和7项实用新型专利,开发出功率为50马力的新一代高效活塞式转子发动机,预计投产后可实现年产值50亿元。

3. 加强服务中小企业发展,不断强化针对新兴产业发展的政策导向作用

如在光电子信息产业,支持武汉中国光谷激光行业协会举办第2届国际激光技术与产业化论坛,聘请了俄罗斯、德国和法国专家共34人次进行技术交流,在高功率碟片固体激光器和高亮度光纤耦合半导体激光器等关键技术都取得突破,达成了10余项合作意向或协议。武汉理工新能源有限公司连续聘请80余位美国、日本等国专家研制新一代50千瓦燃料电池发动机,目前已通过863规范测试,并研发出了第二代燃料电池轻型客车——"楚天2号"燃料电池中巴车。

(三)瞄准国际学科发展前沿引进外国文教专家

1. 通过引进国外学术大师、学术骨干,锻炼并培养出了一批高素质的科研团队,建立了多个国际合作平台,凝练出前瞻性学科方向

如华中科技大学基础医学院在加

拿大专家詹姆斯·伍德盖特的推动下，建立了"中加神经疾病分子生物学联合平台"，并引进了由该专家培育的转基因小鼠并大量繁殖，成为我国第一家实现动物模型条件性基因敲除GSK-3α/β（在生命活动中非常重要的蛋白质分子）的科研机构。

2. 外国专家带领科研团队进行了大量创新性研究，提高了原始创新能力

如华中科技大学电气学院聘请澳大利亚专家科斯塔亚·奥斯采科夫对低温等离子体在生物医学和纳米材料研究领域的前沿科学问题展开了深入研究，其成果被诸多媒体广泛报道。

（四）进行引智基地建设、开展技术下乡活动

1. 国家级引智成果示范推广基地取得新成果

如华中农业大学"动物疫病防控技术引智成果示范推广基地"从美国、澳大利亚等国家引进了狂犬病灭活疫苗制苗毒株和猪传染性胸膜肺炎等标准菌株，加快了动物疫病防控技术研发进程，获得新兽药注册证书4个。示范推广动物疫病防控新产品如副猪嗜血杆菌灭活疫苗等2000万～3000万头（份），增加农民收入数十亿元。华中农业大学"油菜遗传改良与创新引智成果示范推广基地"从澳大利亚、瑞典引进油菜材料，利用这些资源选育出新品种2个，在湖南、湖北等示范推广面积达200万亩，实现农民净增收益约1.4亿元。

2. 省级引智成果示范推广基地取得新成效

联合湖北省农业厅、华中农业大学分别在宜都土老憨公司和荆门日月油脂公司建立了省级柑橘和油菜引智示范推广基地。其中油菜基地辐射带动全省油菜1800万亩，增收12亿元。

二、进一步加强外国专家管理服务工作

（一）完善工作机制和政策体系

参照"千人计划"有关要求，起草了《湖北省"百人计划"高层次外国专家项目暂行办法》，起草了《湖北省外国专家管理办法》，并在征求有关部门和地方意见的基础上做了补充和修改，拟上报以湖北省政府名义在全省印发。主动与湖北省公安、教育等部门沟通协调，充分整合政府资源，建立了省、市、州专家管理服务工作二元管理模式。

（二）准入工作依法实施行政许可

按照《行政许可法》的相关条款，遵循"便民、高效、优质"的原则，寓管理于服务之中，认真开展外国专家来鄂许可与聘请外国文教专家资格单位认可事项的工作。

1. 认真开展外国专家来华行政许可审批工作

对经技类外国专家来华工作许可实行委托管理。定期检查委托办理窗口的服务,并要求各窗口建立日常管理制度。其中,设在东风汽车公司的办理窗口共为185位外国专家办理了"外国专家证",大大方便了该公司及所属各企业办理相关证件。

2. 认真开展聘请单位资格认可工作

会同教育、公安部门组成联合考察组,先后向33家单位下发了关于聘请外国文教专家资格认可的批复。努力开辟聘请外国文教专家新渠道。

(三) 加强聘请单位以及外国专家的管理服务工作

认真组织开展资格年检。会同有关部门通过自查和抽查相结合的方式,对聘请资格单位进行年检,并将年检结果及时在《湖北日报》上公示,确保了聘请单位在社会监督下开展外国专家聘用管理工作。举办丰富多彩的文化交流活动。积极策划第12次百名外国专家植树活动;精心组织"第11届外国专家专场圣诞文艺晚会"。

武 汉 市

2012年，武汉市共获批引进国外技术、管理人才项目28项（实际执行27项），引进外国专家161人次。其中，"高端外国专家项目"2项、"软件与集成电路引智专项"4项、"独联体引智专项1项"。获批国家级引智经费193万元。执行出国（境）培训项目37项，派出培训590人。

10名外国专家获武汉市"黄鹤友谊奖"。

一、积极引智与自主创新相结合，助推"三个中心"建设

（一）围绕"国家创新中心"目标，为高新企业引路

武汉东湖国家自主创新示范区是我国智力密集区之一，已涌现出大量成果。如武汉东隆科技有限公司通过引进外国权威专家，研发出的"航空复合材料微形变测量系统"，对确保航空航天飞行器的安全具有重要意义。这一成果被公认为复合材料学研究方面的最先进手段，开创了我国引进世界最先进光纤分布式传感系统并通过创新后应用于民用飞机生产的先河。

（二）围绕"两型社会"建设目标，为环保献计

如武汉新天达美环境科技有限公司聘请的日本东京大学教授松本聪研发团队，在"STCC污水处理及深度净化技术"的基础上，进行关键技术的升级攻关和优化应用，帮助该公司实施技术和市场推广，提升科研水平，培养技术核心人才，传授先进的管理理念，并对有效治理生活污水和净化修复湖泊水体提供了建设性的建议。

（三）围绕"现代都市农业"目标，向"三农"倾斜

2012年共获国家外国专家局批准6个农业常规项目，聘请来自美国、日本、加拿大、意大利等国的外国专家20余人次。各农业引智项目单位注意总结交流，突出项目地方特色，充分发挥了引智项目示范推广作用。

二、强化出国培训的立项监督

在控制总量、优化结构方面积极努力，以逐步提高中长期项目和高层次人才项目的比重。同时加强监管、完善制度、开拓创新，要求各派遣单位早准备、早执行、早总结、早核销、

早完成，对党政干部比例提出明确要求，避免了逾期操作、违规操作现象的发生。

加强对出国（境）培训人员资质的审查，杜绝中介操作行为，加大对培训渠道和组团单位的双向监管力度，要求境外机构严格遵守有关规定实施培训计划。

三、规范管理与主动服务并重，不断改善国外人才的工作、生活环境

建立专办员制度，注重横向沟通；主动与相关部门协作配合，共商对策，以服务促管理，不断改进服务方式，获得广大外籍人士赞许。武汉市入选2012年"魅力中国—外籍人才眼中最具吸引力的中国城市"。

（一）精简审批手续，提高办理两证效率

充分利用现代电子信息技术，简化完善办事流程，并制定了"外国专家来华工作许可"和"外国专家证"（经济技术类）的"一次性告知书"，做到让企业一次性明了办理流程，及时解答企业相关疑问。

（二）为外国专家提供"长期居留资格"

为了充分肯定外国专家的工作成绩，更好地调动其工作积极性，根据外国专家在汉工作的时限及相关情况，积极配合武汉市出入境管理部门，为贡献突出的外国专家提供"长期居留资格"，从而解决了他们的后顾之忧。

（三）实施"家在武汉"工程，创办《长江周报》

为改善外国专家的生活和工作条件，为他们提供更好的饮食、医疗、教育、文化、旅游、购物等公共服务，启动"家在武汉"工程。成立了20多家单位组成的市推进外籍人士"家在武汉"工程工作领导小组；编印了中英文版的《外国人在汉指南》，免费赠送给外国专家及其聘用单位；联合《长江日报》创办了英文报纸《长江周报》（Changjiang Weekly），报道武汉地区重要的时政、经济、社会、文化活动，展现城市建设、民俗风情，及时反映外籍人士的需求和困惑，搭建他们与相关部门、单位沟通的桥梁，现已发行32期。

此外，武汉市卫生局针对外国人就医问题制定了《武汉市外籍人士"家在武汉"工程涉外医疗服务工作方案》，确定有提供涉外服务能力的三甲医院为定点医院，改善涉外医疗服务质量、提高涉外医护人员英语水平、规范医院英文标志等。在武汉经济技术开发区外籍人士居住相对集中的区域，武汉市食品药品监督管理局已开设"双语药店"，配备了能用医药学专业英语进行会话及处置涉外应急事件的工作人员，初步解决了外籍人士买药难的问题。

湖 南 省

2012年，湖南省共执行国家级和省级引智项目420个。其中，国家外国专家局批准项目51个，资助经费195万元；入选"外专千人计划"项目4项，资助经费1600万元；入选"高端外国专家项目"2项，资助经费80万元。新建国家级引智成果示范推广基地（单位）2个，省级引智成果示范推广基地（单位）5个，培育10个"一村一品"引智示范村（镇）；入选"千人计划"53人，入选湖南省"百人计划"103人；聘请外国专家5650人次，其中文教专家2291人次，经济专家3359人次；执行出国（境）培训项目55个，选派908人出国（境）培训。

全年共办理"外国专家来华工作许可"403件、"外国专家证"745件。另有28个单位获得聘请外国文教专家资格。目前，全省共有276个单位具有外国文教专家聘请资格。

一、联合行业推进，重点突出引进项目

（一）联合行业主管部门开展引智服务

主动与湖南省林业厅、省卫生厅等相关行业部门合作，有针对性地联合举办一系列的引智工作研讨活动，引进了一批高水平的外国专家和港澳台专家，交流国际最新科技动态与信息。

（二）为重点项目单位智力引进服务

如积极协助湖南省机场管理集团有限公司做好法兰克福机场应急管理专家引进工作，帮助湖南机场管理集团办理了德国法兰克福机场首席运营官米歇雷·杰拉尔德·利雅得来湘工作的有关手续，并资助了湖南机场管理集团引进法兰克福机场管理专家和新加坡樟宜机场管理专家项目。

（三）抓好国家级和省级项目执行

及时向各项目单位下达项目计划，并督促项目单位抓好项目执行。省级项目申报突出了长株潭"两型社会"建设、"千人计划"、"百人计划"、新型工业化、新农村建设等重点工作，共组织申报项目522个，对394个项目进行资助，占项目申报总数的75.5%，引智资助总金额为1100万元，其中资助出国（境）培训项目100万元，资助产学研及文教类项目125万元，资助经济技术类项目875万元。

（四）加强了引智基地和示范单位建设

积极组织并推荐湖南泰嘉新材料科技股份有限公司等7家单位申报2012年国家级引智推广示范基地（单位），其中泰嘉新材料公司和湘潭市家畜育种站2家单位通过评审，被命名为国家级引智成果示范推广基地（单位）。下发《关于2012年省级引进国外智力成果示范推广基地和省级引进国外智力示范单位申报工作的通知》，新建湖南省儿童医院等省级引智成果示范推广基地（单位）5个。组织召开2012年全省引智基地经验交流会暨2011年新命名引智基地和示范单位授牌仪式。分别组织基地单位参加百名外国专家新疆行暨引智成果援疆周和全国引进国外智力成果示范推广基地工作会暨"引智成果送老区"展示活动，宣传推介引智成果，与国内各基地单位交流工作经验。

二、推进局省合作

积极抓好长株潭"两型社会"引智成果总结，国家外国专家局《专家工作通讯》对长株潭"两型社会"引智成果进行了特别报道，对进一步做好"两型社会"建设引智工作进行了有益的探讨。召开长株潭地区省级项目申报调研及座谈会，分别到长沙经济技术开发区等6个国家级园区举办了引智工作座谈会，积极发动申报省级引智项目。长株潭城市群共申报项目297个，根据资源节约型和环境友好型社会建设及局省合作协议的要求，对该区域内的197个引智项目给予了627万元经费支持，占全年项目资助经费的57%。积极与湖南省长株潭两型社会建设改革试验区领导协调委员会办公室沟通和协调，下发了《关于申报2012年湖南省"两型"国外人才和智力引进项目计划的通知》，为长株潭试验区引智项目单位引进"两型社会"建设人才争取更多的引智资金。

三、多种形式服务外国专家

（一）交流研讨，提高管理水平

举办外国文教专家管理工作业务培训班，为提高聘请单位外国专家管理与服务水平，更好地保证聘请外国专家工作顺利开展打下良好基础。

（二）严格把关，做好行政审批工作

做好外国文教专家聘请单位资格认可工作。实地考察了岳阳市洋话外语培训学校、武陵区杨昇英语培训中心等单位，对学校的资格申报等工作进行了具体指导。同时，对湘潭县一中、株洲市外国语学校等29个单位的申报材料进行了认真审查。

（三）推出多项关爱服务

一是开展走访慰问活动。省市两级外国专家管理部门实行定期走访慰问外国专家代表活动，了解专家需求

和专家待遇落实情况，听取意见和建议，并及时协调处理和解决一些外国专家和聘请单位的实际问题。二是做好外国专家节假日的安全管理工作。节假日来临之际，各市州外国专家管理部门、专家聘请单位非常重视外国专家的安全工作，指导专家消除居住、饮食、交通、消防、防盗等方面的安全隐患，切实保障其人身、财产安全。同时，到湖南农业大学、湖南涉外经济学院等有关外国专家聘请单位检查落实。

四、搭建平台，积极为引进海外高层次人才服务

利用外国专家组织项目洽谈会、中国国际人才交流大会和国际高峰论坛等大型活动，积极搭建国际人才智力交流平台。

（一）举办外国专家组织项目洽谈会·湖南活动

165个项目单位向23家外国经济技术专家组织提交项目300个，项目涉及装备制造业、新能源、生物医药、现代农业等方面，有186个项目与外国专家组织取得初步合作意向。会议为企事业单位与外国专家组织建立起良好的联系搭建了平台，帮助引进急需的专家、技术。外国经济技术专家组织服务涉及科技、环保、电子多个领域。

（二）为海外高层次人才提供"一站式"服务

一是服务窗口为高端人才在出入境、落户、医疗、保险、子女入学等多方面开辟"绿色通道"。二是确定服务项目，确保周到细致。按照"一站式"服务的要求，实行"一站式受理、一次性告知、一条龙服务"，极大简化了高层次人才在湘工作和创新创业需办理的各项手续。严格挑选配备了既懂外语又懂业务的工作人员，配齐配强专职服务队伍。严格遵守承诺办结时限，使期限内的办结率达到100%。三是抓好建章立制，规范办事程序。服务窗口将尽快制定各项规章制度，制定好服务手册，明确办事流程及办结时限。针对工作中出现的新情况新问题，不断修订完善服务措施。四是加强部门协作，形成服务合力。组织召开湖南省海外高层次人才服务对接会，湖南省委组织部、窗口组建单位负责人及专家所在单位联系人共46人参加此次会议。为专家们落实办理落户、子女签证等开辟"绿色通道"的政策，为他们在湘生活、工作提供方便。

（三）国际人才智力交流协作打开局面

承办发展中国家智力引进与社会经济发展官员研修班。举办"耐力制胜——企业如何在迅速变化的环境中保持活力"的主题演讲、"现代城市建设与循环经济发展国际学术讲座"、主题为"全球营销新看点"的SMEI认证项目中国巡讲营销专场长沙站的活动和GLM国际物流师认证项目长沙交流会。

与此同时，积极推进湖南国际人才市场与湖南国际人才网建设。推进中国国际人才市场湖南市场立项审批工作，实地察看了场地、服务窗口、档案场馆建设等。

五、加强宣传调研，努力扩大湖南引智影响

采取座谈、实地考察等方式，先后深入全省5个市州和近30家国家级、省级引智成果示范推广基地、"一村一品"示范基地等重点引智单位进行了实地调研，指导帮助基层理清思路，确定引智重点。同时，还就围绕引智机构队伍建设、引智规章制度建设情况等内容进行了调研，为进一步改进工作方法、提高服务质量掌握了第一手资料。

广 东 省

2012年,广东省引进海外人才和智力工作认真贯彻全国引进国外智力工作会议和广东省引进海外人才智力工作会议精神,通过贯彻落实全国引智工作"十二五"规划,围绕民生为本、人才优先的工作主线,大力加强海外人才智力引进、外国专家管理服务、出国(境)培训、留学人员回国服务等工作,取得明显成效。全年共聘请外国专家6839人;组织出国(境)培训团组88个,派出培训1767人;入选"外专千人计划"3人,获批资助经费1800万元;获批"高端外国专家项目"15项、资助经费189万元。

一、赴海外招聘高层次人才

组团赴日本东京和法国巴黎、马赛举办高层次人才洽谈会,共接洽高层次人才1237人、科研团队23个。其中,具有副高以上职称者656人,占53.1%;具有博士学位者592人,占47.8%。经交流洽谈,有228人和12个团队与招聘单位达成了明确合作意向。广东省常务副省长肖志恒会见了包括诺贝尔奖获奖专家在内的17名著名专家,目前他们大多分别与中山大学、广州医学院、广东工业大学等单位签订了合作协议开展合作。

二、领军人才的评审和引进

经广东省委、省政府批准,18人入选广东省第三批领军人才。其中,外籍专家为14人。这次评审工作,一是注重产业发展需求。18名领军人才中有14名是战略性新兴产业发展急需的人才。二是注重科研创新需求。入选者均拥有国际、国内重大创新成果,其中包括欧美国家科学院院士5名、"千人计划"入选者3名、"长江学者"2名。三是注重成果转化需求。入选者已获得发明专利328项,投放市场的创新产品67种,近期可实现产业化的重大项目有27项。四是注重企业和地区需求。

此外,还派出3个调研组,协助对引进的领军人才开展第三方独立评估。总体来看,领军人才的科研创新和成果产业化都取得了较好成效。如在美国福特汽车有十几年的研发经历的广州汽车工业集团有限公司首席技术官陈子榮,主持研发生产的自主品牌传祺系列轿车,年产值已超过百亿元,销量位居国内同类轿车前列。

三、举办第 4 届百名海外专家南粤行活动

邀请美、英、法、德等 12 个国家知名大学、科研院所和跨国企业的近百名高端专家,分赴广州、佛山、珠海、肇庆等市对接交流、现场考察,有 30 多名专家与单位达成明确的合作意向,谈成合作项目 20 多个。这些专家的专业涵盖电子信息、生物医药、生物工程、新材料、新能源、节能环保、装备制造等产业。

四、利用国家级平台招才引智

先后组织参加第 11 届中国国际人才交流大会、第 14 届中国国际高新技术成果交易会和第 15 届中国留学人员广州科技交流会,发动各地引智主管部门组织数百家单位参展。共接洽海外人才 2000 多人,其中 535 人与用人单位达成合作意向。

五、建立广东省海外人才工作站

目前,已在美、法、德等 7 个国家设立海外人才工作站 10 个,在引进海外高层次人才中发挥了积极作用。为把人才服务工作向各市尤其是珠三角地区辐射延伸,组织上述 10 个人才工作站与珠海市引智主管部门签署合作协议,并分别设立 10 个珠海分站,以市场化购买人才服务的方式,为珠海市引进海外高层次人才。同时,还组织东莞、中山等市引智主管部门与海外人才工作站负责人洽谈合作建立引进高层次人才分站事宜。

广州市

2012年，广州市的引智工作围绕"国际人才港"的建设，大力支持广州企业引进外国专家、海外人才和开展出国培训。全年共执行引进国外技术、管理人才项目19个，引进外国专家98人次，获批专项资金112万元；审批、审核出国（境）培训项目49个，派出培训953人次；8人入选广州市第3批"创新创业领军人才百人计划"，拨付第2批广州市"创新创业领军人才百人计划"资助经费300万元；另有2名"创新创业领军人才"入选"广东省创新科研团队和创新领军人才"。

全年共办理"外国专家来华工作许可"446件、"外国专家证"406件。据统计，现在穗工作3个月以上的长期外国专家已达6000余人。

一、多种方式集聚高层次外国专家

一是举办高水平学术会议。先后会同国家外国专家局国外人才信息研究中心举办2012生物医药海外高层次人才、项目洽谈会（广州）、2012第2届低碳科技大会，包括1991年诺贝尔生理学或医学奖得主、德国专家厄温·内尔，2007年诺贝尔和平奖得主、斯里兰卡专家莫汉·芒纳星河在内的500多名高层次外国专家应邀参加，达成合作意向30多项。

二是积极赴海外招聘。参加广东省人力资源和社会保障厅组织的赴法国、日本招聘海外高层次人才活动，向海外发布本市海外高层次人才需求508项，需求人数736人，年薪最高达100万元人民币。此举进一步宣传了广州市对聚集优秀海外人才的拳拳盛意。特别是，此次活动引进了2011年诺贝尔生理学或医学奖得主、法国专家朱尔斯·霍夫曼到广州参加免疫学前沿学术论坛，并与广州医学院开展免疫学前沿学术研究，建立了中—法霍夫曼医学中心。

三是依托引智项目。如支持中国科学院广州生物医药研究院引进的美籍俄裔生物学博士亚历山大·斯特伦尼科夫入选"外专千人计划"，获得科研经费资助500万元。

二、打造引智新品牌

悉心打造外籍人才招聘会、高端外国专家讲坛、英语教师培训班等引智品牌项目。外籍人才招聘会已初步形成品牌效应，成为广州和珠三角地区外籍人才交流、聚集的平台。此外，2012年共主办高端外国专家讲坛5期，向全市 2200 多人次的公务员、专业技术人员传授城市规划、管理和经济转型升级方面的国外先进经验。英语教师培训班自 2006 年开办以来，已选派 8 批英语教师 277 人次赴英国培训，为提高教师的英语水平，传播国际化教育理念作出了重要贡献。

三、全面宣传引智工作

一是大力宣传外国专家管理工作。《广州日报》对新加坡专家刘太格进行专访，并发表了题为《"新加坡规划之父"支招，看骑楼如何变"紫禁城"》的专题报道；邀请广州电视台、广州日报、新快报等主流媒体对外籍人才招聘会、2012 生物医药海外高层次人才、项目洽谈会（广州）、2012 第 2 届低碳科技大会、外国文教专家乡村学校服务行、魅力广州—外国人语言和文化培训班等活动进行报道。还制作了一批介绍广州城市软环境和引智政策的宣传册，有效地扩大了引智成果的宣传力度和政策覆盖面。

二是积极在海外宣传推介广州市引进海外人才政策，鼓励海外人才来穗创业。在继续推进广州市实施"创新创业领军人才百人计划"和配合实施"鼓励海外人才来穗创业红棉计划"的基础上，还在国际著名的《科学》杂志上发布广州人才政策及海外人才需求信息。同时，还在海外华人社区"未名空间"上发布广州市海外人才政策及创业园区资讯，鼓励海外人才到广州创新创业。

深 圳 市

2012年，深圳市共引进外国专家3694人次，执行出国（境）培训项目31个，派出培训651人；2人入选"外专千人计划"。

全年共办理"外国专家来华工作许可"1021件、"外国专家证"2673件；新增外国专家聘用单位130家。

2名外国专家获中国政府"友谊奖"。

一、政策创新，"孔雀计划"实施初见成效

2012年4月，中共深圳市委、市政府颁布《关于实施引进海外高层次人才"孔雀计划"的意见》及5个配套文件，包括《深圳市海外高层次人才确认办法》、《深圳市海外高层次人才认定标准》、《深圳市海外高层次人才享受特定待遇的若干规定》、《深圳市海外高层次人才创新创业专项资助办法》和《深圳市引进海外高层次人才团队评审办法》，提出在未来5年重点引进并支持50个以上海外高层次人才团队和1000名以上海外高层次人才来深创业创新，吸引带动1万名以上各类海外人才来深工作；并从项目资助、住房、配偶就业、子女入学、出入境、税收、医疗保险等各方面一揽子解决海外高层次人才的后顾之忧。

该计划自实施以来，共认定海外高层次人才184名。2012年引进"孔雀计划"团队13个，其中团队带头人13人，团队成员67人。已认定的"孔雀计划"人才的特点：一是学历层次高。184名海外高层次人才中，有173名博士、11名硕士。二是专业领域新。所从事的专业涉及电子信息、通讯、新能源、新材料、生物医药等战略性新型产业。其中电子信息、通讯领域最多，占29%；其次是生物医药领域，占22%；新材料领域占15%；新能源领域占11%；其余为基础研究、教育领域，占23%。三是年龄结构轻。平均年龄38岁，其中30岁以下的占18%，30～40岁的占60%，40～50岁的占11%，50～60岁的占9%，60岁以上的只有3人。四是留学回国人员多，占总人数的83%。五是人才集中度高。认定的人才主要集中于教学科研机构，其中中国科学院深圳先进技术研究院、深圳大学、哈尔滨工业大深圳研究生院等机构认定的人数占总人数的比例接近70%。

二、加大扶持，留学人员引进创历史新高

出台《留学人员来深创业前期费用补贴资金管理办法》，将创业资助额度提高到一等50万元、二等25万元、三等15万元，进一步加大了对留学人员企业的扶持力度。

据统计，截至2012年底，引进留学人员数量达2240名，同比增长28.22%。留学人员企业总数达1700家，超亿元产值的达26家，一大批海归骨干企业已成为深圳高新技术产业的生力军。新增留学人员创业园1个，全市累计建成11个留学生创业园和1个留学生产业园，已构建起"一园多区、有园无界、辐射全市"的创业体系，成为吸纳"海归"创业的主要载体。

三、优质服务，外籍人员管理更加规范

来深工作的境外专家逐年增加，已经从过去的大亚湾核电站等为数不多的几家单位，发展到各行各业。现在每年引进境外专家多达7万人次，累计引进近70万人次。外国专家工作具有以下特点：一是数量大、分布广、港台多；二是增长快、质量好、高管多；三是协作好、分类细、管理严。

四、效益优先，出国（境）培训取得突破

一批培训品牌已逐渐形成。先后制订了"都市计划"、"海培计划"、"胜任力培训计划"、赴港对口交流考察等具有深圳特色、切合城市需求的培训项目，层次高、方法活、效果好。赴港对口交流考察每年有近50批次、1600多人次参与。另外，深圳市教育局每年举办"校长培训班"，截至2012年底，共派出了31批近1000名校长、学科带头人参加海外培训。

五、出海网才，海外招聘活动成果丰硕

2012年9月5—13日，在澳大利亚、新西兰举行了第8次海外人才招聘活动，累计近2000人次进场应聘，约400名应聘者与用人单位达成初步意向，80%具有硕士以上学历。

海 南 省

2012年，海南省获批国家级引智项目103项，同比增长8%；获批引智经费预算454万元，同比增长9%。全年共聘请专家44项141人次，同比增长29%；选派956人出国（境）培训，同比增长14%。重点支持海南省香蕉协会、海南医学院附属医院、三亚新城酒店等29家单位开展农业引智成果推广或聘请国（境）外专家开展技术指导，惠及海口、三亚、琼海、临高和昌江等14个市县。出国培训工作围绕国际旅游岛建设特定的引智需求，形成了"新双百工程"和"南海法理维权专门人才培养专项"。在全年的出国（境）培训任务中，"新双百工程"培训项目为6批、100人次，培训的重点由"双百工程"村镇干部及城市规划与管理、旅游管理与营销领域的干部培训扩展到了会展业、博览业、离岸金融业以及重大赛事等领域的专业人才。此外，"南海法理维权专门人才培养专项"已正式启动。

全年共办理"外国专家来华工作许可"101件、"外国专家证"279件。目前全省具有聘请外国文教专家资格单位70家。

一、创新工作机制

一是建立健全引智项目和经费管理责任制，成立"引进国外人才项目经费管理与使用专项治理工作领导小组"，积极配合国家外国专家局完成引进国外人才项目经费管理与使用的审计。

二是组织开展"椰岛奖"评选，进一步夯实对外国专家的激励机制。

三是进一步加强对引智专办员的培训工作，举办全省第9期因公出国（境）专办员及基层外事干部业务培训班，190多人参加培训。

二、搭建服务平台

一是农业引智成果推广工作取得新成效。正式授予三亚柏盈热带兰花产业有限公司以海南省"热带兰花引进与繁育省级农业引智成果示范推广基地"称号。至此，海南省农业引智成果示范推广基地（单位）增至7家。利用国家外国专家局和海南省财政引智专项经费，重点支持海南椰恋农牧有限公司、海南省农业技术推广站和省香蕉协会在昌江、文昌、屯昌和临高等市县开展畜牧养殖、水稻种植和香蕉种植等技术的示范推广工作。其中，"千村引智示范项目"在昌江县取得新进展，昌江县政府同意依托海南椰恋农牧有限公司在"公司+农户+

订单+小额信贷+政府贴息"的基础上,加强兔业养殖的深加工,即"十二五"期间在昌江重点推进"公司(订单)+农户(养殖小区、专业村养殖)+小额信贷+政府贴息+深加工"的产业发展模式。省农业技术推广站在文昌市东路镇、屯昌县南吕镇等地建立水稻"三控"技术核心示范区4个,核心示范面积30亩,建立连片示范区2000亩,辐射带动5万亩。

二是举办首届海南省出国(境)培训领导干部联谊会,搭建交流平台,加强出国(境)培训人员间的沟通与联络。

三、强化引智调研

海南省外侨办副主任王胜率调研组赴甘肃、宁夏开展引智专题调研工作;并同海南省外国专家局负责人一起,先后多次率队赴海口、三亚、临高、澄迈、昌江等市县调研,全面了解了基层引智需求和工作难点,为有关项目单位做好服务工作。

广西壮族自治区

2012年，广西壮族自治区共引进外国专家130人；获批"高端外国专家项目"2项；派遣出国（境）培训1002人；接待国际著名专家和友好人士70多人；新培育和批准自治区级引进国外智力成果推广基地（单位）7家；外国文教专家管理工作得到国家外国专家局通报表扬。

全年共办理"外国专家来华工作许可"247件、"外国专家证"468件，受理并办结聘请外国专家单位资格认可申请21个。

10名外国专家获广西壮族自治区政府"金绣球奖"。

一、提升引智管理

1. 开展引智进园区、进企业、进校园的"三进"主题调研活动

相继到梧州、玉林和钦州等市的工业园区、重点企业和高等院校进行调研，掌握第一手材料，了解基层实际需求。

2. 利用领导小组和专办员队伍机制，加强对广西引智工作的指导和监督

领导小组分别是：广西因公出国（境）培训项目联席审批工作领导小组，引智局区合作机制广西协调工作领导小组；专办人员队伍分别是：广西引进国外专家、出国（境）培训和引智行政许可工作专办员队伍。依托上述机制开展引进国外专家项目计划、引智成果示范推广基地和"金绣球奖"等重大引智工作的评审和实施等工作。

3. 举办培训会议，进一步提高引智项目计划的申报能力和执行力

分别举办了引进国外技术和管理人才项目管理培训会议、聘请外国专家资格单位年检总结暨年度业务培训会议等5个引智培训班和会议，有400多人参加。

4. 加强引智宣传，进一步扩大引智示范作用

先后在《国际人才交流》、《专家工作通讯》、《人事天地》等报纸杂志和网络上发表信息40多条。同时，还组织编制了《广西引进国外智力"十二五"规划》、《广西外国文教专家管理工作文件汇编》、《广西引智简报》、《广西发展 引智添翼——广西"十一五"引进国外智力工作巡礼》等。

二、开展对外交流活动、抓好重点人才培养引进项目

一是与国家外国专家局联合承办发展中国家智力引进与农业产业化发展官员研修班。21名来自14个发展中国家的政府官员和高级农业专家到广西进行9天的学习交流,加深了友谊,拓展了合作渠道,同时也扩大了广西在国际上的影响力。

二是组织人力资源和社会保障考察团到德国、瑞士和丹麦进行考察访问,为国际人才培养和引进合作项目拓展了渠道,深化了合作内容。

三是邀请了瑞典籍国际著名生物医学家英格玛·恩博格和汉斯·阿达米教授到广西,就鼻咽癌防治进行了探讨交流。

四是组织安排广西壮族自治区人力资源和社会保障厅厅长蒋明红与缅甸国家公务员委员会主席吴觉都一行在南宁进行会谈,就今后如何加强缅甸与广西在人力资源开发领域的合作交流进行了磋商,就双方引智工作达成了一致意见。

五是安排接待了联合国国际公务员委员会主席罗兹到广西的考察访问,双方就全球公务员行为道德准则、素质培养、执政能力等方面的共性问题进行了探讨和交流,并计划今后将在公务员管理方面进行深层次的研究和交流。

六是成功举办英国伍斯特郡企业家代表团广西行活动。组织安排15名英国企业家分别与40多名企业家代表座谈交流,为企业走向牵线搭桥。

七是认真组织开展"金绣球奖"表彰和评选活动。

三、面向东盟国家的人才引进和培养

凭借广西沿江、沿边和沿海的独特地理优势,创新性地开展了一种引智方式:将引智单位或基地通过引进、消化、吸收形成的创新技术,再出口到周边东盟国家和地区,以达到成果共享、合作共赢的目的。如广西"动物疫病快速诊断引智成果示范推广基地"从美国、加拿大、新西兰等国引进行业专家和技术,研发形成自己独特的动物疫病综合防控技术,有效地减少了畜禽传染病发生,为相关养殖场减少经济损失超过5亿元。为了防止畜禽传染病从边境地区传入我国,该基地连续多年开展为周边地区和东盟国家培训人才,从而筑起边境地区防止疫病传播的第一道防线。

四、国外高层次专家引进成效显著

国外高层次专家在发展重点产业中发挥了较大的作用。如柳州钢铁(集团)公司引进的罗马尼亚专家尤金·阿灵顿(2012年度"金绣球奖"获得者),从2005年开始参与两条酸洗—轧机联合机组的设计与调试工作,设计的产品广泛应用于汽车、五金、

家电、建筑等行业，优化了品种结构，填补了广西冷轧宽带钢的产品空白。广西南南铝加工有限公司通过引进外国专家团队，创建了概念和工业解决方案，持续改善部署核心成员，改善咨询、铝工业和有限元法分析专业技能，在车间布置、设备选型及评估修改、生产工艺与技术路线的优化改善、组织机构的确立及人员的培训等方面作出了重大的贡献。

五、扩大引智成果推广示范基地的推广示范作用

广西"特种桑蚕产业开发基地"通过科技创新和技术推广，进一步壮大了桑蚕业的整体实力：育成广西首个抗家蚕血液型脓病的实用性品种"桂蚕N2"和天然彩色茧品种"桂蚕H9"，其抗NPV病毒能力高于"两广二号"1000倍；并在南宁、柳州、河池、百色市的12个县等县（市）建立示范推广基地。迄今，广西桑园面积、蚕茧产量连续8年居全国第一。"澳洲坚果早结高产品种选育与示范基地"通过创新技术，取得了显著的经济社会效益。广东从广西购买引进种子约5吨，建设苗圃约20亩，培育的种苗可推广种植约1.5万亩，达产后，年产值可达7500万元，目前广东已种植澳洲坚果约2000亩。云南省推广使用广西澳洲坚果面积约8万亩，年产值可达4亿元。广西澳洲坚果在广西岑溪市已形成一定规模新兴的产业，苗圃有100亩左右，种植面积近3万亩，产值超过4000万元。另外，"罗汉果产业链开发基地"通过引进先进生产管理技术，为农业增效、农民增收作出了积极贡献。

四 川 省

2012年,四川省利用国家级和省级引进国外技术、管理人才专项经费执行聘请外国专家项目129项,引进国(境)外高层次专家276人次;国家和省、市三级共投入引智经费1200万元,项目单位配套经费3000余万元。为与"外专千人计划"和"高端外国专家项目"配套,启动实施了"天府高端引智计划"。

全年共办理"外国专家来华工作许可证"411件、"外国专家证"768件;完成聘请外国专家资格单位年检283家,批准聘请外国文教专家资格单位27个。

5名外国专家获"四川金顶奖"。

四川省外国专家局与四川省统计局联合开展外国专家调查,形成了《关于四川省2011—2012年来川工作外国专家情况的调查报告》。该报告显示:2011年,境外来川工作的外国专家为8947人次,较2010年增长了29.1%;2010—2011年,四川省聘用境外专家总量为1.59万人次,与2008—2009年相比增加1943人次。

一、出台"十二五"引智规划实施意见,大力引进海外高层次人才

由四川省外国专家局牵头,与四川省发改委、省科技厅、省公安厅、省人力资源和社会保障厅联合印发了《四川省关于贯彻〈国家引进国外智力"十二五"规划〉实施意见的通知》,通过科学编制引智工作规划,增强了工作的针对性和实效性。启动"天府高端引智计划",拟从2013年起,力争用5~10年时间,引进紧缺高端外籍专家100人,为重大产业发展和经济结构战略调整提供国外高端智力支持。

通过实施"外专千人计划"和"高端外国专家项目",引进了一批活跃在世界科技发展前沿的科学家和学科带头人。如四川大学引进的日本顶级生物能源专家木田建次,主要研究利用沼气转化及生物乙醇转化实现生物质的能量再循环利用、废弃物削减及有效利用等工艺技术,推进资源循环城市的建设。

围绕"两化互动"战略的实施,在电子信息、高端装备制造、化工、钒钛钢铁、新材料等产业领域引进海外高层次专家和团队。如:东方电机股份有限公司、东方汽轮机有限公司、特变电工(德阳)电缆股份有限公司、自贡硬质合金有限责任公司等企业围绕新兴产业发展实施的引智项目取得了阶段性的成果,开发的新产品达到

国际先进水平。

围绕农业产业结构调整，积极引进国外品质优良、特色鲜明的农牧渔业新品种和现代农业新技术。引进油橄榄集约化管理、酿酒葡萄种植技术等先进实用的种植养殖技术和农产品深加工技术10余项，引进、创新、推广农牧渔业新品种引智成果100多项，促进了农村产业结构的优化。

二、引智成果的示范推广

共实施农业引智成果示范推广项目38项，新建省级引智成果示范推广基地9个，年内在有效期内的国家级和省级引智成果示范推广基地共33个；宜宾市等地还建立了市级引智成果示范推广基地。上述基地覆盖了粮食、蔬菜、畜牧、水产、水果和林业等众多领域。

加大对农、林、牧、渔新品种引进和农业新技术引进的支持力度，培育了"芒果优良品种及标准化栽培技术"、胭脂虫养殖、优良牧草新品种、种草养畜、优质冷水鱼新品种等一大批特色鲜明、效益显著的农业引智新成果。攀枝花市大力推广芒果新品种，栽培面积由20世纪90年代末的3万多亩增加到16.4万亩，产量达5万吨，产值2.9亿元，芒果产业已成为当地农民增收的支柱产业。

为了促进农业领域重大引智成果的示范推广，编印了《四川省农业引智成果选编》，收录了粮食、蔬菜、畜牧、水产、水果和林业等领域引智成果60余项。

三、引智扶贫、拥军工作

服务国家扶贫开发战略，加大对民族地区、贫困地区和灾区的智力扶持力度。推广红阳猕猴桃、脱毒马铃薯、优质生猪、森林植被恢复重建、牦牛繁殖新技术等引智成果，为民生工程和区域协调发展作出了积极贡献。在国家级贫困县布拖县推广的引智成果高产脱毒马铃薯，每亩增产508斤，人均收入增加54元。

先后聘请引智成果示范推广基地的技术专家25人次为成都军区军需物资综合生产基地、武警四川总队作农牧业生产规划和技术指导，将红阳猕猴桃、高端鲜食葡萄、生态水产养殖、自然养猪技术等约20项引智成果在部队后勤生产基地推广，使引智成果在部队生产基地成功安家落户，生产出的高品质农畜产品受到部队官兵的称赞。

四、扩大引智宣传

邀请四川日报、四川人力资源报等媒体对引智工作的重要事件予以报道。定期编印《引进国外智力简报》分送四川省省委、省政府领导和有关引智单位。供四川省领导参阅的《川晨政讯》3次刊登引智重要信息。《国际人才交流》、《专家工作通讯》多次宣传引智工作和成果。

成 都 市

2012年，成都市围绕服务成都现代化、国际化的城市发展战略，出台了《成都市引进国外智力和留学人员来蓉工作"十二五"规划》，提出"服务发展、高端引领、开放交流、为我所用"的16字引进国外智力和留学人员工作的方针。按照这一规划，成都市力争在"十二五"期间，通过支持产业转型升级、促进社会事业进步发展、吸引海外高层次人才、提高人才国际化水平、加强人才智力国际交流合作，以及实施引智示范推广基地建设、改善民生引智、留学回国人员创新创业支持、优秀人才出国（境）培训等十大项目，使引智工作达到"西部第一、全国一流"的战略目标。

本年度共实施引进国外管理、技术人才项目30项，获批经费180万元；其中，获批国家级项目23项，其中"高端外国专家项目"2项。获批出国（境）培训项目24项，选派城市交通、社会保障、医疗卫生、公共教育等领域的党政干部和专业技术人员257人出国培训。

一、建立首批市级引智示范基地

围绕支持产业结构转型升级、社会事业发展进步，制定出台了《成都市引进国外智力成果示范基地和示范单位评选管理办法》，对被授予称号的引智单位给予连续两年、每年10万元的资金支持，并在申报项目上予以优先安排，重点扶持；对被命名为国家级基地的单位，一次性给予20万元的市级资助。

同时，还对全市26家企事业申报单位进行实地考察和个性化指导，评选产生首批市级基地6个。

二、重点引智项目

成都市奥泰医疗系统有限责任公司引进荷兰籍专家汉斯·奥尔特开展大型医疗装备核心部件及重大产品研发项目。该专家是国际上大孔径超导磁体和MRI成像技术方面的创新型人才，曾担任GE医疗集团全球研发中心电磁和超导实验室主任，持有磁共振成像系统技术领域10项美国专利，精通大孔径超导磁体和磁共振成像系统技术的研发和产品设计，是国际上超导磁体和磁共振医学成像系统技术领域的顶级科学家。由该专家所主持"3.0T超导磁共振成像系统关键技术研发"项目技术基础扎实，所要解决的问题明确，对开创国内超导磁共振成像技术有重大意义，所研发的产品技术不仅填补国内空白，而且达到国际先进水平。该项目在国内将培养一批高端医学磁共振成像设备行业科研开发骨干，形成我国超导磁共振成像设备产业技术研发平台和创新团队，建立我国超导磁共振成像系统产品示范工程，促进我国高端医学影像诊断设备产业的跨越式发展。

四川和芯微电子股份有限公司聘请新加坡专家武国胜、程迅等人开展"高速串行接口IP核开发及应用"项目，预期专利成果不少于80项。

成都软智科技有限公司聘请专家研发的"神鹰航空运行机组控制智能系统"，是国际新一代基于变化的航空机组运行控制智能系统，可对航空公司的运行业务进行全方位的实时监控、自动跟踪、决策支持和实时调整，具有可持续发展能力和较强的国际竞争力。

三、重点出国培训项目

成都市交通运输委员会围绕"交通先行"战略，组团赴澳大利亚重点就其可持续性公共交通的规划、建设、运营、管理等方面内容进行了专题培训及现场考察，并对国内，特别是成都市公共交通发展现状和思路作了深入探析。

成都市人力资源和社会保障局的培训团组通过对英国社会保障制度框架体系以及社会保险、养老保险、医疗保险制度等的考察了解，提出来相关建议，为成都市建立城乡统筹社会保障体系的探索与研究打开了思路。

四、营造引智环境，开展调研和宣传活动

全年向上级机关报送信息15条，被采用8条。围绕国外人才智力服务"五大兴市"战略这一主题，在《成都日报》头版刊发了题为《建设"西部第一、全国一流"的引智高地（助推"五大兴市战略"——海外人才智力在行动)》的文章。举办《成都市引进国外智力和留学人员来蓉工作"十二五"规划》新闻发布会，向全社会宣传介绍成都引智和留学人员工作的远期目标、工作重点。结合当前面临的形势和工作的需要，在部分区（市）县、市级部门和30多家企业开展了引智和留学人员工作调研，撰写《成都市引进国外专家状况分析》和《成都市引进国外智力工作主要情况分析》调研报告。

贵 州 省

2012年，贵州省共实施引进外国专家项目、引智成果示范推广项目42项，引进外国专家140人次，获批国家级经费237万元；实施出国（境）培训项目38项，派出培训592人，获批国级项目经费302万元。

全年共办理"外国专家来华工作许可"108件、"外国专家证"234件，审批外国文教专家单位资格认可22个。

一、签署、落实局省合作协议

结合引智工作实际，将开展局省合作的重点确定在服务现代农业、特色优势产业、战略性新兴产业、资源深加工、航空装备制造、文化、旅游和环保等贵州省经济社会发展关键领域和重点产业，经向国家外国专家局请示汇报，得到了国家外国专家局支持，在较短的时间内完成了局省合作框架协议的起草和定稿。

国家外国专家局与贵州省政府正式签署的《引进国外智力支持贵州经济社会又好又快发展合作框架协议》明确指出，"国家外国专家局和贵州省人民政府相互配合，加强合作，积极整合引智资源，加大贵州省经济社会发展关键领域引进国外智力工作力度，引进一批海外高层次人才，培养一批急需紧缺人才，助推贵州省走出一条符合自身实际和时代要求的后发赶超之路"。

1. 加强宣传

一是进一步推动引进国外智力工作在全省的开展。召开了2012年贵州省引进国外智力工作会议，就落实局省合作框架协议进行动员和部署。二是畅通信息渠道，搭建引智平台。印发了简明易操作的《引智工作指南》，并充分利用网络开展项目的申报、实施和总结工作。三是加强与国外专家组织联系，拓宽引智渠道。通过邀请外国专家组织负责人和参加国际人才交流大会等多种方式，与国外专家组织洽谈引智项目。

2. 联合多方协助

一是为提高贵州省企业生产技术和经营管理水平，增强创新能力和市场竞争力服务。找准切入点，创新工作机制，与贵州省国有资产监督管理委员会、省中小企业局联系，协商如何开展引智服务企业的工作，得到了有关单位的积极响应。经过反复修改，与贵州省国有资产监督管理委员会联合下发了《关于加强引进国外智力服务国有企业工作的通知》，与贵州省中小企业局联合下发了《关于加强引进国外智力服务民营企业工作的通知》，优先支持企业重点引进外国专家项目、出国培训项目，现已收到部分企业上报的项目需求。二是为"工业强省"战略服务。与贵州省科协对接中国科协和贵州省政府联合主办的中国科协2012年海外智力为国服务研讨会有关事宜，支持贵州大学筹备第二届高端装备制造与高新技术产业国际合作推进会。三是认真开展专项治理工作。按照国家外国专家局的部署，联合贵州省人力资源与社会保障厅财务、纪检部门，在引智项目单位开展了引智项目管理和经费管理专项治理工作，进一步规范了管理、健全了机制，为下一步工作的开展奠定了良好的基础。

3. 加强调研

多次到基层工业园区、企业厂矿、贵阳、麻江、丹寨、龙里等地的引智成果示范推广基地和传统引智单位开展调研，了解项目情况，收集引智成果，调研引智需求，开发引智项目，达成合作意向。

二、加大项目实施力度，引智工作取得实效

（一）加大引进高层次人才和紧缺人才的力度

1. 加强农业引智力度，进一步提高了农业科技创新和转化能力

组织实施"草场开发、牲畜管理和畜种改良技术引进"项目，邀请新西兰著名草地畜牧业专家蒂姆·哈维一行赴黔南州独山县、黔西南州兴仁县对养殖农户和当地技术人员进行培训和指导，提高了项目实施区域的养殖技术水平，推动当地生态草地畜牧业的发展。组织实施"肉羊胚胎移植技术"项目，邀请澳大利亚和新西兰的专家赴晴隆县建设国际先进水平的胚胎移植实验室，制定胚胎移植技术标准化操作手册，培训当地技术骨干，努力推进当地畜牧业经济和保护喀斯特山区脆弱生态环境双发展。

2. 为航空锻造、机械化工等重点工业领域引进国外成熟技术，缩短与国际先进水平的差距

引进美国、德国等多名专家组织实施"闪光焊工艺生产环形件技术引进"项目，为贵州安大航空铸造有限公司解决了多项关键性技术问题，使该公司掌握了具有国际先进水平的等温锻工艺生产能力。

3. 引进国外知名专家推动贵州省高新科技产业开发

贵州皓天光电科技有限公司具有目前国际上最先进的蓝宝石生长加工技术和设备，拟投资22亿元建设年产3000万片LED用电子级蓝宝石衬底材料的生产线，该项目被列为"贵州省一号工程"和省、市的重大工业建设项目，投产后该公司将跻身国内最大的LED蓝宝石制造商之一。在项目策划和论证过程中，支持该公司引进了

目前国际光电科技领域的一线科学家、美籍华人季泳及其团队。季泳团队利用多年对晶体和光学工艺的经验和专有技术，逐步建立起完整的生产工艺和流程。3月初，LED蓝宝石初棒及相关产品正式投放市场，供不应求。

4. 为促进资源保护与旅游经济协调发展引进国外智力

联合梵净山国家级自然保护区管理局组织实施"黑叶猴种群行为异变的调查和对策"项目，引进美国、德国知名专家、学者开展学术研讨，并对相关人员进行培训，形成了相应的保护与发展计划；联合贵州省文物局组织实施"文化遗产保护技术与管理"项目，邀请日本著名的生态村落保护规划专家浩司系长对木质建筑遗产保护技术运用、文化遗产管理体系和生态博物馆建设与管理等专题开展技术培训和现场咨询，进一步促进了贵州文化遗产保护技术与国际接轨。

（二）加强引智成果推广项目的辐射带动作用

2012年共组织实施引智成果示范推广项目15项，其中实施国家级引智成果示范推广项目7项；配套实施省级引智成果示范推广项目8项。

1. 引智成果示范推广体系日趋完善

目前共建有国家级引智成果示范推广基地（单位）3个，省级引智成果示范推广基地8个，逐步形成了以国家级基地为龙头、省级基地为骨干的引智成果示范推广体系。如黔南州独山县的中国南方草地畜牧业标准化国家引智成果示范推广基地是贵州省引进的第一个对外合作项目。在与新西兰20多年的技术合作过程中，形成了一整套适合中国南方和贵州实际的国际草地畜牧业标准化技术体系，涵盖了农户（农场）从基础建设、购买牲畜和生产物资、管理和技术、营销等各个环节的标准化运行流程和技术要点，具有很高的实用性和推广价值。为加强这一重点引智成果的示范推广力度，贵州省根据示范推广区域的分布及地方产业发展情况，相继建立了龙里县"种草养畜技术及管理"、清镇市"喀斯特山区幼畜标准化饲养管理技术"和晴隆县"喀斯特草地生态畜牧业"等3个省级引智成果示范推广基地。初步形成了"贵州国际草地畜牧业标准化"技术分级示范推广体系，有力地促进了贵州省及南方部分省（自治区）草地畜牧业的发展。到2012年底，已向广西、云南、四川等省（自治区）和省内58个县市188个乡镇推广了贵州国际草地畜牧业标准化体系，累计推广标准化人种草140余万亩，改良天然草山草坡210万余亩，标准化饲养奶牛2万多头、山羊20万只、肉牛15万头，共培训各地种草养畜技术人员和专业户4.2万人次，惠及农户1.27万户，实现增效约7.8亿，受到各级部门和养殖农户的一致好评。

2. 通过引智成果示范推广促进产业发展

麻江县南方蓝莓繁育及栽培技术基地通过持续引进美国、法国、荷兰等国的专家进行蓝莓育苗及扩繁技术指导，共引入四大类38个蓝莓品种，筛选出优良品种14个，建成了200亩蓝莓种苗高效培育示范基地，实现了年产100万株以上优质种苗的生产能力。除加强基地自身建设外，该基地还辐射带动南方地区推广种植面积达3.8万亩，其中麻江县种植面积就达2万亩。蓝莓引智成果的示范推广，引起了贵州省委、省政府领导和各级部门的高度重视。2011年，黔东南州出台了《关于加快蓝莓产业发展的意见》，计划"十二五"期间在该州中西部10个县推广蓝莓20万亩，预计到"十二五"期末将示范辐射带动贵州及中国南方地区发展蓝莓种植共30万亩。按第5年全部进入盛果期，平均每年亩产800千克，鲜果产地价按每千克20元计算，每亩年收入将达1.6万元，30万亩年总收入达48亿元，同时将带动蓝莓深加工、包装、运输、农资、观光旅游等相关产业联动发展，其年总产值预计将达200亿元以上。

3. 不断创新引智成果示范推广模式

晴隆县是国家级贫困县，面对喀斯特岩溶山区人多地少，水土流失和石漠化日趋严重的状况，该县在消化和吸收"贵州省国际草地畜牧业标准化"引智成果的基础上，在石漠化山区大力发展人工种草饲养波尔山羊，找到了破解岩溶石漠化难题的钥匙。来晴隆实地考察的中央有关部委领导及专家认为，该县创造了南方喀斯特山区种草养畜的"晴隆模式"，取得了较好的经济、生态和社会效益。晴隆县现已建成人工草地32万亩，改良草地20万亩，羊存栏30余万只，签约养羊农户1.28万户，全县农民收入的75%来自草地畜牧业，成功地实现了喀斯特山区生态保护和草地生态畜牧业协调发展。

三、围绕人才强省战略，切实提高出国（境）培训的质量和效益

一是围绕贵州省委、省政府重大决策和重点任务，加大党政干部出国（境）培训力度，为贵州省打造决策水平高、行政能力强、具有开拓意识的党政人才队伍作出了积极贡献；二是加大重点领域和重点产业高级管理人员赴国外培训力度，培养具有国际先进管理水平和掌握当今先进技术的企业经营管理人才队伍；三是继续加大对专业技术人员、高技能人才、农业科技人才培训力度，开展了农业、林业、教育、财政、粮食、民族药业、环境保护、文化保护等行业发展急需的专业技术干部培训，为经济社会发展提供智力支持。

云 南 省

2012年，云南省共实施引进国外技术、管理人才项目计划59项。其中，国家级项目36项，省级项目23项，获批国家级经费200多万元。国家外国专家局批准引智成果示范推广基地3个，新建省级引智成果示范推广基地5个。

1名外国专家获中国政府"友谊奖"，10名外国专家获云南省外国专家"彩云奖"。

全年共办理"外国专家来华工作许可"290余件、"外国专家证"660余件；受理并批准外国文教专家单位资格认可申请22家。

一、以签署局省合作协议为契机推进引智工作

2012年年初，国家外国专家局与云南省政府签署了《引进国外智力支持云南桥头堡建设合作框架协议》，引智工作按照要求，围绕中心，服务大局，卓有成效地开展了各项工作。

（一）精心组织实施引智项目计划，大力提升引智项目管理水平

根据全省经济社会发展需要，围绕种植、养殖、食品加工、机械制造、环境保护、医疗等行业挖掘人才智力资源，引智项目数量大幅增加，项目管理进一步规范，质量效益明显提高。根据国家外国专家局"抓重点、抓管理、抓成果"的要求，建立健全制度，实施规范管理，强化科学评价，着力完善项目规划、立项、审批、执行、总结、问效工作流程，努力提高项目的质量和效益。

（二）认真落实智力拥军框架协议，积极开展"三进"工程

国家外国专家局与解放军总后勤部在云南省联合召开的军队引智成果经验交流会明确提出，在未来5年内为驻滇部队实施"三进"工程。为确保"三进"工程的顺利实施，组织云南省农科院专家先后10余次到相关部队帮助指导部队农副业生产建设。引进国外新技术及优良品种10余项，推广先进种植养殖实用技术3项，举办专业技术人才骨干培训班2期。同时，按照武警总部和国家外国专家局帮助藏区武警部队建立农副业生产基地的要求，先后4次带领有关专家赴迪庆藏族自治州武警支队和直属大队实地指导部队农副业生产基地建设，帮助设计建立温室大棚7间共计2800平

方米。

（三）强化外国专家管理和服务工作，提升管理和服务水平

一是针对负责审批的3个行政许可项目编制职权目录清理登记表、绘制权力运行流程图、制定防控措施。二是加大调研力度，围绕即将实施的在滇外国专家参加社保有关问题，分别到有关州市和聘请专家单位进行调研，了解各地、各单位在实施在滇外国专家参加社保工作中存在的问题，做好在滇外国专家参加社保准备工作。三是各项行政许可和证件办理工作有序进行。

（四）积极开展国际交流合作，拓展合作领域

一是陪同新西兰内阁部长朱迪思·柯林斯和新西兰驻华大使伍开文考察了解引智项目，介绍云南引智情况，共商引智合作事宜。二是组织京港国际人才交流中心董事会，5位香港董事及夫人到滇考察指导民族文化产业发展。三是邀请德国专家组织推荐的专家到云南技师学院进行为期两周的职业技术教育培训。四是组织各州市外国专家局及有关项目单位参加第11届中国国际人才交流大会。

（五）加强宣传，扩大引智工作的影响力

利用各种媒体积极开展引智活动宣传报道，云南日报、云南电视台、云南法制报等媒体都先后近20次报道了相关工作。通过进一步完善云南省外国专家局网站，及时将引智动态、法规政策在网站上发布。充分利用外国专家网上管理系统、经济技术专家洽谈系统、引智基地协作网等资源扩大宣传。

二、以开展"三抓"活动为契机，管理服务水平上了新台阶

一是项目管理进一步规范。针对不同的项目实行分类指导，制定专项经费使用细则，规范审批程序，严格执行项目财务纪律。二是专家管理逐步走上法制化。建立了行政许可公示制度，实行办理窗口服务制度，简化办事审批手续，依法、及时做好专家管理的各项工作。三是强化服务理念，提升服务水平。进一步改进工作作风，利用报刊、网络等公众媒体发布许可办理规定、程序并公开审批结果，通过各种形式为用人单位和专家提供便利的服务。

西藏自治区

2012年，西藏自治区引智工作实现了"四个首次"，即：首次召开西藏自治区引进国外智力工作培训会、首次将自治区引智工作成果编印成册、首次组织实施BTF考试网上报名及管理、首次获批"高端外国专家项目"2项。此外，还获批国家级引智项目9项，资助经费60万元。

一、创新思路，不断提高引智工作水平

（一）举办引智工作培训会

组织召开西藏自治区引进国外智力工作培训会。参加会议的有区直各相关部门、各地市人力资源和社会保障局等共计85人。会议采取以会代训的形式，传达学习了国家引智工作重要文件精神，全面总结了2011年出国（境）培训项目、引进外国专家项目、示范推广项目成果，详细讲解了引智项目立项、执行等相关工作流程，并选择了部分引智项目执行单位做经验交流发言。培训会还专门邀请西藏自治区外办、自治区安全厅相关处室负责人讲解出国（境）培训外事管理及安全等知识。培训会议内容丰富，形式多样，达到了预期目的。

（二）组织编印《2011年引智工作成果汇编》

组织专人，收集整理了西藏自治区2011年有关城镇建设与管理、人力资源管理与人才队伍建设、生物科学、生态环境保护、服务"三农"与科技兴农等领域具有较强代表性的出国（境）培训成果、引进国外专家以及农业示范推广项目成果共计15项编印成册，供学习交流和推广，取得了较好成效。

二、注重实效，不断提高引智项目质量

在实施项目过程中，根据西藏外事的特殊性，采取多种措施，加强引智项目和经费管理工作：一是狠抓制度建设，明确项目责任。通过建章立制，进一步提升引智项目和经费管理工作能力，做到领导高度重视，规章制度健全，管理不缺位，责任到人，确保引智项目和经费管理工作落到实处。二是狠抓项目管理，注重成果总结。按照"抓管理、抓重点、抓成果"的引智项目管理总体部署，做到了项目执行前有计划、执行期间有监督检查、执行后有验收总结。对于重点项

目,西藏自治区外国专家局领导亲自赴实地进行调研,对项目执行情况及项目执行中遇到的困难进行深入了解,并有针对性地提供支持和帮助。通过采取多种管理措施,做到引智项目管理到位,成效明显。三是狠抓经费管理,严格核销支出。核销经费支出时,通过采取严格检查项目核销单据、检查资金支出明细,核实项目资金是否专款专用,核实决算报表与实际支出是否一致等经费核销措施,初审各项经费支出单据,并交财务室再次进行审核,确认无误后,才进行资金拨付,确保了项目经费落到实处。

"西藏瑞士奶酪工艺技术开发实验"项目结合西藏奶源环境特点,聘请尼泊尔奶酪制作专家夏尔巴·巴桑和伦迪·夏瑞萨解决了奶源处理技术和温度、酸度控制技术难点,同时通过研究掌握了发酵剂和凝乳酶添加使用技术以及加盐熟化技术等。两位专家在藏期间还对当地员工进行了技术培训,对提高当地员工工作技能作出了贡献。引智示范推广项目"西藏草莓优质栽培技术引进与示范"由西藏自治区农科院在拉萨市堆龙、林周、达孜、曲水等县进行50亩示范与推广工作,先后4次从北京市农林科学院果树研究所引进优质草莓苗木11万株,进行了草莓种植培训4次,累计培训农牧民100人次。在西藏自治区农牧科学院的科技推广技术指导下,引进草莓品种在第7届世界草莓大会上获得金奖。

陕 西 省

2012年，陕西省共执行引智项目162项，引进外国专家1500人次，其中高层次外国专家30人次；选派716人赴国（境）外培训；入选"外专千人计划"2人；编制下发了《陕西省贯彻国家引进国外智力"十二五"规划实施意见》，为全省经济社会发展提供了有力的国外人才和智力支持。

全年共办理"外国专家来华工作许可"420件、文教类"外国专家证"及延期924件；受理聘请外国专家单位资格认可申请28家，已有20家中等以下教育机构获得"聘请外国专家单位资格证书"。

8名外国专家获"三秦友谊奖"。

一、坚持高端引领，注重服务民生，大力引进海外高层次紧缺人才

（一）深入实施"外专千人计划"和"高端外国专家项目"，为重点行业和领域配置高层次急需紧缺人才

认真组织实施"外专千人计划"，重点引进能够突破关键技术，发展高新产业，带动新兴学科的战略科学家、科技领军人才和国际化创新团队。大力开发和引进高层次优质国外智力资源，为重点行业和领域配置急需紧缺和科技领军人才，重点支持高新技术、装备制造、新能源、新材料、软件和集成电路、生物医药、节能减排等领域的引智项目87项。其中，支持高端及重点外国专家项目10项。如重点引智项目、彩虹集团公司的"液晶玻璃基板轻薄化研制"取得重大突破。该项目借鉴国外先进生产经验，通过走技术自我集成的道路，不仅研发出我国第一批拥有自主知识产权的玻璃料方和相关专利技术，而且培养出一大批专业技术人才和技术工人，填补了国内技术空白，打破了国际同行业的垄断；全省乃至全国首次利用引智引进的城市设计规划项目——"沣西新城城市规划"项目通过引进国外一流城市规划设计专家进行大规模城市规划设计，将打造西安国际化大都市生活服务中心及战略性新兴产业基地。通过引进高端外国专家，帮助项目单位解决了关键技术问题，提高了企业自主创新能力，一批重点引智项目取得重大进展。

（二）围绕服务民生，继续加大引智为"三农"服务力度

围绕粮食、果业、畜牧、蔬菜四

大产业,坚持引智与实施重点区域发展战略相结合,加大强农惠农项目支持力度,充分发挥全省引智示范基地的辐射带动作用,大力引进国外优良品种,示范推广先进技术和理念,支持发展优势产业和特色经济,以农业引智推广推动"一村一品"、"一乡一业"快速升级转型,促进县域经济发展。积极发展产业带,建设精品基地,加速现代农业示范园区建设,促进现代农业发展和农民持续增收。同时,注重通过二次引进,推动成果共享,不断扩大引智成果受益面,促进引智成果产业化。

二、坚持政府主导,落实重点工作,不断深化国际交流合作

(一)不断提高杨凌国际交流合作的层次和水平

认真贯彻《国务院关于支持继续办好杨凌农业高新技术产业示范区若干政策的批复》精神,在国家外国专家局的大力支持下,承办了历届杨凌国际合作周开幕式暨现代农业高端论坛。来自我国及以色列、埃及、加拿大、澳大利亚等国家的政府官员、专家学者和企业界代表等共1200余人参加了以"创新、发展与农业现代化"为主题的2012国际合作周及各项交流活动,杨凌国际农业合作周品牌效应进一步增强。同期举行的中国—加拿大—以色列农业科技创新合作第五次圆桌会议,讨论了三方一年来农业科技合作、学术交流、人员培训等合作成果及下一步合作重点领域,签署了《关于共同建设中、加、以三边农业科技创新孵化中心委员会的协议》,同时发布了近年三国农业合作项目成果摘要及中加以农业科技创新合作项目征集结果。在2012杨凌国际农业科技论坛上,来自美国、加拿大、澳大利亚、韩国等17个国家以及国内高校和科研机构的140余名专家学者研讨交流了农业科技最新研究成果。

(二)搭建平台,拓宽渠道,吸引海外高层次人才回国服务

组织相关人员赴欧洲开展招才引智活动,在德国杜塞尔多夫举行了陕西省引进海外高层次人才推介会,宣传陕西省引进海外高层次人才的优惠政策,德中高级人才交流与经贸合作促进会、旅欧陕西专家学者联谊会组织30多名专家、留学生代表参加了座谈会并进行专场交流,产生了广泛影响。落实人力资源和社会保障部"海外赤子为国服务行动计划",组织开展了旅欧陕西专家学者故乡行活动,来自德国、荷兰、瑞典等国的陕西籍专家学者先后赴宝鸡市、杨凌示范区、西安高新区、阎良航空产业基地等地,就引进欧洲高层次人才和项目及商务合作与相关负责人进行座谈交流,赴陕汽集团、陕西省海外投资集团进行实地考察、与杨凌示范区、西安高新区签署了引进海外高层次人才协议,

进一步落实了双方建立引进旅欧高层次海外人才国外联系渠道,加深了与欧洲在人才和智力引进方面的合作与交流。

三、进一步提高依法行政和管理服务水平,不断优化引智环境

(一)规范外国专家管理,全面推进依法行政

进一步健全政务公开相关制度、外国专家表彰激励机制、聘用合同争议解决机制及重点项目评审机制,完善外国专家在准入、居留、待遇等方面的政策,依法保护外国专家和聘请单位的合法权益。着力推进行政审批制度改革,按照公开透明、便民高效的要求,进一步简化和规范审批程序,做好"外国专家来华工作许可"审批和"外国专家证"发放工作,为外国专家和用人单位创造了更加便捷、高效的政务服务环境。加强对聘请单位和中介机构的管理,加强与相关业务部门的沟通,建立有效的合作机制。增强风险防范意识,完善引智工作突发事件应急处理机制。坚持以人为本,利用多种形式做好外国专家管理工作,为外国专家来陕创造良好的工作和生活环境。

(二)加强服务窗口建设,营造良好引智环境

认真贯彻"千人计划"服务窗口工作会议精神,加强服务窗口自身建设,为"千人计划"和陕西省"百人计划"入选人员解决相关待遇,进一步完善引进人才的后续服务工作机制。积极联系陕西省委组织部、省公安厅,为"千人计划"和陕西省"百人计划"入选人员协调落实居留、签证、落户、配偶安置、保险、购房等特定待遇100余项。

四、完善工作机制,加强队伍建设,积极推进各项工作全面发展

(一)推进学习型机关建设,提升引智干部队伍执行力

结合工作实际,加强引智干部教育培训。先后组织召开了陕西省外国专家局长工作会议、因公出国(境)培训工作会议、引智干部业务培训班、外国文教专家管理工作培训班等,提升了引智干部队伍素质。同时,结合业务工作和创先争优活动,多次邀请有关领导、专家和服务对象座谈或授课,研究解决实际问题。通过健全学习机制、责任机制,改进工作作风,提升了干部队伍执行力。

(二)积极开展下访调研,加强引智宏观管理

采取多种形式,通过经常性下访、调研、帮扶等形式,了解引智需求,提供引智服务,推动各项工作完成。同时,及时赴陕南地区考察受灾单位,

并邀请相关农业专家进行现场指导，组织生产自救，并给予引智专项经费支持。通过加强引智需求调研，建立了领导干部带头深入基层调研和专题业务调研工作机制，提高了调查研究服务决策的科学性、时效性和针对性。

（三）加强宣传工作，扩大引智工作影响力

充分利用网络、电视、报纸等各种媒体，对全省重要引智活动、引智成果、优秀外国专家和留学人员进行宣传报道，提高引智工作的显示度和影响力，为引智工作的发展创造有利的舆论环境。继续加强与《人民日报·海外版》、《陕西日报》、陕西电视台等主流媒体以及《国际人才交流》等刊物的联系，在陕西省外国专家局网站刊发各种稿件90余篇，其中大部分被国家外国专家局和中国国际人才交流协会网站转发，编发《引进国外智力动态》8期，刊登文章54篇。

西 安 市

2012 年，西安市共执行国家级引进国外技术、管理人才项目 31 项，引进外国专家 243 人次；落实引智项目经费 1000 余万元。执行出国（境）培训项目 10 项，派出培训 107 人次。

全年共办理"外国专家来华工作许可证" 132 件、"外国专家证" 108 件。

一、加强对引智成果示范基地的管理，打造精品引智工程

通过引智成果示范基地的引领，加快国外先进农业种植养殖技术、优良品种的引进和创新，推进农业自主创新能力建设，增强综合生产能力，促进农民持续增收；通过引智成果示范单位的带动，重点推进高新技术、新材料和新兴产业的技术进步，培育企业创新能力，加快区域经济增长方式的转变。在制度建设方面，实行滚动支持和优胜劣汰制度，确保引智示范产业带得动、领得起。

二、不断提升外国专家工作的管理水平

一是健全外国专家公共服务体系，出台了《西安市外国专家管理工作实施细则（试行）》和《关于开展外国专家来华工作许可业务的实施方案》等相关规定。二是为坚决杜绝"三非"现象的发生，下发了《关于加强外国专家管理和服务工作的通知》，并与公安、外事部门联动，有效维护了管理秩序。

三、切实增强出国（境）培训的针对性和实效性

一是严肃因公出国（境）培训纪律，严格按照国家外国专家局批准的项目名称、派出人员、日程、国别和境外培训机构等要求执行团组。通过 2012 年度出国（境）培训项目对接会，与多家境外培训机构签署项目合作意向书。二是切实加强对专业技术人员和企业经营管理人才的培训力度。西安市外国专家局被授权组织市企事业单位专业技术人员赴国（境）外交流考察，并可接受委托承办市党政考察团赴国（境）外的有关手续。一个"多元化、多类别、宽领域"的因公出国（境）培训管理格局正在形成。

甘 肃 省

2012年，甘肃省共执行引智项目109项，引进外国专家2002人，选派赴国（境）外培训458人。入选"外专千人计划"1人，获批"高端外国专家项目"7项，新增高等学校学科创新引智基地1个。

2名外国专家获得中国政府"友谊奖"，3名外国专家获"敦煌奖"。

一、强化管理，夯实引智工作基础

（一）制定引智政策和规章制度

先后制订完善《外国专家在甘工作管理办法》、《引智成果示范推广基地和示范单位管理办法》、《甘肃省派遣团组和人员赴国（境）外培训暂行管理办法》、《引智项目专家评审办法》等规章制度。

（二）加强外国专家管理

《甘肃省外籍专业人员证管理暂行办法》于10月1日起在全省正式实行。目前申请来甘肃省工作的外籍人才可分别申请"外国专家证"、"外籍教师证"和"外籍专业人员证"，在日常外专管理工作中，主要是坚持外国专家联席会议制度，协调外事、公安、教育等部门，定期召开甘肃省外专管理联席会议，讨论解决重大事项和问题。

（三）严格执行引智项目经费管理规定

修订了《引智专项经费管理使用办法》，对引智项目经费的管理、使用、审批等程序进行了规范；配合国家外国专家局引智专项督查小组到甘肃省农科院、省治沙研究所等4家项目单位进行了检查和调研；对兰州、白银、庆阳、定西4个市和省直8个项目单位进行了引智项目专项经费管理抽查。通过自查自纠和检查抽查，进一步规范了引智项目和经费管理。

（四）依法实施行政许可

共有116家聘请外国文教专家资格单位，从7月1日起，中等以下教育机构聘请外国文教专家资格单位初审权下放14个市（州）。制定下发《甘肃省中等以下教育机构聘请外国专家单位资格认可办理规定》、《关于做好中等以下教育机构聘请外国专家单位资格认可受理和审核工作的通知》，编写《中等以下教育机构聘请外国专家单位资格认可培训教材》，举办市（州）引智系统专题培训班。在外国文教专家资格单位年检中，重点组织抽查了15个单位的工作。

（五）组织外国专家系列活动

组织60多名外国专家赴平凉参观庄浪县全国示范"梯田建设"、"竹林寺水库工程"，游览中国道教圣地崆峒山。组织举办在兰专家、国际友人等200余人参加的国庆招待会。组织了中国政府"友谊奖"、甘肃"敦煌奖"评选表彰、"魅力中国"评选推荐、外国专家建言献策等活动。

二、创新引智发展模式

（一）实施"外专千人计划"和"高端外国专家项目"

甘肃农大邀请美国农业部研究员查克·布朗、澳大利亚教授戴维·坎普到甘肃长期工作，与甘肃农业大学教授吴建平带领的团队共同研制"青贮发酵促进剂"产品和技术，突破了传统的玉米秸秆青贮的干物质损失多、消化率和适口性差的关键技术；指导并协助完成的"秸秆饲料化微生态系统优化与肉牛品质育肥技术体系研究示范"项目获得"甘肃省高校科技进步二等奖"；促成中美双方在玉米秸秆饲料化及农业副产物资源化开发利用方面的合作和美国瑞科营养公司与甘肃平凉西开集团在农业副产物资源化开发利用方面的合作交流。

（二）积极引进国外高层次专家，实施"百千万引智工程"

2012年，引进国（境）外高层次人才202人；以项目带动，引进国（境）外专家、专业人才超过2000名；以用为本，引进国（境）外专家，组织以技术、技能人才为主的各类人才培训1.2万人次，顺利完成了年度任务。2月25日—3月14日，俄罗斯科学院地球物理研究所副所长劳格震·英根带领4名首席专家抵甘肃省地震局执行"中国西部地区特殊土地震动力本构关系及其区域震害概率性综合评价方法研究"项目。中外专家围绕"地震环境的时空结构和地球物理数据研究的新技术、新方法"、"中、长期时间序列分析的新技术"和"地震构造和地震区划"等专题开展学术交流，并联合考察了甘肃海原活断层和地震灾害现场，项目取得实质性效果，为地震预测预防提供了新的借鉴。5月14~28日，德国兽医学和农业专家拉瓦力·阿达穆前往榆中县种畜引进繁育场、兰州城关奶牛养殖场、榆中周前奶牛养殖场、兰州五泉奶牛养殖场、榆中县金崖奶牛场、榆中庄园奶牛场、榆中县宝裕奶牛养殖专业合作社等奶牛养殖场（户）、专业合作社开展技术指导和培训，为兰州市草食畜产业发展提出建议，深受大家的欢迎。5月22日—6月17日，德国著名脑外科专家汉斯·迪特·科舍尔在庆阳市合水县实施脑外科疾病治疗技术项目。外国专家与革命老区合水县卫生局、合水县人民医院、中医院脑外科方面的技术人员进行了医术指导及业务交流座谈，为合水县医务人员举办了专题培训班，介绍了德国对脑震荡、脑出血、脑栓塞、中风、多发性颅内血肿、先天性脑积水、脑膜炎等脑外科方面带倾向性的疑难杂症进行治疗的主要做法，帮助革命老区搭建起临床医学国际交流平台。

（三）加强引智政策探索研究，积极破解制约引智发展的突出问题

为解决引智项目经费困难，在深入调查、反复论证的基础上，制定《小额担保贷款促进引进国外智力项目发展实施意见》，甘肃省人力资源和社会保障厅、省财政厅、省人民银行兰州中心支行联合发文，各市州积极开展试点，总结积累经验，在破解引智项目发展经费难题方面，开展了有益尝试和探索。

三、发挥引智示范作用

（一）建立完善了引智成果示范推广体系

成立了"甘肃省引进国外智力项目专家评审委员会"，制订了《甘肃省引进国外智力项目评审办法》。通过各单位申报、筛选推荐、专家评审，新批准平凉红牛集团等5个省级引智成果示范推广基地、甘肃省万洲健顺生物科技有限公司等2个省级引智示范单位，新批准全省第2批"千村引智示范村"285个。目前全省引智成果示范推广基地（单位）达30个，"千村引智示范村"292个，涉及工业、农业、林业、能源、生态、医药、科研、草食畜等多个领域，初步形成了基地引领、项目带动、成果突出、效益明显的引智示范推广体系。

（二）培育一批引智精品项目

根据本省特色农业发展实际，在发展脱毒马铃薯种薯基地建设、小麦优质品种选育示范、油橄榄示范推广、酿造葡萄、优质苹果示范、旱作节水、洋葱、啤酒大麦、双低油菜等特色优势产业中发挥了积极作用。通过引智的带动和示范效应，定西市成为全国马铃薯主产区之一，农民从马铃薯收益占农民总收益的30%；陇南市油橄榄产业已成为当地群众脱贫致富的支柱产业之一；酒泉市通过国外洋葱新品种的引进，已跃身成为我国最大的优质洋葱出口基地。围绕甘肃工业强省战略，充分发挥甘肃资源和产业优势，拓展引智空间，积极为全省工业经济结构调整服务，天水星火机床厂的数字化设备制造技术、省太阳能研究所的太阳能研究与利用在全国名列前茅。在"512地震"和舟曲特大泥石流灾后恢复重建中甘肃省引智项目在灾后建筑评估、规划、滑坡治理等重建家园工程中发挥了重要作用。围绕生态建设和环境保护，引智工作积极为荒漠化综合治理服务，为生态、旅

游、黄河生态保护与建设、甘南特色旅游开发等项目服务,取得了明显的经济效益和社会效益。

(三) 推动学校优势学科建设

通过引智项目加强联合攻关,发挥学校优势学科,产学研相结合,培养国际化人才梯队。中国科学院近代物理研究所高能核物理研究组与法国图尔大学物理学教授霍尔瓦蒂·皮特及其合作团队密切合作,进行"非相对论规范场物理"方面的系列研究,一方面开展规范场理论方面的研究,具体讨论规范场理论中的非微扰效应;另一方面开展非相对性规范场物理,特别是低能强子物理方面的研究。这些课题与我国兰州重离子实验装置上将开展的有关强子物理的实验研究直接相关,对该所开展强子物理的研究具有十分重要的意义。

(四) 深化国际人才交流

挪威专家阿斯提·路德在甘肃偏远地区的宕昌县工作4年,走访了40多所中小学,组织培训了中学校长190名、教师骨干553名,使全县中学生英语水平跃居陇南市前列。来自俄罗斯外教的娜塔莉亚女士在认真教学之余,积极协助西北民族大学开展国际交流合作。在她的积极引荐下,西北民族大学外国语学院与俄罗斯伊尔库茨克国立大学建立了校际合作关系,开展了学生互派工作。

四、改进作风,提升引智队伍能力

(一) 努力建设学习型机关

采取编印学习材料、以会代训、专题调研等方式,积极开展引智业务培训。举办引智业务培训班,对各市州外国专家局(引智办)负责人、省直有关单位引智系统干部和项目单位专办员60余人进行了6个专题的业务培训。加强日常管理,对工作任务进行了详细分工,责任到人,坚持首问责任制,提高了工作效率。

(二) 发挥引智优势推进"双联"行动

5月邀请了日本NPO法人大分"一村一品"国际交流推进协会副理事长安东忠及甘肃省农科院研究员张东伟、高级畜牧师董俊举办了4期以"一村一品"和现代农业技术为主题的培训班,培训千村引智示范项目带头人、农技部门负责人、农牧系统技术员、村党支部书记、种植养殖大户和致富带头人720余人。

(三) 大力开展引智宣传

认真贯彻国家外国专家局2012年引智宣传工作要点,加强与甘肃日报等当地媒体的合作,并通过国家外国专家局"两刊"、"两网"报道组织外国专家"五一"观光旅游、国庆招待会、国家外国专家局领导在甘肃参加活动的情况以及在甘外国专家的重大活动，营造了良好的引智工作氛围。《专家工作通讯》第8期《特别策划·甘肃》栏目刊用4篇文章。国家外国专家局9月在嘉峪关市召开全国"两刊"、"两网"引智宣传工作会议，甘肃省外国专家局介绍了经验并获得引智宣传工作先进单位二等奖。

宁夏回族自治区

2012年，宁夏实施引进国外技术、管理人才项目51项，先后聘请320余名外国专家；获批国家级经费791万元，地方配套资金500万元。组织出国（境）培训项目23项，选派出国（境）培训403人。办理各类行政许可260件。

1名外国专家获中国政府"友谊奖"，10名外国专家获宁夏回族自治区"六盘山友谊奖"。

一、完善制度，优化创新引智工作政策环境

一是紧紧围绕《国家引进国外智力"十二五"规划》以及宁夏经济社会发展的总体部署，编制印发了《宁夏回族自治区引进国外智力"十二五"规划》。

二是以简化审批程序、提高办事效率为原则，协调宁夏回族自治区纪委、党委组织部对因公出国人员审批办法进行修订，推动出台了《宁夏回族自治区因公出国人员审批管理办法》。

三是借助宁夏回族自治区外国人管理厅际协调小组平台，建立外国人来宁工作协调管理机制，研究制定了《宁夏回族自治区外国文教专家管理办法》。

四是为进一步优化审批流程，加强项目精细化管理，研究制定了《宁夏回族自治区引智项目管理办法》（暂行）和《宁夏回族自治区引进国外智力专项经费管理暂行办法》。

二、注重实效，大力提升引智效益

1. 加大项目实施力度，全面提升重点行业、产业整体实力

围绕农业优势特色产业，重点实施了"马铃薯脱毒种苗种薯工厂化繁育技术"、"马铃薯种薯繁育及晚疫病防治"及"马铃薯病害检测技术"等一批引智项目，推进现代农业发展；围绕服务工业强区战略，实施了"煤基烯烃"、"羊绒加工"、"冶金法太阳能多晶硅"等重点引智项目，提升企业自主创新能力；围绕保障改善民生，实施了"宁夏黄河流域生态体系建设关键技术引进"、"肺动脉高压的基础与临床"及"口腔综合防治技术"等项目。

2. 加强人才培养，深入拓展各类培训工作

围绕宁夏向西开放战略，在人才培养上积极加快与阿拉伯国家、中东和非洲地区的交流，组织实施了赴阿

联酋"阿语人才专业技能培训"、赴南非"政府资产整合利用及节能降耗技术规范培训"等项目；围绕特色优势产业建设，组织了专业技术人员赴国外进行"酿酒葡萄种植规范及技术"、"葡萄健康种苗繁育技术体系引进"培训；围绕两型社会建设，组织实施了"生态脆弱区环境适应性保护"、"大宗工业固废循环利用"、"环境政策及可持续发展问题研究"等培训项目。

3．积极利用国外智力资源，服务贫困地区基础教育发展

组织实施海原、石嘴山暑期英语教师培训重点项目，聘请20多名外国专家，开展为期21天和26天的暑期中小学英语教师英语教学培训，免费培训中小学英语教师270人，效果显著，受到社会各界高度评价。

4．创新形式，深入推动国际交流合作

积极开辟高层次专家组织渠道和国（境）外优质教育培训资源，与国家外国专家局驻外机构、美国密苏里州立大学、美国英语学会、香港中国之友基金会、香港晨星基金会等机构在人才引进、培训等领域建立了长期合作机制。

成功举办第5届"六盘山友谊奖"颁奖大会暨在宁外国专家新年招待会，来自18个国家100多名高层次外国专家与各级领导及专家学者齐聚一堂共庆新年。

青 海 省

2012 年，青海省共实施引智项目 70 项，引进外国专家 427 人次；其中，获批"高端外国专家项目" 2 项。争取到国家、省级配套专项经费及外方资金 2040 万元。执行出国（境）培训项目 34 项，派出培训 900 人。

全年共办理"外国专家来华工作许可" 69 件、"外国专家证" 101 件。

1 名外国专家获中国政府"友谊奖"。

一、引智项目实施注重特色引领和质量效益

如"牦牛胚胎克隆技术研究"和"利用体外受精生产优良犏牛胚胎技术研究"项目已在牦牛繁殖学领域取得重大突破，成功诞生了世界上首例试管犏牛（牦牛与黄牛杂交品种）。这一成果为进一步开展牦牛分子胚胎工程学研究和应用打下了良好基础。青海藏羊地毯（集团）有限公司聘请比利时高级织机技术专家约塞夫·潘德莱尔担任生产 CEO，负责开发设计机织藏毯新品种和织机维修、维护及操作技术培训。通过引进先进的管理理念、狠抓产品质量，该公司管理水平和产品质量都跃上了一个新台阶，国际竞争力也得到有效提升。约塞夫·潘德莱尔获 2012 年中国政府"友谊奖"殊荣。

2006 年以来，青海云杉遭受大面积小蠹虫危害。针对这一迫切问题，连续 6 年实施"青海省天然林小蠹虫聚集信息素技术引进"项目、"青海省天然林小蠹虫聚集信息素监测与控制"项目和"青海省天然林小蠹虫聚集信息素技术示范推广"项目，邀请美国、捷克、斯洛伐克专家到青海开展研究和培训工作。经过多次试验，云杉八齿小蠹虫聚集信息素在互助北山林场试验应用并取得成功。国家林业局向全国转发了《青海小蠹虫危害考察报告及防治方案》，使这一引智成果辐射到全国林业系统。

二、更加注重出国培训的针对性和实效性

如组织"社会组织与社会管理"、"社会管理创新专题"、"海北藏区公共服务体系建设"、"公共危机管理"和"突发公共事件应急管理" 5 个培训团组赴新加坡、英国、俄罗斯及香港地区培训，有效提升了领导干部社会管理与创新的工作水平与能力。"经济转型期文化产业创新"、"广播电视文化产业与科技创新"赴美国及香港地区

的培训，为民族文化产业发展繁荣提供了引智支持。

三、外国专家管理严字当头，扎实有效

青海作为涉藏地区，维稳工作责任重大，外国专家管理有自身的特殊性和复杂性。因此，不折不扣地落实青海省委、省政府的各项维稳措施，防止外来敌对势力的渗透，全力确保社会大局稳定是青海省外国专家管理工作的重中之重。

一是认真执行外国专家管理方面的规范性文件，结合实际出台了《关于进一步做好来青外国专家接待工作的通知》和《关于进一步加强来青外国专家管理工作的补充通知》，印发了《引智项目和经费管理专项治理工作实施方案》，制定了《在青工作外国专家突发事件紧急预案》，就严格外国专家聘请工作、外国专家管理、劳动仲裁、专家接待程序做出具体规定。

二是建立协调机制，形成工作合力。认真履行职责，积极创新工作方式，主动加强同外事、公安、出入境管理、教育、安全等部门的沟通配合，不定期沟通交流，探讨解决外国专家管理中出现的矛盾和问题，规范外国专家聘请程序，联合查处违规行为，增进了相互间的横向联系，逐步形成齐抓共管外国专家管理工作的格局。

三是认真做好日常管理服务工作。认真做好聘请外国专家单位的资格审核、年检及办理"外国专家来华工作许可"、"外国专家证"等工作。

四、高度重视引智宣传，使引智影响进一步扩大

先后在《专家工作通讯》、《国际人才交流》、《青海日报》、中央人民政府网、人力资源和社会保障部网、国家外国专家局网、青海省政府网和青海新闻网等报刊、新闻媒体网站发表引智稿件30多篇；同时，加强与青海电视台的联系，及时报道引智工作动向，得到了各级领导和社会各界的关注好评，进一步扩大了影响，提高了引智工作的知名度，拓宽了服务领域。

新疆维吾尔自治区

2012年,新疆维吾尔自治区的引智工作围绕实现跨越式发展和长治久安两大历史任务,深入贯彻落实全国引智对口援疆工作会精神,坚持以重大活动为推手开展工作,取得了较好的成绩。

全年共获批执行引进专家项目83项,引进外国专家207人次。

全年共办理"外国专家来华工作许可"110件、"外国专家证"170件。6名外国专家获"中国·天山奖"。

一、举办百名外国专家新疆行暨引智成果援疆周活动

8月上旬,由国家外国专家局和新疆维吾尔自治区人民政府主办,新疆维吾尔自治区外国专家局承办的百名外国专家新疆行暨引智成果援疆周成功举办。来自33个国家的120余名外国专家、外国专家组织及境外培训机构代表,中国驻9个国家的10个使(领)馆科技外交官,19个对口援疆省市代表参加了活动启动仪式。

这次活动,不仅搭建了新的国际人才交流合作平台,拓展了外国专家聘请渠道,而且引进了一批知名度较高的外国专家,在城市规划和交通管理、光伏电力、冶金、医药开发研究以及企业管理和农业等方面达成了合作意向。

二、引进国外技术、管理人才项目进展顺利

通过"500兆瓦太阳能晶体管片技术改革"和"铝合金导线的研究开发"、"肉苁蓉主要活性成分关键提取技术引进"等重点项目的实施,有效地解决了制约企业发展和研发的技术瓶颈。特变电工新疆新能源股份有限公司通过引进外国专家,使太阳能晶体硅片切片合格率提高了0.4个百分点,做成的太阳能电池效率提高了0.5个百分点。特变电工股份有限公司新疆线缆厂通过引进外国专家,研发出了耐热铝合金导线,并通过了国家质量监督检验检疫总局、上海电缆研究所等权威机构的检测,具备了产品投放市场的能力。项目完成后,将形成至少年产1万吨耐热铝合金导线的生产能力。可新增工业总产值1000万元,新增利润808.5万元。新疆维吾尔自治区中药民族药研究所通过执行"肉苁蓉主要活性成分关键提取技术引进"项目,掌握了关键技术点,优化了管花肉苁蓉有效成分纯化工艺,使提取物含量达到出口要求,形成了自主技

术体系，目前产品已销往日本等国市场。新疆维吾尔自治区水产科学研究所"棕鳟的引种与养殖示范"项目，引进巴基斯坦棕鳟发眼卵，经过1年的养殖试验，棕鳟发眼卵孵化率达到了82%，苗种成活率达到了50%，成为我国首个拥有该养殖新品种的基地。

三、"二次引进"成效明显

对口援疆省市在2011年引智援疆成功对接的基础上，2012年又提供了47个援疆项目。其中，辽宁省外国专家局再次提供了燕麦、草莓种子种苗。江西省外国专家局为新疆举办了"一村一品"培训班，并选送三味辣椒和百喜草新品种供免费试种。上海市外国专家局在喀什举办了"食品加工与食品安全"培训班，并组织上海市医疗领域"留学博士服务团"在喀什地区第二人民医院和地区肺科医院，开展了以医疗领域前沿技术手术示范、技术指导、疑难病会诊以及学术交流等活动，受到当地医疗同行和病患家属的好评。吉林省和黑龙江省外国专家局为阿勒泰地区提供了一批"新克旱9"小麦新品种、大豆新品种，白刺、沙棘种苗，哲罗鲑及松浦镜鲤等鱼种种苗等；江苏省外国专家局为伊犁哈萨克自治州察布查尔县送去了米糠除草技术。此外，还与山东、浙江、辽宁、安徽、河南、江西等省外国专家局达成新品种"二次引进"意向7项，赴对口援疆省市人才培训意向9项，内地专家来疆培训意向3项。安徽省外国专家局对口援助和田地区皮山县的"长丰草莓援疆"项目也已实施。

四、引智工作制度建设和宣传工作得到加强

组织编印《新疆维吾尔自治区引进国外智力工作手册》500册，并下发到各有关单位。该手册内容涵盖工作机构、相关政策文件、引进国外技术管理人才项目、出国（境）培训项目、非教育系统公派留学项目、外语培训项目、外国专家行政许可事项以及引智工作相关表格、境外培训机构名单、涉外礼仪等方面，有助于提高项目单位的工作效能。

进一步加强了引智宣传工作。人民日报·海外版、光明日报、新华日报等主流媒体报道了百名外国专家新疆行暨引智成果援疆周。此外，还编印《引智动态》12期，在《专家工作通讯》、《国际人才交流》等上刊登稿件多篇。

新疆生产建设兵团

2012年，新疆生产建设兵团引智工作紧紧围绕推进"三化"建设，大力推进"海外智力援疆工程"，积极落实引智对口援疆优惠政策，成功举办了一系列重大引智活动，认真做好引智项目组织管理，不断加强对外交流合作，着力做好成果拓展工作，稳步推进依法行政工作，取得了新成效。

一、拓展交流促合作，着力增强引智工作的持续发展力

2012年，以百名外国专家新疆行暨引智成果援疆周为契机，以引进急需高层次外国专家和实用海外人才为主线，坚持招才引智和招商引资并举，相继组织开展了一系列重大引智活动。

一是在百名外国专家新疆行暨引智成果援疆周举办期间，组织开展了高层次外国专家兵团高校行活动和对口援疆省市引智成果"二次引进"对接工作。浙江、河南、山西、江苏等10个支援省市按照百名外国专家新疆行暨引智成果援疆周活动要求，积极与新疆兵团外国专家局及14个受援师沟通联系，并相继赴受援师实地考察、对接洽谈。通过此次活动，与境外经济类及文教类专家组织洽谈对接需求项目30项；向石河子大学、塔里木大学推介荒漠化治理等领域高层次外国专家13人，达成合作意向8个，举办专题学术报告会3场，约400人次参加；与浙江、河南、山西、江苏等省外国专家局对接洽谈援疆引智成果"二次引进"项目22项。

二是结合实际需求，开展形式多样的引智活动。引进12名香港英语专才首次面向南疆师团组织实施了"香港西部专才中小学英语教师培训"项目，培训中小学英语教师112人。认真落实"向西开放人才培养计划"，促成石河子大学邀请以色列前卫生部长梅厄·欧林、以色列驻华使馆公使白文娜到访。石河子大学医学院第一附属医院与以色列希勒雅法医学中心签约为姊妹医院，成立"中以合作兵团创面修复中心"；聘请前以色列卫生部长梅厄·欧林等5名医学专家为客座教授，举办"紧急突发事件下医疗卫生防范及应急体系"等学术交流专题讲座9场，培训医护技术人员600人次。首次在香港举办招商引资推介会，所推介的18个项目涉及投资融资、农产品深加工、资源开发等多个领域。引进2名以色列奶牛专家面向北疆师团举办"以色列奶牛养殖技术"专题讲座，培训专业技术人员55人。

二、以服务"三化"建设为重点，强化管理抓落实，着力增强引智工作的针对性和实效性

项目的立项申报体现特色优势和贴近"三化"建设需要，以重大建设项目、重点企业技改项目和重点科研项目为支持重点。出国（境）培训项目涉及"三化"建设7项；引进外国专家项目涉及石河子大学、农垦科学院等高校科研单位重点学科建设和重大科研项目15项，新疆天业集团有限公司、通用航空公司等大企业技改项目5项，机械采棉、葡萄种植、波尔山羊养殖等产业发展项目6项。积极面向高校科研单位和大企业集团开展高层次外国专家项目政策宣讲推介和审核申报工作。

进一步健全评价指标体系，完善评价办法，启动实施了对12个重点外国专家项目的绩效评估工作。

顺利完成了番茄机械采收国产化等外国专家项目，为农用装备制造、氯碱化工和煤化工、特色农副产品深加工等重点产业发展、工业园区建设以及兵团城镇规划建设管理人才、工业企业管理人才和高级公务员队伍建设等提供了有效海外智力支持。

三、以服务基层为落脚点，重视成果抓宣传，着力增强引智工作的公共影响力

进一步发挥好专家咨询组对引智成果培育、基地建设的技术指导作用，调整充实了兵团引智工作专家咨询组成员，一批熟悉"三化"建设的技术专家进入咨询组。积极选派引智基地负责人或高级管理人员赴疆外、国（境）外进行专业培训学习，拓宽视野，提升做好引智示范推广的能力。地处塔克拉玛干沙漠南缘的14师224团"果品基地荒漠节水技术应用"国家级引智基地先后引进生态经济复合型红枣栽培、红枣保花保果和干旱地区造林提高成活率、次生盐碱化治理、病虫害防治研究及红枣储存加工技术等一系列新技术14项，从以色列引进的节水灌溉核心设备——首部过滤器和压力补偿式滴灌管等设备的效能进一步得到发挥，有效提高了团场水资源的利用率，推进了红枣矮密栽培示范基地、红柳大芸示范基地等特色林果基地建设，团场经济实力显著提升，自然环境明显改善。兵团"棉花机械采收与加工"国家级基地以增加机采棉综合经济效益为中心，以"加快推广，提高效益，典型引路，做大做强"为主线，以提高机采棉清理加工质量为重点，机采棉工作在栽培、脱叶、采收、加工等方面的技术日臻完善和成熟，残膜混入问题得到有效控制，国产采棉机性能大幅度提高。2012年采棉机保有量达到1500台，机械采收面积达到450万亩。继续加大对薰衣草种植栽培与深加工、番茄自动采收、细毛羊品种改良、棉花种子加工设备制造、水泥加工循环产业等引智成果培育和基地建设工作。

着力加大引智宣传力度，加强对重点引智项目成果成效追踪工作。根据国家外国专家局引智宣传工作要点，下发了《关于做好2012年度引智信息报送工作的通知》，对各师、项目单位引智信息报送任务进行了分解。依托百名外国专家新疆行暨引智援疆活动周、第11届中国国际人才交流大会等引智活动平台，积极做好援疆引智成果展和重点引智需求项目推介工作。做好落实引智对口援疆优惠政策情况的专篇报道工作。《中国组织人事报》、香港大公网、新疆天山网、《兵团日报》等先后报道香港英语专才来兵团培训中小学英语教师的活动。编印《新疆天业集团赴日本"电石－PVC－水泥循环产业链清洁生产"项目培训成效阶段性评估》和《新疆生产建设兵团实施香港"西部开发人才支援计划"项目成效评述》，汇编印制《十七大以来兵团出国（境）培训成果汇编》。

四、以主题实践活动为抓手，提升素质树形象，着力增强引智工作的公共服务力度

结合学习贯彻落实《国家引进国外智力"十二五"规划》，先后开展了以"深入推进海外智力援疆工程"，更好利用海外智力服务兵团"三化"建设、文教专家管理工作等方面的专题调研活动，进一步了解掌握了重点项目单位开展引智工作的主要做法和"十二五"工作思路和重点引智需求，对如何抓住引智援疆大好机遇，创新引智工作模式，扎实开展"三抓"活动明确了方向。

进一步规范聘请外国专家工作的程序、聘请合同及其附件内容，认真做好外国专家来华工作许可和外国专家证件审批办理工作。主动加强与外事、公安、教育等有关部门及新疆维吾尔自治区安全部门的沟通协作，强化对聘请外国专家单位的业务指导和管理工作。增强风险防范意识，健全引智工作突发事件的应急处理机制。21家具有文教专家聘请资格单位通过了国家外国专家局2011年度年审，并受到通报表扬。

第十编

调研报告

关于"外专千人计划"实施及配套政策落实情况的调研报告

国家外国专家局"外专千人计划"调研组

一、"外专千人计划"稳步实施的总体情况

2011年8月，中央人才工作协调小组审议下发了《"千人计划"高层次外国专家项目工作细则》，标志着"外专千人计划"正式启动。国家外国专家局围绕我国经济和社会发展的重点行业和关键领域的需求，逐步建立并完善工作机制，出台相关政策，规范工作程序，圆满完成3批申报和评审工作。有关情况统计如下。

"外专千人计划"第1～3批申报评审基本情况

评审	申报数	初审上会	专家评审推荐	入选人数
第1批	204	95	66	40
第2批	157	114	67	54
第3批	162	113	84	35
合 计	523	322	217	129

（一）不断完善工作机制，加强机构组织建设

为了做好"外专千人计划"工作，国家外国专家局进一步加强了专项办的工作机构设置，初步确定该办由管理处和联络处组成。管理处的主要职责是政策制定和申报评审，联络处的主要职责是指导、加强入选专家跟踪服务，及时了解专家在华工作、生活情况及相关建议，切实提高外国专家管理和服务水平。与此同时，在对外宣传、高端外国专家项目实施、信息化建设及评审会承办等方面，由国家外国专家局法规司、经技司、文教司、信息中心和服务中心等部门通力协作。

（二）加强信息化建设

"外专千人计划"的实施必须紧紧依靠信息化建设。专项办依据项目管

理的实际需求,在信息中心的大力配合下,建立了比较完备的"外专千人计划管理信息系统",对申报人选信息、评审专家信息、评审结果数据及跟踪服务信息等各方面数据及时更新,使工作的全流程能依据系统运行,实现动态管理,为决策提供了可靠依据。

(三)开展针对入选专家的跟踪调查

经对入选专家的逐一跟踪调查,基本掌握了专家的到岗情况。截至2012年12月,第1批40名入选专家共有32名确认全职到岗,到岗率为80%。未到岗的8名专家中,1名明确将于2013年3月全职到岗;1名专家因学校工作条件问题正申请调整聘请单位。第2批入选名单自2012年10月正式批复后,54名入选专家中有近30名专家现已全职到岗或正在办理来华手续。

(四)组织入选专家出席重大活动

"外专千人计划"入选专家已经逐步成为国家外国专家局的重点联系专家。国家外国专家局通过各种方式与他们加强联系。2012年12月5日,中共中央总书记习近平与在华工作的外国专家代表进行座谈,听取外国专家对中国经济建设和社会发展的意见与建议,20名座谈专家中有10名、4名发言专家中有2名为"外专千人计划"入选专家。12月10日,人力资源和社会保障部部长尹蔚民在第11届中国国际人才交流大会上为首批42名"外专千人计划"专家颁发了"国家特聘专家"证书。组织入选专家出席重大活动,充分体现了中央对外国专家的高度重视,对于指导我们做好引智工作,深入推进"外专千人计划"具有重要意义。

(五)适时适度宣传,建设良好外部环境

"外专千人计划"实施以来,我们针对宣传工作做了充分准备,由国家外国专家局领导牵头,编写宣传提纲、建设英文网站(1000plan. safea. gov. cn)及在线答疑解惑等工作全面展开。国内外媒体对入选专家出席的重大活动进行了全面报道,还对专家本人进行了深入采访,相关报道达数十次。通过媒体,更加有力地宣传了"外专千人计划",宣传了我国引进海外高层次人才政策,引起海内外积极反响,为稳步实施"外专千人计划"营造了良好的舆论环境。

二、积极推动相关政策出台和落实到位

在抓好申报评审的同时,国家外国专家局不断完善政策体制,抓紧抓好有关政策制定和落实工作,为把"外专千人计划"做出成效夯实政策基础。

(一)统筹协调,加强沟通,不断完善相关政策体系

在"千人计划"的总体支持政策框架下,"外专千人计划"还有一系列特殊政策。为完善这些政策,相关政

策操作性文件的细化制定任务十分繁重。经努力，国家外国专家局在与中共中央组织部和财政部等部门充分沟通协调的基础上，已于2012年陆续出台了相关政策措施。

（1）2012年初，按统一要求，专项办对《"外专千人计划"评审工作细则》进行修订，进一步明确项目申报、评审工作流程，调整了专家评审推荐的起评分数线和分类指标评分的权重，并完成了"专家评审管理信息系统"的升级改造工作。

（2）海外高层次人才引进工作小组对科研经费补助的资助方式提出了明确的意见，主要集中在两点：①只对科研单位和高校的人选提供科研经费补助；②资助额度依据专家推荐意见（一般推荐和重点推荐）和从事科研活动的性质（实验类和非实验类）分为500万、400万和300万三档。

（3）2012年3月，国家外国专家局制定颁布了《"千人计划"高层次外国专家长期项目工薪补助办法》；5月，经中央人才工作协调小组同意，国家外国专家局与财政部联合出台了《"外专千人计划"科研经费补助管理办法》。上述两个文件在经费申请、审批、执行、监督检查与违约处理等重要环节做了明确规定，进一步规范和加强了在工薪与科研补助上的管理。

日前，国家外国专家局已向部分在华工作满一年的入选专家支付了工薪补助，并协调财政部按照规定渠道及时下拨了3306万元年度科研经费补助，到岗专家的100万元中央财政补助也由落地省市组织部门逐步下拨到位。

（4）积极参与中共中央组织部、人力资源和社会保障部等25部门联合下发的《外国人在中国永久居留享有相关待遇的办法》以及中共中央组织部、人力资源和社会保障部、公安部、外交部、国家外国专家局等5部门联合下发的《关于为外籍高层次人才来华提供签证及居留便利有关问题的通知》等文件的制定工作，除"外专千人计划"外，这些文件还为国家外国专家局管理的高端外国专家在出入境、永久居留和"人才引进"类签证等方面争取到了相应政策支持。

（5）就专家医疗、养老保险事宜进行了深入调研。目前，外国专家可依法参加基本社会保险（基本养老、基本医疗、工伤、失业等），专项办正积极研究探索外国专家医疗保险的接续服务政策。

（二）深入调研，摸清政策落实情况

一年多来，国家外国专家局领导与专项办工作人员每到一地，利用一切机会，深入聘请单位调研。我们曾赴广东、福建、上海等地开展专项调研工作，实地走访用人单位，与专家进行交流。在深圳、重庆、黑龙江举办了"外专千人计划"配套政策情况说明会，在上海召开了苏浙沪"外专千人计划"工作会议。通过调研，了解到地方对于相关政策落实的基本情况及相配套的做法，同时也收集了专家和聘请单位的意见与建议。

1. 项目落地省（自治区、直辖市）和用人单位落实政策的基本情况。各地开展的工作有以下几个特点

（1）高度重视，责任明确。引智管理部门和聘用单位高度重视"外专千人计划"工作，指定专门负责人与联络人，保持与专项办紧密联系，能及时掌握专家最新动态，使政策落实到位，形成统一联系网络。

（2）专家工作和生活条件基本完备。在硬件上，用人单位能为专家提供良好的生活条件（有独立住房、工作用车），配备工作助手和团队，为专家上社会保险，部分用人单位已为专家办理了永久居留和专家证。

（3）出台了一些特色配套政策和做法。部分用人单位利用本地区、本单位优势，为专家创造了更加优越的条件，搭建新的引智平台。例如，中国科学院广州生物医药与健康研究院为专家提供了不少于500万元研发经费，用于支持专家组建科研团队；华中科技大学为专家新成立了独立实验室，湖北省有关领导亲自出席挂牌仪式；厦门钨业股份有限公司为让专家安心工作，不但在生活安排上无微不至，还为专家提供世界顶级的研发基地，完善专家的事业平台，专家已成功研发新型钕铁硼磁性材料并投入生产；上海市外国专家局表示，在国家外国专家局出台地方政策性指导意见后，将努力为专家提供政策与经费上的大力支持。

调研情况表明，外专系统、聘请单位能认真落实有关的政策，积极为专家提供良好的工作与生活条件，专家全都对此表示满意或基本满意，能尽快进入工作状态，表现了很强的敬业精神。

2. 调研中集中反映的问题

（1）专家来华签证手续相对复杂、出入境不便利。以前出现此问题主要是各部门间沟通协调不畅，自2012年10月《关于为外籍高层次人才来华提供签证及居留便利有关问题的通知》发布后，该问题已经得到基本解决。入选专家目前可办理工作签证或2～5年有效外国人居留证件。此外，自2013年7月1日开始实施的《中华人民共和国出境入境管理法》为外籍高层次专家出入境提供了更为便捷的条件；在签证种类上增设"人才引进"类签证，相关操作细则正在制定之中。

（2）涉外医疗保障体制不健全、专家看病困难较多。针对这一问题，专项办在向财政部、中国保险监督管理委员会咨询相关政策的基础上，积极探索与外国专家医疗保障衔接的服务方式，以建立专家医疗咨询平台为切入点，在了解专家具体需求的基础上，稳步推进商业保险与社保之间的对接服务。

（3）有些专家、用人单位反映，支持经费到位慢、科研团队建立机制不完善、申请科研项目不透明、经费使用范围不灵活等。对此，我们将与有关部门加强沟通、研究，从易到难逐步解决。

三、关于进一步推进"外专千人计划"相关工作的建议

1. 关于"外专千人计划"后续政策的衔接与延续

"外专千人计划"入选专家不同于华裔专家，留住他们更加困难。很多用人单位反映，专家从熟悉环境、组建科研团队到适应工作一般需要1~2年时间，当他们在科研工作中渐入佳境时，3年合同就要到期了。同时，专家还认为在国内申请科研项目与科研经费时缺乏透明度，做不到公平公开。没有项目作依托和平台，专家的才能无法充分发挥。

针对上述情况，我们要从长远出发，考虑"外专千人计划"政策3年支持期后的接续与衔接问题。我们建议，可以把高端项目作为"外专千人计划"政策的延续和拓展，除目前2个月的项目外，进一步加大对高端外国专家项目长期乃至全职专家的支持力度，保障该计划能持续进行。同时，做好"外专千人计划"与高端专家项目的衔接。可利用高端外国专家项目培育"外专千人计划"人选，或支持"外专千人计划"的未入选者和"外专千人计划"结束后的专家。

2. 加强"外专千人计划"执行动态监督与管理工作

"外专千人计划"规定专家须在下达入选通知后半年内全职到岗。绝大部分专家都能按照要求做。有些专家因会议、休假、科研工作等原因经常离开中国，也属于正常现象。在第1批"外专千人计划"中，企业与科研院所专家到岗率高、时间早；而高等院校的专家到岗率较低、时间较晚。部分高校仍然存在重申报、轻执行的现象，应引起我们的重视。

建议加强监督与管理，明确政策界限。对规定时间内不能到岗且不作任何说明的视为自动退出计划，对用人单位以后的专家项目申报将慎重考虑。对于在华工作不满9个月的专家，及时取消或减少科研经费和工薪资助。

3. 养老与医疗保障等有关政策需要进一步改进

养老与医疗保障问题使专家缺乏安全感。对于外籍专家而言，我国现行的医保体系有很多不完善的地方，如涉外医院少、语言不通、看病不方便、国际化医疗水平相对较低、紧急突发病情救助不及时、健康护理不到位等。专项办正与中国平安、中国人寿两大保险公司积极探索"外专千人计划"专家入保模式，拟以建立"24小时医疗咨询+紧急救助服务平台"为开端，不断充实有关补充保险、全球联保等相关保险模式。

牵头人：张建国
成　员：刘永志　聂　飙　曾　超
　　　　苏　妍　宗　炎　王　佳
执　笔：聂　飙　曾　超　宗　炎

附：

2012年"外专千人计划"相关数据统计

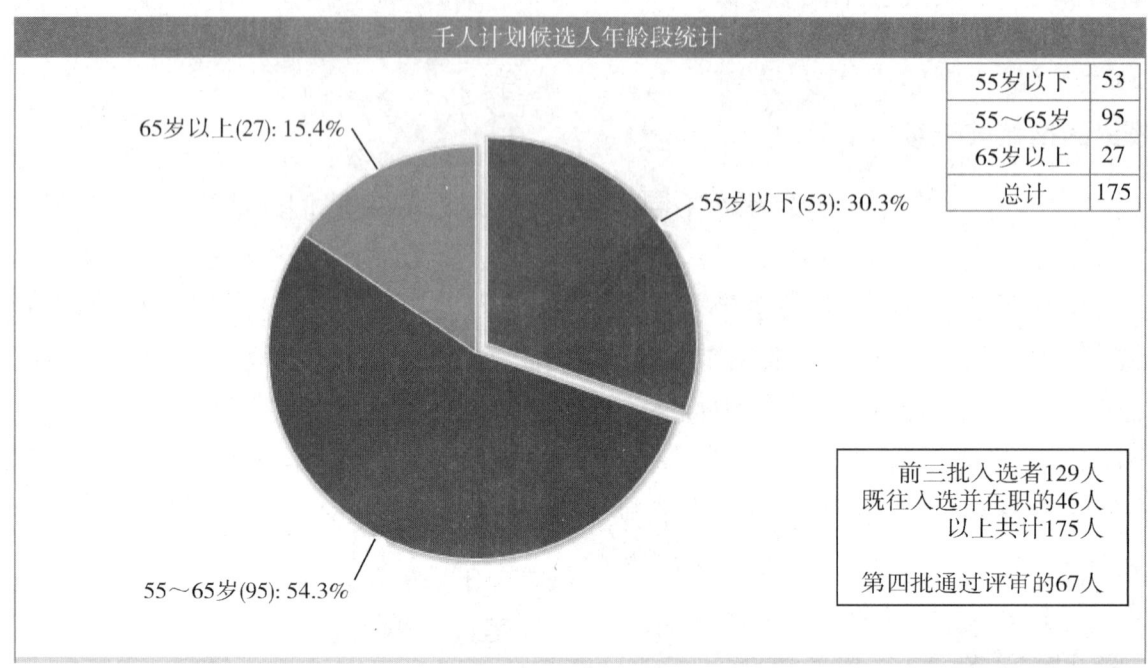

图1 "外专千人计划"入选者年龄分布（平均年龄57.6岁）

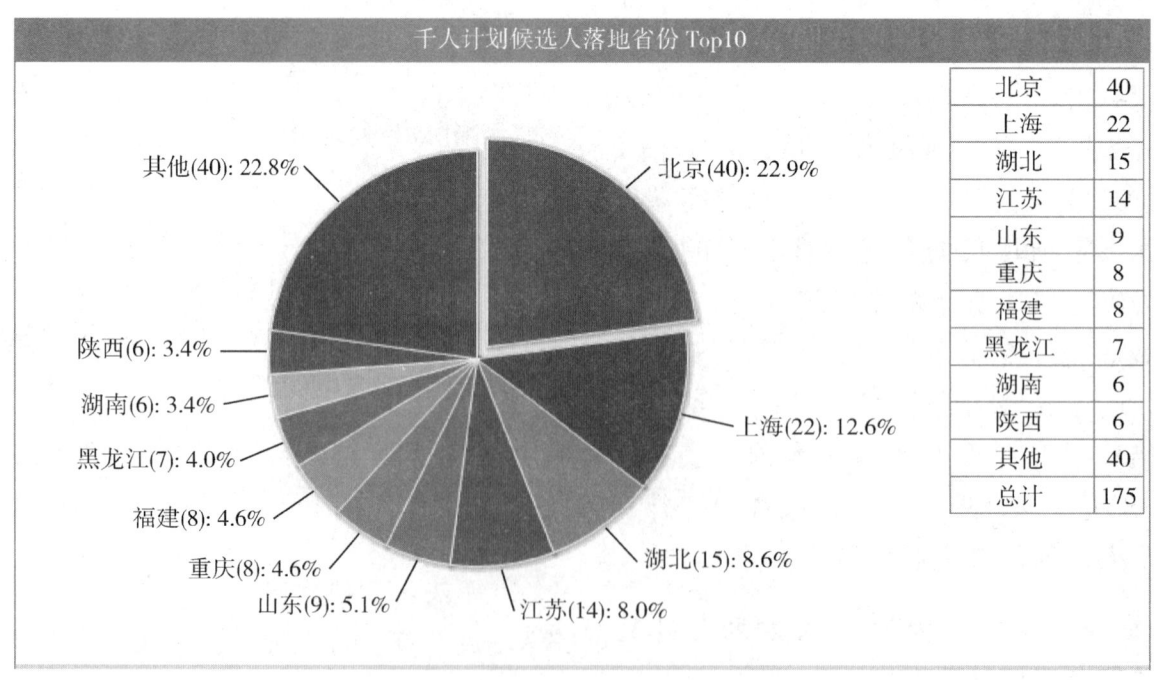

图2 "外专千人计划"落地省市分布

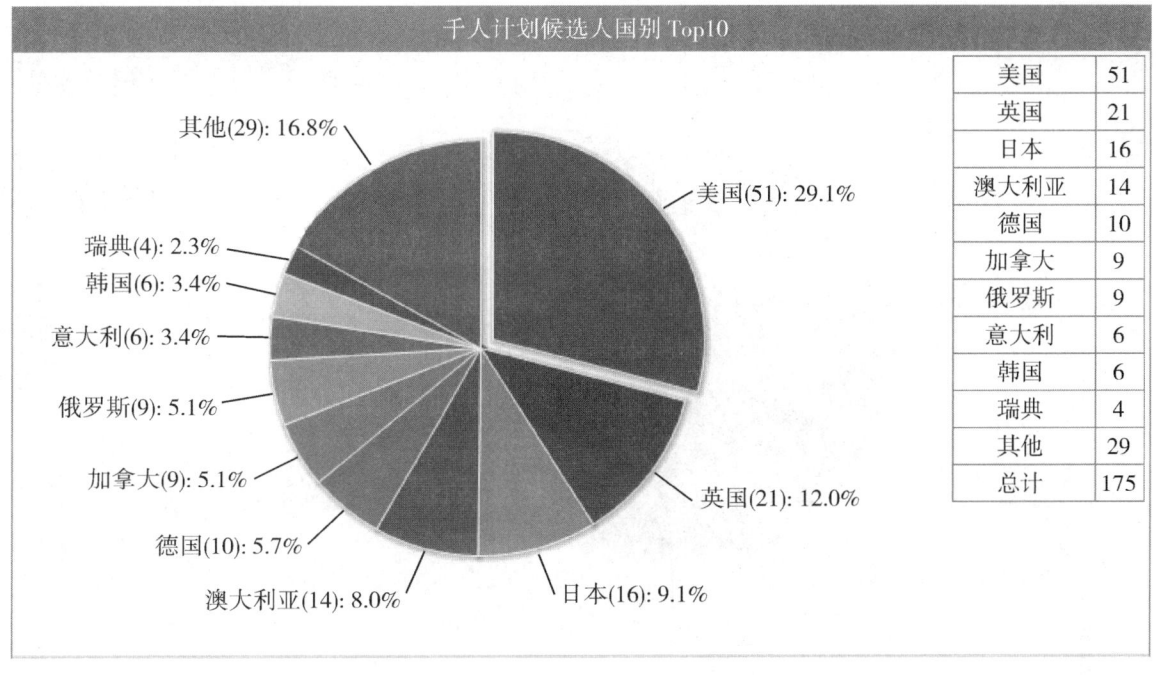

图3 "外专千人计划"入选者国籍分布

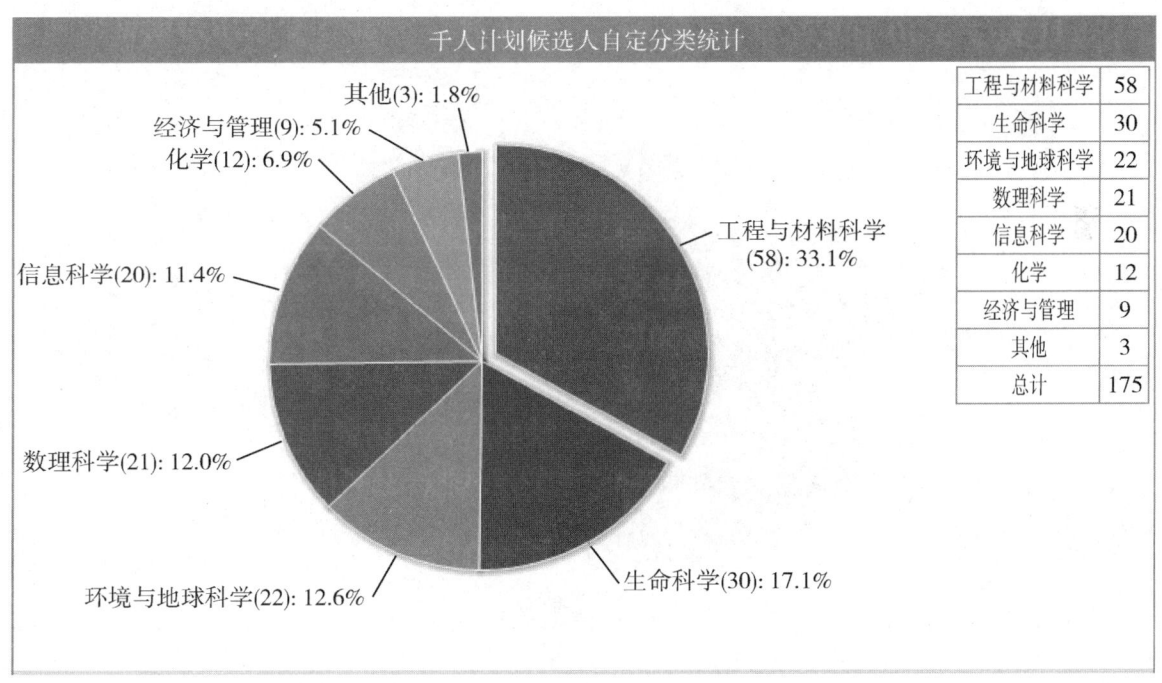

图4 "外专千人计划"入选者专业领域分布

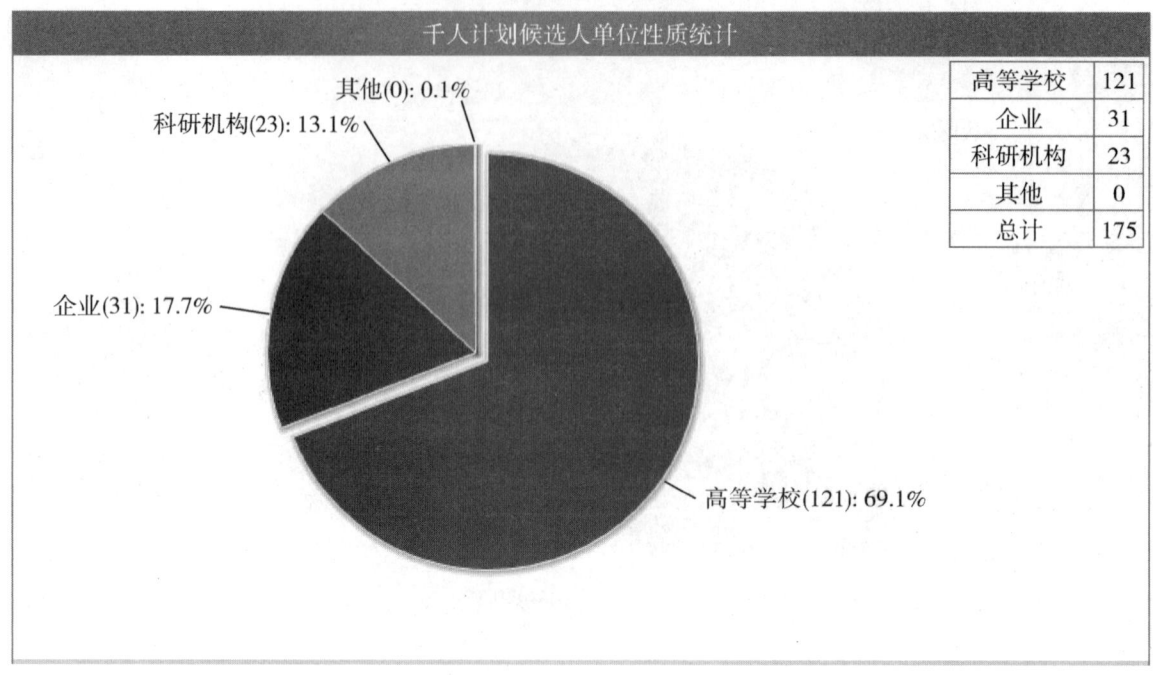

图5 "外专千人计划"申报单位分布

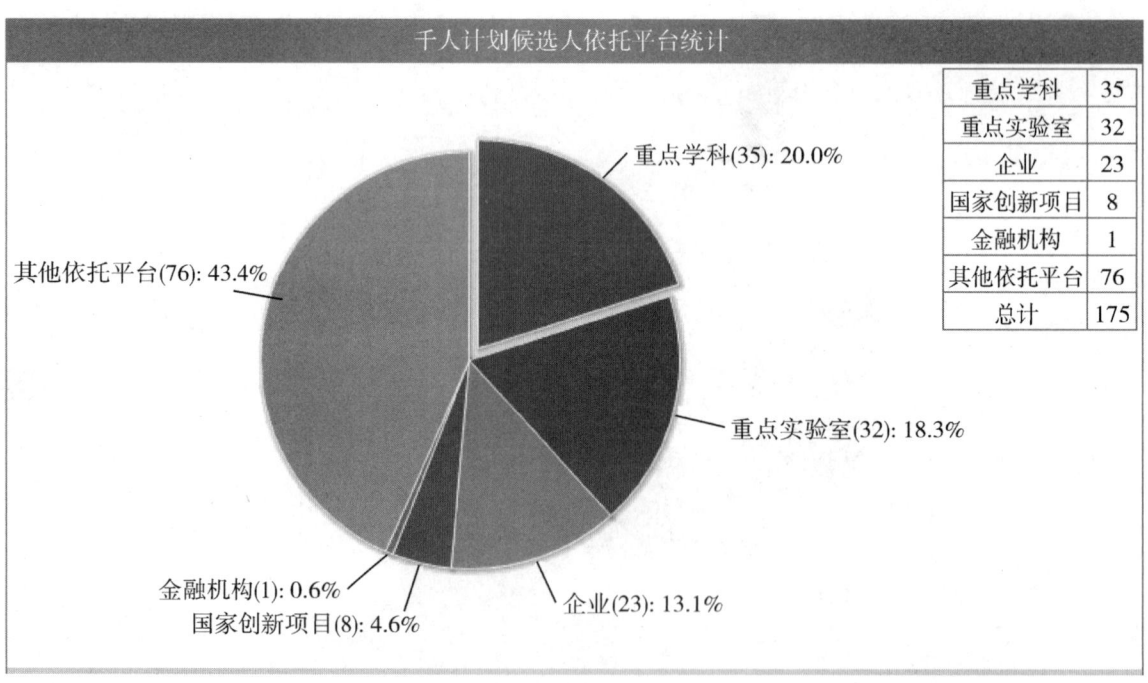

图6 "外专千人计划"入选者依托平台分布

关于外国文教专家分类管理及中介机构管理的调研报告

国家外国专家局外国文教专家分类管理及中介机构管理调研组

一、当前存在的主要问题

（一）关于文教专家管理的问题

近年来，来华工作的外国文教专家规模不断扩大，层次不断丰富，现行的管理方式已不能适应形势的发展，实施外国文教专家分类管理势在必行。管理上不适应当前形势的问题主要有：

（1）对外国文教专家的界定比较笼统，无形中降低了"外国专家证"的办理门槛（如刚刚毕业两年的外国学生或是菲律宾保幼师也能办理专家证），难以提高外国专家证的政策含量，无法为高端外国专家制定、实施有针对性的优惠政策，不利于引进海外人才战略深入实施。

（2）随着外国专家聘请市场化程度的日益加深，民办教育培训机构、新闻宣传、文艺团体等聘请外国文教专业人才需求快速增长，但随之而来的合同纠纷、聘用争议、突发事件等问题也越来越多。《中华人民共和国出境入境管理法》进一步强化了对来华工作外国人的管理。但按目前的管理界定，无法区分外国文教专家和一般专业人员的界限，导致实际管理工作中难以严格按照法律法规要求，加强对一般外国专业人员的管理。

（3）外国专家和外国人就业管理交叉重合。由于目前外国专家和外国就业者的区分不够明确，在实际工作中，造成很多聘用单位在办理聘请外籍人员的手续时无所适从，部分单位在"外国人就业证"和"外国专家证"间随意签转，影响了证件的严肃性，扰乱了正常聘请秩序。此外，北京、上海、湖南、深圳等地大部制改革后，外国专家局综合原涉外就业和外国专家管理职能。此举虽然为外国专家和一般就业者进行统一管理奠定了基础，但同时原有体制中职能交叉的矛盾也日益突显出来。

（二）关于中介机构管理的问题

1. 中介机构发展良莠不齐

有的公司运作规范，管理有序，配备专业化的工作人员，业务开展得较好。有的公司则从业人员不专业，运作欠规范，业绩平平，甚至没有开展相关业务，只是挂空名。

2．非法中介问题

一些没有资质的机构开展中介活动既不遵守国家法律法规，也不按常规出牌，存在违规操作的问题。如隐瞒外教和用人单位的真实信息，使用非法居留或没有办理从业手续的外教，随意推荐或派遣外教到没有获得聘用资质的机构等，严重扰乱了外国文教专家的聘请秩序。

3．中介机构之间恶性竞争

一些中介机构为了眼前利益或某种目的，不按市场规律办事，不注重专家水平和服务质量，乱打价格战，造成外国文教专家中介市场恶性竞争，严重影响了市场健康有序发展。

4．中介机构发展难以满足市场需求

不仅推荐专家的数量难以满足需求，而且质量也不高；非专业滥竽充数者多、接受过专业训练者少等情况在中西部地区比较突出。

5．缺乏介绍外国专家来华工作的主渠道

目前外国文教专家中介市场的集中度还很低，全国性、有实力的中介机构不多，特别是有品牌、得到市场广泛认可的大机构、主渠道非常缺乏。绝大多数中介机构还处于小而散的状态，专业化、信息化的服务亟待提升。

6．管理制度建设有待加强

目前，我们对中介机构实施管理的政策法律依据太少，主要是国家外国专家局的有关文件。管理手段不多，管理制度有待细化完善，与公安、工商等部门的协同管理机制有待建立健全。

二、有关建议

（一）关于实施外国文教专家分类管理的建议

为适应新的形势要求，更好地实施"外专千人计划"，吸引更多优秀外国人才来华创新创业，建议按照"高端引领，分类管理，整体推进"的基本思路，制定科学的分类标准，稳妥推进外国文教专家分类管理。

（1）分类界定的标准应综合考虑外籍人员的职务、工作经验、专业技能、学历和荣誉称号、所作贡献、友好合作、政治礼遇等因素。

（2）考虑地区差异性。由于各地发展不平衡，考虑到西部地区的实际情况，可酌情允许西部地区因地制宜，适当降低外国专家条件。

（3）适当考虑专家标准的延续性，新标准要尽可能与《国家外国专家局关于印发〈外国专家来华工作许可办理规定〉等的通知》（外专发〔2004〕139号），特别是《国务院办公厅转发公安部、外交部等部门关于为外国籍高层次人才和投资者提供入境及居留便利规定的通知》确定的标准有效衔接。

（4）具有可操作性。为便于文件的执行，专家标准要尽可能明确，避免模棱两可。

（5）建议按以下两个方案进行分类：方案一：分为"外国专家"和"外国专业人员"两类；方案二：分为"普通外国专家"和"高级外国专家"两类。

在上述人员分类的基础上，着力完善政策，健全机制，抓好外国文教专家分类管理的深入实施工作。

（1）"一许可，两证件"。外国文教专业人才要统一获得外国专家来华工作许可后，再到外国专家主管部门分别申请办理"外国专家证"、"外国专业人员证"（按方案一），或者"普通外国专家证"、"高级外国专家证"（按方案二）。

（2）政策上要区别对待。重点加强对"外国专家"（或"高级外国专家"）的服务，有针对性地制定完善外国专家在来华工作准入、出入境和居留、医疗、保险等方面的优惠政策，简化手续，切实为他们提供便利，营造良好引才环境。对"外国专业人员"（或"普通外国专家"）要坚持"国内紧缺，按需聘请"的原则，从严准入管理。

（二）关于加强中介机构管理与发展的建议

1. 继续严格审批，合理布局，注重质量

国家外国专家局已审批认定了36家外国文教专家中介服务机构，今后将继续坚持依法行政，严格审批，有序管理。同时，坚持高标准、严要求，更加注重审查申报"聘请外国文教专家资格单位（中介类）"单位的整体实力，更加注重合理布局、地区均衡发展，支持发展一批有实力、有规模、讲诚信的中介机构，引导外国专家中介市场规范、健康、有序发展。

2. 加强监管，保障外国专家中介机构有序发展

建立健全监督检查机制，加强对中介机构日常活动的检查，以便做到发现问题及时处理和纠正。突出抓好年检工作，严格查处各种违法违规行为，建立退出机制，及时淘汰不依法守信的机构，净化市场，促进中介公司的健康良性发展。

3. 加大政策支持，引导和支持一批中介机构做大做强

坚持"堵""疏"结合，以"疏"为主，加强对中介机构的管理和支持，对纳入国家外国专家局管理的中介机构尽可能给予一定宽松政策，为其开展业务提供便利条件，帮助其拓展发展空间，鼓励其不断创新服务模式。培育市场主渠道，选择一些有实力、规范运作的全国性中介机构，通过政策支持，使其不断做强做大，成为国际人才交流中介服务的主渠道，为聘请单位和外国专家提供更加优质的服务。同时，随着一批依法规范运作的中介机构的发展壮大，势必挤压非法中介机构的生存空间,从而实现以"疏"促"堵",引导和迫使在地下活动的非法中介机构主动纳入国家外国专家局管理,走上规范化的发展道路。

牵头人:李 兵
成 员:赵立宪 夏 兵 陈化北
　　　　雷凤云 熊德义
执 笔:熊德义

关于起草《开发利用国外智力资源办法》的调研报告

国家外国专家局起草《开发利用国外智力资源办法》调研组

第一部分 调研情况

一、调研目、程序及方法

本调研组首先对课题进行分析研究，起草了《开发利用国外智力资源办法》建议提纲，并针对不同调研对象起草了调研提纲。此后，由国家外国专家局副局长孙照华带队，会同国家外国专家局出国培训管理司、中国国际人才交流协会办公室相关同志组成的调研小组，在中国国际人才交流大会期间和大会之后开展了系列调研活动。先后按国外情况、广东省情况、湛江市情况，分别采用座谈会、汇报会、讨论会等形式，对国外智力资源的概念、开发办法、市场准入规则、绩效评估办法，国内政策支持、人才储备情况，地方政府现行做法和存在的问题开展调研。调研结束后，调研小组成员对调研中了解到的情况进行充分的分析研究，重新修订了《开发利用国外智力资源办法》建议提纲，对调研报告进行了讨论修改，并提出了进一步开展广泛、深入调研等后续工作建议。

二、海外机构的建议

共有9家境外机构参加了国外情况调研会，分别来自德国、俄罗斯、美国、加拿大、澳大利亚、新加坡及中国香港地区。

调研内容主要包括：对国外智力资源的理解、发达国家的通行做法、绩效评估办法及可供借鉴的经验。大家积极发言，介绍了不少宝贵的经验，提出了很好的建议，具有很强的启发借鉴意义。对境外机构的调研集中反映了五个方面的内容：第一是要把引进国外智力作为长期的基本国策，运用一切手段吸引各类高端人才，占据人才优势；第二是完善引进人才的法律法规，创造有利于吸引人才的规范化政策环境、保护知识产权；第三是充分利用市场手段，发挥企业、科研机构和人才中介的作用以介绍、评价和使用人才；第四是完善各类服务措施，创造有利于人才本土化工作、生活的环境。第五是采用灵活多样的引才、用才和留才方式。

三、广东省引智工作

1. 特点及成效

广东省是经济发达地区，近年来在引进国外智力方面成绩突出，特点鲜明。主要表现在政府高度重视、资金支持足、奖励力度大、配套服务措施扎实、成效显著。

近3年来，广东省先后引进诺贝尔获奖专家2名、入选"千人计划"专家6名、省创新科研团队2个、省领军人才5名。对引进的创新团队，根据其在国内、国际同类专家水平，给予1000万至1亿元不等的专项经费。引进人才，每引进一位，给500万元的专项经费、100万元的税后住房补贴。针对创新个人或团队设立的两个单项奖励分别高达500万元和3000万元。根据2011年下半年出台的政策，"十二五"期间，广东省财政安排5年5个亿奖励基金，用于奖励在战略性新兴产业和技术上取得重大突破性成果的科研人员，每年20名，每人500万元。

2. 经济欠发达地区的情况

湛江市在广东省属于经济欠发达地区，湛江市委、市政府把引智工作当做实施人才强市战略的一项重要任务来抓。近年来，通过制定优惠政策、财政安排专项经费等措施支持人才引进、创业，取得了一定成效。但与经济发达地区相比，存在以下特点：第一是经济承载能力有限。高新技术产业比重偏低，规模较小，产业层次不高，配套性不强，还没有形成产业集群，承载高层次人才的能力受到限制。第二是经济鼓励措施与发达城市相比处于劣势，吸引高端人才能力有限，留住人才比较困难。第三是用人单位信息不畅，信心不足，存在引智工作门槛高不可攀的畏难情绪。因此，要加强中央及省财政对经济欠发达地区的专项经费支持，平衡经济发展，在具体引进项目上要加强针对传统产业升级的引智工作，同时加强引智宣传工作和引智队伍建设。

第二部分 建议提纲

在上述调研的基础上，本调研组对最初起草的"《开发利用国外资源办法》建议提纲"进行了修改。修改后的建议提纲如下：

《开发利用国外智力资源办法》建议提纲

一、开发利用国外智力资源的紧迫性和重要性阐述

1. 中央对引进国外智力工作的总体要求

2. 社会经济发展和人才竞争需要

二、国外智力资源的定义、开发利用途径和方式

1. 定义

2. 开发途径

3. 利用方式

三、开发利用国外智力资源的管

理与程序

  1. 方针原则与政策法规
  2. 指挥协调与归口管理
  3. 重点领域与项目
  4. 规划与报批程序
  5. 经费落实
  6. 知识产权保护与技术推广

四、综合服务

  1. 资质认定
  2. 信息平台建设与信息发布
  3. 中介服务与管理
  4. 落地服务

一、开发利用国外智力资源的紧迫性和重要性阐述

1. 中央对引进国外智力工作的总体要求

（1）引进海外人才是一项长期战略方针。在2003年12月召开的第一次全国人才工作会议上，党中央、国务院强调，必须把人才工作纳入国家经济和社会发展的总体规划之中，大力开发人才资源，走人才强国之路，坚持以我为主、按需引进、突出重点、讲求实效的方针，积极引进海外人才和智力，制定和实施国家人才引进规划，并建立海外人才评价和准入制度。

（2）国内人才培养和海外人才引进并举并重。中共中央总书记胡锦涛指出，要善于利用国内国外两种人才资源，坚持自主培养开发人才和引进海外人才并重。温家宝总理指出，国内培养人才和海外引进人才，都是我国现代化建设不可或缺的重要人才资源。要坚持培养和引进并举，统筹发挥国内培养的人才与海外引进人才的作用，这两个方面并行不悖。

（3）引进海外高层次人才是重点。国务院总理温家宝提出，当前和今后的引智工作"要积极引进海外高层次人才和我国经济社会发展需要的紧缺人才"。中共中央政治局委员、中央书记处书记、中组部部长李源潮多次强调"引进海外高层人才，是提升和优化我国人才结构的特殊需要，是参与经济全球化和国际人才竞争的战略举措"。

2. 社会经济发展和人才竞争需要

随着我国产业结构调整加速和新技术产业的兴起，对高级技能型人才和高科技人才的需求越来越大。社会环境建设对社会管理人才需求也逐步加大，引进海外人才是满足国内需求的当务之急，也是需要长期坚持的人才战略。

我国是人力资源的大国，但并非人力资源的强国。发达国家凭借强大的经济、科技和教育实力，对高端人才和后备人才放宽移民、定居等限制，以优厚条件在全球范围内加紧吸收人才。同发达国家相比，我国在社会、文化环境方面并不具备比较优势，因此，需要大幅度提高海外高层次人才的待遇，加大经济因素的吸引力，应对挑战。

二、国外智力资源的定义、开发途径和方式

1. 定义

目前,学术界对"国外智力资源"的定义有广义和狭义之分。广义上的"国外智力资源"是指国外的人力资源和承载智力的其他物质资源。狭义上的"国外智力资源"是指满足需要的外国专家以及满足出国培训需求的海外教育、培训资源。本报告采用狭义的"国外智力资源"定义。

2. 开发途径

开发国外智力资源建立在对国外智力资源需求基础之上,是满足智力需求的重要环节。我们主要采取以下5条途径:

(1) 针对具体领域、具体行业或具体项目,签署政府间人才交流和出国培训合作协议。在多边或双边协议项下,开展人才派遣和出国培训。

(2) 针对重大项目、技术改造工程的引智活动,在引进设备、技术的同时,配套人才引进和培养内容。

(3) 用人单位通过机构或个人推荐、中介机构介绍等方式开展的专项、单项人才引进和出国培训。

(4) 境外收购企业和研发机构。适用于有实力的大型企业集团,有利于大规模持久的海外人才使用和开发。

(5) 参与国际性开发与研究项目。适用于大型科研机构、企业及顶尖科学家。

在以上5种人才开发模式中,第3种模式最为活跃,用人单位可为企业、科研单位、高等院校和政府机构。为此,还需要建立更加广泛有效的海外联系,通过多种渠道开发引进专家和出国培训资源。

3. 利用方式

海外高层次人才属于全球范围内的稀缺资源,是各国争夺的对象。根据实际工作经验和调研中反映的情况,我们确立以用为先的原则,采取灵活多样的方式加以利用。主要包括以下8种方式:

(1) 事业吸引,来华工作;
(2) 重金吸引,长期服务;
(3) 项目合作,利益共享;
(4) 专项服务,提供报酬;
(5) 聘请专家,咨询指导;
(6) 派出培训,海外研修;
(7) 学术交流,互通有无;
(8) 友好互助,相互支持。

三、开发利用国外智力资源的管理与程序

1. 方针原则与政策法规

当前我国引智工作的十六字方针是"以我为主、按需引进、突出重点、讲求实效"。在出国培训方面我们有"以我为主、为我所用、趋利避害、注重实效"的原则,因此在引智工作中,要以满足需要为出发点,以取得成效为目的地。

我国开发利用国外智力资源的政

策法规，主要是国家外国专家局在引进海外专家和出国培训方面做出的规定。在新的经济环境下，还需因应情况变化进一步出台新的法律、法规，创造更加有利、规范、透明的法律环境。要尽快制定健全有关海外人才在国内移民、定居、居留的法律法规；建立健全针对海外高层次人才的税收、保险和社会保障制度；建立国内人才和海外引进人才平等竞争的报酬和奖励机制，在引进人才的同时，防止人才外流。

2. 指挥协调与归口管理

引进国外智力是一项政策性强、涉及面宽、影响大的长期战略性工作，既要对整体形势做出判断及时引导、协调，又要对具体工作加以规划落实，因此，需要建立以中央人才工作领导小组为指挥协调中心，以国家外国专家局为归口管理单位、各部门协同配合的总体领导格局。

3. 重点领域与项目

根据《国家中长期人才发展规划纲要（2010—2020年）》和《国家引进国外智力"十二五"规划》提出的要求，在未来的引智工作中，我们要加大服务新农村建设的引智力度，重点引进国外先进农业管理体系、科研推广体系和信息服务体系；围绕发展现代产业体系、提高产业竞争力的核心，在改造提升制造业、培育发展战略性新兴产业、提升信息化水平、发展海洋经济等方面进一步加大开拓力度，大力引进海外高端人才，加强出国培训；在资源节约、环境保护、节能减排等方面，加强专家引进和国际交流工作。要重点保证国家重大工程项目，重大科研项目的人才引进和出国培训，完成好国家外国专家局根据"十二五"规划安排的重点引智工程与项目。

4. 规划与报批程序

中央部委、国家级科研机构和各省市应就国家重点建设工程、重大科研项目、重要企业技术改造和新型科技产业领域，对引智工作制定项目规划，报国家外国专家局审批和备案。国家外国专家局负责批准外国专家入境，批准出国培训计划，安排专项资金、资助资金，审核外国专家资质。

5. 经费落实

中央和省级财政依据当年引智工作需求，安排中央财政资金和省级财政配套资金。同时要确保引进人才的经费随财政收入的增长逐步增加。

对欠发达地区引智工作给予经费支持倾斜，对特别需求的重点人才引进和出国培训项目单独立项，落实资金。

6. 知识产权保护与技术推广

保护知识产权是人才环境建设的重要内容，各级政府须按知识产权保护法切实做好知识产权保护工作。有关单位要根据不同的引智模式、合作方式，划清知识产权界限，承担知识产权保护义务。

凡国家技术引进的大规模、公益性项目，在不涉及违反知识产权保护的情况下，均应承担技术推广义务。国家应继续加大引进技术的推广力度，提高国外智力利用效能，避免重复引进。

四、综合服务

1. 资质认定

国家外国专家局通过驻外使领馆和驻外机构，对国外培训渠道和海外人才按高端、适用的原则进行资质认定；对使用海外人才的单位要进行资格审查，对符合相关政策、具备使用外国专家的规模和条件的用人单位发放许可证。

2. 信息平台建设与信息发布

建议以省为单位建立国际人才信息网，建立安全可靠的海外人才数据库，对海外人才资源和国内需求情况按行业、专业、资质、能力进行数据采集和统计和分析，发布专家供求信息，为引智工作提供信息支持。

3. 中介服务与管理

支持人才中介机构的发展，充分发挥它们职业化、专业化的优势。国家外国专机局应制定相关法规，对中介组织、猎头公司的资质进行审查，保障人才安全，规范中介服务质量和行为。

4. 落地服务

由各地外国专家局牵头，统一办理创业、工作、居留手续，简化引进手续，实行"一条龙服务"，提高管理效率。

各地外专局和相关机构应为海外人才提供当地法律、社会、语言方面的培训，解决海外人才子女的教育问题，在税收、医疗和社会保险等方面做好衔接服务工作，使海外人才更好地融入当地工作和生活。

第三部分　后续工作

一、深入调研

经过对调研报告初稿的分析讨论，调研小组认为，目前的调研内容还缺乏对国有大型企业、国家支持的大型重点引智项目的调研，还缺乏相关部委和研究单位的意见，还需要进一步对地方政府开展调研，更加广泛地征求意见，对开发利用国外智力的各个环节进行充分了解。在此基础上进一步归纳总结，对提纲作进一步修改。

二、起草办法

（1）起草办法既要站在社会经济建设全局的高度，又要考虑办法的可操作性；既要考虑理论意义，又要考虑对实际工作的指导作用。

（2）聘请专家进行理论梳理。对

调研框架和内容，我们将聘请有关专家进行梳理，在切合实际的基础上追求理论严谨。

本调研组将本着立足长远，指导现实的原则，进一步开展深入细致的调查研究工作，进一步完善办法内容，按中组部和局党组要求把办法起草工作完成好。

牵头人：孙照华
成　员：崔长征　雷凤云　金建敏
　　　　徐皓庆　姜　鸿　焦京虎
执　笔：焦京虎

关于引智成果共享体系建设的调研报告

国家外国专家局引智成果共享体系建设调研组

一、引智成果的定义

广义来讲，包括技术、产品、知识体系和直接经验等在内的一切人类文明成果，都是人类智力创造的成果。通过对外交流从国外引进的一切人类文明成果都应该属于引智成果范畴。然而，在实践中，这一定义过于宽泛，使政策的制定和实施变得非常困难。因此，对引智成果的定义应该紧扣国家外国专家局的工作实际。国家外国专家局职能可以概括为"引进来"和"派出去"两方面，它们都以人的交流作为对外引智的主要手段，对引智成果的定义也必须紧紧围绕人在其中所起的作用来考虑。因此，从狭义上定义引智成果可以是：以引进外国专家或派出培训为手段，所学习到的国外技术、产品、管理经验并经过消化、吸收和再创新，从而产生的符合我国发展特点的产品、技术和管理经验。

二、推进引智成果共享体系建设的意义

党的"十六大"报告提出，发展成果要让人民共享。改革开放30多年来，通过引智产生了一大批符合我国发展特点的成果，为我国国民经济和社会发展提供了有力的国外智力支持。然而，我国经济社会发展水平的不断提升，以及国际人才竞争的不断加剧，要求引智工作：一方面要更加积极地参与国际智力资源争夺，促使更多的引智成果产生；另一方面要注重对引智成果的共享，加速引智成果向现实生产力的转化，不断提升引智工作的综合效益。

近年来，全国引智系统在推动引智成果共享方面做了许多有益的尝试，但跨地区、跨行业的引智成果共享体系仍未建立起来，引智成果发现、培育和评价共享机制不完善，高层次、大规模的引智成果共享还不多。制约引智成果共享的体制机制问题仍未得到解决。因此，推进符合社会主义市场经济要求的引智成果共享体系建设，成为新时期引智工作优化布局、全面提升综合效益的必然要求，也是引智工作服务科学发展、促进加快经济发展方式转变的重要手段。

三、政府在建设引智成果共享体系中的定位

鉴于引智成果共享的重要意义，从引智工作长期发展的角度对这项工作进行准确定位，特别是作为一项政府推动的工作，更要处理好政府推动与市场调节之间的关系。当今世界以资本扩张为动力的全球一体化成为趋势，由此而形成的各经济体间你中有我、我中有你的共生形态，正逐步实现着各种人类文明成果在世界范围内的共有和共享，一个自发的以市场为驱动的智力成果在全球范围内的共享体系已经存在并发挥着巨大作用。作为市场机制的建设者和保护者，政府要充分认识市场在引智成果共享中的作用，才能准确定位自身职能，并从完善市场对引智成果共享驱动的角度出发，自觉地把市场和政府两种手段结合起来，推动引智成果共享体系的系统化和科学化。

根据中央要求，政府的职能可概括为"经济调节、市场监管、公共服务、社会管理"。建设引智成果共享体系也要根据这一原则，紧紧围绕服务市场做好文章。现代公共政策理论认为，市场失灵是政府插手市场职能的唯一理由。市场失灵表现为由于受信息不对称或产业条件的制约，市场在资源分配中的主体地位难以充分显现，从而造成社会整体运行效用的下降。在我国，自发性的引智成果共享表现出很明显的不平衡性。一方面，引智成果在分布上存在区域性，东部地区在引进专家和出国（境）培训工作方面具有较强的主动性，形成了大量的引智成果；而中西部地区由于受渠道、观念等因素的制约，引智工作及其成果在推动当地发展方面显得后劲不足。另一方面，引智成果的推广存在选择性，通过引智所形成的产品等成果利用市场机制取得了较好的推广效果，而技术、经验等方式形成的引智成果由于受市场趋利效应的影响，在推广上处于"企业无动力、市场无机制"的尴尬境地。

因此，引智成果共享体系建设要紧紧围绕"市场主体、政府推动、企业主动"原则，发挥市场在引智成果推广中的基础性作用，以规范市场环境、提高市场效率、完善信息交流为内容，弥补市场在引智成果共享中的信息不对称，为引智成果的共享提供公开、公平的外部环境，推动企事业等项目单位更好地实现引智成果在全国的推广，提高引智成果共享的系统化和科学化水平。

四、关于加大重点领域引智成果共享的建议

在现阶段，要紧扣国家"十二五规划"特别是《国家引进国外智力"十二五"规划》的要求，确定部分领域作为现阶段推进引智成果共享的重点领域，以求重点突破、以点带面。

（一）服务制造业改造升级

引智成果推广要积极服务于制造

业改造升级。加大对涉及装备制造业基础工艺、基础材料、基础元器件研发和系统集成，重大技术成套装备研发和产业化等领域的引智工作的支持力度，积极推动项目单位通过合作研发、技术入股等形式，实现研发成果的有序外溢。要利用引智资源共享、知识产权交易等形式，推动引智形成的新技术、新材料、新工艺、新装备对传统产业进行技术升级和改造。要按照区域主体功能定位，鼓励有条件的项目单位把成熟的引智成果向中小企业推广，帮助中小企业实现跨越式发展。

（二）支持战略性新兴产业发展

大力支持节能环保、新一代信息技术、生物、高端装备制造、新能源、新材料、新能源汽车等战略性新兴产业领域的引智成果推广。设立战略性新兴产业引智成果推广基金，提高政府对新兴产业引智成果推广的支持力度，带动社会资金投向新兴领域的引智成果推广。鼓励金融机构加大信贷支持力度，支持战略性新兴领域的企业通过兼并重组、知识产权交易、合作投资等方式实现引智成果推广。

（三）推动现代农业发展

围绕增强国家粮食安全保障能力，加快转变农业发展方式，提高农业综合生产能力、抗风险能力和市场竞争能力，支持农业领域的引智成果推广。重点支持高产优质新品种、节水灌溉、设施农业、农业产业化、动植物疫病防控、农产品质量监管等领域引智成果的推广。支持农业龙头企业发展，依托公司+农户等农业产业化发展的新模式，实现农业引智成果推广的产业化驱动。

（四）支持节能环保领域新成果

支持节能环保领域的引智成果推广工作，特别是城市生活污水及垃圾处理、重点流域水环境治理、大气污染防控、土壤重金属污染防治等环保领域以及节能减排、绿色经济、循环经济发展等资源节约领域引智成果的推广，通过召开经验交流会、项目资金支持等方式，推动节能环保领域引智成果推广实现社会效益和经济效益的双收获。

（五）加大对"老少边穷"地区的支持

鼓励发达地区与革命老区、少数民族地区、边疆地区和贫困落后地区等欠发达地区特别是建立引智帮扶关系，鼓励发达地区根据欠发达地区特点，通过人员、资金等方面的帮扶，将实用新技术和新品种等引智成果推广到欠发达地区。要完善政府在财税、金融等方面的政策措施，加大扶持力度，引导有条件的企业在引智成果向革命老区、少数民族地区、边疆地区和贫困落后地区等欠发达地区推广中发挥积极作用。

（六）服务主体功能区建设

按照《全国主体功能区规划》要求，密切配合区域功能定位推进相关引智成果的推广。优化开发区域，重点支持推广具有国际领先水平的引智成果；重点开发区域，重点推广吸纳资金、技术、产业和增强人口聚集能力的实用型引智成果；限制开发区域，重点推广具有当地特色、生态环境可以承受的引智成果；禁止开发区域，重点推广生态环境治理方面的引智成果。

（七）支持公共服务领域

推进社会保障体系、医疗卫生、公共教育、住房保障、公共文化等公共服务领域引智成果的推广。要完善公共服务领域引智成果的收集、整理工作程序，加强对引智成果的总结，通过巡回指导、重点展示、搭建交流平台等手段，推动公共服务领域引智成果的推广。

五、关于建立引智成果共享平台和机制的建议

（一）建立引智成果评价认定机制

在信息公开的基础上，由国家和地方引智管理部门牵头，各行业主管部门及专家、学者参与，建立国家和省级两个层面的"引智成果评价认定委员会"，根据市场需求和企业申请，对引智成果进行鉴定，经评价认定的引智成果要及时在网络、报纸等公共媒体上发布，并纳入引智成果推广工作体系，对优秀成果给予奖励，符合条件的要向国家有关部门推荐参与评奖。

（二）建立引智成果有偿转让机制

建立引智成果有偿转让、使用机制，突出市场导向，加快具有市场应用前景的引智成果的产业化推广速度。要与国家知识产权等部门合作，建立"引智成果知识产权保护及交易平台"，加强对引智成果的知识产权保护力度，加强知识产权保护宣传，鼓励引智成果所有者申请知识产权保护。

（三）建立引智成果风险评估机制

建立引智成果的风险评估和防范机制，将风险评估纳入引智成果鉴定的范围，从生态、环保、产业安全和知识产权等方面对引智成果进行全面风险评估。要按照国家有关法律法规，加强与相关行业主管部门的协调与沟通，规范引智成果特别是新品种、新产品等的推广，严格按照国家有关法律法规开展推广活动。

（四）建立引智成果推广利益补偿机制

设立"引智成果推广风险基金"，加大政府对战略新兴产业、支柱产业、节能环保等重点领域引智成果推广的

支持力度，引导社会资金投向引智成果的推广。对符合公共利益要求、适宜于大范围推广的引智成果，可以采取政府采购的方式加以推广；对企事业单位开展的公益性推广活动，要给予资金支持和补偿。支持农业龙头企业的发展，依托"公司+农户"等农业产业化发展的新模式，推动农业引智成果推广的产业化。

（五）建立引智成果共享部际协调机制

建立由政府各相关部门组成的引智成果共享部际协调机制，理顺工作流程、强化部门职责、完善工作配合，推动各部门把引智成果共享作为本部门服务人才工作一项重点工作。各行业主管部门应加强与引智主管部门的联系与沟通，实现部门间的信息共享，对本行业所取得的具有良好推广前景的引智成果，应优先纳入推广计划，从项目和资金方面予以保证。

（六）建设引智成果信息交流平台

整合现有引智渠道，建立全国统一的引智资源管理平台，逐步实现对外国引智渠道的分级管理。通过技术手段和政策资金导向，引导项目单位共享专家、渠道等引智资源。进一步实施高层次外国专家引进计划，完善吸引高层次专家来华的长、短期配套措施，支持专家在华举办多种层次的技术培训和学术交流活动。

（七）建设国家级"引智成果示范推广基地和引智成果示范园区"

加快建设国家引进国外智力成果示范推广基地（以下简称"引智基地"），加大对引智基地的支持力度，设立引智基地建设专项资金，用于支持引智基地完善成果示范推广的软件和硬件环境建设。加强引智基地科学化管理水平，明确引智基地的工作职责，完善引智基地的绩效考评和退出机制。开展引智工作进园区活动，与引智工作成效突出的园区建立合作机制。

六、关于推进引智成果共享政策措施的建议

（一）完善利益补偿机制，增加资金投入

要把引智成果共享的经费纳入本级财政预算，保证引智成果共享的经费随着经济发展和财政收入的增加而增长，确保国家、省级和市级财政对引智成果推广的资金配套。各级引智部门要加大对引智成果推广的支持，确保用于引智成果推广的资金在本部门项目资金的比例稳步提升。要加强对经费的使用管理，对符合公共利益要求、适宜于大范围推广的引智成果，可以采取政府采购服务或政策性贴息、税收优惠等方式给予支持。要鼓励金融机构等社会组织加大对引智成果推

广的支持力度，通过设立小额贷款项目、引智成果推广风险基金等方式，多方筹集资金。

（二）加快推进引智成果推广的信息化建设

设立全国性的引智成果信息共享平台，实现引智成果收集、整理、分类和展示的网络化，建立引智成果在线洽谈系统，实现引智成果的在线供需见面。完善以网络化为基础的引智项目管理系统，实现对项目从申报、审批、执行、总结等全过程的电子化、网络化管理，加快专家库、项目库和成果库的建设速度。各省、自治区、直辖市引智主管部门要加强与当地各有关部门的联系，建立本区域的引智成果信息交流平台，实现区内外引智成果信息的交流。

（三）加强成果宣传

注重和加强舆论引导，采取多种形式，大力宣传引智法规政策、先进经验、优秀典型和重要成就，创造良好的社会环境和舆论氛围。要加强引智成果推广模式和重要成果的深度宣传，增加社会认知度，并有针对性地引导成果推广。

（四）加强队伍建设

各级政府要对引智成果共享工作给予高度重视，按照转变职能、理顺关系、完善机构、强化服务的要求，完善引智成果推广工作运行机制。要把引智成果推广工作纳入各级引智归口管理部门的工作职能，确定专人负责。要加强引智工作队伍的能力、作风建设，增强服务意识，规范服务行为，提高服务水平。要注重对引智成果推广一线，特别是从事农业引智成果推广人员的培养。要根据"三农"工作的发展需要，选派优秀的农业科技人员和农村创业、致富带头人以及农业产业化龙头企业经营管理人员到国外进行新知识、新技术培训。各级引智部门要成立引智科技工作者联谊会，把从事引智工作、经引智培养锻炼的科技工作者组织起来，使其承担成果共享有关工作。对在引智成果共享工作中贡献突出的人员给予奖励。

牵头人：陆　明
成　员：苏光明　陈化北　李跃民
　　　　彭　浩　王　嵩　石　磊
　　　　钟　震
执笔人：苏光明　钟　震

关于外国专家来华工作管理立法的调研报告

国家外国专家局外国专家来华工作管理立法调研组

2012 年，根据国家外国专家局党组的部署和重点课题调研安排，国家外国专家局开展了外国专家来华工作管理立法调研，以便为制定《外国人在中国工作管理条例（草案）》（以下简称《条例》）提供政策依据。国家外国专家局政策法规司会同国务院法制办、人力资源和社会保障部法规司、就业管理司、国际劳动保障研究所等部门开展联合调研，深入了解了目前外国人在中国工作的总体情况，考察了当前外国人在中国工作管理制度的实施效果和存在的难点问题。

调研组分别听取了辽宁省大连市、广西壮族自治区钦州市、防城港市，天津市等地人力资源和社会保障部门、外国专家主管部门关于外国专家来华工作和其他外国人在华就业的情况汇报；与当地的公安出入境、外办、安全、教育、科技等部门以及雇用外国人或聘用外国专家较多的用人单位代表进行了座谈；实地走访了大连市政府行政服务中心和广西钦州保税港区、中马钦州产业园、东兴国门口岸和东兴边贸市场等地。此外，还与北京市外国专家局的负责同志进行了座谈，了解了北京市外国专家和外国人工作管理的情况。

一、当前外国人来华、在华工作管理的主要做法

（一）严格坚持行政许可审批

坚持外国人来华工作管理的基本原则，严格审批，通过为外国专家办理工作许可和其他外国人办理来华就业许可在源头进行管理。一方面积极引进高层次和国内急需短缺的人才，另一方面严格控制一般劳务人员来华就业。

（二）加强宣传和监管

充分利用电视、广播、报刊、信息网络等媒介，宣传外国人在中国就业必须取得行政许可的相关法规政策以及就业政策、申办手续、权益保护等方面内容；深入重点用人单位开展外国人就业管理专项检查，对用人单位非法聘用外国人以及外国人在中国非法就业情况进行排查。

（三）建立多部门联动机制

加强与公安、外事、工商、安全

等部门的工作领导小组，定期联系，沟通信息，交流经验。多个地方在市政府行政服务中心设立办理许可的窗口，与政府其他各部门行政许可审批窗口联合办公，实行"一站式"管理。

（四）加强信息系统建设

如：大连结合"金保工程"建设开发了"外国人就业管理信息系统"，实现了外国人就业管理的信息化、科学化和动态化。

二、当前外国人来华、在华工作管理存在的主要问题

（一）法律、法规亟待健全

当前外国专家来华工作管理主要依据2004年"国务院第412号令"所公布的《国务院对确需保留的行政审批项目设定行政许可的决定》，而其他外国人在中国就业管理的主要规定还是1996年原劳动部等4部委联合颁布的《外国人在中国就业管理规定》和几个补充性文件。这些政策规定法律层次低，内容单一，不符合当前实际情况，许多规定定性、定量不明确，缺乏可操作性，且没有建立执法和监督检查的制度，已无法适应当前依法行政、依法管理的要求。这是当前外国人来华工作管理的首要问题。

（二）管理体制、机制有待完善

我国对外国人在中国工作的管理审批工作，目前主要由政府的外国专家管理部门和人力资源和社会保障厅（局）就业部门负责。此外，外事和公安部门负责签证和入境管理，教育部门管理留学生的打工问题、文化部门负责外国人来华演出的审批等。这是目前外国人在中国工作管理的基本框架，作为客观现状既有历史成因也有一定的合理性。但各部门的具体职责既有交叉，又存在管理盲区，导致有些问题多头管理，而有些问题又无处解决。主要表现为：

1. "就业证"和"外国专家证"管理对象重合

外国人在华就业和外国专家来华工作管理虽然是人力资源和社会保障部门的主要职责，但分属两个具体部门管理。由于两项工作在引进外国人的原则方面都应当坚持高层次、高素质、高水平、高技能，使得外国人就业和外国专家的日常管理工作出现了一些交叉。特别是经济技术类专家的许可标准与外国人在华就业没有明显差别，造成了外国人既可以申请"外国专家证"，也可以申请"就业证"的局面。虽然从实际操作上可以避免双重办证的发生，但是办证对象重合却分头管理，不仅有损证件的严肃性，也给地方管理部门工作造成不便。

2. 部门职能不够协调一致

外国人就业管理除涉及人力资源和社会保障部门外，还包括工商、外办、公安、教育、文化、卫生检疫等多个政府部门。由于每个部门都有自

身的职责和相应的管理职能,实际工作中存在职能交叉和归口不清等问题,政策规定和解答口径也存在不一致、不统一的现象,从而影响了外国人就业管理的统一以及政府的对外形象。比如,根据《外商投资合伙登记管理规定》,凡是两个以上外国企业或者个人都可以在中国境内设立合伙企业。但企业合伙人如不满足就业许可条件,人力资源和社会保障部门应不予就业许可。这样就会产生企业已经登记成立但是无法经营的矛盾。所以,在实际工作中,地方人力资源和社会保障部门对于这种申请多准予许可。这就造成外国人就业的混乱状态。一些地方就发生过外国人以合伙企业身份登记,却从事与企业性质不相符业务的情况。

此外,由于各部门之间没有建立共享的信息平台,信息交流只限于临时沟通和定期会议,不仅难以做到及时发现和全面掌握外国人非法入境就业情况,而且造成一些相同手续在不同部门间重复办理,使工作效率难以提高。

(三) 外国人就业管理难度加大

调研中发现,目前一些地方,尤其是沿海经济发达地区,企业非法使用外国低端劳务的情况普遍存在,并且管理难度较大。

近年来,一方面,企业用工成本不断提高,"招工难"问题凸显。在浙江、大连等沿海地区,许多企业都希望通过招用外国廉价劳动力来降低成本;另一方面,受到国际金融危机影响,国外许多国家经济复苏放缓,失业率居高不下,使外国人更倾向于来华就业。外国人非法滞留就业、就业证到期后非法就业、不具有就业资格的外国人申请就业的现象随之增加。

三、关于《条例》制定和外国人工作管理的若干建议

(一)《条例》内容应与《中华人民共和国出境入境管理法》相衔接

需要衔接的内容主要包括三个方面:一是签证类规定。《中华人民共和国出境入境管理法》在普通签证类别中增加了"人才引进"类签证。工作许可作为这一签证的上一道程序,应明确区分什么样的工作人群类别适用"人才引进"类签证,什么样的工作人群类别适用"工作签证";二是居留规定。《中华人民共和国出境入境管理法》规定:符合国家规定的专门人才、投资者或者出于人道等原因,确需情况下可由停留变更为居留。工作许可相关规定需与此相适应;三是制定"外国人在中国境内工作指导目录",除了规定一般性工作外,还应该增加一些特殊内容,如边疆地区的外国人季节工、"菲佣"等。

(二) 理顺管理机制,明确管理职责

为了应对新形势,有必要进一步

理顺外国人在中国工作的管理体制，明确各部门的管理职责，划分权限。《条例》要具有可操作性，以确保申报单位和政府管理部门都能准确把握政策尺度。

此外，鉴于外国人就业和外国专家来华工作管理分属的两个部门存在职能交叉、管理混乱问题，建议参照国际通行的管理模式，在条件成熟时将上述两种管理机构合二为一，建立统一的"外国人在华工作管理局"，负责所有外国人工作的行政许可。

（三）明确政府定位，处理好政府与市场的关系

政府应主要负责制定管理制度、规范市场、监督管控；更多的是创造适宜人才发挥作用的环境，而不是替用人单位选人、管人、培养人，甚至解决人才的各类具体问题。要综合运用法律、行政、市场等多种手段，特别要重视发挥市场在资源配置中的作用。要确立并尊重用人单位的主体地位，完善相关管理制度。

（四）完善外国专家分类管理

根据实际需要，将外国人在中国工作的许可范围扩展至所有的工作人群类别，而不仅仅限于高端人才。同时对不同的人群采取分类、分层管理，制定不同的许可条件和许可期限，以对应不同的待遇。《条例》应明确：哪些行业和岗位是鼓励引进的，哪些行业和岗位是可以引进或适度引进的，哪些行业和岗位是限制引进的，哪些行业和岗位是禁止引进的。对于鼓励引进的，可简化许可程序，给予较长的许可期限和较优厚的待遇；对于适度引进的，给予一般的许可条件和许可期限，在劳动待遇及纳税要求方面享受国民待遇；对于限制引进的，则制定严格的引进条件和较短的许可期限。在此基础上研究、推进外国专家分类管理体制。

（五）逐步建立人才需求反馈机制，制定动态的"外国人来华工作指导目录"

人才需求反馈机制是实现有效宏观管理的重要基础。调研中我们了解到，北京等地正在探索开展外国人来华工作需求调查。我们认为，这项制度应该逐步推广和完善，建立外国人来华工作岗位需求反馈机制，根据经济社会发展对外国人的需求趋势进行阶段性、滚动式的调查分析。同时逐步探索建立人才短期、中期、长期需求预测预报制度，制定并定期调整"外国人来华工作指导目录"。

（六）明确用人单位资质条件

为规范管理，依法保护在华工作的外国人权益，建议明确聘用外国人企业的注册资本金标准。同时参照国际通行做法，根据企业规模、性质，限定其聘用外国人的数量和比例。

对于目前存在的外国人以较小投资额投资申请就业的问题，建议将工

作许可和优惠政策与投资额、投资方向挂钩。也即根据投资额和投资方向实行外籍员工人数"配额制",对于外商投资数额较低的企业,除不能享受有关优惠政策外,还应对可聘用的外籍员工数量进行限制(对国家重点扶持的行业和企业可适当放宽限制)。

牵头人:刘延国
成　员:韦大玮　高　翔
　　　　张　卉　壮晓舒
执　笔:张　卉　壮晓舒

第十一编

大事记

1月

1月5日

中国国际人才交流协会2012新年招待会在京举行,人力资源和社会保障部副部长、国家外国专家局局长、中国国际人才交流协会副主席兼秘书长张建国出席招待会并致辞,国家外国专家局副局长、中国国际人才交流协会副秘书长刘延国主持招待会。国家外国专家局副局长、中国国际人才交流协会副秘书长孙照华,国家外国专家局机关和直属单位领导及来自18个国家的驻华使节,部分国际人才交流机构代表,在京工作的部分重要外国专家,中央国家机关有关部委领导等200余位嘉宾出席了招待会。

1月6日

中共中央政治局委员、中央书记处书记、中央组织部部长李源潮在《国际人才交流》杂志2012年第1期发表署名卷首文章《中国也有一个可以追求的梦》,文章提出"现在世界上不仅有一个西方的美国梦,也有一个东方的中国梦。我们热忱欢迎世界各国的专家来华工作,分享中国的发展机遇,实现自己的人生梦想。"

1月6日

国家外国专家局上报中共中央政治局委员、中央书记处书记、中央组织部部长李源潮《关于"外专千人计划"有关情况的报告》。截至2011年11月30日,国家外国专家局共收到第一批"外专千人计划"申报人选214名,申报单位涉及22个地方和部门,其中高校占49%,科研机构占19%,企业占32%。候选人来自27个国家,其中美、日、韩人数最多。通过初审的人选共计95名(含短期人选2名)。

1月6日

国家外国专家局局长张建国走访看望老红军龙舒林、陈旭东,为他们送去新春的祝福。

1月6日

国家外国专家局在天桥剧场为在京的外国专家代表及他们的亲属举办2012年国家外国专家局新年专场演出。国家外国专家局局长张建国、副局长刘延国陪同外国专家观看了中央芭蕾舞团演出的芭蕾舞剧《胡桃夹子》。

1月6日

第9届中美工程技术研讨会中美第2次筹备会在北京外国专家大厦召开。国家外国专家局、科学技术部、工业和信息化部、北京市政府、安徽省政府、江西省政府、中国工程院、美洲中国工程师学会、美国机械工程师学会等中美双方筹委会各单位派代表参加了本次会议。中美双方筹委会介绍了筹备工作进展情况。国家外国专家局副局长刘延国、美洲中国工程师学会主任方玉山共同主持会议并作总结发言。

1月7日

国家外国专家局副局长刘延国率机关党委等有关人员赴四川省屏山县开展对口扶贫慰问工作。

1月10~11日

全国引进国外智力工作会议在北京召开。国务院副总理张德江发来书面致辞："2011年，全国外专系统认真贯彻落实党中央、国务院的决策部署，围绕中心、服务大局，着力创新引智体制机制，全面优化引智发展环境，大力提升引智综合效益，为国民经济建设和社会发展提供了有力的国外人才和智力支持，实现了'十二五'引智工作良好开局。值此全国引进国外智力工作会议召开之际，谨向全国外专系统广大干部职工致以热烈的祝贺和诚挚的慰问！2012年是实施'十二五'规划承上启下的重要一年，也是全面实施《国家引进国外智力'十二五'规划》的重要一年。希望你们深入贯彻落实科学发展观，按照中央经济工作会议决策部署，遵循国际智力资源流动规律，坚持高端引领、整体推进。认真组织实施重大引智工程。加强引智工作管理和服务能力建设，积极探索新形势下引智工作新路子，努力促进引智工作科学发展，为促进国民经济平稳较快发展和社会和谐稳定作出积极贡献。"人力资源和社会保障部部长尹蔚民也对会议提出了具体要求。国家外国专家局局长张建国作报告，副局长李兵作总结讲话。

会议的主要任务是深入贯彻党的十七大和十七届五中全会、六中全会精神，落实中央经济工作会议和全国人力资源和社会保障工作会议部署，总结2011年的引智工作，安排部署实施引进国外智力"十二五"规划及2012年工作任务。

国家外国专家局副局长孙照华、陆明、刘延国出席会议，来自全国各地代表约180人参加会议。

1月12日

春节临近，中共中央政治局常委、国务院总理温家宝在人民大会堂会见外国老专家和在华工作的优秀外国专家代表以及他们的亲属，并与他们亲切座谈。

20多位外国专家及其亲属参加了座谈会。在认真听取专家的意见和建议后，温家宝首先代表党中央、国务院向所有在华工作的外国专家和他们的家人表示衷心的感谢，并致以节日祝福。

参加会见的还有中共中央政治局委员、国务院副总理张德江，中央书记处书记、中央办公厅主任令计划，国务委员兼国务院秘书长马凯，国务委员戴秉国等。国家外国专家局局长张建国主持了座谈会。国家外国专家局副局长李兵、孙照华、陆明、刘延国等出席了座谈会。

1月13日

国家外国专家局离退休老干部2012年春节联欢会在北京外国专家大厦举行。国家外国专家局离退休老干部、局机关部分司室、直属单位的同志近百人参加了联欢会。国家外国专家局局长张建国、副局长孙照华与原外国专家局老领导一同参加了联欢。

1月13日

国家外国专家局副局长刘延国为获得2011年中国政府"友谊奖"的斯洛伐克专家卡罗尔·万卡先生补授了奖牌与奖章。卡罗尔·万卡先生就职于软控股份有限公司，先后主持和参与了公司多项重大科研项目的研发工作，为我国橡胶轮胎装备业的快速发展、加快缩小与国际先进水平之间的差距作出了贡献。国家外国专家局，青岛市人力资源和社会保障厅、外国专家局，软控股份有限公司有关人员出席了颁奖仪式。

1月16日

国家外国专家局召开中国共产党国家外国专家局直属机关第5次代表大会，大会听取了中国共产党国家外国专家局直属机关第4届委员会和纪律检查委员会的工作报告，选举产生了中国共产党国家外国专家局直属机关党委第5届委员会和纪律检查委员会。

1月16日

国家外国专家局召开2011年工作总结大会，国家外国专家局局长张建国在会上对国家外国专家局2011年工作进行了总结，并对2012年引智工作的开展进行了部署。国家外国专家局副局长孙照华、陆明、刘延国及全体干部职工参加了会议，孙照华主持了会议。会上还对在2011年度考核中获得优秀等次的同志进行了表彰。会后举行了2012年春节联欢会，局领导和全体干部职工欢聚一堂，共度佳节。

1月16日

由山西省委组织部、省人力资源和社会保障厅共同举办的全省各界专家新春联谊会举行。联谊会期间，中共山西省委常委、组织部长汤涛，副省长牛仁亮为8名2011年"山西省外国专家友谊奖"获得者颁奖。

1月17日

大连市举行2011年外国专家"星海友谊奖"、优秀外商投资企业颁奖典礼暨新春招待会。中共辽宁省委常委、大连市委书记唐军，市长李万才，市人大常委会主任怀忠民，市政协主席刘俊文等市领导为25位外国专家颁发了2011年"星海友谊奖"，在连部分外国专家、外商投资企业代表等600余人参加了颁奖典礼和招待会。至此，大连共有313名外国专家荣获"星海友谊奖"，此外，还有63名外国专家荣获"辽宁友谊奖",22 名外国专家荣获中国政府"友谊奖"。

1 月 18 日

国家外国专家局复函全国人大常委会办公厅,同意其设立引进国外智力专项账户。

1 月 18 日

国家外国专家局、教育部上报国务委员刘延东《关于高校领导赴海外培训项目(第三期)的总结报告》。《报告》总结了项目的执行情况、主要特点与成效以及对下一步工作的思考。刘延东批示指出:国家外国专家局与教育部合作组织实施的海外培训项目,对于提升高校领导者的素质和能力起到了积极作用。今后可提高与高校后备干部队伍建设结合,通过交流培训加大高校各领域管理人才的培养。

1 月 19 日

国家外国专家局和水利部签署《引进国外智力推进水利跨越式发展合作备忘录》。水利部部长陈雷,人力资源和社会保障部副部长、国家外国专家局局长张建国出席签字仪式并致辞。国家外国专家局局长张建国和水利部副部长矫勇分别代表双方在合作备忘录上签字。驻水利部纪检组组长董力,水利部副部长周英、胡四一、李国英,水利部总工程师汪洪,国家外国专家局副局长李兵、孙照华、陆明、刘延国出席了签字仪式。

1 月

春节前夕,国家外国专家局局长张建国,副局长孙照华、陆明、刘延国分别拜访了沙博理、伊莎白等在京安度晚年的外国老专家及老专家遗孀。

2 月

2 月 1 日

国家外国专家局副局长孙照华会见到访的美国哈佛大学商学院前副院长、资深教授、贝克基金终身教授 Joseph L. Bower 一行。双方回顾了过去几年来的合作经历,继续探寻有效的方式,进一步推进在人才培训方面的合作。

2 月 8 日

国家外国专家局副局长陆明会见了到访的美国美中教育服务机构(ESEC)总裁余国良博士一行。ESEC 在华服务 30 年,为中美文化教育交流作出了积极贡献。

2 月 9 日

国家外国专家局和云南省政府在昆明签订《关于引进国外智力支持云南桥头堡建设合作框架协议》。云南省代省长李纪恒,人力资源和社会保障部副部长、国家外国专家局局长张建国出席签字仪式并致辞。张建国和云南省副省长李江分别代表双方在合作框架协议书上签字。国家外国专家局副局长刘延国,国家外国专家局有关司室以及云南省政府相关部门的负责同志参加了签字仪式。

2月9日

国家外国专家局在昆明举行外国专家座谈会,国家外国专家局局长张建国与在云南省工作的十余位外国专家就我国中小企业发展、农业科技进步、安全生产、引才引智政策以及外国专家建言制度等主题进行了座谈。座谈会由国家外国专家局副局长刘延国主持,国家外国专家局相关部门的负责同志以及云南省人力资源和社会保障厅、云南省外国专家局的部分同志参加了座谈。

2月15日

国家外国专家局副局长陆明会见到访的罗马尼亚原通信部高级专家A-drian—Catalin Zdrbos博士,国家外国专家局经济技术专家司有关人员及中国驻罗马尼亚使馆黄抒列女士等一同参加了会见。

2月15日

新西兰驻华使馆教育参赞葛佑兰(Alexandra Grace)女士一行拜访国家外国专家局出国培训管理司,并与崔长征司长及有关人员进行了会谈。

2月16日

国家外国专家局局长张建国会见中国工程院院士李国杰。张建国就实施"外专千人计划"和高端人才引进等与李国杰院士进行了会谈,并听取了李院士对此的意见。国家外国专家局副局长刘延国、国外人才信息研究中心主任夏兵等参加了会见。

2月16~17日

国家外国专家局教科文卫专家司在北京召开"在京部属非教育系统外国文教专家聘请单位2011年年度年检工作会议"。来自国家新闻出版广电总局、中国外文出版发行事业局、中共中央编译局、国家宗教事务局、全国妇联、文化部外联局、中国国际广播台、新华社等60家外国文教专家聘请单位的近百名代表参会。

2月17日

全国出国培训备选人员外语考试(BFT)专家委员会成立大会在北京召开。国家外国专家局副局长孙照华发表讲话并向专家颁发聘书。

2月18~22日

第七届世界草莓大会在北京召开。大会举办了"第七届中国草莓文化节暨中国精品草莓擂台赛"。引智成果长丰草莓不负众望,共荣获奖牌40块。其中,金牌7块、银牌11块、铜牌22块,获奖比例高达参赛样品的38%。

2月21~29日

为做好2012年"外专千人计划"

的相关工作，国家外国专家局在北京、上海、湖北、山东等地召开6次"外专千人计划"申报工作会。国家外国专家局局长张建国，副局长李兵、陆明、刘延国及有关部门负责同志出席了会议。张建国在会上指出，"外专千人计划"要做到三个到位：一是思想认识落实到位；二是申报评审工作落实到位；三是各项政策落实到位。有关部门及省市领导均表示要与外国专家局共同努力，密切配合，为外国专家营造良好的工作环境，吸引更多的优秀外国专家来华工作。

工作会上，国家外国专家局有关部门对2012年"外专千人计划"和"高端外国专家项目"的申报工作进行了说明并对项目单位和各地外国专家局普遍关心的问题进行了现场解答。中国科学院、国务院国有资产监督管理委员会及有关省市领导出席了相关会议，来自外专系统、高等院校、科研机构及企业等有关单位的600余人参加会议。

2月22日

国家外国专家局保密委员会召开2012年第一次全体会议，国家外国专家局副局长李兵主持。

2月28日

山东省引进国外智力工作会议在济南召开。山东省副省长夏耕，人力资源和社会保障部副部长、国家外国专家局局长张建国出席会议并讲话。山东省各市委组织部分管副部长，各市人力资源和社会保障局局长、外国专家局局长，省直有关部门（单位）、部分高等院校和企业分管领导和处室负责同志共260多人参加了会议。

当天，张建国还考察了华芯半导体有限公司、国家信息通信国际创新园、国家超级计算济南中心和济南概伦电子科技有限公司。

2月28～29日

国家外国专家局分别在济南、上海举办高端外国专家座谈会。人力资源和社会保障部副部长、国家外国专家局局长张建国分别与在鲁、沪工作的十余位外国专家进行了座谈。参加座谈会的外国专家就如何吸引海外人才来华工作、支持中小企业发展、推动农业科技创新、加强安全生产事故防范措施等问题积极建言献策。座谈会由国家外国专家局副局长刘延国主持，国家外国专家局相关司室、直属单位的负责同志以及山东省、上海市人力资源和社会保障厅和外国专家局的部分同志分别参加了座谈。

2月29日

国家外国专家局副局长孙照华会见到访的美国斯坦福大学斯坦福专业发展中心执行主任Paul Marca先生一行。双方就人才培训合作事宜进行了友好交流。国家外国专家局出国培训管理司司长崔长征及有关人员参加了会见活动。

2月29日

国家外国专家局副局长刘延国视察上海"展望计划"办公室,为中国国际人才交流协会上海展望培训基地揭牌,并同上海浦东新区委组织部、浦东区委党校的负责同志进行座谈。

3月

3月1日

国家外国专家局与中国商用飞机有限责任公司举行2012年引进国外智力工作行动计划签约仪式。人力资源和社会保障部副部长、国家外国专家局局长张建国,中国商用飞机有限责任公司董事长金壮龙分别代表双方签约并致辞。国家外国专家局副局长陆明、中国商用飞机有限责任公司总经理贺东风出席签约仪式。

同日还举行了国家引进国外智力示范单位授牌仪式。陆明宣读了《关于命名中国商用飞机有限责任公司为国家引进国外智力示范单位的决定》,张建国、金壮龙、陆明、贺东风共同揭牌。

3月1日

国家外国专家局局长张建国、副局长陆明一行到中国科学院上海生命科学研究院计算生物学研究所调研。中国科学院上海生命科学研究院党委书记张建新、计算生物学研究所党总支书记王学才分别介绍了中国科学院上海生命科学院、计算生物学研究所的总体概况以及聘请外国专家、加强国际合作的情况。张建国等听取了外籍科学家Philipp Khaitovich、Peter Serocka、Stefan Gruenewald的意见。中国科学院上海生命科学研究院计算生物学研究所成立于2005年10月,是中国科学院与马克斯·普朗克科学促进学会合作共建、联合资助、共同管理的国际化研究机构,是中德双方在国际科技合作领域共同开垦的一片"试验田"。

3月1日

国家外国专家局党组副书记、副局长李兵,副局长孙照华会见到访的江西省委常委、常务副省长凌成兴一行,双方就进一步开展引智工作进行了深入交流。

3月5~10日

国家外国专家局副局长李兵率团访问中国香港,对香港京港中心海峰园公寓装修改造工程进行工程验收。在港期间,还访问了境外培训机构,考察了相关培训工作。

3月7日

人力资源和社会保障部副部长、国家外国专家局局长张建国在北京会见香港新世界发展有限公司董事局主席郑家纯,双方一同出席了海外高层次人才交流基金—社会管理专项记者见面会,介绍该项目详细情况,回答记者提问。全国政协外事委员会副主任委员、国家外国专家局原局长万学远、陆明、清华大学法学院院长王振民教授、基金会王海洋主任及其他相关人员出席了本次见面会。

3月11～14日

国家外国专家局在重庆召开2012年中国政府"友谊奖"座谈会，国家外国专家局副局长刘延国出席并作讲话。会议听取了各地方外国专家局对中国政府"友谊奖"和地方"友谊奖"工作意见和建议，研究了重点外国专家队伍建设的思路和方法。

3月13日

国家外国专家局印发《2012年引进国外智力宣传工作要点》。

3月13日

湖北省外侨办、湖北省外国专家局举办百名外国专家植树活动，组织在鄂工作的来自美国、加拿大、法国、英国等27个国家的百名外国专家，再次相聚湖北省"外国专家友谊林"开展植树造林活动。这项活动每年组织一次，2012年是第12次。12年来，先后有1400多名外国文教专家和经济技术专家参加这项活动，植树达1万多株。

3月14～16日

农业部在武汉召开"外专千人计划"申报工作动员会。国家外国专家局"外专千人计划"专项办公室、农业部人事劳动司等有关部门代表出席会议，来自中国农业科学院、中国水产科学研究院、中国热带农业科学院及所属25个研究所和其他有关部属事业单位共40多位专家代表参加了会议。

3月15日

国家外国专家局出国培训管理司和农业部人事劳动司签订《现代农业人才出国（境）培训合作备忘录》，培训对象以农业科研杰出人才及其创新团队为重点，兼顾有突出贡献的农业技术推广人才和农业产业化龙头企业负责人、农民专业合作组织负责人、农村生产能手、农村经纪人等农业生产经营一线人才。国家外国专家局副局长孙照华，农业部党组成员、人事劳动司司长梁田庚出席签字仪式并讲话。

3月19日

国家外国专家局局长张建国会见由美国科罗拉多州前州长威廉·瑞特率领的科罗拉多州立大学代表团。瑞特前州长和詹姆斯·科尼副校长向张建国介绍了科罗拉多州立大学与中国高校开展合作，特别是与华东师范大学合作成立中美新能源与环境联合研究院的相关情况。

3月22日

重庆市政府隆重举行2011年度

"重庆友谊奖"（原"三峡友谊奖"）颁奖典礼，表彰为重庆市经济建设和社会发展作出突出贡献的10位外国专家。重庆市市长黄奇帆、常务副市长马正其及重庆市政府副秘书长严晓光出席颁奖典礼。重庆市人力资源和社会保障局局长陈元春，市人力资源和社会保障局党组成员、市外国专家局局长雷虹及重庆市引智工作联席会议成员单位负责人等80余人参加了颁奖典礼。"重庆友谊奖"是重庆市政府授予在渝工作外国专家的最高荣誉奖项，获奖专家可申请延长一次性工作签证2~5年。截至2011年，重庆市共举行9届"重庆友谊奖"评选表彰活动，72名外国专家获此殊荣。

3月22日

"辽宁友谊奖"获奖专家、大连枫叶教育集团创始人兼董事长任书良，大连枫叶教育集团顾问、原加拿大不列颠哥伦比亚省教育部副部长彼得·欧文等拜访国家外国专家局国外人才信息研究中心。国家外国专家局国外人才信息研究中心主任夏兵就"我与外教"全国征文大赛活动、外籍人才信息建设等与任书良先生进行了交流。

3月24~25日

2012年度出国（境）培训项目对接会在山东省济南市举行。国家外国专家局副局长孙照华、山东省人力资源和社会保障厅厅长韩金峰等出席会议并讲话。各省区市和中央国家机关的109家出国（境）培训归口管理部门和154家境外培训机构共408名代表参加了对接会。经初步统计，本届会议期间共签署合作意向书1721份。

3月25日

国家外国专家局局长张建国在北京外国专家大厦会见来访的日中技能者交流中心理事长人见一夫、常务理事中小路宽，日本劳动组合总联合会副事物局长水谷雄二，劳动者福祉中央协议会副会长渡边和夫，并出席了《中华人民共和国国家外国专家局与日本国日中技能者交流中心日语专家聘请与派遣协议书》的签字仪式。会见之前，国家外国专家局教科文卫专家司、政策法规司与日中技能者交流中心就完善日语外教的培训措施、外教来华等问题进行了会谈。

3月26日

国家外国专家局副局长刘延国会见美国布鲁金斯学会主席、清华大学客座教授约翰·桑顿先生，并就外国专家建议的征集、评估和反馈机制建设进行了会谈。国家外国专家局国外人才信息研究中心相关人员出席会见活动。

3月28~29日

国家外国专家局和武警部队后勤部在青海省格尔木市联合举办西藏和四省藏区基层部队农副业生产引智试点观摩会。国家外国专家局副局长孙照华出席会议并讲话。会议期间，代表们参观了武警青海总队三支队三岔河五、八中队，四支队农副业产品生产引智项目——日光生态温室的建设现场。此项目被驻守高原的官兵们赞为"暖心工程、爱兵工程"，它是在国家外国专家局的帮助下，通过警地联合、技术引进、自主创新的方式，在藏区建成集蔬菜种植、身心休闲、农业示范、人才培育为一体的高原生态温室，彻底结束高海拔地区官兵吃不上新鲜菜、见不到绿色的历史。

3月30日

国家外国专家局复函工业和信息化部，同意联合主办第16届中国国际软件博览会，并作为长期主办单位。

3月31日

国家外国专家局和贵州省政府签订《关于引进国外智力支持贵州经济社会又好又快发展合作框架协议》。人力资源和社会保障部副部长、国家外国专家局局长张建国，贵州省副省长孙国强出席签字仪式并致辞。国家外国专家局副局长孙照华，贵州省政府秘书长吴勇，国家外国专家局办公室、政策法规司、经济技术专家司、出国培训管理司有关负责同志，以及贵州省人力资源和社会保障厅、省发展和改革委员会、省教育厅、省科技厅等相关部门负责人及部分外国专家代表参加了签字仪式。

4月

4月5日

国家外国专家局副局长孙照华会见了到访的德国慕尼黑国际管理学院汉普先生一行。国家外国专家局出国培训管理司有关同志参加了会见。

4月6日

北京师范大学艺术与传媒学院副院长、博士生导师于丹教授作为国家外国专家局"名家系列知识讲座"的首位主讲者，为局全体干部职工深入解读了中国儒释道经典，为干部职工们展现了古圣先贤提供给后人的生存智慧。

4月7日

由国家外国专家局国外人才信息研究中心主办的2012外籍人才招聘会（北京）举行。参加本届招聘会的中央电视台、中国南车股份有限公司、宝洁（中国）有限公司等60余家用人单位分别来自北京、上海等十几个省市，共提供招聘职位800余个，前来应聘的外籍人才达1000余人。

4月9日

国家外国专家局局长张建国会见白俄罗斯大学校长代表团一行。国家外国专家局副局长孙照华、刘延国以及陪同来访的白俄罗斯驻华大使馆公使衔参赞谢纽塔·瓦季姆等参加会见。

此次来访的白俄罗斯大学校长代表团，由来自12家白俄罗斯教育科研机构的13名团员组成。在国家外国专家局和白俄罗斯教育部的共同组织下，代表团将于4月9日至21日在北京、西安、重庆分别拜访政府部门和教育科研机构，并与部分高校进行交流活动。

4月10日

由《国际人才交流》杂志具体组织实施的"2011魅力中国—外籍人才眼中最具吸引力的中国城市"评选结果揭晓。北京、上海、天津、深圳、武汉、广州、苏州、重庆、厦门、杭州获选"2011魅力中国—外籍人才眼中最具吸引力的十大城市"。本次活动共吸引18.26万余人次外籍人才参与，共收集998位外国专家在政策环境、政务环境、工作环境、生活环境四方面18个指标对中国城市引才引智综合环境的评价意见。外籍专家评委团队由诺贝尔奖获奖专家理查德·恩斯特、安德鲁·沙利、国际反病毒领域权威专家尤金·卡巴斯基、"一村一品"运动发起者平松守彦、中欧国际工商学院院长佩德罗·雷诺等30位外籍专家组成。

4月14日

由国家外国专家局国外人才信息研究中心主办、中国国际人才网承办的2012外籍人才招聘会（上海）举行。参加本届招聘会的用人单位分别来自上海、江苏、浙江、山东、安徽、河南、江西、四川等省市，包括中央电视台、中国国际广播电台、红豆集团、四川长虹电器股份有限公司、奇瑞汽车股份有限公司和新东方教育集团等120余家用人单位。招聘会共提供招聘职位2000余个，吸引了来自美国、英国、加拿大、德国等40余个国家和地区的1500余名外籍人才前来应聘。语种包括英语、法语、日语、德语、西班牙语、波兰语等30多种语言。

4月15～22日

由国家外国专家局、科学技术部、工业和信息化部、北京市政府、安徽省政府、江西省政府、中国工程院以及美洲中国工程师学会、美国机械工程师学会联合举办的第9届中美工程技术研讨会举行。4月22日下午，国务委员兼国务院秘书长马凯出席全体会议并发表讲话。他说，本届研讨会围绕"转变增长方式，促进科技创新，优化产业结构，推动科学发展"这一主题，组织中外专家深入企业、厂矿、科研院所，开展技术诊断、现场研讨和咨询服务，帮助中国企业解决技术和管理难题，提出了一大批颇有价值的意见和建议，取得了丰硕的成果。希望中美工程技术研讨会能够不断丰富合作内涵，拓宽合作领域，创新合作方式，为中美经济技术和人才智力合作作出更大贡献。

本届研讨会共有200余名中外专家参加，分先进制造、信息技术、绿色城市、矿区治理和低碳产业五个专题组，分别在广东、江苏、北京、安徽、江西等省市的70多家单位进行现场诊断、专题研讨。专家们经过充分讨论，围绕产业发展、技术创新、人才培养等提出了78条建议，为我国制定相关产业发展战略、攻克技术难题提供了有价值的借鉴。

4月16日

国家外国专家局局长张建国在北京外国专家大厦会见俄罗斯信息安全专家尤金·卡巴斯基。国家外国专家局副局长刘延国出席会见，并在当天晚些时候再次与卡巴斯基就中外信息安全专家开展对话交流等进行沟通。国家外国专家局经济技术专家司、国外人才信息研究中心和天津市外国专家局、国家计算机病毒应急处理中心有关负责同志，卡巴斯基实验室亚太区总裁张立申等出席会见活动。

4月16～17日

国家外国专家局局长张建国一行就加强和创新社会管理工作到湖南调研。4月17日，中共湖南省委书记、省人大常委会主任周强在长沙会见张建国一行。在湘期间，张建国一行还与湖南省省长徐守盛及湖南大学副校长陈收等进行了会见。张建国向湖南重点介绍了海外高层次人才交流基金—社会管理专项的有关情况。该基金由香港新世界集团和国家外国专家局各出资1000万元共同设立，由中国国际人才交流基金会管理。张建国希望湖南省能够通过引智在社会管理领域作出突出成绩并发挥示范作用。国家外国专家局副局长陆明、中国国际人才交流基金会主任王海洋、清华大学法学院院长王振民等参加了调研活动。

4月17日

国家外国专家局组织全局近30名干部职工赴河北乐亭开展义务植树活动。

4月20日

国家外国专家局副局长刘延国主持召开中国—白俄罗斯高等教育交流与合作座谈会，白俄罗斯大学校长访华团全体成员和国家外国专家局有关司室领导参加了会议。

4月20日

国家外国专家局副局长孙照华出席解放军总医院第一附属医院与以色列西勒雅法医学中心合作协议签字仪式。以色列驻华大使安泰毅、国家外国专家局经济技术专家司司长武云茹、解放军总医院副院长任国荃及解放军总医院第一附属院领导及解放军总后勤部外事局等有关人员参加了协议签字仪式。

4月21日

由国家外国专家局国外人才信息研究中心和广州市外国专家局共同主办的2012外籍人才招聘会（广州）举行。参加本届招聘会的用人单位分别来自广州、北京、上海、四川、山西、深圳、南京等十几个省市，中央电视台、中国南车集团公司、中国南方电网有限责任公司、深圳比亚迪股份有限公司和华尔街英语等42家用人单位共提供招聘职位300余个。当天共有来自30余个国家和地区的800余位外籍人才到场。他们大多具有2～5年在华工作经验，希望通过招聘会找到更加适合自己的工作岗位。

4月23日

国家外国专家局副局长李兵会见美国英语学会会长Tim Davis夫妇、美国英语学会中国项目总监Kristina和美国英语学会会长中国助理邱小飞一行。

4月24日

国家外国专家局副局长孙照华会见日本国福冈市国际部访问团一行，双方就城市建设与城市管理领域的人才智力交流合作进行了友好商谈，提出了积极的意见建议。

4月24日

国家外国专家局直属机关党委批复中国国际人才交流协会党支部，同意其成立中国对外人才开发咨询公司（中国国际人才市场）党支部和中谊国际旅行社党支部。两个党支部所属党员将党组织关系临时转到局机关党委，在机关党委的统一领导和指导下，组织开展党员活动，不涉及人事和行政隶属关系的改变。

4月24～25日

第2批"外专千人计划"专家评审会在北京举行。评审分为"环境地球科学与新能源"、"信息科学"、"工程材料"、"数理科学与化学"、"生命科学"及"经济管理"6个专业领域，参与评审的专家共51名。国家外国专家局局长张建国和中组部人才局领导出席会议并讲话，为首次参加评审的评审专家颁发"国家外国专家局重点引智项目评审特聘专家"聘书。国家外国专家局副局长陆明主持会议。

4月25日

国家外国专家局在中山音乐堂为在京外国专家及国际友人举办"五一"专场音乐会，国家外国专家局局长张建国、副局长李兵出席音乐会。

4月25日

国家外国专家局在西安举行高端外国专家座谈会。国家外国专家局副局长刘延国与前来参加国际DNA和基因组织活动周的6位外国专家就我国生物医药产业发展所涉及的基础科研、技术转化、人才培养等问题进行了专题座谈。

参加座谈会的6位外国专家中有3位诺贝尔奖得主。这些专家分别来自美国、德国、奥地利、芬兰等国，在生物医药公司、研究机构、大学和联合国总部等担任首席科学家、研究所所长、高级顾问等职务。

4月25～28日

由国家外国专家局和西安市政府共同主办的第3届中国西安国际DNA和基因组活动周在西安举行。国家外国专家局副局长刘延国出席会议并致辞。来自美国、英国、澳大利亚等国家的10位诺贝尔奖得主及2500多名中外人士参会参展。

4月25～28日

由国家外国专家局主办，福建省外国专家局承办的东北及西部地区国家引进国外智力成果示范推广基地带头人培训班在厦门市举办，32名来自东北及西部地区引智基地带头人参加了培训。国家外国专家局和福建省公务员局有关领导分别在开班式上致辞。

4月26日

云南省政府举行颁奖典礼，表彰荣获2012年度云南"彩云奖"的10位外国专家。中共云南省委副书记、省长李纪恒为获奖专家颁奖并讲话；省委常委、副省长李江宣读了省政府表彰决定；省人大常委会副主任、省总工会主席江巴吉才及省政府秘书长丁绍祥出席颁奖典礼。

4月27日

国家外国专家局副局长刘延国在北京会见2010年中国政府"友谊奖"获得者、美国肿瘤病学专家杰瑞姆·贝林森教授。杰瑞姆·贝林森教授于2012年3月底向国家外国专家局教科文卫专家司提出了筹建一所国际化的中国肿瘤预防研究院的建议，此行特来就此建议进行说明。国家外国专家局教科文卫专家司、政策法规司相关人员及中国医学科学院国际合作负责人参加了会谈。当日下午，国家外国专家局教科文卫专家司安排并陪同贝林森教授前往中国医学科学院肿瘤医院考察，并与该院专家座谈交流，肿瘤医院院长赫捷及全国肿瘤防治研究办公室副主任陈万青出席座谈会。

4月27日

武汉市举行外籍人士"家在武汉工程"启动仪式。武汉市长唐良智等出席启动仪式。外籍人士"家在武汉工程"旨在推进优化武汉市涉外服务环境，提升城市国际化水平的一项系统工程，主要是通过完善政府英文网站、规范公共场所英文标志、改善城市公共交通和涉外服务、方便外籍人士就医、子女入学、置业、丰富文化娱乐活动等16个方面的工作，从而提高外籍人士在汉工作、学习、生活的舒适度和满意度，提升武汉国际化程度和城市竞争力。

4月30日

《国际人才交流》杂志组织的"我与外教"全国征文大赛颁奖活动在北京外国专家大厦举行。来自全国各地外国专家管理部门、各有关学校单位的获奖代表和获奖个人等200余人参加了会议。本次大赛活动共收到各地推荐来的优秀稿件和个人直接投稿3658篇（涉及单位472家），加上各地初选后未被推荐的稿件，本次大赛实际写稿1.6万余篇。

5月

5月3日

国家外国专家局出国培训管理司与中国科学院人事教育局签订《关于实施〈创新人才培训计划〉合作备忘录》。培训对象以中国科学院高层次战略科技专家、高级科技管理人员、技术能手、优秀的重大装置研制和运维人员、青年促进会会员、优秀的青年科技人才和管理骨干为主。

5月4日

国家外国专家局印发《关于加强引进国外技术、管理人才项目管理的通知》。

5月5日

国家外国专家局出国培训管理司与人力资源和社会保障部国际合作司、职业能力建设司、专业技术人员管理司共同签订《国家专业技术人才知识更新工程和高技能人才振兴计划出国（境）培训合作备忘录》。

5月8日

为加强局省（部际、大项目）合作机制，深入推进"抓管理、抓重点、抓成果"活动，国家外国专家局印发《关于印发"引智实验区"工作方案的通知》。

5月8～17日

国家外国专家局副局长陆明率团对美国、加拿大两国进行了访问。在美期间，陆明访问了佐治亚州政府，与副州务卿Kelly Farr等进行工作会谈；访问美国项目管理协会，并发表主题演讲。在加拿大期间，访问了加拿大高级专家服务组织（CESO），与总裁Wendy Harri女士等进行了会谈。

5月9日

国家外国专家局印发《出国（境）培训团组国内预培训及回国总结经费管理办法（试行）》。

5月9～18日

国家外国专家局局长张建国率团访问日本、新加坡。访问日本期间，分别与日本厚生劳动省西村智奈美副大臣、日本京都大学松本纮校长进行会谈，访问新加坡期间，与新加坡人力资源部罗锦贤常务秘书进行了会谈。

5月10～21日

国家外国专家局副局长刘延国率团访问韩国、澳大利亚及中国香港地区。访问团在韩期间拜会了中韩文化经济友好协会并出席韩中职业就业教育培训研讨会，参加了2012年丽水世博会开幕式，刘延国受邀出席韩国总统李明博欢迎晚宴并在主席台就座观看晚会。开幕式后访问团与丽水世博会组委会委员长姜东锡先生进行了简短的工作会谈。在澳期间，访问团分别拜访了悉尼大学、昆士兰大学和詹姆斯库克大学。此外，访问团还拜会了中国驻澳使馆，与大使陈育明进行座谈。在港期间，访问团听取了京港人才交流中心有限公司总经理田瑞欣的工作汇报，分别与香港金融管理学院王中英董事长和京港人才交流中心有限公司董事进行了会谈。

5月11日

美南—中国专家协会联合会第9届联席会议在南京市举行，来自美国南部地区60多位外国专家代表参加了会议。国家外国专家局局长张建国向大会发去贺信。

5月12日

由河南省人力资源和社会保障厅与开封市政府联合主办的超级小麦育种引智10周年暨成果示范推广研讨会在开封市举行。河南省副省长徐济超、国家外国专家局副局长孙照华出席。来自8个国家和地区的知名小麦育种专家300余人参会研讨。

5月13日

国家引进国外智力示范单位——河南省科学院化学研究所揭牌仪式在郑州举行。国家外国专家局副局长孙照华、河南省政府王梦飞副秘书长、河南省科学院院长郭新和等一同出席了揭牌仪式。

5月15日

国家外国专家局副局长李兵会见到访的美国佛罗里达国际大学校长马克·罗森伯格及国际事务助理副校长卢鹏博士一行，双方就推进中美人才交流及国家外国专家局与佛罗里达高校间的交流合作等话题进行了亲切友好的会谈。国家外国专家局教科文卫专家司、出国培训管理司，中国国际人才交流基金会的有关人员参加了会见。

5月15日

国家外国专家局副局长李兵会见加拿大律师陈丙丁先生，就陈丙丁向国家外国专家局提交的"构建中国移民法律制度的建议"进行了深入探讨和交流。国家外国专家局政策法规司、中国国际人才交流协会有关负责同志参加了会见。

5月18日

全国副省级城市引智工作联席会议在杭州召开。国家外国专家局副局长孙照华、浙江省人力资源和社会保障厅副厅长袁中伟、杭州市副市长佟桂莉出席。来自15个副省级城市的人力资源和社会保障局局长和外国专家局局长参加了会议。各城市还首次联合签署了《全国副省级城市引智工作合作协议》，制订了合作目标。

5月21~24日

新疆维吾尔自治区千村引智示范培训班在江西省吉安市举办。新疆维吾尔自治区外国专家局、新疆维吾尔自治区农村合作经济经营管理局等部门和各地州引智部门以及"千村引智示范项目"实施工作较好的乡镇领导共30人参加了专题培训。

5月23日

国家外国专家局复函《中国日报》社，同意其设立外国专家来华工作许可办理窗口，需要双方签订《外国专家来华工作许可办理窗口工作责任书》。待生效后，《中国日报》社可直接办理"外国专家来华工作许可"、"外国专家证"手续。

5月23日

国家外国专家局局长张建国会见了来华开展项目研究的美国专家斯克爱德教授和姆瑞拉博士。张建国对两位专家支持西部地区发展，来华开展项目研究表示欢迎。专项办公室、经济技术专家司相关人员参加了会见。

5月24日

国家外国专家局副局长孙照华会见希腊—中国工商会访华代表团一行。此次希中商会代表团是应国务院新闻办公室邀请来华访问的。出国培训管理司有关人员参加会见。

5月24日

香港培华教育基金会成立30周年庆典活动在北京人民大会堂举行，国家外国专家局局长张建国、副局长刘延国应邀出席庆祝活动。庆祝活动开始前，张建国、刘延国与培华教育基金会常务委员会主席霍震寰进行了亲切交谈。

5月24日

由国家外国专家局经济技术专家司、河北省人力资源和社会保障厅和唐山市政府主办，河北省外国专家局、唐山市人力资源和社会保障局和唐山市丰南区政府承办的河北·唐山国际现代农业新技术展示会在唐山举行。以色列、美国、西班牙和新西兰等13个国家的21名农业专家代表19个农业科研机构和企业到会展示国际先进技术和优良品种。本届展会推出了农作物、水果、蔬菜、畜牧等120多个新品种，以及新型肥料、生物技术、农产品加工、节水灌溉等94项现代农业技术项目。河北省省属及唐山市市属共53个农业引智成果示范基地和唐山市种植养殖专业户共1160多人参观洽谈。展示会共达成农业新技术新品种引进协议78项，引进技术品种113个；达成合作或引进意向312项，发放农业新技术、新品种宣传资料5200多份。

5月25日

国家外国专家局副局长陆明会见

来访的荷兰高级专家组织（PUM）总裁 A. M. Van Praag 先生、中国项目主管 Wim Haandrikman 先生以及中国项目协调员 Tu Dazhao 先生一行。

A. M. Van Praag 先生此行的目的是与国家外国专家局及有关地方外国专家局就继续开展合作进行会谈。到访国家外国专家局之前，Praag 先生一行访问了甘肃、陕西和河南等地，与当地外国专家局进行了会谈。

5月28日

由商务部主办、国家外国专家局承办，国家外国专家局培训中心负责具体实施的发展中国家智力引进与农业产业化发展官员研修班经过21天的学习考察在京结业。参加本期研修班的21位政府官员，分别来自亚洲、非洲、拉丁美洲的14个发展中国家。国家外国专家局副局长陆明出席结业仪式并为学员颁发结业证书。至此，发展中国家智力引进官员研修班已举办9期，共有来自80多个国家的292位官员来华参训。

5月28日

国家外国专家局副局长孙照华会见到访的美国罗格斯大学常务副校长理查德·爱德华兹一行。国家外国专家局出国培训管理司有关人员参加会见。

5月28日

国家外国专家局副局长孙照华会见到访的美国弗吉尼亚大学校长特丽萨·苏利文一行。国家外国专家局出国培训管理司、中国国际人才交流协会办公室等有关人员参加会见。

5月28～29日

由国家外国专家局与香港新世界发展有限公司共同发起并捐资设立的海外高层次人才交流基金——社会管理专项2012年度申报项目评审会在北京举行。国家外国专家局副局长陆明会见了评审专家。

5月28日

经由宁夏回族自治区政府第115次常务会议审定，马克·阿伦·彼得等10名外国专家将被授予第5届宁夏"六盘山友谊奖"。

5月29日

国家外国专家局举办了第3期"名家系列知识讲座"。中国爱乐乐团著名指挥家余隆应邀与大家畅谈对音乐的欣赏与理解。

5月29日

国家外国专家局副局长孙照华会见到访的英国埃塞克斯大学校长科林·瑞沃丹一行。中国国际人才交流协会驻英国代表处总代表刘燕朝等有关人员参加会见。

5月30日

国家外国专家局复函山东省外国

专家局，同意其在日照市建立"中国蓝色经济引智实验区"。要求其要深入贯彻落实科学发展观，紧紧围绕党中央、国务院重大决策部署，遵循国际智力资源流动规律，以落实《国家引进国外智力"十二五"规划》为主线，按照"抓管理、抓重点、抓成果"基本思路，把"引智实验区"作为加强局省（部际、大项目）合作机制、创新引智实践的重要措施，推动引智工作创新发展。

5月30日

赴比利时IMEC数模混合技术发展培训班在北京举办出国前预培训会议。国家外国专家局副局长孙照华出席了会议并讲话。该团23人将于6月1日至8月29日在比利时接受为期90天的培训。

5月31日

由中国国际人才交流协会（中华海峡两岸人才交流协会）与台湾发展研究院共同主办、中国人民大学劳动人事学院承办的两岸人力资源开发与交流研讨会在中国人民大学举行。国家外国专家局副局长、中华海峡两岸人才交流协会副会长李兵出席开幕式并致辞，国家外国专家局副局长、中华海峡两岸人才交流协会副会长陆明会见了中国台湾地区访问团成员。

5月31日

由工业和信息化部、国家发展和改革委员会、科学技术部、国家外国专家局以及北京市政府共同主办的第16届中国国际软件博览会开幕式在北京举行，国家外国专家局副局长陆明出席并致辞。工业和信息化部副部长杨学山、北京市政府副市长苟仲文、国家发展和改革委员会高技术产业司司长綦成元等出席了开幕式。

5月31日

第11届中国国际人才交流大会组委会第1次会议在深圳召开。人力资源和社会保障部副部长、国家外国专家局局长张建国，深圳市市长许勤在会上讲话。会议由深圳市政府副秘书长南岭主持，国家外国专家局副局长刘延国、深圳市副市长唐杰及国家外国专家局相关司室负责同志，深圳市政府相关委办局负责人以及组委会各成员单位负责人参加了会议。

6月

6月7日

国家外国专家局和深圳市政府共同在国务院新闻办新闻发布厅举行第11届中国国际人才交流大会新闻发布会。大会组委会主任、人力资源和社会保障部副部长、国家外国专家局局长张建国，大会组委会主任、深圳市市长许勤进行了新闻发布并回答记者提问。国家外国专家局副局长刘延国、国家外国专家局及深圳市政府有关负责人出席了新闻发布会。

6月7日

国家外国专家局印发《专项出国（境）培训工作管理办法》。

6月8日

中国国际人才市场工作会议在山东省曲阜召开。会议主要任务是部署实施《中国国际人才市场管理办法（试行）》，征求《中国国际人才市场管理办法（试行）实施细则》的意见和建议；交流地方市场工作经验和总市场介绍新开发项目资源等。国家外国专家局副局长刘延国出席会议并讲话。来自中国国际人才市场各地方市场及相关省市外国专家局或国际人才交流协会负责人80余名代表参加了会议。

6月9日

国家外国专家局副局长陆明会见了到访的国际电气与电子工程师学会（IEEE）全球业务发展总干事 Peter Sobel 先生、IEEE 中国首席代表华宁先生以及 IEEE 中国代表处业务经理赵永前先生一行。国家外国专家局经济技术专家司、培训中心及中国国际人才交流基金会有关人员参加了会见。

6月10日

国家外国专家局培训中心与美国管理会计师协会（IMA）共同召开了注册管理会计师认证（CMA 认证）项目合作协议讨论会，双方就 CMA 项目发展和下一周期合作事宜进行了广泛而深入的研究与探讨。IMA 市场发展业务高级副总裁 Weiss 先生、IMA 国际业务副总裁 Gurowka 先生、IMA 运营官 Jim 先生、IMA 中国区首席代表白俊江先生等参加了本次会议。

6月12～13日

"高端外国专家项目"（经济技术类）及引进国外技术管理人才重点项目、专项评审会在北京举行。参与评审专家共51名。国家外国专家局局长张建国到会讲话，并向评审专家颁发证书。国家外国专家局副局长陆明主持评审会。评审共分工程与材料、信息科学、生命科学、数理科学、化学、经济管理、环境与地球科学等10个评审小组，对229名高端外国专家项目候选人、252项重点项目和专项项目进行评审。

6月11～15日

中国国际人才交流协会组织2012年第1批驻外的7名同志进行集中培训。主要培训内容包括：引智业务政策、工作方向及重点、驻外财务管理、驻外机构和人员管理、档案管理及保密教育、党纪教育等。国家外国专家局局长张建国，副局长陆明、刘延国先后为驻外人员授课。

6月13～22日

国家外国专家局副局长李兵率团访问德国、匈牙利。出访期间，代表团访问了德国科隆市政府、科隆大学、卡尔杜伊斯堡中心、海德堡大学，匈牙利文化教育部、科维努斯大学、罗兰大学等机构，商讨在引进高层次人才及派出培训、开展高校间人才交流等领域拓展合作的可能性。出访期间，代表团还参加了中国国际人才交流协会驻德国办事处成立25周年招待会，拜会了中国驻德大使馆孟曙光公参、中国驻匈牙利大使高建。

6月15日

国家外国专家局和黑龙江省政府共同举办第23届中国哈尔滨国际经济贸易洽谈会（哈洽会）海外专家招待会暨"海内外专家园区行"启动仪式，国家外国专家局局长张建国和黑龙江省副省长刘国中在活动中致辞，国家外国专家局副局长陆明出席。来自俄罗斯、美国、加拿大、日本、韩国以及中国香港、台湾地区等30个国家和地区的370多名经济、技术、管理和文教等方面的海内外高层次专家参加了启动仪式。

"哈洽会"期间，国家外国专家局组织召开了高端外国专家座谈会，听取了有关专家对开展中国与独联体国家科技、人才、技术交流的意见和建议。来自俄罗斯、白俄罗斯、乌克兰、哈萨克斯坦等独联体国家的10名高层次专家参加会议。座谈会由国家外国专家局副局长陆明主持。

6月16日

国家外国专家局局长张建国一行到哈尔滨工业大学考察，与该校党委书记王树权进行会谈，并参观了哈工大博物馆、超精密光电仪器研究所。国家外国专家局副局长陆明及国家外国专家局办公室主任夏鸣九、经济技术专家司司长袁旭东、教科文卫专家司司长赵立宪等参加。

6月18日

由福建省政府与国家外国专家局等19个部门（单位）共同主办的第10届中国·海峡项目成果交易会（618交易会）在福州开幕。人力资源和社会保障部副部长、国家外国专家局局长张建国出席"618交易会"开幕式以及国（境）外专家项目成果合作签约仪式。在福建期间，张建国一行还前往福州大学、福建省汽车工业集团和福州软件园调研，与外国专家座谈，对有关政策落实情况进行深入了解。

6月18日

由中国国际人才市场与美国思路科技集团共同联合举办的国际猎头发展高峰报告会暨中国高端人才引进交流会在北京召开。国家外国专家局副局长刘延国等出席。

6月20日

内蒙古国际人才网开通仪式在呼和浩特举行。内蒙古自治区党委常委、组织部部长李鹏新，国家外国专家局副局长刘延国出席开通仪式。

为贯彻落实内蒙古自治区人才工

作会议精神，更好地实施"草原英才工程"，自治区人力资源和社会保障厅与国家外国专家局合作，在全国率先开通了内蒙古国际人才网，搭建起引进海外人才的网络平台。

6月21日

国家外国专家局副局长陆明会见由加拿大农业与农业食品部科技事务主管副部长乔迪·艾劳德女士率领的加拿大农业与农业食品部代表团。随同乔迪·艾劳德女士一起来访的还有加拿大农业与农业食品部国际科技合作局负责双边关系的局长 Eric Van Bochove 先生、国际科技合作局负责双边关系的副局长 Jiangqiang Zhou 先生，以及加拿大燕麦专家 Vernon Douglas Burrows 博士等。

6月21日

国家外国专家局举办第4期"名家系列知识讲座"。北京宣武医院神经外科专家凌锋为大家讲解了心脑血管病防治知识。

6月21日

宁波市政府举行2012年"茶花奖"颁奖典礼，8名外国专家荣获"茶花奖"，12名外国专家荣获"茶花纪念奖"。宁波市副市长洪嘉祥在典礼上致辞并为获奖者颁发证书。"茶花奖"至今已颁奖17届，共有329名外国专家获得"茶花奖"和"茶花纪念奖"。

6月25～26日

国家外国专家局、中国国际人才交流基金会召开2012年度接受捐赠资金资助项目陈述及签署协议会议。9家拟资助项目单位代表参加了会议。

6月25～26日

国家外国专家局副局长陆明出席在吉林省长春市召开的引进国外智力成果共享体系建设座谈会。此次座谈会由国家外国专家局主办，吉林省外国专家局承办。国家外国专家局经济技术专家司、离退休干部办公室、教科文卫专家司和国家外国专家局"引智成果共享课题"小组的有关同志以及天津、河北、辽宁、吉林、浙江、安徽、江西、山东、四川、甘肃、长春等地方外国专家局的负责同志参加了会议。

6月26日

国家外国专家局与美国乔治城大学在京签署了合作备忘录。国家外国专家局副局长孙照华与美国乔治城大学常务副校长克里斯托弗·奥格斯蒂尼分别代表双方在协议上签字。签约之前，国家外国专家局出国培训管理司与美国乔治城大学进行了会谈。

6月26日

由吉林省政府、科学技术部、国家外国专家局、加拿大农业与农业食品部联合主办的2012中国·白城农业科技创新国际合作会议在吉林白城隆重开幕。国家外国专家局副局长陆明、吉林省副省长王化文、中国驻加拿大大使章均赛、加拿大农业与农业食品部副部长乔迪·艾劳德出席开幕式并致辞,来自加拿大、美国、奥地利、摩洛哥、挪威、日本、荷兰等国家和国内的共计80余位专家学者出席会议。加拿大农业与农业食品部、国家外国专家局和吉林省白城市农业科学院续签了《关于"中国—加拿大燕麦科技技术创新中心"的合作备忘录》。

6月26日

中国国际人才交流协会、美中人才交流基金会在北京举行"马可·波罗奖"颁奖典礼,国家外国专家局副局长刘延国向美国发现金融服务公司董事长兼首席执行官聂大威先生颁奖。来自中国人民银行、中国银行业监督管理委员会、中国工商银行、中国建设银行、中国银行等政府部门、金融机构和企业界的代表出席了颁奖典礼。

6月26日

国家外国专家局培训中心在北京举行新闻发布会,宣布将"BFT考试"的中文名称变更为"中国国际化人才外语考试"。来自首都新闻界的有关媒体、考试机构、BFT专家委员会、部委引智办、地方外国专家局、央企约60名代表参加了会议。

6月28日

由国家外国专家局主办、四川大学承办的第4届重点聘请外国文教专家资格单位外事处长交流培训班在成都举办。国家外国专家局党组副书记、副局长李兵,中国工程院院士、四川大学校长谢和平等出席培训班开班仪式,来自国家外国专家局、教育部科技司的有关负责人和来自全国130所高校的外事处长出席了开班仪式。

6月28日

内蒙古自治区政府印发《关于授予费尔兰多·依其塔等10名外国专家2011年自治区"骏马奖"的通报》(内政字〔2012〕173号)。

6月30日

十一届全国人大常委会第二十七次会议表决通过《中华人民共和国出境入境管理法》,该法在普通签证中增设"人才引进"签证类别,以吸引海外优秀人才来华服务工作。

6月

国家外国专家局副局长孙照华赴美参加由思科系统公司举办的信息化与城市可持续发展培训班,培训期间孙照华访问了斯坦福大学专业发展中心。

7月

7月2日

国家外国专家局副局长孙照华在

京会见美国规划协会（APA）秘书长、国际外联部总管苏解放先生。国家外国专家局政策法规司司长韦大玮、经济技术专家司司长袁旭东等参加会见。

7月3日

2012年引进国外智力工作培训班在京开班。国家外国专家局局长张建国、副局长孙照华出席开班式并讲话。此次培训班为期8天，共有来自全国各省区市和计划单列市引智部门的46名引智工作者及国家外国专家局新入职的4名公务员参加培训。

7月3日

国家外国专家局副局长陆明应邀出席白俄罗斯大使馆举办的独立日招待会。

7月5日

国家外国专家局局长张建国在京会见来访的日本能率协会理事长中村正己一行。会见前，国家外国专家局教科文卫专家司、出国培训管理司和日本能率协会就外国专家派遣及人员出国培训进行了会谈。

7月6日

国家外国专家局副局长孙照华在京会见由市长高岛宗一郎率领的日本福冈市代表团一行。孙照华和高岛宗一郎市长分别代表双方签署了《友好交流合作备忘录》。国家外国专家局政策法规司、出国培训管理司有关人员参加了会见和签约活动。

7月9日

国家外国专家局召开2013年度部门预算编制工作布置会，国家外国专家局副局长李兵主持会议并讲话。

7月10～15日

国家外国专家局副局长陆明率团对韩国进行了友好访问。陆明一行先后访问了韩国青瓦台总统府、新村运动中央研修院、丽水女性人力开发中心等机构，并与韩国各领域专家进行了广泛而深入的交流。

7月10日

国家外国专家局副局长刘延国在京会见来访的英国48家集团秘书长、英国新洲国际集团政府与商务顾问、中国问题专家阿里斯代尔·麦启安先生一行。双方就我国公共外交人才培养及引进等问题进行交流。当天，《国际人才交流》杂志对阿里斯代尔·麦启安先生进行了专访。

7月11～12日

由国家外国专家局培训中心主办的"中国国际化人才外语考试"（BFT）首期考务工作培训班在黑龙江省哈尔滨市举办。来自全国各BFT考试机构的45名考务负责人参加了培训班。

7月12日

国家外国专家局副局长李兵会见

到访的华东师范大学校长陈群一行，双方就高校引智工作进行了深入会谈。国家外国专家局"外专千人计划"专项办公室、教科文卫专家司相关人员参加会见。

7月13日

中共中央政治局委员、中央书记处书记、中央组织部部长部李源潮在《关于第二批"外专千人计划"平台评审工作情况的报告》上批示："继续推进，注重实效。"

7月13日

2012年东北地区和内蒙古自治区引智协作会议在内蒙古包头市召开。人力资源和社会保障部副部长、国家外国专家局局长张建国，内蒙古自治区政府副主席、包头市委书记郭启俊出席会议并讲话。

此次会议总结交流"十一五"引智工作经验；探讨"十二五"引智区域合作领域及内容，积极推动内蒙古东部地区引智融入东北经济圈建设，会上还签署了省区（市）引智战略合作框架协议。

7月16～17日

国家外国专家局与武警部队后勤部在辽宁盘锦联合召开农副业生产引智成果经验交流会。国家外国专家局局长张建国、副局长孙照华出席会议并讲话。

7月17日

中国国际人才交流协会办公室设立"外专千人计划"专项办公室联络处（部），其主要职能是：组建"外专千人计划"专家联谊会，协调外国专家参加重大活动及休假事宜；负责"外专千人计划"外国专家的日常管理工作，协调解决外国专家在工作中出现的有关重大事项；根据"外专千人计划"外国专家在工薪补贴、科研经费和医疗保障方面的管理办法，负责落实相关资助并监督聘请单位实施；负责"外专千人计划"专家工作成果的汇总、评估及宣传推广等。

7月19～20日

国家外国专家局召开务虚会。国家外国专家局局长张建国，副局长李兵、孙照华、陆明、刘延国出席会议并发言。局机关各司室、直属事业单位副司级以上同志出席了会议。

7月21日

BFT中文名称变更为"中国国际化人才外语考试"后首次全国统考圆满结束，全国52个考试机构中的48个机构组织了这次考试。全国报名参加考试的考生共3875人。其中，英语初级560人、中高级3285人，日语20人，俄语9人，德语1人。

7月23日

国家外国专家局离退休干部党支

部组织老干部成立了学习组和书画组，国家外国专家局党组副书记、机关党委书记、副局长李兵出席了成立仪式并向离退休老干部们赠书《百名专家谈人才》。

7月25日

国家外国专家局局长张建国，副局长孙照华、陆明及相关司室负责同志出席由解放军总后勤部军需物资油料部主持召开的全军科技兴农工作会议。会前会议代表现场考察了济南军区基层农副业科技示范基地、寿光蔬菜博览园和博物馆、福田雷沃国际重工等。解放军总后勤部副部长孙黄田，济南军区司令员范长龙、政委杜恒岩出席会议。

7月26日

中共中央政治局委员、中央书记处书记、中央组织部部长部李源潮在《关于2012年高端外国专家项目评审工作情况的报告》上批示："起步很好，希望加大力度，扩大影响，提高质量，评估效益。"

7月26日

国家外国专家局出国培训管理司与科学技术部政策法规司签署《创新人才推进计划优秀人才出国（境）培训合作备忘录》。科学技术部副部长王志刚，国家外国专家局局长张建国、副局长孙照华出席签字仪式。

7月26日

国家外国专家局培训中心与美国市场营销协会和美国企业市场营销学会签署了战略合作协议。国家外国专家局副局长陆明及国家外国专家局培训中心主任白继迅、国务院国有资产监督管理委员会群众工作局副局长郭保民以及中国航空工业集团公司企业管理部部长刘林出席仪式。

8月

8月2日

长春市政府举行"2011年度长春友谊奖"颁奖仪式。长春市副市长苏志芳为10位"2011年度长春友谊奖"获奖者和13位"2011年度长春市优秀外国专家"获奖者颁发了奖杯、奖牌。23位获奖外国专家，以及在长春市各领域工作的外国专家代表及企、事业单位代表100余人参加了会议。

8月6~11日

由国家外国专家局和新疆维吾尔自治区政府共同发起的百名外国专家新疆行暨引智成果援疆周活动在新疆举办。来自33个国家的120余名外国经技和文教专家、外国专家组织及境外培训机构代表、部分中国政府"友谊奖"获奖专家及配偶，中国台湾地区相关专家，中国驻外使（领）馆科技外交官，科学技术部、外交部、国家发展和改革委员会、国务院研究室的代表和19个对口援疆省市代表参加活动。

新疆维吾尔自治区党委副书记、自治区政府主席努尔·白克力，人力资源和社会保障部副部长、国家外国专家局局长张建国出席启动仪式并作讲话。国家外国专家局副局长孙照华、刘延国，新疆维吾尔自治区政府副主席艾尔肯·吐尼亚孜，新疆生产建设兵团党委常委、组织部部长宋浩等参加了此次活动。

8月14日

中央机构编制委员会办公室就《关于国家外国专家局事业单位清理规范情况的报告》复函国家外国专家局，同意国家外国专家局所属事业单位机构编制保持不变。所属事业单位5个，事业编制150名，其中财政补助事业编制100名，经费自理事业编制50名。

8月20日

中共中央政治局委员、国务院副总理、重庆市委书记张德江在重庆会见了在重庆调研的国家外国专家局张建国一行。在重庆期间，国家外国专家局分别召开了高端外国专家座谈会和外国专家聘请单位工作座谈会，听取部分高端外国专家的意见建议，了解外国专家聘请单位的引智需求，并深入到重点引智单位进行调研。座谈会由国家外国专家局副局长李兵、刘延国分别主持。

8月23日

国家外国专家局局长张建国在京会见来访的国际移民组织总干事斯温先生一行。随同斯温先生一起来访的还有国际移民组织驻华联络处的利耶特先生、过凯瑞先生、丛俊先生及我国外交部有关同志。国家外国专家局副局长刘延国参加了会见。

8月23日

第11届中国国际人才交流大会支持单位筹备会在京召开。国家外国专家局副局长刘延国及国家外国专家局国外人才信息研究中心、中国国际人才交流协会有关人员出席会议，国务院国有资产监督管理委员会、中国科学院、水利部等部门作为大会支持单位也派员参加了会议。

8月24日

国家外国专家局第5期"名家系列知识讲座"在外国专家大厦举办。国防大学战略教研部副主任金一南教授以"苦难辉煌——对国家和民族命运的思索"为题为大家上了一堂生动的党史教育课。全国政协社会和法制委员会副主任、国家外国专家局原局长季允石，人力资源和社会保障部副部长、国家外国专家局局长张建国，国家外国专家局副局长李兵、陆明、刘延国及来自局机关各司室、直属单位的近百名干部职工到场接受了党史教育。

8月25日

以"创新推动中国经济转型发展"为主题的2012"千人计划"太湖峰会在江苏无锡开幕。中共中央政治局委员、中央书记处书记、中央组织部部长、中央人才工作协调小组组长李源潮出席峰会主论坛和"千人计划"座谈会并作重要讲话。李源潮指出,"千人计划"实施3年多来成果丰硕,"千人计划"专家队伍的发展速度已远超过预期,计划本身也已扩展到"千人计划"短期项目、"青年千人计划"、"外专千人计划"等多种形式。中国经济正处在转型发展的关键阶段,经济发展模式正从高消耗拉动增长转向高科技、高人才引领发展。在转型过程中,人力资源既是最稀缺资源,也是最关键的要素。他向"千人计划"专家们提出期望:一是希望"千人计划"专家成为国家经济转型发展的生力军;二是希望"千人计划"专家的创新创业紧紧围绕国家需求;三是希望"千人计划"专家积极寻求市场机遇;四是希望"千人计划"专家的创新研究能造福民生。中共江苏省委书记、省人大常委会主任罗志军在峰会主论坛上发表演讲,省委副书记、省长李学勇出席峰会。国家外国专家局局长张建国出席峰会主论坛和座谈会,并在"千人计划"座谈会上发言,介绍"外专千人计划"情况。

8月30日

由国家外国专家局主办的2012年引进国外技术、管理人才项目工作会议在福州召开。国家外国专家局副局长陆明作了主题报告。来自全国各省区市外国专家局、国务院有关部委、直属机构、集团公司引智归口管理部门的160余位代表参加了会议。会议邀请了江苏省外国专家局、辽宁荣信电力电子有限公司等7家单位分别就做好高端外国专家项目、引智服务重大项目、专家组织项目等专题做经验交流。会议期间,还进行了引智项目、财务管理、网上申报系统软件使用等业务培训。

9月

9月2日

纪念欧美同学会成立100周年,欧美同学会北京论坛暨第7届中国留学人员创新创业论坛在北京举行。国家外国专家局副局长刘延国出席会议并致辞。

9月3~4日

国家外国专家局举办2012年度保密档案及公文处理培训班。

9月6日

国家外国专家局副局长孙照华主持召开局机关各部门、直属单位随团人员派出前培训会议。

9月6~7日

第3批"外专千人计划"专家评

审会在北京举行。评审会按"环境地球科学与新能源"、"信息科学"、"工程材料"、"数理科学与化学"、"生命科学"等5个专业领域分组进行。参与评审专家共54名,其中两院院士6名,"千人计划"专家11名。国家外国专家局副局长陆明到会讲话,并为首次参加评审的评审专家颁发"国家外国专家局重点引智项目评审特聘专家"聘书。

9月6~7日

2012年国家外国专家局"两刊"、"两网"引智宣传工作会议在甘肃嘉峪关市举行。会议议题为:围绕国家外国专家局工作重点,总结过去一年的引智宣传工作,表彰2012年度引智宣传先进集体和个人,探讨新形势下引智宣传新思路,部署2013年引智宣传工作重点。国家外国专家局副局长刘延国在会上做了题为《营造外籍人才圆梦中国的良好舆论环境》的讲话,来自全国各省区辖市和计划单列市、新疆兵团及副省级城市的50多名代表参加了会议。

9月8日

2012年美国注册管理会计师（CMA）师资研修班—新纲模板培训在京举行。本次研修班由国家外国专家局培训中心与美国管理会计师协会（IMA）共同主办,CMA授权培训机构北京中博诚通国际技术培训有限责任公司协办。共有30名由各CMA授权培训机构选送或自主报名的财会人士,10余位授权培训机构代表参加了此次研修班。

9月9~11日

全国引进国外智力成果示范推广基地工作会议在山东省临沂市召开。国家外国专家局副局长陆明出席开幕式。来自农业部、总后勤部、武警部队及全国各省区市外国专家局及80余家国家引智成果示范推广基地代表共300人参加了会议。大会期间还进行了引智成果送老区活动签约仪式。太原市第二人民医院、福建省蘑菇菌种研究推广站、中国农业科学院郑州果树研究所等14家单位与临沂市有关项目单位签约。

9月10日

国家外国专家局召开创先争优活动总结大会。大会由国家外国专家局党组副书记、副局长、机关党委书记李兵主持,局党组书记、局长张建国做总结发言。局机关各部门、局直属单位全体党员干部参加了此次总结大会。

9月11日

国家外国专家局局长张建国主持召开国家外国专家局审计调查情况通报会。国家外国专家局副局长李兵、陆明、刘延国以及全局副处以上干部参加了会议。

9月12日

中德风电人才培养10周年总结大会暨2012年中德风电技术高峰论坛在北京召开。国家外国专家局局长张建国、副局长陆明出席大会。此次大会由国家外国专家局、国家能源局、工业和信息化部联合主办。陕西省外国专家局、国家发展和改革委员会能源研究所、西北工业大学承办。大会全面总结了中德双方10年来在风力发电人才培养方面所取得的成就和经验，并就两国在风力发电技术领域的合作进行了深入探讨。国家外国专家局、国家能源局、工业和信息化部，德国驻华公使、德国风电专家团，西北工业大学以及全国风电领域的院士、专家和企业代表共120多人参加大会。

9月13日

国家外国专家局副局长陆明会见来访的美国项目管理协会（PMI）董事会主席莫彼得先生、PMI组织市场副总裁柯雷格先生、PMI品牌管理副总裁莱斯利女士等一行。双方充分肯定了过去13年来所取得的成果以及所建立的互信双赢的合作关系，并表示将努力为中国的经济发展产业转型、升级提供更多先进的管理理念和方法。

9月18日

国家外国专家局批复福州市政府、福建省公务员局，同意其建立"中国福州海西引智实验区"，要求其认真组织实施《中国福州海西引智实验区建设管理方案》。

9月19日

国家外国专家局副局长陆明在京会见来访的匈牙利国家创新局局长Gyorgy Meszaros博士一行。双方就加强两国相关领域的人才交流与合作达成共识。

9月21日

由国家林业局、国家外国专家局、山东省政府主办的2012中国（昌邑）北方绿化苗木博览会、第17届中国园林花木信息交流会在昌邑市开幕。国家外国专家局副局长孙照华出席开幕式。本次博览会共设展位700个，国外7个国家的9家企业报名参展，国内24个省市自治区的800多家企业与会。

9月23日

国务院印发《关于第六批取消和调整行政审批项目的决定》，其中有两项行政审批项目涉及国家外国专家局。取消项目为："组织派遣团组和人员赴境外培训的机构资格认定"；调整项目为："专科学校聘请外国专家单位资格认可"，下放后实施机关为省级政府外国专家归口管理部门。

9月23～24日

国家外国专家局副局长陆明赴安徽出席引智促振兴——外国专家江淮行新能源专题活动。安徽省副省长黄海嵩出席活动启动仪式。参加此次活动的外国专家主要来自美国和德国，都是从事新能源研究与开发领域的资深专家。活动包括主旨演讲、专题论坛、现场交流及项目对接等内容。

9月25日

湖南省第6届"潇湘友谊奖"颁奖仪式及外国专家国庆招待会在长沙举行。湖南省政府省长徐守盛致辞并为20位获奖外国专家颁奖，常务副省长于来山宣读了获奖名单，省政协副主席王晓琴以及省引智工作联席会议成员单位负责人出席会议，来自世界各地的外国专家及其家属等300余人参加。"潇湘友谊奖"于2002年设立，每两年评选一次，在前5届先后有75位外国专家获此殊荣。

9月25日

全国BFT考试工作委员会第1次会议在北京召开。国家外国专家局副局长、全国BFT考试工作委员会主任委员孙照华出席并主持会议。来自国家外国专家局出国培训管理司、培训中心和BFT专家委员会的委员参加了会议。

9月27日

辽宁省政府举行颁奖仪式，向为辽宁经济社会发展作出突出贡献的外国专家颁发2012年"辽宁友谊奖"和"辽宁外国专家荣誉奖"。辽宁省长陈政高为获奖者颁奖并讲话。省委常委、常务副省长许卫国宣读表彰决定。"辽宁友谊奖"是我省对外国专家的最高奖励。2012年，来自美国、德国、法国、俄罗斯、英国、韩国等国家的30位外国专家荣获"辽宁友谊奖"，31位外国专家获得"辽宁外国专家荣誉奖"。

9月27日

2012年甘肃省外国专家国庆招待会在兰州举行，甘肃省委副书记、省长刘伟平出席招待会并为荣获2012年"敦煌奖"的3位外国专家颁奖。甘肃省委常委、副省长咸辉在致辞。

9月27日

"2012江苏友谊奖"颁奖大会在南京举行，来自江苏省各行业的14名外籍优秀专家，荣膺"2012江苏友谊奖"。江苏省委常委、常务副省长李云峰出席颁奖活动并发表讲话。"江苏友谊奖"是省政府授予在江苏工作的外国专家的最高奖项，迄今已有187名外国专家获此殊荣，其中30位专家还荣获中国政府"友谊奖"。

9月27日

新疆维吾尔自治区2012年"中国·天山奖"颁奖典礼暨外国专家国庆招待会在乌鲁木齐举行。新疆维吾尔自治区党委常委、自治区常务副主席黄卫向6位获奖外国专家颁发了"中国·天山奖"奖章、证书并致辞。

9月27日

武汉市政府举行国庆63周年招待会，约200位在汉外国专家、国际友人、"三资企业"外方代表、港澳台同胞、海外侨胞应邀出席。武汉市长唐良智出席招待会并为10位外国专家和国际友人颁发"黄鹤友谊奖"，表彰他们对武汉市改革开放和经济建设作出的突出贡献。自1993年武汉市设立该奖以来，迄今已有来自16个国家的129位外国专家和国际友人获此殊荣。

9月28日

2012年度中国政府"友谊奖"颁奖大会在北京人民大会堂隆重举行，国务委员兼国务院秘书长马凯向外国专家颁奖并讲话。国家外国专家局局长张建国宣读了授予50名外国专家中国政府"友谊奖"的决定。

中国政府"友谊奖"是为在经济建设和社会发展中作出突出贡献的外国专家设立的。本年度获得中国政府"友谊奖"的外国专家来自22个国家，涉及工业、农业、能源环保、教育科技、医疗卫生、文化体育等多个领域。自1991年以来，共有来自65个国家的1249名外国专家获得中国政府"友谊奖"。

中共中央组织部副部长、人力资源和社会保障部部长尹蔚民，科学技术部党组书记、副部长王志刚，国务院副秘书长肖亚庆，外交部副部长翟隽，教育部副部长郝平，财政部副部长李勇，国务院国有资产监督管理委员会副主任孟建民，中国科学院副院长张亚平，以及国家外国专家局副局长李兵、孙照华、陆明、刘延国等出席了颁奖仪式。

9月28日

2012年上海市"白玉兰荣誉奖"授奖仪式在中华艺术宫举行。上海市市长韩正分别向12位荣获"白玉兰荣誉奖"的获奖者及其代表颁授了证章和证书。上海市"白玉兰荣誉奖"是上海市政府为表彰对上海经济建设和社会发展作出突出贡献的外籍友人而设立的奖项，每年颁授一次。自1993年首次颁奖以来，共有259人获此荣誉。市委常委、副市长屠光绍出席并代表市政府致辞。市人大常委会副主任王培生出席。

9月28日

河南省省政府庆祝中华人民共和国成立63周年招待会暨2012年"黄河友谊奖"颁奖仪式在郑州黄河迎宾馆隆重举行。省委副书记、省长郭庚茂发表热情洋溢的讲话，并为国际知名世界文化遗产专家、英国伦敦大学考古遗产管理研究所名誉教授亨利·里克尔等7位海外专家颁发了2012年度"黄河友谊奖"奖牌。"黄河友谊奖"是河南省政府为表彰对河南经济发展和社会进步作出突出贡献的国际友人、外国专家、海外华侨、华人、港澳台知名人士而设立的最高荣誉奖。

自2000年起，先后有83人获得"黄河友谊奖"。

9月28日

湖北省政府将授予12位杰出的在鄂履职外国专家"编钟奖"。"编钟奖"是湖北省政府表彰外国专家的最高奖，1994年设立以来，先后有23个国家的199名专家获此殊荣。

9月29日

中共中央政治局常委、国务院总理温家宝在人民大会堂会见荣获2012年中国政府"友谊奖"的外国专家。温家宝说，积极引进国外智力和人才，是中国改革开放政策的重要组成部分。近10年来，中国引进国外智力工作成效显著：聘请外国专家数量逐年增多，服务管理水平不断提高，创新创业环境不断改善，国际合作领域日益扩大。中国引进国外智力事业已深入各行各业，不仅造福于中国人民，也为世界各国与中国的人才、智力合作交流提供了更多的机遇。我们真诚欢迎外国专家和优秀人才以各种方式参与中国的现代化建设，将一如既往地支持他们来中国创业和发展。我们将进一步完善有关政策法规，改善来华外国专家的工作条件和生活条件，依法保护外国专家的合法权益，使外国专家在中国能够发挥专长，开拓事业，实现人生理想。

国务委员兼国务院秘书长马凯、中共中央组织部副部长、人力资源和社会保障部部长尹蔚民，国务院副秘书长肖亚庆参加会见。会见活动由人力资源和社会保障部副部长、国家外国专家局局长张建国主持。国家外国专家局副局长李兵、孙照华、陆明、刘延国参加了会见。

9月29日

广西壮族自治区全区科技创新大会举行。广西壮族自治区党委书记郭声琨，广西壮族自治区党委副书记、自治区人民政府主席马飚和广西壮族自治区党委副书记危朝安等领导向获得2011年度广西自然科学奖、广西技术发明奖、广西科技进步奖、2011年度广西"金绣球奖"的代表颁奖。

10月

10月8日

国家外国专家局副局长孙照华会见到访的美国伊利诺伊大学总校副校长、伊利诺伊大学香槟校区校长 Phyllis M. Wise、伊利诺伊大学香槟校区副校长 Pradeep K. Khanna、伊利诺伊大学副校长助理 Richard J. Meisingerdeng 一行。双方还就今后进一步扩大深化人才交流合作的内容、形式等进行了广泛的交流探讨。

10月10日

《开发利用国外智力资源》征求意见会在北京召开，国家外国专家局副局长孙照华出席会议并讲话。国家外国专家局政策法规司司长韦大玮、中国国际人才交流协会办公室主任刘永志及来自国务院部分部委和省区市外国专家局的近20位代表参加了会议。

10月10～19日

国家外国专家局副局长陆明率团访问波兰、瑞士。访问期间，陆明一行拜访了中国驻波兰、瑞士两国使馆，听取其对国家外国专家局引进海外人才特别是高层次外国专家工作的意见和建议；拜访了波兰工程师协会、华沙理工大学、克拉科夫市政府、瑞士马利克管理中心、瑞士工程科学院、瑞士华人科技协会等机构和人才组织，了解对方在相关领域的高层次专家资源，探讨建立适合双方国情的人才交流合作机制。

10月10日

沈阳机床（集团）有限责任公司葛兴福等10位外国专家荣获2012年度沈阳"玫瑰奖"。沈阳市市长陈海波会见获奖专家，并为他们颁发获奖证书。沈阳市委常委、常务副市长顾春明参加了活动。

10月11日

浙江省政府举行2012年浙江省外国专家"西湖友谊奖"颁奖大会，授予威廉·马克等30名外国专家"西湖友谊奖"，浙江省副省长陈加元出席大会并为获奖专家颁发奖章和证书，省人力资源和社会保障厅厅长吴顺江主持颁奖大会。"西湖友谊奖"是浙江省政府授予在浙外国专家的最高荣誉奖项，自1997年设立"西湖友谊奖"以来，已有469位专家获此殊荣。

10月12日

2012高校领导海外培训项目在北京外国专家大厦举行开班典礼。国家外国专家局副局长孙照华出席开班仪式并讲话。本期培训团是第4期"高校领导海外培训项目"的第1批，包括赴美国、瑞典两个团组，共有45名高校领导及相关人员参加。预培训期间，基金会特别邀请前驻法国大使、国际展览局名誉主席吴建民就我国国际关系等问题作了精彩报告。北京理工大学校长胡海岩与前驻瑞典使馆教育处外交官李旭东分别向团组介绍了所前往国家的教育概况、培训情况等，并与参团学员交流了心得体会。

10月15～26日

国家外国专家局副局长孙照华率团访问南非、沙特和英国。在英国期间，代表团一行访问了剑桥大学、华威大学、牛津大学、捷豹路虎汽车设计研发中心，与英国国会上议院议员巴特查亚爵士进行了两次会谈，参观了英国国会两院，召开了英国培训渠道工作座谈会，与我国驻英国大使馆公使衔科技参赞进行了工作交流。

在南非期间，代表团详细考察了比勒陀利亚大学，与南非动物科学协会主席、比勒陀利亚大学自然与农业科学院院长爱德华教授，及获得2009年中国政府"友谊奖"获奖专家范尼卡教授等会谈。

在沙特期间，代表团与沙特国家石油公司培训总监马沙尔先生、培训中心专家沙瓦夫等进行了座谈交流。

10月16日

国家外国专家局局长张建国在京会见了来访的美国天普大学常务副校长戴海龙一行。国家外国专家局政策法规司、教科文卫专家司、出国培训管理司有关人员参加了会见。

10月18日

"中国福州海西引智试验区"揭牌仪式在福州市举行。人力资源和社会保障部副部长、国家外国专家局局长张建国，福建省委常委、福州市委书记杨岳和福州市市长杨益民等出席仪式，共同为"中国福州海西引智试验区"、"福州市外国人工作管理局"揭牌。张建国、陈荣凯及杨益民分别在揭牌仪式上致辞。

在福州期间，张建国还出席了可持续与创新桥梁福建省高校工程研究中心揭牌暨高端外国专家团队签约仪式，并与陈荣凯共同为工程研究中心揭牌。

10月24日

江西省政府在南昌举行2012年度"庐山友谊奖"颁奖仪式，向为江西经济社会发展作出突出贡献的15名外国专家颁发"庐山友谊奖"。江西省省长鹿心社为获奖外国专家颁奖并讲话。省委常委、常务副省长凌成兴宣读省政府授奖决定。"庐山友谊奖"是江西省政府授予来赣工作外国专家的最高荣誉奖项，至今已有297名外国专家获此殊荣。

10月25日

全国外国文教专家管理工作会议在安徽省合肥市召开。人力资源和社会保障部副部长、国家外国专家局局长张建国，安徽省委常委、副省长陈树隆出席会议并讲话。来自全国各省区市外国专家局的代表共160余人参加会议。大会还对10个省市外国文教管理工作先进单位进行了表彰。

10月27日

由国家外国专家局国外人才信息研究中心主办的2012外籍人才招聘会（北京）举行。参加本届招聘会共有60余家用人单位设展招聘，提供了1000余个招聘职位。截至招聘会结束时，前来应聘的外籍人才达1200余人。

10月29日

国家外国专家局复函中共中央编译局，同意其开展出国（境）培训工作。

10月29日

由天津市人力资源和社会保障局、

市外国专家局及《今晚报》社主办的首届"洋眼看天津"摄影比赛举行颁奖典礼。"洋眼看天津"摄影比赛自7月初启动以来,在近4个月的时间里,共有1427名外籍人士提交摄影作品近4000幅;7万多人关注和参与,网络投票106万张,在社会上产生积极广泛的影响。

10月30日

"中国蓝色经济引智试验区"揭牌仪式在山东省日照市举行。人力资源和社会保障部副部长、国家外国专家局局长张建国,山东省政府副省长孙绍骋,日照市委书记杨军等出席仪式,共同为"中国蓝色经济引智试验区"揭牌。张建国、孙绍骋、杨军分别在揭牌仪式上致辞。

10月30日

国家外国专家局副局长孙照华会见到访的美国洛杉矶加州大学管理学院副院长Kelly D. Bean一行。双方就进一步加强人才交流合作交换意见。国家外国专家局出国培训管理司司长崔长征等有关人员参加会见活动。

10月31日

由国家外国专家局工会组织发起的"健康之行 始于足下"万步走活动在国家外国专家局鸣锣开走。来自全局各司室及直属单位的12支队伍将用90天时间角逐团体冠军,全局参赛干部职工也将决出个人冠军。

10月31日

国家外国专家局副局长陆明会见陕西省外国专家局副局长李晓东、杨凌农业高新技术产业示范区管委会副书记周耀生一行,听取他们关于2012年国际农业合作周筹备情况。

11月

11月1日

国家外国专家局向中共中央组织部海外高层次人才引进工作专项办公室汇报关于第3批"外专千人计划"平台评审情况。截至2012年9月3日,国家外国专家局共收到第3批"外专千人计划"申报人选162名,申报单位来自29个地方和部门。提交专家评审的共113名。

11月3日

高校领导海外培训项目赴美国、瑞典校长培训团于2012年10月14日至11月3日圆满完成了海外培训任务,并于2012年11月3日下午,在北京外国专家大厦举行了回国总结会。国家外国专家局副局长陆明、中国国际人才交流基金会主任王海洋等出席了回国总结会。赴美国校长培训团团长、北京大学常务副校长吴志攀,赴瑞典校长培训团团长、中国政法大学校长黄进分别代表全团作了总结报告。

11月5日

国家外国专家局和工业和信息化部签订《引进国外智力加快推进工业转型升级合作框架协议书》。工业和信息化部部长苗圩、国家外国专家局局长张建国分别代表双方在协议书上签字并发表重要讲话。工业和信息化部副部长刘利华主持了签字仪式，国家外国专家局副局长孙照华介绍了协议起草情况。

11月5日

山东省政府在济南举行仪式，授予来自法国、意大利、美国、俄罗斯等16个国家的24名外国专家2012年度"齐鲁友谊奖"荣誉称号。国家外国专家局副局长陆明、山东副省长孙绍骋到会讲话并为获奖专家颁发了奖章和证书。据统计，每年在山东工作的外国专家达1.7万人次。山东省政府从1993年开始设立"齐鲁友谊奖"表彰对山东经济社会发展作出突出贡献的外国专家，至今已有367名外国专家获此荣誉。

11月6日

国家外国专家局出国培训管理司与国务院国有资产监督管理委员会外事局签订《中央企业国际化高层次人才出国（境）培训合作备忘录》。国务院国有资产监督管理委员会副主任黄淑和、国家外国专家局副局长孙照华出席签字仪式并讲话。国家外国专家局出国培训管理司司长崔长征和国务院国有资产监督管理委员会外事局局长陆志军分别代表双方在备忘录上签字。国务院国有资产监督管理委员会副秘书长阎晓峰主持了签字仪式。

11月7日

国家外国专家局副局长陆明出席中加以农业科技创新合作第5次圆桌会议，并代表国家外国专家局致辞。陕西省副省长祝列克、加拿大国际科学与技术合作中心主席亨利·罗斯切尔德等出席会议并发言。会上还宣布了中加以农业科技创新合作项目的征集结果，同时签署了《共建中加以农业创新孵化平台合作协议》。

11月13日

国家外国专家局复函中国文学艺术界联合会，同意其设立出国（境）培训账户。

11月13日

国家外国专家局复函中国社会科学院，同意其设立引进国外智力专项账户。

11月16日

国家外国专家局副局长刘延国在京为法国专家若埃尔·博卡特和瑞典专家拉斯·奥尔夫·彼昂补授2012年度中国政府"友谊奖"。

若埃尔·博卡特，法国专家，国际神经科学和分子药学权威，法国科学院院士。2005年来华参与筹建华中科技大学中法联合药物筛选及研发中心，并担任主任。

拉斯·奥尔夫·彼昂，瑞典专家，国际著名生态学家和光生物学家、瑞典皇家科学院院士、诺贝尔化学奖和物理学奖评委、联合国环境规划署臭氧层和全球变化研究委员会首席顾问，现任华南师范大学客座教授。

11月19日

国家外国专家局副局长孙照华会见到访的法国法兰西商学院校长穆雷一行，双方就开展境外培训合作进行了交流。

11月20日

由科学技术部、农业部、国家外国专家局和陕西省政府共同举办的2012杨凌国际合作周开幕式暨现代农业高端论坛在杨凌国际会展中心举行。全国政协副主席、科学技术部部长万钢出席开幕式，为杨凌国家现代农业国际创新园授牌，并发表主旨演讲。人力资源和社会保障部副部长、国家外国专家局局长张建国，埃及水利与灌溉部部长穆罕默德·萨阿德，奥地利驻华大使艾琳娜，新西兰国家农展会首席执行官乔恩·考尔德等分别发表演讲。出席开幕式及论坛的还有陕西省委副书记、省长赵正永，科学技术部副部长张来武，国家外国专家局副局长陆明以及教育部、水利部等有关部门负责人，加拿大、新西兰、韩国、以色列等国的专家学者，以及企业界代表等共1000余人。

在陕西期间，张建国、陆明还到西安交通大学等单位进行调研。

11月20～21日

国家外国专家局出国培训管理司在京举行出国（境）培训管理暨持证上岗工作培训会议。来自全国47个省区市外国专家局及中国国际人才交流协会有关部门的77名代表参加会议。国家外国专家局副局长孙照华出席开幕式并讲话。在两天培训中，国家外国专家局出国培训管理司、财务司、中国国际人才交流协会办公室、国外人才信息研究中心等部门有关领导和同志分别就相关的业务知识进行授课。21日下午，63名学员参加了闭卷考试，其中60人通过考试合格，第一批获得了出国（境）培训项目材料审核工作持证上岗资格。

11月22日

国家外国专家局与中国农业科学院签订《关于引进国外智力为农业科技发展服务行动计划》。人力资源和社会保障部副部长、国家外国专家局局长张建国和农业部副部长、中国农业科学院院长李家洋分别代表双方签字。经双方协商，2012—2015年间国家外国专家局将重点支持中国农业科学院在重点科研领域的引智工作，通过启动"创新型人才建设工程"、"国际顾问选聘"、开展"引智促科研"系列专题活动等，共同促进农业科技创新人才的培养和引智成果的推广和转化，为世界一流农业科研院所建设目标的实现提供有力支持。国家外国专家局副局长陆明，中国农业科学院副院长王韧、国家外国专家局各司室，中国农业科学院部分局、研究所的有关同志出席签字仪式。

11月23日

国家外国专家局复函中国电子信息产业集团公司，同意其设立引进国外智力专项账户。

11月26日

国家外国专家局国外人才信息研究中心与重庆维普资讯有限公司签订《中文科技期刊数据库收录合作协议》。

11月26～27日

2012年国际职业资格认证项目特许机构年会在珠海召开，此次会议由国家外国专家局培训中心主办，项目管理协会（PMI中国）、美国管理会计师协会（IMA中国）等协办。共有来自各地国际职业资格认证项目的85家推广机构派出代表参加此次会议。

11月28日

国家外国专家局办公室印发《关于开展全国外国专家管理机构、人员情况调查的通知》。

12月

12月1日

2012年第4次BFT考试圆满结束，全国共有40个考试机构组织了此次考试。至此，2012年4次BFT考试已顺利完成，全年考试总人数13574人。其中，1月考试人数为4639人，4月考试人数为2172人，7月考试人数为3875人，12月考试人数为2528人，临时考试人数为360人。

12月2日

美国管理会计师协会（IMA）与国家外国专家局培训中心在京联合举行美国注册管理会计师资格认证（CMA认证）中文项目合作第2轮签约仪式。国家外国专家局培训中心白继迅主任和IMA总裁兼首席执行官Jeff Thomson先生分别代表各自单位在合作协议上签字。中国注册会计师协会原秘书长丁平准先生、IMA国际发展副总裁Jim Gurowka先生等出席签约仪式。

12月3日

国家外国专家局副局长刘延国会见以色列新任驻华大使马腾一行，双方就在现有合作领域的基础上拓展更多的交流项目进行探讨。以色列外交部国际合作中心（MASHAV）和中国国际人才交流协会20年来开展了紧密而富有成效的合作。

12月4日

国家外国专家局局长张建国从11月25日至12月4日率团访问法国、意大利。代表团出访期间分别访问了法国内政部、专家组织法国退休人员协会（AGI Rabcd）、法国专家义务咨询协会（ECTI）、西巴黎南戴尔拉德芳斯大学、巴黎市警察署和德莫斯（DE-MOS）培训集团以及意大利政府大学科研部、LUISS大学和Formez行政学院总部等。

12月4日

国家外国专家局副局长孙照华会见到访的美国Graduate School USA 国际学院院长David Simpson 一行。2011年国家外国专家局认定该学院为境外培训机构，David Simpson院长向国家外国专家局介绍了一年来承接中国培训团组的情况，表示愿意加强合作，按照国家外国专家局的要求做好培训工作。

12月4日

国家外国专家局副局长孙照华会见到访的美国加州州立理工大学波莫纳分校延展教育学院院长霍华·艾文斯一行。双方就进一步加强境外培训合作进行了交流。

12月4日

国家外国专家局直属机关党委、局团委组织团员青年参观了北京市规划展览馆。

12月5日

中共中央总书记习近平在人民大会堂同在华工作的外国专家代表亲切座谈。来自16个国家的20位外国专家参加了座谈。

在听取专家们发言后，习近平发表讲话。习近平说，我们的事业是得到世界人民支持的事业。要实现我们的奋斗目标，根本要靠中国人民艰苦奋斗，同时也需要世界各国人民理解和支持。在中国革命的峥嵘岁月里，白求恩、斯诺、柯棣华等国际友人为中国人民解放事业作出了重要贡献，有的甚至献出了宝贵生命。中华人民共和国成立后，大批外国专家投身中国建设事业，为中国各方面建设作出了积极贡献。中国改革开放事业取得的巨大成就，外国专家们功不可没。"国之交在于民相亲。"国与国友好的基础是否扎实，关键在于人民友谊是否深厚。包括外国专家在内的国际友人，对促进中外交流合作发挥着重要桥梁和纽带作用。

习近平说，我们的事业是向世界开放学习的事业。关起门来搞建设不可能成功。我们要坚持对外开放的基本国策不动摇，不封闭、不僵化，打开大门搞建设、办事业。"满招损，谦受益。"中国已经取得举世瞩目的发展成就。但我国仍是一个发展中国家，仍然面临一系列严峻挑战，还有许多需要面对和解决的问题。我们既不妄自菲薄，也不妄自尊大，更加注重学习吸收世界各国人民创造的优秀文明成果，同世界各国相互借鉴、取长补短。我们欢迎外国专家和优秀人才以各种方式参与中国现代化建设，一如既往支持大家来中国创业和发展。

习近平说，我们的事业是同世界各国合作共赢的事业。国际社会日益成为一个你中有我、我中有你的命运共同体。面对世界经济的复杂形势和全球性问题，任何国家都不可能独善其身、一枝独秀，这就要求各国同舟共济、和衷共济，在追求本国利益时兼顾他国合理关切，在谋求本国发展中促进各国共同发展，建立更加平等均衡的新型全球发展伙伴关系，增进人类共同利益，共同建设一个更加美好的地球家园。中国走的是和平发展道路，中国的发展不是自私自利、损人利己、我赢你输的发展，对他国、对世界绝不是挑战和威胁。中国决不会称霸，决不搞扩张。中国越发展，对世界和平与发展就越有利。中国不仅是合作共赢的积极倡导者，更是合作共赢的切实践行者。中国扎实推进同各国的务实合作，坚持向发展中国家提供力所能及的帮助。

最后，习近平向外国专家致以新年祝福，表示我们不会忘记外国专家为中国发展进步所作的贡献和对中国人民的情谊。我们将继续创造条件，让大家在中国工作生活得更舒心、更安心。今后我们愿以各种形式继续同大家进行交流。

马凯、赵乐际、栗战书、戴秉国、张志军、谢旭人、尹蔚民、王志刚、肖亚庆、孙志刚、杜占元、张昆生，以及国家外国专家局张建国、孙照华、陆明、刘延国等参加了上述活动。

12月7日

大连市政府印发《关于授予托尼·贝洛等25名外国专家2012年"星海友谊奖"的决定》（大政发〔2012〕56号）。

12月8日

由国家外国专家局经济技术专家司和湖南省外国专家局联合组织的外国专家组织项目洽谈会在湖南长沙举行。来自美国、德国等23个外国专家组织的29名代表以及湖南各地市外国专家局负责同志和企事业单位负责人200余人参加会议。洽谈会上，湖南省的165个项目单位带来了300个合作项目，涉及装备制造、新能源、生物医药、现代农业等领域，最终186个项目初步达成合作意向。国家外国专家局副局长陆明出席洽谈会开幕式。洽谈会期间，国家外国专家局召开了"外国专家组织工作会议"，陆明出席会议并向法国专家咨询协会（ECTI）等外国专家组织代表颁发了《外国专家来华服务证明》，经济技术专家司向专家组织通报了2012年外国专家组织工作情况并对下一步工作做了介绍。

12月10日

国家外国专家局在京举办在华外

国专家座谈会，来自9个国家的15名外国专家参会。到场外国专家高度评价习近平总书记12月5日同外国专家代表座谈时的重要讲话，一致认为中国领导人与在华工作的外国专家代表座谈体现了中国的开放、透明，也激励在华外国专家进一步为中国的发展贡献力量。外国专家针对各自工作领域纷纷为中国发展建言献策，就促进中国学术研究产业化、对外传播等话题进行了交流。

12月10～11日

第11届中国国际人才交流大会在深圳举行。中组部副部长、人力资源和社会保障部部长尹蔚民，人力资源和社会保障部副部长、国家外国专家局局长张建国，水利部副部长李国英，国务院国有资产监督管理委员会副主任黄淑和，安徽省委常委、合肥市委书记吴存荣，广东省委常委、深圳市委书记王荣，广东省常务副省长肖志恒，深圳市市长许勤等领导出席大会。国家外国专家局副局长孙照华、陆明、刘延国，深圳市领导戴北方、张思平、唐杰等参加了相关活动。

本届大会包括展览洽谈、深圳论坛、专业会议、高端招聘四大部分，共十大展区，大会展览面积6万平方米，展位总数2400多个，涵盖了人才领域的各个环节。通过新增留学生专馆和设立高技能人才专馆，首次引入全球企业商学院联展，首次增加水利部、国务院国有资产监督管理委员会、中国科学院作为合作单位参会，专门设立深圳论坛专家咨询委员会，大幅增加国际化元素。共有来自70多个国家和地区的3000多家海外专业组织、培训机构、高等院校、人才中介和科技企业等参与。海外代表2000多人，全国各省市人力资源、外专系统、引智企业代表7000多人参会。大会期间共举办了38场签约、推介活动，召开了60多个专题和业务会议。从12月10日至11日，参加展览洽谈、深圳论坛和高端招聘和其他活动的总人数超过10万人次。

大会期间举行了首批"外专千人计划"颁证仪式，42名"外专千人计划"专家代表出席了颁证仪式。国家外国专家局向新认定的15家与我国开展国际人才交流活动资格的国（境）外机构颁发了资格证书，截至目前共认定374家国（境）外机构具有在中国开展国际人才交流活动的资格，其中专家机构80家，培训机构294家；在引进外国专家和派出培训等国际人才智力交流领域，共签约或达成合作意向1390余项，其中引进外国专家1090项，派出培训300余项。据不完全统计，各省市与专业组织、培训机构达成的引智项目合作意向达1800多项。

12月10日

国家外国专家局在深圳召开"外专千人计划"座谈会。国家外国专家局局长张建国、副局长刘延国，国家外国专家局办公室、经济技术专家司、教科文卫专家司有关同志以及42位外国专家出席会议，共同商讨设立外国专家咨询委员会，健全外国专家建言机制。

12月10日

作为第11届中国国际人才交流大会重要活动之一的合芜蚌自主创新综合试验区·合肥经济圈招才引智招商引资推介会及展览展示等活动在深圳举行。国家外国专家局局长张建国、深圳市副市长唐杰等领导出席推介会并致辞。中共安徽省委常委、合肥市委书记吴存荣，国家外国专家局副局长孙照华及合肥市与合芜蚌自主创新综合试验区6市主要领导出席。

12月10日

作为中国国际人才交流大会分会之一的项目管理·深圳论坛在深圳举行。国家外国专家局副局长刘延国出席论坛并致辞，项目管理协会（PMI）组织业务副总裁Craig Killough先生、PMI国际专案管理学会台湾分会理事长傅旭昇博士等嘉宾登台演讲。国家外国专家局培训中心、PMI（中国）有关人员和来自深圳各行各业的340余名PMP出席本次论坛。

12月11日

陕西省政府印发《关于授予郑喆坤等8名外国专家2012年度"三秦友谊奖"的决定》（陕政函〔2012〕224号）。

12月12～16日

中国国际人才交流基金会在成都召开2012年国家软件与集成电路人才国际培训基地工作会议，国家外国专家局副局长陆明出席会议并讲话。

12月17日

宁夏回族自治区政府在银川举行在宁外国专家新年招待会及第5届"六盘山友谊奖"颁奖大会。宁夏回族自治区领导刘慧、傅兴国、张小素、袁汉民出席招待会并为获奖外国专家颁发获奖证书和奖金。

12月20日

天津市外国专家局、市社保中心共同研究开发的天津市《在津外国专家社会保险信息系统》在中国（天津）人力资源发展促进中心"海外人才之家"正式开通启用。

12月25日

《山东半岛蓝色经济引智示范区战略合作框架协议》在青岛签订。国家外国专家局局长张建国、副局长陆明，山东省人力资源和社会保障厅厅长韩金峰出席签约仪式并致辞。山东省人力资源和社会保障厅副厅长黄麟英代表省外国专家局与青岛市人力资源和社会保障局、青岛西海岸经济新区管委会有关代表共同签署了协议。

12月26日

国家外国专家局在北京全国政协

礼堂为在京外国专家举行了国家外国专家局2013新年音乐会。国家外国专家局局长张建国及近千名中外嘉宾共同欣赏了由中国歌剧舞剧院倾情奉献的精彩演出。国家外国专家局副局长刘延国出席音乐会并致辞。

12月27~28日

国家外国专家局在北京召开年终务虚会。会议主要内容是围绕学习贯彻党的十八大会议精神，认真总结2012年引智工作，研究进一步落实《国家引进国外智力"十二五"规划》，部署2013年引智工作的主要任务，讨论全国引智工作会议报告等。国家外国专家局局长张建国，副局长孙照华、陆明、刘延国出席会议并发言。局机关各司室、直属事业单位副司级以上同志出席了会议。

12月28日

《宁夏引进国外智力"十二五"规划》由宁夏回族自治区政府办公厅颁布。

12月31日

根据《国家引进国外智力成果示范推广基地和国家引进国外智力示范单位管理办法》的有关规定，国家外国专家局对2012年申报国家引进国外智力成果示范推广基地和国家引进国外智力示范单位的单位进行了评审，决定命名河北天和肉牛养殖有限公司等12家单位为国家引进国外智力成果示范推广基地，首都医科大学附属安定医院等17家单位为国家引进国外智力示范单位。2012年命名的示范单位，命名中不再包括具体项目名称。以上命名有效期为2012年12月至2017年11月。

附 录

中国引进国外智力年鉴·2013卷

第十二编

国家外国专家局机构设置及人员名录

国家外国专家局主要职责

拟订引进国外智力规划和政策，起草相关法律法规草案，制定引进国外智力管理办法，并监督实施。

负责国家专项经费资助的重点外国专家聘请计划审批，组织实施国家重点聘请外国专家规划。

编报引进国外智力专项经费预算，对经费使用进行监督检查。协助处理引进国外智力中的重大事件。

负责相关国际交流与合作工作，建立引进国外智力服务体系，规范引进国外智力中介组织，负责引进国外智力信息管理工作。组织协调与港澳台专家交流事宜。

负责出国（境）培训年度计划管理，负责国家专项经费资助的出国（境）培训项目审批和其他培训项目审核，组织实施重点出国（境）培训项目。

承办国务院及人力资源和社会保障部交办的其他事项。

国家外国专家局领导成员：

局　长：张建国

副局长：李　兵（2012年10月调任国有重点大型企业监事会主席）

　　　　孙照华

　　　　陆　明

　　　　刘延国

办公室(人事司、财务司)

主要职能：负责机关文电、会务、机要、档案、财务、后勤、安全保密和信访工作；编报引智专项经费预算；承担机关及直属单位的人事管理和机构编制工作；承担机关党委的日常工作；配合有关部门负责外国专家的安全保卫工作。

人员名录：
主　任：夏鸣九
副主任：聂　飙
　　　　邓永辉　冯立民
副巡视员：李保福
秘书处：
副处长：史麦男　张宝义
机要秘书：炊海春（副处级）
调研员：李丽华
副调研员：郭学民
　　　　高东岳　张　建　孙　宁
　　　　苏　鹏　魏启凤　吴宝玉
人事处：
处　长（兼）：李保福
副处长：崔龙飞
　　　　焦　椒
计划财务处：
处　长：张　燕
调研员：罗小容
　　　　许　冰　牛　恒　秦红娥
　　　　曹丹婷　牛秀梅　付桂存
综合处：
处　长：王月东
调研员：张志强
党群处：
处　长：潘慧玲
　　　　黄　艳　陈淑凤

政策法规司(国际合作司、港澳台办公室)

主要职能:拟定引进国外智力规划和政策,起草相关法律法规草案和重要文件;承办相关国际交流与合作事宜;承担引进国外智力信息管理和新闻发布工作;承办中国政府"友谊奖"等对外国专家的奖励事宜;协助办理引进国外智力重大事件工作;组织协调与港澳台专家交流事宜。

人员名录:
司　长:韦大玮
副司长:高　翔　黄立金　陈宁宁
副巡视员:李　蓓
礼宾处:
处　长:沈艳杰　陈　宇　宗　炎
新闻处:
副处长:蒋　慧
副调研员:何云洁
法规处:张　卉　壮晓舒　高　皓

经济技术专家司

主要职能：拟订经济技术管理领域外国专家管理办法；承担经济技术管理领域国家专项经费资助的重点外国专家聘请计划审核报批；组织实施经济技术管理领域的国家重点聘请外国专家规划。

人员名录：
司　　长：袁旭东
巡视员：王　营
副司长：易凡平
副巡视员：张　菊
管理处：
处　　长：彭浩
调研员：陈　杨
　　　　张凤荣　赵丞拯
计划处：
处　　长：梁沈平
副调研员：钟　震　金　红
项目处：
调研员：王鼎明
　　　　张　田

教科文卫专家司

主要职能：拟订教科文卫领域外国专家管理办法；承担教科文卫领域国家专项经费资助的重点外国专家聘请计划审核报批；组织实施教科文卫领域的国家重点聘请外国专家规划。

人员名录：
司　长：夏　兵
副司长：雷风云
副巡视员：穆洁林

管理处：
处　长：熊德义
调研员：魏　玲
计划处：
处　长：王　嵩
　　　　黄芙蓉　刘铭辉
交流处：
处　长：李　莉
调研员：逯一光　李　耀
副调研员：秦　梅

出国培训管理司

主要职能：贯彻执行有关出国（境）培训的政策法规，制定相应的管理制度和实施办法；审批国家资助的重点出国（境）培训人员，审核部门与地方出资的出国（境）培训计划，备案管理随合同出国（境）的培训项目，总体调节国（境）外培训地点的合理布局；联系重点培训渠道和培训组织，对承办培训业务的机构进行资格认可；指导和监督培训人员的国（境）外管理，查处出国（境）培训中的违纪行为；组织有关出国（境）培训的分析、总结及成果交流推广。

人员名录：
司　　长：崔长征
副 司 长：刘燕朝　李跃民
副巡视员：翟　虹
管理处：
处　　长：邝马华
调研员：张　冬
　　　　王　斌　宋　丽
计划处：
处　　长：姜　鸿
　　　　张欣欣　骆　慧
成果处：
处　　长：石　磊
　　　　曲志伟

机关党委

主要职能： 负责机关和直属单位的党群工作。

人员名录：
专职副书记、纪委书记： 彭启明

离退休干部办公室

主要职能：负责机关离退休干部工作，指导直属单位的离退休干部工作。

人员名录：
主　任：苏光明
综合处：
副处长：王　建
调研员：展小晔　李建光
　　　　丁云生　蔡静松　王秀芝
　　　　田立春　梁书兰　卢竹英
宣传处：
副处长：李　琦

第十三编

国家外国专家局直属事业单位简介及人员名录

机关服务中心

主要业务：负责各种会议的会务工作和国外来访团组的接待，承办外国专家的旅游、休假的接待工作及外国专家一般节假日的活动，受业务司室委托印制、发放"外国专家邀请函"、承办"外国专家证"、"培训研修证"；局机关所属房产、地产的管理，各种礼品的管理发放工作，管理人防和计划生育及卫生、义务献血工作，负责交通安全、环境秩序管理、绿化、捐献赈灾等社会事务性工作，局系统的安全、治安保卫、消防及来华外国专家的安全保卫的具体工作，负责机关大院内办公楼、会议楼的管理及维修；通讯设备的维护，职工宿舍、集体宿舍的管理和日常维修工作，负责局机关的职工福利工作，创建和发展已有的经济实体，为深化后勤改革创造必要的物质条件，建立引智服务系统网络，提供一条龙服务，增强后勤保障能力，建立引智服务系统网络，提高服务质量，承办两岸人才交流工作的具体接待事宜，受局机关委托负责局系统人员的护照和签证工作，承办局机关交办的其他事项。

人员名录：
主　任：柳忠三
副主任：刘亚辉　季　嘉
综合处：
处　长：林乐军
康俊岭（副处级）
史　伟
财务处：
处　长：向　荣
刘玉玲　王树玖　丛培媛
行政处：
副处长：唐振声
外事处：
副处长：渠宝全
吕　昕
国智物业：
总经理：杨国刚
友谊民航机票代理处：
经　理：任升忠
车　队：张　彬　闫金保
吴　实　李心明　万泽江
周景国　齐艳辉　辛　伟
龙　全　尚　锋　赵立建
周德红
外国专家大厦：李　江

中国国际人才交流协会

中国国际人才交流协会（参照公务员管理单位）是经中国政府批准的全国性的专门从事国际人才交流的公共服务机构，受国家外国专家局直接指导。

主　席：张劲夫（前国务委员）

副主席兼秘书长：张建国（国家外国专家局局长）

宗旨：通过国际间人才交流活动，促进中国同世界各国在工业、农业、财经、科技、教育、卫生、文化、社会等领域的交流与合作。

主要业务：聘请各类外国专家来华工作，组织外国友人到中国考察、培训、实习；实施针对中国政府公务员及企事业单位管理人员与专业技术人员的境内外培训项目；组织国际研讨、交流活动；为中外企业之间的技术项目转让、经贸合作提供中介服务等。

国际合作：与全球50多个国家和地区的有关政府部门、科研院校和社会团体建立联系与合作。

地方分支机构：全国各省、自治区、直辖市国际人才交流协会。

驻外机构：12个国（境）外办事机构。

办事机构：中国国际人才交流协会办公室，下设行政财务部、驻外机构管理部、亚非部、欧洲部、美大部、综合管理部、外专千人计划专项办公室联络处，主办企业有中国对外人才开发咨询公司（中国国际人才市场）。

中国国际人才交流协会办公室人员名录：

主　任：刘永志

副主任：徐皓庆　白　鸥　熊治学

行政财务部：

部　长：石冰河

调研员：赵颖慧　刘　刚　孙　霞　刘淑君　郎德忠　程　超　李　艳　刘美英

驻外机构管理部：

部　长：杨军科

调研员：赵　平

副调研员：王劲东　张一鸣

亚非部：

部　长：张小礼

副调研员：李　学　张　跃　卜　齐　石敏泉

欧洲部：

部　长：岳萍萍　蔡　锐　陈晓蕾

美大部：
部　长：柳京姬
　　　　王　佳　胡又青　安红雨
综合管理部：
部　长：耿军武

　　　　鄂劲松　赵　璇
副调研员：王　静
专项办联络部：
副部长：曾　超
　　　　苏　妍

中国国际人才交流基金会

中国国际人才交流基金会是中国政府批准成立，为促进国际人才交流与合作提供基金支持和相关服务的非盈利机构，受国家外国专家局的管理和指导。

基金来源：政府拨款和社会捐赠。

基金名称：中国国际人才交流基金、国家软件与集成电路引进国外智力专项、高校领导海外培训专项、美中国际人才交流基金、海外高层次人才交流基金—社会管理专项以及中国新兴产业国际人才发展基金等。

宗旨：支持和推动中国各级政府、企业、研发机构、大专院校和社会组织开展国际人才交流与合作。

主要业务：筹集、管理与运作国际人才交流基金和各种专项基金；聘请国（境）外专家来华工作；组织国内人员境内外培训；支持高新技术产业的研究与开发；提供国际人才交流相关咨询服务等。

执行机构：中国国际人才交流基金会办公室。

人员名录：

主　任：王海洋
副主任：高鹏飞　张映霞

综合部：
部　长：胡　东
副部长：黄　林
吴志秋　邓小兵　朱离江
陈　隽

资金部：
副部长：王巧华
郭淑梅　李　霞

项目开发部：
部　长：王立社
杨冬伟　孟　丽　徐　阳
李芙蓉　夏龙河

信息技术项目部：
副部长：谢会萍
郭树林　林　瑶

国家外国专家局培训中心

国家外国专家局培训中心是国家外国专家局直属事业单位。

主要业务：通过聘请外国专家，派员出国（境）培训，引进并推广国外先进、适用和成熟的职业资格认证及其知识体系，组织或参与中国国际化人才外语考试（BFT）、全国专业技术人员职称外语等级考试、全国翻译专业资格（水平）考试，开展农业引进国外智力成果推广，为我国培养大批国际化、高科技、复合型人才。

人员名录：
主　任： 白继迅
副主任： 陶　杨　王香荣
综合部：
部　长： 吕文宁
副部长： 武　欣
武　珺　张岩磊　胡　凌
李　洋
培训部：
部　长： 樊东涛
陈春华　陈　杰
考试部：
部　长： 吴建新
徐　源　朱锦立　董　鑫
梁　红　汤奕荣
项目部：
部　长： 邹　力
田　伦　侯冠杰　唐莉萍
项目二部：
部　长： 李　宁
刘文竹　宿雅静　寇　鑫
资源成果部：
部　长： 韩　凛
白　雪　于　佳　王升钰
侯常女

国家外国专家局国外人才信息研究中心

主要业务：全国引进国外智力信息的采集、研究、发布、利用；国家外国专家局电子政务建设；海外高层次紧缺型人才库、引智项目库、引智成果库、引智电子政务、外国专家测评等系统的建设；推进行政许可办理以及外国专家管理工作的网络化；发布国际人才供需信息，服务社会引智需求，为国际人才交流搭建信息平台；引智方针、政策及重大活动、重要成果、典型经验等的宣传报道。

工作机构：综合部财务部、信息部、《国际人才交流》编辑部、《专家工作通讯》编辑部、中国国际人才交流与开发研究会秘书处。

中国国际人才交流与开发研究会是我国从事国际人才交流与开发的理论研究与实际工作者、社会各界积极参与者的全国性民间团体，其宗旨是通过对国际人才交流与开发理论及实际工作的研究，探索国际人才交流的规律，推动海外人才和智力引进，促进我国经济社会发展。

人员名录：
主　任：陈化北
副主任：王　春　钟延光
"两刊"总编辑：梁伯枢

综合财务部：
部　长：朱　旭
宁晶晶　刘小芬　陈玲玲
信息部：
部　长：付俊生
朱博天　陈　煜　苏小鲁
王卫东　李　蕾　张　妍
杨佳萌　王　希　季　佳
苏明玉　郭　妍　梁　然
李　想
《国际人才交流》编辑部：
负责人：张　晓
陈伟源　李艺雯　邵　浩
周凤霞
《专家工作通讯》编辑部：
主　任：钮海燕
缪末雨　王　泱　吕　璞
白丽君
中国国际人才交流与开发研究会秘书处：
部　长：李林松
焦京虎　王　欣　谢　斐

第十四编

中国国际人才交流协会驻外机构人员名录

中国国际人才交流协会驻美国亚特兰大办事处

总代表：翟　虹　刘　昇（2012年10月接任）
代　表：姜正华　李庆峰（2012年10月接任）

中国国际人才交流协会驻美国纽约办事处（中国国际人才交流协会有限公司）

总代表：郑　杰
代　表：崔京秋

中国国际人才交流协会驻美国旧金山办事处（美中国际人才交流基金会）

总代表：王　营　金建敏（2012年11月接任）
代　表：祖立军　李　海（2012年4月接任）

中国国际人才交流协会驻加拿大办事处（中国国际人才交流协会驻加拿大有限公司）

总代表：李　蓓　武云茹（2012年10月接任）
代　表：宋　利（截至2012年7月）

中国国际人才交流协会驻英国办事处

负责人：王鼎明
总代表：刘燕朝（2012年9月接任）
代　表：李　学

中国国际人才交流协会驻德国办事处

总代表：吕　革
代　表：秦凯宏

中国国际人才交流协会驻澳大利亚办事处（中国国际人才交流协会澳大利亚有限公司）

总代表：万金发
代　表：王　斌　蔡剑青（截至 2012 年 11 月）

中国国际人才交流协会驻以色列办事处

代　表：马兵钢

中国国际人才交流协会驻日本国办事处

总代表：李慧蕾
代　表：李　耀

中国国际人才交流协会驻新加坡办事处

总代表：陈炜华　杨国庆（2012 年 8 月接任）
代　表：王劲东

中国国际人才交流协会驻俄罗斯办事处

总代表：王靖华
代　表：张　伟

中国国际人才交流协会驻香港办事处（京港人才交流中心有限公司）

总经理：田瑞欣　刘玉华（2012 年 9 月接任）
副总经理：刘懋洲
代　表：赵立宽　张　望　丁云生　关玉琴
管理员：孟令权

第十五编

2012年度国家外国专家局工作人员及直属事业单位领导职务任免一览

1月20日

冯立民任办公室副主任（财务司副司长）（外专人发〔2012〕4号《关于冯立民同志任职的通知》）

沈艳杰从人力资源和社会保障部调任政策法规司调研员（外专人发〔2012〕5号《关于调任沈艳杰同志的通知》）

陈宇晋升主任科员（外专人发〔2012〕6号《关于陈宇同志晋升职务的通知》）

陈杰任七级职员（外专人字〔2012〕13号《关于陈杰同志任职的备案批复》）

2月14日

李跃民任出国培训管理司副司长（外专人发〔2012〕9号《关于李跃民同志驻外回国任职的通知》）

4月27日

史麦男任办公室秘书处副处长（兼党组秘书）；炊海春任机要秘书（副处长级）；崔龙飞任人事处副处长（外专人发〔2012〕15号《关于史麦男等三位同志任职的通知》）

王月东任办公室综合处处长；张宝义任秘书处副处长；张燕任计财处处长；蒋慧任政策法规司新闻处副处长；沈艳杰任政策法规司礼宾处处长；梁沈平任经济技术专家司计划处处长；李莉任教科文卫专家司交流处处长；石磊任出国培训管理司成果处处长；王建任离退休干部办公室综合处副处长；李琦任离退休干部办公室宣传处副处长（外专人发〔2012〕16号《关于王月东等十位同志任职的通知》）

张田到经济技术专家司工作（外专人字〔2012〕36号《关于张田同志工作调动的通知》）

林乐军任机关服务中心综合处处长；渠宝全任机关服务中心外事处副处长（外专人字〔2012〕37号《关于林乐军、渠宝全同志聘任职务备案的批复》）

谢会萍、王巧华任中国国际人才交流基金会副部长（外专人字〔2012〕38号《关于谢会萍、王巧华同志聘任职务备案的批复》）

吴建新、韩凛任培训中心部长（外专人字〔2012〕39号《关于吴建新、韩凛同志聘任职务备案的批复》）

朱旭、付俊生任国外人才信息研究中心部长（外专人字〔2012〕40号《关于朱旭、付俊生同志聘任职务备案的批复》）

4月28日

金建敏任中国国际人才交流协会驻美国旧金山办事处（美中国际人才交流基金会）总代表、刘昇任中国国际人才交流协会美国亚特兰大办事处总代表（外专人发〔2012〕18号《关于金建敏、刘昇同志驻外任职的通知》）

5月8日

刘玉华任中国国际人才交流协会

驻香港办事处（京港人才交流中心有限公司）总代表（外专人发〔2012〕19号《关于刘玉华同志职务任免的通知》）

夏鸣九任办公室主任，韦大玮任政策法规司司长（外专人发〔2012〕20号《关于夏鸣九、韦大玮同志职务任免的通知》）

武云茹任中国国际人才交流协会驻加拿大办事处（中国国际人才交流协会驻加拿大有限公司）总代表，杨国庆任中国国际人才交流协会驻新加坡办事处总代表（外专人发〔2012〕21号《关于武云茹、杨国庆同志职务任免的通知》）

袁旭东任经济技术专家司司长、苏光明任离退休干部办公室主任（外专人发〔2012〕23号《关于袁旭东、苏光明同志职务任免的通知》）

柳忠三任机关服务中心主任、彭启明免去机关服务中心主任职务（外专人发〔2012〕24号《关于柳忠三、彭启明同志职务任免的通知》）

刘燕朝任中国国际人才交流协会驻英国办事处总代表（外专人发〔2012〕25号《关于刘燕朝驻外任职的通知》）

黄立金、王营、刘燕朝任巡视员（外专人发〔2012〕26号《关于黄立金等三位同志任职的通知》）

耿军武、杨军科任中国国际人才交流协会办公室部长，曾超任中国国际人才交流协会办公室副部长（外专人发〔2012〕27号《关于耿军武等三位同志任职的通知》）

郭学民到办公室秘书处工作（外专人字〔2012〕41号《关于郭学民同志工作调动的通知》）

5月10日

高皓到政策法规司挂职一年（外专人字〔2012〕44号《关于高皓同志挂职的通知》）

5月11日

同意彭启明任机关党委专职副书记、纪委书记；免去柳忠三机关党委专职副书记、纪委书记（人社部机关党委人社机党〔2012〕19号《关于彭启明同志任职的通知》）

5月15日

高鹏飞任中国国际人才交流基金会办公室副主任（外专人发〔2012〕28号《关于高鹏飞同志职务任免的通知》）

5月16日

彭启明任机关党委专职副书记、纪委书记；免去柳忠三机关党委专职副书记、纪委书记（外专党组发〔2012〕4号《关于彭启明、柳忠三同志职务任免的通知》）

6月27日

王斌晋升主任科员（外专人发〔2012〕33号《关于王斌同志晋升职务的通知》）

7月2日

夏兵任教科文卫专家司司长，赵立宪到中国国际人才交流协会驻香港办事处（京港人才交流中心有限公司）工作（外专人发〔2012〕34号《关于赵立宪、夏兵同志职务任免的通知》）

高东岳晋升主任科员（外专人发〔2012〕35号《关于高东岳同志晋升职务的通知》）

牛恒任副主任科员（外专人发〔2012〕36号《关于牛恒同志转正定级的通知》）

7月27日

陈化北任国外人才信息研究中心主任（外专人发〔2012〕39号《关于陈化北同志职务任免的通知》）

撤宋立副部长职务，降为主任科员，终止其驻外任务，同意其辞职申请（外专人发〔2012〕41号《关于给予宋立同志撤职处分的决定》）

王鼎明回经济技术专家司工作（外专人字〔2012〕73号《关于王鼎明同志工作安排的通知》）

王佳借调到"外专千人计划"专项办公室（外专人字〔2012〕74号《关于王佳同志工作安排的通知》）

9月7日

陈杰到中国国际人才交流协会驻加拿大办事处（中国国际人才交流协会驻加拿大有限公司）工作（外专人发〔2012〕42号《关于陈杰同志驻外任职的通知》）

陈淑凤到接收军转—党群处工作（外专人发〔2012〕43号，《关于陈淑凤同志工作安排的通知》）

9月18日

王靖华任中国国际人才交流协会驻俄罗斯办事处总代表，任期4年[科技部（2012）国科人外任字19号《驻外使领馆人员任期通知》]

9月27日

李兵免去国家外国专家局党组副书记职务（组任字〔2012〕154号《李兵同志免职》）

10月11日

李兵免去国家外国专家局副局长职务（国人字〔2012〕108号《关于李兵免职的通知》）

10月29日

张志强、陈杨、王鼎明、张冬、李建光、刘刚、赵颖慧、赵平为调研员；郭学民、蔡剑青、钟震、秦梅、王静、王劲东、李学为副调研员（外专人发〔2012〕《关于张志强等15名同志任职的通知》）

陈宇到中国国际人才交流协会驻澳大利亚办事处（中国国际人才交流协会澳大利亚有限公司）工作，杨冬伟到中国国际人才交流协会驻日本国办事处工作，汤奕荣到中国国际人才交流协会驻美国纽约办事处（中国国际人才交流协会有限公司）工作（外专人发〔2012〕46号《关于陈宇等3名同志驻外任职的通知》）

秦凯宏晋升为正处级（外专人发〔2012〕47号《关于秦凯宏任职的通知》）

11月6日

季嘉任机关服务中心副主任，免机关服务中心主任助理职务（外专人发〔2012〕48号《关于季嘉同志职务任免的通知》）

沈建华任离退休干部办公室主任助理（正处级）（外专人发〔2012〕49号《关于沈建华同志职务任免的通知》）

蔡剑青终止驻外，借调到国务院国有资产监督管理委员会（外专人发〔2012〕49号《关于蔡剑青同志职务任免的通知》）

12月14日

王营任经济技术专家司巡视员；李蓓任政策法规司副巡视员；翟虹任出国培训管理司副巡视员（外专人发〔2012〕54号《关于王营等三位同志驻外回国任职的通知》）

李慧蕾、王春、邓永辉、王香荣、钟延光、梁柏枢试用期满正式任职（外专人发〔2012〕55号《关于李慧蕾等六位同志正式任职的通知》）

李耀到教科文卫专家司工作；王斌到出国培训管理司工作（外专人字〔2012〕115号《关于李耀、王斌工作安排的通知》）

陈淑平、张建到中国国际人才交流协会驻香港办事处（京港人才交流中心有限公司）工作（外专人发〔2012〕56号《关于陈淑平、张建驻外任职的通知》）

第十六编

地方引智机构设置及领导名录

北京市外国专家局

北京市人力资源和社会保障局：
副局长：陈　蓓（主管北京市外国专家局工作）
外国专家和外国人就业工作处：
处　长：张振华
外国专家与外国人就业事务中心：
主　任：程金刚
外国专家与外国人就业事务中心：
书　记：冯永启

上海市外国专家局

副局长：黄渭茂
外国专家与留学人员工作处：
副处长：黄　红　冯东辉
国际合作处：
副处长：郭　磊

天津市外国专家局

局　长：袁　鹰
副局长：王宝林
综合处：
处　长：田海嵩
一处：
处　长：傅延玉
二处：
处　长：吴　凯

重庆市外国专家局

局　长：雷　虹
副局长：陈伙林

国际合作交流处：
副处长：查　莉

河北省外国专家局

局　长：李　宽
副局长：赵增印　于　东
　　　　张　伟　张学锋
调研员：屈　指　刘红卫

山西省外国专家局

局　长：石通兆
副局长：刘景霞
调研员：孙利家　安献荣

内蒙古自治区外国专家局

局　长：谭　源
副局长：田进学　李福亮

辽宁省外国专家局

局　长：刘恩平
外国专家工作处：
处　长：李福成
引进国外智力项目处：
处　长：冯永刚
国际交流合作处（海外研发团队引进处）：
处　长：傅党志
引进俄罗斯专家工作管理办公室：
主　任：张建平

沈阳市外国专家局

局　长：王义东

外国专家工作处：
处　　长：肖　恒
引进国外智力项目处：
处　　长：王海燕
国际交流合作处：
处　　长：朱向雷
引进俄罗斯专家管理工作办公室：
主　　任：王　威
调研员：张文昭

大连市外国专家局

局　　长：于建军
副局长：石情舟
外国专家工作处：
处　　长：徐明书
引进国外智力项目处：
处　　长：李先成
调研员：黄　岩　刘丽宏

吉林省外国专家局

局　　长：张延峰
引智项目管理处：
处　　长：姜铁民
外国专家管理处：
处　　长：李志刚
出国培训管理处：
处　　长：牛延章
调研员：王铁林

长春市外国专家局

局　　长：马景恒

黑龙江省外国专家局

局　　长：徐宏光

副局长：耿嘉智　王进东
　　　　刘素根
调研员：张绍金　郎咸波

哈尔滨市外国专家局

局　　长：吕鹏飞
副局长：方　炎　李　群
调研员：王　正

江苏省外国专家局

局　　长：姚　莉
副局长：王晓平　刘　甦

南京市外国专家局

局　　长：吴　瑕
副局长：王　立

浙江省外国专家局

局　　长：陈　中
副局长：郭小军　奚灵平

杭州市外国专家局

局　　长：王新龙
副局长：倪　东　张星珍

宁波市外国专家局

局　　长：童晓黎
副局长：蔡捷敏　周婉秋
调研员：陈传本

安徽省外国专家局

局　　长：葛余清

副局长：黄河清　刘长庚
国际交流合作处：
　处　长：王　静
外国专家工作处：
　处　长：范兆清
出国培训管理处：
　处　长：王　军

福建省外国专家局

　局　长：叶金山
　调研员：潘福华

厦门市外国专家局

　局　长：邱太厦
　副局长：温　哲　蒋娇容
　　　　　骆　磊
　副调研员：王奕新

江西省外国专家局

江西省人力资源和社会保障厅巡视员：裴　菲（主管江西省外国专家局工作）
　副局长：程　弋　许建新
　综合处：
　　处　长：程　弋
　出国（境）培训处：
　　处　长：许建新
　引进处处长：陈伟荣
　调研员：刘小青

山东省外国专家局

　局　长：刘　杰
　副局长：刘玉亮　李伟晶　于顺水
　引智综合处：
　　处　长：刘玉亮
　外国专家管理处：
　　处　长：李伟晶
　出国培训管理处：
　　处　长：于顺水
　外国专家管理处：
　　处　长：李伟晶
　调研员：杨述宝

济南市外国专家局

　局　长：张　宾
　副局长：王西金　刘瑞庆
　外国专家管理处：
　　处　长：王西金
　国际交流与合作处：
　　处　长：李寒梅

青岛市外国专家局

　局　长：姚继华
　副局长：先　明
　外国专家管理处：
　　副处长：郭俊杰
　出国培训管理处：
　　处　长：李海霞
　留学回国人员管理处：
　　处　长：祁祥洲

河南省外国专家局

　局　长：郭成全
　副局长：冯　莉　郝　银
　　　　　梅乐堂

综合处：
处　　长：张秋红
专家和项目管理处：
处　　长：袁立宪
出国培训管理处：
处　　长：曲宇朗
调研员：刘全一

湖北省外国专家局

局　　长：秦　宇
副局长：安　庆
调研员：李江群

武汉市外国专家局

局　　长：安卫东
副局长：雷清萍

湖南省外国专家局

局　　长：王瑰曙
副局长：周立红　卢湘丽
　　　　丁基斌
境外人才与智力引进处：
处　　长：韦　虹
境外专家管理与服务处：
处　　长：李文娟
综合与境外培训处：
处　　长：陆德清

广东省外国专家局

局　　长：覃立模
副局长：钟敏言　温则伟
综合处：
处　　长：林俊睦

项目管理处：
处　　长：杨佩军
专家管理处：
处　　长：植沛裕
调研员：杨慧芳

广州市外国专家局

局　　长：彭　巍
副局长：王　凯

深圳市外国专家局

局　　长：吴邑文
副局长：张里鸣　李　宁
　　　　陆　洲

海南省外国专家局

局　　长：奚劲松
副局长：苏才放

广西壮族自治区外国专家局

局　　长：潘志金
副局长：吕夏荨　汪　靓

四川省外国专家局

局　　长：侯建平
引智管理处：
处　　长：王建红
外国专家工作处：
处长：石　明

成都市外国专家局

局　　长：徐平福
副局长：杨　珺

引智项目管理处：
处　长：傅　兵

贵州省外国专家局

局　长：魏占权
调研员：贺青山

云南省外国专家局

局　长：陈培俊
出国培训管理处：
处　长：陈淑华
外国专家处：
处　长：阮朝奇
调研员：罗成惠

西藏自治区外国专家局

局　长：董青阁
副局长：官晓丽　德　央

陕西省外国专家局

局　长：雷耀堂
副局长：李晓东　王武秀
专家管理处：
处　长：樊瑛华
交流与合作处：
处　长：左长存
调研员：雷鹏飞

西安市外国专家局

局　长：邓谷斌
副局长：杨玉生

交流合作处：
副处长：陈　娟
专家管理处：
副处长：徐小娟

甘肃省外国专家局

局　长：孙宁兰
副局长：蔡兰杰
引智项目管理处：
处　长：何德誉
外国专家处：
处　长：徐妍丽
调研员：程　康

宁夏回族自治区外国专家局

局　长：马继凯
副局长：何爱燕　杨吉顺
调研员：张　燕

青海省外国专家局

局　长：杨　磊
副局长：顾锡军

新疆维吾尔自治区外国专家局

局　长：韩　成
党支部书记：艾则孜·司马益
副局长：孙家煜

新疆生产建设兵团外国专家局

局　长：柯重任
副局长：窦同军